国家出版基金项目
NATIONAL PUBLICATION FOUNDATION

现代农业高新技术成果丛书

农业宏观分析方法与应用

Macro Analysis Approach and Application on Agricultural System

高旺盛 主编

中国农业大学出版社
·北京·

内 容 简 介

本书是关于农业宏观分析研究方法的一部专著。作者阐述了农业系统的宏观特征以及进行农业宏观研究的意义及其方法论；介绍了作者近年来结合中国实际，应用区域农业发展能力、农业系统能值分析、农业生态系统服务、农业系统生态足迹、农业生态经济分析、农户意愿法等现代宏观分析方法，开展农业宏观研究的最新成果。

本书不仅可以作为农业软科学与生态学研究生参考教材，还对于从事农业发展、农业政策、农业生态、农作学等领域的科技人员具有参考价值。

图书在版编目(CIP)数据

农业宏观分析方法与应用/高旺盛主编．—北京：中国农业大学出版社，2010.7
ISBN 978-7-81117-798-5

Ⅰ．农…　Ⅱ．高…　Ⅲ．农业经济-经济分析　Ⅳ．F30

中国版本图书馆 CIP 数据核字(2009)第 099431 号

书　　名　农业宏观分析方法与应用
作　　者　高旺盛　主编

策划编辑	孙　勇	**责任编辑**	孙　勇
封面设计	郑　川	**责任校对**	王晓凤　陈　莹
出版发行	中国农业大学出版社		
社　　址	北京市海淀区圆明园西路 2 号	**邮政编码**	100193
电　　话	发行部 010-62731190，2620	读者服务部	010-62732336
	编辑部 010-62732617，2618	出　版　部	010-62733440
网　　址	http://www.cau.edu.cn/caup	**e-mail**	cbsszs@cau.edu.cn
经　　销	新华书店		
印　　刷	涿州市星河印刷有限公司		
版　　次	2010 年 7 月第 1 版　　2010 年 7 月第 1 次印刷		
规　　格	787×1 092　　16 开本　　24.5 印张　　600 千字		
定　　价	108.00 元		

图书如有质量问题本社发行部负责调换

现代农业高新技术成果丛书
编审指导委员会

主　　编　高旺盛

副 主 编　陈源泉

编写人员　（按姓氏笔画排序）

王国升	中国农业大学农学与生物技术学院
王贵彦	河北农业大学农学院
严茂超	中国科学院地理科学与资源研究所
何文清	中国农业科学院农业环境与可持续发展研究所
张大瑜	吉林农业大学农学院
张宪法	农业部科技发展中心
李向东	河南省农业科学院小麦研究中心
李春阳	河南省开封市金明区人民政府
杨世琦	中国农业科学院农业环境与可持续发展研究所
杨凌志	国家发展和改革委员会直属机关党委
陈冬冬	中国农业科学院农业信息研究所
陈源泉	中国农业大学农学与生物技术学院
秦红灵	中国科学院亚热带农业生态研究所
顾时贵	河北省科技成果转化中心
高旺盛	中国农业大学农学与生物技术学院
曹世雄	北京林业大学水土保持学院
隋　鹏	中国农业大学农学与生物技术学院
董孝斌	北京师范大学资源学院

出版说明

瞄准世界农业科技前沿，围绕我国农业发展需求，努力突破关键核心技术，提升我国农业科研实力，加快现代农业发展，是胡锦涛总书记在2009年五四青年节视察中国农业大学时向广大农业科技工作者提出的要求。党和国家一贯高度重视农业领域科技创新和基础理论研究，特别是863计划和973计划实施以来，农业科技投入大幅增长。国家科技支撑计划、863计划和973计划等主体科技计划向农业领域倾斜，极大地促进了农业科技创新发展和现代农业科技进步。

中国农业大学出版社以973计划、863计划和科技支撑计划中农业领域重大研究项目成果为主体，以服务我国农业产业提升的重大需求为目标，在“国家重大出版工程”项目基础上，筛选确定了农业生物技术、良种培育、丰产栽培、疫病防治、防灾减灾、农业资源利用和农业信息化等领域50个重大科技创新成果，作为“现代农业高新技术成果丛书”项目申报了2009年度国家出版基金项目，经国家出版基金管理委员会审批立项。

国家出版基金是我国继自然科学基金、哲学社会科学基金之后设立的第三大基金项目。国家出版基金由国家设立、国家主导，资助体现国家意志、传承中华文明、促进文化繁荣、提高文化软实力的国家级重大项目；受助项目应能够发挥示范引导作用，为国家、为当代、为子孙后代创造先进文化；受助项目应能够成为站在时代前沿、弘扬民族文化、体现国家水准、传之久远的国家级精品力作。

为确保“现代农业高新技术成果丛书”编写出版质量，在教育部、农业部和中国农业大学的指导和支持下，成立了以石元春院士为主任的编审指导委员会；出版社成立了以社长为组长的项目协调组并专门设立了项目运行管理办公室。

“现代农业高新技术成果丛书”始于“十一五”，跨入“十二五”，是中国农业大学出版社“十二五”开局的献礼之作，她的立项和出版标志着我社学术出版进入了一个新的高度，各项工作迈上了新的台阶。出版社将以此为新的起点，为我国现代农业的发展，为出版文化事业的繁荣做出新的更大贡献。

中国农业大学出版社

2010年12月

前　言

人类已经进入知识经济时代，科学技术日新月异，学科发展瞬息万变。已经延续上万年的农业文明，始终与先进科学技术发展形影相随，不断沿着由传统农业向现代农业周而复始的螺旋式发展，支撑着整个地球人类的进步与发展。进入 21 世纪以来，伴随着诸如粮食安全、气候变化、环境安全、重大灾害、区域发展等一系列全球性问题的不断凸显，人们越来越明晰地认识到，关注农业稳定发展是攸关国家经济、社会发展的核心问题，也是全球可持续发展的核心任务。国际上对农业的系统性、整体性研究由此得以足够重视，农业发展战略、发展道路、发展模式、发展策略等宏观性研究日益得到关注并取得进展，特别是近年来现代信息科学、生态科学与模型技术、生态经济科学等的发展，进一步促进了农业宏观研究方法的拓展与提升，为逐步推动建立农业科学领域一门新兴交叉学科——农业宏观分析学开启了探索与发展之路。

我是在自己 20 多年农业科研教学实践中逐渐加深对农业宏观研究的理解和认识的，也是在刘巽浩教授、胡恒觉教授等老一辈恩师的指导下取得些许进步的，但在农业宏观研究领域依然是一个初级练习者。近年来，一直从事与农业宏观研究相关的科学研究与研究生培养工作，先后完成了中国区域农业发展战略、中国集约可持续农业发展、旱地农业系统生产力、粮食安全战略、循环农业、中国农业科技战略等软科学研究课题，多次参与了农业部、科技部等部门的许多宏观战略报告的咨询与编写工作。同时，指导完成了十多个以农业宏观分析研究为主题的博士研究生论文。在这些工作的过程中，逐步感觉到当今农业学科交叉趋势明显，宏观研究与微观研究密不可分，相得益彰。因此，农业科学研究要汲取生态学、经济学、社会学等学科领域最新理念与方法，针对农业复杂性、系统性特征开展综合分析与宏观研究，这是 21 世纪现代农业科学体系的重要趋势。许多国际专家认为，无论从人类文明历史角度还是从全球未来发展出发，认真研究中国这样一个人口大国和农业大国的农业发展问题，在世界上具有其典型代表性和重要学术价值。然而目前我国的实际情况是，无论是在学术界还是在政府界，分子生物学等微观基础研究颇受青睐，生物技术等高技术研究被推为至高无上，而对于宏观研究的态度可以概括为“说起来重要、做起来次要、分项目不要”，原先仅有的农业软科学研究计划也逐步凋零，投入很少。国家有关部门在许多重大项目中对与项目紧密结合的相关战略性宏观研究课题重视不足，造成了我国农业系统理论与宏观分析研究缺乏创新，人才匮乏，难以与国际水平接轨，致使在诸如中国粮食安全、中国气候变化、区域发展等一些重大战略问题上，经常会出现由美欧等国外研究机构或者专家先声夺人、发表言论(有的结论是片面甚至错误的)的局面，国内的研究却无声无息或者苍白无力。这种局面对于一个农业科技大国而言是不适宜的，有必要呼吁政府界、学术界要高度重视和加强中国农业宏观研究，促进农业的基础研究、技术研究与宏观研究协调发展，建立更加完善的中国特色农业学科体系。

作为工作在第一线的研究者，最主要的要有信心，要坚持。要在宏观研究方法论上敢于创新，以方法创新推进问题研究，以研究成果带动学科建设，一步一个脚印，方可逐步形成“农业宏观分析学”的特色。基于这一初衷，由我主持，组织一批年轻学者编写了此书，旨在抛砖引玉，加强交流，促进研究。全书共 7 章:第一章是总论，主要讨论了农业系统的宏观特征以及农业宏观分析学的初步设想，还很不成熟，旨在率先立意，引发争鸣。第二章至第七章，分别介绍了当今农业宏观分析的最新方法以及编者自己的研究成果，包括区域农业可持续发展能力、生态系统服务、生态足迹方法、能值方法、生态经济综合分析、农户意愿分析等。该部分是理论模型与实证分析结合，突出了新方法应用、突出了实际分析，具有可参考性与可操作性。参与编著的青年学者在各自章节内容上付出许多劳动，也下了功夫，体现了他们敢于创新的潜质和能力，令人欣慰。

本书在编写过程中，参考、引用了许多国内外学者的研究成果，在此表示感谢。尽管在文中注明了出处并在每章附有参考文献，但难免挂一漏万。若有不当，敬请见谅。还要感谢我指导的已经毕业和正在研修的硕士、博士研究生们，他们的刻苦学习和试验研究成果给予笔者许多帮助和启示。在编辑过程中，中国农业大学出版社的编辑和部分研究生做了校对等工作，也表示感谢。

虽然书稿付梓出版，但是由于作者水平有限，在浩瀚的农业宏观研究领域只涉猎很少领域，沧海一粟，故书中无疑存在诸多缺点和错误，敬请各位专家、学者和读者给予批评指正。

高旺盛

2010 年 3 月于中国农业大学

目　　录

Contents

第一章

农业系统与农业宏观分析学

第一节　农业系统及其宏观特征

一、农业的概念与特点

(一)农业的概念

人类发展是基于农业文明基础之上的发展过程。根据考古研究，人类出现大致已有300多万年的历史，其中，有农耕的原始农业开始至今1万多年，大致经历了农耕前采集渔猎、原始农业、古近代传统农业、现代农业等阶段。从这个意义上讲，农业是最古老的基础产业。而农业的含义随着时代的发展不断有所变化。1984年版的英语权威性辞典《新大学辞典》对农业一词定义为：耕作土壤、生产作物、饲养家畜以及为了人类的利用而对农产品进行加工处理的科学与工艺。经济学中经典的定义认为，农业是“培育动植物以取得产品的社会生产活动”(《经济大辞典》)。美国农业经济教科书《农业经济学》(1980)中，对“农业”的定义为：“所谓农业是在生产和销售食物和纤维中对资源进行组合管理的一种行业。当经济发达后农业不仅仅是种植业和养殖业，还要拓展到为其提供生产资料的制造业、商业、农产品加工业、服务业、销售业以及科技教育、管理部门等”(高亮之，1993)。

现代社会中，越来越多的人认为：农业是自然再生产与经济再生产集合一起的人类活动。这种活动是以土地和生物为基础的，活动的主体内容是生产农畜产品的种植业和养殖业，其根本目的是满足人类的各种需要。现代意义上的农业被认为是多功能的产业，包括食物生产功能、经济基础功能、劳动力就业功能、土地保护功能、生态功能、景观功能、文化传承功能等。它的组成行业可以包括围绕农业生产中心的产前、产中、产后等诸多部门系统。一般狭义的农业仅指种植业或农作物栽培业；广义的农业包括种植业、林业、畜牧业、副业和渔业，甚至还包括为农业提供生产资料的产前部门和农产品加工、储藏、运输、销售等产后部门。目前，根据农业生产力的性质和状况，当今世界农业可分为自然农业、传统自给农业、小规模集约农业和现代化商品农业等不同类型。

(二)农业的独特特点

如上所述，农业本身具有复杂的组成体系，又兼有自然生产与经济生产两大过程，因此，与典型的工业生产相比较，农业具有固有的独特特征(参考自刘巽浩《农业概论》，2005)。

1. 农业是有生命的生物性生产

与非生物的工业系统不同，农业生产是以生物为载体的，包括植物、动物与微生物。生物有自己的生长发育的基本生命规律，生物与周围环境有着错综复杂的联系。农业生物生产还必须符合人类的需要并受人类调节控制。因此，农业系统始终体现着生命系统的一般规律。

2. 农业是自然再生产与经济再生产的复合过程

农业首先是一种自然再生产的过程。农业利用植物光合作用，提高农业活动将 CO_2 和 H_2O 转化为碳水化合物，并在此基础上进行动物生产。其次，农业也是经济再生产的过程，动植物生产必须与市场、价格、成本、利润、经济政策等密切配合，方可获得人类社会需要的产品和价值。自然再生产与经济再生产的复合式农业生产的根本特征，农业的其他特征大都是从这个特征派生出来。在农业管理工作中，既要避免完全按照所谓"工业理念方法"来指挥农业，也要避免单纯将农业视为自然生产而不顾经济功能的做法。

3. 农业对气候、土地等自然资源具有特殊依赖性

在自然界，气候决定了土壤、植被、生物的存在与分布，有什么样的气候就有什么样的植物与动物。在农业界，气候在很大程度上从宏观层面决定了农林牧作物与农业的分布。由此衍生了农业生产的季节性、周期性、波动性、风险性等农业生产的特点。在国民经济的非农业物质生产部门中，土地只是作为劳动的场所，面积相对较小，而农业则是直接利用土地进行生产，广阔的土地是农业生产不可代替的生产资料。气候与土地的不同特点决定了农林牧的分布与生产潜力。农业生产离不开土地。

4. 农业具有强烈地域性

农业活动是在广阔的土地上开展的。在地球上，各地地势、地貌、气候、土壤、植被等自然因素以及人口、经济、社会、交通、市场、文化、政策等人文因素的差异，导致了农业的地域性差异。地域差异大则农业差异大，地域差异小则农业差异小。

5. 农业发展具有复杂性与弱质性

农业的多目标性、多因素性和生物性决定了农业的复杂性。工业是在工厂内集中生产的，它的某一种工艺既可能适合于美国，也可能适合于中国。农业却不同，同样是种植小麦，它的生产模式在中国就可能有好多个，这是不同自然与社会经济条件以及生物本身的巨大差异所致。由于农业的复杂性、对气候的依赖性、自然资源的优先性、地域性、季节性、长周期性、波动性，再加上大宗农产品的低利润性，因而与工业生产相比较，农业生产具有相对的弱质性。其表现是：生产周期长、风险大、在小规模经营下劳动生产效率低、大宗农产品价值低、收益低。为此，要设法提高农业的劳动生产率与效益，并从宏观上对农业进行积极的保护。

二、农业系统的概念及其宏观特征

（一）农业系统的概念

"系统(system)"一词由来已久。一般认为，系统是由若干相互依赖、相互制约的部分组成，具有特定功能的整体。系统具有整体性、关联性、层次性、可控性、时序性等属性。系统论的创始人，奥地利理论生物学家贝塔朗菲把系统定义为"相互作用的诸要素的综合体"。美国著名学者阿柯夫认为：系统是由两个或两个以上相互联系的任何种类的要素所构成的集合。我国学者钱学森指出：我们把极其复杂的研究对象称为"系统"，即由相互作用和相互依赖的若干组成部分结合成的具有特定功能的有机整体，而且这个"系统"本身又是它所从

属的一个更大系统的组成部分。

何谓农业系统(agricultural system)？到目前尚无统一的定义。根据英国农业系统研究的权威学者 Spedding 的论述:"农业经营单位,包括不同大小与复杂程度的全国性与区域性的农业企业、农场、农田等都可以称为农业系统。"1983 年黄之丁、章熙谷等出版了《中国复合农业》一书,认为复合农业是一种以生态-经济-社会复合系统的多样化结构为主要特征的农业生产体系。1984 年著名生态学家侯学煜先生提出了"大农业"的概念。著名农学家卢良恕先生先后提出了"现代集约持续农业"、"农业三元结构"、"现代食物安全"等具有系统思想的概念。在西方发达国家,伴随着系统工程和生态学的不断发展,诸多学者和国际组织倡导了农业的整体性系统研究,先后组织进行了诸如"国际生物圈计划—农业系统生产力研究"(IBP-Agricultural productivity system research)、全球粮食系统(global food system analysis)、可持续农业与农村发展(sustainable agriculture and rural development)等,由此推动了农业系统与宏观研究。国际上还从农业综合发展模式角度,从 20 世纪中期以来先后提出了"有机农业(organic farming)"、"综合农业(integrated agriculture)"、"生态农业(ecological agriculture)"等观点,在一定意义上也体现了西方发达国家对农业系统的不断认识和思考。

笔者认为,根据"系统"的一般概念,农业系统是农业以整体形态而存在的具有特定功能的一种复合体。农业系统是由以农业生物子系统(植物、动物、微生物)为核心、农业资源环境子系统(气候、土壤等)、农业技术子系统、农业经济子系统、农业政策子系统以及农业社会子系统相互交织组成的复合系统。或者从另一个角度来说,农业系统是由生物要素(动物、植物、微生物)、资源要素(光、温、水、土等)、技术要素(科技、教育等)、经济要素(劳动力、资金、市场、金融等)以及社会要素(人口、制度、体制等)等五大组成部分相互联系、相互作用而构成的一个大系统(图 1-1-1)。

(二)农业系统的宏观特征

宏观一词的直观理解是相对于微观一词的含义而来。微观即细、小、短、少,而宏观则粗、大、长、博。宏观与微观相对存在。按照系统论的无限可分理论,任何事物都是具有从最细微层次向更高层次区分的特点。在人类认识世界的过程中,不可避免地要从微观、宏观角度进行分析、认知和研究。于是在科学上就有了基于事物基本单元、基础理论的深层次研究,往往被看作是相对"微观",例如经济学的"微观经济学",生物科学的"分子遗传学"等,而基于对事物不同单元之间关系分析、多要素综合、大尺度变化、全局性问题等的研究,一般被看作是"宏观",例如经济学的"宏观经济学"、生物科学的"生态系统学"等。农业系统的内在特质决定了农业的宏观综合性的客观存在。农业宏观研究的本质就是要科学把握农业发展的宏观特征与规律,从而为科学发展农业提供政策依据。农业系统的主要宏观特征表现在四个方面。

1. 农业系统功能的整体性

整体性就是系统功能与目标的多元性以及相互依存性,任何一项单项功能的发挥都与其他功能紧密联系。农业发展目标上必须强调农业生产、社会经济、资源环境的结合,国家、地方、农民利益的结合,农业、农民、农村的协调发展;发展时间尺度上强调当前发展与中长

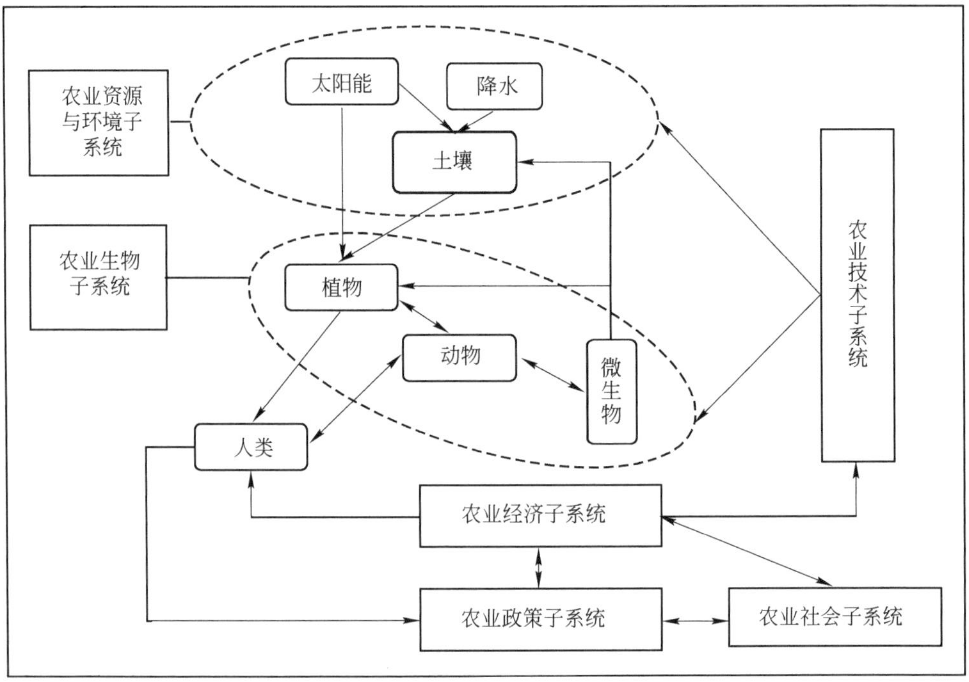

图 1-1-1　农业系统概念框图

期持续发展结合;发展空间上强调区域均衡协调发展;发展功能上要体现生产、生活、生态、文化、服务等多种功能集合。如此等等问题,不可能应用微观化的单一思维进行研究和分析,必须从宏观整体上进行研究。

2. 农业系统要素的关联性

系统关联性是农业系统的根本特性,表现在某一农业单元的农业生物因素和非生物环境因素、自然因素与人工因素的关联,生物之间的生态关联、生态因素与经济因素、社会因素之间的关联等。要素之间的这种联系性是决定农业系统发展能力的重要内在机制,没有关联性就没有系统正常运行。这种关联主要是通过要素之间的能量链、物质链、信息链、资金链的结构、通量、效率等体现出来。因此,农业发展的要素宏观分析是重要方法之一。

3. 农业系统结构的层次性

任何一个系统都有其结构,结构决定功能。农业系统是一个生命系统,因此其结构首先具有生态系统的基本结构体系,也就是具有生产者(动植物)、消费者(人、畜禽)、分解者(微生物)以及农业环境结构;其次,农业系统又是与社会经济系统紧密联系的开放系统,其结构还具有农业第一、二、三产业结构体系、农林牧副渔生产结构体系等层次;第三,农业固有的区域性特征决定了其结构体系还要包括区域农业结构,区域边界不同就具有不同的农业结构体系。从全球农业角度,可以粗略地划分成全球、洲际区域、国家、国内区域、省区等农业层次亚系统。从具体一个地方来看,区域农业系统的子系统可以包括:县域、村级、农户、农田等不同层次。结构层次性是重要的农业宏观特征之一,上一级系统与其各级子系统之间在功能上是相互影响、相互制约的关系,必须进行科学的农业结构层次分析研究。

4. 农业系统状态的多变性

系统态势或状态反映一个系统在特定时期内的功能表现状况。一般越是人工控制强的系统，其态势比较稳定且易预警和控制，反之，越是受自然因素控制强烈，其状态复杂多变，不易掌控。农业系统是自然制约与人工控制结合但以自然为主的复合系统，其发展趋势既受到气候、水资源等自然因素的影响，又受到政策、价格、体制等社会经济因素影响，两方面交织耦合，形成了农业发展态势变化起伏、稳定性差、难以完全预警等特点。在这种情况下，不但需要深入研究农业系统的微观发展机制，更重要的是需要充分了解多变系统的总体大趋势、大问题，重视农业发展当中的诸如粮食自给率、农产品价格指数、农业投入比例、科技贡献率等宏观表征指标变化和研究，要从大方面着眼考虑人为控制的政策和措施，方能将农业发展变化控制在可以接受、比较合理的稳态之中。

农业是经济再生产过程和自然再生产过程交织，既是国民经济系统的一个重要组成部分，又是自然生态系统的一个重要组成部分。但用系统的观点看农业，用系统学的理论和方法研究农业是近年来才兴起的。无论用系统的观点看农业，还是用系统学的理论研究农业，都是一种观念上的升华，研究方法上的提高。研究农业系统必然要涉及到许多学科。要学会用系统的观点看待农业，用系统的理念审视农业，用系统的方法研究农业，要利用综合多学科知识或开展跨学科合作的研究方法从深层次、多角度、全局性角度分析农业发展，不断完善农业的宏观研究体系。

第二节　农业发展地位的宏观分析

一、农业基础地位与多功能论

民以食为天，既然农业是人类利用土地生产农畜产品的产业，那么无论在历史发展的什么阶段，农业的作用都是其他产业所不能替代的。当然，农业的功能还不仅于此，农业的多目标性决定了农业的多功能性。刘巽浩先生在《农业概论》(2005)一书中就此进行了归纳。

(一)满足农民、农村自身存在与发展的需要

满足农民、农村自身存在与发展的需要是农业的初始与基础功能。它包括：农民自身的衣食温饱；增加收入、脱贫致富、繁荣农村经济；促进农业和农村现代化、商品化以及农民知识化，并为剩余劳动力向城镇转移创造条件。

(二)对发展国民经济的贡献

对发展国民经济的贡献是农业的重要社会功能。①为城市人口提供粮食、蔬菜水果、肉、奶、蛋、鱼等食品；②为各种轻工业提供原料，如粮食、肉类、棉麻丝、木材、纸浆、药品等；③广大的农村为工业品提供广阔的市场，各种农产品及其加工产品的出口为国家争取了外汇；④为城市与第二、第三产业发展提供土地、劳动力与资金等要素。国民经济发展离不开土地、劳动力与资金。在城市与工商业发展初期，土地要取自农村，资金要靠农业的原始积累，廉价的农村劳动力更是经济发展的强大动力。

(三)保护资源与良化环境的生态功能

原始、粗放和落后的农、林、牧、渔业浪费资源、破坏环境,科学、合理和先进的农业可改善资源。当前,人们已将农业的生态功能放到议事日程之上,努力建设美丽、清洁的农村、田园、森林、牧场。为城市消灾减灾,缓解城市环境的压力。广大的农村、田野可以利用城市产生的废物(粪便、垃圾),客观上还可以分散工业产生的废气、废水。广阔的农村、田野、山林、草场的旅游、观光、休闲等景观、文化功能。随着城市化的进展,一向被视为落后闭塞的农业、农村、农民,逐渐显露出来一些曾被忽视或遗忘的层面。例如,不同于城市文明的农村文明、丰富的历史遗迹和传统、独特的自然和人文景观、各民族的文化及风俗习惯等,展示了农业的潜在功能。

(四)农业在国民经济中的地位

农业是人类最基本的物质生产部门,没有农业就没有人类社会的发展。从世界的宏观角度看,无论是历史层面还是现实层面,农业都是国民经济的基础。首先,农业是人类最早的经济活动,在农业生产的产品与资金的原始积累的基础上,才开始有了工业、商业活动;其次,在非农业的各部门(如工商业)发展起来以后,农业及其关联的产业仍是国民经济的重要部门(如美国、欧盟);再次,任何国民经济各部门的从业人员都离不开对农产品(如食品)的需要。当然,不同国家和地区,农业在其国民经济中的地位是不同的,并不一律都是出于基础地位。农业的地位决定于它在该国、该地区的功能,其主要标志是:农业及其相关产业产值在国民经济中的比重、农村与城市土地面积的比例、农民在全国人口中的比例、粮食安全状况、城乡居民收入的差异、"三农"问题在国家发展战略中的地位等。例如,新加坡和中国香港,它们几乎没有农村、农业和农民,因此农业在国民经济中几乎找不到它的地位。在美国,尽管农业产值只占国民总产值3%的比重,但与农业相关联产业的产值接近国民生产总值的20%,而且是农产品生产与出口大国,因而农业在美国的国民经济中具有举足轻重的地位。

就此问题,我们可以分别从全球系统、全国系统角度进一步进行农业地位的宏观分析,以便更加直观地理解农业的宏观特征。

二、世界农业发展贡献的宏观分析

20世纪下半叶全球农业有了很大发展。1950年世界人口25亿,2007年已超过65亿,世界谷物总产由1934年的5.5亿t提高到2007年的21亿t,为支撑世界人口、经济发展和社会进步做出了重大贡献。2007年世界银行发布了《2008年世界发展报告:以农业促发展》,从宏观意义上提出农业的特殊属性使其成为促进世界发展的独特工具,主要体现在以下方面。

(一)农业可以是国民经济增长的源泉

农业为私营经济提供了投资机会,是涉农产业和农村非农经济发展的基本驱动。全世界2/3的农业增加值是由发展中国家创造的。在传统农业国,农业增加值占国内生产总值

(GDP)的平均比重为29%,创造这部分增加值使用了劳动力总数的65%。在转型中国家和已经城市化国家,与农业相关的制造业和服务业通常占国内生产总值的30%以上。由于大多数农村穷人取食于农业,所以农业生产对于保障粮食安全至关重要。对撒哈拉以南非洲的12个国家、2亿人口而言,农业尤其关键——这些国家国内生产波动大,主要粮食作物可贸易性低,并且外汇储备限制了他们利用国际市场满足国内需求,从而饱受粮食危机周期性爆发之苦(食品援助有不确定性)。对于他们来说,通过提高和稳定国内生产保障粮食安全非常重要。

(二)农业是全球主要的谋生手段

全球农村人口中约有86%以农业作为谋生之道。农业为13亿小农生产者和无地雇工提供了就业机会,为农村社区的生生不息奠定基础。当城市发生震荡时,农业还提供了相当于社会福利的保障。发展中国家55亿人口中,有30亿(将近人类总数的1/2)住在农村。这些农村居民中,据估计有25亿人的家庭生计与农业密切相关,其中15亿人所在的家庭属于小农经营。近年发展中国家贫困率(每天1美元标准)的下降(从1993年的28%降至2002年的22%),主要就归功于农村贫困下降(农村贫困率从37%降至29%,而城市贫困率基本维持不变,为13%)。而农村贫困人口的减少中,80%以上归功于农村地区的条件改善,而不是贫困人口的迁出。农村贫困人口的大规模下降(从1993年的10.36亿降至2002年的8.83亿)仅集中在东亚和太平洋地区。在南亚和撒哈拉以南非洲,农村贫困人口持续增加,到2040年甚至可能超过城市贫困人口;这些地区要特别优先利用农业来减少贫困。

(三)农业可以作为环境功能的提供者

毋庸置疑,农业在利用自然资源中,由于滥用等不当行为,会对环境产生正向和负向影响。农业目前是最大的水资源使用者,它导致了水资源短缺。在相当大程度上,农业肇始了地下水枯竭、农用化学物质污染、土壤肥力衰退和全球气候变化(农业温室气体排放占总排放量的30%)。但是农业也通过固碳、流域治理和保持生物多样性,扮演了环境功能提供者的角色,尽管这一角色通常不被承认并且是无偿的。随着资源日益稀缺、气候变化加剧以及环境成本更多地被纳入核算,农业不能够再像过去那样使用自然资源。降低农村贫困人口的耕作系统对气候变化的脆弱性迫在眉睫;理顺农业与自然资源保护、农业与环境的关系,必须成为"以农业促发展"整体框架的一部分。

(四)农业对世界不同国家农村发展的贡献差异

农业对发展的促进作用具有国别差异。这种差异取决于各国在多大程度上以农业作为增长源泉和减贫手段——可以通过考察过去15年中农业在总增长中所占的比重,以及农村贫困在当前总贫困中所占的比重(每天2美元贫困线)得到。同时,这种观察视角将发展中国家分成了三类——分别对应着三个迥然不同的农村世界(见表1-2-1)。

表 1-2-1 三种国家类型的各自特征(2005)

指 标	传统农业国	转型中国家	已经城市化国家
农村人口(百万),2005 年	417	2 220	255
农村人口比重(%),2005 年	68	63	26
人均国内生产总值(美元,2000 年不变价),2005 年	379	1 068	3 489
农业生产总值占国内生产总值比重(%),2005 年	29	13	6
农业生产总值年递增率(%),1993—2005 年	4.0	2.9	2.2
非农生产总值年递增率(%),1993—2005 年	3.5	7.0	2.7
农村贫困人口数(百万),2002 年	170	583	32
农村贫困发生率(%),2002 年	51	28	13

资料来源:Ravallion、Chen 和 Sangraula,2007;世界银行,2006。

注:贫困发生率标准是每天 1.08 美元(1993 年购买力平价)。

1. 传统农业国

农业是增长的主要源泉,对国内生产总值增长的贡献率平均达到 32%(主要是由于农业在国内生产总值中占据很大比重);大多数贫困(70%)发生在农村地区。这一类国家总计有 4.17 亿农村居民,他们主要居住在撒哈拉以南非洲——在撒哈拉以南非洲,82%的农村人口生活在传统农业国家。

2. 转型中国家

农业不再是经济增长的主要源泉,对国内生产总值增长的平均贡献率仅为 7%;绝大多数贫困人口(82%)滞留在农村。这类国家共计拥有 22 亿多的农村居民。在南亚,98%的农村人口居住在转型中国家;在东亚和太平洋地区,这一比例为 96%;在中东和北非地区,92%。中国、印度、印度尼西亚、摩洛哥和罗马尼亚都属于典型的转型中国家。

3. 已经城市化国家

农业对于经济增长的直接贡献更低,平均为 5%;贫困人口主要是在城市。即便如此,仍然有 45%的贫困人口居住在农村地区,农业企业、食品工业和服务的产值占国内生产总值的比重达到 1/3。这类国家共计拥有 2.55 亿农村居民。大多数拉美和加勒比地区、东欧和中亚地区的国家都属于这种类型——这两个地区的全部农村人口中,88%居住在已经城市化国家。

三、中国农业发展地位的宏观分析

新中国成立以来,特别是改革开放 30 多年来,中国农业更是取得了前所未有的辉煌成就,广大农村发生了翻天覆地的变化,是中国历史上农业发展最具有活力、增长最快、变化最大、取得成就最为显著的时期,不仅基本扭转了主要农产品供给长期短缺的局面,解决了长期困扰中国人民的吃饭问题,而且以占世界不到 1/10 的耕地,生产出了世界 1/4 的粮食,养活了世界近 1/5 的人口,创造了世界农业发展史上的奇迹,为人类的发展做出了重大贡献,也为国民经济和工业化起到重要的支撑作用。农业的宏观作用主要体现在产品、经济、劳动力、土地、生态、出口贡献等方面。

(一)产品供给贡献

改革开放以来,我国农业综合生产能力稳步提高。农产品生产不仅在产量取得大幅度的增长,品种不断提高,种类也不断丰富,不仅满足了人民的食物需求,也满足了工业生产所需的原料。表 1-2-2 所示,1978 年到 2007 年,我国粮食总产量由 30 477 万 t 上升为 50 160 万 t。油料作物总产量由 522 万 t 上升为 2 569 万 t;棉花总产量由 217 万 t 上升为 762 万 t。水果产量由 1978 年的 657 万 t 上升到 2007 年的 10 520 万 t;茶叶产量由 26 万 t 上升为 117 万 t;糖料产量由 2 382 万 t 上升为 12 188 万 t;蔬菜 2007 年产量达到 56 450 万 t,比 2001 年的 48 422 万 t 增长 17%。肉类总产量由 1985 年的 1 927 万 t 上升至 2007 年的 6 866 万 t。其中猪肉由 1 655 万 t 上升为 4 288 万 t;禽蛋由 535 万 t 上升为 2 529 万 t;奶类产量 2007 年达到 3 633 万 t,其中牛奶 3 525 万 t。畜牧业的发展带动了饲料工业的兴起。2007 年全国饲料产品总产量达 12 331 万 t。在渔业中,水产品总产量由 1978 年的 465 万 t 上升至 2007 年的 4 748 万 t。其中海水产品由 359 万 t 上升为 2 510 万 t。

表 1-2-2 全国主要农产品历年产量 万 t

项目	年份							
	2007	1978	1980	1985	1990	1995	2000	2005
粮食	30 477	32 056	37 911	44 624	46 662	46 218	48 402	50 160
棉花	217	271	415	451	477	442	571	762
油料	522	769	1 578	1 613	2 250	2 955	3 077	2 569
肉类			1 927	2 857	5 260	6 125	7 743	6 866
其中:猪肉			1 655	2 281	3 648	4 031	5 011	4 288
禽蛋			535	795	1 677	2 243	2 880	2 529
奶类						919	2 865	3 633
其中:牛奶						827	2 753	3 525
水产品总量	465	449	705	1 237	2 517	4 278	5 102	4 748
海水产品	359	325	419	713	1 439	2 538	2 838	2 510

资料来源:《中国农业统计资料汇编 1949—2004》,《2007 中国农业统计资料》。

(二)经济产出贡献

我国农业和农村对国家工业化和国民经济发展付出巨大的经济贡献,主要体现在:

1. 农业总产值不断上升

农业总产值是农村经济发展水平的重要指标。改革开放以来,我国农村经济呈现较快水平的发展,农业总产值不断上升(图 1-2-1)。1978 年农业总产值为 1 397 亿元,2007 年上升为 48 893 亿元。其中种植业由 1 117 亿元上升为 24 659 亿元;林业由 48 亿元上升为 1 862 亿元;畜牧业由 209 亿元上升为 16 125 亿元;渔业由 22 亿元上升为 4 459 亿元。农业通过工农产品价格“剪刀差”形式,累计向工业提供了上万亿元的资本积累,极大地支持了国家工业化建设,为保障和促进国民经济的发展做出了历史性贡献。

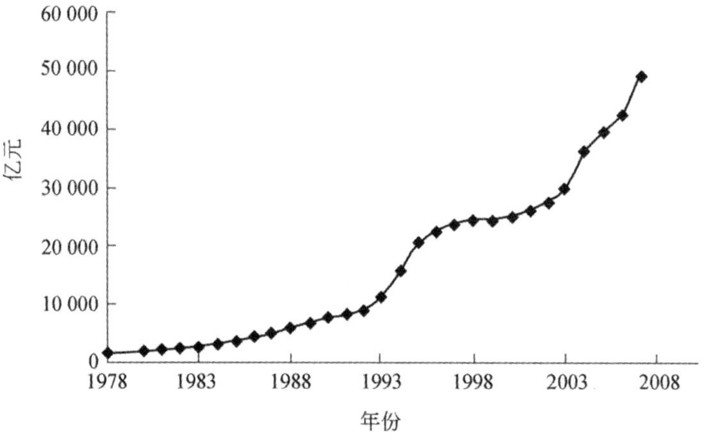

图 1-2-1　我国农林牧副渔总产值变化趋势

2. 农村经济在国民经济中居于举足轻重的地位

我国农业对国民经济建设特别是对其工业与城市建设的贡献，主要反映于工农业的产值方面，且以 20 世纪 70 年代以前尤为明显。在 1952 年，包括第一产业（农业）及第二产业（工业与建筑业）、第三产业（交通运输等）的国内生产总值产值为 466 亿元，其中第一产业（农业）的产值为 326 亿元，占其总产值的 70%。但是在其后的第一产业（农业）产值持续不断的增长中，其所占总产值的比例却持续不断地下降了，至 2006 年第一产业（农业）的产值仅占其总产值的 11.7%而已，与之相反的是第二、三产业的产值在其总产值的比例中，已高达 88.3%。上述第一产业与第二、三产业在其总产值中所占比例的升降过程明显地反映了我国第一产业（农业）对第二、三产业（工业、建筑业及交通运输业）所做出的巨大贡献（表 1-2-3）。

表 1-2-3　1952—2006 年中国国内生产总值及其第一产业（农业）与第二、三产业的产值发展状况

年份	国内生产总值	第一产业（农业）		第二、三产业（工业与交通等）	
	（亿元）	（亿元）	占总产值（%）	（亿元）	占总产值（%）
1952	466	326	70.0	140	30.0
1957	1 241	537	43.3	704	56.7
1966	2 534	910	35.9	1 624	64.1
1971	3 842	1 068	30.7	2 414	69.3
1976	4 536	1 258	27.7	3 278	72.3
1978	3 645	1 028	28.2	2 618	71.8
1980	4 546	1 372	30.2	3 174	69.8
1985	9 016	2 564	28.4	6 452	71.6
1990	18 668	5 062	27.1	13 606	72.9
1995	60 794	12 136	19.9	48 658	80.0
2000	99 215	14 945	15.1	84 270	84.9
2005	183 868	23 070	12.5	160 797	87.6
2006	210 871	24 737	11.7	186 134	88.3

资料来源：《2004 年中国统计年鉴》，《中国统计年鉴 2007》。

3. 乡镇企业对国民经济贡献巨大

乡镇企业增加值对国内生产总值的贡献份额从 1978 年的 5.71%增加到 2005 年的 27.6%，逐年递增。1988 年乡镇工业总产值的增加额对工业总产值增长的贡献份额达到 29.2%，1996 年贡献份额为 56.47%，2005 年贡献份额达到 64.74%。从 1978 年到 1988 年，在国家年度税额增量中，乡镇企业的税额增量占到 19.11%。1998 年，国家税收总额为 9 262.8 亿元，而同年乡镇企业的实缴税金总额，已经达到 1 582.98 亿元，约占国家税收总额的 17.1%，2005 年这一比例上升至 18%(范丽霞，2008)。

表 1-2-4 乡镇企业对国民经济增长的贡献 %

年份	乡镇企业增加值占 GDP 比重	乡镇工业企业总产值占工业总产值比重	乡镇企业实缴税金占国家税收收入比重
1978	5.71	9.18	4.23
1980	6.28	10.07	4.49
1985	8.57	18.81	10.19
1990	13.42	29.66	14.86
1995	24.01	55.78	24.80
2000	27.37	96.24	15.87
2005	27.60	64.74	18.00

资料来源：范丽霞. 论我国乡镇企业的三大贡献. 农业工程技术(农产品加工业)，2008(12)：102～105。

4. 农民收入增加大大拉动内需

改革开放以来，我国农民收入大幅度增长，农民生活发生了巨大变化，农村消费水平的提升能够极大地拉动内需，促进了国民经济的发展(图 1-2-2)。2007 年，我国农民人均纯收入达到 4 140.4 元，是 1980 年的 21 倍。人均生活消费支出从 1980 年的 161 元增加到 2006 年的 2 829 元。农民在吃、穿、住、行等方面的生活条件明显改善，生活质量不断提高，有力地拉大国内经济的发展。此外，金融政策向工业和城市倾斜，农村资金流失严重。据估计，改革开放 20 多年来农村通过各种金融渠道，净流出的资金数量高达 8 000 亿～10 000 亿元。农民交纳的各种税费负担繁重。2000 年，农村税费总量达到 1 359 亿元，平均每个农民交纳税费为 168.4 元，占当年农民纯收入的 7.6%。2006 年国家全面取消农业税，大大减轻了农民的负担。

(三)劳动力贡献

工业化进程的主要表现是工业产值比重和就业比重不断上升，同时农业产值比重和就业人口比重不断下降的过程。改革开放以来，随着我国经济社会的发展及农业生产水平的提高，农业人口占总人口的比重不断下降，从 1981 年的 82.19%下降到 2005 年的 72.58%，平均年下降速率为 0.6%；乡村从业人员比例不断增加，从 1980 年的 39.26%上升到 2005 年的 53.09%，平均年增长率为 1.3%(图 1-2-3)。随着工业水平的提高，将创造大量的劳动就业岗位，能促进农村剩余劳动力的顺利转移。从图 1-2-4 中我们可以看出，1983 年以后我国工业化率开始超过了第一产业的就业比率，而且工业化率的总体趋势是不断上升，而第一产业就业比率的总体趋势是不断下降。这反映了我国农村为工业化的推进贡献了大量劳动力。

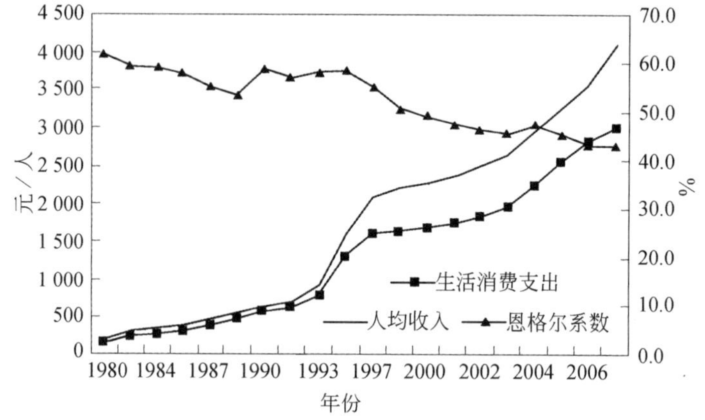

图 1-2-2　我国农村人均收入、生活消费支出及恩格尔系数变化

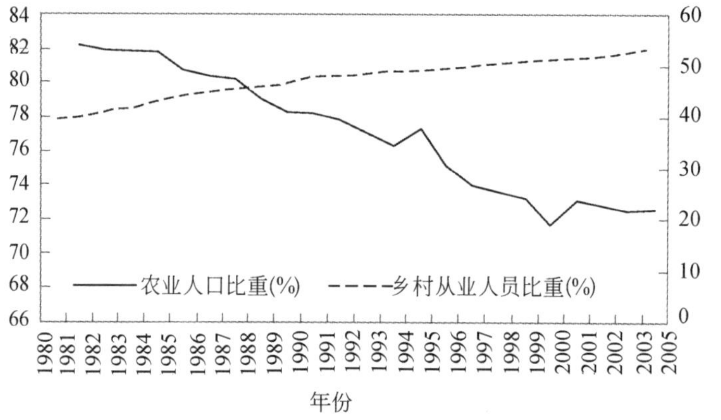

图 1-2-3　农业人口比重与乡村从业人员比重变化(%)

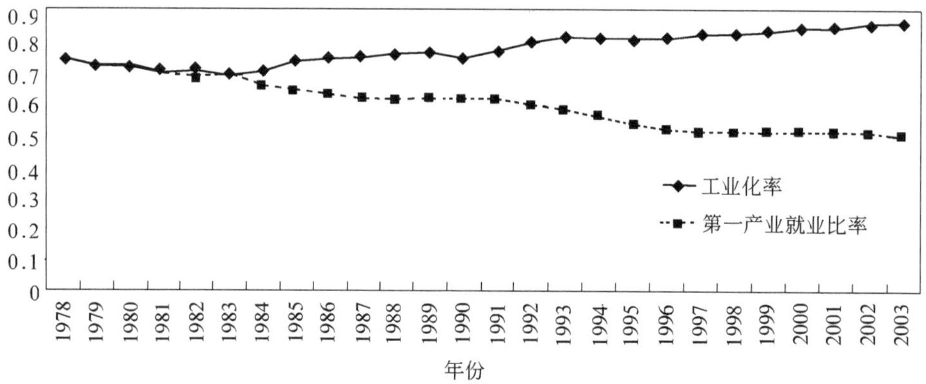

图 1-2-4　1978—2003 年我国工业化率和第一产业劳动就业比率变化

资料来源：高霞，高启杰. 工业化进程中各省劳动力转移情况的差异分析. 中国农村观察，2005.5。

(四)土地资源供给贡献

工业化进程必然带来了土地的占用。在人多地少的亚洲，尤其是经济发展较快的国家，如日本、韩国、印度尼西亚，一方面人地关系本已紧张，另一方面伴随着经济腾飞，耕地资源大量的非农利用。20 世纪 90 年代以来，我国的耕地流失与粮食安全问题在国际上引起了广泛的关注。莱斯特·布朗(1995)推测我国工业化、城市化过程将会消耗大量的耕地。Yang(2000)研究了 1978—1996 年我国耕地变化情况，认为农业产业结构和建设占用是耕地减少的主要原因。随着工业化进程的加快，经济不断发展，占用的土地也不断增加。20 世纪 80 年代以来，我国耕地面积整体呈下降趋势，而伴随着的是城镇化率的不断增加(图 1-2-5)，这两者有着一定必然的联系。这说明我国农业发展进程是不断“让地”于工业化进程，农业不断“牺牲”自己的土地资源使得工业化进程得以不断加速。

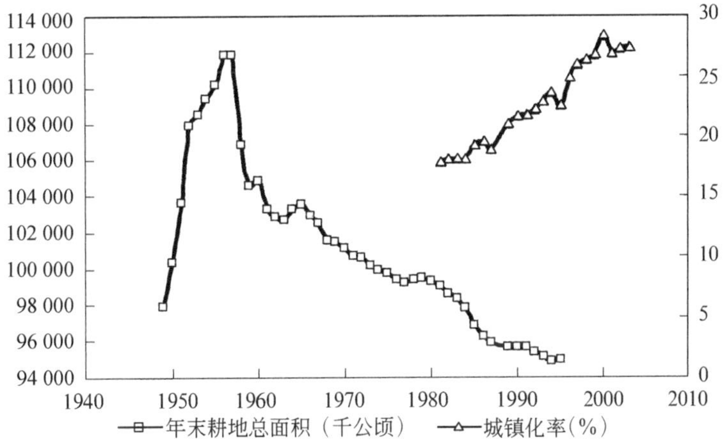

图 1-2-5 我国耕地面积与城镇化率的变化趋势

资料来源：①国家统计局农村社会经济调查总队. 新中国五十年农业统计资料. 北京：中国统计出版社，2000。

②各年份的《中国农业统计年鉴》。

(五)出口创汇贡献

改革开放以来，我国农产品出口对国家经济发展水平也做出了较大的贡献，蔬菜、水果及水产品等具有国际竞争力的农产品数量不断增加。“十五”期间，随着我国农产品国际竞争力不断增强，农产品出口取得长足发展，出口规模不断扩大，从“十五”初期的 160 亿美元增长到 2005 年的 271.8 亿美元，增长 70%，占当年全国出口总额(7 620 亿美元)的 3.6%，占当年农业增加值(22 718 亿元人民币)的 9.6%。在世界农产品贸易中的排名也不断上升，根据 WTO(世界贸易组织)统计显示，2004 年我国农产品出口排在世界第 5 位，占世界农产品贸易的比重为 3.2%，比“十五”初期有所提高。2005 年外资企业农产品出口达 117 亿美元，占农产品出口总额的 43%，已超过国有企业，跃居第一。民营企业出口农产品出口总额中的比重从“十五”初期的 7%增长到 25%，增速迅猛(国家农产品出口“十一五”发展规划)。

（六）生态建设与服务贡献

由于工业化的快速推进，整个人类生存的地球生态系统都受到了非常严重的破坏。农业不仅要满足不断增长的人口对食物的需求，而且还要为工业发展提供足够的原材料；同时，农业作为人类与自然之间能量交换的纽带，其减少工业化对生态环境的破坏程度、维护自然生态平衡的功能将日益凸显。农业生态功能的发挥与其现代化路径有着密切的联系。总的来说，我国在工业化进程中农业的生态贡献主要表现在：

1. 土地改良

新中国成立以来，我国不断加大投入进行中低产田改造，建成近 6 700×10^4 hm^2（10 亿亩[①]）的中高产田、5 300×10^4 hm^2（8 亿亩）的灌溉农田，有力地保障了我国社会经济发展对粮食的急剧需求。水土流失比较严重对我国农业生产和经济社会发展产生了很大的影响。国家和地方为了防止水土流失带来的负面影响，每年都采取了措施防止水土流失，近年来水土流失治理面积不断上升。

2. 水利工程

全国有效灌溉面积由 1949 年的 1 600×10^4 hm^2（2.4 亿亩）增加到 5 300×10^4 hm^2（8 亿亩）；除涝面积累计达 2 000×10^4 hm^2（3 亿亩），占易涝面积的 82%；改良盐碱地 533.10^4 hm^2（8 000 多万亩），占盐碱地总面积的 71%；发展节水灌溉，目前达 1 520×10^4 hm^2（2.28 亿亩），包括喷、滴、微灌等现代化技术；全国农田灌溉总体格局基本形成，目前全国农业用水约 4 100×10^8 m^3/年（潘家铮，2002）。

3. 生态工程

我国多年来也一直致力于农业生态环境的改善治理，以提高其生态贡献功能。近几年来，在生态环境建设上加大了投入力度，采取了许多重大措施：1999—2006 年，全国累计完成退耕造林 896 万 hm^2、荒山荒地造林 1 162 万 hm^2、封山育林 156 万 hm^2。到 2007 年 8 月，中央对退耕还林工程总投入达到 4 310 亿元。近年来水土流失治理面积不断上升。50 年来，全国累计治理水土流失面积 78×10^4 km^2。此外，防护林体系建设以及生态农业县建设等生态环境工程对农业生态环境的改善起到了重要作用。

4. 碳汇贡献

地球陆地碳储量的变化对全球气候变化影响较大，利用土壤固碳是解决全球气候变化的有效手段，农业土壤对 CO_2 具有源和库的双重效应。中国科学院等研究表明（黄耀等，2006），目前中国农业主要表现在碳汇能力整体不断加强，区域上表现南方上升北方下降，未来整体提升的潜力很大。尽管国外科学家认为土壤碳库一直是我国农业的环境问题，最近 20 多年来我国农业土壤中较普遍地出现了碳的固定趋势。

5. 生态服务价值

我国农业的发展历程对工业化的生态贡献主要体现对工业化带来的外源污染物的消纳、甚至牺牲自身的生态功能为工业化服务。此外，工业化进程占用土地也带来了生态价值损失。例如杨志新等（2005）研究表明北京市由于耕地面积显著减少，京郊农田生态系统生

---

①1 hm^2＝15 亩，1 亩＝0.667 hm^2。

态总服务价值由1996年的451.3亿元下降到2002年的342.7亿元,减少108.6亿元,6年间农业总生态服务价值平均值大约是其农业增加值的8倍;谢高地等(2005)研究证明我国农田生态系统为人类年提供19 509亿元生态服务价值和经济产品价值,其中41.9%是由农田生态系统自然过程提供和产生的,58.1%是由人类种植业活动过程产生的。

第三节 农业宏观分析学初议

之所以在此提出"农业宏观分析学",并不是认为它是一门新的学科,而是试图从农业方法论的角度探索形成一门基于农业系统科学研究的方法学。由前面两节的农业系统宏观特征分析以及农业发展的宏观意义分析所见,开展农业宏观分析不仅是农业发展研究不断完善的使然,也是农业发展决策进一步科学化的必需。然而,迄今为止,农业研究依然偏爱于农业技术、农业基础等相对微观层次研究而长期忽视宏观研究。客观地讲,我国目前尚没有真正意义上的农业宏观研究理论、技术、方法以及学科体系。早在20世纪中期,刘巽浩、高亮之等我国一批知名前辈就呼吁要加强农业系统分析与宏观研究,先后倡导在研究生教学中开设了有关课程并出版了有关专著。高亮之先生1993年在国内出版了《农业系统学基础》一书,首次比较系统地论述了农业系统学的概念、原理与研究方法。但其研究方法主要集中在系统工程方法方面。值得特别提及的是,中国工程院院士曾士迈先生组织国内外植物病理学专家,于2005年正式出版了《宏观植物病理学》学术巨著,深入讨论了植物病理学中的宏观问题。该书作者提出:宏观植物病理学就是植物病害的宏观研究,主要研究大尺度的病害系统进化、病害动态规律、病害地理发布、超长期预测以及病害宏观治理策略等(曾士迈等,2005)。可以说这部著作是目前从农业领域之中的某一学科出发专门进行宏观研究的比较系统的学术专著。对于我们思考、分析农业宏观研究具有重要借鉴。

一、研究对象

农业宏观分析学是对农业系统的总体发展态势及其影响进行全局性、战略性、动态性分析研究的应用性软科学。它以农业系统的整体性为研究对象,从大尺度的空间、时间范畴出发,应用生态、经济、社会、信息等综合交叉方法,研究某一区域农业(包括农村、农民)系统的结构变化、功能变化、政策效应、技术策略、发展战略等宏观问题。

二、研究特点

农业宏观分析学的本质是宏观方法论的创新与应用,是现代农业科学研究方法体系的组成部分。农业宏观分析学的核心是农业发展(agricultural development)的综合系统分析,其性质属于农业软科学范畴。根据作者多年从事农业宏观研究的点滴体会,笔者认为与其他研究相比,农业宏观分析具有以下独特的特点。

(一)目标的多维性

软科学研究目标一般具有鲜明的国家特征和时代特点。与农业基础研究或者关键技术研究不同,农业宏观研究首先必须确定分析研究的基本目标,而这种目标既要考虑学术性目标，例如粮食安全宏观研究要考虑粮食单产潜力分析的目标，同时还要站在一定的国家立场上进行，例如研究中国的粮食安全问题必须立足于中国国情和我国的政治经济立场来考虑。目标的多元性是农业宏观研究有别于常规技术性研究的重要特点。

(二)方法的综合性

由于农业系统的整体性特点所决定，农业宏观分析必须强调从生产、生活、生态、经济等多角度、多尺度进行研究，因此，在研究方法上主要依靠多因素、多指标的多元化分析、系统模型模拟、GIS\GPS\RS等方法应用。农业宏观研究多元分析与单一因素分析是相辅相成的，只有单一化分析却不能科学把握系统整体状态，多元分析必须建立在单因素分析的正确性基础之上，因此，农业宏观研究也要十分重视相关学科的典型实验研究成果的汲取与应用。

(三)思维的全面性

农业宏观研究的主要着眼点和落脚点就是为农业发展决策服务。总结历史、分析现状、谋划未来是农业宏观研究的三步曲，而人们最为期待的是面向未来的政策建议。因此，农业宏观研究必须强调思路的前瞻性，也就是研究者本身要具有开放思路和战略意识、全局意识、统筹意识，不能就事论事，不能只顾当前不顾长远，不能只顾局部不顾全局。

(四)学科的交叉性

任何一个农业系统的发展问题都不是一元的或者一维的，而是由多种因素、多种亚系统组成的。对这类系统的分析研究，必然是涉及农学、生物、生态、经济、社会、管理等多学科的知识交叉、方法交叉、理念交叉。农业宏观分析学必须借鉴多学科的相关理论与方法，才能适应这种需要。

(五)结论的复杂性

农业系统的多变性和复杂性，使得农业宏观分析研究的结论具有不确定性，也就是说与单项实验研究的结论确定性不同，往往农业宏观研究的主要结论是看其主流、观其主导趋势，而不能陷入几个具体数据的“死数字”中来，或者迷信于某某知名专家一言之词，而是要充分估计农业受自然、市场等因素干扰下的复杂变化，宁可将预期估计多变一些、目标规划适度一些、研究结论客观一些，防止绝对化、极端化。

三、重点任务

(一)农业发展总体态势研究

农业发展总体态势是指某一区域(国家、省或县等)农业系统在特定时期内(某一年或某一段)的总体发展状态，它是各项发展因素综合作用的结果与反映。态势分析就是对某一特定农业系统的状态进行历史性、现存性、未来性的综合分析的过程，可以分为“历史态势”、“现状态势”、“未来态势”等(表1-3-1)，三种“态势”是出于同一个时间维上的相互联系的发展过程。研究总体态势变化需要借助大量调查研究、案例分析以及综合模型分析等。

表 1-3-1　农业发展态势分析类型

"农业态势"主要包括	历史态势	现状态势	未来态势
时间状态	从目前追溯到以前	目前 2～3 年	从目前到以后
分析重点	运行特点规律、经验、教训、持续性、周期波动	水平、质量、结构、问题、持续性	趋势、预警、危机、前景
主要方法	长期运行动态分析；多目标相关分析；分段或对照分析	供求关系分析；对比分析；典型分析	趋势预测法；预警分析法；供求可能性分析

农业宏观分析学之所以要研究一个国家或地区农业系统的运行规律，其目的也在于达到人为有效调控，使其健康、持续地发展的目的。农业态势的调控目标是多维的、多元的，但大体可以归纳为四大目的或"四个持续性"的协调统一（表 1-3-2）。

表 1-3-2　农业态势调控的目标集

	主要目标或内容
生产持续性	农产品产量动态、农产品供求动态、农产品余缺判断、农产品进出口动态、农产品结构、生产政策等
经济持续性	农业经营效益、农村收入及分配、农产品价格动态、农村产业结构、农业与工业关系、农业投资效益、农业劳动力、农村食物结构、农民收入、农民消费、经济政策等
生态持续性	农业资源动态、农村生产基本建设、农村生态环境、农村智力、农业生态系统
社会持续性	公平与分配、农村教育、农民生活质量（水、土、气等），农村文明状况

（二）农业发展战略研究

战略，顾名思义即谋略，策略或者决策。农业战略决策是为了达到特定时期国家或地区经济社会发展目标的农业发展方向、道路、途径等重大决策的总称。农业发展战略是整个国民经济发展战略的组成部分。

农业发展战略：广义地讲是指某一经济主体在某个时期对农业发展所做的带有全局性、长远性、关键性的宏观决策。它包含了确定的农业发展战略目标和实现这一目标的基本途径。一般而言，一项农业发展战略决策包括：战略目标、战略任务、战略重点、战略途径等内容。

1. 战略目标

是特定时期内可望实现的农业发展奋斗目标，主要包括生产发展目标、经济建设目标以及生态环境目标。目标是整个农业发展的"纲"具有重大指导意义。目标要具体、明确，而且科学、可行。

2. 战略任务

是为实现战略目标所确定的具体工作任务。战略任务的选择要集中体现实现战略目标的迫切需求，集中目标，集中力量，不能过于分散。

3. 战略重点

是指为达到战略目标，从实际与可能出发所确定的若干当务之急的重点，主要包括：重点产业、重点问题、重点区域等。主要体现"有所为，有所不为"的原则。

4. 战略途径

是指为实现战略目标、任务、重点等所采取的战略步骤和方法，主要包括政策条件、投入途径、技术途径、市场途径、贸易途径、法律法规等，具体途径根据不同问题和战略任务来选择。

(三)生态经济社会宏观问题研究

1. 农业与生态问题

农业系统健康运行的重大命题就是农业生物与环境关系问题，即生态学上的生态平衡与生态文明建设问题。对于农业系统而言，宏观生态问题十分复杂而紧迫，当今全球性的诸多生态问题与农业有关。重点要研究分析：农业活动与温室效应、农业与全球能源、农业与全球粮食安全、农业与全球生物圈变化、农业与人类生态健康、农业与气候变化、农业与生态安全等。这是现代生态学迅速发展下，赋予农业宏观分析研究的重大而长期的任务。

2. 农业与经济问题

经济领域的许多问题无不与农业这个第一产业密切相关。农业宏观分析学的研究任务之一就是要为农业与农村经济管理提供重要依据。主要研究任务包括：农业与经济体制、农业发展与经济增长、农业与经济收入、农业发展的投入产出、农产品贸易与市场问题、农业的国际竞争力等。

3. 农业与社会问题

农业对人类社会发展的影响是深刻而综合的。研究社会问题往往离不开对农业问题的关注。这也是宏观研究的重要方面。主要包括：农业发展与贫困问题、农业发展与区域差距、城乡一体化、农业发展与农村教育、农业与农村妇女、农业的文化传承等。

四、研究方法论

研究方法是农业宏观分析学的重要内容，作为农业领域的综合性研究，农业宏观分析方法与农业的试验研究方法、实验科学方法等有很大不同。虽然开展宏观研究的学者很多，但是目前尚没有人专门对其研究的方法进行系统的研究与总结。值得高兴的是刘巽浩先生等基于多年的研究和积累，于2005年出版了《农作学》一书，其第五章对农作制度研究方法进行了梳理与总结，这是国内首次对农业宏观研究方法论进行较为全面的论述。本书在其基础上，结合多年的研究和教学积累，进一步对农业宏观分析的方法论进行梳理与总结。这里所指的方法论不是“method”(一个计算公式、模型或是简单的实验方法)，而是一种“Approach”(融合了研究思路、研究框架和具体技术方法的多方面、综合性的方法论)。具体说来，开展农业宏观分析研究在方法论上需要注重以下几个重点(本处只是总体概论和论述，详细的方法应用见第二章到第七章的内容)。

(一)宏观背景信息的真伪验证是宏观研究的重要基础

背景分析或者基础分析是确定农业发展战略的基础性工作。背景分析是否全面、科学，结论是否准确对于制定农业发展战略目标至关重要。一般常用的背景基础分析方法主要包括：

1.历史资料收集与分析

主要通过收集地方史、地方志以及其他权威机构提供的历史性的记载资料进行“回顾分析”从中获得有重要参考价值的历史信息并将其引论到现实问题的分析。通过历史资料收集与分析,不仅可以避免重复性的研究同样的问题,也可以从中发现新的问题或分析同一问题的新角度(切入点);一些重要的历史信息也可以对现在的研究结果起到验证作用,尤其是历史上那些经实践检验是错误的宏观决策、措施等可以对现在宏观分析之后的对策提出具有重要“警示”作用。

2.农业统计资料整理分析

这是目前农业宏观分析过程中最重要的环节和方法,也是目前农业宏观分析中最常用的方法。通过统计资料的整理分析,可以某一国家(区域)的农业发展历史背景、现状态势进行全面系统的分析,为新问题的提出和解决奠定基础,同时农业统计资料的整理也可以为其未来的发展趋势进行预测的数据基础。一般要来自政府部门或统计部门。但要进行必要的“证伪分析”不能机械照抄,尽量剔除“水分数据”。

3.典型调查分析

通过对一定农户或企业、农场等的实际调查,获得反映基础的第一手资料并进行分析,可以获得自己认为比较真实的背景数据和结论。这是战略背景分析普遍应用的方法。

4.比较分析法

通过与类似问题地区或国家之间的不同指标对比分析,可以获得该地区的农业发展现状水平及所处阶段等重要结论,尤其要获得“人均指标”、“亩均指标①”、“年均指标”等相对可比较的分析结论。

5.他人研究资料的“二次利用”

仔细收集对于宏观战略研究必要的实验、试验资料以及报刊发表的资料,然后加以整理得到必要的背景结果。在他人研究资料的收集与分析过程中,不同的人在收集和分析同一宏观问题采取的方法和途径不尽相同。这其中最重要的是对自己研究的宏观农业问题有较深入的思考过程,要求研究者必须清楚自己的研究目的和需要的资料(包括研究数据、研究方法、研究结论和观点等)。然后采取简单的归类法、总体分析法(meta-analysis)等不同的方法对资料进行科学分析,提炼出对自己的研究有价值的信息。

(二)综合多元分析是农业宏观研究的基本方法

农业系统是多目标、多功能复杂巨系统,研究农业宏观问题不能仅从一个角度、一个方法、一种思路开展,需要多角度、多方法、多思路的融合,基于收集整理的宏观背景信息资料进行综合多元分析,提炼出科学、清晰、可操作性强的研究框架。这种方法目前许多国际组织经常采用的方法,例如,由世界卫生组织、联合国环境规划署和世界银行等机构组织完成的《千年生态系统评估》国际合作研究项目、世界银行的《2008年世界发展报告——以农业促发展》以及联合国粮农组织(FAO)诸多的有关农业发展的相关报告等。因此,农业宏观分析研究要注重掌握“综合多元分析”的基本方法。这里的“综合多元”主要体现在以下几

①1亩=666.7 m^2

个方面：

1. 多指标、多方法分析

农业宏观问题涉及方方面面，单一的方法往往不同满足研究的需要，在农业宏观过程中要注重多种方法的综合运用。例如，在分析农作制这类综合性问题时要采用综合性方法，如系统工程方法、宏观分析方法、生产经济生态三结合方法，或者运用多种单项方法的综合分析。

(1)不同单项方法综合选择

①涉及生产方面的：包括了产量分析(总产、单产、人均产量、产量变化率)、效率分析(土地利用率、单位土地生产率、劳动生产率)、结构分析(一、二、三产业结构、农林牧渔结构、作物结构等)；

②涉及经济方面的：成本利润分析(CBA)是最基本的，深入一些的还有机会成本分析、边际效益分析、比较效益分析。此外，还有一些市场分析(如供求分析，价格分析，风险分析等)和生计源与财政分析(如人均农民纯收入、生计来源分析、区域性的财政收入与支出分析等)。

③涉及生态方面的：常用的指标主要是一些资源环境的一些指标，例如水土流失、沙化、草原退化、CO_2 排放量、大气、水体污染等。

在具体的分析过程中，可以围绕研究的主题、结合区域具体情况选择几种重要方法和指标进行综合分析。本书第二章第四节在分析区域“以工补农”的条件评估与经济结构特征时采用的就是这种思路。

(2)指标体系综合分析法　综合目前国内外的研究趋势来看，使用频率最多、应用范围最广的一种方法是指标体系综合分析方法。这方法是针对研究的问题(如农业可持续发展评价、农业生产力综合评价等方面)，建立一个综合评价指标体系来分析。该方法的基本思路是：先在遵循一定原则(譬如因地制宜、重点和全面相结合、适应性强，可比性，可操作性、科学性、简明性等原则的指导下)抽取一定数量的评价指标集，如经济、社会、环境等效益指标，然后对每一个指标赋予一定的权重相加，形成一个综合指标来评价农业系统。主要代表有：联合国可持续发展委员会的指标体系、美国耶鲁大学和哥伦比亚大学合作开发的环境可持续性指标、中国科学院提出的“中国可持续发展指标体系”等。此外许多学者也用层次分析法建立了一系列的指标体系，并应用于具体的评估实践中。该方法的难点之一是权重的确定，它的变更对评价结果有很大的影响。确定权重的方法也很多，如层次分析法、多元聚类分析法、模糊方程求解法、专家咨询法、数据包络分析法(DEA)等。本书第二章和第六章的相关内容研究多采用此方法。

(3)关键综合指数法　这类方法不同于单指标和多指标体系的分析方法，它通过实验分析、模型模拟、统计分析等方法，建立一个综合指数来评价某一科学问题。该方法的分析结果较为简单明了，也是使用较多的一种方法。针对不同分析层面，有许多不同的指数模型可供选择。例如，基于对 GNP 的修正，1972 年美国经济学家诺德豪斯(Nordhaus)和托宾(Tobin)提出了经济福利尺度，用经济福利尺度来修改国民生产总值(GNP)。经济福利尺度＝GNP＋主妇家务的价值－消耗污染所付出的代价－闲暇消费价值－现代化城市生活所造成的其他损失。此外，全球环境社会与经济研究中心(CSERGE)提出的持续性指数、联合国开发计划署(UNDP)1990 年提出的联合国人类发展指数(HDI)、美国海外发展委员会提出的用以衡量一个国家的营养、卫生保健和国民教育等方面的测度指标:实际生活质量指数(PQLI)等。目前较有影响的还有 1991 年布朗提出的可持续发展经济福利指标(ISEW)、1994 年牛文元提出的人类活动强度指数(HAI)和世界银行直接资助、由资深经济学家代尔和库伯所制定的可持续发展经济福利模型(WMDS)。

2. 多群体、多层面分析

农业宏观分析不仅涉及自然科学问题、也涉及社会科学问题,分析农业宏观问题不能仅仅局限于自然科学分析方法,也要注重采取社会科学的分析研究方法;此外,农业宏观问题涉及的层面也很广泛,其利益群体有政府、科学家、农民、企业等,因此在农业宏观研究中要注意多群体、多层面的分析思路。主要的方法有:

(1)农户意愿调查法 农业宏观问题有些方面涉及到农村社会发展与农民生计问题、农业政策的实施与评价等"软科学"问题,这些问题的研究不能完全依靠统计数据或试验数据来说明问题,因此,采用农户意愿调查法是农业宏观研究的重要方法。该方法具有以下几个方面的作用:

①提供研究背景信息和农业决策依据:在许多农业宏观问题的研究中都会涉及到农民,比如一项国家政策的实施是否与农民的需求相吻合,农民最关心哪些方面等等。通过实施农户意愿调查,可以提前了解农民的意愿,为农业宏观研究提供重要的信息基础。这是学者们在研究过程中经常使用的"研究预调查",也是政府制定农业政策之前经常做的一项工作。

②农户参与到研究过程:这种方法学术上称"参与式研究",是目前国际上比较流行的一种研究方法,通过让农户参与到项目的研究过程中,把农民当做"研究者"之一,这对于农业宏观研究具有重要作用。目前具体到农业系统已经形成了比较完善的研究框架,称为"农作制研究与发展"方法(farming systems research and development,FSR&D 或简称为 FSD)。案例研究可见本书第七章第三节内容。

③农业政策后续评估:许多农业宏观问题涉及到国家相关的农业政策,比如"退耕还林"、"粮食补贴"、"新农村建设"等政策的执行效果、存在的问题、如何调整与完善等诸多学术问题。通过研究设计方案进行大范围农户调查是该类问题研究获得数据的重要途径(见本书第七章的内容)。

(2)专家决策咨询法 由于农业宏观问题复杂性,涉及的学科比较广泛,不同的专家学者对同一问题的看法不尽相同。此外,有些宏观问题无法完全通过定量的方法来研究,因此,定性的判断也是宏观研究经常使用的方法。为了使研究更具代表性和科学性,专家决策咨询法不失为一种重要的方法。具体有专家问卷调查法(也称 Delphi 法)和专家会议法。这些方法也是国际上宏观研究常用的重要方法。我国的许多科技规划和科技项目实施的前期预研究也经常采用这些方法。前面提及的多指标综合评价方法中的指标权重也经常采取该方法来确定(见第二章第三节)。

(三)系统模型分析是农业宏观研究的重要手段

系统模型分析是基于数学、系统学、信息科学等学科的快速发展而逐步完善和发展的现代科学研究分析手段。由于农业宏观研究涉及的面比较广,需要分析的数据比较多,许多指标数据需要经过多次的计算，成为解释宏观问题的具有科学内涵的指标（指数），这些过程往往比较复杂，需要借助一些系统模型才能完成。系统模型分析已经成为宏观研究的重要手段，也是宏观研究从经验走向科学、从定性走向定量、从单一走向系统的重要支撑。综合目前的研究进展，农业宏观研究涉及的系统模型方法主要有以下几种类型。

1. 经济学模型

经济学的许多模型在农业系统的宏观分析中具有重要的作用，比如：比较优势分析模型、成本效益分析模型、生产函数模型以及诸多的计量经济学模型。这些方法目前发展得比较成熟，研究者在做具体的农业宏观分析过程中，需要做的就是针对具体的研究内容，比较选择出适合于自己的模型方法，并对具体研究涉及的指标进行"重新定义"以及一些参数的修正，然后运行模型，开展结果分析，得出研究结论。这方面的例子很多，例如，朱希刚等(1997)研究农业技术进步对农业经济增长的影响；林毅夫等(1994)通过计量经济分析得出制度因素是1978—1984年农业增长的主要源泉的结论；黄季焜等(2005)研究提出发展转基因农作物符合我国国家利益，对生产的扩大、农民收入的提高、对外贸易发展等均会产生积极的影响，同时也将对国家粮食安全问题的解决起到积极的促进作用；杨振宁等(2006)通过对1985—2004年数据的分析得出在诸多影响因素中劳动力质量和技术进步起主要作用；陈卫平(2006)用非参数的Malmqusit指数法研究了1990—2003年期间中国农业全要素生产率及其构成的时序成长和空间分布特征。

2. 生态学模型

半个多世纪以来，数学模型在生态学研究中得到了广泛应用。其描述性模型和统计模型倾向于对真实生态系统进行随机性的描述和统计性的分析，而模拟模型克服了描述性模型及统计模型的不足，即在时间尺度上进行生态系统的动态变化研究，具有广泛适用性。生态系统模型把生态系统当作一大功能整体来模拟，过程比较复杂，应用的尺度范围比较广。目前关于生态系统模拟模型主要可以从四个尺度来归类(彭少麟等，2005)：

(1)个体及种群尺度　主要有各种生理生态模型、个体或种群生长模型、种群竞争模型，土壤-植物-大气的物质能量交换模型等。例如，各种林窗模型(Gap model)、瑞典科学家皇家技术研究所(Royal Institute of Technology)以P. Jansson为首的科学家在20世纪八九十年代研制出COUPMODEL(Coupled heat and mass transfer model for soil-plant-atmosphere system)的关于土壤-植物-大气系统的机理性模拟模型等。

(2)群落与生态系统尺度　主要有生态系统生产力模型、生物地球化学循环模型、食物链(网)模型、物种迁移与演替模型、物种分布格局模型等。例如，关于植被生产力的Maimi、Thornthwaite、Memorial、Chikugo模型和综合模型，CENTURY(grassland and agroecosystem dynamics model)、Forest-BGC(forest-bio-geochemical cycles)、BIOM-BGC(biome model-bio-geochemical cycles)等基于过程的生物地球化学循环模型等。

(3)景观生态系统尺度　主要有各种区域经济模型、社会发展模型、土地利用模型、资源变化模型、生态系统景观格局模型等。与其他生态学模型的主要区别是在模型中增加了空间维，即景观动态研究包含了时空两个方面的动态变化，一般可分为随机景观模型和基于过程的景观模型。

(4)生物圈与地球生态系统尺度　主要有各种地球化学循环模型、生物圈水循环模型、中层大气循环模型、生物圈植被演替模型、生物圈生产力演化模型、全球变化模型等。较为流行的模式有陆地生态系统模式 TEM、CENTURY、法兰克福生物圈模式 FBM、Biome-BGC、卡内基—埃姆斯—斯坦福方法 CASA 等。这些模式已被用于估算自然生态系统对大气 CO_2 加倍及相关气候变化在区域和全球尺度的平衡响应。

3. 系统学模型

近年在农业宏观研究，尤其是农业生态学研究中广泛应用系统学模型，如以各组分的微分方程为核心的系统动力学模型，用主成分分析进行的聚类和因子分析、用层次分析法对农业系统进行综合评价、用线性规划研究生态经济系统的优化配置和可持续发展，建立专家系统处理非结构化的农村与农业生产问题，用马尔科夫转移矩阵研究群落发展，用能流图分析生态系统中鸟类种群的能量制约，利用蒙特卡罗法设计取样方法，利用灰色系统模型预测系统的变化，利用哈密顿函数求生态经济系统如牧场的最优处理等。还有用于预测研究的各种情景分析模型、神经网络分析模型等。例如，敖长林、姚晓敏(1998)应用灰色关联分析方法分析了黑龙江省各地市农业产值的发展对全省农业总产值的影响，从而为调整农业产业结构及制订合理的全省农业发展战略提供决策信息。张新长、张克权(1994)模糊聚类分析方法在化肥农业区划评价图中的应用。高玉欣、郑文瑞(2008)利用模糊数学中的聚类分析方法，对吉林省农业经济类型和农业气候进行划分。孙艳玲(2008)应用数据包络分析方法(DEA)对四川省 21 个市州农业可持续发展能力进行了定量评价和分析。

此外，由于农业发展的阶段差异和各地自然环境及社会经济条件的多样性，农业生态系统通用软件正被特定生态条件下的系统评价指标所替代。生态学家对远离平衡态的生态系统以耗散结构理论和热力学理论为其基础提出了一些通用指标，如多样性、有序性、熵、EXERGY、EMERGY 和热力学活度指标等。EXERGY 指标是以分子中的原子组织有序性为量度标准，系统中物质平均分子量大、基因多，EXERGY 值也大(骆世明，1999)。

4. 生态经济模型

系统模型是决策分析和理解复杂系统的手段，面对越来越严重的生态、环境与资源问题，无论在生态学还是经济学研究中，定量的模型方法都越来越多，但是对生态与人类经济社会的相互作用与联系问题，两者的传统研究却一直集中于建立生态系统或者经济系统的单一模型，孤立地看待这两个系统，假定系统之间不存在弹性、适应性、承载力等反馈关系(高群，2003)。

近年来，随着生态经济学的发展，生态经济模型的研究范围从整个系统的管理和全球生命支撑系统的可持续性到自然资源和环境服务的可持续使用等，为分析可持续发展而按照不同的论题建立不同的模型框架。目前，该领域研究热点的模型主要能值(emergy)、生态系统服务(ecosystem services)G、生态足迹(ecological footprint)、生命周期评价(LCA)、生态健康(ecosystem health)等模型，许多现代生态经济模型研究在农业宏观研究中得到很好的应用，本书第三章到第六章的内容就是近年来笔者在这方面进行的探索研究，具体的方法应用及拓展见相关章节内容。

(四)宏观与微观结合是农业宏观研究的科学准则

20世界后半叶以来,随着分子生物学、电子信息科学的快速发展,许多农业相关的研究在微观领域不断深入,例如,传统的育种逐步转向了分子育种研究。然而,农业系统是个综合的系统,许多问题光从微观问题上研究无法解决实际问题,例如粮食安全发展对策、农业资源环境可持续发展等宏观问题,单纯依靠微观研究无法为国家提供科学对策。宏观研究是农业研究不可忽视或弱视的重要方面。同时,农业宏观研究也不能仅仅停留在宏观层面上,许多问题的重要科学支撑依然需要微观研究结论的支撑。因此,农业宏观研究要树立宏观与微观相结合的基本科学态度。参照刘巽浩先生2004—2007年在中国农业大学的宏观农业课讲稿,关于宏观与微观的有机结合可以从以下几个方面理解。

1.宏观对微观的决定性

宏观事物是由众多的同质或异质微观事物通过有机联系所组成。如众多小河汇成大江形成流域,农田、草地、河流、农村住宅区等微景观形成区域景观格局等。由微观组成的宏观已经具有不同于某一微观的特性。如小范围的农田与大尺度的农业景观相比,后者具有更多的生态服务功能。在多数的情况下,往往是宏观决定微观,主要表现为:

(1)总体决定局部　同一事物的本体、大局、本质、战略等,往往决定该本体中的某一个体、局部,如“大河有水小河满”。气候地理决定生物分布(内陆盐碱地出现在干旱的中国北方,世界森林集中在湿润半湿润地区、半干旱地区是草原)。

(2)综合决定单项　宏观的整体往往是由若干性质不同的单项有机联系而组成,组成后的综合体已经不同于原来的某一单项。因而综合体决定了单项,而不是由单项决定综合体。例如:农业是由生产、经济、生态、技术、信息等亚系统组成的综合体,因而农业不能单纯归结为农业就等于“高产农业”、“生态农业”、“信息农业”。

(3)系统决定环节　系统是由许多环节组成,组成的系统决定了它各组成成分——环节。要从系统的角度研究某一环节。一些自然系统规律或社会经济系统规律往往决定了某些个体的行为动态。例如,生物的生长发育和生老病死规律、能量散逸规律、适者生存与进化规律、社会发展规律等。

(4)长远决定短期　一时、当前、短期的表现是历史长河中的一个点,它往往是由长远的过程所决定;当前的问题不能只从当前考虑,还要从长远、可持续发展的角度去看待和分析。如:对人均粮食消费量的预测不能以现在的生活水平来预测问题,要考虑未来社会经济发展水平对人们生活水平提高的影响。

(5)主流决定支流　主流决定事物的方向、本质和大局,也决定了支流的动向。在错综复杂的事物中分清主流与支流是十分重要的。如:近十几年关于粮食安全之争,关于“粮食问题已经解决”、“粮食问题要防患于未然”、“粮食安全是中国农业的永恒主题与难题”等观点要注意分析哪些是主流。

2.注意把握宏观与微观的正负效应相互关系

农业宏观研究要逐步学习树立宏观意识与宏观观,寻求适当的研究宏观或微观问题的思路与方法。要自觉地从宏观角度对事物进行观察、判断、推论,从而找出其因果关系,进而做出相应的结论。要区分事物的宏观与微观的一致性与不一致性，以求正确的判断与推论或结论。具体要注意以下两点：

（1）宏观事物的多样性、差异性与特殊性　同一宏观事物的内部往往并不是铁板一块，在分析宏观事物时，既要看到它的同一性，又要注意它的多样性、差异性与特殊性。具体分析、区别对待。

（2）同一事物宏观观与微观观的差异　一些情况下对某一事物的认识、判断或结论往往会出现宏观与微观的分离，即"正""负"不一致性。具体可以体现为"微正宏正"（如农户粮食高产—国家粮食安全保障）、"微正宏负"（如玉米加工生物质能源-国家粮食安全紧张）、"微负宏负"（如农户滥砍滥伐收益-区域生态破坏）、"微负宏正"（如内蒙古武川县改马铃薯为防风蚀的留茬作物，农户经济收益受影响，国家生态环境效应受益）四种类型。

3. 从宏观到微观是研究微观问题的一条捷径

利用宏观的知识（理论、规律、法律）或宏观的方法（总体分析、综合分析、历史分析、系统分析、定位分析、逻辑分析）对微观问题做出判断与结论。好处在于：①快捷对微观判断，如大兴安岭火灾后是否会变成荒漠、西北能否成为第一流林业基地等。②大处着眼小处着手，使微观研究建立在可靠的背景与基础之上。③开辟微观研究的另一条宏观途径，解决微观研究中的某些难题。

4. 从微观到宏观是研究宏观问题的可靠保证

通过一个或少量的微观事物来判断、推论事物的全貌、大局、总体、历史或推动宏观发展。在宏观研究中，由微观到宏观是一条重要途径，但微观必须是真实正确的，因而对关键性的微观事物必须进行重点研究。从微观到宏观是研究宏观的一条有用途径，但在应用时要有条件：微观事物具有典型性、代表性；微观事物的真实性；对异质性宏观事物需分别对待；推论要适度、有据、合乎逻辑；在可能条件下要反复实践、验证。

（高旺盛，陈源泉）

参考文献

1. 刘巽浩. 农业概论. 北京：知识产权出版社，2007
2. 高亮之. 农业系统学基础. 南京：江苏科学技术出版社，1993
3. 刘巽浩，高旺盛，陈阜，等. 农作学. 北京：中国农业大学出版社，2005
4. 曾士迈. 宏观植物病理学. 北京：中国农业出版社，2005
5. 高旺盛. 中国区域农业协调发展战略. 北京：中国农业大学出版社，2004
6. 戈峰. 现代生态学. 北京：科学出版社，2005
7. 朱希刚. 中国农业科技进步贡献率测算方法. 北京：中国农业出版社，1997
8. 林毅夫. 制度、技术与中国农业发展. 上海：上海三联书店，上海人民出版社，1994
9. 黄季焜，胡瑞法，Scott Rozelle，等. Insect-Resistant GM Rice in Farmer Fields：Assessing Productivity and Health Effects in China，Science，2005，29，308，688～690
10. 骆世明. 农业生态学近年研究领域与研究方法综述. 生态农业研究，1999，7(1)：19～22

11. 章家恩. 中国农业生物多样性及其保护. 农村生态环境,1999,15 (2):36～40
12. 彭少麟,张桂莲,柳新伟. 生态系统模拟模型的研究进展. 热带亚热带植物学报,2005,13 (1):85～94
13. 陈卫平. 中国农业生产率增长、技术进步与效率变化:1990—2003. 中国农村观察,2006 (1)
14. 高群. 国外生态—经济系统整合模型研究进展. 自然资源学报,2003,18(3):375～383
15. 潘根兴,赵其国. 我国农田土壤碳库演变研究:全球变化和国家粮食安全. 地球科学进展,2005,20(4):384～393
16. 谢高地. 我国粮食生产的生态服务价值研究. 中国生态农业学报,2005,13(3):10～13

第二章

区域农业发展分析方法及其应用

区域农业发展是农业宏观研究的重点内容之一，其涉及到区域农业与农村可持续发展、区域农业(村)发展差距与协调发展以及区域工农关系等重要问题。由于这些问题涉及的学科比较广泛，不仅有农学基础知识，也涉及经济学、社会学等多学科的知识，因此开展区域农业宏观分析研究，必须采取多元综合分析的方法。本章重点以案例的形式，介绍具体问题的分析思路、方法、计算过程以及结果。

第一节　区域农村发展差距分析

一、区域农村发展分析方法概述

区域农村发展是一个复杂多系统、多学科、多指标的问题，研究分析这个问题最重要的是要找到一个科学的分析方法框架。综合目前国内外的类似研究，采取的分析方法主要有以下几种类型。

(一)单一指标法

采用人均国民生产总值、人均收入、文化水平等单一指标来分析区域发展的某些方面的差距。这些指标方法简单易行，能够直接和简明反映区域存在的实际问题，在一些重点关注的指标研究中非常实用，例如国家统计局课题组在2000年在研究我国收入分配差异时采用了农村居民收入这一指标来说明农村地区差距进一步扩大情况。其缺点是不能全面反映区域发展的复杂内容，因此应用不是很广泛。

(二)复合指标法

在分析区域发展问题时不是采用统计数据的原始指标，而是在理论研究分析的基础上，利用统计数据结合其他研究数据，提出自己的分析评价方法。例如，联合国开发计划署(UNDP)1990年开发的人文发展指数(HDI)；胡鞍刚等(2001)提出的知识发展差距指标、经济发展差距指标和人类发展差距指标；锡尔系数法、泰勒(Theil)指数法、基尼系数和五等分组法等(王旭明等，1998；查朱和，2004；刘慧，2002；张焕明，2004)。从应用和可操作的角度考虑，这类指标易于尝试，是现阶段研究和应用的主体，也是较为流行的方法。

(三)系统指标法

这类方法一般是从系统的角度综合考虑区域发展方方面面的指标，然后采用一定的分析工具进行综合评价。例如洛桑国际管理学院的竞争力指标、UNCSD 的 DSR 指标体系、SCOPE 指标体系、牛文元的“可持续发展度”、国家统计局和中国社会科学院的小康指标体系等。这些基于系统理论和方法的指标体系结构过于复杂，由于各方面的限制，目前此方向的研究还很薄弱。

二、区域农村发展差距分析

(一)研究目标

由于受自然条件、地理位置、社会发展水平等多方面因素的影响，区域农村发展差距不可能在短期内消除。全面衡量区域农村发展差距，需要一套相对完整的指标体系来定量监测差距现状、评价差距的综合发展态势并判别差距形成的原因，从而为实现区域农村协调发展提供科学依据和决策参考。

现有的对我国区域农村发展差距的研究多是从现状进行分析研究，对造成差距的原因分析往往只是定性的分析。鉴于此，本研究意于建立系统分析我国区域农村发展差距成因的框架，在理论分析、专家咨询的基础上，根据区域农村发展特点、发展状况和指标数据的可获得性，选择适合的指标，以便进行定量的研究。

(二)区域农村发展差距成因分析与评价指标的构建

1. 模型构建的理论基础

为了能够定量化分析不同区域农村发展差距的成因，我们选择不同区域农民人均纯收入为目标函数。因为在众多的研究中，学者们普遍采用农民人均纯收入来分析区域农村发展的差距；区域农村发展差距的关键是经济发展差距，核心是农民人均纯收入问题。所以，本研究采用该指标作为分析区域农村发展差距的量化模型的目标函数，把影响区域发展差距的主要因子——自然资源禀赋、地理区位、基础积淀、政策支持、体制与市场环境、文化、科技、农业投入等，作为变量输入因子。其关系可以用图 2-1-1 表示。

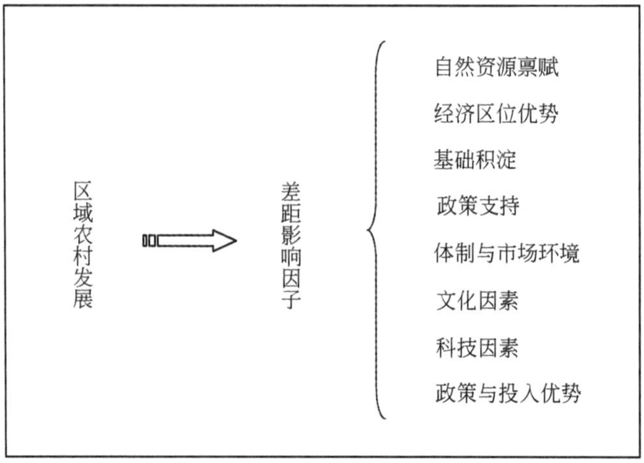

图 2-1-1　区域农村发展差距影响因素关系示意图

根据该理论假设，可以构造分析函数：

$$Y(y_\lambda)=U(x_i)$$

运用上式可以研究分析不同区域农村发展差距的成因，以不同地区农村居民人均纯收入为目标函数 Y，结合该地区的各影响因子，可以分析得出不同地区影响区域农村发展差距的关键因子，从而为制定缩减发展差距战略对策提供科学的决策依据。

变量函数可以由下式表达：

$$U(\alpha_i x_i)=U(\alpha_1 x_1,\alpha_2 x_2,\alpha_3 x_3,\cdots,\alpha_n x_n),i=1,2,3,\cdots,n$$

$U(\alpha_i x_i)$ 为引起农村发展差距的原因函数。

x_1 为自然资源禀赋与生态环境的函数：自然资源禀赋是区域农村发展的天然因素，主要包括各种土地资源（耕地、林地、草地、水域等）、光热资源、水资源（如年降水量、地下水资源等）。生态环境也是影响农业生产的关键因子，对于农业生态系统来说，人工对生态环境的改善也是重要的因素。因此，自然生态环境如森林覆盖率、自然保护区面积，人工改善如水土流失治理、旱涝盐碱治理等都是重要的影响因素。

x_2 为地理区位的函数：主要有自然区位（如地形、地貌、距海洋的远近等）和人文区位（如距贸易中心、铁路、公路、空路等各种交通枢纽的远近）。经济地理学的区位理论认为，一个地区的地理区位在市场经济条件下特别是全球经济一体化的背景下对区域经济的发展具有重要的作用。因此，分析区域农村发展差距问题，地理区位是一个不可回避的重要因素。

x_3 为历史基础的函数：主要包括历史的起点、历史沉淀、文化基础及民族风俗等，这些因素是区域发展的基础，发展基础好的区域起点高，其经济发展规模和速度一般都比基础差的区域要好。

x_4 为政策因素的函数：造成区域差距的政策因素主要有投资倾向（例如基础设施投资政策指数、农村智力投资指数、农业资本投入指数、农业物质投入指数等）和政策（优惠）倾向，如能源材料价格政策、政府财政政策、贸易政策。

x_5 为体制与市场环境因素的函数，新制度经济学把制度看作除了禀赋、技术和偏好之外的经济理论的第四大基石，可见一个好的制度对于区域发展的重要性。我国由于区域发展战略的倾向问题，东部地区一直受到较大的关注，中西部在近几年随着国家区域经济的战略调整开始受到重视。因此，要分析区域发展差距，制度因素是必须考虑的。市场环境主要有：城市集中度、市场建设、产业结构、产业发展水平等。在市场经济的今天，一个区域的市场发育和完善程度对经济的发展是至关重要的，区域城市的集中度对于区域农村经济的拉动作用是不容忽视的；农产品市场的建设和完善是农村经济发展的“桥头堡”；工农业结构以及农业内部结构的合理等是农村经济持续发展的重要保障。因此，市场因素也是分析区域发展差距的重要因素。

x_6 为科技因素的函数：科学技术对于区域发展的重要性是毋庸置疑的。科学技术可以提高资源利用率和生产率。农业生产技术的提高可以大大提升农业的生产能力。分析区域农村发展差距，必须考虑区域科技发展情况。

x_7 为文化因素的函数：文化的差异对于区域发展也有一定的影响，特别是人们的生活习惯如消费习惯、信息沟通能力，文化习俗等可以影响人们的消费偏好和接受科学技术能力。

x_8 为农业投入的函数:现代农业区别于传统农业的显著特点就是投入能力大大提升,特别是农业生产资料的投入,包括良种、水利、化肥、农药、机械等包含现代科学技术的投入对于提高农业产出能力具有重要的作用。

2. 区域农村发展差距成因分析定量指标体系

通过上文的详尽分析,根据对我国区域农村发展造成差距的影响因素的分析及指标选择的标准(系统性、科学性和可操作性),本研究从 8 大影响因素中选择了 31 个指标,并进一步归类为自然资源禀赋、经济区位优势、科技文化优势、政策与投入优势四个类型,建立了区域农村发展差距原因分析的指标体系(表 2-1-1)。

表 2-1-1 区域农村发展差距成因分析指标体系

指标类型	具体指标	指标代码
自然资源禀赋	人均耕地面积	A_1
	年降雨量	A_2
	大于 10℃积温	A_3
	人均水资源	A_4
	森林覆盖率	A_5
	区域自然保护区面积比例	A_6
	水土流失治理面积	A_7
	除碱治涝面积	A_8
	农业自然灾害受害面积	A_9
	农业病虫草害发生面积	A_{10}
经济区位优势	公路交通密度	B_1
	铁路交通密度	B_2
	人均税费负担	B_3
	城镇化率	B_4
	人均乡镇企业产值	B_5
	人均农村非农产业总产值	B_6
	恩格尔系数	B_7
	各年份的人均纯收入与改革开放初期的人均纯收入的比值	B_8
科技文化优势	平均受教育年限	C_1
	每千人农业人口拥有的医生和卫生员数	C_2
	每万人农业人口拥有的从事农业科技活动人员数	C_3
	粮食单产水平	C_4
	文教娱乐支出占总支出比重	C_5

续表 2-1-1

指标类型	具体指标	指标代码
政策与投入优势	财政支农力度	D_1
	人均农村用电量	D_2
	农机总动力	D_3
	单位农作物播种面积的化肥投入量	D_4
	单位农作物播种面积的农药投入量	D_5
	单位农作物播种面积的薄膜投入量	D_6
	灌溉面积比例	D_7
	人均水库库容量	D_8

(1)自然资源禀赋　农业生产的自然禀赋一般离不开光、热、水、土、气。对于我国农业生产来说,除了自然气候条件外,最关键的紧缺因素是水土资源,因此,为了评价分析的可操作性和简便性,本文选择人均耕地面积、年平均降雨量、大于 10℃积温、水资源作为区域农业资源禀赋的因子来分析区域农村发展的差距。生态环境方面采用区域森林覆盖率、区域自然保护区面积比例、水土流失治理面积、除碱治涝面积、农业自然灾害受灾面积、农业病虫草害发生面积来反映农业生产的自然生态环境与人工改善的差异。

(2)经济区位优势　选择区域内公路和铁路的交通密度、人均税费负担、城镇化率、人均乡镇企业产值、人均农村非农产业总产值、恩格尔系数、各年份的人均纯收入与改革开放初期的人均纯收入的比值来分析。

(3)科技文化优势　选择不同区域平均受教育年限、每千人农业人口拥有的医生和卫生员数、每万人农业人口拥有的从事农业科技活动人员数、粮食单产水平、文教娱乐支出占总支出比重来分析。

(4)政策与投入优势　农业生产的政策与投入水平直接影响了农业的产出,可以选择各地区农业生产的财政支农力度、人均农村用电量、农机总动力、化肥、农药、农膜、使用量来表示,水利投入可以用区域灌溉面积和水库库容量来分析。

三、中国区域农村发展差距成因的总体分析

(一)相关分析

上文建立了区域农村发展差距原因分析的指标体系,共 4 大类 31 个指标。数据来源于各年度的《中国统计年鉴》、《中国农业年鉴》、《中国农村统计年鉴》、《中国农业统计资料》、《中国农村住户调查年鉴》等国家统计资料。为了具体分析指标对区域农村发展差距影响的显著程度,以各区域的农村居民人均纯收入为主变量(Y),31 个指标为因子变量(X),利用 SPSS10.0 软件对其进行相关分析(表 2-1-2)。从表中可以看出,不同区域的对农村居民人均纯收入影响达到极显著和显著水平的关键因子。对于东部地区来说,影响达到显著水平以上的关键因子有 21 个;对于中部地区来说,影响达到显著水平以上的关键因子有 20 个;对于西部地区来说,影响达到显著水平以上的关键因子有 19 个,主要包括了农村非农行业的发展,农业投入水平,农村基础设施建设,农村科技、教育、文化、卫生投入水平,财政支农

力度等方面的指标。

表 2-1-2　区域农民人均纯收入与各影响因子的相关性分析结果

因子变量(X)	主变量(Y)		
	东部	中部	西部
A_1	−0.212	0.215	0.425
A_2	a	a	a
A_3	a	a	a
A_4	a	a	a
A5	a	a	a
A_6	0.956*	0.945*	0.884*
A_7	0.972**	0.975**	0.926**
A_8	0.941**	0.903**	0.957**
A_9	−0.015	0.412	0.666**
A_{10}	0.596	0.559	0.629
B_1	0.955**	0.851**	0.900**
B_2	0.618**	0.583**	0.860**
B_3	−0.272	0.034	0.283
B_4	0.962**	0.939**	0.953**
B_5	0.991**	0.996**	0.992**
B_6	0.995**	0.990**	0.968**
B_7	(0.799)**	(0.809)**	(0.839)**
B_8	1.000**	1.000**	1.000**
C_1	0.973**	0.954**	0.878**
C_2	(0.498)*	−0.427	−0.32
C_3	0.636	−0.428	−0.403
C_4	0.783*	0.809**	0.947**
C_5	0.805*	(0.817)**	0.821*
D_1	0.964*	0.981*	0.511
D_2	0.917**	0.991**	0.968**
D_3	0.985**	0.915**	0.949**
D_4	0.980**	0.978**	0.994**
D_5	0.947**	0.976**	0.974**
D_6	0.892**	0.640*	0.948**
D_7	0.840**	0.881**	0.573
D_8	0.823**	0.478*	0.849**

注：F 检验显著性水平：* <0.05，** <0.01，a 指由于指标变化不大而对区域年际间没有相关性。

其中，对东部地区贡献力度排在前5位的是：人均农村非农行业总产值、人均乡镇企业产值、农机总动力、化肥投入、平均受教育年限；对中部地区贡献力度排在前5位的是：人均乡镇企业产值、人均农村用电量、人均农村非农行业总产值、化肥、农药投入；对西部地区贡献力度排在前5位的是：化肥投入、人均乡镇企业产值、农药投入、人均非农行业总产值、人均农村用电量。由此可以看出，农村非农经济的发展和农业现代化水平等因素是区域农村发展的重中之重。对于东部地区来说，农村非农经济的贡献排在了第一位，农业投入水平（电力、化肥）排在第二位；对于中西部地区来说，对其农村发展水平的贡献是农业投入水平（化肥、农药、电力）排在第一位，非农经济水平贡献排在第二位。因此，可以得出，东部地区的农村非农经济发展水平高，对区域农村发展起到首要的作用，而中西部地区主要还是靠增加投入提高农业产值来促进区域农村的发展。

（二）指标筛选

通过比较区域农村居民人均纯收入与其相关因子的相关系数的大小，可以得出不同区域的相关影响因子在区域农村发展中的贡献。在上表的基础上，根据相关系数的大小，得到区域影响因子的贡献力量的排名顺序（表 2-1-3）。

表 2-1-3 影响区域农村居民人均纯收入达到显著水平以上的影响因子相关系数的大小排名

影响因子	东部	中部	西部
人均农村非农产业总产值	1	3	4
人均乡镇企业产值	2	1	2
农机总动力	3	9	7
化肥	4	4	1
平均受教育年限	5	7	12
水土流失治理面积	6	6	10
城镇化率	7	8	6
公路交通密度	8	12	11
农药	9	5	3
除碱治涝面积	10	10	5
人均农村用电量	11	2	4
薄膜	12	18	8
灌溉面积比例	13	11	—
人均水库库容量	14	19	14
恩格尔系数	15	14	15
铁路交通密度	16	15	13
财政支农力度	17	16	—
区域自然保护区面积比例	18	17	17
人均文教娱乐支出	19	—	18
粮食单产水平	20	14	9
每千人农业人口拥有的医生和卫生员数	21	—	—

通过表 2-1-3，我们可以清楚地看到，不同影响因子在区域农村发展中的贡献地位是不一样的。再进一步看，如果某一因子在区域中的排名相差不大，说明该因子只是在各自的区域中都显得很重要，或者说从全国整体上，它是区域农村发展的重要因子。但是由于它在区域中的贡献地位没有明显差异，因此不是造成区域发展差距的关键因子。根据此标准，在上表的基础上，我们进一步筛选，得到了表 2-1-4，共 12 个因子是影响区域农村发展差距的关键因子。

表 2-1-4 影响区域农村发展差距的关键因子

影响因子	东部	中部	西部
人均农村非农产业总产值	1	3	4
农机总动力	3	9	7
化肥	4	4	1
平均受教育年限	5	7	12
水土流失治理面积	6	6	10
公路交通密度	8	12	11
农药	9	5	3
除碱治涝面积	10	10	5
人均农村用电量	11	2	4
薄膜	12	18	8
人均水库库容量	14	19	14
粮食单产水平	20	14	9

通过筛选，可以看出人均非农行业总产值、农机总动力、化肥农药和薄膜、平均受教育年限、水土流失治理和除涝治碱面积、公路交通密度、人均农村用电量、人均水库库容量、粮食单产水平是造成区域农村发展差距的重要因子。东部地区重要的因子主要是农村经济的发展水平、农业现代化水平、农村人口素质和农村基础设施，这些因素的指标贡献名次排在了前列；而对于中西部地区来说，这些因素涉及的指标贡献名次都相对靠后。因此，可以得出，造成区域农村发展差距的关键因素主要是：体制和市场环境（农村经济的发展水平）、农业投入水平与科技发展（农业现代化水平）、政策支持（农村人口素质和农村基础设施）。

四、区域农村发展差距成因的典型案例分析

通过上文的研究分析，明确了造成我国区域农村发展差距的关键因素主要是：体制和市场环境（农村经济的发展水平）、农业投入水平与科技发展（农业现代化水平）、政策支持（农村人口素质和农村基础设施）。为了进一步深入研究这些关键因素对区域农村发展的影响以及如何采取有效措施缩小区域差距，本研究在实地考察的基础上，选择了广东省新兴县、河北省曲周县、陕西省安塞县为典型案例进行研究，数据主要来源于各县的统计年鉴和农业统计资料。

(一)典型县农村发展差距现状对比

1.人口情况

从区域典型县域来看(表 2-1-5),人口密度最高的是曲周县,每平方千米达到 597 人,东部地区的新兴县为 295 人,西部地区的安塞县为 52 人。可见西部地区的人口密度明显低于东中部地区。从乡村人口占总人口的比例来看,新兴县的乡村人口比例最低,为 83.7%;曲周县和安塞县都高于新兴县,分别为 100.0%和 89.6%。其中,乡村从业人员占乡村总人口的比重新兴县为 56.4%、曲周县为 40.7%、安塞县为 36.2%,说明新兴县的农村劳动力资源明显优于曲周县和安塞县。从乡村从业人员中从事农业活动的比例来看,新兴县为 62.7%、曲周县为 60.0%、安塞县为 78.8%,说明新兴县和曲周县乡村劳动力资源中从事农业生产的比例少于西部地区的安塞县,也就是其从事非农行业的比例高于安塞县。

表 2-1-5 区域典型县人口情况对比(2002)

指 标	新兴县	曲周县	安塞县
人口密度(人/km^2)	295	597	52
乡村人口比例(%)	83.7	100.0	89.6
乡村从业人员比例(%)	56.4	40.7	36.2
乡村从业人员中从事农业比例(%)	62.7	60.0	78.8

2.农业生产发展情况

农业生产是区域农村发展的重要基础。从耕地资源来看,新兴县的耕地资源紧张,人均耕地面积仅为 0.052 hm^2,曲周县为 0.120 hm^2,安塞县为 0.178 hm^2,说明我国耕地资源东部人地关系紧张,中西部地区相对较为缓和。从粮食生产水平来看,三县存在明显的差异,新兴县粮食单产水平最高,为 6 375 kg/hm^2,曲周县居中,为 4 890 kg/hm^2,安塞县最低,为 2 255 kg/hm^2。但是从人均占有粮食量来看,曲周县人均粮食为 721 kg,完全可以保障其粮食安全的需求,而新兴县和安塞县人均粮食仅为 353 kg 和 373 kg,粮食供给量不足。但是,从人均肉类占有量来看,新兴县具有明显的优势,为 234 kg/人;曲周县为 97 kg/人;安塞县仅为 35 kg/人。从上可以看出,三个典型县农业生产发展情况差距:新兴县人地紧张但粮食单产水平高,粮食生产不如畜牧业发展快速;曲周县主要是以粮食生产为主的大县,但畜牧业发展速度不如新兴县;安塞县虽人地关系相对缓和,但其粮食单产水平低下,粮食生产和畜牧业发展也是不如新兴县和曲周县(表 2-1-6)。

表 2-1-6 区域典型县农业发展水平情况对比(2002)

指 标	新兴县	曲周县	安塞县
人均耕地(hm^2/人)	0.052	0.120	0.178
粮食单产水平(kg/hm^2)	6 375	4 890	2 255
人均粮食(kg/人)	353	721	373
人均油料(kg/人)	14	10	10
人均肉类(kg/人)	234	97	35

3.农村经济发展情况

区域农村经济发展水平是区域经济社会发展的重要组成部分。从表 2-1-7 可以看出，东部地区的新兴县农村经济发展实力最强，曲周县居中，西部地区的安塞县最弱。具体表现在第一产业增加值、第二产业增加值、农林牧渔总产值、农村居民纯收入等指标的人均数都是新兴县＞曲周县＞安塞县。从人均规模以上工业总产值、人均城乡居民储蓄存款余额和人均基本建设投资完成额来看，都是新兴县＞安塞县＞曲周县，尤其是东部地区的新兴县表现出明显的优势。总之，从区域农村经济发展水平来看，新兴县明显高于曲周县和安塞县。

表 2-1-7　区域典型县经济发展情况对比(2002)

指　　标	新兴县	曲周县	安塞县
第一产业增加值(元/人)	2 801.12	1 870.90	1 310.97
第二产业增加值(元/人)	3 145.36	2 040.73	1 780.84
人均农林牧渔总产值(元/人)	5 069.36	3 685.34	1 308.22
农村居民人均纯收入(元/人)	3 896	2 728	1 966
万人拥有的规模以上工业企业数(个/万人)	2.4	0.4	0.2
人均规模以上工业总产值(现价)(元/人)	11 678.74	897.17	4 202.34
人均城乡居民储蓄存款余额(元/人)	5 223.29	2 669.15	2 702.86
人均基本建设投资完成额(元/人)	336.09	206.83	301.95

4.社会发展情况

社会发展水平的差距是区域农村发展差距的重要构成。从表 2-1-8 可以看出，电话用户比例新兴县为 73.5%、曲周县为 20.6%、安塞县为 29.4%。万人拥有的医院、卫生院床位数新兴县为 13 床/万人、曲周为 13 床/万人、安塞为 20 床/万人。万人拥有的社会福利院床位数新兴县为 12.50 床/万人、曲周县为 7.79 床/万人、安塞县 0.00 床/万人。总体可以看出，新兴县的社会发展水平高于曲周县和安塞县。

表 2-1-8　区域典型县社会发展情况对比(2002)

指　　标	新兴县	曲周县	安塞县
本地电话用户比例(%)	73.5	20.6	29.4
万人拥有的医院、卫生院床位数(床/万人)	13	13	20
万人拥有的社会福利院床位数(床/万人)	12.50	7.79	0.00

(二)典型县农村发展差距成因对比

从上文的对比分析可以得出，新兴县、曲周县和安塞县在人口、经济、社会、生产等方面存在较大的差距，总体上新兴县的农村发展水平高于曲周县和安塞县。此外，从上文的研究分析得出，造成我国东中西部地区农村发展差距的关键因素主要是：体制和市场环境(农村经济的发展水平)、农业投入水平与科技发展(农业现代化水平)、政策支持(农村人口素质和农村基础设施)等方面的差距。据此，下文以三个典型县为例，分析造成三县农村发展差距的关键因素。

从体制和市场环境、农业投入水平与科技发展、政策支持三大方面的因素选择 11 个关键指标进行对比分析，具体指标见表 2-1-9。根据上文的方法，把农村居民人均纯收入与各指标进行相关分析，结果显示都是高度相关的。具体县域来看，新兴县的 11 个指标中除了单位面积农机总动力投入、人均农村用电量、灌溉面积比率稍低于曲周县外，其他所有指标在三个县中都是占据绝对的优势，这也是该县的农村发展水平在三县中最高的原因。安塞县所有指标的数值在三县中都明显小于新兴县和曲周县。由此可以归结出：新兴县的农村发展水平在三县中是最高的，这主要得益于其农村非农经济的发展、农业现代化水平的提高、基础设施和对教育的投入水平高。农村非农经济发展水平、农业现代化水平、基础设施和对教育的投入水平是造成三个县农业及农村社会发展差距的关键因素。

表 2-1-9 造成区域典型县农村发展差距的关键因子对比(2002)

指 标	新兴县	曲周县	安塞县	相关系数
农村居民人均纯收入(元/人)	3 896	2 728	1 966	
人均农村非农产业总产值(元/人)	10 803.55	3 271.5	981.5	0.984
万人拥有的规模以上工业企业数(个/万人)	2.4	0.4	0.2	0.949
单位面积农机总动力投入(kW/hm^2)	10.81	15	1.7	0.575
单位面积化肥投入(kg/hm^2)	813.21	546.1	87.91	0.963
单位面积农药投入(kg/hm^2)	53.1	12.2	0.77	0.981
单位面积薄膜投入(kg/hm^2)	18.75	15.09	5.56	0.931
人均农村用电量(度/人)	172.73	223.9	83.31	0.530
粮食单产水平(kg/hm^2)	6 375	4 890	2 255	0.961
灌溉面积比率(%)	54.44	81.4	5.94	0.536
教育支出占财政支出比例(%)	37.0	24.3	16.8	1.000
公路交通密度(km/km^2)	0.731	0.673	0.63	0.999

第二节 区域农业发展协调度模型分析

一、区域农业发展协调度的概念

区域农业协调发展是农业领域研究的重要课题，协调发展的根本意义是实现区域农业的持续和高效发展，促使区域农业系统的和谐发展，最大限度地协调农业生产过程中经济、生态和社会效益之间的关系，促使农业生产系统的可持续发展。近年在区域农业协调发展问题中，颇受关注的是区域农业协调发展的定量研究，前期对区域协调的定性研究对区域农业的发展以及环境的保护都发挥了一定的作用，但对区域农业的协调状态的反映还不够。

协调度概念的提出对区域农业协调发展研究来讲注入了新的活力，这是因为协调度是反映系统协调程度，能够表明系统协调状态或者发展状态。协调度不但可以直接对系统的发展状态做出判断，同时还可以反映导致系统目前状态的原因，对发现系统存在问题和解决问题提供了新思路和途径。对系统协调的认识源于协同论理论，协同论(Synergeties)理论是由德国物理学家赫尔曼·哈肯(Hermann Haken)教授1971年提出的，主要研究由完全不同性质的大量子系统所构成的各种复杂系统，研究他们是怎样的合作才在宏观尺度上产生空间、时间或功能结构体。协同论试图在纯粹分析思维与整体思维，换言之就是在微观世界与宏观世界的过程之间架起一座桥梁，以阐明部分与整体之间的关系。

国外的农业研究领域、生态环境研究领域以及人与自然系统的研究情况看，基本上还是处在协调的定性认识上，主要针对人类各种活动与行为对自然环境造成的影响而得出的如何避免和减少负面效应的定性结论，与农业活动相关的研究报道也不少，如人类发展与森林生态系统的和谐共处问题，农业发展环境协调问题，农业发展与城市化过程的协调问题，人类活动对气候和生物多样性影响，以及通过相关保护政策实现和谐发展问题的研究，草地生态系统合理放牧问题，乡村可持续协调发展问题，不同国家之间的农业生产以及农产品贸易之间的协调发展问题，城市中协调生态系统如绿地停车场的研究，和谐政策与和谐法律研究，农业技术与生态环境的和谐关系研究，经济生态与自然环境的和谐发展等。

从协调度的角度揭示区域农业发展的现状及其存在的问题，为区域农业和宏观农业研究开辟新的思维和新的研究途径，用微观的思维与方法研究农业问题，分析农业现象，把握区域农业发展现状及存在的问题，能够为国家和政府在农业政策制定和宏观调控上提供决策依据，在农业发展战略及其研究上具有重要的现实意义。

二、区域农业协调度理论与模型构建

(一)协调理论模型的构建

协调是指系统之间或系统组成要素之间在发展过程中相互和谐一致、相互影响的平衡状态或均衡态势。在结构层次上，协调包括系统之间和系统内部要素之间的协调；在空间层次上，协调包括了区域内部之间和区域之间的协调；对于不同部门来讲，协调也可以研究相同部门以及不同部门的相关要素之间的匹配关系。区域农业具有自然特征、经济特点和社会属性，因此本文把区域农业系统分成自然、经济和社会三个子系统，研究子系统和子系统所辖要素之间的协调关系，其实质是一个生态—经济—社会的复合系统，它的发展状态可以从生态效益、经济效益和社会效益三个方面反映。区域农业系统协调发展的本质是经济发展和社会需求不是基于牺牲生态价值和破坏生态环境，而是经济发展、社会需求与生态保护和谐有机的共同状态。当生态、经济和社会子系统处于良性匹配状态时，能量流动、价值流动和物质循环表现相互促进和相互发展的态势，实现生态环境良好、经济增长和社会进步。

1. *功效函数(Efficacy Function)*

协同论把系统在相变点处的内部变量可以分为快驰豫变量和慢驰豫变量。慢驰豫变量是决定系统相变进程的根本变量，称之为系统的序参量，这类变量数量较少，衰减变化的速度较慢，对系统起主导作用决定系统的演变的方向和有序状态，因此系统保持有序的机制是在于慢驰豫变量之间的协同关系，区域农业系统的协调发展也是由其序参量的状态决定。依据序参量发展变化的特征可以把它分为两类：第一类序参量目标追求极值(极大值或极小值)，越是接近极大值或极小值时对系统的有序性越好，例如人均粮食占有量要高，水体污染物的含量要低；第二类序参量目标追求稳定值，要求不能太大也不能太小，只有在接近的情况下对系统的有序性越好，例如人口出生率不能太高也不能太低。序参量对系统有序性的贡献通常用功效系数 EC(Efficacy Coefficient)表示，要求 EC 介于 0 和 1 之间，当目标最满意时取 $EC=1$，当目标最差时取 $EC=0$，描述 EC 的关系式称为功效函数(Efficacy Function)，如果序参量用 V_{ji} 表示，则 $EC(V_{ji}) = F(V_{ji})$，其中 F 为关系式，j 为子系统的下标($j \in [1,m]$)，i 是子系统序参量的下标($i \in [1,n]$)。

序参量 V_{ji} 在系统实际表现值为 $X_{ji}(j=1,2,\cdots,m;i=1,2,3\cdots,n)$，$\alpha_{ji}$、$\beta_{ji}$ 为系统稳定时指标变量 V_{ji} 的临界点上、下限，即 $\beta_{ji} \leqslant X_{ji} \leqslant \alpha_{ji}$，根据协同论原理，当系统处于稳定状态时，状态函数应为线性关系，函数的极值点是系统稳定区域的临界点，慢驰豫变量在系统稳定状态时发生量的变化对系统有序度有两种功效：一种是正功效，即慢驰豫变量的增大，系统的有序度的趋势增加，另一种是负功效，即慢驰豫变量增大，系统有序度的趋势减少(Krippendorf J，et al.，1987；Nishimura H，1992；Yi-Baozhong，et al.，2000；Wu Yanxiong，1999)。因此功效函数可以表示如下：

$$EC(V_{ji}) = \frac{X_{ji} - \beta_{ji}}{\alpha_{ji} - \beta_{ji}}, \beta_{ji} \leqslant X_{ji} \leqslant \alpha_{ji} \quad [EC(V_{ji})\text{具有正功效时}]$$

$$EC(V_{ji}) = \frac{\alpha_{ji} - X_{ji}}{\alpha_{ji} - \beta_{ji}}, \beta_{ji} \leqslant X_{ji} \leqslant \alpha_{ji} \quad [EC(V_{ji})\text{具有负功效时}]$$

式中 $EC(V_{ji})$ 为指标 V_i 对系统的有序的功效系数。

2. 协调函数(Function of Harmony Coefficient)

由于单一的功效系数还不能充分说明系统的协调发展状态，因此有必要建立一个以全部序参量为自变量的函数关系式，此函数称之为协调度函数(function of harmony coefficient，缩写为 FHC)，函数值称之为协调度(harmony coefficient，缩写为 HC)。该协调函数的构建是借用数理统计中的变异系数原理，通过对统计数字之间的集中性与离散性的计算，来判断数字代表的指标之间的统计特征，进而反映系统的发展状态，这种方法的突出优点是既考虑统计数字的集中性程度，还考虑其离散性程度。因此对变异系数进行适当形式的变化得到的协调度函数模型如下：

$$HC = 1 - \frac{S}{EC(\bar{V})}$$

$$S = \sqrt{\frac{\sum_{j=1}^{k}\sum_{i=1}^{m}(EC(V_{ji}) - EC(\bar{V}))^2}{n-1}}$$

式中：$EC(V_{ji})$ 为功效系数；$EC(\bar{V})$ 为功效系数的平均值；n 为功效系数的个数；k 为子系统的个数，m 为子系统中功效系数的个数。

3. 协调度范围的确定

协调函数计算得到的值表示协调度，协调度的取值应该限于某个范围内，以便于对系统的状态才进行把握，因此确定协调度的变化范围同样重要，它是说明计算结果和判断系统协调性的重要依据。对该协调函数的取值范围讨论如下：

功效系数的范围介于 0 和 1 之间，最大值和最小值确定除了与功效函数的大小有关外，还与功效系数的个数有关。

通过分析可以得出，协调函数的协调度取值的范围是$[1-\sqrt{n},1]$，其中 n 表示指标的个数，$\sqrt{n}$ 实际上是表示变异系数，可以看出下限的范围不是确定的，随着考察指标个数的增加，变异系数增大，而协调度下限取值趋于减小，而上限取值稳定在 1。根据变异系数表示的统计意义是可以把上限确定为 1，因为当变异系数超过 1 时(此时的协调度已经小于 0)表示数据的离散程度已经超过集中程度的一倍以上，数据的差异性大于相似性，对于相似性研究来讲已经失去统计学意义(如果对于变异性研究来讲就另当别论了)，表现在协调度上则已经小于 0，此时表明系统的协调特征基本丧失，失调已成为系统的主体(理论上的极限发展在实际中系统可能已经消失，甚至无法看到这种系统的存在)，因此协调度的下限就可以人为限定为 0，协调度的范围就可以确定为[0,1]，值越大表示系统的协调性越大，越小表示系统的协调性越差。

在上面分析中该协调函数还存在这样一个缺陷，就是当区域系统的功效系数相等时，例如都等于 0.9 和都等于 0.5 时会出现协调度相等的情况，但实际上系统的两种状态或两个不同系统的协调状态是截然不同的，在功效系数都等于 0.9 时是协调状态或协调系统，在功效系数都等于 0.5 时是亚协调系统或协调状态。任何系统的发展都是在追求协调状态，亚协调状态或亚协调系统实际上是一种低水平发展，可能是系统成长的初级阶段，也可能系统衰败的时期，总之还是属于非协调状态或非协调系统的范畴。为此，要对上面建立的协调函数做一个修正，或者说打一个补丁，就可以避免实际应用出现错误判断或结论。但事实上这种情形在实际中出现的几率非常小。

在应用中如果出现计算协调度相同或相近的情况时，对协调函数修正如下：

$$HC = EC(\bar{V})\left(1-\frac{S}{EC(\bar{V})}\right)=EC(\bar{V})-S$$

当功效系数都绝对相等时(但不等于 0)，S 等于 0，协调度实际上就是功效系数平均数，在功效系数相近的情况下，S 不等于 0，实际上就是对功效系数的平均值作了一定修订。这样就可以避免把亚协调状态或者亚协调系统误当成协调状态或协调系统。

4. 协调等级理论的构建

任何科学理论都是定性理论和定量理论的有机结合。在协调理论中协调度是用量化概念反映了系统的协调程度，但却没有直接和突出表明系统的发展状态，这因为是在[0,1]区间内有无数个数字，因而就代表了无数个协调度或者协调状态，这种现象可以被理解为由于协调度携带的信息过于精确，导致信息量太大和过于复杂，增加了信息处理难度，不便于实践应用，因而要对协调度进行简化处理，一般都是借用模糊数学思想，把相近的协调度在隶属关系上界定为同一类型，在处理形式上表现为定性方法。另外对同一系统用不同的协调度函数计算的协调度也有差异，这种差异也可能通过定性的理论可以使其评价结果一致起来。为了完善协调理论，明确协调度与系统发展状态之间的关系，所以提出协调等级概念。协调等级指把协调度的范围划分成若干连续区间，每一区间代表一个协调等级，每一个区间代表一种协调状态,形成连续的协调等级阶梯。可以看出协调等级概念的提出实质上是把某一区间段上的全部协调度赋予一种协调度,即把此区段上的全部协调状态赋予一种协调状态,这样就使得原来的复杂的协调度概念变得更加简单,同时也更加实用。

协调度和协调等级两个概念对建立和完善协调理论有非常重要的作用。协调度概念的提出实质是把复杂问题简单化,另外协调等级地确定还应该考虑系统的实际发展状态。协调等级与协调度相当于给系统协调性研究配置了两个旋钮,一个是粗调按钮,一个是微调按钮,协调等级是粗调按钮,其中协调度是微调按钮,这样既方便研究,也容易对系统的协调性做出结论,同时更有利于实践应用。协调度与协调等级以及表示含义详见表 2-2-1。

表 2-2-1 协调等级(RHC)划分表

协调度	0.000 0～0.100 0	0.100 1～0.200 0	0.200 1～0.300 0	0.300 1～0.400 0	0.400 1～0.500 0	0.500 1～0.600 0	0.600 1～0.700 0	0.700 1～0.800 0	0.800 1～0.900 0	0.900 1～1.000 0
RHC	1	2	3	4	5	6	7	8	9	10
表示含义	极度失调	高度失调	中度失调	低度失调	弱度失调	弱度协调	低度协调	中度协调	高度协调	极度协调

(二)区域农业系统协调度评价指标体系

区域农业协调度评价指标体系借用 Bossel 框架。Bossel 框架把各类指标纵向划分为生存基础(existence)、资源效能(effectiveness)、自由度(freedom of action)、安全性(security)、适应性(adaptability)和共存性(coexistence)六个基本类定向指标方面。生存基础表示系统与环境相融,能够获得生存与发展的信息、能量和物质,相融是系统生存与环境的先决条件。资源效能表示系统在长期运行过程中应该有效的促使稀缺资源(信息、物质和能量)的供应安全,尽最大可能消除对环境的不利。自由度表示系统能够应对各种环境变化的挑战(相当于多样性需求原则)。安全性表示系统必须有能力应对由于环境变化引起的损害,例如变化、跳跃和难以预测的环境状态,本质是系统冗余对付环境的随机波动。适应性表示系统有自组织能力,以便对环境挑战做出合适的反应(本质上是共同进化的过程)。共存性表示系统考虑其他系统的行为和利益前提下有能力调整自身行为(这与“双赢”原理有关),促使系统与环境和谐共处。表 2-2-2 就是根据 Bossel 原理建立区域农业系统协调协调度评价指标框架。

表 2-2-2 区域农业协调度评价指标 Bossel 框架

基本定向	生态子系统	经济子系统	社会子系统
生存基础	耕地面积、森林覆盖率、植被覆盖度、资源数量	GDP、人均 GDP、经济收入	粮食、蔬菜、水果、肉、奶、蛋
资源能效	水、光和热资源利用效率、“三废”排放量、单位面积农产品产量	经济增长速度、人均经济指标	农产品增长率、单位面积农产品增长率、单位农机动力的耕地面积、复种指数、耗电、农村耗能

续表 2-2-2

基本定向	生态子系统	经济子系统	社会子系统
自由度	资源开发利用率开发度、“三废”处理水平	第一、二、三产业收入比重、农产品贸易、农村工业产值、农业产值	第一、二、三产业就业人口、就业率
安全性	“三废”污染面积、资源破坏度(水污染度)、自然灾害、土壤流失面积、土壤有机质含量	银行利率、国家债券、金融政策、人均存款	医疗条件、失业率、人口增长率、保障与救济系统、住房、人口密度
适应性	环保投资、“三废”排放达标率或利用率、化肥用量、农药用量	财产保险、人寿保险、社会保障、博弈机制	入学率、人口素质、科技人员比例、科技贡献率、城市化
共存性	灌溉、水质、环境承载力	基尼系数、恩格尔系数	旅游、娱乐、公路、电话、铁路、电视

以协调度评价指标体系框架为指南，确定区域农业协调度评价指标如表 2-2-3 所示。指标具体含义解释如下：

表 2-2-3　农业生态系统协调度评价指标体系

系统	子系统	编号	评价指标	功效类型	备注
农业生态系统协调度	生态子系统	V_{11}	播种面积(hm^2/人)	+	
		V_{12}	灌溉比例(%)	+	可调
		V_{13}	灌溉地用水量(m^3/hm^2)	+	可调
		V_{14}	森林覆盖率(%)	+	可调
		V_{15}	农药用量(kg/hm^2)	−	
		V_{16}	化肥用量(kg/hm^2)	−	
		V_{17}	成灾面积/受灾面积(%)	−	
		V_{18}	粮食单产(kg/hm^2)	+	
		V_{19}	单位灌溉耕地废水量(t/hm^2)	−	可调
	经济子系统	V_{21}	人均 GDP(元)	+	
		V_{22}	农民人均纯收入(元)	+	
		V_{23}	农村恩格尔系数(%)	−	可调
		V_{24}	农村非农收入比例(%)	+	
		V_{25}	人均支出/人均收入(%)	−	
		V_{26}	GDP 能耗(t/万元)	−	可调
		V_{27}	百人电话量(个/百人)	+	
		V_{28}	农机动力(kW/hm^2)	+	
		V_{29}	农业财政支出(元/人)	+	

续表 2-2-3

系统	子系统	编号	评价指标	功效类型	备注
农业生态系统协调度	社会子系统	V_{31}	人均粮食(kg)	+	
		V_{32}	人均肉(kg)	+	
		V_{33}	人均棉花(kg/人)	+	可调
		V_{34}	人口自然增长率(‰)	−	
		V_{35}	交通密度(km/km^2)	+	可调
		V_{36}	病床数(张/千人)	+	可调
		V_{37}	人均住房面积(m^2)	+	
		V_{38}	升学率(%)	+	
		V_{39}	农业技术人员(人/万人)	+	
		V_{310}	二、三产业就业率(%)	+	可调
		V_{311}	农村耗电量(kW·h/人)	+	

注:"+"表示正功效,"−"表示负功效,由于农业系统的复杂性、差异性和发展程度的不同,根据实际情况对不同的农业系统评价指标可以作适当的调整,因此,可调就表示该指标可以替换或者改进为其他形式。

1.人均播种面积

在许多评价指标体系中均选用人均耕地面积。人均耕地面积的缺点是只计算了自然面积,没有反应土地资源的利用程度,因此人均耕地面积在不同区域之间的可比较性较差,如果转化为播种面积就能实现任意区域之间的耕地资源比较。

2.粮食作物单产

粮食既是生存与生活的必须资源,也是反映土地生产能力的重要指标,同时又是反映农业系统生产力水平主要标志,从重要性上考虑应该选择粮食作物单产作为评价区域农业协调发展的重要指标。

3.人均年纯收入

人均年纯收入是非常重要的经济指标,反映了人均年可支配的收入水平,与人均收入指标相比,具有明显的优点,能够反映本质的问题。

4.蔬菜单产和水果单产

对于一些特殊区域农业系统来讲,如蔬菜主产区、甘蔗生产区、甜菜主产区和水果主产区等还应该选择主产农产品的单位面积生产能力作为评价指标。

5.人均肉产品、奶制品、蛋制品占有量

人均肉可以作为主要评价指标之一,是衡量农村生活水平的重要指标。其他副食品如奶制品、蛋制品与肉产品相比,因地区间存在一定的差距,不适合作为主要评价指标,可根据实际情况作灵活处理。

6.人均年生活消费支出

生活消费支出是主要针对收入而设定的指标,主要反映生活支配能力和支配项目,如旅游、娱乐、健康、衣着、家庭建设、交通、保险、教育和医疗等。

7.单位径流量的废水排放量

废水污染是"三废"之首,危害面积最广泛,它直接排放到河流中导致流域污染,包括工业废水和生活污水。废渣和废气由于污染面积小只作为参考和可选评价指标。

8. 单位能源消耗量 GDP

反映单位能耗与国内生产总值关系的重要指标，反映了生产资源消耗对经济增长的贡献大小。单位是元/t 标准煤。

9. 恩格尔系数

反映食品支出总额在家庭或个人消费支出总额收入中所占的比例，是衡量生活水平的重要指标，基尼系数是反映社会收入公平的重要指标之一，变化率较低，只作为可供选指标。

10. 农产品商品率

反映农村经济发展的主要增长点之一，但不一定是重要指标。另外根据实际情况可以选择农产品加工率。

11. 森林覆盖率

衡量生态环境质量的重要指标，一般的评价体系中选用率较高。

12. 人均粮食

人均粮食是重要的生活资料，在一般的评价中都被作为必选评价指标。

13. 单位面积农药使用量

是反映农产品质量的重要方面，也是农业生产的重要资源之一，由于农药在食品中残留以及在环境中的残留没有系统资料，所以能够间接反映农产品中有害物质的残留情况。

14. 单位面积化肥施用量

是衡量农业生产投入水平的重要指标，也是农业生产的重要资源，是构建评价指标体系的常用指标。

15. 人口增长率

是衡量人类再生产的重要指标，是评价常选用的指标之一。由于人口密度与区域面积有关系，在非同类地区比较性缺点明显，同时受地理地貌因素的影响，还会有一定的无人区，导致人口盲区，所以人口密度根据实际情况可以作为备用指标。

16. 交通密度

是公路密度和铁路密度的加权平均值，是反映物流的现状的重要指标，同时也能够反映经济活力水平及其发展潜力。

17. 农村第二、三产业就业率

第二、三产业就业是解决农村人口就业的主要途径，也是农村经济发展的主要途径，是区域农业系统进步的重要标志，因此也是反映农村社会整体发展水平的重要指标。

18. 灌溉面积比例

水是农业生产的主要资源，灌溉面积是农业整体生产水平的重要标志，也是农业发展的重要方向，同时也是保障社会安全及其发展的重要指标。

19. 升学率

升学率是反映大学前教育基础现状和教育水平的指标，是社会进步和发展的重要标志，他能够反映社会整体文化水平，评价指标中选择的概率较大，在这里是指以九年制义务教育的升学率。

20. 百人电话量

人均电话是现代生活的重要标志，也是农村进步和社会发展的重要表现方面，同时也是农村信息产业发展，经济增长的重要基础投入。

21. 大学以上人数比例

指大专以上人数占区域人口的比例，是反映区域科技实力的重要指标，更为重要的是该指标能够反映高等教育普及现状，同时也是经济发展的潜在重要动力，在评价指标中被选概率较大。

22. 万人病床数

病床数是社会疾病救济条件的重要标志，是人类社会应对疾病、瘟疫、灾害和突发事件的重要保障条件，因此作为评价重要指标，大部分评价都选择该指标。

23. 人均 GDP

在评价中选择率很高的指标之一。

24. 农村第二、三产业产值比例

是农村经济发展的主要成分，也是农村谋求发展的重要途径，同时还能反映第一产业产值比例，评价中选择频率很高。

25. 农机动力

农村发展农机动力是农村生产方式改革的主要表现，是农村进步的主要方面之一，同时也是反映农业现代化水平的重要标志。

26. 人均住房面积

住房不仅是城市人生活的主要内容，也是农村人一生追求和奋斗的目标，不管是对于生活条件，还是生活质量来讲都是很重要的。

27. 农业基本建设投资比例

农业基本建设投资比例是投入农业基本建设的资金占所有行业基本建设投资总额的比率，反映国家和地方政府支持农业发展的力度。

根据选定的评价指标建立的区域农业系统协调度评价指标体系如表 2-2-4 所示。指标构建具有三维空间特征，第一维是子系统层，第二维是结构层，第三维是功能层，因此该评价指标体系可以认为是为立体评价指标体系。

表 2-2-4 区域农业系统协调度评价立体指标体系

	生态子系统	经济子系统	社会子系统
结构指标	人均播种面积、森林覆盖率、灌溉面积比例、单位面积农药用量、单位面积化肥用量、单位径流量废水排放量	人均 GDP、人均纯收入、恩格尔系数、农村二、三产业产值比例、农业基本建设投资比例	人均粮食、人均肉、人口增长率、交通密度、万人病床数、人均住房面积
功能指标	粮食单产、蔬菜单产、水果单产、甘蔗和甜菜单产等	人均生活消费、百人电话量、农机动力、单位能耗 GDP	升学率、大学以上人数比例、二、三产业就业率、农产品商品率

应用评价指标体系应该注意以下几点:第一,本指标体系只是提供了一种评价框架,主要是指导性框架,评价中不能完全受此限制,在坚持主体原则的基础上,不受框架的束缚,对相关或相似的指标进行合理的调整,例如在平原区域,森林覆盖率就不太适用,而应该考虑其他生态指标如反映地下水的指标,这样才能做到科学评价;第二,评价指标体系在实际调研中通常会遇到一些指标由于缺乏必要的数据,同时还有些指标随着社会经济的发展其含义也发生变化,因此实际应用中还要对个别指标做出适当的调整;第三,分析生态、经济和社会子系统之间的协调度,把结构与功能指标作为视为同一类指标;分析整体系统结构与功能的协调度,把子系统向上合并为系统。

区域农业系统协调度评价就是研究评价指标之间的数量关系,同时还要确定评价指标变化范围,即选定评价指标参照系,本研究评价初步为三级参照系,第一级为国家尺度,在国家平均水平上研究比较系统的协调度;第二级为省域尺度,在行政省域内平均水平上研究比较系统的协调度;第三级为自尺度,在时间维上评价系统自身协调度发展变化趋势。

三、我国区域农业系统国家尺度上协调度总体评价

国家尺度区域农业协调度评价是把整个国家作为区域农业系统,在国家水平上进行评价。国家尺度区域农业是最高层次的区域农业系统,包含了所有行政区域管辖的全部地理区域,对于小地域国家也许只有一种或者是极其接近的自然区域特征,仍然具有典型的区域农业特征;对于地缘广阔的国家可能是好多种自然特征差别较大的地理区域组成的复合型区域,看成同一类型的区域农业系统不尽科学合理,例如我国东、中、西差距,南北差距,还有高原、丘陵、平原和盆地的起伏变化等等,类型多样,变化复杂,但是为了从国家全局高度的视角把握区域农业发展状况,把一个国家当作区域农业进行评价还是可行的。从这个意义上出发,本研究从国家尺度上研究我国区域农业协调度发展现状。

国家尺度上区域农业系统与子系统协调度与协调等级评价结果见表 2-2-5(指标原始数据来源于各年度的《中国统计年鉴》、《中国农业年鉴》、《中国农村统计年鉴》、《中国农业统计资料》、《中国农村住户调查年鉴》等国家统计资料)。

表 2-2-5 国家尺度区域农业系统与子系统协调度及协调等级

	年份						
	1990	1991	1992	1993	1994	1995	1996
生态子系统	0.273 9	0.412 3	0.494 0	0.531 6	0.526 3	0.505 5	0.527 2
协调等级	3	5	5	6	6	6	6
经济子系统	0.000 0	0.199 1	0.293 7	0.335 6	0.314 5	0.341 4	0.448 7
协调等级	1	2	3	4	4	4	5
社会子系统	0.000 0	0.000 0	0.274 7	0.361 3	0.492 7	0.476 0	0.410 9
协调等级	1	1	3	4	5	5	5
区域农业系统	0.000 0	0.000 0	0.205 2	0.341 2	0.427 4	0.457 4	0.440 6
协调等级	1	1	3	4	5	5	5

续表 2-2-5

	年份						
	1997	1998	1999	2000	2001	2002	2003
生态子系统	0.579 0	0.585 8	0.683 5	0.663 6	0.666 2	0.672 9	0.621 4
协调等级	6	6	7	7	7	7	7
经济子系统	0.523 2	0.593 5	0.651 4	0.743 9	0.799 9	0.815 6	0.837 4
协调等级	6	6	7	8	8	9	9
社会子系统	0.500 7	0.413 0	0.463 4	0.742 2	0.592 0	0.616 3	0.686 8
协调等级	6	5	5	8	6	7	7
区域农业系统	0.532 0	0.531 8	0.598 7	0.687 2	0.676 3	0.674 2	0.6802
协调等级	6	6	6	7	7	7	7

从区域农业系统及子系统协调度变化趋势看，结合评价指标的功效系数主要从以下几个方面讨论。

(一)区域农业系统及其子系统的协调状态总体变化趋势

1990—2003 年，区域农业系统的协调度呈现上升发展趋势(图 2-2-1)。1997 年是协调度变化的转折点，从失调状态转向协调状态。2000 年以后，协调状态又有所升级，从弱度协调升级到低度协调。总的看来，国家尺度水平上的区域农业系统的协调状态处于好转状态；从协调度变化趋势线可以看出，生态子系统与区域农业系统的协调度 1994 年以后比较接近，1997 年以后这种趋势更为明显，在协调等级上甚至完全相同，协调状态也在逐步改善；经济子系统的协调度表现持续上升的态势，从协调等级看，从 1 级逐渐发展到 9 级，经过 14 年的发展，从极度失调状态，进入到高度协调状态；社会子系统的协调变化在 1990—1994 年处于相对快速提高状态，从 1 级协调等级上升至 5 级协调等级，1994 年以后协调度处于缓慢波动状态，2000 年协调等级最高至 8 级，2001 年下降为 6 级，2002 以后协调等级又上升至 7 级。

(二)生态子系统的协调度变化分析

在 1990—2003 年研究时间区段内，生态子系统的协调度等级变化一直处于上升态势。1990 年的协调等级为 3 级，为中度失调状态，1991 年协调等级上升为 5 级，为弱度失调状态，可以看出协调度提高的主要原因是灌溉面积、森林覆盖率、成灾面积/受灾面积以及单产水平等指标的功效系数有一定的提高，同时也与农药用量和化肥用量的功效系数下降有关系，播种面积的功效系数有一定的降低，但不明显。总体看来，功效系数指标增加的个数多于下降的个数，故总体看来区域农业系统的协调度上升是主要的；1992 年协调度的增加情况与 1991 年基本相同，但是在同一个协调等级内增加的；1993—1998 年生态子系统的协调等级为 6 级，与前期相比系统在协调上发生了质的变化，由弱度失调转变为弱度协调状态，在总体变化趋势上，单位灌溉耕地废水量、粮食单产、化肥用量和农药用量等指标的功效系数有明显的增加，灌溉比例的功效系数略有增加，森林覆盖率没有变化，成灾面积/受灾面积

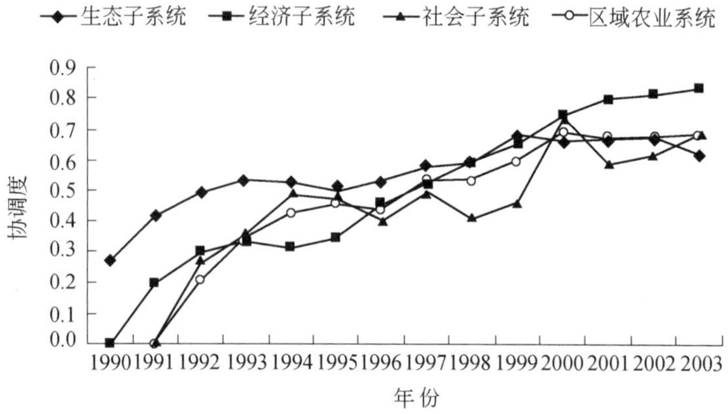

图 2-2-1　国家尺度区域农业协调度变化趋势

的功效系数有所降低，总的看来系统的协调是持续好转；1997—2003 年生态子系统的协等级上升为 7 级，表现为低度协调状态，灌溉比例、灌溉地用水量、森林覆盖率和成灾面积/受灾面积的功效系数具有较大的增加，灌溉面积、农药用量和粮食单产的指标的功效系数略有下降，协调度在处于平稳波动中。

(三)经济子系统的协调度变化分析

在 1990—2003 年发展区段上，经济子系统的协调等级由 1 级提升至 9 级，由极度失调发展到高度协调，充分反映了农村经济发展基本实现了预期的发展目标，几个主要的农村经济考察指标基本达到了要求，表现了中国农村经济发展取得了较大成就。在研究时段的 1990 年，指标之间的协调性最差，协调度降低至最低限 0，指标的功效系数除了人均支出/人均收入和农机动力稍高以外，其他指标的功效系数小于 0.100 0，在绝对值和相对值上均是比较低的，这种发展状态一直持续到 1993 年也没有发生实质性的改变，直到 1996 年指标的功效系数才有较大幅度的增长，特别是人均 GDP、农民人均纯收入、GDP 耗能和农机动力等指标的功效系数增加幅度较大，其他指标的功效系数有一定的增长，相比增幅较低。从 1997 年开始，经济子系统的协调状态发生了根本性的变化，由失调转入协调状态，一直到 2003 年系统的协调等级不断上升，协调度也在不断增加，表明在经济子系统中，考察指标之间的协调性是很好，同时也表明经济子系统处于良好发展态势。从指标的功效系数变化可以看出，人均 GDP、农民人均纯收入、GDP 耗能、百人电话拥有量和农业财政收入都有较快的增长率，而且达到了较高的水平，年际之间的波动并没有引起总趋势的变化，它们的功效系数都大于 0.800 0；农村恩格尔系数、非农收入比例和农机动力等指标的功效系数增长仅弱于前面的几个指标，它们的功效系数都在 0.700 0 以上；只有人均支出/人均收入处于较高的水平，但也是有所增长的。总体看来近 14 年以来国家区域农业系统的经济子系统的发展态势良好，反映了国家对农村经济发展的决策和策略比较符合实际情况，对农村的全面发展具有比较的推动作用。

(四)社会子系统的协调度变化分析

在 1990—2003 年研究时段内,社会子系统的协调度的变化趋势是上升的,但年际之间的波动要比生态和社会子系统相对复杂一些,1990—1997 年协调度是增加的,1998 年下降,2003 年的协调度达到最大值,协调等级达到最高级,之后协调度有所降低,不过降低的幅度不是很大,从协调等级看只有在 2001 年下降了 2 个等级,其他年份只是下降了一个协调等级。从协调度曲线的变化趋势来看,社会子系统的失调与协调状态的转折点是 1997 年,失调状态 9 年,协调状态 5 年。分析社会子系统的功效系数可以看出,在 1990 年,人口自然增长率、交通密度、人均住房面积、升学率、农业技术人员和农村耗电量功效系数很低,均小于 0.100 0,人均肉、病床数和二、三产业的就业率的功效系数比较低,人均粮食和人均棉花的功效系数较高,社会子系统的单目标发展现象在研究时段的初期比较明显。从总体发展过程看,社会子系统的主要特征是“丰衣足食”,同时“足食”年多于“丰衣”年,在个别年份主要由于自然灾害致使农作物减产导致其功效系数下降较多;另外一个重要现象是人均肉和二、三产业的就业率的功效系数稳步增加,表明社会子系统逐步向提高生活质量和改善农村就业状况方向迈进,但总体看来水平较低;升学率的功效系数低,有较大的波动性作为衡量社会教育状况的主要指标之一,反映了国家教育水平较低,对国民实施教育的义务开展不够;类似情况还有病床数的功效系数,反映了国家医疗服务体系整体水平较差;农业技术人员的功效系数从 1997 年开始有明显的增加,但仍然处于中等偏下水平,反映了农业科技和农村服务状况较差;农村住房面积从 2001 年以后又比较大的改善,具有比较好的发展前景;人口自然增长率的功效系数从 1999 年开始有较大的提高,反映了在 1999 年之前仍然有较大的人口增长,从 21 世纪开始人口发展形势有所好转;农村耗电量的功效系数总体较低,从一定程度上反映出:一是说明农村生活水平较低,城乡差别大的现象一直存在,二是农村现代文化生活贫乏,信息闭塞、科技传播不畅通等社会问题;交通密度具有稳定的增长趋势,反映了社会交通状况持续好转,物流条件已逐步得到改善。

(五)区域农业系统协调度变化分析

从协调等级看,区域农业系统协调状态呈现上升状态,从 1 级上升到 7 级;从协调度看,协调状态有微小波动,分别发生在 1995—1996 年、1997—1998 年和 2000—2002 年,比较而言,1997—1998 年波动很小,其余两次相对较大。通过子系统的协调度变化比较看出,三次波动的原因均是由于社会子系统协调度的降低,尽管经济和生态子系统的协调度有所升高,但是降低幅度大于升高幅度。在 1990—1997 年期间,生态系统子系统的协调度均高于经济和社会子系统,对区域农业系统的协调度具有较多的“正”的拉动作用,而经济与社会子系统则是交替变换角色,有时而是“正”的拉动作用,有时是“负”的拉动作用;1998—2003 年是情况发生了较大的变化,经济子系统的“正”的拉动作用更多一些,生态与社会子系统的则是交替变换角色,但是以“负”的拉动作用更多一些。

（六）区域农业系统协调度研究结论

第一，在 1990—2003 年期间，国家尺度区域农业系统有 7 年失调和 7 年协调，呈现前期失调和后期协调发展态势；生态子系统是 3 年失调和 11 年协调，呈现前期失调和中后期协调发展态势；经济子系统是 7 年失调和 7 年协调，呈现前期失调和后期协调发展态势；社会子系统 9 年失调和 5 年协调，呈现前中期失调和后期协调发展态势。

第二，国家区域农业系统前期失调的主要原因是生态子系统、经济子系统和社会子系统均处于失调状态，中期失调的主要原因是由于经济子系统和社会子系统仍然处于失调状态，尽管生态子系统协调状态，但由于是弱度协调，所以整个系统仍然呈现失调状态；从 1997 年开始，由于生态、经济和社会子系统的协调发展，国家区域农业系统转入协调状态，其中经济子系统的协调发展发挥了重要的作用，对区域农业系统的协调发展具有极大的提升作用，生态与社会子系统互有提升和压降作用，但作用力明显低于经济子系统，经济子系统的协调状态已经成为决定区域农业系统是否协调以及协调程度高低的主要原因，与此同时生态和社会子系统已成为制约区域农业系统协调发展的主要原因。

第三，一般情况，影响区域农业系统协调度变化一方面是功效系数的大小，另一方面是不同功效系数值（大值和小值）对应的评价指标数量的相对分布，分布差异越大，系统协调度将会越小，分布差异越小的时候，此时主要看分布的绝对差距大小，差距越大则协调度小，差距越小则协调度大，这两方面同时对系统协调度变化发挥作用。分析评价指标的功效系数的变化与分布规律，可以看出区域农业系统发展的前期由于功效系数值小，同时以小值功效系数居多，因此系统的协调度就很低；后期功效系数值大，同时以大值功效系数居多，因此系统的协调度就高，生态、经济和社会系统的协调度变化与区域农业系统协调度的变化非常相似，均表现类似的规律。

第四，在研究时段前期，国家区域农业系统的协调度很低，开始几年尤其很低，导致系统协调度低的原因主要是：①农业生产的生态基础环境较差，比较明显的是农田灌溉设施投入不足，单位面积灌溉水浪费严重；②农村经济基础薄弱，农业增收后劲有限，农村家庭消费与内需明显不足；③资源与能源利用效率差，具有典型的高资源消耗和高耗能特征；④农村与农业建设投入不足；⑤农村劳动力人口富余，非农产业的就业水平很低；⑥农村教育现状令人担忧，重视教育不够；⑦农村基础建设状况不佳；⑧农村科技投入不足；⑨农村居民消费力很弱。

第五，在研究时段的后期，国家区域农业系统的协调度有很大的提高，从功效系数的分布来看，小于 0.500 0 的指标 6 个，大于 0.500 0 的评价指标 23 个，其中大于 0.600 0 的评价指标 16 个，功效系数集中分布在 0.600 0～0.900 0 之间。区域农业系统协调发展的主要原因是：①农业生态环境有了较大的改善；②农村经济与农村建设有了很大改善③农村社会基础、社会意识与社会服务体系得到进一步发展和提高。

第六，通过以上实例分析可以看出，区域农业系统协调度的变化受评价指标功效系数的影响很大，个别或少数指标的处于优化状态并不能代表系统的协调发展，只有在多数指标处于优化状态才是系统的协调发展，区域农业系统协调度评价模型能够较好的指示和反映系统协调状态，通过考察目标在某一阶段对系统的贡献值及其形成的合力，以判定系统发展状态，对实现系统的良性发展具有重要的意义。

四、典型区域农业系统协调度分析

以广东新兴县为例，从自尺度、省域尺度和国家尺度三个层次。新兴县位于广东省中部偏西，毗邻珠江三角洲。县域南北相距 51 km，东西宽 56 km，总面积 1 519 km^2，属新(兴)、高(明)、鹤(山)丘陵台地。

(一)自尺度协调分析

1. 新兴县区域农业系统自协调发展趋势分析

区域农业系统自协调发展是研究区域农业系统在某一阶段协调度随时间发展变化的状态，自协调指标上、下区间范围由该时间段内指标变化的极值来确定，在研究中为了避免指标的功效系数 0 与 1 的出现，把极值作适当的调整，一般是把极大值放大，同时把极小值缩小，在本案例研究中极值放大与缩小的幅度均为 1%，这样就基本能够使极值的功效系数趋向于 1 和 0，一般的极大值得功效系数在 0.9 以上，极小值的功效系数小于 0.1。

2. 区域农业系统协调度变化总体分析结果

广东新兴县区域农业系统协调度总体呈现倒 U 形曲线，但弧度变化较缓，U 形特征不是非常明显，2001 年系统协调度达到最大值 0.543 8，从研究时间区段看，只有 2001 年这一年表现协调状态，协调等级 6 级，为弱度协调状态，其余年份均呈现失调状态，1995 年协调等级为 1 级，其余年份的协调等级 5 级，为弱度失调状态(见表 2-2-6，图 2-2-2)。

表 2-2-6　新兴县区域农业系统自协调尺度上的协调度

	年份					
	1995	1999	2000	2001	2002	2003
生态子系统协调度	0.104 8	0.268 2	0.340 9	0.360 2	0.155 5	0.055 7
协调等级	2	3	4	4	2	1
经济子系统协调度	0.000 0	0.417 7	0.490 0	0.590 3	0.738 6	0.885 5
协调等级	1	5	5	6	8	9
社会子系统协调度	0.000 0	0.417 2	0.390 3	0.551 3	0.502 1	0.419 3
协调等级	1	5	4	6	6	5
系统协调度	0.000 0	0.414 5	0.424 5	0.543 8	0.485 0	0.477 3
协调等级	1	5	5	6	5	5

生态子系统的协调度变化也呈现倒 U 形曲线，2001 年协调度达到最大值 0.360 2，整个研究时间区间内生态子系统均为失调状态，协调等级从 1 级到 4 级。

经济子系统的协调度呈现上升变化趋势，协调度从 0.034 1 增加到 0.885 5，协调等级从 1 级增长到 9 级，其中六年中有三年是协调状态，三年是失调状态，在协调年份协调等级有两年在中度协调 8 级以上水平，呈现较高的协调发展态势。

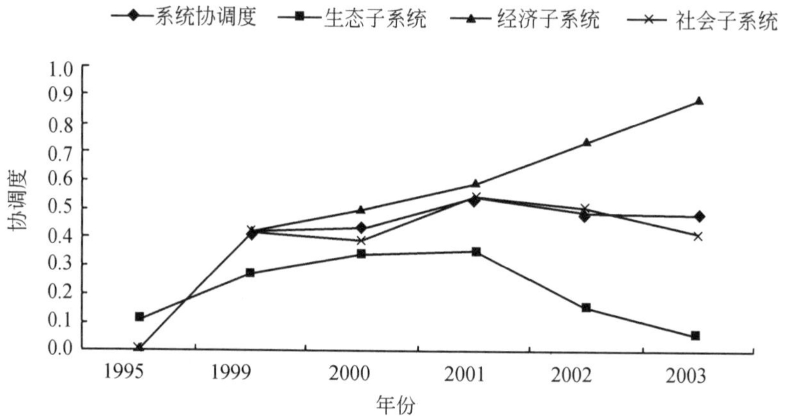

图 2-2-2 新兴县区域农业系统自协调尺度上协调度变化趋势

社会子系统的协调度变化也是呈现倒 U 形曲线，同样是 U 形特征不明显，在 2001 年协调度达到最大值 0.551 3，在研究时段内，其中 2 年表现协调状态，但协调等级较低，均是弱度协调 6 级，4 年表现失调状态，其中 2 年弱度失调 2 级，1 年低度失调 4 级，1 年是极度失调 1 级。

总体看来，区域农业系统在自协调尺度上的协调度变化受子系统协调度变化的影响较大，其中经济子系统的协调度具有明显的正作用，生态子系统具有较大的负作用，社会子系统的作用出波动状态，对区域系统协调度的变化的影响较弱。

3. 区域农业系统协调度变化原因分析

区域农业系统协调度变化是由生态、经济和社会子系统协调度变化引起的，引起系统和子系统协调度变化的根本原因是评价指标功效系数的变化，分析功效系数的变化能够对区域农业存在的问题更深入一步挖掘，同时还能够提出促使区域农业协调发展的建议与战略，对区域农业发展持续高效发展具有重要意义。

第一，农业生产资源减少，生态压力增加　1995—2003 年，一是耕地面积下降，人均播种面积的功效系数下降较快，二是灌溉水资源减少，农田灌溉比例下降较多，1995 年农田灌溉比例是 90.6%，到 2003 年下降到 53.85%，平均年下降率 4.5%。农田农药用量增加，农业生产环境污染增加，化肥用量总体也是超过国家平均水平很多，存在对农田土壤和地下水资源的污染的担忧，2003 年化肥用量减少很多，估计是统计误差造成的，一般来讲不可能在一年产生如此大的波动。粮食生产力基本保持较高的水平，说明农田土壤具有较大的现实生产力。生态子系统的评价指标对区域农业系统协调度产生了较大的负面作用，是系统协调度不高的主要原因之一。

第二，农村经济处于良好增长趋势，经济增长的能源代价较小　多年人均 GDP 不仅绝对量处于优势，从功效系数反映出增长速度较快，从绝对增长值来看，年均增长达到11.2%，农民人均纯收入的绝对增长值年均达到 11.0%，反映了广东沿海地区农村经济发展迅猛。农村非农收入比例在 1995 年就达到了比较高的水平，已经占到总收入的 65.4%，随后的 9 年时间总增长不到 10%，但已经接近总收入的 2/3，农业收入在总收入中的比例大大降低。

国家农业财政支出具有较大的提高，在农业科技推广和农业科技队伍等方面表现出稳步增长的趋势。从万元 GDP 能耗来看，处于较低水平，反映出区域经济结构良好，低耗能产业占有绝对优势。农机动力有一定的增长势头，在经济子系统的表现要相对弱一些。

第三，农产品人均拥有量总体丰富，但第一性产品有降低趋势 从人均粮食占有量看，多年处于滑坡趋势，1999 年略超过 400 kg 水平，随后连续降低，到 2003 年平均年降低 15.5 kg，人均肉奶蛋拥有量年均增长 12.9%，人均水产品年均增长 6.5%，人均水果年均增长不是很明显，基本处于平衡状态。

第四，农村养殖业规模提升 广东新兴县具有较好的养殖业基础，同时也是有良好的养殖业传统。近年在一些养殖业企业的带动下，养殖业规模不断升级，养殖模式也向多类型化方向发展，已经成为周边市场的养殖业基地，产品辐射全国，甚至出口东南亚。以养殖业为核心的农业发展思路，带动了相关产业的迅速发展，例如畜产品加工企业、饲料企业、疫苗生产企业和运输企业等，不仅推动了地方经济的迅猛发展，而且创造就业岗位，为促进农民就业和家庭经济增长带来了机遇。人均家禽与猪存栏的功效系数增长较快，从 1995 年到 2003 年，家禽养殖年均增长 9.8%。

第五，农村社会结构与功能变化情况 根据研究的指标来看，农村社会结构与功能变化情况不是很统一。从人口增长看，农村人口的自然增长率的功效系数增长较快，表明人口增长率下降较快，从 1995 年的 13.26‰，下降至 2003 年的 5.49‰，2001 年和 2002 年的人口自然增长率还要低一些，2003 年有反弹趋势，总体变化表明社会人口生产趋于良好发展趋势；从万人拥有的病床数变化看社会医疗保障情况，反映出农村医疗服务 2001 年之前不断提高，2001 年之后开始出现下滑趋势，与全社会看病难的问题基本是同时出现，农村的情况更为严重一些，村民有病看不起，病人死在家中的情况时有发生，社会医疗保障背弃社会发展轨道，重效益，轻道义，由过去的救死扶伤发展为见死不救；农村二、三产业就业率转移从绝对比例看不是很高，与 1995 年相比还有明显下降，主要原因是新兴县是以农业为主的区域，近年农村劳动力主要是在第一产业内部转移与调整，从事与参与养殖业的家庭与人数迅速增长，在以温氏企业为核心的主车岗和新城等几个乡镇，加入企业养殖的农户占到 60%左右，农户增收还是很显著，可能是新兴县的特色之一。

第六，农村教育与农村文化生活 农村普及教育已成为农村长远发展潜在的威胁因素，1995 年的初中升学率 58%，2001 年达到最高 78.7%，之后两年连续下降到 1995 年以来的历史最低水平，由多种原因导致的农村教育的全面滑坡现象在东部地区比较普遍，可能的原因有：一是教育乱收费一些家庭不堪重负；二是贫困家庭急于改变经济收入现状，倾向于让孩子早早打工挣钱，既能减轻家庭负担，又能培养自立；三是目前教育效果危机“知识改变命运，读书改变人生”的信条，即使大学毕业也难找到工作，即使找到工作也难挣到钱，即使挣点钱也养活不了自己，更回报不了父母与家庭，新一轮的“读书无用论”在一些地方浮出，甚至出现放弃高考的令人吃惊的事情。新兴县的农村文化生活要相对好一些，农村人一般都有夜生活习惯，信息交流与生活沟通的比较多，另外由于养殖业规模较大，所以农村人均耗电量要高一些，家用电器的数量与比例也较全国其他地方要高。

(二)新兴县区域农业系统省域尺度上的协调度变化分析

新兴县区域农业系统协调度评价在省域尺度上涉及生态、经济和社会三个子系统共23个评价指标,其中生态子系统5个评价指标,经济子系统7个评价指标,社会子系统11个评价指标,省域尺度上的评价指标的上、下限是通过计算相应年份时段内广东省的平均值,然后取其极大值与极小值作为该指标的评价范围,评价的主要目的是研究新兴县区域农业系统在广东省的综合发展水平及其变化趋势。

各子系统的协调度与协调等级见表2-2-7(原始数据主要来源于各县的统计年鉴和农业统计资料)。

表2-2-7 新兴县区域农业系统省域尺度上的协调度

	年份					
	1995	1999	2000	2001	2002	2003
生态子系统协调度	0.146 4	0.087 1	0.087 1	0.138 3	0.087 1	0.087 1
协调等级	2	1	1	2	1	1
经济子系统协调度	0.000 0	0.165 8	0.284 0	0.332 0	0.393 1	0.592 4
协调等级	1	2	3	4	4	6
社会子系统协调度	0.067 3	0.192 3	0.206 6	0.207 2	0.068 9	0.065 0
协调等级	1	2	3	3	1	1
系统协调度	0.000 0	0.190 8	0.238 3	0.263 1	0.211 8	0.268 9
协调等级	1	2	3	3	3	3

广东新兴县区域农业系统协调度表现上升发展趋势(图2-2-3),协调度由0.000 0增长到0.268 9,协调等级由1级增长到3级,在研究时段内全部呈现极度、高度和中度失调状态。

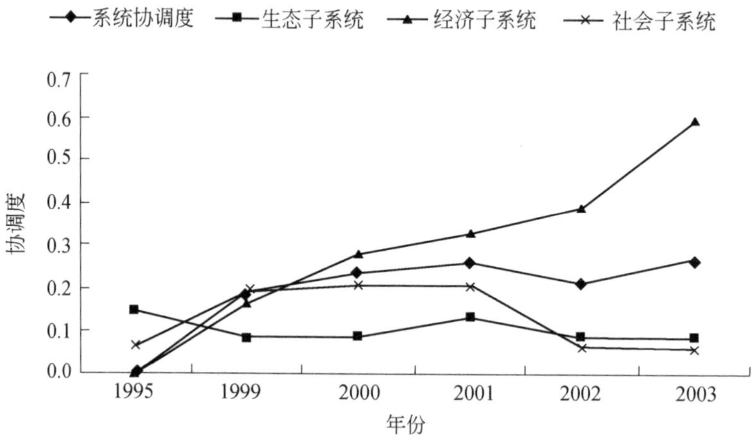

图2-2-3 广东新兴县在省域尺度上的协调度变化趋势

生态子系统协调度总体表现下降发展趋势，在整个变化过程中有起伏与波动，协调度由0.146 4下降至0.087 1，协调等级由2级降低至1级，全部呈现极度和高度失调状态。

经济子系统协调度总体表现上升发展趋势，协调度由0.000 0增长到0.529 4，协调等级由1级增长到6级，在6年期间，只有2003年这一年呈现协调状态，协调等级为弱度协调6级，其余年份均为失调状态，失调等级为4级以下低度失调。

社会子系统协调度总体呈现上升发展趋势，协调度由0.000 0增长到0.268 9，协调等级由1级增加到3级，在研究时段内为表现为极度、高度和中度失调状态。

从总体发展过程看，区域农业系统协调度变化受子系统协调度变化影响的顺序是经济、社会和生态子系统，经济子系统的协调度具有正的拉动作用，生态与社会子系统的协调度具有负的压降作用，生态子系统的作用更强一些，反映出生态保护与经济发展的矛盾在于农业发展中普遍存在。

(三)新兴县区域农业省域尺度上协调度变化原因分析

区域农业系统协调度变化是由生态、经济和社会子系统协调度变化引起的，引起系统和子系统协调度变化的根本原因是评价指标功效系数的变化，分析功效系数的变化能够对区域农业存在的问题更深入一步挖掘，同时还能够提出促使区域农业协调发展的建议与战略，对区域农业发展持续高效发展具有重要意义。

第一，生态子系统存在的主要问题是农田灌溉水资源不足，农药用量超过省域尺度的平均水平 在生态子系统中，农田灌溉比例低于广东省平均水平的下限87%(只有1995年超过)，单位面积上的农药用量也是超过省域平均水平的上限34.6 kg/hm²，所以灌溉比例和农药用量的功效系数均等于0；由于人均播种面积超过省域平均水平的上限值0.077 hm²，所以该指标的功效系数均为1，与此类同的情况还有化肥用量和粮食单产。由于评价指标之间差异性接近集中性，所以生态子系统的协调性很差。

第二，区域经济总量有限，影响农业与农村的发展 经济子系统在省域尺度上，人均GDP总量不足，接近广东省平均水平的下限7 864元/人，农村通信发展缓慢，百人电话拥有量靠近广东省平均水平的低限6.7，农业财政支出类同于前两个指标的情况，人均农业财政支出靠近广东省平均水平的下限17.8元。由于GDP总量不足，导致农业财政支出能力有限，也影响到农村通信事业的发展。

第三，农村居民纯收入增长较快，农村非农产业有较大的发展 农民人均纯收益在全省处于中上水平，接近全省平均水平的上限4 054元，农村第二、三产业具有较大的发展，非农收入比例高于全省平均水平的上限60.1%，由于家庭经济的较大改善，农业机械投资有一定的增长，不但提高农业劳动生产率，而且为非农产业发展提供较大的空间。区域经济增长的能源消耗较少，以低耗能企业类型为主，经济结构合理，GDP耗能在省域尺度上低于平均耗能的下限，在全省具有较大的优势。

第四，农村养殖业规模大，人均主要农产品占有较大优势 新兴县的养殖业发展迅猛，畜牧养殖模式灵活多样，以养殖企业为龙头，极大带动了农户参与和从事养殖业，全县人均畜禽存栏在全省具有绝对的优势，加上农业资源优势，人均主要农产品粮食和肉奶蛋高于全

省平均水平的上限，水产品生产不具有优势，只有全省平均水平下限的一半左右，水果生产能力也是有限，接近全省平均值的下限人均 69 kg 的水平。

第五，农村教育出现下滑趋势　农村教育下滑，初中升学率从 2002 年开始严重下降，接近全省平均水平的下限 50.5%，2001 年以前是高于全省平均水平的上限 60.1%。

第六，农村非农产业就业率低　农村第二、三产业的就业比例低于全省平均水平的下限，农村劳动力转移显得不足，对农村经济结构调整，促进农户增收产生不利影响，另外人均农村耗电量低于全省平均水平的下限，从侧面也能反映农村非农产业发展不足，如果从产业结构调整的角度看仍然具有较大的空间。

第七，社会医疗保障体系和人口生产形势优于全省平均水平　新兴县人口自然增占率低于全省平均水平的下限，人口控制处于优良状态。社会医疗保障在全省平均水平之上，万人病床数高于平均水平的上限 7.4 张，医疗资源相对富足。

（四）新兴县区域农业系统国家尺度上的协调发展分析

新兴县区域农业系统协调度评价在国家尺度上设置为生态、经济和社会三个子系统共 23 个评价指标，其中生态子系统 5 个评价指标，经济子系统 7 个评价指标，社会子系统 11 个评价指标。系统及其子系统的协调度与协调等级见表 2-2-8。

表 2-2-8　新兴县区域农业系统国家尺度上的协调度

	年份					
	1995	1999	2000	2001	2002	2003
生态子系统协调度	0.000 0	0.000 0	0.000 0	0.000 0	0.000 0	0.000 0
协调等级	1	1	1	1	1	1
经济子系统协调度	0.081 8	0.458 8	0.564 7	0.664 4	0.701 4	0.823 2
协调等级	1	5	6	7	8	9
社会子系统协调度	0.000 0	0.285 1	0.272 6	0.473 6	0.410 1	0.402 6
协调等级	1	3	3	5	5	5
区域系统协调度	0.000 0	0.258 1	0.276 5	0.399 7	0.380 5	0.400 1
协调等级	1	3	3	4	4	5

1. 协调度趋势分析

从 1995—2003 年广东新兴县区域农业系统协调度呈现上升趋势（图 2-2-4），协调度从 0.000 0 增长到 0.400 1，协调等级从 1 级到 5 级，在全时段上表现为失调状态。

生态子系统的协调度全部等于 0，协调等级为 1 级，事实上从生态子系统评价指标的功效系数的变化趋势可以推测协调度有下降的趋势。

经济子系统的协调度呈现上升趋势，协调度从 0.081 8 增加到 0.823 2，协调等级从 1 级增加到 9 级，在 6 年中有 4 年表现协调状态，2 年表现失调状态。从 1999—2003 年协调等级稳步上升，从弱度失调增长到高度协调，子系统的协调发展趋势良好。

社会子系统的协调度也是呈现上升趋势，协调度从 0.000 0 增长到 0.473 6，协调等级

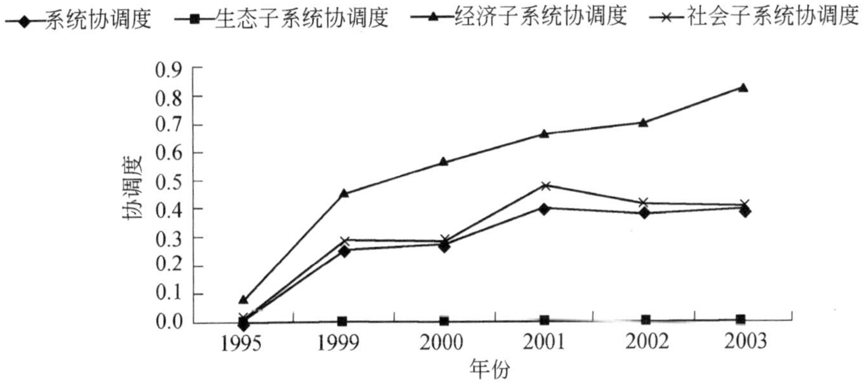

图 2-2-4 广东新兴县在国家尺度上的协调度变化趋势

由 1 级增长到 5 级，全部表现失调状态，其中协调度最高出现在 2001 年，以后有所降低，但协调等级没有改变。

新兴县区域农业系统在国家尺度上的系统及其子系统的协调度变化趋势可以看出，系统协调度上升主要依靠经济与社会子系统，生态子系统的协调度对系统协调度的又非常大的负作用，表明经济、社会与生态子系统的矛盾比较突出。

2. 协调度变化原因分析

区域农业系统协调度变化是由生态、经济和社会子系统协调度变化引起的，引起系统和子系统协调度变化的根本原因是评价指标功效系数的变化，分析功效系数的变化能够对区域农业存在的问题更深入一步挖掘，同时还能够提出促使区域农业协调发展的建议与战略，对区域农业发展持续高效发展具有重要意义。

第一，农业生态问题严峻 从生态子系统评价指标的功效系数可以看出，新兴县区域农业的生态问题主要：一是耕地资源紧缺，人均耕地面积持续下降，人均播种面积接近全国平均水平的下限 0.100 0 hm^2；二是农田农药用量大，单位面积的施用量超过国家平均水平的上限 15.3 kg/hm^2 的 2.5～4.0 倍；三是农田化肥投入量大，单位面积的施用量超过国家平均水平的上限 426 kg/hm^2 的 1.0 倍到 2.3 倍。由于处于我国多水地带，水资源相对丰富，农田灌溉面积的比例高于全国平均水平上限的 1.0～1.8 倍。耕地粮食生产力处于国家平均区间的中上水平，单位粮食单产接近国家平均水平上限，是国家平均水平下限的 1.5 倍。

第二，农村经济发展态势良好，农民增收稳定增长 农村经济和农民增收主要表现在：一是人均 GDP 基本处于国家平均水平区间的中上水平，上限是国家 79%，平均水平上限的二是农民收入稳定增长，基本处于国家平均区间的中等水平，上限是国家平均水平上限的 68%；三是农村非农收入比例维持较高的水平，上限是国家平均水平上限的 1.5 倍，下限是国家平均水平下限的 5.3 倍。区域系统经济发展的能源消耗处于中等水平，万元 GDP 耗能从 2002 年开始降低很多，接近国家平均区间的上限水平。

第三，政府对农业支持力度增长 农业财政支出从 2002 年开始有比较大提高，接近国家平均水平区间的上限，农业科技以及农业技术服务队伍有了比较大的改善，特别是在龙头

企业与农户的养殖经营模式中，农业科技体系比较健全。在此之前农业财政支出较低，政府对农业财政支付靠近平均水平的下限。

第四，农村通讯和农业机械处于中等发展水平　由于农村经济的持续稳定发展，农村通讯与农业机械有了一定的发展，农村通讯从2003年开始有比较大的改善，接近国家平均区间的上限，在此之前处于比较的水平；农业机械发展从1995—2001年表现上升发展趋势，2001年发展到较高的水平，之后有所下降，农机动力处于国家平均区间的中等水平。

第五、农村养殖业发展较快，人均主要农产品占有量较大，但粮食占有量明显不足　从国家尺度上看，新兴县农村养殖业发展较快，在20世纪中期就已经具备较好的养殖业基础，养猪业发展起步早，一直高于全国平均区间的上限，处于较高水平，养禽业发展稍晚一些，但在2002年以后，发展迅猛，在两年时间内就赶上国家平均区间的上限水平。在人均农产品占有量上，肉奶蛋具有明显的优势，一直高于国家平均水平的上限，人均水产品从1999年以后接近国家平均区间的上限。人均水果从2002开始接近国家平均区间的上限水平，在此之前，具有较大的波动。人均粮食占有量较低，从1995年开始，基本处于国家平均区间的下游水平，2002年和2003年低于国家平均水平的下限，只有在1999年是中等水平。

第六，农村社会功能存弱化问题　一是农村医疗保障程度绝对低于国家平均区间的下限水平，从万人拥有的病床数看，最多时只有国家平均水平上限的30%左右，只有下限的50%左右；二是农村教育水平波动大，普及水平低，初中升学率从2002年开始全面滑坡，只有全国平均水平的57%左右；三是农村劳动力就业以及劳动力结构调整缓慢，并且有下降的趋势，从农村二、三产业就业率反映出2001年以后有所下降，基本是全国的平均水平偏上一点；四是农村电力资源消耗弱，2002年以后接近国家平均区间的上限水平，2001年是中等水平，2000年以前是低等水平，从一定程度上反映农村文化生活贫乏、农村家庭消费拉力不强和农村产业发展滞后等问题，可以看出2002年以后情况有了较大的好转。

第三节　区域农业可持续发展能力评价

一、区域农业可持续发展能力评价模型构建——以河北太行山为例

（一）指标体系设计

1. 指标构建的指导思想

(1)生态可持续发展是山区农业可持续发展的首要基础　山区自然资源的开发利用必须遵循“生态优先”的原则，所有的经济活动必须以保护生态环境为前提。所以，评价指标体系要突出资源和环境的状况。

(2)经济可持续发展是山区农业可持续发展的重要保障　对山区来说，农业和农村经济发展是生态环境保护、社会进步得以持续的重要保障。没有经济的可持续性，生态和社会的可持续性也难长久。各地应该根据本地实际情况，在保护生态环境的前提下大力发展经济，提高农业生产、农民生活水平，促进生态环境的可持续发展。所以，评价指标体系要对山区经济和农民收入有所体现。

(3)人口与社会可持续发展是山区农业可持续发展的重要支撑　农业可持续发展的最终目标是以人为主体的社会发展系统的可持续发展。长期以来,山区由于各种原因,人口与社会发展严重滞后,这是山区可持续发展的重大瓶颈,必须把人口与社会的可持续发展作为实现山区农业可持续发展的重要支撑。因此,在评价指标体系中要充分反映山区农村人口和社会的发展状况。

因此,山区农业可持续发展研究必须同时考虑人口、经济、社会、资源与环境等方面。强调系统性、综合性、协调性。人口、经济、社会的可持续发展和资源、环境支撑力的不断提升是山区农业可持续发展的两大基本目标。

2. 指标选择的基本原则

根据山区农业可持续发展评价的目标与要求,结合指标体系构建的一般原则,山区农业可持续发展评价指标体系设置必须遵循以下原则:

(1)科学性　科学性是指评价指标必须体现山区农业可持续发展的内涵,突出山区农业可持续发展的系统目标。

(2)实用性　由于山区农业可持续发展是个复杂、综合的系统,涉及人口、经济、社会、资源与环境各个方面。因此,指标体系的设置要容易被使用者理解和接受,便于数据收集且易于量化,具有可操作性和可比较性等特点。

(3)简明性　山区农业可持续发展涉及的范围很广,对其评价指标的设置要全面但必须在保证评价质量的前提下简单明了,不必包罗万象。

(4)系统性　山区农业可持续发展评价指标设计在科学、实用、简明的基础上还需要把握系统性,特别是系统的层次性,以便从不同层面来反映山区农业发展的状况。

3. 河北省太行山区农业可持续发展能力评价指标体系

山区农业系统不仅具有自然生态特性,而且具有社会经济特性,对其可持续性进行评价,需要建立一个较为稳定的指标权重体系。本研究通过文献资料分析,认为张忠根和应风其(2003)所做的关于农业可持续发展评价指标体系和相应的权重比较适合评价山区的农业可持续发展。在他们研究的基础上,我们针对河北省太行山区的自然和社会经济状况,通过专家咨询和专家调查,确定了河北省太行山区农业可持续发展的评价指标体系(图 2-3-1)。

本指标体系分为三个层次:目标层(A)、准则层(B)和指标层(C)。第一层次是目标层(A),指山区农业可持续发展能力的综合评价指标,用来反映山区农业可持续发展的总体特征。第二层次是准则层(B),是根据山区农业可持续发展能力总体特征而设立的五个相互关联的子系统,即人口系统(B_1)、经济系统(B_2)、社会系统(B_3)、资源系统(B_4)、环境系统(B_5),从不同侧面来反映山区农业可持续发展能力。第三层次是指标层(C),选择 31 个具体评价指标来全面反映山区农业可持续发展的实际状况(指标内涵主要参考了张忠根和应风其的描述)。

目标层　准则层　指标层

- 山区农业可持续发展能力 A
  - 人口系统(B_1)
    - 人口密度 C_{11}(人／km^2)
    - 乡村劳动力资源数占总人口比重C_{12}(%)
    - 农林牧渔业从业人员占总人口比重C_{13}(%)
    - 农村劳动力人均受教育年限C_{14}(年)
  - 经济系统(B_2)
    - 人均农林牧渔业增加值C_{21}(元／人)
    - 农业劳动生产率C_{22}(元／人)
    - 农用耕地生产率C_{23}(元／亩)
    - 农业中间消耗生产率C_{24}
    - 农村非农行业产值比重C_{25}
    - 亩耕地平均农机总动力C_{26}
    - 农业比较优势系数C_{27}
    - 农林牧渔业产品商品率C_{28}
    - 农村居民人均纯收入C_{29}(元／人)
  - 社会系统(B_3)
    - 城乡居民收入差异系数C_{31}
    - 农村居民恩格尔系数C_{32}
    - 每万农林牧渔业从业人员拥有的乡村科技人才数C_{33}(人／万人)
    - 每千人口拥有的卫生技术人员数C_{34}(人／千人)
    - 每百户居民拥有的固定电话户数C_{35}(户／百户)
    - 城镇化水平 C_{36}
    - 公路密度C_{37}(km／km^2)
  - 资源系统(B_4)
    - 人均耕地面积C_{41}(亩／人)
    - 水资源密度C_{42}(万m^3/km^2)
    - 土地复种指数C_{43}
    - 耕地面积占土地面积比重C_{44}
    - 耕地有效灌溉率C_{45}
  - 环境系统(B_5)
    - 森林覆盖率C_{51}
    - 农药使用强度C_{52}(kg／亩耕地)
    - 化肥使用强度C_{53}(kg／亩耕地)
    - 自然灾害受灾面积比例C_{54}
    - 总抗灾率 C_{55}
    - 水土流失比例C_{56}

图 2-3-1　山区农业可持续发展评价指标

(主要参考张忠根、应风其的指标体系)

4. 指标的计算方法(见表 2-3-1)

表 2-3-1 河北省太行山区农业可持续发展能力评价指标的计算公式及说明

指标层	指标计算公式	正负性
C_{11}	=人口/土地面积	负
C_{12}	=乡村劳动力资源数/总人口	正
C_{13}	=农林牧渔业从业人员/总人口	负
C_{14}	$= B_1\times2+B_2\times5+B_3\times8+B_4\times11+B_5\times13+B_6\times15$	正
C_{21}	=农林牧渔业增加值/总人口	正
C_{22}	=农林牧渔业增加值/农林牧渔业从业人员	正
C_{23}	=农林牧渔业增加值/耕地面积	正
C_{24}	=农林牧渔业增加值/农林牧渔业中间消耗	正
C_{25}	=农村非农行业总产值/农村社会总产值	正
C_{26}	=农机总动力/耕地面积	正
C_{27}	=农业劳动力人均纯收入/农村非农劳动力人均纯收入	正
C_{28}	=农林牧渔业商品产值/农林牧渔业总产值	正
C_{29}	=农村居民年总纯收入/乡村人口(农调队住户调查数据)	正
C_{31}	=城镇居民人均可支配收入/农村居民人均纯收入	负
C_{32}	=农村居民人均食品消费支出/农村居民人均生活消费支出	负
C_{33}	=乡村科技人才/农林牧渔业从业人员	正
C_{34}	=卫生技术人员/总人口	正
C_{35}	=固定电话户数/总户数	正
C_{36}	=城镇人口/总人口	正
C_{37}	=公路里程/土地面积	正
C_{41}	=耕地面积/总人口	正
C_{42}	=水资源总量/土地面积	正
C_{43}	=农作物总播种面积/耕地面积	正
C_{44}	=耕地面积/土地面积	正
C_{45}	=有效灌溉面积/耕地面积	正
C_{51}	=年末实有林地面积/土地面积	正
C_{52}	=农药使用量/耕地面积	负
C_{53}	=化肥使用量/耕地面积	负
C_{54}	=受灾面积/土地面积	负
C_{55}	=1-(成灾面积/受灾面积)	正
C_{56}	=水土流失面积/土地面积	负

注:B_1 为文盲、半文盲;B_2 为小学;B_3 为初中;B_4 为高中;B_5 为中专;B_6 为大专及以上。

(二)评价分析模型

1. 山区农业可持续发展能力评价指标体系权重的确定

本研究在确定山区农业可持续发展评价指标体系及其相应权重的过程中，主要参考了张忠根和应风其等(2003)的研究结果，并在此基础上又咨询调查和听取了31位有关山区农业方面研究专家的意见，据此又对指标权重进行了慎重考虑和调整，最终的结果见表2-3-2。

表2-3-2　河北省太行山区农业可持续发展能力评价指标及权重

目标层	准则层	指标层	W单排序	权重(W总排序)
山区农业可持续发展能力A	人口系统 B_1 (0.123 5)	C_{11}	0.226 7	0.027 5
		C_{12}	0.175 7	0.021 3
		C_{13}	0.231 6	0.028 1
		C_{14}	0.366 0	0.044 4
	经济系统 B_2 (0.364 2)	C_{21}	0.118 9	0.042 5
		C_{22}	0.104 3	0.037 3
		C_{23}	0.101 3	0.036 2
		C_{24}	0.064 8	0.023 2
		C_{25}	0.104 6	0.037 4
		C_{26}	0.042 8	0.015 3
		C_{27}	0.138 9	0.049 7
		C_{28}	0.102 0	0.036 4
		C_{29}	0.222 4	0.079 5
	社会系统 B_3 (0.280 2)	C_{31}	0.170 0	0.034 8
		C_{32}	0.194 5	0.039 8
		C_{33}	0.193 6	0.039 6
		C_{34}	0.104 2	0.021 3
		C_{35}	0.081 2	0.016 6
		C_{36}	0.145 5	0.029 7
		C_{37}	0.111 0	0.022 7
	资源系统 B_4 (0.180 7)	C_{41}	0.291 6	0.051 7
		C_{42}	0.236 9	0.042 0
		C_{43}	0.121 2	0.021 5
		C_{44}	0.109 6	0.019 4
		C_{45}	0.240 7	0.042 7
	环境系统 B_5 (0.123 4)	C_{51}	0.176 0	0.018 2
		C_{52}	0.162 7	0.016 8
		C_{53}	0.127 5	0.013 2
		C_{54}	0.169 3	0.017 5
		C_{55}	0.185 5	0.019 1
		C_{56}	0.178 9	0.018 5

注：在张忠根和应风其(2003)的基础上调整得出。

2. 指标数据的标准化

由于各指标的含义不同，指标值的计量单位也不同，各指标的量纲各异。为了能使各种数据进行综合，必须对指标数据进行标准化处理。根据指标的数据属性、指标权重的确定方式，指标数据标准化的方法可分为直线型、折线型和曲线型三种(邱东，1997)。经过综合比较，本研究采用比重法进行指标数据的标准化：

$$X_{ijt}=\begin{cases}C_{ijt}/C_{ij0}\,(1) & (1)\text{—— 当 } C_{ij} \text{ 为正作用指标时}\\ C_{ij0}/C_{ijt}\,(2) & (2)\text{—— 当 } C_{ij} \text{ 为负作用指标时}\end{cases}$$

式中：X_{ijt} 为指标 C_{ij} 在第 t 年经无量纲化后的评定系数；C_{ijt} 和 C_{ij0} 为指标 C_{ij} 在第 t 年和基年或参照系的统计值。对于任一特定的地区，对于任何一项指标，只要评定系数增大，均可视为随时间的推移农业向着有利于可持续的方向发展。

3. 综合评价值的计算

(1)山区农业可持续发展能力综合指数的计算　用 Y 来表示山区农业可持续发展能力综合评价值，则

$$Y=\sum w_i Y_i$$

式中：w_i 为第 i 项指标的权重；Y_i 为第 i 项指标的分值。Y 值越大，可持续发展能力就越高。

运用上述公式，就可以得到山区人口(B_1)、经济(B_2)、社会(B_3)、资源(B_4)、环境(B_5)各子系统和山区农业可持续发展总系统 A 的综合得分值。总系统 A 的综合得分值称为山区农业可持续发展能力综合指数(张忠根、应风其，2003)。

(2)资源-发展指数和环境-发展指数的计算　对资源或环境系统的分析，虽不能表征区域农业可持续发展能力，却能反映出区域农业可持续发展的阻力和压力。资源与环境问题都不是孤立发生的，研究中必须与区域的人口、经济、社会发展相联系。因此，需要就资源、环境系统对人口、经济和社会系统发展的支持及相互关系作相应的分析(张忠根、应风其，2003)：

① $R\text{-}D$ 指数(资源-发展综合指数)：该指数主要反映资源水平与人口、经济、社会发展之间的相互关系，即在一定资源状况下所带来的人口、经济与社会的发展。其计算公式为：

$$R\text{-}D=\frac{B_4}{w_1B_1+w_2B_2+w_3B_3}$$

式中：w_1、w_2、w_3 为 B_1、B_2、B_3 系统对总系统 A 的权重系数经归一化处理后的系数。

$R\text{-}D$ 指数的理论取值范围是 $(0,+\infty)$。数值小，说明在资源较为稀缺或资源条件较差的情况下，人口、经济与社会取得了较大的发展，即资源的利用效率较高，但同时也说明人口、经济与社会的发展对资源带来了较大的压力；反之，则资源的利用效率较低，同时也说明人口、经济与社会的发展对资源带来的压力较小。

② $E\text{-}D$ 指数(环境-发展综合指数)：该指数主要反映环境状况与人口、经济、社会发展之间的相互关系，即在一定的人口负荷下，在经济发展和社会进步的同时，也对环境带来了一定的破坏和污染。其计算公式为：

$$E\text{-}D = \frac{B_5}{w_1 B_1 + w_2 B_2 + w_3 B_3}$$

$E\text{-}D$ 指数的理论取值范围是 $(0, +\infty)$。数值小，说明在环境较差或较为恶劣的情况下，人口、经济与社会取得了较大的发展，即当前的环境容量较大，但同时也说明人口、经济和社会的发展在一定程度上是以牺牲环境为代价的；反之，则环境的当前容量较低，同时也说明人口、经济和社会的发展对环境的破坏较小。

③ $\Delta R\text{-}\Delta D$ 指数（资源-发展动态指数）：该指数主要反映资源的动态变化与人口、经济、社会发展动态变化之间的相互关系。其计算公式为：

$$\Delta R\text{-}\Delta D = \frac{\Delta B_4}{w_1 \Delta B_1 + w_2 \Delta B_2 + w_3 \Delta B_3}$$

式中：

$$\Delta B_i = \frac{B_i - B_{i-1}}{B_{i-1}}$$

该指数的取值范围是 $-\infty$ 至 $+\infty$。在指数为正的条件下，指数增大，说明在人口、经济、社会取得一定水平发展的情况下，资源条件得到改善，资源利用水平在提高，即在发展与资源保护、改善方面实现了双赢；在指数为负的条件下，指数向负的方向增加，说明在人口、经济、社会取得一定水平发展的情况下，资源条件在逐步恶化，即发展是以破坏和消耗资源为代价的。

④ $\Delta E\text{-}\Delta D$ 指数（环境-发展动态指数）：该指数主要反映环境的动态变化与人口、经济、社会发展动态变化之间的相互关系。其计算公式为：

$$\Delta E\text{-}\Delta D = \frac{\Delta B_5}{w_1 \Delta B_1 + w_2 \Delta B_2 + w_3 \Delta B_3}$$

与资源-发展动态指数类似，环境-发展动态指数的取值范围也是 $-\infty$ 至 $+\infty$。在指数为正的条件下，指数增大，说明在人口、经济、社会取得一定水平发展的情况下，环境条件得到改善，即在发展与环境保护、改善方面实现了双赢；在指数为负的条件下，指数向负的方向增加，说明在人口、经济、社会取得一定水平发展的情况下，环境条件在逐步恶化，即发展是以破坏环境为代价的。

二、河北太行山区农业可持续发展能力总体评价

（一）数据处理

对河北省太行山区农业可持续发展能力评价所需的资料数据主要来源于 1995—2003 年河北省各有关部门、有关市的统计年鉴、统计资料、统计公报和内部资料等。

以 1995 年为评价基准年，采用上文介绍的比重法对各指标的原始数据进行标准化（无量纲化）处理后得到表 2-3-3 各项指标的评定系数。

表 2-3-3　河北省太行山区农业可持续发展能力各项评价指标的评定系数

指标	1995	1996	1997	1998	1999	2000	2001	2002	2003
C_{11}	1.000 0	0.986 2	0.989 6	0.972 8	0.969 5	0.959 7	0.959 7	0.959 7	0.956 5
C_{12}	1.000 0	0.992 2	1.010 0	1.000 4	1.003 5	1.021 8	1.025 2	1.023 5	1.026 5
C_{13}	1.000 0	1.054 8	1.042 2	1.047 5	1.050 6	1.043 7	1.039 6	1.041 9	1.052 1
C_{14}	1.000 0	1.018 0	1.036 0	1.051 0	1.063 0	1.075 0	1.087 0	1.094 5	1.103 4
C_{21}	1.000 0	1.139 3	1.294 7	1.324 8	1.272 2	1.247 6	1.273 3	1.308 7	1.293 7
C_{22}	1.000 0	1.202 0	1.349 6	1.387 4	1.337 3	1.301 7	1.323 6	1.363 2	1.361 4
C_{23}	1.000 0	1.171 4	1.321 7	1.378 9	1.336 6	1.321 7	1.352 8	1.457 1	1.489 4
C_{24}	1.000 0	0.994 5	0.996 0	0.966 7	0.940 5	0.948 5	0.938 2	0.939 2	0.903 2
C_{25}	1.000 0	1.036 7	1.066 2	1.077 1	1.050 6	1.066 8	1.075 5	1.084 7	1.100 8
C_{26}	1.000 0	1.197 0	1.350 4	1.426 1	1.498 1	1.579 5	1.638 3	1.768 9	1.922 3
C_{27}	1.000 0	0.971 4	0.914 3	0.885 7	0.885 7	0.828 6	0.828 6	0.800 0	0.742 9
C_{28}	1.000 0	1.037 3	1.068 0	1.084 7	1.073 6	1.075 8	1.093 1	1.128 7	1.126 4
C_{29}	1.000 0	1.284 5	1.506 9	1.597 3	1.638 7	1.673 7	1.717 0	1.769 2	1.848 2
C_{31}	1.000 0	1.141 1	1.200 9	1.175 2	1.155 5	1.127 0	1.104 4	1.061 8	1.049 6
C_{32}	1.000 0	1.073 9	1.141 9	1.144 4	1.210 6	1.324 1	1.320 7	1.310 8	1.365 5
C_{33}	1.000 0	1.218 4	1.402 3	1.448 3	1.448 3	1.482 8	1.517 2	1.586 2	2.023 0
C_{34}	1.000 0	0.987 7	0.950 6	0.814 8	0.814 8	0.818 9	0.823 0	0.802 5	0.798 4
C_{35}	1.000 0	1.428 6	1.857 1	2.285 7	2.714 3	3.857 1	5.142 9	6.285 7	7.142 9
C_{36}	1.000 0	1.133 7	1.083 6	1.226 2	1.238 0	1.228 1	1.233 0	1.256 6	1.351 0
C_{37}	1.000 0	1.000 0	1.150 0	1.225 0	1.250 0	1.250 0	1.350 0	1.400 0	1.475 0
C_{41}	1.000 0	0.974 1	0.982 8	0.956 9	0.948 3	0.939 7	0.939 7	0.896 6	0.870 7
C_{42}	1.000 0	1.622 5	0.519 7	0.565 4	0.517 1	0.858 7	0.382 7	0.348 2	0.443 6
C_{43}	1.000 0	1.035 2	1.021 1	1.042 3	1.021 1	1.007 0	0.957 7	0.971 8	0.964 8
C_{44}	1.000 0	0.986 0	0.989 1	0.988 7	0.984 2	0.983 3	0.980 5	0.936 2	0.907 7
C_{45}	1.000 0	1.002 0	1.022 8	1.042 4	1.042 0	1.047 6	1.057 0	1.080 7	1.109 7
C_{51}	1.000 0	0.998 0	0.996 0	0.994 7	0.993 3	0.992 0	0.988 7	0.991 3	1.017 4
C_{52}	1.000 0	0.831 2	0.831 2	0.853 3	0.831 2	0.831 2	0.831 2	0.711 1	0.711 1
C_{53}	1.000 0	0.846 7	0.848 6	0.886 9	0.893 4	0.882 5	0.878 8	0.828 7	0.818 6
C_{54}	1.000 0	0.768 8	0.872 2	1.090 7	0.986 5	1.058 0	1.187 2	0.818 9	1.153 2
C_{55}	1.000 0	0.812 0	0.811 5	0.988 4	0.876 2	0.976 4	1.030 6	0.946 6	0.976 1
C_{56}	1.000 0	1.002 6	1.002 1	1.000 2	0.997 6	1.005 9	1.009 0	1.225 1	0.980 0

注:C_{11}～C_{56}代表的相应含义见图 2-3-1。

(二)各子系统评价值及综合指数的计算

根据各指标的权重和评定系数，我们得出了河北省太行山区 1995—2003 年农业发展各子系统(准则层)的评价值和农业可持续发展能力的综合指数。计算结果见表 2-3-4。

表 2-3-4 河北省太行山区农业可持续发展各子系统评价值及综合指数

指标	年份								
	1995	1996	1997	1998	1999	2000	2001	2002	2003
人口系统 B_1	1.000 0	1.014 8	1.022 4	1.023 6	1.028 5	1.032 3	1.036 3	1.039 3	1.044 7
经济系统 B_2	1.000 0	1.130 0	1.233 5	1.267 2	1.258 1	1.255 7	1.278 3	1.315 2	1.331 8
社会系统 B_3	1.000 0	1.133 6	1.232 9	1.287 6	1.336 5	1.452 2	1.571 0	1.674 8	1.859 2
资源系统 B_4	1.000 0	1.143 1	0.888 0	0.898 6	0.881 5	0.959 4	0.842 6	0.824 4	0.842 5
环境系统 B_5	1.000 0	0.879 1	0.896 3	0.974 0	0.932 1	0.962 6	0.994 0	0.929 3	0.950 8
综合能力 A	1.000 0	1.087 9	1.103 3	1.138 6	1.137 8	1.179 3	1.195 6	1.219 7	1.270 7

(三)评价结果及趋势分析

根据表 2-3-4，可以画出河北省太行山区 1995—2003 年农业可持续发展能力的变化趋势图(图 2-3-2)。

1. 河北省太行山区农业可持续发展能力总体评价结果

从表 2-3-5 来看，河北省太行山区农业可持续发展能力呈缓慢增长态势，1995—2003 年年平均增长率为 3.07%，整体显示太行山区近十年农业的发展是可持续的。从发展历程看，太行山区农业可持续发展可分为三个阶段(见图 2-3-2 和表 2-3-5)：

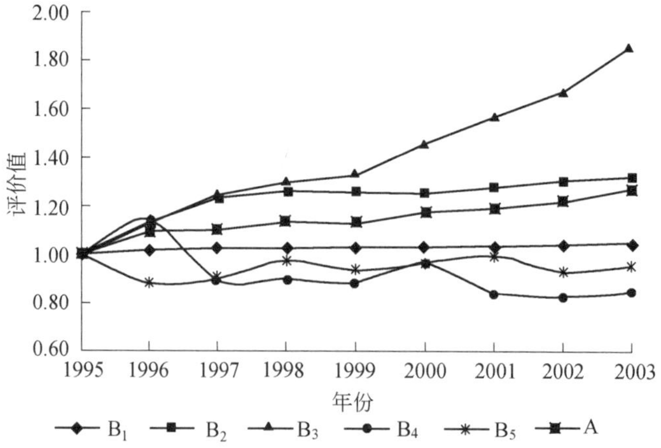

图 2-3-2 河北省太行山区农业可持续发展能力变化趋势

注：B_1 为人口系统；B_2 为经济系统；B_3 为社会系统；B_4 为资源系统；B_5 为环境系统；A 为总系统。

表 2-3-5　河北省太行山区农业可持续发展能力(A)年增长率变化(%)

区域	指标	年份									平均
		1995	1996	1997	1998	1999	2000	2001	2002	2003	
太行山区	A	1.000 0	1.087 9	1.103 3	1.138 6	1.137 8	1.179 3	1.195 6	1.219 7	1.270 7	1.148 1
	增长率	—	8.79	1.41	3.20	−0.07	3.65	1.38	2.02	4.18	3.07
全省	A	1.000 0	1.075 4	1.073 4	1.137 9	1.128 0	1.166 5	1.213 4	1.263 2	1.351 6	1.156 6
	增长率	—	7.54	−0.19	6.02	−0.87	3.41	4.01	4.10	7.01	3.88

(1)1995—1998 年较快增长期　此阶段河北省太行山区农业可持续发展能力增长较快,年增长率平均为 4.47%。可持续发展能力总体强于全省。

(2)1998—2000 年波动一恢复期　此阶段该区农业可持续发展能力呈现波动趋势,1999 年能力评价值低于 1998 年,出现负增长(−0.07%),2000 年才开始回升。这段时间平均年增长率仅为 1.79%,可持续发展能力强于全省的优势减弱。

(3)2000—2003 年稳定增长期　此阶段该区农业可持续发展能力呈稳定上升趋势,年增长率平均为 2.81%。可持续发展势头良好。但是与全省相比,此段时间该区的农业可持续发展能力低于全省,且差距有不断扩大的趋势。

采用计量经济学分析软件 Eviews3.0 对该区农业可持续发展能力评价值与各子系统的评价值进行相关分析,结果(见表 2-3-6)显示:A 与 B_1、B_2、B_3 均呈正相关关系,相关系数分别为 0.986 1、0.920 7 和 0.976 8,说明该区农业可持续发展与人口、经济、社会子系统发展是息息相关的。A 与 B_4 呈负相关关系,相关系数为−0.649 8;从 B_1、B_2、B_3 与 B_4 的相关性来看也呈负相关关系,说明该区农业采取的是不断消耗自然资源的发展模式。

表 2-3-6　河北省太行山区 1995—2003 年农业可持续发展能力评价值与各子系统之间的相关系数

指标	A	B_1	B_2	B_3	B_4	B_5
A	1.000 0	0.986 1	0.920 7	0.976 8	−0.649 8	0.012 2
B_1	0.986 1	1.000 0	0.952 0	0.956 8	−0.704 0	−0.025 4
B_2	0.920 7	0.952 0	1.000 0	0.850 6	−0.733 9	−0.100 4
B_3	0.976 8	0.956 8	0.850 6	1.000 0	−0.700 0	0.099 5
B_4	−0.649 8	−0.704 0	−0.733 9	−0.700 0	1.000 0	−0.325 8
B_5	0.012 2	−0.025 4	−0.100 4	0.099 5	−0.325 8	1.000 0

2. 太行山区和全省农业可持续发展能力总体评价比较

与全省比较,太行山区农业可持续发展能力稍差一些。整体上看,1995—2003 年太行山区农业可持续发展能力的变化趋势与全省一样,但变化的速率却不一样。从图 2-3-3 可以看出,全省在 1995—2000 年比太行山区稍弱一些,农业可持续发展能力年增长率平均比太行山区低 0.21%;但是 2000 年之后,全省农业可持续发展能力增长势头好于太行山区,可持续发展能力评价值比太行山区平均高出 0.023 9,增长速度平均高出 1.99%(表 2-3-

5)。而且2000年后太行山区与全省的差距在不断扩大。

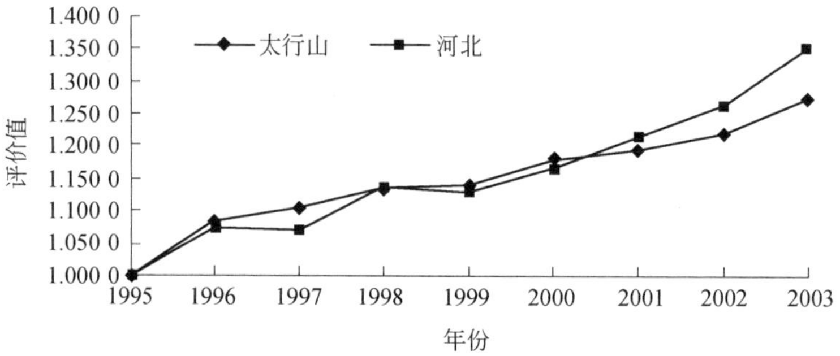

图 2-3-3 河北省太行山区农业可持续发展能力总体评价值变化(与全省比较)

表 2-3-7 河北省农业可持续发展各子系统评价值及综合指数

指标	年份								
	1995	1996	1997	1998	1999	2000	2001	2002	2003
人口系统 B_1	1.000 0	1.020 5	1.025 7	1.028 1	1.027 8	1.032 8	1.036 0	1.063 3	1.065 1
经济系统 B_2	1.000 0	1.131 0	1.213 7	1.255 8	1.279 5	1.305 4	1.387 1	1.449 6	1.568 9
社会系统 B_3	1.000 0	1.094 2	1.153 1	1.217 0	1.277 1	1.379 0	1.468 1	1.619 6	1.751 9
资源系统 B_4	1.000 0	1.032 7	0.863 0	0.928 8	0.864 5	0.902 2	0.871 9	0.849 0	0.899 9
环境系统 B_5	1.000 0	0.997 5	0.880 4	1.072 7	0.915 8	0.919 2	0.948 5	0.917 9	0.983 6
综合能力 A	1.000 0	1.075 4	1.073 4	1.137 9	1.128 0	1.166 5	1.213 4	1.263 2	1.351 6

综合分析表2-3-5、表2-3-7和图2-3-4可以看出,河北省太行山区农业可持续发展能力与全省存在差距的主要原因是:全省农业经济子系统的可持续发展能力强于太行山区,其可持续发展能力评价值1995—2003年平均为1.287 9,而太行山区为1.230 0;1995—1999年太行山区与全省差别不大,评价值平均分别为1.177 8和1.176 0。但1999年后太行山区经济子系统的可持续发展能力增长缓慢甚至停滞,而与此同时,全省农业经济子系统却表现较强的发展能力,前者1999—2003年评价值平均为1.295 2,后者为1.427 7,两者经济发展能力差距不断拉大。从增长率来看,全省为5.85%,太行山区为3.74%,说明太行山区农业经济子系统的可持续发展能力比全省弱,从而导致该区总体农业可持续发展能力比全省差。

而在经济子系统中,到底是哪些指标导致了1999年后太行山区农业经济可持续发展能力与全省不断拉大进而影响到该区整体的农业可持续发展能力呢?通过对经济子系统具体指标数据的对比分析,可以得出:经济子系统发展能力产生差距主要是由人均农林牧渔业增加值、农业劳动生产率、农业中间消耗生产率的差别引起的(见图2-3-5,图2-3-6,图2-3-7)。其中人均农林牧渔业增加值和农业劳动生产率在1999年之前差距不是很大,但是到1999年后差距逐渐拉大;而农业中间消耗生产率1999年前都表现下降趋势,但1999年后太行山区仍然保持下降态势,而全省却转向快速上升。这说明太行山区农业经济产出效率近年来与全省相比增长缓慢,尤其是农业劳动和资本投入的产出效率与全省的差距在拉大。

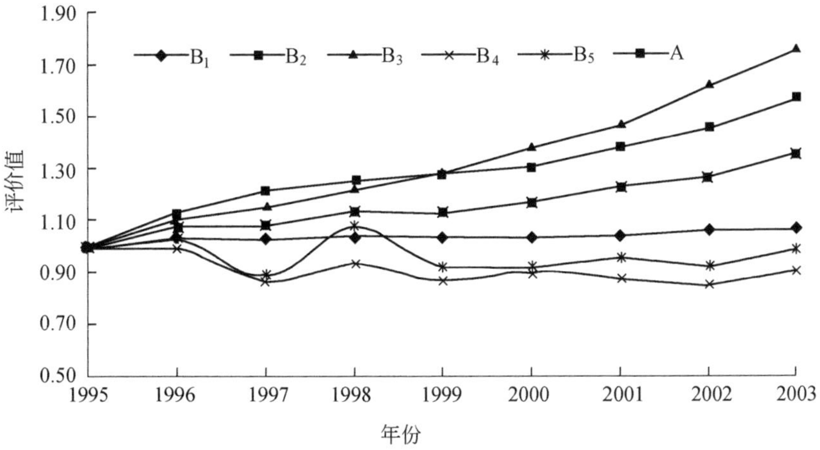

图 2-3-4　河北省农业可持续发展能力变化趋势(1995—2003)

注：B_1 为人口系统；B_2 为经济系统；B_3 为社会系统；B_4 为资源系统；B 为环境系统；A 为总系统。

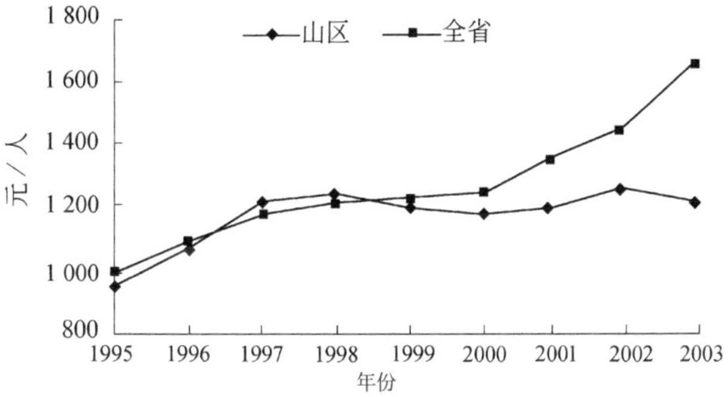

图 2-3-5　河北省太行山区人均农林牧渔业增加值变化(与全省对比)

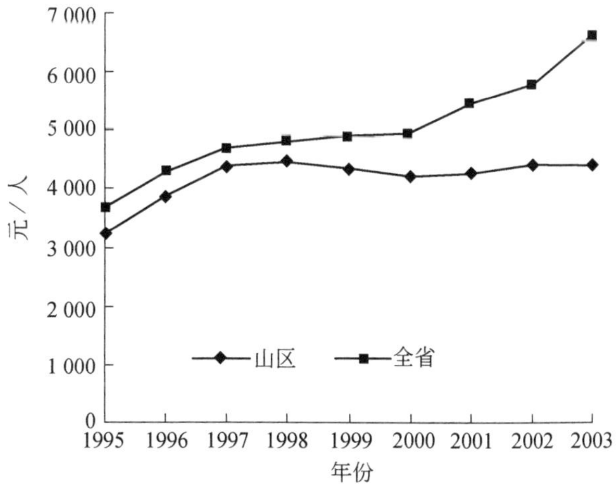

图 2-3-6　河北省太行山区农业劳动生产率变化(与全省对比)

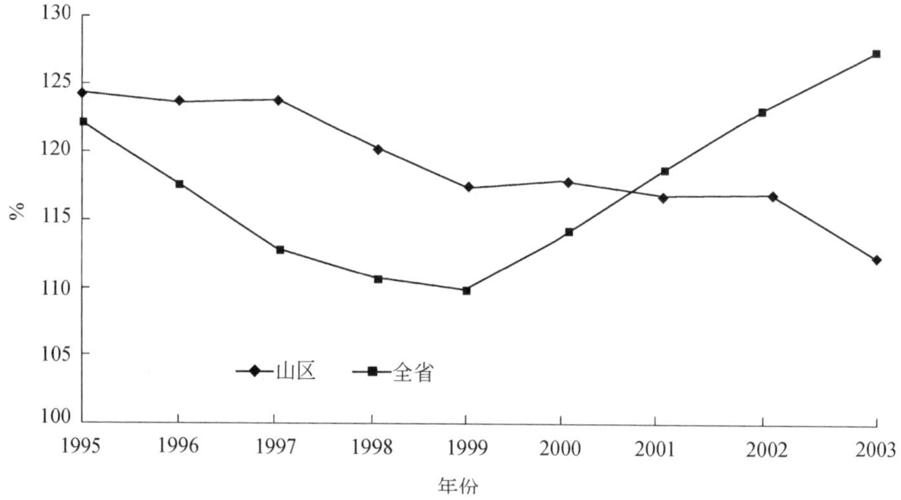

图 2-3-7　河北省太行山区农业中间消耗生产率变化(与全省对比)

三、河北省太行山区农业子系统可持续发展能力评价

(一)人口系统发展

从图 2-3-8 可以看出,太行山区农业发展的人口子系统 1995—2003 年基本呈平稳上升态势,稳中有升,评价值年平均为 1.026 9,年平均增长率为 0.55%。从原始数据分析结果可以看出:太行山区农业系统的人口子系统发展能力平稳上升主要是来源于农村劳动力人均受教育年限的持续上升,也就是说主要来源于山区农村劳动力受教育水平的提高,年平均增长率为 1.24%;其次是山区农林牧渔业从业人员占总人口比重下降(平均增长率为 −0.62%)和农村劳动力资源数占总人口比重上升(平均增长率为 0.33%)的作用。这三方面抵消了山区人口密度增加带来的负面影响,使人口子系统的可持续发展能力提高。

(二)经济系统发展

河北省太行山区农业的经济子系统可持续发展能力 1995—2003 年基本呈平稳上升的态势,但年际发展速度表现不一。1995—1998 年,经济发展能力增长较快,年平均增长率为 8.30%,1998 年之后速度明显放慢,年平均增长率仅为 1.01%,增长趋势不明显。说明太行山区近年来的农业经济发展缓慢。从指标原始数据来看,对该区经济发展有突出贡献的首先是农民人均纯收入的增加,从 1995 年的 1 471 元增长到 2003 年的 2 719 元,年平均增长率为 8.32%;其次是山区农业机械化水平的提高,主要表现在亩耕地平均农机总动力的持续增加上,从 1995 年的 528 W/亩增加到 2003 年的 1 015 W/亩,年平均增长率为 8.62%(图 2-3-9)。

(三)社会系统发展

河北省太行山区农业的社会子系统可持续发展能力 1995—2003 年呈快速上升趋势,年平均增长率为 8.10%,对太行山区农业可持续发展总体能力的提高起了巨大的拉动作用。

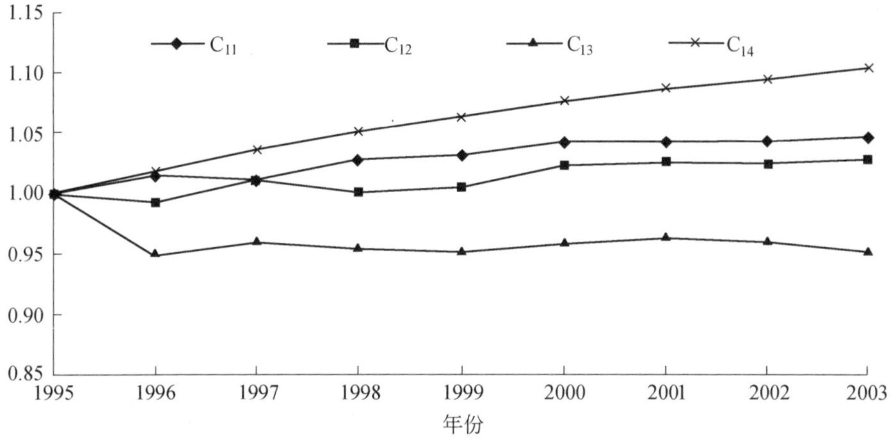

图 2-3-8　河北省太行山区农业系统的人口子系统发展能力变化趋势

注：C_{11}为人口密度；C_{12}为乡村劳动力资源数占总人口比重；C_{13}为农林牧渔业从业人员占总人口比重；C_{14}为农村劳动力人均受教育年限；纵坐标的数值为每个指标每年的实际数值除以 1995 年的数值。

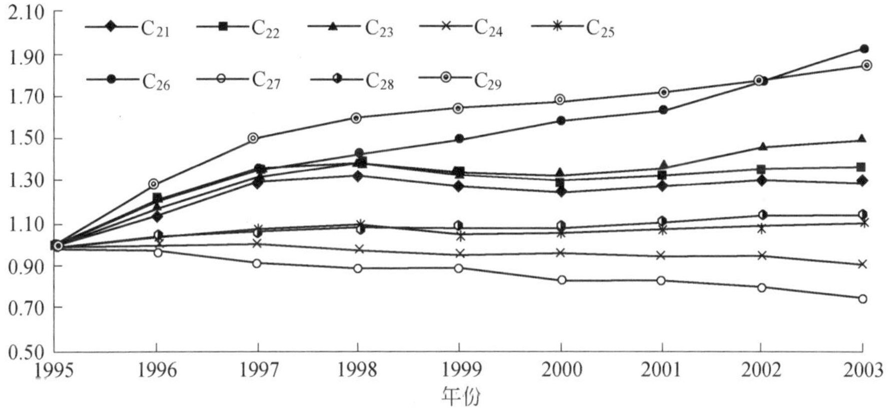

图 2-3-9　河北省太行山区农业系统的经济子系统发展能力变化趋势

注：C_{21}为人均农林牧渔业增加值；C_{22}为农业劳动生产率；C_{23}为农用耕地生产率；C_{24}为农业中间消耗生产率；C_{25}为农村非农行业产值比重；C_{26}为亩耕地平均农机总动力；C_{27}为农业比较优势系数；C_{28}为农林牧渔业产品商品率；C_{29}为农村居民人均纯收入；纵坐标的数值为每个指标每年的实际数值除以 1995 年的数值。

通过指标原始数据的分析，该区社会子系统的能力提高主要表现在：农村信息化水平不断提升，从每百户居民拥有的固定电话户数的增长变化来看，年平均增长率高达 28.25%，对社会子系统发展能力的提升起着关键作用(图 2-3-10)；其次是农村居民恩格尔系数的下降，从 1995 年的 52.3%下降到 2003 年的 38.3%，年平均增长率为－3.76%，表明太行山区农民生活水平有了一定的提高。其他指标对山区社会发展也有一定贡献，但表现不太突出：从每万农林牧渔业从业人员拥有的乡村科技人才数、城镇化水平和公路密度指标的缓慢上升可以看出，太行山区农业发展的科技支撑与服务能力、小城镇建设、交通运输条件和对外开放程度有了一定的提高和改善，但力度不大，需要着力加强；此外，每千人口拥有的卫生技术人员数从1997年明显下降后一直没有改观，年平均增长率为－2.66%，说明太行山区农村的医疗卫生条件还很差，亟待改善。

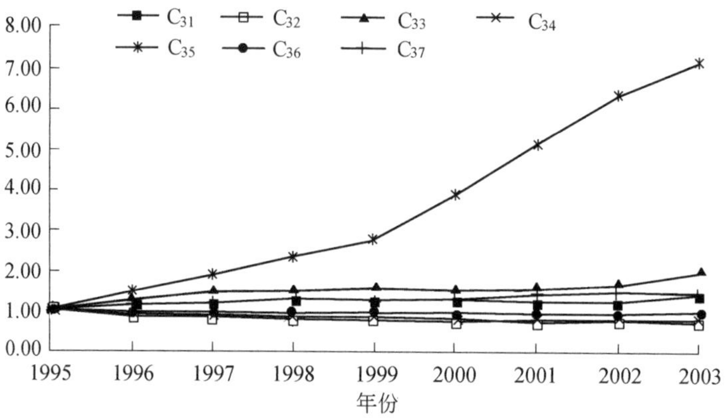

图2-3-10　河北省太行山区农业系统的社会子系统发展能力变化趋势

注：C_{31}为城乡居民收入差异系数；C_{32}为农村居民恩格尔系数；C_{33}为每万农林牧渔业从业人员拥有的乡村科技人才数；C_{34}为每千人口拥有的卫生技术人员数；C_{35}为每百户居民拥有的固定电话户数；C_{36}为城镇化水平；C_{37}为公路密度；纵坐标的数值为每个指标每年的实际数值除以1995年的数值。

（四）资源系统发展

河北省太行山区农业的资源子系统可持续发展能力1995—2003年呈下降趋势，年平均增长率为－1.50%，说明太行山区资源系统的发展是不可持续的。通过指标原始数据分析（图2-3-11）表明：导致该区资源系统发展不可持续的主要原因是山区水资源密度不断下降，表明该区水资源形势严峻。此外，人均耕地面积及耕地所占比重的下降也反映了山区农业资源的紧张，人均耕地面积、耕地所占比重分别从1995年的1.16亩、22.09%下降到2003年的1.01亩和20.05%。但耕地有效灌溉率却在逐年上升，从1995年的59.7%上升到2003年的66.25%。以上说明，山区农业资源日益短缺，利用结构不合理，利用效率有待进一步提高。

（五）环境系统发展

河北省太行山区农业的环境子系统可持续发展能力1995—2003年呈波动变化趋势，且评价值均在1.000 0以下，年平均为0.946 5，说明太行山区环境系统可持续发展能力是弱的。水土流失是农业可持续发展的关键限制因子，水土流失严重会对山区农业生产的物质基础造成直接损害。1995—2003年太行山区多年平均的水土流失率在57%左右。从图2-3-12来看，造成太行山区农业环境子系统可持续发展能力弱化的主要因素是农药和化肥使用强度的不断增加，其年均增长率分别为4.66%和2.72%。农药、化肥使用强度和频率的增加，对土壤和农产品具有毒害作用，会带来严重的环境和食品污染，因此应加大生物农药、生物肥料的研发和应用力度，控制和减少现行农药、化肥的使用数量。从自然灾害受灾面积比例来看，太行山区自然灾害发生频率高、范围广、年际波动性大；从抗灾率变化趋势来看，太行山区抗灾能力低而不稳。

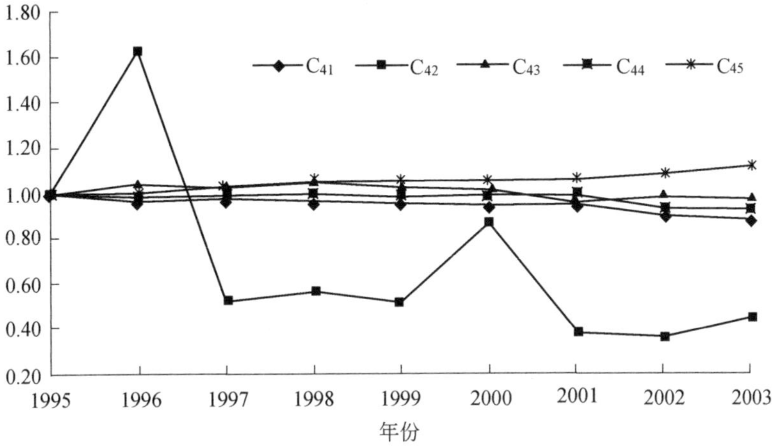

图 2-3-11 河北省太行山区农业系统的资源子系统发展能力变化趋势

注：C_{41}为人均耕地面积；C_{42}为水资源密度；C_{43}为土地复种指数；C_{44}为耕地面积占土地面积比重；C_{45}为耕地有效灌溉率；纵坐标的数值为每个指标每年的实际数值除以1995年的数值。

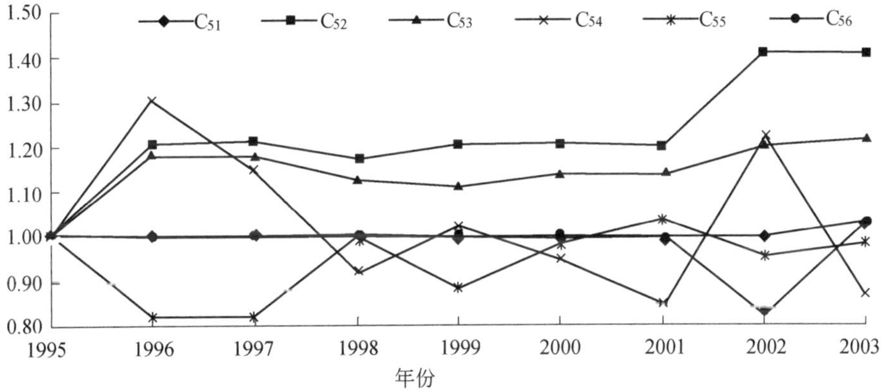

图 2-3-12 河北省太行山区农业系统的环境子系统发展能力变化趋势

注：C_{51}为森林覆盖率；C_{52}为农药使用强度；C_{53}为化肥使用强度；C_{54}为自然灾害受灾面积比例；C_{55}为总抗灾率；C_{56}为水土流失比例；纵坐标的数值为每个指标每年的实际数值除以 1995 年的数值。

通过以上对太行山区农业系统人口、经济、社会、资源、环境子系统的可持续性分析，可以得出：河北省太行山区农业可持续发展能力呈缓慢增长趋势，可持续发展能力的增长主要来源于社会和经济子系统的发展，而这种发展是以资源和环境的不可持续性消耗来获得。

四、资源环境系统对太行山区农业系统支持状况的评价

(一)资源-发展指数和环境-发展指数的变化

资源-发展综合指数（*R-D* 指数）主要反映资源水平与人口、经济、社会发展之间的相互

关系，即在一定资源状况下所带来的人口、经济与社会的发展。该数值小，说明在资源较为稀缺或资源条件较差的情况下，人口、经济与社会取得了较大的发展，即资源的利用效率较高，但同时也说明人口、经济与社会的发展对资源带来了较大的压力；反之，则资源的利用效率较低，同时也说明人口、经济与社会的发展对资源带来的压力较小，具体计算公式见上文相关内容。

环境-发展综合指数（*E-D* 指数）主要反映环境状况与人口、经济、社会发展之间的相互关系，即在一定的人口负荷下，在经济发展和社会进步的同时，也对环境带来了一定的破坏和污染。该数值小，说明在环境较差或较为恶劣的情况下，人口、经济与社会取得了较大的发展，即当前的环境容量较大，但同时也说明人口、经济和社会的发展在一定程度上是以牺牲环境为代价的；反之，则环境的当前容量较低，同时也说明人口、经济和社会的发展对环境的破坏较小，具体计算公式见上文相关内容。

通过计算得出河北省太行山区 1995—2003 年的资源-发展综合指数与环境-发展综合指数（表 2-3-8）。

表 2-3-8 河北省太行山区 1995—2003 年的 *R-D* 指数与 *E-D* 指数

	年份								
	1995	1996	1997	1998	1999	2000	2001	2002	2003
R-D	1.000 0	1.029 3	0.742 6	0.730 5	0.710 4	0.752 6	0.636 9	0.600 1	0.585 6
E-D	1.000 0	0.791 5	0.749 5	0.791 8	0.751 2	0.755 1	0.751 4	0.676 5	0.660 9

根据表 2-3-8 的数据，画出 *R-D* 综合指数和 *E-D* 综合指数的趋势图，见图 2-3-13。

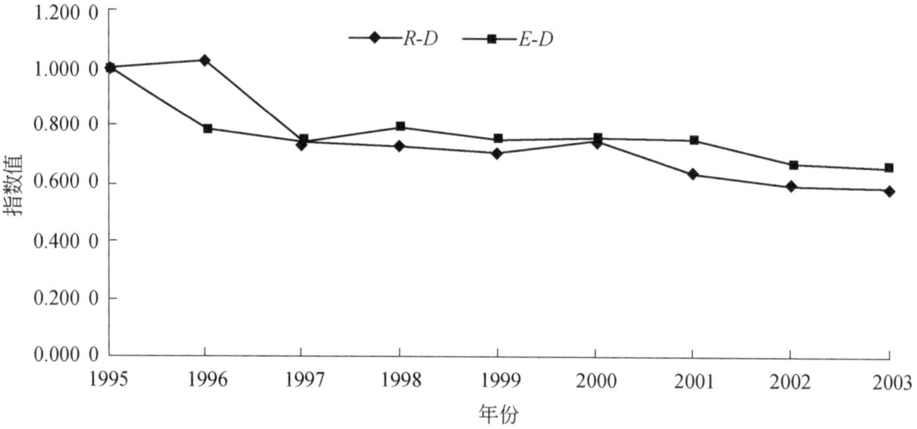

图 2-3-13 河北省太行山区农业可持续发展的 *R-D* 指数和 *E-D* 指数变化

综合表 2-3-8 和图 2-3-13，可以得出以下结论：

1. 资源-发展综合指数呈持续下降趋势

这说明河北省太行山区近十年来，农业在资源有限的情况下，依然保持了一定水平的增长，但是这种增长是在不断消耗自然资源，导致资源日益紧缺的状况下实现的。该区人口、经济和社会的发展对资源的需求和压力将越来越大，今后的发展将可能面临资源报酬递减规律的制约，尤其是水资源和土地资源的紧缺将成为未来该区农业可持续发展的主要限制因子。

2. 环境-发展综合指数呈缓慢下降趋势，但下降趋势不如资源系统明显

这一趋势同样说明，河北省太行山区农业系统的发展快于环境系统的改善，也就是说，人口、经济和社会的发展没有带来相应的环境改善。上文的分析也显示了该区多年来水土流失率居高不下、农药化肥使用强度不断增加、抗灾能力弱等因素影响了农业可持续发展能力的提升，这些因素如果不加大力度治理，也将成为未来该区农业发展的主要问题和障碍。

(二)资源-发展动态指数和环境-发展动态指数的变化

R-D 动态指数和 *E-D* 动态指数主要反映资源、环境的动态变化与人口、经济、社会发展动态变化之间的相互关系。在指数为正的条件下，指数增大，说明在人口、经济、社会取得一定水平发展的情况下，资源、环境条件得到改善，资源利用水平在提高，即在发展与资源环境保护、改善方面实现了双赢；在指数为负的条件下，指数向负的方向增加，说明在人口、经济、社会取得一定水平发展的情况下，资源环境条件在逐步恶化，即发展是以破坏和消耗资源为代价的(张忠根、应风其，2003)。从图 2-3-14 可以看出，河北省太行山区近十年来的 *R-D* 动态指数和 *E-D* 动态指数变化情况。

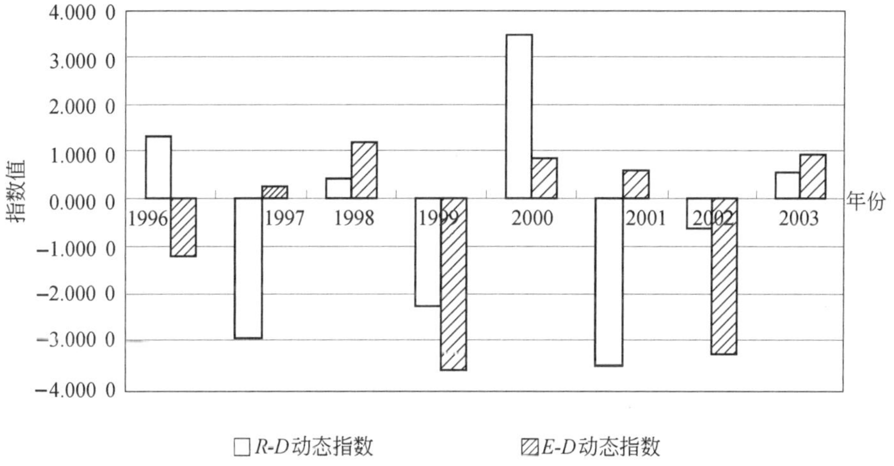

图 2-3-14 河北省太行山区农业可持续发展的 *R-D* 动态指数和 *E-D* 动态指数变化

从图 2-3-14 可以看出，1998 年、2000 年、2003 年的资源-发展动态指数和环境-发展动态指数都为正值，说明在人口、经济、社会取得一定水平发展的情况下，资源和环境状况都有了改善，即在人口、经济、社会发展与资源保护、环境改善实现了双赢；1999 年和 2002 年的资源-发展动态指数和环境-发展动态指数都为负值，说明在人口、经济、社会系统虽然取得了一定水平的发展，但资源和环境状况比前一年有所恶化，未能实现人口、经济、社会发展与资源保护、环境改善的双赢；其他年份的资源-发展动态指数和环境-发展动态指数互为正负，说明资源和环境状况与人口、经济、社会的发展是不同步的。

第四节　区域农村工业化发展评价分析

一、研究意义

改革开放30年来，我国经济持续快速增长，国家面貌发生了历史性的变化，但还没有从根本上摆脱不发达的状态，仍然带有社会主义初级阶段的明显特征。主要表现在：

1.工业化的历史任务尚未完成，总体判断，还处于工业化的中期阶段

我国的工业化和现代化在经济上包括双重的任务：既要推进常规的工业化，又要迎头赶上世界新技术革命的潮流。现在，我国产业结构落后，增长方式粗放，用现代科学技术改造农业和整个农村经济还是初步的，在工业生产、流通和其他社会经济生活的诸多方面仍然有大量的落后设备在使用着。科学技术水平、国民教育水平和文化素质同发达国家相比还有比较大的差距。

2.城乡之间、区域之间发展很不平衡

虽然国家在促进协调发展方面采取了许多政策措施，但是差距扩大的趋势尚未根本扭转。从抑制差距扩大到逐步缩小差距还需要坚持不懈地努力。发展不平衡的矛盾还会长期存在。

3.城乡二元经济的状况还没有根本改变

20世纪90年代特别是进入新世纪以来，城市化进程加快，2006年城市化率达到43.9%。按照目前的发展态势，2020年可望达到60%左右，届时将会超过世界平均水平，但仍然明显低于发达国家水平。目前世界城市化率已经超过50%，发达国家一般都在80%以上。据预测，2030年世界城市化率将超过60%。

4.我国经济总量虽然已经升至世界第四，但人均GDP刚刚超过2 000美元，仍居世界后列，属于下中等收入国家

经济总量大表明国家有比较大的经济实力，人均少则表明还是一个比较穷的国家。生产力的落后状况从根本上决定了人民生活水平和社会福利的限度(王梦奎，2007)。

作为发展中国家，工业化、城市化、农业现代化和农村发展的道路如何选择，是发展过程中必须要面对的问题。从我国的国情出发，先行或新兴工业化国家已有的经验和理论是否适用于我国，中国特色的社会主义发展道路究竟怎样走，都是理论和政策研究不能回避的重要问题。

现阶段的中国处在工业化和城镇化的双重进程之中，在这个双重进程中，农村生产、生活状况以及农民收入并没有得到同步的改善，反而较之于工业生产和城市及城镇居民收入的差距越来越大；进而产生的“三农”问题在今后5～10年甚至更长的时间内都是中国经济社会发展焦点中的焦点，是我们面临的严峻挑战。

工农关系的发展和变化与一国工业化进程是密不可分的，分析我国工业化的进程与特征，无疑是了解我国工农关系变化，进而判断“以工补农”时机，选择工农协调发展道路的核心要求。近年来，出现了大量有关中国工业化整体进程的研究文献。一份基于对中国整体

工业化进程的分析表明，中国的基本经济国情已经从农业经济大国发展成为工业经济大国（陈佳贵、黄群慧，2005）。但是，中国幅员广阔，地区发展极不平衡，仅从整体层面分析评价工业化、城市化，难以揭示中国工业化和城市化进程的区域结构特征、反映各地区工业化和城市化水平的差异，也不能够深层次分析中国工业化和城市化进程中存在的问题。随着我国工业化和城市化进程的不断加快，进入实行“工业反哺农业、城市支持农村”的“以工补农”阶段后，如何以工促农，以城带乡，建设好社会主义新农村，是事关全局的重大问题。由此，从政策导向和当前经济社会发展中的突出矛盾出发，全面分析“以工促农、以城带乡”的现实意义，认真研究“以工补农”政策的理论框架，准确判断我国工业化进程中“以工补农”模式与政策的实效性、适用性及区域差异性，科学选择“以工补农”的模式和政策措施就成为研究的重点。

从总量指标和结构指标特征看，2000 年前后，我国基本上跨入了工业化中期阶段。至 2007 年，我国人均 GDP 已经超过 2 000 美元；国家财政收入保持快速增长，财政能力不断增强，2006 年我国财政总收入达到 38 760 亿元，比上年增加 7 000 多亿元，2007 年更超过 5 万亿元；农业在 GDP 中的份额迅速下降，第二、三产业在 GDP 的比重已占主导地位；非农产业就业持续增长，农业就业比重发生了转折性变化；城镇化进程不断加快，城镇人口比重大幅度提高；工业制成品出口比重大幅度提高，工业竞争力不断增强，总体上已经具备了“以工补农”的条件和能力。但与此同时，地区间发展不平衡的现象仍有扩大的趋势，人均 GDP 达到 57 695 元的上海和人均 GDP 只有 5 787 元的贵州仍然并存。

由于我国地区发展不平衡，区域差距明显，国家总体上进入工业化中期阶段、具备“以工补农”的能力并不意味着全国各个地区都进入了工业化中期阶段，统一的“以工补农”政策模式和措施在全国各个地区也不一定都适用。需要针对不同地区的工业化进程分类研究其工农关系和“以工补农”政策措施。因此，分析我国各地区的工业化进程，判断我国各地区经济社会的发展阶段，研究区域“以工补农”政策，针对不同发展阶段地区的实际情况提出与之相适应的政策建议，将为我国各级政府“以工补农”政策的科学制定和有效实施提供有益的参考。

二、当前区域“以工补农”的条件评估与经济结构特征

按照钱纳里和赛尔昆等设计的标准模型（以下简称“标准模型”），选取典型国家（发达国家和亚洲新兴工业化国家或地区）进入工业化中期阶段后，政策转折期和大规模反哺期的四项标志指标——人均 GDP、城市化率、第一产业产值比重和第一产业就业比重作为我国及各地区“以工补农”经济结构特征和政策实施条件的评价指标。以各地区 2006 年数据与标准模型指标值相比较，大致可以判断出当前我国各地区的工业化进程和“以工补农”政策的实施阶段。

（一）“以工补农”条件的评估指标

我国“以工补农”的经济结构特征评价指标见表 2-4-1。

表 2-4-1 我国“以工补农”的经济结构特征评价指标(2006 年)

类　型	人均 GDP(元)	城市化率(%)	第一产业产值比重(%)	第一产业就业比重(%)
尚未进入工业化中期阶段	≤13 080	≤30.5	≥39	≥52
进入政策转折期	>13 080,≤27 895	>30.5,≤50	<39,≥15	<52,≥30
进入大规模反哺期	>27 895	>50	<15	<30

注:参照钱纳里工业化阶段划分法和钱纳里与赛尔昆设计的标准模型。

1. 人均 GDP(A)

人均 GDP 反映一国或地区人均产出数量,在积累和消费的比例一定的情况下,该数量决定人均社会剩余的数量,数值越大,可用于输出的剩余越多。

标准模型以人均 GDP 是否达到或超过 1 064 美元(1992 年)作为判断一国或地区是否进入工业化中期阶段并开始实施“以工补农”政策的标准之一。考虑到通货膨胀的因素,按照美联储网站(www.clevelandfed.org,美联储克利夫兰分部官方网站)提供的通货膨胀计算器计算,1992 年 1 064 美元的购买力相当于 2006 年的 1 641 美元,按照人民币兑美元汇率 1∶7.97(2006 年人民币汇率中间价,不考虑人民币币值低估)计算,2006 年我国及各省、市、区跨入工业化中期阶段、进入转折期的人均 GDP 指标参考值应为人民币 13 080 元;进入大规模反哺期的参考值应为人民币 27 895 元(购买力平价,3 500 美元)。

2. 城市化率(B)

城市化率是一国或地区城市人口占总人口的比值。在工业化和城市化进程中,该比值反映拥有较多社会剩余的群体(城市、城镇居民)与社会群体的比例。该比值越大,可供输出的剩余总量越大,需要输入的剩余总量越小。

标准模型给出的进入转折期和大规模反哺期的城市化率指标参考值分别为 30.5%和 50%以上。

3. 第一产业产值比重(C)

第一产业产值比重是一国或地区第一产业产值占 GDP 的百分比。在农业相对弱势的情况下,该比值反映剩余输入部门的产出对社会总产出的贡献度,该数值与百分百差值的绝对值是剩余输出部门对社会总产出的贡献度。该比重越小,说明社会剩余输出的能力越大。

标准模型给出的进入转折期和大规模反哺期的第一产业产值比重指标参考值分别为 39%和 15%以下。

4. 第一产业就业比重(D)

第一产业就业比重是一国或地区第一产业就业人口占就业总人口的比值。在第一产业为剩余输入产业的情况下,该数值反映初次分配中对社会剩余输入需求的大小。该比重越小,说明对社会剩余输入的需求越小。

标准模型给出的进入转折期和大规模反哺期的第一产业就业比重指标参考值分别为 52%和 30%以下。

(二)当前全国及各地区的经济结构特征和工业化阶段判断

1. 以人均 GDP 指标(A)判断

如仅以人均 GDP 来判断,2006 年,人均 GDP 超过 13 080 元,已跨入工业化中期阶段进入"以工补农"政策转折期,但尚未达到大规模反哺期水平的省、区有 11 个(冀、晋、蒙、辽、吉、黑、闽、鲁、豫、鄂、新);人均 GDP 超过 27 895 元,进入大规模反哺期的省市有 6 个(京、津、沪、苏、浙、粤);其他地区人均 GDP 低于 13 080 元,仍未跨入工业化中期阶段(表 2-4-2、表 2-4-3)。

表 2-4-2 以人均 GDP 指标判断的 2006 年我国各地区工业化阶段划分

阶段	地区
未进入工业化中期阶段≤13 080 元	皖、赣、湘、桂、琼、渝、川、黔、滇、藏、陕、甘、青、宁
进入转折期但未进入大规模反哺期 >13 080 元,≤27 895 元	冀、晋、蒙、辽、吉、黑、闽、鲁、豫、鄂、新
进入大规模反哺期>27 895 元	京、津、沪、苏、浙、粤

表 2-4-3 2006 年我国各地区指标值

地区	人均 GDP (元)	城市化率 (%)	第一产业产值比重 (%)	第一产业就业比重 (%)
北京	50 467	84.33	2	6.8
天津	41 163	75.73	3	18.9
河北	16 962	38.44	14	45.1
山西	14 123	43.01	6	43.5
内蒙古	20 053	48.64	14	53.8
辽宁	21 788	58.99	11	36.3
吉林	15 720	52.97	16	47.7
黑龙江	16 195	53.50	12	48.4
上海	57 695	88.70	1	7.1
江苏	28 814	51.90	8	27.8
浙江	31 874	56.50	6	24.7
安徽	10 055	37.10	17	51.0
福建	21 471	48.00	12	37.6
江西	10 798	38.68	17	45.9
山东	23 794	46.10	10	40.2
河南	13 313	32.47	17	55.4
湖北	13 296	43.80	15	42.4
湖南	11 950	38.71	17	53.6

续表 2-4-3

地区	人均 GDP (元)	城市化率 (%)	第一产业产值比重 (%)	第一产业就业比重 (%)
广东	28 332	63.00	8	32.9
广西	10 296	34.64	22	56.2
海南	12 654	46.10	33	57.0
重庆	12 457	46.70	13	45.3
四川	10 546	34.30	19	50.6
贵州	5 787	27.46	18	57.4
云南	8 970	30.50	19	69.4
西藏	10 430	28.21	18	61.4
陕西	12 138	39.12	11	50.8
甘肃	8 757	31.09	15	57.2
青海	11 762	39.26	11	49.2
宁夏	11 847	43.00	12	48.4
新疆	15 000	37.94	18	53.3
全国	16 084	43.90	11.7	42.6

数据来源:《2007 中国统计年鉴》。

从区域分布来看,进入大规模反哺期的 6 个省市都是工业化和城市化较为发达的东部省市;跨过工业化中期阶段进入转折期的省区除新疆以外都是东部或中部工业较为发达的省;而工业化进程相对滞后、尚未进入工业化中期阶段的 11 个省、区、市除了海南属东部,安徽、江西和湖南属中部外,其余都属西部。虽然新疆在人均 GDP 指标上略有优势,进入了转折期,但正如新疆当地居民感觉到的一样:地区 GDP 略高是因为在疆的中央石化企业对地区 GDP 的贡献较大,而同期新疆城镇居民人均可支配收入和农村居民人均纯收入在全国的排序仅为 31 和 25 位(倒数第一和倒数第七)。海南虽然在三大地带的分布中列在东部,但农业占 GDP 的比值较高,达到 33%(表 2-4-3),由于自然和历史的原因,工业化进程缓慢,所以人均 GDP 不高。

2. 以城市化率指标(B)判断

仅从此项指标来看,我国尚有黔、滇、藏 3 省区城市化率低于 30.5%,未进入工业化中期阶段;京、津、辽、吉、黑、沪、江、浙、粤 9 省市城市化程度较高,城市化率超过 50%,已进入大规模反哺期(表 2-4-3、表 2-4-4)。

表 2-4-4　以城市化率判断的 2006 年我国各地区工业化阶段划分

阶　段	地　　区
未进入工业化中期阶段≤30.5%	黔、滇、藏
进入转折期但未进入大规模反哺期 >30.5%,≤50%	冀、晋、蒙、皖、闽、赣、鲁、豫、鄂、湘、桂、琼、渝、川、陕、甘、青、宁、新
进入大规模反哺期>50%	京、津、辽、吉、黑、沪、苏、浙、粤

从区域分布来看，在进入大规模反哺期的9个省市中，北京、天津、辽宁、上海、江苏、浙江和广东都是工业化和城市化较为发达的东部省市；吉林和黑龙江虽属中部地区，但作为东北老工业基地和新的农业垦区，城市化率较高有其特殊性。未跨过工业化中期阶段的3省区都属西部工业相对落后的地区。在跨过工业化中期阶段进入转折期的各地区中，除地广人稀、农业（大农业）主要以畜牧业为主的内蒙古外，城市化率较高（超过45%）的省市都属东部地区。

3. 以第一产业产值比重（C）指标判断

仅从此项指标来看，我国不仅整体已进入大规模反哺期；而且各省、区、市第一产业产值占地区GDP的比重都低于39%，已全部进入"以工补农"的转折期，其中第一产业产值占地区GDP的比重低于15%，进入大规模反哺期的地区有17个（表2-4-3、表2-4-5）。

表2-4-5　以第一产业产值比重判断的2006年我国各地区工业化阶段划分

阶　段	地　　区
未进入工业化中期阶段≥39%	—
进入转折期但未进入大规模反哺期<39%，≥15%	吉、皖、赣、豫、鄂、湘、桂、琼、川、黔、滇、藏、甘、新
进入大规模反哺期<15%	京、津、冀、晋、蒙、辽、黑、沪、苏、浙、闽、鲁、粤、渝、陕、青、宁

从区域分布和地区内主导产业来看，在未进入大规模反哺期的14个省、区中，除海南外，吉、皖、赣、豫、鄂、湘都是中部地区的农业大省，其他为西部省区。而在进入大规模反哺期的地区中，青海省并不是非农产业很发达，而是农业产出较少。

4. 以第一产业就业比重（D）指标判断

仅从此项指标来看，我国尚有蒙、豫、湘、桂、琼、黔、滇、藏、甘、新10省区第一产业就业比重高于52%，未进入工业化中期阶段；京、津、沪、江、浙5省市第一产业就业比重低于30%，已进入大规模反哺期（表2-4-3、表2-4-6）。

表2-4-6　以第一产业就业比重判断的2006年我国各地区工业化阶段划分

阶　段	地　　区
未进入工业化中期阶段≥52%	蒙、豫、湘、桂、琼、黔、滇、藏、甘、新
进入转折期但未进入大规模反哺期<52%，≥30%	冀、晋、辽、吉、黑、皖、闽、赣、鲁、鄂、粤、渝、川、陕、青、宁
进入大规模反哺期<30%	京、津、沪、苏、浙

从区域分布和地区内主导产业来看，进入大规模反哺期的5个省市都是第二、三产业发展较快的东部省市；在未跨过工业化中期阶段的10省区中，东部地区的海南，第一产业较之第二、三产业有一定优势，河南和湖南都是中部农业大省和粮食主产区，其他省区都属西部第二、三产业相对落后的地区。在跨过工业化中期阶段进入转折期的各地区中，辽宁、福建和广东属东部地区，第一产业就业比重虽高于30%，但低于40%；因是粮食主产省，同属东部的河北和山东两省比值略高；其他都属中、西部地区。

综合以上四项参考指标，在我国总体上跨入工业化中期阶段、进入“以工补农”政策转折期的事实中，有8个省与总体判断一致；仍有17个省、区、市与国家进入工业化中期阶段的总体判断不符；而京、津、沪、苏、浙、粤（广东省只在第一产业就业比重指标上略差）6省市则明显超越全国平均水平，已基本进入大规模反哺期（表2-4-7）。由此，在国家提出“工业反哺农业、城市支持农村”的“以工补农”政策并不断增加财政支农投入、出台各项相关政策措施的同时，应充分考虑我国地区间发展不平衡的现状，针对各地区的工业化进程，分类研究全国及各地区“以工补农”政策目标的实现路径，提出与之对应的区域“以工补农”政策措施，以适应各地区经济社会发展水平，更有效地实现政策目标。

表2-4-7　2006年我国各地区工业化阶段划分

阶　段	地　　区
未进入工业化中期阶段	蒙、皖、赣、豫、湘、桂、琼、渝、川、黔、滇、藏、陕、甘、青、宁、新
进入转折期但未进入大规模反哺期	冀、晋、辽、吉、黑、闽、鲁、鄂
进入大规模反哺期	京、津、沪、苏、浙、粤

三、区域差异现状

据我国经济和社会发展统计公报，2007年我国国内生产总值246 619亿元，比上年增长11.4%。其中，第一产业增加值28 910亿元，增长3.7%；第二产业增加值121 381亿元，增长13.4%；第三产业增加值963 28亿元，增长11.4%。第一产业增加值占国内生产总值的比重为11.7%，与上年持平；第二产业增加值比重为49.2%，上升0.3个百分点；第三产业增加值比重为39.1%，下降0.3个百分点，人均国内生产总值18 665元。全年农村居民人均纯收入4 140元，扣除价格上涨因素，比上年实际增长9.5%；城镇居民人均可支配收入13 786元，实际增长12.2%。农村居民家庭恩格尔系数为43.1%，城镇居民家庭恩格尔系数为36.3%。按农村绝对贫困人口标准低于785元测算，年末农村贫困人口为1 479万人，比上年末减少669万人；按低收入人口标准786～1 067元测算，年末农村低收入人口为2 841万人，减少709万人。

我国地域辽阔，自然、经济、社会和资源的空间分布具有很大的差异性，加之我国经济、社会各项政策长期忽视区域协调发展目标，从而导致了我国地区发展的不平衡，东、中、西三大地带①存在明显的经济、社会差异。

（一）经济总量和人均水平的区域差异

2006年东部、中部、西部及东北地区②生产总值，第一、二、三产业生产总值，人均生产总

①东部地区包括：北京、天津、河北、辽宁、上海、江苏、浙江、福建、山东、广东、海南；中部地区包括：山西、内蒙古、吉林、黑龙江、安徽、江西、河南、湖北、湖南；西部地区包括：广西、重庆、四川、贵州、云南、西藏、陕西、甘肃、青海、宁夏、新疆。分析中不包含台湾省。

②根据《2007中国统计年鉴》，在分析区域情况时，将东北地区单独列出，东部和中部地区不包含辽宁、吉林和黑龙江三省。

值见表 2-4-8。其中,东部地区生产总值、第二、第三产业生产总值占全国的比重都超过半数,人均 GDP 分别是中部、西部和东北地区的 2.2、2.52 和 1.51 倍,即使是第一产业生产总值占全国的比重也超过 1/3,遥遥领先于其他地区。在表 2-4-8 所列数据中,由于东北地区各省从东部和中部分出,中部地区只有 6 个省,其各项指标,除人均 GDP 略强外,都与西部地区相差无几。这也从另一角度说明国家西部大开发政策取得了一定的效果。

表 2-4-8 2006 年我国地区经济总量的差异

地区	地区生产总值		第一产业生产总值		第二产业生产总值		第三产业生产总值		人均GDP(亿元)
	绝对值(亿元)	占全国比重(%)	绝对值(亿元)	占全国比重(%)	绝对值(亿元)	占全国比重(%)	绝对值(亿元)	占全国比重(%)	
东部地区	128 593	55.7	9 343	37.8	66 798	57.8	52 452	57.9	27 567
中部地区	43 218	18.7	6 614	26.7	20 959	18.1	15 645	17.3	12 269
西部地区	39 527	17.1	6 396	25.9	17 880	15.5	15 251	16.8	10 959
东北地区	19 715	8.5	2 387	9.6	10 010	8.7	7 318	8.1	18 277

数据来源:《2007 中国统计年鉴》。

(二)产业结构的地区差异与变化

产业结构能够反映一个地区经济发展的程度,也能体现该地区生产力的发展水平。改革开放以来,我国的产业结构一直朝着农业产业比重下降、非农产业比重上升的趋势变化,特别是第三产业占 GDP 的比重增加较为明显。但从地区间的比较来看,东部地区 2006 年第一产业比重下降为 9.3%、第三产业上升为 42.2%;同期中、西部地区三次产业结构仅与 1992 年的东部地区相当。在不同的年份,中部与西部地区的三次产业结构差距不大(表 2-4-9)。

表 2-4-9 我国三大地带三次产业结构比较 %

地区	1978 年产业结构			1992 年产业结构			2006 年产业结构		
	第一	第二	第三	第一	第二	第三	第一	第二	第三
东部	22.6	58.0	19.4	18.5	47.4	34.1	9.3	48.5	42.2
中部	35.5	46.4	18.1	26.6	42.3	31.1	14.5	48.7	36.8
西部	37.0	44.2	18.7	28.6	37.6	33.8	15.9	44.1	40.0
全国	28.2	47.9	23.9	21.8	43.4	34.8	11.7	48.9	39.4

数据来源:《2007 中国统计年鉴》。

(三)地区居民生活水平的差异

1. 地区居民收入差异

收入既是生产过程收益分配和再分配的结果,又是再生产的起点。居民收入水平的提高,既是经济发展的目的之一,又是经济发展的成果体现。如同地区间经济总量、人均水平和产业发展不平衡一样,不同经济地带居民收入水平也是不平衡的,其人均收入水平以东部最高，中部次之，西部最低，形成如同经济总量一样的由东向西递减的格局。

如表 2-4-10 所示，2006 年，东部地区城镇居民人均可支配收入为 14 507 元，比 2005 年增加 1 545 元，增长 11.9%；中部地区城镇居民人均可支配收入为 9 854 元，比 2005 年增加 1 077 元，增长 12.3%；西部地区城镇居民人均可支配收入为 9 658 元，比 2005 年增加 929 元，增长 10.6%。从绝对差距看，东部地区与中部地区的收入差距为 4 653 元，比 2005 年扩大了 468 元；东部地区与西部地区的收入差距为 4 849 元，比 2005 年扩大了 616 元。从相对差距看，2006 年东、中、西部地区城镇居民人均可支配收入的比值为 1.50∶1.02∶1(以西部地区为 1，下同)，而 2005 年该比值为 1.48∶1.01∶1。这表明，2006 年三大地带城镇居民收入差距基本稳定，比 2005 年略有扩大，东部地区居民收入远高于中、西部地区；中部地区和西部地区的收入水平相仿，但中部地区的增长速度比西部地区快。

表 2-4-10　我国三大地带居民人均年收入比较

地区	城镇居民人均可支配收入(元)				农村居民人均纯收入(元)			
	2006 年	2005 年	增加额	年增速(%)	2006 年	2005 年	增加额	年增速(%)
东部	14 506.6	12 961.5	1 545.1	11.9	4 971.4	4 522.7	448.7	9.9
中部	9 853.6	8 776.6	1 077.0	12.3	3 313.1	2 977.2	335.9	11.3
西部	9 657.7	8 728.7	929.0	10.6	2 548.1	2 358.1	190.1	8.1

数据来源:《中国居民收入分配年度报告 2007》。

2006 年，东部地区农村居民人均纯收入为 4 971 元，比 2005 年增加 449 元，增长9.9%；中部地区农村居民人均纯收入为 3 313 元，比 2005 年增加 336 元，增长 11.3%；西部地区农村居民人均纯收入为 2 548 元，比 2005 年增加 190 元，增长 8.1%(表 2-4-10)。从绝对差距看，东部地区与中部地区的收入差距为 1 658 元，比 2005 年扩大了 113 元；东部地区与西部地区的收入差距为 2 423 元，比 2005 年扩大了 259 元。从相对差距看，2006 年东、中、西部地区农村居民人均纯收入的比值为 1.95∶1.30∶1(以西部地区为 1，下同)，而 2005 年该比值为 1.92∶1.26∶1。这表明，2006 年东、中、西部地区农村居民收入差距进一步扩大，西部地区农村居民人均纯收入不仅绝对额最低，增长幅度也仅为 8.1%，落后东部地区 1.8 个百分点，其中重庆市农村居民人均纯收入增长仅为 2.3%，西部地区农村居民创收形势依然严峻。

2. 地区居民消费水平差异

消费水平也是居民生活水平的一个重要标志。按照国际上通用的恩格尔系数(食品消费支出占生活消费支出的比重)作为生活消费水平的衡量标准，该系数大于 60%为贫困；50%～60%为温饱；40%～50%是小康；30%～40%属于比较宽裕的小康；20%～30%属于富裕；20%以下属于特别富裕。1984 年，我国农村居民恩格尔系数首次降到 60%以下，且 20 世纪 90 年代以来一直都在 60%以下。尽管东部地区早已步入温饱阶段，甚至小康阶段，但西部地区仍在贫困与温饱之间徘徊(表 2-4-11)。具体到省区市，差距则更显著。

表 2-4-11　我国地区间农村居民人均消费水平比较

年份	东部地区		中部地区		西部地区		全　国	
	年生活消费支出(元)	恩格尔系数(%)	年生活消费支出(元)	恩格尔系数(%)	年生活消费支出(元)	恩格尔系数(%)	年生活消费支出(元)	恩格尔系数(%)
1992	830	53.4	578	59.2	527	61.0	668	57.6
1996	1 997	52.7	1 152	58.8	1 216	63.3	1 511	56.3
2006	3 806	40.5	2 560	45.0	2 192	46.5	2 829	43.0

数据来源:《1993、1997、2001、2007 中国统计年鉴》,其中,2006 年东部地区不包括辽宁省,中部地区不包括吉林和黑龙江两省。

根据本文引入的我国及各地区"以工补农"经济结构特征和政策实施条件的评价指标判断,在我国总体上跨入工业化中期阶段、进入"以工补农"政策转折期的事实中,冀、晋、辽、吉、黑、闽、鲁、鄂 8 省与总体判断一致;仍有蒙、皖、赣、豫、湘、桂、琼、渝、川、黔、滇、藏、陕、甘、青、宁、新 17 个省、区、市与国家进入工业化中期阶段的总体判断不符;而京、津、沪、苏、浙、粤 6 省市则明显超越全国平均水平,已基本进入大规模反哺期。人均 GDP 水平不高和第一产业就业比重较大是影响我国大部分地区未能进入"以工补农"政策转折期的主要原因。

(王国升,杨世琦,顾时贵,杨凌志,张宪法,高旺盛)

参考文献

1. 王国升. 区域农村发展差距趋势与成因分析研究. 中国农业大学博士学位论文,2005
2. 顾时贵. 河北省太行山区农业可持续发展能力分析与发展战略研究. 中国农业大学博士学位论文,2005
3. 杨世琦. 区域农业系统协调度理论及实证研究. 中国农业大学博士后出站报告,2006
4. 张宪法. 黄淮海地区粮食生产能力综合分析研究. 中国农业大学博士学位论文,2008
5. 杨凌志. 我国"以工补农"政策分析与实证研究. 中国农业大学博士学位论文,2007
6. 陈国阶. 2003 中国山区发展报告. 北京:商务印书馆,2004
7. 方创琳. 区域发展战略论. 北京:科学出版社,2002
8. 国家统计局农村社会经济调查总队. 中国农村全面小康监测报告. 北京:中国统计出版社,2004
9. 胡鞍钢,王绍光,康晓光. 中国地区差异报告. 沈阳:辽宁人民出版社,1995
10. 刘彦随,吴传钧. 农业持续研究进展及其理论. 经济地理,2000,20 (1) :63～68
11. 陆大道. 我国区域发展的理论与实践. 北京:科学出版社,2003.4
12. 覃成林,罗庆. 中国区域人类发展差异研究. 经济经纬,2004(6):49～51,86
13. 王维国. 协调发展的理论与方法研究. 北京:中国财政经济出版社,2000
14. 严瑞珍,王征国,罗丹. 山区的综合发展——理论分析和太行山去经验证据. 北京:中国人民大学出版社,2004
15. 袁雯,郑丽. 基于公众参与的全面小康指标体系实证研究. 中国人口、资源与环境,2004,

14(6):16～20
16. 张敦富,覃成林.中国区域经济差异与协调发展.北京:中国轻工业出版社,2001
17. 张忠根,应风其.农业可持续发展评估:理论、方法与应用.北京:中国农业出版社,2003
18. 赵莹雪.山区县域农业可持续发展评价指标体系及方法.经济地理,2002,22(5):534～538
19. 中国科学院可持续发展战略研究组.2004 中国可持续发展战略报告.北京:科学出版社,2004

第三章

能值方法在农业宏观分析中的应用

第一节　能值基本理论

能值理论和方法自从其诞生以来，就为生态系统的宏观分析提供了一个强有力的工具，它的综合分析问题的能力在不断的探索中得到广泛的应用，是农业宏观分析的重要科学方法。

一、能值的概念

一个生态系统或社会经济系统的存在与发展，不仅直接需要太阳能，还需要由太阳能转化而成的其他多种形式的能量的参与。尽管在物理学中早已制定出能量的度量标准，在实际系统的研究中也都依据所确定的度量标准给各种形式的能量以一定的量值，但由于能量方法的局限使得不同质的能量不可相加的这种约束，使生态或社会经济系统的能量分析复杂化，因此解决同度量化的问题十分必要。

基于上述认识，著名生态学家 H. T. Odum 教授自 20 世纪 60 年代开始探索系统论与生态学原理的结合问题。他集生态学、系统学、数学、物理、化学、经济学和计算机技术于一体，提出了能值(Emergy)的概念、换算方法和运动机理，以及特有的概念模型体系，形成了独有的理论和模型方法。他最早从能学角度探讨了陆地复杂生态系统的功能原理和模拟技术，以后又将其扩展到人类所参与的生态、环境系统乃至社会经济系统。在 20 世纪 80 年代后期和 90 年代创立了“能值”概念理论，以及太阳能值转换率等一系列概念。从能量、体现能(Embodied energy)发展到能值(Emergy)，从能量分析研究发展到能值分析的研究，在理论和方法上都是一个重大飞跃，逐步形成了能值理论。他将能值定义为一流动或储存的能量所包含另一种类别能量的数量，称为该能量的能值(1987)。他还进一步解释能值为：产品或劳务形成过程中直接或间接投入应用的一种有效能总量，就是其所具有的能值(1996)。在实际应用中以太阳能值为衡量不同类别的能量，任何流动或贮存的能量所包含的太阳能之量，即为该能量的太阳能值。任何能量均始于太阳能，故可以太阳能值为标准，衡量任何类别的能量，太阳能值的单位为太阳能焦耳。

二、基本原理

地球上一切生命有机体的进化、发展过程均需要能量，这是生物圈里各种作用的共同特点。能量可以衡量一事物所储备的以应付未来需求的能力或一作用的速度。为了进一步了解自然界和人类社会的能量基础，我们必须先认识到在做任何事情时，均需要能量。在生态系统，由许多有机生物和无机物所构成的生命支持系统，需要许多能量。对于自养生物而言，其所需求的能量主要表现为食物。对于异养生物而言，其所需求的能量则为进行光合作用不可缺少的太阳光，以及其他间接由太阳能形成的风、雨等可更新能量。此外，在工业发展后的人类社会里，更是需要大量较浓缩的、以不同形式存在的化石燃料，也即不可更新能量。在工厂、农村甚至人类社会的各种行为中，均是由许多不同形式的能量组合、作用所形成的。人类文明的进步，均与能量流动息息相关。总之，地球系统的各种成分及其作用，乃至人类社会的信息，均涉及到能量的流动、转换与贮存。能量是一衡量自然界各种作用的指示剂，可用以表达与了解人与自然的关系。然而由于不同形式的能量性质千差万别，在一个系统中发挥的作用和能力也很不一样，因而在系统的能量分析中不宜将各种形式的能量直接相加和比较。例如农业生态系统输入的工业能(无机能、石化能)与生物能两大类别能量，具有根本性差异；同时工业能的电发出的 1 J 能量与煤燃烧产生的 1 J 能量也存在极大的差异，不可简单加减和比较，否则难免导致错误或模糊不清的分析结果。农业生态系统的总能量输入，除表明各种农业生态系统对包括生物能和工业能在内的总的能源消耗水平外，很难进一步说明其他有关农业生态系统的特征。至于自然环境资源与经济的本质关系，用一般能量单位更无从衡量和表达。

经济学家把自然资源和人类经济活动加以币值化，以货币衡量一切财富，但货币实际上不能衡量真正的财富，更不能反映自然的本质和规律。而能值是客观的，它反映自然和人类经济活动的本质和规律，衡量真实的财富。通过科学的能值计算分析，为环境资源和经济的评估提供了客观标准。运用能值还可以进行环境资源的评估、能源利用评估、对外贸易评估。美国国家计量局称能值分析法为“生产力能学”，他们写到“在致力于最大限度的度量劳动、环境系统和太阳能的体现能方面，生产力能学有着更大的吸引力。”

三、能值研究的意义

如何把能流、物流与货币流 3 种流量综合和相互换算，在能值概念和理论出现之前长期未能得到妥善解决，而应用能值可以把能流、物流与货币流综合起来，并互相换算，以能值为量纲作定量分析研究并且已经形成一系列反映生态与经济效率的能值综合指标体系。

与传统的能量分析相比，能值在理论上和方法上都是一个重大飞跃。它克服了能量分析不能解决的不同能质的能量不可比较和加减的难题，为生态经济系统提供了一个新的工具，开拓了一条新的途径。Jorge L. Hau 认为能值分析能把生态资产维持经济活动的贡献以统一的度量单位量化，克服了许多现存的方法无法充分的考虑生态过程对人类进步和福利的贡献的缺点；能值分析有着热力学、系统理论和系统生态等理论基础；它提供了连接生态和经济系统的桥梁；它可以弥补货币无法价值化的、非市场投入的一个客观行为；它的共同的单位允许所有的资源在公平的基础上比较，提供了一个更全面的对环境决策的方法选择。

很显然能量和能值是两种截然不同的概念。能值实质上是具含能量或能量记忆(energy memory)。能值定义为生产一种物质所需的另一种类型的能量(通常以太阳能为单位，英文简写为 sej)。各种类型的能量(太阳能，潮汐能，雨水、燃料、电的化学势能)都需要转化量化为制造他们所需的太阳能。而能量分析，严格地用燃烧热值而不包括环境的能量。在物质和服务中能量分析也不包括来自太阳、地球物理学和潮汐这些对经济有影响的环境影响因子的能量分析。能值分析承认并且事实上超越了能量组分的概念，发展了各类能量间存在质的不同的理论和实践基础。体现能及其组分分析不承认生物圈内能量存在质的差别，相反把他们归结于“传统”能量形式，因此有一半来驱动经济方面的能量被忽略。能值分析比能量分析更醒目和更综合地分析了生态系统与经济系统之间相依存及驱动的关系(H. T. Odum，1995)。由能量分析所引起的问题作为能值分析的假设，特别是在讨论生态系统和经济系统依存性关系的能流及计算时，能值分析是有用且可靠的。

第二节　能值综合分析方法与步骤

能值分析与能量分析有着密不可分的联系，因此在本节首先介绍进行系统分析的有效方法-能路语言，然后介绍能值分析步骤、用能值表示的生态经济综合指标及其应用意义。

一、系统分析的能路语言

对系统进行分析，有很多方法，其中广为流行和通用的是由 H. T. Odum 设计的能路符号语言(Odum，1971，1983，1988)(图 3-2-1)。使用这些符号图例对系统进行描绘，可以把系统的生产者、消费者及其他组分联结统一起来，并能表明系统的能量流动与应用、物质的循环与储存，以及能量或物质的储存对相互作用的反馈。值得说明的是，这套由 H. T. Odum 独创的能路语言符号、图例，不仅具有生态学与热力学意义，可以用来描述一个系统的特性，而且可以与能值理论结合起来使用，模拟生态经济系统的动态变化，因而这些图例具有数学意义。

二、能值分析的步骤

H. T. Odum 所建立的能值分析理论，是从总体经济角度，结合生态与经济系统，以能量为衡量单位，另建的一套价值理论体系。它与能量图例相结合，可以对不同尺度、不同类型的研究对象进行研究。研究的对象可以是国家或地区级的生态经济系统，也可以是大系统的亚系统(如农业、林业、畜牧业生产系统)，也可以是更具体的子系统(如农作物、工业品的生产，电力生产系统等等)。能值的应用并不是要取代货币的市场功能，而是用来评估自然资源的作用(例如地质、气象、水文、生态)对经济系统的贡献，分析生态经济系统内部的矛盾运动规律，适合于用来作为政策分析和决策研究的工具。对不同类型和尺度的系统进行能值分析研究时，方法有所差别，但若以分析手段与步骤而言，能值分析包括能量系统图和能值图的绘制、能值分析表的制定、能值计算与评估、能值转换率和其他各种能值指标的计算、系统模拟仿真等等。一般来讲，为了探讨某一区域生态经济系统的特性，可分以下步骤(图 3-2-2)：

(一)基本资料收集

收集研究区域的自然环境、地理及经济资料(包括地图及统计资料)。

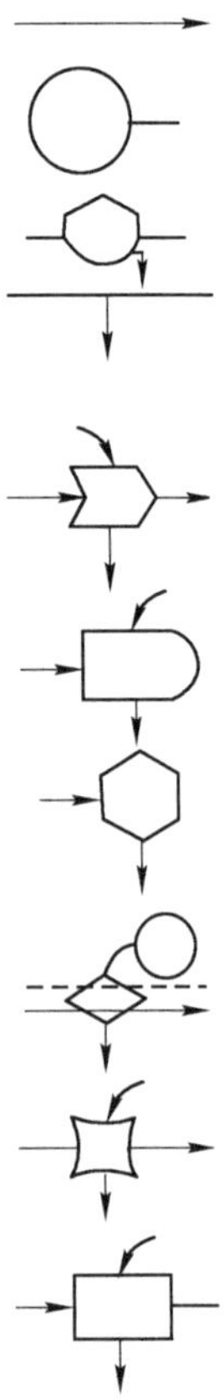

能流路线——能流常伴随着物质流，具有一定的数量和方向。

能量来源——系统的能量来源。生态系统利用的每一资源均具能量，诸如太阳、风、海潮、油，以及来自经济系统的生产资料、信息、人等等，都是能量来源。

能量储存——储存能量的场所。诸如森林的生物量、土壤、有机物质、地下水等。

热耗失——能量转换过程中变为热能的部分，不可被再利用。例如，动物新陈代谢耗失的热能。此符号与能量储存、作用键、生产者、消费者、控制键等符号图例连接。

作用键——表示不同类别能流或物质流的相互作用与结合而产生另一能流的过程。

生产者——利用能量和原始物质制造新产品的单元，如树木、农作物或工厂等。

消费者——利用和消耗生产者供给的产品和能量的单元，如昆虫、微生物、人类和城市等。

交流键——表示货币与能量、物质或劳务的交换、交易。

控制键——表示对过程的控制，如火烧的起止、花朵的开闭、捕鱼季节的结束、闸门的开或关等。

其他——表示其他亚系统，如森林系统图解中的土壤亚系统、河口生态系统中的渔业生产亚系统。

图 3-2-1　H. T. Odum 创立的能量系统符号图例

(二)能量系统图和能值图的绘制

开始可根据资料项目，绘出详尽的图解；然后，再进行综合简化，分门别类加以排列，形成一个结构层次分明的系统图解。图解系一形象化的缩影，含环境和经济各主要成分，体现各成分的相互关系与作用。

能值图的编制步骤和方法如下：

(1)确定系统范围的边界，把系统内的各组分及作用过程与系统外的有关成分及作用，用四方框作为边界分开。

(2)确定系统的主要能量来源，这些能源一部分来自系统外，因而绘在系统边界的外围。

(3)确定系统内的主要成分，以各种能量符号图例描绘之。

(4)列出系统各组分的过程和关系(流动、贮存、相互作用、生产、消费等等)。

(5)绘出系统图解全图。先绘四方框外面的能源部分，再绘出系统内部的各部分图例。边界内外各图例的排列顺序均按其所代表成分的能值转换率高低，从低到高由左向右排列。能值图上的数字，待分析计算后再填写上去。

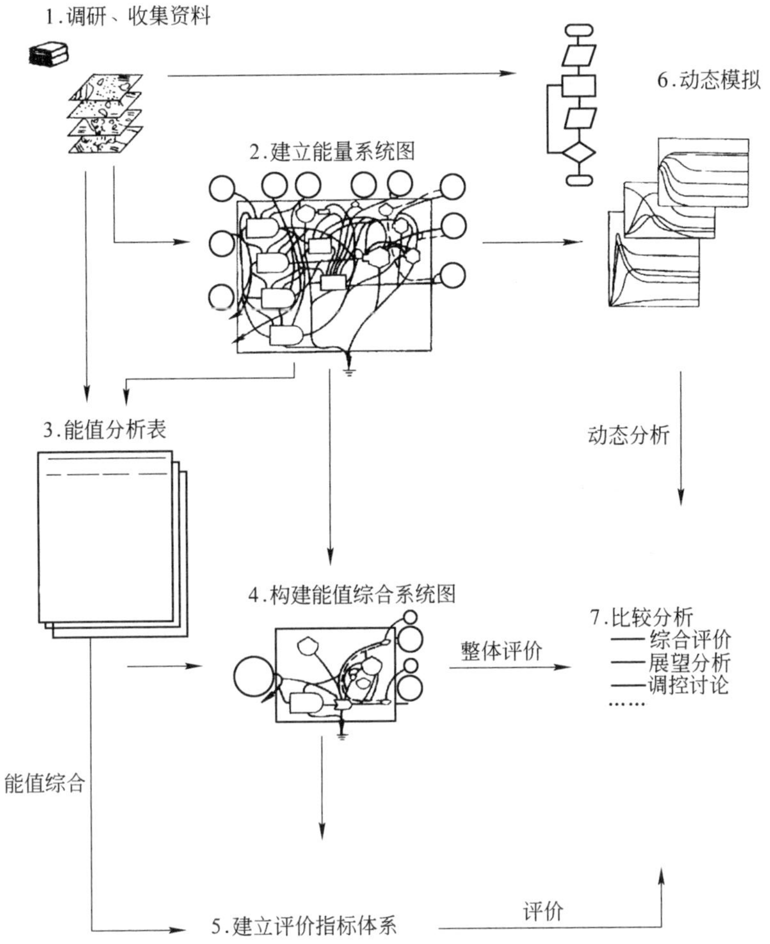

图 3-2-2 能值分析步骤(黄书礼,H. T. Odum,1991; 蓝盛芳,2002)

(三)能值分析表的编制

能值分析表包括资源类别、资源流动量、太阳能值转换率、太阳能值及宏观经济价值等项(表 3-2-1)。

(1)列出研究区域的主要能量来源(资源类别)项目。包括本地资源,外界输入的可更新资源、货物及劳务,输出的产品、资源、劳务等。

(2)计算各能量类别的资源流动量。能量资料可用焦耳表示;物质可用克表示;经济流动可用货币表示。

(3)将各类资源换算为统一的能值单位以及宏观经济价值,以进一步了解各能量流动在系统中的相对贡献。

表 3-2-1　能值分析表

资源类别	资源流动量（单位/年）	太阳能值转换率（sej/J）	太阳能值（sej）	宏观经济价值（EM＄）
1. 本地资源				
1）				
2）				
3）				
…				
2. 输入资源				
…				
3. 输出资源				
…				

（四）对系统图归类集结

为了简化第二步的复杂系统图，可将重要的、性质类似的项目归类集结，以突出研究地区生态经济系统中的对决策至关重要的项目（图 3-2-3）。

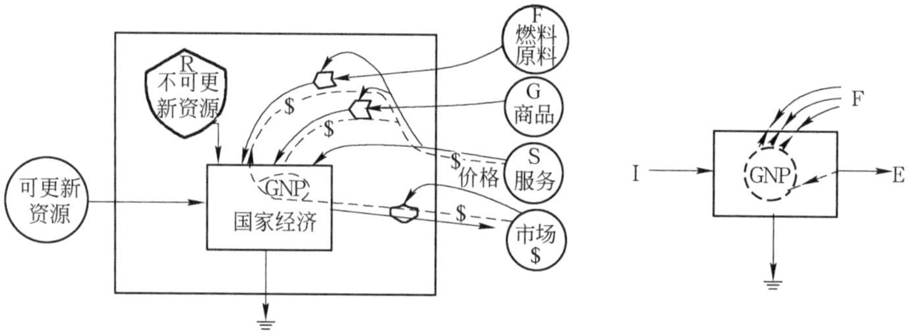

（a）主要的能流、货币流　　（b）能值应用汇总

图 3-2-3　能量系统综合图解

（五）能值指标计算

根据能值分析表、系统归类图，可进一步建立若干能值指标，分析生态经济系统，评价自然环境对经济的贡献，以利于进行方案选择和决策制定。

（六）动态模拟

根据所收集的资料和能量系统图，编写计算程序，模拟研究区域或项目的动态变化。可根据模型，进行假设检验分析，研究不同的发展方案、政策下的可能变化。

(七)综合分析与政策建议

能值指标、系统图与动态模拟，均可用来作为综合分析与政策建议的依据。通过研究，寻求人与自然环境间和协调、持续发展的方案。

三、主要能值分析指标

对生态经济系统进行分析，我们可以根据能值理论导出很多有用的指标，以满足不同目的的研究需要。在对生态经济系统进行分析时，常用的能值指标及其计算方法如表 3-2-2 所述。

表 3-2-2 能值指标的含义

能值指标	计算方式	指标的实际应用意义
净能值产出率	产出能值/投入能值	判断该资源的使用是否具有效益
能值投入率	投入能值/可更新资源	测定自然环境对经济活动的承受力，以及经济活动是否经济
能值货币比率	总能值使用量/国民生产总值	开发程度
能值使用集约度指标：		显示能值使用的密度及方式：
1. 能值使用集约度比	1. 集约使用能值/粗放使用能值	1. 一国家(区域)内本身不可更新资源的使用情况
2. 能值密度	2. 总能值使用量/总面积	2. 判断能值使用的集约情形
3. 平均每人能值使用量	3. 总能值使用量/总人口	3. 判断生活水平高低
能值来源指标：		显示资源使用的结构：
1. 国(区)内能值用量比	1. 取自区内的资源能值量所占比例	1. 判断未来的发展潜力
2. 付费能值用量比	2. 付费能值使用量/总能值使用量	2. 判断对外界资源的依赖程度
3. 进口劳务能值用量比	3. 进口劳务能值/总能值使用量	3. 判断能值使用结构
能值交易指标：		显示自给自足情况：
1. 国(区)内不可更新资源能值使用量	1. 不可更新资源能值/总能值用量	1. 系统内部资源的蕴藏及利用状况
2. 输出输入能值比	2. 出口能值/进口能值	2. 系统与外界能值交流情况
自然系统承受力指标：		显示自然体系的承受力：
1. 电力能值使用量比	1. 电力能值使用量/总能值使用量	1. 反应相对开发程度
2. 能值承载力	2. 可利用能值/每人平均能值用量	2. 反应相对生活水平
3. 废弃物能值比	3. 废弃物能值量/可更新资源能值	3. 废弃物对自然环境所产生的压力

(一)净能值产出率

$$净能值产出率(NEYR)=产出能值(Y)/投入能值(F)$$

净能值产出率(net emergy yield ratio；NEYR)等于产出(Y)的能值除以自经济系统反馈(F)的能值(图 3-2-4)。如果生产过程产出的能值(Y) 大于自经济系统投入的能值(F)，则此能源的净产量为正值或其净能值产出率大于1,具有经济效益。但是,仍应与其他资源的比值相比较,以了解其是否具有竞争性。

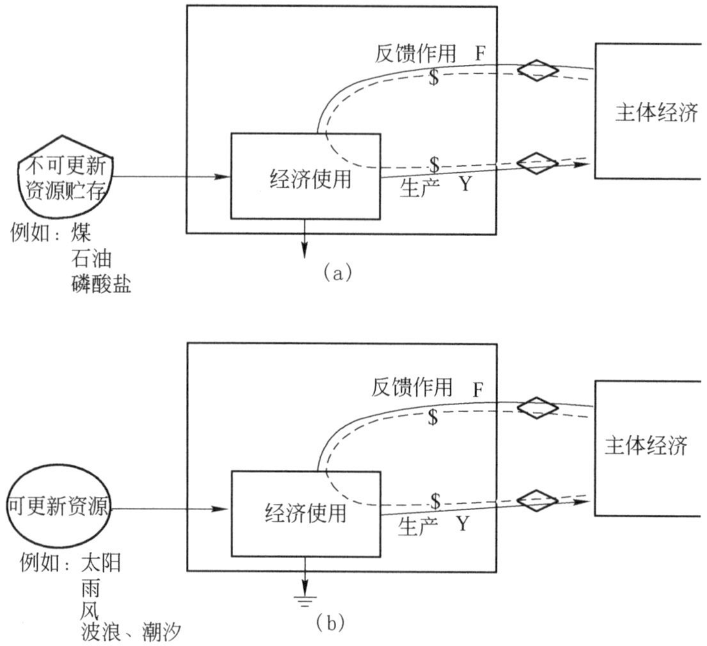

净能值产出率 $= \frac{Y}{F}$

图 3-2-4 净能值产出率

根据Odum 1988年的估算,就单一能源的净能值产出率来看,产出率大于1的能源有:天然气36,进口石油为6,煤炭为4.8,水力发电为20,地热为13,核能(不包括意外事件及废料贮存)为2.7。另外,有两种能源的净能值产出率小于1,风为0.25,太阳能为0.2。主要原因是这两种能源较分散,需从经济系统投入大量的货物与劳务才能被人类利用。

净能值产出率是评价基本能源利用的指标,它也可以用来说明经济生产利用能源的效率,表示经济活动的竞争力。当前发达国家经济活动过程的净能值产出率为6∶1或更高(Odum,1988,1990)。这说明发达国家自经济系统反馈1份能值到生产过程,可产生6份左右的产品能值。净能值产出率愈高,说明经济效益愈好。

(二)能值投入率

能值投入率(EIR)=投入能值(F)/可更新资源能值使用量(R)

能值投入率(emergy investment ratio; EIR),是自经济系统投入的能值与输入经济生产过程的自然环境可更新能值的比率(图3-2-5)。前者如燃料、电力、物质和劳务等,均需花钱购买,故称为“购买能值”;后者为自然界无偿输送,称为“免费能值”,包括土地、矿藏等不可更新的资源和太阳能、风、雨等可更新资源。

能值投入率用于决定经济活动在一定条件下的竞争力,并用来作为测知环境资源条件

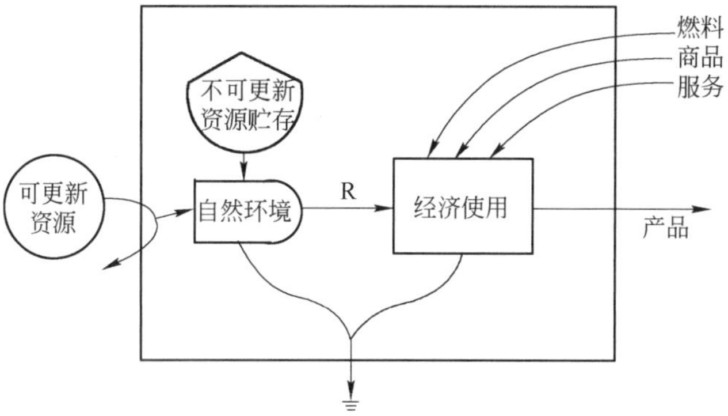

图 3-2-5 能值投入率

对经济活动的负荷量的指标。如果一生产规模的能量投入率高于其所在地区的平均能值投入率许多,那么,该生产规模可能超出环境条件的承受力。因为过大的经济投入,输进大量购进的能值,将使其生产的产品竞争力降低。相反,如果一生产系统具有较低的能值投入率,意味着经济投资率低,需要购买的能值较少,其生产的产品可以以较低的价格出售,市场竞争力较强。这也是办厂要首先立足当地资源的原因。当然,决定产品的市场竞争力的因素是多方面的,包括产品质量、市场信息等,但环境资源条件对产品的竞争来说无疑是一个重要的因素。对一个经济实力和生产水平不是很高的国家或地区来说,自然资源对产品的竞争力的影响尤为突出,对经济发展是一个关键因素。

一个经济系统要能具有竞争力,必须具有低能质的可更新资源与高能质的能量适当搭配,也就是能值投资比值恰当。世界范围的能值投入率为 2∶1,发达国家较高,如美国为 7∶1(Odum,1988),这些国家需购买的各种能值较多。

此外,较高的能值投入率,亦可以被视为自然环境要承受大量的经济活动,因而此值亦可作为测定自然环境对经济活动的负荷量的指标。

(三)能值货币比

能值货币比(EDR)=总能值使用量(U)/国民生产总值(GNP)

能值货币比(emergy dollar ratio;EDR)反映总能值使用量与国民生产总值之间的比例关系,其比值的大小,可以看出该地区工、农业发展程度。能值货币比值高,代表每单位经济活动所换取的能值量高,显示生产过程中使用自然资源所占的比重较大;反之,能值货币比值小的国家,其自然资源对经济成长的贡献则较小,表示该地区的开发程度大。低度发达的国家具有较高的能值货币比,可能是因为这些地区支持人类经济活动的能量多直接来自无需付费的自然环境资源。

(四)宏观经济价值

所谓宏观经济价值(macroeconomic value;MC)系指输入经济系统的某种能值对经济活动的贡献如果折算成能值的话,相当于多少货币。其折算方法是将输入或经济活动所产生的某种能值除以能值/货币比率。所得的币值，并非市场可流通的货币价值，只是表明该能值从宏观上看相当于多少币值。

(五)能值使用集约度

——显示能值使用的密度及方式，可由以下三个比值加以判断：

1. 能值使用集约度比(concentrated to rural ratio;CRR)——付费与无需付费能值使用比

付费与无需付费能值使用比(CRR)＝集约使用能值/粗放使用能值

从能值使用集约度可以看出一系统的资源使用形态。所谓集约使用的资源系指电力与矿产等工业使用的能量而言，而粗放使用的资源则可以土地、林木等为代表。一般而言，愈是工业化的地区，其对集约使用的资源需求愈是急迫，而低度开发地区则大量使用自然资源。透过此比值，可以看出研究地区内部，集约性能值使用与粗放性能值使用的相对程度。

2. 能值密度(emergy density;ED)

能值密度(ED)＝总能值使用量(U)/总面积(Area)

从每单位面积能值使用量可得知该国家或区域的能值使用的集约情形。若属于高度开发的国家或地区，其经济活动频繁，每单位面积能值使用量必然非常高。

3. 每人平均能值使用量(emergy per capita;EPC)

每人平均能值使用量(EPC)＝总能值使用量(U)/该国(地区)总人口(POP)

每人平均能值使用量可以判断居民生活水平的高低。每人平均能值使用量越高，表示该国(区域)的生活水准越高。

(六)能值来源

——显示国家(区域)的资源使用结构，可通过以下三种比值来确定：

1. 自产能值使用量比(emergy used from home sources;EFHS)

自产能值使用量比(EFHS)＝取自区内的资源能值量/总能值使用量(U)

自产能值使用量比为取自国内(区域)内资源的能值使用量占总能值使用量的比值。该值越高，表明自然资源能值使用量越多。因自然资源(包括自然环境中的水、风、雨等自然作用)的能值计算，与面积有极大的相关性，因此，一般而言，地大物博的国家，其 EFHS 较高。

2. 购入能值使用量比(Fraction of purchased emergy used;FPE)

购入能值使用量比(FPE)＝购入能值使用量/总能值使用量

从购入能值使用量比值可以看出一国家(区域)对外界资源的依赖程度；使用自有资源少的国家(区域)其 FPE 值较高。自然资源贫乏的国家(区域)，大多数的能值来自国外，而自有资源丰富的国家，大多使用无需付费的能值。随着科技的发展，一些原来出口资源的国家掌握了基本的资源深加工技术后，转向出口最终产品，这使得那些资源贫乏的国家经济发展缺乏后劲。日本、德国等发达国家的购入能值使用量比值较高，分别为69%和90%，西班牙为76%，瑞士为81%。这说明发达国家的经济发展是建立在大量消耗别国资源基础上的，因而，发达国家应该对全球环境保护、消除贫困与发展承担更多的义务。

3. 进口劳务能值使用比(ratio of emergy used from imported service；EFIS)

进口劳务能值使用比(EFIS)＝进口劳务能值使用量/总能值使用量

可由进口劳务能值占总能值使用量的比值，和其他能值来源的比值比较，了解能值使用来源的结构。

(七)能值交易指标

1. 国(区)内不可更新资源能值使用量比(Fraction from locally non-renewable sources；FLNR)

国(区)内不可更新资源能值使用量比＝国(区)内不可更新资源能值用量/总能值使用量

通过此指标可以得知系统内部资源的蕴藏及利用情形。在高度发达的国家，这一比值大多偏低，主要原因是由于其能值的使用大多取自经济系统所产生的能值。若与付费能值使用量比值作比较，使用国内不可更新资源能值比率小者，则需依赖国外进口的能值。因而，这两个比值呈现反比关系。

2. 输入输出能值比(export to import ratio；ETIR)

输入输出能值比(ETIR)＝出口能值使用量/进口能值使用量

输入输出能值比是某一交换过程中能值的接收转换的比例。例如，谷物与石油的交易即可以能值表示。由于资源开采成本是以支付人类劳务所需的代价为依据的，而未将自然界所做的功计算在内，因此，不能以货币衡量交易的公平与否。

(八)自然环境承受力

——此指标可以显示研究地区在与其他地区相对比较时，地区的自然环境系统所承受的负荷量。主要包括：

1. 电力能值使用量比(Fraction of emergy used from electricity；FEE)

电力能值使用量比(FEE)＝电力能值使用量/总能值使用量(U)

电力的使用不仅可以反映一国的开发程度，亦可以相对地得知一国人民的生活水平。在高度发达的国家，电力的使用程度大大高于发展中国家。电力的使用和生活水平的高低及开发程度都有极大的相关性。

2. 能值的承受力(carrying capacity；CC)

能值的承受力(CC)＝可利用能值/每人平均能值使用量(EPC)

在目前生活水平下的人口数，是一相对指标。由于人类生活需要能量，所以能值使用量的高低以及可利用能值量，将直接影响人口承载量的多少。

3. 废弃物能值比(waste to renewable ratio;WRR)

废弃物能值比(WRR)＝废弃物能值量(W)/可更新资源能值使用量(R)

此比值可以判断生态经济系统中，影响系统正常运转的废弃物对环境所造成的压力。

以上指标是在将生态经济系统的各种作用、能量流动，转换为同一通用能值单位后，所计算的主要指标。在进行具体研究时，研究者可以根据研究目标与需要，按照能值理论，自行设立指标体系。

第三节　能值理论研究进展及前景展望

能值理论和研究方法为生态系统和人类生产活动的评价研究开拓了一条定量研究的新途径，在国际学术界引起了强烈的反响并被广泛应用在生态的(森林生态系统；湿地生态系统；农业生态系统等)、工业的和经济的系统分析及生态经济持续性评价等；研究尺度上涉及全球尺度、国家尺度和地区尺度，还涉及到环境政策和管理及区域人口承载力评估等，甚至具体到基因信息中贮存的能值等多方面的研究，产生了较好的应用效果。

一、国内研究现状

中国开展能值分析研究开始于 1989 年留美学者在美国佛罗里达大学直接与 H. T. Odum 的合作研究，参与了美国 NSF 有关项目和能值专著工作。1992 年在《当代生态学博论》一书中发表了 2 万多字的文章，首次把能值理论、方法和有关研究介绍到中国。同年，在北京出版社出版了关于能值分析的《能量、环境与经济：系统分析导引》一书。继而，能值分析概念、方法被收入《普通生态学》、《生态系统生态学》和《生态工程学》等大学教材和研究生教材。

能值方法和理论有利于可持续发展战略的实施，自从被引入我国反响强烈，不断受到了生态学家、经济学家、系统学家以及政府决策者等的关注，目前能值分析已经被国内作为重要的生态经济研究方法；它为我们认识复杂生态系统注入了新的思路；从资源产生的过程来认识其价值使我们更好地理解了资源环境与人类活动的关系，并对自然资源的科学评价与合理利用、经济发展方针的制定，产生了积极的影响。查询研究资料表明(图 3-3-1)，自从 1990 年能值方法介绍到中国以来，已经发表了 100 多篇论文，20 多篇学位论文，运用到近 10 多个省和地区的生态经济系统的生态经济评估，为科学决策提供了一定的理论依据。同时，国内也翻译了一系列能值理论方面的学术著作，并被许多大学作为教学参考书。

关于生态经济系统能值分析的著作主要以蓝盛芳、钦佩、陆宏芳编著的《生态经济系统能值分析》为主，该书主要阐述生态系统能值定量分析原理、方法与应用的专著。还有蒋有绪等译 H. T. Odum 著的《系统生态学》，蓝盛芳译 H. T. Odum 著的《能量环境与经济—系统分析导引》，钦佩、安树青、颜京松编写的《生态工程学》等著作。这些著作中有部分章节涉及到能值分析的方法、原理以及与其他各种价值观的比较。

此外，也发表了一些关于各省市、地区、流域等生态系统能值分析研究的文章，主要有江

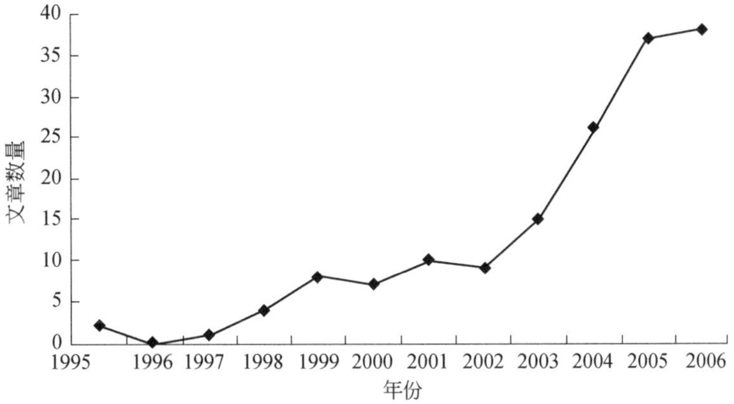

图 3-3-1 CNKI 检索的能值文章发表数量

西、甘肃、新疆、海南等省（李海涛，廖迎春，严茂超，2003；赵最、李自珍，2001；李海涛、严茂超，2001；张耀辉、蓝盛芳、陈飞鹏，1998）以及广州、宁波等市的生态经济系统的能值分析研究文章（隋春花，蓝盛芳，1999；李加林、张忍顺，2003）。还有池州国家生态经济示范区、米埔自然保护区、鄱阳湖湿地、火电厂生态工业园、黄土高原流域、三峡库区等区域性的生态经济系统能值分析。涉及到城市、农业、草地等不同生态类型，以农业生态系统能值分析为多，自然保护区、森林生态系统方面的文章很少。具体研究实例可以大致分为以下几类：

（一）国家、地区尺度的生态经济系统分析

严茂超，李海涛等（2001）运用能值理论与方法，对中国大陆各省区（市）农林牧渔业主要产品的能值及其宏观经济价值进行了评估，对各省区单位面积产出、人均农产品能值占有情况、农产品能值供应的余缺情况等指标进行分析比较、排序。严茂超，李海涛等（2001）对西藏、新疆、江西省主要资源的贮存价值、总能值用量、能值的流入流出情况、人口承载力、能值投入率、能值使用强度、环境负荷等指标进行了系统研究。张耀辉（1997）运用能值分析法对海南省 1994 年资源环境与经济特征、本地资源利用及外来资源与经济的关系、农业持续发展的相关因素和经济发展现状及趋势进行综合评价。

（二）农业生态经济系统的分析

蓝盛芳等（2003）探讨了能值分析理论和方法在农业生态系统研究中的应用，并同以往的农业能量分析加以比较。张耀辉对海南省农业进行分析和评价，发现环境资源对海南省农业贡献很大，环境压力较小，具有较大的发展潜力。陈东景（2002）对黑河流域中游张掖地区农业生态经济系统的投入产出状况进行能值分析，发现张掖地区的农业发展存在环境负荷不断增加、产出率降低、产品经济成本增加、能值持续性指数下降等许多问题。苏国麟（1999）对广东省三水市种植业系统的物流和能流进行分析。赵玉环（2001）对广东省高州市典型龙眼果园进行能值分析比较。张耀辉等（1997）以海南农业生态系统为例，阐述农业生态系统能值分析主要指标的建立方法和含义作用。

(三)湿地系统生态功能评价

万树文,钦佩等(1999)应用能值分析法对江苏省射阳河口的湿地治理方法进行能值计算和评价,比较人工耐盐植被系统在能值产出数值上的变化,以研究狐毛草的耐盐性。钦佩,黄玉山(1999)对香港米埔自然保护区进行能值分析。崔丽娟等(2004)对都阳湖湿地生态进行能值研究。

(四)城市生态系统研究

隋春花(2001)介绍了能值分析方法在城市生态学动态研究和定量研究中的应用原理与步骤,并利用能值分析理论方法,对广州和香港的各种生态流进行比较研究。李加林(2003)对宁波市生态经济系统进行能值定量研究,并提出相关政策建议。

(五)理论探索及评价指标方面的研究

隋春花(1999)在分析现有的环境质量效益换算评估法、环境资源定价评估法、总经济价值评估法的基础上,认为能值评估法以自然价值论为依据,人为因素影响很小,可以从本质上揭示自然资源所具有的真实价值。汪殿蓓(2003)对历史上财富价值的衡量方法比较分析得出,能值分析理论是衡量环境一经济系统财富的较为科学合理的方法之一。陆宏芳提出评价系统可持续发展能力的新能值指标(EIS),并将其应用于珠江三角洲基塘农业生态工程建设中。李双成,蔡运龙(2005)构建了基于能值的标定土地持续利用态势的若干指数,并对 1978—1999 年中国农用土地的可持续性进行判定。李双成等提出以能值分析为理论支撑的区域性可持续发展评价指数(ESI),并将其应用于中国 1978—1998 年经济系统的可持续发展指数的变化历程研究。此外,陈理(1998)还将能值分析法引入城市废弃物处理系统的研究中,提出合理的废弃物处理方法。谢忠岩(2000)从能值的角度研究图们江水环境价值。

二、国外研究现状

能值理论概念和分析方法是以 H. T. Odum 为首经过 20 多年研究发展出来的,他是该理论和方法的创始人,是他独到的系统生态学、生态能量学和生态经济学术思想的延续和发展,从能量到体现能,再到能值,从系统能量分析到能值分析;从自然生态学研究到复合生态经济系统研究;从生态系统能物流分析到复合生态经济系统各种生态流(能物流、信息流、生物流、货币流)的能值综合分析;从系统分析到生态工程的系统设计。1987 年,他接受瑞典皇家科学院克莱福德奖(Crafood prize)时发表的演讲著和在 Science 刊物的论文中,首次阐述了能值概念理论,论述了能值和能质、能量等级、信息、资源财富等的关系。经进一步研究和总结国际能值分析研究的成果,于 1996 年出版了世界第一部能值专著《Environmental Accounting:Emergy and Environmental Decision Making》。能值方法有助于正确分析自然与人类、环境资源与社会经济的价值和相互关系,有助于全球可持续发展战略,因而备受国际生态学界和经济学界及政府决策者的关注。许多国家的生态学家、经济学家和系统学家投入了能值研究和讨论,发表了很多论文及著作,还有许多未发表的研究报告。已召开了两次国际能值分析学术研讨会，第一次在意大利，第二次在美国佛罗里达大学，出版了论文集，并决定每两年举行一次国际研讨会。该理论、方法与应用研究在不断发展和完善。

现在，国外对能值理论及其分析方法的研究已经涉及到自然、社会等广大的范围内，运用于评价地区流域系统的环境资源、经济投入和发展模式、环境政策、以生态系统为基础的环境管理，发展计划与政策等方面。GuillenTrujillo(1999)运用能值理论分析可持续发展的替代模式一生态旅游，发现生态旅游并不是最有效的维护森林的活动。Tilly(2000)分析了森林生态系统的自然财富。H. T. Odum 和 Brown(1975)运用能值分析法对密西西比河进行持续性评价。Woithe(1989)运用能值分析理论，评价美国及其内战总体影响。该研究假设多种能量给历史带来影响。Buranak(1999)利用能值理论对建筑材料的循环利用进行研究，主要是确定判断再循环利润的最佳措施或指标。Edward Lefroy 等用能值来分析意大利 Chianti 农场农业系统的效率和可持续性，利用不同作物与意大利平均水平的结果比较以便获得这个农场农业系统长期的可持续的评价。Shanshin Ton 等用几种不同的方法推测和检验铅在湿地环境中的可能传递和运输机制，宏观地系统分析并评价了湿地系统恢复的效益，提出了三种不同的湿地管理方法，而基于生态经济评价的能值分析结果揭示了树木重建湿地恢复是最佳选择。Ulrika Geber 等运用能值分析比较了瑞典三个不同污水处理系统的资源利用程度以及生态系统服务和购买的投入间的关系。

目前，能值研究中心在美国、瑞典、意大利、瑞士、澳大利亚、日本等西方国家的科学家很活跃；亚非拉好些发展中国家的学者热情颇高，如印度、墨西哥、厄瓜多尔、泰国、韩国、中国等都愈来愈多的学者投入研究。能值理论和分析方法是以客观的科学观点分析自然资源和世界经济财富，对发展中国家的可持续发展有利，易为他们所接受。基于市场价值论的西方经济学家则比较难以理解和接受这种生态经济学的能价值论，他们抨击得多，深入研究得少，提不出否定的充分理由和依据。

三、能值在中国研究的前景

能值理论整合了生态与经济系统，建立了生态与经济综合研究的平台，不仅对传统的生态学和经济学理论产生了较大的影响，而且对生态经济系统评价方法的科学化，对可持续发展评价指标体系的建立等均有重要的意义。尽管能值理论在中国近年来得到了较广泛的应用，但在以下领域仍有巨大的发展和应用空间，主要表现在以下几个方面。

(一)建立基于能值理论的中国绿色 GDP 核算体系

目前中国的 GDP 核算方法由于未计资源损耗和环境退化，不能全面反映当前和将来的净福利变化；由于 GDP 不能反映经济发展对资源环境所造成的负面影响，因此不能反映一个国家的真正经济发展状况。在 GDP 高速增长的背后，往往掩盖着资源存量和生态环境的巨大赤字。推行绿色 GDP 势在必行。绿色 GDP 是指绿色国内生产总值，它是对 GDP 指标的一种调整，是扣除经济活动中投入的环境资源成本后的国内生产总值。目前，有些国家已开始试行绿色 GDP，但迄今为止，全世界上还没有一套公认的绿色 GDP 核算模式，也没有一个国家以政府的名义发布绿色 GDP 结果。这是因为未进入市场交易的环境要素不受市场供求规律的影响，且由于资源和环境的损失具有开放性，很难像产值那样严格按照属地原则进行估算。因此，对现有的资源和环境定价是绿色 GDP 指标核算中的一个世界性难题，也是实施绿色国民经济核算的主要障碍。能值方法可以核算环境和资源的真实价值、分析评价污染承载能力，可以把自然环境和人类经济系统通过统一的平台联系起来，科学评价自然资源和环境对社会经济的真实贡献，因此完全可以应用在绿色 GDP 的核算中。这是因为能值可以把自然资源及其生态系统服务功能定量化、量化生态系统恢复重建成本和进行效益评价，并通过能值/货币比率转化为能值货币价值，建立自然资源-环境-GDP 的链接，并可以定量反映他们间的相互关系，为绿色 GDP 的核算提供依据。

（二）建立生态资产及其服务功能价值评估体系，并将其纳入生态补偿决策过程

生态资产是国民经济与社会经济发展的重要物质基础，社会发展需要依靠生态系统维持必要的自然资源和生态系统服务的能力。生态资产及其服务功能的丧失，对社会经济及人类的发展将产生重大影响。而目前的生态资产的评估方法大多以成本效益和支付意愿等为主，主观性强，忽视了生态系统自身的规律和自然资源形成的过程，对动态研究不够。另外生态资产的价值在本质上是生态系统的内在机理和规律决定的，是一个时空动态的概念。但国内外对生态资产及其服务价值方面静态研究的较多，动态研究的较少。Lisa Deutsch（2003）等研究瑞典的自然资本评价指标时指出，应该研究有关反映生态系统维持资源和服务功能能力的动态的指标。能值分析理论从本质上揭示了自然资源具有的真正的价值，其价值的大小由形成自然物的直接和间接的太阳能值来决定。不同类别和不同性质的生态资产，其太阳能值转换率是不同的，运用能值方法也可以进行生态资产的动态模拟与评估。准确厘定生态资产及其服务功能的价值对于政府制定生态环境建设的政策措施有十分重要的意义，同时也为目前生态补偿研究提供了可以选择的方法。

（三）生态经济格局及其调控机理的研究

中国各地区资源和环境状况差距较大，发展不平衡，是摆在中国政府前的一个重要课题。

区域间的生态经济的协调发展是实现中国可持续发展的重要途径与保障。不同区域间的相互补充，耦合可以形成强大的经济链，但如何实现区域间物质，经济，能量与人力的流动与组合，是一个非常复杂的系统的过程。统一的价值尺度和系统的评价方法可以把不同区域的特性比较准确地表达出来，便于相互间的比较；运用能值理论和分析方法，可以准确全面反映区域可持续发展的状况，定量解析资源、环境、技术、劳力、教育等各种因子对区域可持续发展的贡献，并对综合发展目标进行多目标和多战略的定量评价，模拟区域间不同生态经济格局的过程与结果，提出最适合的产业选择和战略途径，为进行合理的调控提供科学的理论依据。

（四）重大国家科学决策问题研究

能值理论和方法是综合的系统方法，有助于在国家重大科学决策问题中（如货币购买力评估及其汇率形成机制的研究等）起到科学的关键的作用。严茂超关于中美能值货币比率的比较研究表明美国等能值货币比率低的发达国家在与中国交易中可以获得较高的利益，这对人民币汇率及其升值等问题是一个重要的科学的参考。能值方法对环境工程（包括农业工程）的生态经济效应可以做出科学的评价，通过对工程的模式分析，选择最佳方案，这对国家重大生态与环境工程建设的科学决策无疑有重要意义。

(五)发展计划与政策的能值评估

在对中央、省和地方财政预算公开讨论时，经常提出的问题是：哪种方案可使财政开支发挥最大作用？能值分析可以说明哪种方案可贡献最多财富(能值)而浪费最少。美国一些地区早期的能值评估说明能值计量可检验如下政策：计划的选择、城市空间结构规划、最佳人口密度、科研教育、经费分配、经济增长的纯利、劳动力评价等等。在这方面，美国已做了大量工作，如 Odum 通过对美国的能值分析表明，美国从贸易中获得了巨大的利益；太阳能不可能成为大工业的原始能源基础等等。我国未来的科学决策迫切需要进一步掌握并应用这些理论，以便把科学的发展观落到实处。

能值理论是利用自组织原理实现系统最大能值功率的前瞻性理论(Odum，1996)。由于其严密的科学基础(热力学、系统科学和能量学等)，为人类和自然的可持续发展提供了一个量化的决策方法，应用领域正在不断拓展。虽然它的能值转化率计算比较复杂，能值指标还不完善，但丝毫没有减少人们对这一重大科学理论和方法的关注，它的理论、方法和评价体系必将为人类生态经济系统的可持续发展做出重要的贡献。

第四节 中国农林牧渔业产品能值评估

一、中国农林牧渔产品的能值评估

能值分析法是一种可以连接物质产出、社会效益、经济效益以及生态效益的新工具。借助能值的概念、使用能值分析法，可以为农林牧系统的产出测算找到适当的手段，并可以为农业生态系统生产力的合理衡量指标体系提供一定的科学参考(表 3-4-1)。

表 3-4-1 中国农林牧渔产品的能值分析所使用的能量折算标准和能值转换率指标

品名		能量折算标准(kcal/kg)	能值转换率(sej/J)	能值转换率(sej/g)
一、农产品				
一)粮食				
	稻谷	3 000	35 900	4.50×10^{8}
	小麦	3 300	68 000	
	玉米	3 500	58 100	8.55×10^{8}
	豆类	4 400	690 000	
	薯类	550	2 700	
二)油料		6 100	690 000	
三)经济作物				
	棉花	4 500	1 900 000	
	麻类	700	84 000	
	甘蔗	550	84 900	

续表 3-4-1

品名		能量折算标准 (kcal/kg)	能值转换率 (sej/J)	能值转换率 (sej/g)
	甜菜	667	84 900	
	烟叶			
	茶叶			
	水果	550	530 000	
二、林产品				
	木材	3 600	34 900	
	橡胶			4.30×10^{9}
三、畜产品				
	肉类	1 100	3.17×10^{6}	
	奶类	1 100	1.70×10^{6}	
	蛋类	1 100	2.00×10^{6}	
	毛类	5 000	4.40×10^{6}	
四、水产品		1 100	2.00×10^{6}	

二、中国农林牧及水产业主要产品的能值空间分布特征及宏观经济价值评估与排序

由于本研究涉及内容较多，能值及宏观经济价值评估的计算过程不一一列出。中国各省份农、林、牧及渔业产出的能值评估前 10 名排序结果列于表 3-4-2。从表中可以看出，中国种植业系统主要产品产出总量前 10 名排序顺序：山东居第一位，占全国种植业主要产品总产出的 11.45%、其余依次为河南(10.91%)、江苏(6.99%)、湖北(6.74%)、黑龙江(6.64%)、四川(6.56%)、河北(6.19%)、安徽(6.07%)、新疆(4.17%)和湖南(4.14%)；水产业产出总量前十名排序顺序：山东仍居第一位，主要水产品产出占全国主要产品总产出的 15.36%、其余依次为广东、浙江、福建、江苏、辽宁、湖北、广西、湖南和江西；畜牧业主要产品产出总量前十名排序顺序：四川居第一位，占全国畜牧主要产品总产出的 10.12%、其余依次为山东、湖南、河南、河北、广东、江苏、湖北、广西和辽宁；林业系统产出总量前十名排序顺序：黑龙江居第一位，占全国林业主要产品总产出的 18.00%、其余依次为福建、吉林、云南、内蒙古、四川、广西、广东、湖南和浙江。由以上分析可见，山东不但是全国农产品和水产品的重要供应点，而且其也较丰富；四川是畜牧产品的主要供应点；黑龙江是全国主要的林产品产地。这些地方的特色产品在全国经济的发展中发挥着重要的作用。

综合考虑农林牧渔业主要产品的产出情况后，对各省主要产品产出在全国所占比重进行排序，山东省的产出在全国居首位，占全国主要农林牧渔业主要产品总产出的 11.04%，其余依次为河南、四川、江苏、湖北、河北、广东、湖南、安徽和黑龙江。1995 年中国农林牧渔业主要产品的总能值为 2.37×10^{24} 太阳能焦耳，以此值除以中国的能值货币比率 8.67×10^{12} 太阳能焦耳/美元(sej/$)，中国农林牧渔业主要产品的宏观经济价值相当于2 738.55 亿美元(表 3-4-2)。

表 3-4-2 中国各省区农业资源产出、能值功率及商品率等主要空间特征指标

项目	面积（万 km^2）	人口（人）	农林牧渔业主要产品的能值计算 [10^{22} (sej/年)]	人均农林牧渔产品能值 [10^{15} (sej/人/年)]	单位面积农产品能值产出功率 [10^{17} sej/(km^2/年)]	宏观经济价值（10^8 EM $）	单位面积宏观经济价值产出 [EM $/($km^2$/年)]	人均宏观经济产出 [EM $/(人/年)]	按消费水平计算，农林牧渔业品供给余缺情况 [10^8 EM ($/年)]	商品率（%）
北京	1.64	10 769 800	1.445 4	1.340 0	8.810 0	16.67	101 652.79	154.79	−8.22	
天津	1.18	8 985 764	1.310 2	1.460 0	11.100 0	15.11	128 062.72	168.17	−5.66	
河北	18.83	64 204 673	1.261 6	1.960 0	6.700 0	145.51	77 275.93	226.64	−2.9	
山西	15.65	30 256 640	3.402 4	1.120 0	2.170 0	39.24	25 075.93	129.7	−30.7	
内蒙古	114.33	22 372 107	5.397 1	2.410 0	0.472 0	62.25	5 444.82	278.25	10.54	16.93
辽宁	14.68	40 339 941	7.893 6	1.960 0	5.380 0	91.05	62 019.83	225.69	−2.2	
吉林	18.92	25 508 657	5.652 6	2.350 0	3.160 0	69	36 471.35	270.51	10.04	14.55
黑龙江	45.44	35 768 416	10.911 0	3.050 0	2.400 0	125.85	27 695.21	351.84	43.16	34.29
上海	0.76	13 013 739	2.133 5	1.650 0	25.400 0	24.61	323 783.04	189.09	−5.48	
江苏	10.5	68 684 204	15.268 0	2.190 0	14.400 0	173.8	165 519.76	253.04	15.03	8.65
浙江	10.5	43 696 263	73.778 5	1.780 0	7.410 0	89.73	85 456.18	205.35	−11.28	
安徽	14.02	59 995 663	11.115 0	1.850 0	7.930 0	128.2	91 443.45	213.69	−10.48	
福建	12.23	31 646 260	6.448 7	2.040 0	5.270 0	74.38	60 816.71	235.03	1.23	
江西	16.7	39 385 888	8.179 6	2.080 0	4.900 0	94.34	56 493.12	239.54	3.3	
山东	15.78	87 011 621	2.620 3	3.010 0	16.500 0	302.23	191 526.98	347.34	101.09	33.45
河南	16.57	91 088 492	24.203 0	2.000 0	11.000 0	210.61	127 206.14	231.22	0.05	

续表 3-4-2

项目	面积（万 km^2）	人口（人）	农林牧渔业主要产品的能值计算[10^{22}（sej/年）]	人均农林牧渔产品能值[（10^{15} sej/（人/年）]	单位面积农产品能值产出功率[10^{17} sej/（km^2/年）]	宏观经济价值（10^8 EM \$）	单位面积宏观经济价值产出[EM \$/（km^2/年）]	人均宏观经济产出[EM\$/（人/年）]	按消费水平计算，农林牧渔业品供给余缺情况[10^8 EM（\$/年）]	商品率（%）
湖北	18.6	57 271 252	13.883 0	2.420 0	7.460 0	160.12	86 087.01	279.59	27.73	17.32
湖南	21.18	63 567 432	11.388 0	1.790 0	5.380 0	131.35	62 016.99	206.63	−15.59	
广东	18	67 887 383	11.599 0	1.710 0	6.440 0	133.78	74 323.63	197.07	−23.15	
广西	23.64	45 021 101	8.315 6	1.850 0	3.520 0	95.91	40 572.07	213.04	−8.16	
海南	3.3	7 242 41	1.999 1	2.850 0	6.060 0	23.06	69 872.41	328.26	6.82	
四川	56.55	111 629 361	17.989 0	1.610 0	3.180 0	207.49	36 691.22	185.87	−50.55	
贵州	17.62	34 195 373	4.350 3	1.270 0	2.400	50.18	28 477.02	146.73	−28.87	
云南	38.36	38 734 957	5.238 9	1.350 0	1.370 0	60.43	15 752.13	156	−29.11	
西藏	120.42	2 355 540	1.171 0	4.970 0	0.097 0	13.51	1 121.63	573.4	8.06	
陕西	20.58	34 319 327	4.374 8	1.270 0	2.120 0	50.46	24 518.69	147.03	−28.87	
甘肃	40.56	23 883 848	3.409 5	1.430 0	0.841 0	39.33	9 695.59	164.65	−15.88	
青海	71.72	4 562 690	1.859 5	4.180 0	0.259 0	21.45	2 990.5	470.09	10.9	50.82
宁夏	5.18	5 123 845	1.596 1	3.110 0	3.080 0	18.41	35 538.82	359.28	6.56	
新疆	166.31	16 372 688	7.166 0	4.380 0	1.431 0	82.65	4 969.82	504.82	44.81	54.21
全国总计	949.75	1 184 676 966	237.430 0	2.000 0	2.500 0	2 738.55	28 834.39	231.16	0	

从产出的结构看，中国种植业、畜牧业占有很大的比重，分别为47.90%和41.40%，水产业和林业产出占有较小的比重，且各省区存在着一定的差异（表3-4-2）。从表3-4-2还可以看出，水产业在浙江、福建、广东、辽宁、海南、江苏、山东、天津的经济中占有很重要的位置。林业产出在农村经济中的地位均很薄弱。中国有着广阔的山区和辽阔的海洋、湖泊，林业、水产业的发展大有潜力，今后应加强山区和海洋、湖泊资源的开发力度。

三、主要农林牧渔产出主要指标的综合分析与结论

表3-4-2说明了产出的总能值及宏观经济价值、人均能值及宏观经济价值占有量、单位面积能值及宏观经济价值的产出情况、产品供给余缺及商品率的情况。从表中可以看出，1995年中国主要农林牧渔产品的土地生产力指标为28 834.39 EM$/($km^2$・年)，西藏、青海、新疆、内蒙古、甘肃、云南、山西、陕西、黑龙江、贵州10个省区的土地现实生产力较低，大大低于全国平均水平。对这些区域，今后发展的重点应是进一步改善生产条件，挖掘生产潜力。上海、山东、江苏、天津、河南、北京的土地生产力均大大高于全国平均水平，这些区域要保持较高的土地生产力，必须按照最大功率原则制定有利于持续发展的对策。最大功率原则表明，一系统要发挥最大功率而不断运转而不被竞争所淘汰，必须自系统外输入更多可利用能量，同时系统本身必需反馈所贮存的能量，以获取更多的能量，使自身与周围有关系统在能量转换过程中，均能获取最大和最有价值的能量。城市消费者系统除本身需反馈所贮存的能量，以增强其利用来自生产者（如提供食物和工业原料的农村系统）之能量的能力外，还要反馈部分能量给生产者系统（农村系统），辅助和促进生产者系统的发展，以保证生产者持续不断地为消费者提供能量，使两者（城市系统和农村系统）运转具最大功率。人类有意识的反馈工作，目的就在于使生态经济系统最有效地运转。

人均农产品宏观经济价值产出占有量反映了农产品供给丰富程度。中国人均农产品宏观经济价值产出占有量为231.16 EM$/(人・年)，西藏、新疆、青海、宁夏、黑龙江和山东的人均产出占有量较高，从综合的角度看，农林牧渔主要产品自给有余。如果以231.16 EM$/(人・年)作为自给的标准，表3-4-2列出了各省区的农林牧渔业产品的供给余缺情况。山东省的农林牧渔业主要产品供给量最为丰富，每年可提供101亿EM$的剩余产品满足商品交换和加工业的需要，遥遥领先于全国。这表明山东省从事以农林牧渔业产品为主的加工业大有可为，原料供给充足。其余依次为新疆、黑龙江、湖北和江苏。为了建立起正常的有利于农林牧渔业生产者的可持续发展的机制，上述省区可考虑加大建立农林牧渔主产品加工业的力度，调整区域产业结构，建立起有利于自身可持续发展的生态经济反馈机制。

第五节　典型农业系统的能值评价

一、农业系统生产力

Gordon R. Conway(1987)认为农业生态系统生产力是每单位资源投入的有价值的产品输出。曾本祥(1990)认为农业系统生产力是人类控制下农业系统的物质、能量和信息的传递、转换及价值的形成、转移和综合的能力。韩纯儒(1993)认为农业系统生产力(ASP)包

括生物生产力和经济生产力两部分。生物生产力是系统生产力形成的基础，是指生态系统初级生产力与次级生产力两部分所形成的经济产品能量之和。而经济生产力可以用平均每个劳动力所创造的净生产值或经济收入表示。农业系统生产力是在人类控制下农业系统的物质能量传递、转换以及价值形成、转移和增值的综合能力。任继周(1995)认为生态生产力是生态系统本身在保持其健康状况的情况下所表现的生产能力或生产水平。而农业生产力则是将生产资料、劳动力与生产环境合理组合、运转，在保持生态系统稳定的前提下，生态系统所表现出的产品输出能力。农业系统生产力的形成机制是使系统的自由能“定向化”，保持前植物生产层、植物生产层、动物生产层与外生物生产层(如加工、流通)之间的协调和耦合状态。程序等(1998)提出了农业系统生产力动力学的概念化模型。并阐述了农业系统的第一性生产力(NPP)、第二性生产力(SP)以及经济生产力(EP)的含义及其耦合关系。

农业生产力的测度方法是随着概念的演变一起发展的，主要有实物测量、能量分析、生物量测定、经济效益评定、综合指标测定、当量测定、能值分析等几种方法。

生态系统的概念提出以后，初级生产力的测定是一项重要内容。特别是自植物生产力水分蒸腾关系模型(Dewitt T. 20 世纪 60 年代)建立以来，大尺度的第一性生产力，即自然植被生产力的形成机制、模型模拟研究逐步系统化，取得了许多成果，部分在农业上得到应用。比较有代表性的如由前苏联著名农业气象模拟专家开发的农业生产力动态模型(1981)，它能够定量地鉴定农业气象条件对作物生长的影响，能够连续估算出产量；其后，奥地利国际应用系统分析研究所(IIASA)开发的用途非常广泛的农业生态系统区域分析法(AEZ 模型)在 20 世纪 80 年代中期问世，它可以通过对环境资源数据库的分析处理，测算农业(第一性生产)的生产潜力，或者模拟投入，预测实际产量，这都可以有两种表示形式，生物质(biomass)产量和主产品收获物(biomass harvest index)产量。现今类似的工具很多，如美国农业部开发的 CERES 和 EPIC 系列模型。这些工具向预测和模拟迈进了一大步，但仍以用于分析第一性生产即作物测产方面居多。

经济属性也是现代农业生产的本质属性。所以用系统经济效益作为衡量农业生产力的指标也是一种常见做法。但是这个指标毕竟是间接的，而且市场价格具有极大的不稳定性、盲目性、短期性和时间或者地域的局限性。因此，比较起来，20 世纪八九十年代进行的各种综合指标评定法，学界称之为“农业综合生产力”的测算，要更精确可靠一些(吕兵甲等，1992；么永儒，1992)。这一时期，有关农业生产力的各种指标被创造出来。

综合上述各类分析方法，表征农业生产力的术语和概念非常庞杂，有产量、能量含量、可食用蛋白质含量；农业综合生产力(或者也称之为“农业系统生产力”，是使用模型、模拟以及指标表示的农产品产出能力)；农业经济生产力(是以货币表示的综合生产力)，等等。按照其概念内涵和外延的范围以及计量对象可以分为实物生产力、营养生产力、特征生产力、生态生产力、系统生产力等。

(一)实物生产力

实物生产力是分类别简单加和的以主要农业动、植物产品质量表示的农业生产力，现行官方通用的统计方法多属于这一类。

其优点是直观、应用广泛、易于计量和理解，主要缺点是计量的对象和方法最为原始，而且类别划分精细程度不能够统一，类别过细，例如细化到每一个品种，准确则失之于繁复；类别过粗，例如粮食、肉类等大门类包含的内容又千差万别，如欲简明则势必误差很大。

(二)营养生产力

营养生产力是以农产品某一种主有效成分含量表示的农业生产力，例如含能量、含蛋白量或者含纤维量等，单位由所选择主成分决定。

卢进登，韩纯儒(1993)提出的经济能(或称有效能)是一种典型的营养生产力，其意指单位面积上所有经济产品所含能量之和。

营养生产力直接计量农产品的有效成分，比实物生产力更接近于生产力的本质，而且使用单一的度量标准，能够将不同类别的产品统一起来。其不准确性来自两个方面，一是不同产品所含有效成分可能很不同，即使共属于相同的大类，依然存在细微差别(比如小麦的主有效成分是淀粉能量，花生是油脂能量；大豆是蛋白，而同为蛋白食品，大豆和鸡蛋存在极大差别)。一是同一有效成分在不同的消费者使用时有效性(消化率)也有差异。

(三)特征生产力

也称农业综合生产力，一般是以加权法为基础，根据需要定义一个农业生产系统的总指标，并给生产系统的每个组分定义一个分指标，再根据组分对目标功能的贡献份额给各个分指标相应的特征系数，最后将所有相关组分进行加权得到所定义的系统总指标值，以该指标作为特征值来表征的农业生产力即特征生产力。

分指标的计算方法千差万别。胡秉民等(1992)按照农产品生理、生产特点和功用提出了三级指标，并通过数学方法统一量纲和缩小极差，最后达到在统一指标下比较所有调查样本。Gordon R. Conway(1987)提出，农业生态系统综合生产力应用生产率、稳定性、持续性、均衡性几个动态的基本特性来量化描述。任继周、侯扶江(1999)提出的食物当量(FEU)概念，也是一种特征生产力。

经济生产力就是一种典型的特征生产力，其特征系数就是产品的价格。另有很多使用灰色系统分析比较农业生产系统，所定义的农业生产力，也属于特征生产力。还有一些特征生产力只提出若干并列的指标，并不用加权法或其他数学变换将其统一成单一综合指标的衡量体系。例如曾本徉(1991)提出了一套包括综合投入 Ee、有效产出 Ee、综合投入有效产出率 Rc、自然能量的经济利用率 RP、可食蛋白质产出量 Pr、系统生产力潜力系数 F 等在内的 6 个指标来衡量农业综合生产力。

特征生产力是一种间接标准，在用于比较相似农业生产系统时效果较好，而在大多数情况下，由于农业生产系统本身的复杂性，出于不同目的所定义的特征值也多种多样，特征生产力的应用往往受到时间和空间情景的限制。以经济生产力为例，由于市场价格具有极大的不稳定性、盲目性、短期性和时间地域性，因此，用产值来说明生产力也有相当的局限性。

(四)生态生产力

不仅计算农业生产的直接产出和服务能力，还考虑到农业生产系统保持自身生态健康能力与生产的生态代价的一种生产力。赵银卯(1994)、任继周(1995)都明确表达过农业生态生产力的思想,但是目前国际上尚没有较好的计算生态生产力的方法。董孝斌(2003)曾试图使用生态系统服务价值来估测农业生态生产力。生态生产力在生产力的计量对象上是最完整的,因为它不仅包括直接的目标产出,还包括间接的生态成本及中长期潜在的生态代价。

(五)系统生产力

以系统概念和系统学研究方法为基础,兼顾农业生产系统多组分的多功能效应以及生产力组分之间互作效应的整体生产力。任继周(1995,1998)提出的生态系统相悖与耦合理论,程序(2003)提出的农牧交错带农业生态系统生产力理论都是典型的系统生产力理论。应该说,迄今为止,系统生产力在计算方法上是最完整的,因为它不是一种简单的加和,而要考虑到系统互作效应。但也正因为如此,计算系统生产力的难度非常大。目前所见的属于系统生产力的计算方法只有卢进登,韩纯儒(1993)提出农业系统生产力(ASP)的量化方法,即农业系统生产力指数ASPI,其含义是每个劳力单位时间内在单位面积上生产出的能量总值与净产值的乘积。

综合来看,以上五大类农业生产力的计量方法中,成熟可用的主要都集中在计量农业直接产出的效用,即农业生产可以为人类提供多少直接或者间接的服务,尤其是食品服务上面。虽然生态生产力和系统生产力的一些思想也试图囊括农业生产的生态效益和系统特性,但基本尚未形成明确的概念,更不具备令人信服的测算方法。

二、农业生态系统功能与价值评价中的问题

与农业生态系统的基本属性的巨大变化不协调的是,我们在估测其状态、评价其功能、衡量其价值的方法上,存在概念界定模糊、方法落后等严重问题。多年来一直沿用的谷物产量、营养物质含量、含能量,以及经济效益和其他指标,都已经难以表现出当今农业生产的本质和综合价值。主要问题如下。

(一)农业生产功能评估不全面

农业生态系统的某些新功能与服务无法用传统的方法和指标衡量,如环境健康和生态服务的贡献、观赏休闲价值等。尽管某些功能,比如农田吸持温室气体的服务价值,已经在尝试用市场价值进行具体计算,但这种只着眼于主产品的测算也好,评估也好,都只能是挂一漏万,不能说明农业生态系统的综合功能与价值。

科学合理的农业生产力评估方法必须淡化直至摒弃主副产品的关系,进行本质上的、综合性的评估。对农业生产功能认识的深入挖掘必然导致主产品和副产品概念消失。第一,随着对副产品的开发利用,使副产品也具有了一定的经济和使用价值,甚至有些副产品的产值远超过主产品,进而转化成为生产的首要目标,使得主副产品位置关系颠倒;第二,从生态系统的观点看,大多数副产品可能没有经济价值,但是具有生态服务价值,无论是否被人类意识到,是否被有意识的应用,都具有一定的使用价值或者支持功能;第三,产品的功能在不停的开发之中,无论一个产品或者副产品多么有用,以其实际有用性来表示的价值并不一定是其最大价值,例如,在青贮玉米之前,玉米生产的目标就是玉米籽粒,秸秆毫无争议的成为

废弃物，而当畜牧业与种植业具有同等重要地位的时候，种植业生产的主要目标不再是过去的专为人生产口粮，还要为动物生产口粮，这时候秸秆就变得非常重要了，在很多地方的重要性远高于玉米籽粒。在这个变化中，就很难说清楚是玉米籽粒的功用还是秸秆的功用更能够标志其生产力，况且随着生产的发展，很可能未来玉米生产的最重要目标既不是籽粒，也不是秸秆，用现行的各种指标都难以说清。

(二)实际生产成本评估不完整

过去的核算主要是考虑人为投入，对生产过程中占用的自然资本部分没有进行统一核算。在意识上，第一，认为自然资本是免费的，无偿的，取之不尽用之不竭的，由此而发生了许多后来悔之晚矣的事情，比如全世界广泛存在的滥垦草原、乱开荒地、超采地下水等等。第二，太近视和窄视，只看得到当前的产出，看不到长远的利害；只看得见内部的得失，看不到外部的付出。

过去在技术上也存在一定的限制，也陆续有研究人员尝试计算自然资源成本，然而首先碰到的一个问题就是，各种投入的质和量差别很大，单位不一致，用传统的量纲根本无法进行计算。即便是社会投入内部，也不好进行统一的计算，比如，农药＋化肥，虽然农药和化肥在性质上有很多相近之处，但是二者不能相互替换或者转化，依然缺乏合适的单位把他们统一起来。

虽然可以用价格来进行统一计算：但是，且不管用货币表示的是否能揭示本质问题，当再加上自然资本的时候，就算考虑货币途径依然毫无办法，比如，雨水＋化肥，既不以笼统地使用质量单位，又没有其他可以折中的单位，折算成货币也变得不可能。

(三)产出结果衡量片面

一种生产往往导致环境的无序化，甚至是污染和破坏。这种无序化是目标产品的副产品，已经不可分割的与农业生产的目标产品捆绑在了一起，不过在量上有多少的不同。其中多数是有损于生态环境健康和人类福利的，有的还相当严重，甚至超过了目标产品的服务与价值。而在传统农业生产力概念和算法中，这部分影响大都没有计算，造成人们普遍只看到显性的目标产品，而对隐性的环境危害缺乏清醒认识，对生态健康的影响也熟视无睹。

(四)标准不统一难以比较

过去的衡量标准主要是针对某一项产品和服务的，或者某方面指标的，这就造成了评估结论的特定性和评估结果的不客观性。因为不同的情况有不同解释，则势必人多嘴杂，莫衷一是。最显而易见的是，由于衡量产出的单位不统一，不能说明性质不同的两个农业生态系统的差别，比如生产 100 t 牧草与生产 10 t 羊肉，究竟哪一个更优化一些，根本不能进行比较。这样，在面对一个变化的农业生态系统的时候，就不能够定量地说明变化前后孰优孰劣。

总之，由于仅考虑单项产出或者某些服务与功能，再加上衡量成本与产出的量纲不统一，导致对一系列问题认识不清：难以量化区别某个农业生态系统到底是否可持续发展，或者到底是为人类生产了福利，还是让人类支付了巨额的环境代价；也难以说明一个变革中的农业生态系统，其变革方向到底是进步的，还是退化的。

作为经济-自然-社会复合系统的农业生态系统，其内部各亚系统间以及其与外部经济、自然环境之间都存在错综复杂的能量流、物质流、货币流和信息流。分析系统的经济、生态、社会三大效益，筛选最佳的系统组织模式，是生态系统研究的根本任务。能值分析可以比较好地解释复合系统内不同系统间的能量、物质、价值等转化关系。我国北方农牧交错带农业生态系统生产力形成是一个复杂多变、交叉的能值形成与再分的过程。高旺盛(2001)提出农业生态系统生产力是由特定区域边界尺度下，由植物初级生产力(NPP)、动物次级生产力(SP)、农户经济生产力(FEP)以及生态系统服务生产力(ESP)四部分相互耦合形成的整体生产力。本章节依据此概念进行系统生产力的计算。开展基于能值理论和方法的农牧林复合系统第一性生产力、第二性生产力、经济生产力以及生态系统服务生产力分析及它们间的相互关系研究是较新的尝试。

三、典型农牧系统生产力的能值评估

(一)安塞县农业生态系统生产力的能值分析和评价

1. 安塞县基本情况

安塞县地处陕北黄土高原丘陵沟壑区，位于105°51′44″～109°26′18″E，36°22′40″～36°32′16″N，海拔997 ～1 731 m，总土地面积2 950.44 km^2。其地形复杂，梁峁连绵，沟壑纵横，全县水土流失面积2 832 km^2，占到总面积的96%，是黄河中游水土流失重点县之一，也是西北典型生态环境脆弱区。安塞县属暖温带半干旱气候区，年平均降水量530 mm左右，降水变率大(如图3-5-1)，分布不均匀，降雨集中在7、8、9月3个月。年平均蒸发量1 000 mm，无霜期160～180 d，年日照时数2 352～2 573 h，≥10℃积温2 866℃，年均气温8.9℃。土壤以黄绵土为主，约占总面积95%。境内植被较差，地上植被以蒿类(*Artemisia*)、白草(*Bothriochloaischaemam*)为主，灌木以蔷薇(*Rosaceae*)、胡枝子(*Lespedeza*)等居多，林木主要以天然次生林、人工林为主，森林覆盖率17.7%。安塞县代表了农牧交错带黄土母质区的典型。

2. 安塞县农业生态系统生产力的能值分析和评价

采用面上调查和农户访问相结合的方法，收集安塞县1990—2000年统计资料和其他相关资料，将各种物质能量的投入与产出换算成能值量进行分析(表3-5-1和表3-5-2)。

(1)安塞县的能值投入及其结构分析

①表3-5-3表明1990—2000年安塞县的总能值使用量有起伏变化，在1996年达到最高，主要是因为1996年降雨总量比较大，可更新环境能值投入较多所致。1990年和2000年的总能值用量除以它们的国民生产总值得其能值/货币比率分别为58.73×10^{12} sej/＄和8.14×10^{12} sej/＄，较高的能值/货币比率说明国民生产总值和货币的购买力低。

②在能值投入结构中，环境资源能值占总能值投入的比率在19.7%～34.9%，这说明安塞县利用了较多的无偿环境资源而无需付费，环境资源对安塞县经济发展的贡献较大。其中太阳能是重要的可更新环境资源。安塞县年太阳总辐射为494.55 cm^2，农业生产的主要季节光能资源丰富，植物光合作用的条件较好，雨热同季，为本地种植业的发展提供了能源基础。但是就不可更新资源能值使用来说，1990年要比2000年多71%，不可更新能值资

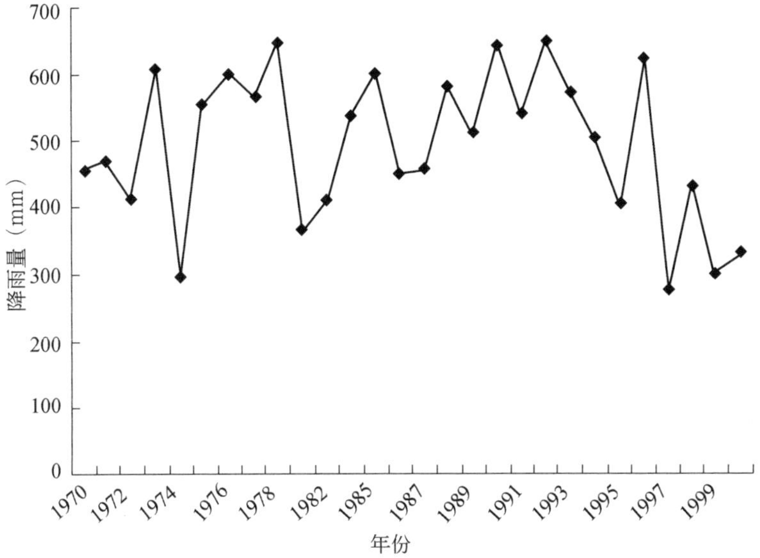

图 3-5-1 安塞县 1970—2000 年降雨量

源主要是表土层养分的流失，特别是近半个多世纪以来人口急剧增长和大面积开荒种粮，水土流失严重，该县年土壤侵蚀模数最高达 15 000 t/km²。从 1997 年开始逐步退耕还林草的工程后，植被有了较大程度的恢复，平均土壤侵蚀量已大大下降(平均 7 000 t/km²)。

③在近 11 年中，安塞县的不可更新工业辅助能值的使用基本呈增长趋势，2000 年工业辅助能值投入最多，比 1990 年增加 1.78 倍，增长最多的是柴油、电力、复合肥和农用机械，分别增加了 11.37 倍、4.52 倍、2.67 倍和 2.10 倍，但总体上说工业辅助能的投入(平均为 4.3%)还未超过能值总投入的 10%，而 1993 年广东省种植业系统这一比值已达 57%。电力是驱动社会经济发展的主要动力，电能能值占整个能值使用量的比例反映了一个国家或地区的生活水平和科技水平的高低。安塞县的计算表明该县电力能值占总能值投入的比例基本呈增加趋势，特别是 1998 年和 1999 年电力能值占总能值用量的比例超过了 1%，而广东省 1993 年则达到了 10%的水平，我国 1996 年这一比例为 9.6%，这说明西部生态环境脆弱地区农业生产的工业化程度还很低，因而资源的利用率和产出率均较低，因此加大工业辅助能值的投入才能更好地开发本地资源，提高社会经济能力。

④另外表 3-5-3 还表明 11 年中安塞县可更新的有机能使用占总能值投入的 60.4%～74.8%，而这其中人力投入占了 99.5%以上，占绝对优势，显然安塞县发展仍处于传统粗放农业阶段，这是由多方面原因造成的，安塞县的耕地坡度大，耕作强度需求大是一个重要原因。因此建设较高标准的基本农田(梯田)是实现较少人力投入而增加单产的重要途径，也是改善环境减少水土流失的重要举措。

表 3-5-1　安塞县能值投入($\times 10^{19}$ sej)

项目	能值转换率	年份										
		1990	1991	1992	1993	1994	1995	1996	1997	1998	1999	2000
太阳光	1 sej/J	1.45	1.45	1.45	1.45	1.45	1.45	1.45	1.45	1.45	1.45	1.45
风能	663 sej/J	3.89×10^{-4}	3.89×10^{-4}	3.89×10^{-4}	3.89×10^{-4}	3.89×10^{-4}	3.89×10^{-4}	3.89×10^{-4}	3.89×10^{-4}	3.89×10^{-4}	3.89×10^{-4}	3.89×10^{-4}
雨水化学能	15 444 sej/J	11.74	12.20	12.36	12.82	11.27	9.11	14.05	6.18	9.73	6.80	11.92
雨水势能	8 888 sej/J	18.31	19.02	19.29	20.00	17.69	14.22	21.95	9.69	15.20	10.58	18.67
可更新资源合计		18.31	19.02	19.29	20.00	17.69	14.22	21.95	9.69	15.20	10.58	18.67
表土层损失	62 500 sej/J	2.50	2.50	2.50	2.50	2.50	2.50	2.50	2.50	2.50	2.50	1.46
不可更新资源合计												
电力	1.59×10^{5} sej/J	0.092	0.092	0.10	0.23	0.13	0.15	0.17	0.53	0.69	0.65	0.60
柴油	66 000 sej/J	0.059	0.061	0.064	0.073	0.091	0.20	0.17	0.33	0.42	0.47	0.73
氮肥	4.62×10^{9} sej/g	0.59	0.56	0.71	0.41	0.54	0.45	0.64	0.62	0.79	0.61	0.65
磷肥	1.78×10^{10} sej/g	0.43	0.43	0.74	0.54	0.54	0.53	0.74	0.72	0.77	0.61	0.64
钾肥	2.96×10^{9} sej/g	0.044	0.009	0.020	0.016	0.047	0.035	0.14	0.070	0.15	0.13	0.14
农药	1.62×10^{9} sej/g	0.003	0.002 6	0.003 6	0.003 7	0.033	0.033	0.001	0.002 3	0.002 4	0.002 0	0.002
复合肥	2.80×10^{9} sej/g	0.06	0.084	0.118	0.119	0.171	0.146	0.232	0.210	0.270	0.215	0.28
农用机械	7.50×10^{7} sej/J	0.39	0.45	0.64	0.41	0.48	0.57	0.61	0.87	1.10	0.51	1.60
农膜	6.60×10^{4} sej/J	0.035	0.10	0.090	0.10	0.063	0.060	0.086	0.030	0.125	0.106	0.09
不可更新的工业辅助能合计		1.703	1.789	2.486	1.902	2.095	2.174	2.789	3.382	4.317	3.303	4.732
劳力	3.8×10^{6} sej/J	39.90	42.56	43.70	44.84	45.60	42.18	42.56	45.98	44.84	44.46	37.62
有机肥	2.7×10^{6} sej/g	0.048	0.047	0.052	0.052	0.053	0.055	0.060	0.059	0.119	0.017	0.02
畜力	1.46×10^{5} sej/J	0.168	0.159	0.166	0.134	0.153	0.178	0.169	0.183	0.102	0.089	0.09
种子	66 000 sej/J	0.075	0.055	0.072	0.067	0.066	0.084	0.104	0.092	0.121	0.111	0.14
可更新的有机能合计		40.19	42.82	43.99	45.09	45.87	42.50	42.89	46.31	45.18	44.68	37.87
总计		62.70	66.13	68.27	69.49	68.16	61.39	70.13	61.88	67.20	61.06	62.73

注:可更新资源合计是取可更新资源能值投入中数值最大的,不可更新资源合计在本研究中指表土层流失。以下同。

表 3-5-2　安塞县能值产出($\times 10^{19}$ sej)

项目	能值转换率 ($\times 10^4$ sej/J)	年份										
		1990	1991	1992	1993	1994	1995	1996	1997	1998	1999	2000
农产品		22.29	20.54	23.13	31.87	35.79	22.90	33.40	20.55	39.93	27.67	23.43
玉米	8.51	2.83	2.68	2.22	1.90	1.89	1.54	3.43	1.64	4.70	2.84	2.42
豆类	69	5.52	3.59	5.66	12.14	14.77	6.41	7.80	2.69	11.39	6.56	3.38
薯类	0.27	0.003 2	0.002 7	0.007 3	0.008 1	0.007 0	0.008 9	0.021	0.008 4	0.018	0.016 5	0.03
谷子	3.59	0.95	0.61	0.69	1.02	1.00	0.30	0.63	0.16	0.81	0.41	0.17
其他粮食作物	8.00	1.06	1.37	1.45	1.66	1.26	1.14	1.48	1.43	1.82	1.02	0.93
油料	69	3.52	4.00	4.28	4.69	5.87	2.62	7.25	3.80	7.25	3.31	2.14
秸秆	2.7	2.27	1.95	2.18	2.74	2.95	1.57	2.81	1.49	3.01	2.07	1.60
饲草	2.15	5.35	5.35	5.35	5.35	5.35	5.35	5.35	5.35	5.35	5.47	6.00
蔬菜及瓜类	2.7	0.043	0.038	0.027	0.032	0.043	0.043	0.070	0.059	0.038	0.038	0.13
水果	53	0.74	0.85	1.27	2.33	2.65	3.92	4.56	3.92	5.54	5.94	6.63
林产品												
木材	3.49	0.073	0.059	0.028	0.010	0.021	0.017	0.007	0.007	—	—	—
畜产品		6.75	9.77	11.47	12.21	12.46	13.36	14.31	15.34	15.12	17.86	15.73
猪牛羊肉	200.00	4.00	7.40	8.80	9.60	9.80	10.60	11.20	12.60	12.60	15.20	13.20
蛋类	171.00	0.85	1.09	1.13	1.11	1.30	1.35	1.39	1.42	1.20	1.30	2.05
毛类	440.00	1.89	1.28	1.54	1.50	1.36	1.41	1.72	1.32	1.32	1.36	0.48
总计		29.11	30.27	34.63	44.09	48.27	36.28	47.72	35.90	55.05	45.53	39.16

注:1998 年退耕后,木材没有售出,因此不计。

表 3-5-3 安塞县农业生态经济系统能值分析的主要指标和数值(1990—2000 年)

	年份										
	1990	1991	1992	1993	1994	1995	1996	1997	1998	1999	2000
可更新环境资源 R($\times 10^{19}$ sej)	18.31	19.02	19.29	20.00	17.69	14.22	21.95	9.69	15.20	10.58	18.67
不可更新环境资源 N($\times 10^{19}$ sej)	2.50	2.50	2.50	2.50	2.50	2.50	2.50	2.50	2.50	2.50	1.46
环境资源总投入 I($\times 10^{19}$ sej)	20.81	21.52	21.79	22.50	20.19	16.72	24.45	12.19	17.70	13.08	20.13
不可更新的工业辅助能 F($\times 10^{19}$ sej)	1.703	1.789	2.486	1.902	2.095	2.174	2.789	3.382	4.317	3.303	4.732
可更新的有机能 R_1($\times 10^{19}$ sej)	40.19	42.82	43.99	45.09	45.87	42.50	42.89	46.31	45.18	44.68	37.87
总辅助能投入 U($\times 10^{19}$ sej)	41.89	44.61	46.48	46.99	47.97	44.67	45.68	49.69	49.50	47.98	42.60
总能值投入 T($\times 10^{19}$ sej)	62.70	66.13	68.27	69.49	68.16	61.39	70.13	61.88	67.20	61.06	62.73
农产品($\times 10^{19}$ sej)	22.29	20.54	23.13	31.87	35.79	22.90	33.40	20.55	39.93	27.67	23.43
林产品($\times 10^{19}$ sej)	0.073	0.059	0.028	0.010	0.021	0.017	0.007	0.007	—	—	—
畜产品($\times 10^{19}$ sej)	6.75	9.77	11.47	12.21	12.46	13.36	14.31	15.34	15.12	17.86	15.73
总能值产出 Y($\times 10^{19}$ sej)	29.11	30.37	34.63	44.09	48.27	36.28	47.72	35.90	55.05	45.53	39.16
环境资源能值/总投入能值(%)	33.19	32.54	31.92	32.38	29.62	27.24	34.86	19.70	26.34	21.42	32.09
可更新环境能值/环境总能值(%)	87.99	88.38	88.53	88.89	87.62	85.05	89.78	79.49	85.88	80.89	92.75
不可更新环境能值/总投入能值(%)	3.99	3.78	3.80	3.60	3.67	4.07	3.56	4.04	3.72	4.09	2.32
工业辅助能值/总投入能值(%)	2.72	2.71	3.64	2.74	3.07	3.54	3.98	5.47	6.42	5.41	7.54
有机能值/总投入能值(%)	64.10	64.75	64.44	64.89	67.30	69.23	61.16	74.84	67.23	73.17	60.37
工业辅助能值/总辅助能值(%)	4.07	4.014	5.35	4.05	4.37	4.87	6.11	6.81	8.72	6.88	11.11
净能值产出率	0.69	0.68	0.75	0.94	1.00	0.81	1.04	0.72	1.11	0.95	0.92
环境承载力	2.24	2.48	2.54	2.47	2.85	3.32	2.19	5.39	3.42	4.77	2.36
人均能值($\times 10^{19}$ sej)	4.24	4.41	4.54	4.63	4.56	4.13	4.63	4.09	4.44	4.03	4.11
总能值投入产出比	0.46	0.46	0.51	0.63	0.71	0.59	0.68	0.58	0.82	0.75	0.62
能值可持续性指数	0.29	0.27	0.28	0.38	0.35	0.24	0.47	0.13	0.32	0.20	0.39

注:$U=F+R_1$;$I=R+N$;$T=I+U$。

(2)安塞县系统生产力的能值分析　安塞县的产出能值由农林畜产品能值构成,2000年总产出能值比1990年多34.5%。表3-5-2表明在各年份由粮油菜组成的农产品的产出能值都是最高的,其占总能值产出的范围是57.2%～76.6%(图3-5-2),在11年中,农产品的产出能值基本呈不稳定增加趋势,1998年增加最多,近几年增加放缓,2000年农产品产出能值比1990年增长5%;其次是畜产品,其占总能值产出的比例为23.2%～42.7%,可见农产品虽然仍是能值产出的主要部分但其主导地位有所下降,而畜产品的地位呈上升趋势。

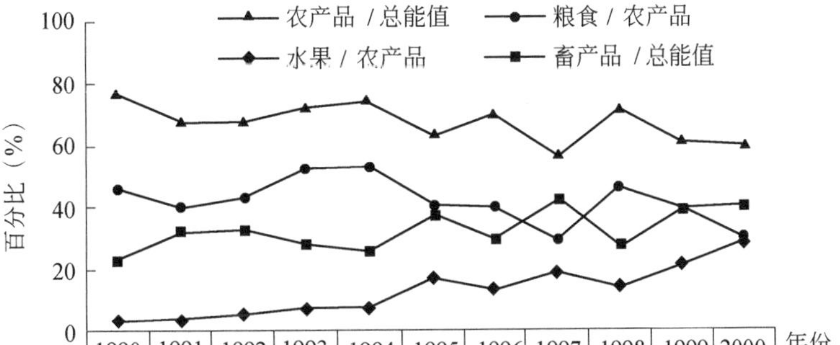

	1990	1991	1992	1993	1994	1995	1996	1997	1998	1999	2000
▲农产品 / 总能值	76.6	67.6	66.8	72.3	74.1	63.1	70	57.2	72.5	60.7	59.8
●粮食 / 农产品	46.5	40.2	43.4	52.5	52.9	41	40	28.8	46.9	39.2	29.6
◆水果 / 农产品	3.3	4.1	5.5	7.3	7.4	17.1	13.7	19.1	13.9	21.5	28.3
■畜产品 / 总能值	23.2	32.3	33.1	27.6	25.8	36.8	29.9	42.7	27.5	39.2	40.2

图3-5-2　安塞县产品能值含量变化

①初级生产力分析:安塞县农业生态系统的初级生产包括农田、草地和林地。在农田初级生产中粮食的产出能值占农产品产出能值的比例变化为28.8%～52.9%,其中1994年达最大值,1997年为最小值。而总的趋势表明粮食在农产品的产出中有较大的波动,1998年后呈比较明显的直线下降,反映出在国家进行退耕还林草后粮食生产的比例在逐渐减少,另外统计资料表明2000年耕地面积比1997年减少了1 287 hm^2,其中粮食作物占耕地总面积减少了8%。该县新中国成立以来到现在粮食作物的单产水平有大幅度提高,1949年单产为412 kg/hm^2,而1978年为1 048 kg/hm^2,1985年为1 470 kg/hm^2,1991年粮食作物平均单产为1 719 kg/hm^2,而2000年的数值为1 888 kg/hm^2,比上述年份分别增加了358%、80%、28%、9.8%。

安塞县初级生产的粮油产品中豆类的产出太阳能值最高,在1990年和2000年分别占粮油总能值产出的40%和37%,其次是玉米和油料作物。它们三种占到各自粮油总产出能值的85%～88%。虽然2000年的豆类产出能值有所降低,但它仍是本地的优势、特色农产品,也是农民种植业收入的最主要部分。

初级生产产品中,林果的产出能值增加较快,特别是果品(主要是苹果)的产出由1990年的不到4%增加到2000年的28.3%,实际增加了7.9倍(表3-5-2,图3-5-2)。在1994—1997年间水果面积和产量一度扩大,成为农民致富的主要途径。然而长期以来隐藏的管理粗放,品种单一导致了近几年的品质差,商品率低的现象。这也反映了信息落后缺乏科学指导而导致生产的盲目性,生产的持续能力差。因此,今后进一步加强统一规划,合理布局,调整栽培品种则成为重振果品这一当地优势产业的必要措施。

蔬菜及瓜类的产出能值占总产出能值的比重很低，但产出量基本呈增长的趋势，2000年比1990年增加了202％。特别是蔬菜，其实际产量2000年(15 536 t)是1990年(2 540 t)的6.1倍，其产值占农业产值的比例分别是10％和2％。2000年该县已有日光温室大棚蔬菜951 hm^2，蔬菜的种植需要大量的人力能投入，是适合在川地上发展的一个产业，如合理安排好茬口，提高管理水平，积极开拓市场应该能够成为经济增长的亮点。

另外值得注意的是安塞县秸秆和牧草的产出能值分别占1990年和2000年初级生产的34％和32％，其中牧草的产出能值增加了12％，主要是人工草场种植面积的大幅度增加所致。该县2000年人工种草1.33 hm^2(20万亩)，是1999年以前种草面积的10倍。而粮油产品的种植面积减少带来的秸秆的产出能值有所降低，但仍然占了农产品产出能值的7％，有一定的资源生产潜力。

②次级生产力分析：安塞县的次级生产由肉、蛋和毛类构成。从图3-5-2可知，近11年来安塞县畜产品产出能值占总能值产出的比例的变化为23.2％～42.7％，1997年这一比例达最大值，这与开始退耕的时间是吻合的。安塞县1990年和2000年次级生产的能值分别占总能值产出的23％和40％，2000年次级生产产品的能值比1990年增加了133％，其中主要是肉类能值生产的增加。另据推算该县1990年草场能值资源可以养活223 939个羊单位(按每个羊单位需0.68 t天然草或0.46 t人工草计)，其中天然草场的贡献率达90％，而实际有羊单位数418 231个，超载87％，平均1个羊单位需1.44×10^{14} sej的能值投入。这说明由于人工草场的低数量和质量，致使天然草场承受了巨大的压力；即使加上秸秆的能值也只能养活303 823个羊单位(按平均0.73 t秸秆养活一个羊单位计)，仍然超载达114 408个，超载率38％。相反地，2000年该县草场能值资源可以养活423 504个羊单位，若加上秸秆可以承载479 811个，而实际有羊单位数223 422个，理论载畜量远大于现实载畜量。可见该县的初级生产与次级生产并未协调，从超载过牧到牧业萎缩，都表现出资源的利用和能值的流动不合理。再从次级生产内部结构计算得出，2000年在畜牧业生产中，山羊和绵羊的羊单位仅有13 735个，耗粮较大的猪则占101 044个羊单位，占总数的45％，而在1990年中这一比例为13％，以上数字表明安塞县的畜牧业结构不合理。

图3-5-3反映了11年中安塞县农畜产品能值的变化。可以看出，农产品与畜产品能值产出的变化曲线不一致。畜产品产出能值基本呈平缓增加的趋势，而农产品产出能值起伏波动大，特别是经过1990—1994年的增长后开始大幅度振荡式发展，表明种植业系统产出的稳定性要小于畜牧业。

③农牧系统能值耦合度分析：在农牧交错区，种植业与畜牧业是两个相互关联的子系统，为了进一步分析系统内农牧业之间的协调关系，根据能值分析理论，我们探讨性地提出系统耦合度的概念。其定义为在特定区域的生态系统内循环条件下，农牧系统内的有效能值利用率和单位低质能产品转化成的高质能产品率的乘积，具体公式为：

$$\text{系统耦合度}=\frac{\text{畜产品总能值}}{\text{粮食产出能值}\times\text{利用系数}+\text{牧草和秸秆能值}}\times\frac{\text{高质能产品能值}}{\text{低质能产品能值}}$$

其中，根据当地调查结果和统计资料结合，我们取粮食能值的畜牧业利用系数为15％。

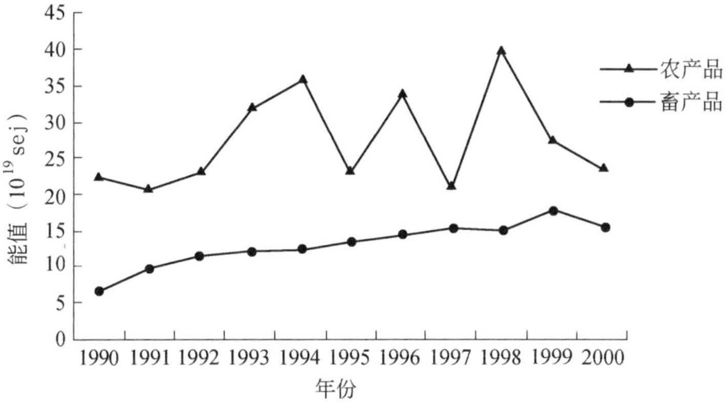

图 3-5-3 安塞县农畜产品能值变化

高质能产品为草食动物牛、羊的肉和毛类，低质能产品为秸秆和牧草。

系统耦合度中的前一部分反映了种植业与畜牧业子系统之间的总有效能值的利用率，后一部分则反映了畜牧业内部的品种结构合理性，因为在当地生态系统中，理想的农牧转化模式是将低质能的初级产品通过草食家畜转换为高质能的次级产品。

关于系统耦合度的大小，我们认为从经济学的角度讲，高效的农牧业系统其牧业产值与农业产值的比大于 1，同样，从生态学的角度，高效的农牧业系统其畜产品的产出能值与种植业产出的能值比例也应大于 1，因此，我们认为比值 1 可以作为衡量系统耦合效果的基本标准。但该指标并不是越大越好，还要考虑初级产品能值与次级生产规模的草畜平衡问题。理论上讲，在草畜基本平衡的范围内，此值越大，说明农牧子系统之间的耦合程度相对越好。

根据以上分析，将安塞县的农牧系统能值耦合度计算如表 3-5-4 所示。

表 3-5-4 安塞县农牧系统耦合度变化

	年份											
	1990	1991	1992	1993	1994	1995	1996	1997	1998	1999	2000	平均
系统耦合度	0.24	0.43	0.60	0.44	0.39	0.73	0.60	1.19	0.60	1.67	0.36	0.66
高质能/低质能	0.35	0.40	0.51	0.44	0.38	0.48	0.48	0.64	0.49	0.90	0.20	0.48
农牧系统有效能值利用率	0.65	1.07	1.19	1.08	1.04	1.53	1.27	1.85	1.23	1.85	1.76	1.09

由表 3-5-4 分析可见：

(a)安塞县 1990—2000 年，农牧业系统之间的协调性程度有渐好的趋势，但农牧业系统能值耦合度大于 1 的年份仅 2 年，占 2/11，平均值为 0.66，总体上依然处于农牧失调的阶段。

(b)尽管农牧子系统之间的总有效能值利用率平均值为 1.09，但低质能到高质能间的转化率平均仅为 0.48，反映了该地区畜牧业内部品种结构不合理性，制约了农牧系统耦合度的提高。

统计资料表明，安塞县 1990—2000 年猪肉产出量占总肉类生产的平均值为 58.9%，证实了这一点。随着国家退耕还林草的进一步实施，发展舍饲养殖是必然之路，因此增加人工草场的建设，合理利用秸秆，以草养畜，以草促畜，以草定畜应该成为今后安塞县畜牧业发展的方向。这也是农牧交错带普遍适用的原则和生产方式，这对于经济和环境的协同发展意义重大。

④安塞县生态系统服务的能值分析：生态系统服务是生态系统的特殊且重要的功能，生态系统为人类生存发展和环境保护提供了巨大的服务价值。本研究估算出安塞县2000年的农业生态系统服务价值为3 169 870.46万元，比1990年增加了135 044.9万元，相当于安塞县1990年国民生产总值的15倍(表3-5-5)。通过对安塞县的分析，笔者认为在生态环境脆弱的农牧交错带进行生态系统服务的研究是必要的。把它作为系统生产力研究的重要部分有现实的意义，打破了长期以来缺乏对该地带生态环境效益定量评价研究的历史，对我们正确认识退耕还林还草有着积极的理论意义，也将是评价系统生产力水平的重要标准。

表3-5-5　安塞县生态系统服务功能价值变化

价值类别	价值量(万元)		占总量的百分数(%)	
	1990	2000	1990	2000
产品服务价值	3 732.36	18 505.66	0.12	0.58
土壤保持价值	22 223.60	25 824.60	0.73	0.81
涵养水分价值	133 720.03	139 136.26	4.41	4.39
固定CO_2价值	52 211.94	56 416.53	1.72	1.78
O_2释放价值	70 463.67	76 094.79	2.32	2.40
营养循环价值	2 749 026.48	2 848 141.82	90.58	89.85
净化环境价值	3 447.48	5 750.80	0.12	0.18
总价值	3 034 825.56	3 169 870.46	100	100

注：具体计算方法见第四章相关内容。

由于固定CO_2和释放O_2的价值以及净化环境的价值很小也难于用能值计算，我们仅计算它的土壤保持、维持营养物质循环、涵养水源的能值。那么安塞县1990年和2000年生态系统服务产生的能值总和分别为352.39×10^{20} sej和367.31×10^{20} sej，分别是其产品产出总能值的121倍和90倍(表3-5-6)。生态系统服务产生的能值中维持营养物质循环的能值依然都占了绝大部分比重，而土壤保持能值增加了56%，说明随着生态环境的治理，保持土壤的功能在增强，整个生态系统为农牧林经济生产力提供了巨大的服务价值和环境能值储备，抵抗灾害的能力在逐渐增加，水土流失量的降低则是最好的例证。

表3-5-6　安塞县生态系统服务的能值量

项　目	太阳能值($\times10^{20}$ sej)		百分含量(%)	
	1990	2000	1990	2000
土壤保持能值	4.25	6.62	1.21	1.80
维持营养物质循环能值	346.43	358.91	98.31	97.72
涵养水源能值	1.71	1.78	0.48	0.48
总计	352.39	367.31	100	100

⑤安塞县农户经济生产力：农户经济生产力的形成是农业生态系统功能加强的最直接也是最重要的体现，它是系统初级生产能值、次级生产能值经过市场或加工系统转化后为农户所形成的经济价值或经济收入。然而在以往能值分析中并没有反映农户经济生产力的能值指标，在此我们尝试用人均能值占有量、人均农林畜产品的能值量来反映农户的经济生产力水平。人均能值指标是一个比人均货币量更为客观、真实地反映一个地区居民生活标准的指标。因为个人拥有的真正财富除了可由货币体现的经济价值外，还包括没有被市场货币量化的自然环境无偿提供的能值、与他人物质交换而未参与任何货币流的能值等。这项指标和能值功率密度一样可以用来反映资源、财富和商品等真正财富的可利用程度，并不用来作为反映社会学意义上的生活质量标准(如低犯罪率、较高的文化水平等)。

在能值分析中，人均能值使用量可以判断居民生活水平的高低，人均能值使用量越高，表示该国(区域)人民的生活水平越高。安塞县 1990 年和 2000 年人均能值占有量分别为 4.24×10^{15} sej 和 4.11×10^{15} sej，(安塞县 2000 年人口比 1990 年增长了 3.2%，总能值使用仅增加了不到 0.05%，远低于人口的增长，因此造成了实际人均能值占有量的降低)低于全国 1996 年平均水平(4.38×10^{15} sej)，更低于美国 1983 年的 29.25×10^{15} sej 的水平，说明人民生活水平比较低，该县仍处于欠发达的传统农业阶段，为促进其经济发展还应进一步增加能值投入，特别是工业辅助能的投入以提高生产效率，还应严格控制人口增长。人均农林畜产品的能值拥有量 1990 年和 2000 年分别为 1.97×10^{15} sej 和 2.56×10^{15} sej，达到了全国 1995 年平均人均农林牧产品的能值(2.0×10^{15} sej)水平，2000 年比 1999 年增加了 30%。若把 2000 年和 1990 年人均能值拥有量折算成宏观经济价值的话，分别为 278.41 元和 2 610.32 元，增加 8.4 倍。而实际统计的人均纯收入分别为 320 元和 1 753 元，增加 4.3 倍，相差 4 倍之多。人均宏观经济价值的增幅大，说明有相当一部分潜在的能值未能转化成市场价值，这也说明常规的经济核算方法忽略了对经济有相当贡献的环境部分。

⑥安塞县生态经济系统的能值评价指标的变化态势总体评价

(a)净能值产出率：为产出能值与投入的购买能值和来自经济过程的反馈能值的比值。反馈能值来自人类社会经济包括燃料和各种生产资料和人类劳务。如果生产过程产出的能值大于自经济系统投入的能值，则此能源的净产量为正值或其净能值产出率大于 1。净能值产出率是评价基本能源利用的指标，它也可以用来说明经济生产利用能源的效率，表示经济活动的竞争力。净能值产出率越高说明经济效益愈好。安塞县的农业的净能值产出率的变化为 0.69～1.11(表 3-5-3)，平均值为 0.87，低于发达地区广东省 1997 年水平(1.28)，也低于日本(1990 年为 1.08)和意大利(1989 年为 1.12)，这主要是因为投入了大量的回报率小的人力有机能值而使用的购买能值相对很低，因而系统比较效益低下，缺乏市场的竞争力。因此今后提高劳动效率，投入人力能于高附加值的产业是增加产品竞争能力的有效措施。

(b)环境承载力：环境承载力是指经济投入能值加上不可更新资源能值与可更新资源能值的比率。较高的环境承载力说明科技发展水平较高，同时环境所承受的压力也较大。安塞县的农业系统的环境承载力的变化为 2.19～5.39，平均值为 3.11，高于海南省 2.44(1994 年)，而低于广东省的 7.14(1997)和高外部能值投入的日本(1990 年为 14.49)和意大利(1989 年为 10.43)。一方面说明了其经济生产对环境的压力较大,同时与发达地区相比,其科技发展水平还很低,对可更新资源的利用率也较低。

(c)单位国土面积生产力:是指某一区域经济活动过程中生产的产品总量价值与国土面积的比值,是一项综合反映单位国土面积能值产出功率的指标。单位面积国土生产力指标表明了能值密度的空间等级,工业化国家或区域的能值密度很高,而一些具有非集约的,带有浓厚农村经济特点的国家或地区的值较低。安塞县 1990—2000 年的单位国土面积生产力的变化为 $0.99\times10^{17}\sim1.87\times10^{17}$ sej/km²,基本呈增加趋势,平均为 1.35×10^{17} sej/km²,全国 1995 年平均为 2.50×10^{17} sej/km²,上海为 25.4×10^{17} sej/km²,陕西省为 2.13×10^{17} sej/km²,这说明安塞县的土地生产力水平低,低于全省和全国平均水平,远低于上海等发达地区,仍属于非集约的农业地区。

(d)人口承载力评估:在目前生活水平标准下的可更新资源的人口承载量(可更新资源能值除以总能值和现在的人口数的比值)的下限(本文仅计算可更新资源人口承载力的下限是因为该地区生态环境脆弱,下同)为 45 447 人,而 2000 年全县人口为 152 700 人,是可更新资源的人口承载量下限的 3 倍多。这是农牧交错带等生态环境脆弱区普遍存在的事实。因此控制人口增长,提高人口素质依然是今后一定时期内的艰巨任务。

(e)基于能值的产投比(EIO):笔者定义为总产出能值与总投入能值的比,比值越大说明能值利用效率越高。以能值表示的投入产出比 1990 年和 2000 年分别为 0.46 和 0.62(图 3-5-4),表明与 1990 年代初比安塞县近些年的能值产投比是增加的,说明能值的利用效率在提高,但 11 年中的能值产投比值均小于 11,说明能值产出是建立在巨大的能值投入基础上的,总体上仍处于低效运行阶段。

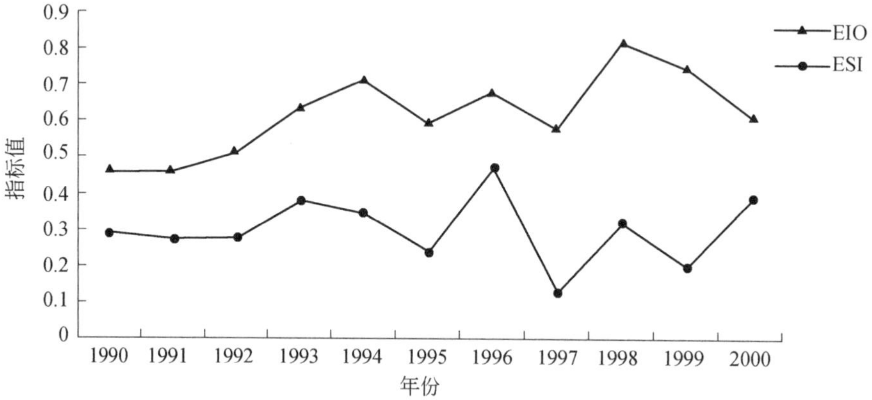

图 3-5-4 安塞县能值指标变化

(f)基于能值分析的可持续发展指数(ESI):是系统能值产出率与环境负载率(环境承载力)之比。如果一个国家或地区的经济系统能值产出率高而环境负载率又相对较低,则它是可持续的。但并不是其比值越大,可持续性越高。安塞县的结果表明(图 3-5-4)安塞近 10 年的农业生态经济系统的运行处于不稳定的发展水平,持续发展的能力较弱。

图 3-5-4 反映了安塞县能值投入产出比值和能值可持续发展指数的变化。从图 3-5-4

可以看出，这两个指标反映的总趋势是基本一致的。该县1990—1994年能值投入产出比和能值可持续发展指数基本上是上升的，但从1995年开始，它们开始比较大的振荡，特别是能值可持续发展指数，到1996年和1999年又出现低于1990年的情况，反映出系统的发展波动性大，而能值投入产出比虽有起伏但与1990年比呈增加趋势，笔者认为考虑了环境承载力的能值可持续发展指数更真实地反映了系统生产发展的状况。

通过对安塞县农业生态系统的生产力分析，我们认为近10多年来安塞县的初级生产水平有所增加，特别是蔬菜和林果的能值产出有极大增加，这表明产品结构的改变对初级生产的能值产出贡献大；次级生产的能值增幅较大，但次级生产的结构不合理，初级生产的低质能产品不能形成相应的次级产品，农牧耦合效应不明显；人均能值拥有量增加平缓；与它们相比，生态系统服务功能大大增强，为初级生产和次级生产提供了巨大的服务价值和能值储备。

(二)武川县农业生态系统生产力的能值分析与评价

1. 研究区概况

内蒙古武川县地处大青山北麓，地理位置N 40°47′～41°23′，E 110°30′～111°32′，总土地面积4 885 km^2。地势较高，最高海拔2 327 m，一般在1 700 m左右。年平均气温2.4℃，≥10℃的有效积温2 000℃。年平均降雨量343 mm，且分布不均，主要集中在7～9月。年蒸发量2 178.9 mm，属半干旱大陆性气候，年日照时数2 689.1～3 090.5 h，历年平均2 958.7 h，无霜期95 d。土壤以栗钙土为主，主要养分的有效含量均明显偏低，全县土壤有机质平均为1.72%，全氮平均为0.119%。形成了退化干草原和次生林为主的林草植被，森林覆盖率11%。主要气候特点是寒冷、干燥、多风、少雨、昼夜温差大，有效积温低，生长季短。水土流失和风蚀面积占总面积的90%，由于地处内陆，交通和信息闭塞，社会经济发展滞后，曾被列入国家级贫困县。

2. 武川县农业生态系统生产力的能值分析和评价

武川县农业生态系统能值投入、能值产出和主要能值指标见表3-5-7、表3-5-8和表3-5-9。

表3-5-7 武川县能值投入($\times 10^{19}$ sej)

项目	太阳能值转换率(sej/J或sej/g)	年份				
		1990	1997	1999	2000	2001
太阳光	1	2.79	2.79	2.79	2.79	2.79
风能	663	0.001 1	0.001 1	0.001 1	0.001 1	0.001 7
雨水化学能	15 444	12.66	12.36	8.80	13.44	10.04
雨水势能	8 888	24.53	23.11	17.06	26.04	19.38
可更新资源合计		24.53	23.11	17.06	26.04	19.38
表土层损失	62 500	18.38	18.38	18.38	18.38	18.38

续表 3-5-7

项目	太阳能值转换率(sej/J 或 sej/g)	年份				
		1990	1997	1999	2000	2001
不可更新资源合计						
电力	1.59×10^5	0.15	0.24	0.25	0.27	0.28
柴油	66 000	0.30	0.59	0.94	0.94	0.94
氮肥	4.62×10^9 sej/g	0.13	1.04	1.72	2.43	2.23
磷肥	1.78×10^{10} sej/g	0.06	0.36	0.50	0.15	0.19
钾肥	2.96×10^9 sej/g	—	—	—	0.081	0.026
农药	1.62×10^9 sej/g	0.005	0.004	0.005	0.008	0.006
复合肥	2.80×10^9 sej/g	0.27	0.35	0.59	0.59	0.61
农用机械	7.50×10^7	2.21	2.82	4.25	4.74	5.05
农膜	6.60×10^4	0.031	0.042	0.068	0.097	0.094
工业辅助能合计		3.156	5.446	8.323	9.306	9.426
劳力	3.8×10^6	43.70	64.60	64.98	56.62	56.24
有机肥	2.7×10^6 sej/g	0.021	0.019	0.038	0.050	0.045
畜力	1.46×10^5	0.13	0.082	0.066	0.082	0.096
种子	66 000	0.93	1.92	2.61	3.50	2.81
可更新的有机能合计		44.78	66.621	67.694	60.252	59.191
合计		90.85	113.56	111.46	113.98	106.38

表 3-5-8 武川县能值产出($\times10^{19}$ sej)

项目	太阳能值转换率($\times10^4$ sej/J)	年份				
		1990	1997	1999	2000	2001
农产品		31.09	34.195	28.919	35.618	22.33
小麦	6.80	4.50	4.50	1.98	2.38	0.68
玉米	8.51	0.17	0.33	0.69	0.86	0.32
豆类	69	8.45	4.20	1.28	5.12	1.88
薯类	0.27	0.021	0.069	0.082	0.11	0.066
谷子	3.59	0.006	0.007	0.001 4	0.001 7	0.001 8
莜麦	8.0	1.48	0.86	0.26	0.57	0.14
黍子	8.0	0.022	0.014	0.024	0.050	0.051
荞麦	8.0	0.51	0.24	0.049	0.32	0.20
油料	69	6.44	13.81	16.11	15.64	9.72
秸秆	2.7	3.32	3.87	2.30	3.31	2.40
饲草	2.15	6.15	6.21	6.06	7.14	6.77
蔬菜及瓜类	2.7	0.017	0.073	0.069	0.092	0.084

续表 3-5-8

项目	太阳能值转换率（×10^4 sej/J）	年份				
		1990	1997	1999	2000	2001
水果	53	0.004	0.012	0.014	0.024	0.017
畜产品		18.092	22.88	27.27	29.27	27.63
猪牛羊肉	200.00	7.82	14.80	16.90	19.98	18.38
奶类	170.00	0.032	0.49	0.37	0.19	0.29
蛋类	171.00	1.09	1.57	4.63	4.31	3.86
毛类	440.00	9.15	6.02	5.37	4.79	5.10
总计		49.182	57.075	56.189	64.898	49.96

表 3-5-9　武川县农业生态经济系统的主要能值指标

项目	年份				
	1990	1997	1999	2000	2001
可更新环境资源（$\times10^{19}$ sej）	24.53	23.11	17.06	26.04	19.38
不可更新环境资源（$\times10^{19}$ sej）	18.38	18.38	18.38	18.38	18.38
环境资源总投入（$\times10^{19}$ sej）	42.91	41.49	35.42	44.42	37.76
不可更新的工业辅助能（$\times10^{19}$ sej）	3.156	5.446	8.323	9.306	9.426
可更新的有机能（$\times10^{19}$ sej）	44.78	66.621	67.694	60.252	59.191
总辅助能投入（$\times10^{19}$ sej）	47.94	72.067	76.017	69.588	68.617
总能值投入（$\times10^{19}$ sej）	90.85	113.56	111.46	113.98	106.38
农产品（$\times10^{19}$ sej）	31.09	34.195	28.919	35.618	22.33
畜产品（$\times10^{19}$ sej）	18.092	22.88	27.27	29.27	27.63
总能值产出（$\times10^{19}$ sej）	49.182	57.075	56.189	64.898	49.96
环境资源能值/总投入能值（%）	47.23	36.54	31.78	38.97	35.50
可更新环境能值/环境总能值（%）	57.17	55.70	48.16	58.75	51.32
不可更新环境能值/总投入能值（%）	20.23	16.19	16.49	16.13	17.28
工业辅助能值/总投入能值（%）	3.47	4.80	7.47	8.16	8.86
有机能值/总投入能值（%）	49.29	58.67	60.73	52.86	55.64
工业辅助能值/总辅助能值（%）	6.58	7.56	10.95	13.37	13.74
净能值产出率	1.03	0.79	0.74	0.93	0.73
能值投入率（倍）	1.12	1.74	2.15	1.57	1.82
环境承载力	2.71	3.91	5.53	3.38	4.49
人均能值（$\times10^{15}$ sej）	5.40	6.63	6.48	6.66	6.21
能值产投比	0.54	0.50	0.50	0.57	0.47
能值可持续性指数	0.38	0.20	0.13	0.28	0.16

(1) 武川县能值投入及其结构分析

①表 3-5-7 表明近 10 年来武川县的能值投入呈增加趋势。2001 年的总能值投入比 1990 年增加 17%，2000 年则增加了 25%，主要是由于可更新的有机能和工业辅助能增加所致。1990—2001 年能值/货币比率分别为 5.87×10^{13} sej/＄、1.73×10^{13} sej/＄、1.44×10^{13} sej/＄、1.27×10^{13} sej/＄和 1.15×10^{13} sej/＄，能值/货币比率在降低说明经济的发展水平在增加，能值的货币购买力在增强。在能值投入结构中，环境资源的能值占总能值投入为 32%～47%，说明环境资源依然是构成系统生产力的不可忽视的重要内容。该县光能资源丰富，作物生长季日照时间长，利用潜力大。然而不可忽视的是该县风蚀、水蚀量也较高，特别是风蚀，已经成为影响当地和北京等地区生态环境的重要因素。

②从表 3-5-7 中看出，武川县 10 多年来特别是 1997 年后工业辅助能显著增加，2001 年工业辅助能值增加最多，是 1990 年工业辅助能值投入的约 3 倍。电力能值占总工业辅助能值的比例呈增长趋势，但 2000 年仅为 3%，远低于全国 1995 年和广东省的水平(10%)，说明工业化程度低。工业辅助能中增加最多的是氮肥，达 17.7 倍。武川县土壤含全氮量为 0.05%～0.18%，平均含量 0.119%，肥力水平低下，然而长期以来农业生产采取广种薄收的经营方式，许多旱地根本不施肥，土壤养分入不敷出，风蚀、水蚀又把表土及其所含养分带走，必然造成肥力衰退，如该县 1990 年农田输出与输入的肥料比为 2.44，到 1998 年仍达 1.14(郑大玮，2000)。随着认识水平和科技上的投入，近几年施肥水平有所增加，但也主要集中在经济效益好的马铃薯等地块上，2000 年平均每公顷化肥施用量为 54.1 kg，仅为全国平均水平的 12.6%，因此还需普遍地提高土壤的肥力水平以提高单产。工业辅助能值投入增加较多的是磷肥和柴油，2001 年比 1990 年平均增加了 2.15 倍。2001 年农用机械的投入是 1990 年的 2.3 倍。尽管如此，工业辅助总能值投入水平还很低，平均为 6.6%，远低于发达地区的工业辅助能值投入。因此应进一步加大辅助能的投入，提高生产效率。

③与其他生态环境脆弱区相似的是有机能值投入仍占总能值投入水平的大部分(90%～96%)。统计资料表明随着人口的增加，投入劳力也增加，到 1999 年达最高，这两年又有下降趋势，可能是退耕还林草后从事大农业生产人数有所减少所致。大量的劳动力从事于简单的农业生产而缺乏进行深加工的能力，这使得产品附加值低而在竞争中处于不利地位，因此实现劳动力的转移(不仅仅是劳务输出)是该县也是农牧交错带面临的一个重要问题。

与安塞县比，同一年的工业辅助能值的总投入武川县较高。2000 年武川县的工业辅助能值投入是安塞县的 1.97 倍，1990 年这一比值则为 1.85，但单位耕地面积的工业辅助能值投入 2000 年安塞县是武川县的 33 倍，这是由于武川县的农业用地面积过大造成的。相同的是他们的工业辅助能值与发达地区比均处于极低的水平，这是农牧交错带等生态脆弱区普遍存在的事实，其结果就是初级生产力水平和生产效率低下。

(2)武川县农业生态系统生产力的主要能值指标分析

①初级生产力分析:武川县的初级生产包括农田和草地的产品以及林业产品(由于林业生产所占的比例非常小,在此忽略)。由小麦、玉米、豆类、薯类、谷子、莜麦、黍子、荞麦、胡麻和油菜构成了该县的粮食作物和油料作物的生产。粮食单产从 1 050 kg/hm^2 提高到 1 545 kg/hm^2,增长了 47%,2000 年农业人口平均粮食为 1 025 kg,比 1990 年增长了 83%。粮食产品的能值占农产品的能值百分数波动较大,1990 年这一比例高达 48.7%,1999 年下降最低至 26.4%(恰好是国家政策下的大面积退耕开始的第一年)(图 3-5-5)。

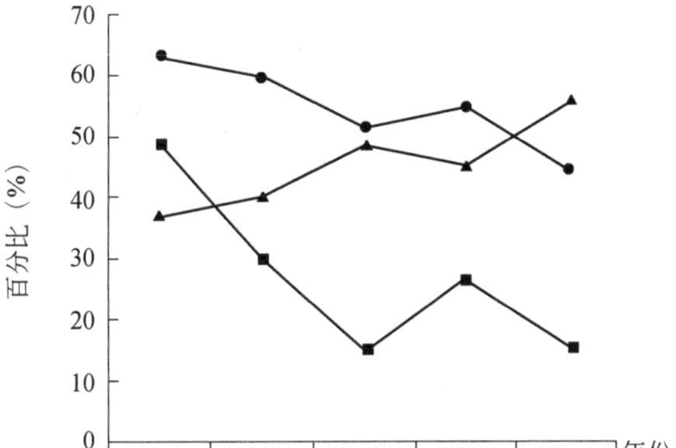

	1990	1997	1999	2000	2001
—●— 农产品/总能值	63.21	59.91	51.47	54.88	44.7
—■— 粮食/农产品	48.7	29.9	15.1	26.4	15
—▲— 畜产品/总能值	36.78	40.09	48.53	45.1	55.3

图 3-5-5 武川县能值百分数变化

同时统计资料表明,粮食总播种面积和总产量经过近 10 年的不稳定增加后从 2001 年开始减少,特别是小麦和莜麦的播种面积 2000 年分别是 1990 年的 56%和 53%,表明政府在积极地压缩粮食生产的面积。而增长较快的是马铃薯和油菜籽,播种面积增加值分别为 893%和 137%。现在武川县的马铃薯已基本成规模化发展趋势,由于产量大、经济效益好而备受农民欢迎,其播种面积在逐年增加,至 2000 年已发展到 53 509 hm^2,但马铃薯收获后冬天地面裸露引起风蚀正在成为新的沙源地的问题应该引起关注。

林果和蔬菜这些年发展得比较快,特别是蔬菜 2000 年其能值产出是 1990 年的 5.4 倍,但据调查利用浅层地下水发展大棚蔬菜是主要的方式,这对水资源的消耗是巨大的,然而尝试利用气候资源(冷凉)发展错季蔬菜可能成为其农产品增收及资源合理利用的一个主要方向,这已在气候与其相似的坝上地区获得了成功。

在初级产品生产中,不应该忽视的是秸秆和饲草。1990 年秸秆的能值是其初级产品总能值的 13%。该县农作物秸秆资源主要有麦秸、莜麦秸、土豆秧、玉米秸、油料类和杂豆类秸秆。目前,武川县秸秆主要是用作生活燃料,约占消耗能源的 50%,只有少部分用作家畜饲料,并且利用方式不合理,利用率只有 30%左右。青贮秸秆可以缓减春季牧草生长与放牧的矛盾,同时对提高作物秸秆的利用率、扩大饲草资源、平衡青饲料的供应起着重要的作用。因此加强秸秆资源的利用是该县发展畜牧业和缓和草地压力维持生态平衡的重要途径。

武川的草地为 209 700 hm^2，天然草场占了绝大部分，平均产草量仅为 880 kg/hm^2，平均 0.87 hm^2 草承载一个羊单位，草场退化严重，生产力水平低下。过度农垦、超载过牧，破坏了大量草场资源是主要因素。据中科院内蒙古草原站试验表明，只要稍加改良，0.4 hm^2 草地就可以养 1 只羊，若能达到如此水平，则该县的草场资源可发挥巨大的作用。

②次级生产力分析：武川县的次级生产由肉、奶、蛋、毛组成。1990 年其能值产出占总能值产出的 36.8%，而 2001 年这一比例为 55.3%，2000 年畜产品的产出能值比 1990 年增加最多，达 18%，这说明畜牧业的发展是稳定增加的。次级生产中，肉类的生产占主要地位，2000 年的产出能值是 1990 年的 2.55 倍。

武川县能值产出的部分由农牧产品构成。1990—2001 年农产品占总能值产出的 44.7%～63.2%，且所占比重基本呈下降趋势，2001 年是 1990 年农产品产出能值的 72%，粮食产品能值占农产品比例不断下降。而畜产品的产出能值量基本呈增加趋势，相应地总能值产出呈波动式增加(表 3-5-7，图 3-5-6)。武川县畜产品的能值产出在 2001 年开始超过农产品能值产出，说明该县的农牧业生产总体上朝着趋于协调的方向发展。

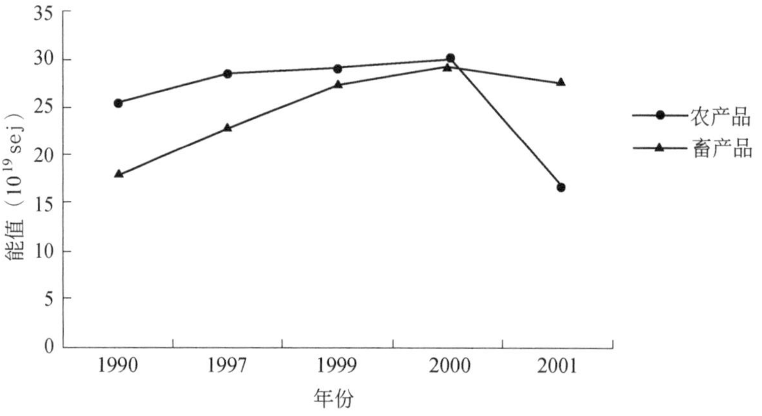

图 3-5-6　武川县农畜产品能值变化

③农牧系统能值耦合度分析：由表 3-5-10 可见，该县的农牧系统能值耦合度平均值 2.82，远高于同期的安塞县。对此，我们分析如下：

表 3-5-10　武川县能值耦合度分析表

	年份					平均
	1990	1997	1999	2000	2001	
系统耦合度	1.95	2.32	3.64	2.68	3.50	2.82
高质能/低质能	1.37	1.39	1.53	1.30	1.41	1.40
农牧系统有效能值利用率	1.42	1.67	2.39	2.06	2.48	2.00

(a)与安塞县比较，武川县的畜牧业发展水平和基础都较高，因此，农牧系统之间的总能值利用率较高。而且，在基本相近的初级生产能值条件下(武川县的低质能产品能值为 9.51×10^{19} sej，安塞县平均则为 7.66×10^{19} sej，武川比安塞高 24%)，武川县由于养殖牛、羊数量大，其肉和毛类的产出能值是安塞县平均值的 3.6 倍，使得低质能转化率高达 1.4，说

明畜牧业系统结构的合理化程度要优于安塞县。

(b)另外,由于武川县肉类生产结构中,猪肉的产出能值占肉类总产能值的近50%,2001年奶类的产出能值是1990年的9倍多。1990年该县的牲畜折羊单位为445 756个,超载203 583个,超载84%;2000年的牲畜折羊单位为287 847个,超载157 909个,超载65%。说明该县畜牧业内部结构依然还不理想,畜牧业生产对初级生产的压力也远远超出了草畜平衡的范畴。

因此,还应该对畜牧业结构进行调整,应降低耗粮大的猪肉的生产,同时,适当调整牛、羊等草食动物的生产规模,实现与初级生产的平衡发展。

④武川县生态系统服务的生产力分析:本研究确定了武川县农业生态系统服务价值由农产品价值和水土保持服务功能、涵养水分、调节气体和维持营养物质循环等服务功能的价值组成。由于资料的有限,本文仅粗略地估算森林、灌木、草地和农田的生态系统服务价值。在武川县风蚀比水蚀严重得多,且普遍存在,因而计算水土保持价值时,采用因减少风蚀而保持的土壤量来进行。各子系统的土壤保持量以潜在土壤保持量和现实土壤保持量的差值来表示,潜在土壤侵蚀量则根据历史研究资料和专家咨询法确定。运用市场价值法、机会成本法和影子工程法计算因土壤风蚀而导致的营养物质流失,土地废弃所造成的损失,也即土壤保持价值。

表3-5-11中表示武川县农业生态系统服务的总价值为6 179 638.49万元,是2000年该县国民生产总值的151倍,表明其相对于农业生产水平的现状生态系统服务价值是巨大的,这些环境服务功能对农业生态的维系与运转起着重要的作用。但是为我们所关注的水土保持和涵养水源的服务价值仅占总服务价值的0.7%左右,低于安塞县的比例(5%),表明其水土保持的功能非常弱,这也是脆弱生态环境地区进行生态治理的重要依据,加强林草建设恢复植被以提高其服务功能和价值是提高系统生产力的客观需要。

在本文中,尽管气候调节的服务价值要比水土保持服务价值相对高,但因为其能值量难以计算,仅计算其能够量化的部分,我们计算武川县农业生态系统服务的水土保持、涵养水源和维持营养物质循环的能值量为2.64×10^{22} sej(表3-5-12),和安塞县相同的是维持营养物质循环的能值占了绝大部分比例,武川县生态系统服务的能值量是该县产品产出总能值的44倍。

表3-5-11 武川县农业生态系统服务功能价值构成

价值类别	价值量(10^4 元/年)	占总量的百分数(%)
产品服务价值	28 813	0.45
水土	6 062.51	0.10
涵养水源	38 732.04	0.61
气候调节	104 869.78	1.65
维持营养物质的	6 179 638.49	97.19
合计	6 358 115.82	100.00

表 3-5-12 武川县生态系统服务的能值量

项目	太阳能值($\times 10^{19}$ sej)	百分含量(%)
土壤保持能值	18.99	0.72
维持营养物质循环能值	2 608.60	98.92
涵养水源能值	9.48	0.36
总计	2 637.07	100

⑤农户经济生产力分析:同样我们用人均能值占有量、人均农林畜产品的能值量来反映农户的经济生产力水平。在能值分析中,人均能值使用量可以判断居民生活水平的高低,人均能值使用量越高,表示该国(区域)人民的生活水平越高。武川县 1990 年的人均能值拥有量为 5.40×10^{15} sej,而 2001 年的人均能值拥有量 6.21×10^{15} sej,高于全国 1996 年平均水平,反映了该县人民生活水平有了相当程度的提高,这主要是该县面积大,环境资源的能值投入大而造成的。人均农林畜产品的能值拥有量为 2.59×10^{15} sej～ 3.46×10^{15} sej,高于全国 1995 年平均人均农林牧产品的能值(2.0×10^{15} sej)和同期内蒙古的水平(2.41×10^{15} sej),其中 2000 年人均农林畜产品能值拥有量为 3.46×10^{15} sej,比 1990 年增加了 34%,折算成宏观经济价值分别为 595 元和 1 869 元,增加幅度为 214%,而 1990 年该县人均纯收入为 445 元(大于安塞县同期水平),2000 年为 1 260 元(小于安塞县同期水平),增加了 181%。能值财富的增长较货币更客观反映了生活水平在提高。

(3)武川县生态经济系统能值指标的变化

①净能值产出率:1990 年到 2001 年农业的净能值产出率为 0.73～1.03,1997—2001 年净能值产出率均低于 1990 年,这是因为武川县的辅助能值的使用虽在增加,但相应的总产出能值并未大幅度的提高,而广东省种植业系统 1997 年的净能值产出率为 1.28,说明武川县能值的利用效率仍处于十分低下的水平,人力能值的投入仍然占据主要地位,并没有进入到工业化生产的阶段。

②环境承载力:武川县的农业系统的环境承载力的变化为 2.71～5.53,1990 年的环境承载力最低,而平均值为 4.00,比安塞县的平均值(3.11)高,而低于广东(7.14),更低于高外部能值投入的日本(14.49)和意大利(10.43),说明生产系统对环境的压力比较大,同时也说明武川县科技发展水平较安塞县稍高,但总体上都属于较低水平。

③单位国土面积生产力:武川县 1990—2001 年的单位国土面积生产力变化为 $1.01\times 10^{17}\sim 1.33\times 10^{17}$ sej/km^2,平均值为 1.14×10^{17} sej/km^2,大于内蒙古 1995 年 0.47×10^{17} sej/km^2 的值,而全国 1995 年平均为 2.50×10^{17} sej/km^2,上海为 25.4×10^{17} sej/km^2,这说明武川县的土地生产力还处于较低水平,低于全国平均水平,远低于上海等发达地区。

④在目前生活水平标准下的可更新资源的人口承载量(下限)为 31 184 人,而 2000 年全县实际人口为 171 093 人,是可更新资源人口承载力的 5.5 倍多,人口的环境压力比安塞县更大。

⑤能值产投比:只有 2000 年的能值产投比大于 1990 年的值,且低于 1,说明能值利用效率并没有随着能值投入水平的增加而稳定增加,且效率低下。

⑥基于能值分析的可持续发展指数:武川县的结果表明其农业生态经济系统的运行的

持续性水平低，能值可持续发展指数波动大。图 3-5-7 表明该县的能值可持续发展指数的波动要大于能值产投比，这与安塞县是不同的，说明武川县的能值产出更多地受自然环境的影响。

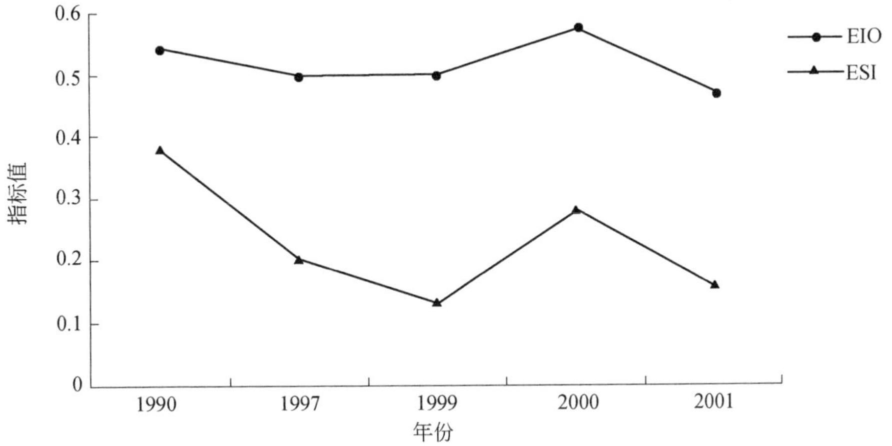

图 3-5-7 武川县能值指标变化

(7)结论：武川县系统生产力的能值分析表明，环境资源的能值投入依然是构成系统生产力的不可忽视的重要内容，以电和化肥为主的工业辅助能值的投入水平很低，说明其工业化程度低。该县的农产品产出波动变化比较大，反映农业生产不稳定。草地生产力水平比较低，畜产品能值产出量虽呈增加趋势，但畜牧业内部结构依然还不理想，畜牧业生产对初级生产的压力也远远超出了草畜平衡的范畴，因而农牧业生产不协调。脆弱农业生态系统的水土保持功能十分低下，不利于生产的持续发展。因此积极推进草地建设，以草定畜，以草养畜发展可持续的畜牧业是该县提高系统生产力的重要举措。

第六节 典型流域的农业生态系统生产力分析与评价

以流域为单元开展的治理是农牧交错带长期以来形成的成功模式。对流域的系统生产力构成及系统生产力水平的分析与评价对于探索与改进治理措施、提高系统的生产力水平具有重要意义。本节以陕西安塞县纸坊沟流域为例进行分析与评价。

一、纸坊沟流域基本情况

纸坊沟流域地处黄土高原中心，属于陕西省安塞县，位于 109°13′46″～109°16′03″E，36°42′42″～36°46′28″N，属丘陵沟壑区第二付区，海拔 1 100～1 400 m，流域面积 8.27 km^2，包括纸坊沟、寺崾岘、瓦树塌三个村，人口密度 60.3 人/ km^2。流域内大部分土壤是黄绵土，占总面积的 77.1%。纸坊沟流域属暖温带半干旱气候区，年日照总时数 2 415.6 h，年辐射量 554.4 kJ/cm^2，年平均气温 8.8℃，≥10℃积温 3 113.9℃，平均无霜期 159 天。年平均降雨量 549.1 mm，降水年变率大，枯水年只有 300 mm 左右，丰水年可达 700 mm 以上，且降水年内分配不均，7、8、9 月 3 个月降雨量占年降雨量的 61.1%，且多暴雨，是水土流失的主要原因。流域内梁峁起伏,地形破碎,沟壑密度高达 8.06 km/ km^2。该流域从“六五”期间开始在中科院等单位的技术支持和大量投资下进行了长达 20 多年的综合治理,已经成为黄土高原地区的典型样板流域。

二、纸坊沟流域系统生产力的能值分析

(一)纸坊沟流域环境与资源的能值投入结构分析

能值投入结构分析有助于从整体上评价特定区域农业系统的开放与发展程度。从表 3-6-1 可见,纸坊沟流域的总能值年投入量为 14.82×10^{17} sej,与该流域的农林牧总产值比得其能值/货币比率为 8.52×10^{12} sej/ \$,与安塞县 2000 年水平相当,而高于 1995 年中国大陆能值/货币比率 7.38×10^{12} sej/ \$,远大于美国 1983 年能值/货币比率 2.55×10^{12} sej/ \$,这是因为该流域使用了大量无需付费的环境能值及其国民生产总值较低,这一结果表明纸坊沟流域仍属于工业化程度很低的农业地区。

表 3-6-1　纸坊沟流域的能值投入(2001 年)

项目	原始数据(J 或 g)	太阳能值转换率(sej/J)	太阳能值(sej)
太阳光	8.19×10^{15}	1	8.19×10^{15}
风能	1.50×10^{9}	663	9.95×10^{11}
雨水化学能	1.33×10^{13}	15 423	2.05×10^{17}
雨水势能	0.99×10^{13}	8 888	0.88×10^{17}
可更新资源合计			2.88×10^{17}
表土层损失	1.74×10^{12}	62 500	1.09×10^{17}
不可更新资源			1.09×10^{17}
电力	3.25×10^{9}	1.59×10^{5}	5.17×10^{14}
柴油	1.65×10^{11}	66 000	1.09×10^{16}
氮肥	6.34×10^{6} g	4.62×10^{9} sej/g	2.93×10^{16}
磷肥	1.88×10^{6} g	1.78×10^{10} sej/g	3.35×10^{16}
农药	1.27×10^{5} g	1.62×10^{9} sej/g	2.06×10^{14}
农用机械	8.63×10^{7}	7.50×10^{7}	6.47×10^{15}
农膜	5.43×10^{10}	6.60×10^{4}	3.58×10^{15}
不可更新的工业辅助能合计			8.45×10^{16}
劳力	2.75×10^{11}	3.8×10^{6}	1.05×10^{18}
有机肥	3.98×10^{7}	2.7×10^{6} sej/g	1.07×10^{13}
畜力	1.89×10^{9}	1.46×10^{5}	2.76×10^{14}
种子	4.96×10^{11}	66 000	3.27×10^{16}
可更新的有机能合计			10.83×10^{17}
总计			14.82×10^{17}

进一步分析,该流域能值投入结构具有五个特点:一是纸坊沟流域环境投入能值占总能

值投入的21%，低于安塞县的平均值29%和海南省30%的比率，但高于广东省1997年的14%和意大利1989年的12%，而1996年全国所使用的环境能值占总能值用量的9%，说明该流域的发展使用了较多的无偿环境能值；二是不可更新环境资源投入占总能值投入的7%，由于自然和人为的原因，纸坊沟流域农业生产系统中对不可更新环境资源的无效损失比较高，而土壤侵蚀是主要原因；三是不可更新的辅助能值投入占能值总投入的5.7%，高于安塞县平均4.29%和水平，低于海南省1994年的6.5%，其中机械能投入仅占不可更新辅助能值投入的7%，电力投入甚至低于1%，可见工业辅助能值的使用量非常低，说明农业系统仍处于粗放化阶段；四是可更新的有机能投入占总能值投入的73%，表明其农业能值投入仍以有机肥、劳动力等传统的有机能投入为主；第五方面值得注意的是在能值投入中人力能值投入占总能值投入的71%，而工业辅助能仅占总能值投入的5.7%，这是生态环境脆弱区存在的普遍问题，大量的人力能值投入形成了较低的劳动生产率，不利于培养产品的竞争力。

(二)纸坊沟流域系统生产力各组分的能值分析

1. 植物初级生产的能值分析

由表3-6-2可见，该流域的初级产品能值中以粮、油、菜为主(不包括秸秆)的农田系统的能值产出是主体，占总能值产出的39%，表明种植业仍占据初级生产力中的绝对主导地位，不容忽视。从农田内部结构分析，不同作物的能值贡献大小不同，其中豆类最高，占纸坊沟流域的农田产出能值的53%，其次是玉米占15%，油料占9%，居第三位，说明该地区发展高能值作物(豆类、玉米)既有生态可行性，也是能值产出的重要成分。据我们调查，小杂粮豆的收入也是农民种植业的主要收入来源之一，因此今后应继续积极发展这些特色产品。另外值得指出的是该流域产出的秸秆能值占总能值产出的8%，占农田产出能值的19%，占初级生产能值的13%，可以看出在以往经济核算中常常被忽略的秸秆在该流域的能值生产中占了相当的份额，秸秆能值的储存可缓解冬春季节饲料缺乏的现状。

纸坊沟流域的林果产出能值占总产出能值的15%，占初级生产能值的23%。林果业本是这一地区的适合自然资源(日照充足，早晚温差大，海拔高，紫外线强，阴雨天少)的优势产业，在1994—1997年曾经历了一个高峰增长时期，但由于投入不足、品种退化、管理粗放，再加上市场供求信息的缺乏，经济林现在已经发挥不出前些年的效益优势，如不采取一定措施经济林将会退化为水保林或用材林，这将直接影响农民的收入水平。

目前人工草地产出能值仅占总能值产出的1%，这是因为人工草场的面积小，产出低，但是如加上天然草场的产出能值则占总能值产出的14%，接近于林果产出能值的比率，占初级生产总能值的18%。该流域的人工草场主要建在退耕后的坡地上，人工和天然草场的生物量都比较低，乔木和灌木的物种较单一，适生树种少，林木生产力水平低。根据金之易(1998)对陕北榆林地区北部六县(府谷、神木、榆林、横山、靖边、定边)1960—1995年各年度牧草的气候生产潜力的计算，表明6个县平均为17 488 kg/hm^2。天然草场生物量较低，仅为气候生产潜力的10%～20%，平均超载率在55%以上，个别优良天然草场超载率达150%，结果使草场牧草的产量和质量下降。而据我们纸坊沟流域调查采样，其天然草场的平均生物量为16 600 kg/hm^2，略低于6个县平均的牧草生产力。当然这与当地的自然气候条件有关，但是主要一方面是长期以来人为滥砍滥伐滥牧的结果。特别是 20 世纪 40 年代以来，人口不断增长加上某些政策带来的短期行为，使原本为林草旺盛的次生林区变成 70 年代的无荒可开，农林牧生产严重失调，地力下降，水土流失十分剧烈的脆弱生态区，群众温饱问题都解决不了。

表 3-6-2　纸坊沟流域的能值产出(2001 年)

项目	面积(hm^2)	平均单产(kg/hm^2)	原始数据	太阳能值转换率(sej/J)	太阳能值(sej)
初级生产					
玉米	16.7	4 875	1.33×10^{12}	8.51×10^{4}	1.13×10^{17}
糜子	2	2 063	6.56×10^{10}	8.00×10^{4}	5.25×10^{15}
谷子	7.8	2 100	2.60×10^{11}	3.59×10^{4}	9.33×10^{15}
豆类	27	1 238	5.58×10^{11}	6.90×10^{5}	3.85×10^{17}
荞麦	1	1 125	1.79×10^{10}	8.00×10^{4}	1.43×10^{15}
马铃薯	18	6 750	4.62×10^{11}	0.27×10^{4}	1.25×10^{15}
蔬菜	2.5	75 000	4.69×10^{11}	2.70×10^{4}	1.27×10^{16}
油料	4.0	900	9.47×10^{10}	6.90×10^{5}	6.53×10^{16}
总秸秆			5.14×10^{12}	2.7×10^{4}	1.39×10^{17}
水果			5.28×10^{11}	5.3×10^{5}	2.80×10^{17}
木材			1.20×10^{11}	3.49×10^{4}	4.19×10^{15}
人工草场	53.33	2 250	9.00×10^{11}	2.4×10^{4}	2.16×10^{16}
天然草场	251.67	1 023	1.10×10^{13}	1.9×10^{4}	20.9×10^{16}
次级生产					
猪肉			$261\ 870\times10^{6}$	2.0×10^{6}	5.24×10^{17}
鸡蛋			$5\ 040\times10^{6}$	1.71×10^{6}	8.62×10^{15}
羊绒+羊毛			$3\ 412.5\times10^{6}$	4.40×10^{6}	1.50×10^{16}
羊肉			$32\ 000\times10^{6}$	2.59×10^{6}	8.29×10^{16}
总计					18.78×10^{17}

2. 动物次级生产的能值分析

从表 3-6-2 知纸坊沟流域的次级生产(畜产品)能值为 63.05×10^{16} sej，占总能值产出的 38%。低于农产品的产出能值。另据测算，该流域的现有各种牲畜折羊单位为 540 个，而理论上该流域目前草场资源可以养活 638 个羊单位，仅秸秆产出的能值其载畜量就达 489 个单位，总共可实现载畜量 1 127 个羊单位，即使封闭天然草场禁牧后该流域仍可载畜 749 个羊单位，仍然大于现实饲养量。由此表明该流域经过 20 多年的生态恢复与重建之后，初级生产为牧业发展提供了比较充足的资源，促进农牧结合，发展高能值的牧业生产仍具有较大潜力。

为了进一步分析初级生产与次级生产的关系，经计算得到纸坊沟流域的能值耦合度为 0.37，其中农牧系统的有效能值利用率为 1.38，而低质能到高质能的转换率仅为 0.26。计算结果也表明耗粮较大的猪肉的产出能值最高，占次级生产能值量的 83%，而我们所期望的以羊为主草食家畜的产出能值仅占16%，足以证明畜牧业的结构不合理，农牧耦合的效果并不理想。以上分析说明该流域初级生产的低质能产品并未形成相应的次级高质能产品，造成资源的浪费。另一方面过剩的低质能也是系统的驱动力，如加以合理利用必将实现系统间(初级生产与次级生产)的耦合效应，农牧耦合产生能值增效的潜力巨大。

3. 生态系统服务生产力及生态服务的能值分析

纸坊沟流域经过几十年的综合治理，植被得到恢复，生态环境得到改善，植物种类由原来的40科126种增至45科151种，每个种类的数量和生长量成倍的增加，呈现出植物多样性初期景象。为进行其生态效益的能值测算我们采用生态系统服务价值的估算方法来考虑其主要的土壤保持、涵养水源、固定CO_2和释放O_2、维持营养物质循环功能并计算其服务价值和相应能值产出。

表3-6-3计算结果还表明纸坊沟流域生态系统服务总价值813 958.69万元，是该流域农业系统生产总值的5 640倍，平均每人拥有的生态系统服务价值为1 631.2万元。良好的生态环境在1995年、1997年的自然灾害中起到了一定的调节作用，使得纸坊沟流域粮食减产幅度是沟外减产幅度的一半，这就是农林系统耦合的体现。同样用能值也可以定量表示生态系统各服务功能的水平，这样也便于和流域的初级和次级生产进行比较分析。在纸坊沟流域生态系统服务价值中，我们也仅考虑土壤保持(根据土壤保持量中的所含的有机质、氮、磷、钾的能值量计算)、涵养水分(根据涵养水的能值量计算)和维持营养物质循环(根据维持有机质、氮、磷等营养物质循环的能值量计算)的能值量。经计算上述三种生态系统服务所产生的总能值量为346.81×10^{20} sej，是该流域初级、次级生产总能值的29 020倍，平均每人拥有的生态系统服务能值为0.70×10^{20} sej，以宏观经济价值表示为4.06×10^{9}能值美元。这意味着该流域20年来治理的生态系统为农牧林经济生产力的形成提供了巨大的服务功能和能值储备。

表3-6-3 纸坊沟流域生态系统服务

服务类型	服务价值(万元)	服务价值百分比(%)	能值(sej)	宏观经济价值(EM$)
土壤保持	490 778.53	60.30	1.98×10^{22}	2.32×10^{9}
涵养水分	222.17	0.03	5.44×10^{17}	6.39×10^{4}
固定CO_2	194.31	0.02	—	—
释放O_2	262.25	0.03	—	—
维持营养物质循环	322 501.43	39.62	1.48×10^{22}	1.74×10^{9}
总服务价值	813 958.69	100	3.46×10^{22}	4.06×10^{9}

4. 农户经济生产力的能值分析

对于用能值理论来分析农户的经济生产力水平的原理前面已经提到过，在县域尺度和在流域尺度是一样的，在此不再重述。计算表明纸坊沟流域人均能值使用量为2.97×10^{15} sej，只相当于全国1996年平均水平4.38×10^{15} sej的68%，相当于美国1983年的29.25×10^{15} sej的10%。我们可以认为纸坊沟流域农户经济生产力仍处于不发达的传统农业阶段，为促进其发展还应进一步增加能值投入。若把人均农林畜产品能值拥有量折成宏观经济价值，相当于人均拥有2 938元(RMB)的由潜在能值转化成的宏观经济产值。而纸坊沟流域

2001年实际人均纯收入为2 176元(RMB)，其中非加工型的劳务等收入占53%，则真正来自农牧林系统的收入约1 000元，相当于上述人均农林牧产品能值转化成宏观经济价值的1/3，这与我们所期望的由系统内产生的农牧耦合，能值增效所带来的人均能值占有量、人均收入水平增加的结果有相当大的差距，因此如何把潜在的能值宏观价值转化成农户的现实价值量是值得探讨的问题。

(三)纸坊沟流域系统生产力的能值指标分析

1.净能值产出率

经计算纸坊沟流域的净能值产出率为1.61，高于安塞县的平均值0.89和最大值1.11，表明其利用资源的效率要高于安塞县。纸坊沟流域20多年的治理坡地已经全部退耕，形成了相对比较高效的种植业系统。

2.环境承载力

纸坊沟流域的系统的环境承载力为6.23，相对低于高外部能值投入的广东(7.14)日本(14.49)和意大利(10.43)，但高于世界平均水平1.15和安塞县及武川县的平均水平和海南省1994年的环境承载力。20年的治理给该流域投入了大量的科技人员和技术，但由于水土流失还存在，不可更新资源的损失与消耗仍然使得系统所受的压力较大。

3.单位国土面积生产力(能值功率密度)

纸坊沟流域2001年的单位国土面积生产力为2.27×10^{17} sej/km^2，全国1995年平均为2.50×10^{17} sej/km^2，上海为25.4×10^{17} sej/km^2，陕西省为2.13×10^{17} sej/km^2，这说明该流域的土地生产力水平已接近全国平均水平，高于所在安塞县的平均水平(1.40×10^{17} sej/km^2)和陕西省1995年的土地生产力水平以及武川县，但远低于上海等发达地区，表明纸坊沟流域的农业生产仍属带有西部特色的非集约化生产。

4.人口承载量

在目前生活水平标准下的可更新资源的人口承载量(下限)为69人，而2001年全流域人口为499人，高于可更新资源的人口承载量的6.2倍。控制人口增长的形势依然严峻。

5.能值产投比

纸坊沟流域的能值产投比为1.27，大于1，说明该流域的能值利用效率较安塞县和武川县好。

(四)讨论

纸坊沟流域是投入大量人力、物力、财力和科技力量经过多年治理的典型流域，其初级生产力已经达到了同类地区比较高的水平，生态恢复良好，水土保持功能增强，生态系统服务价值巨大，人均纯收入大大提高，以能值表示的单位国土面积生产力已接近全国1995年平均水平，高于安塞县和武川县。然而工业辅助能值的投入水平还很低，仍然属于比较粗放的传统农牧业生产方式。由于畜牧业结构不合理导致的农牧耦合度低，农牧结合效果仍不理想。加快舍饲养殖发展基于农业系统的畜牧业将是提高系统生产力的重要措施。

第七节 基于农户水平的能值分析

系统生产力水平提高的很重要的一个条件是以农户为单位的收入水平的提高，农户内部农牧关系协调发展将有助于农户经济的稳定增长。本节以农牧交错带不同县域不同种植养殖方式的两个农户为案例来分析他们的能值流动情况。他们都是所在村落生活和收入水平最好的典型，代表了当地政府所鼓励的农户发展的方向。表 3-7-1 为他们的基本情况。他们的农牧业生产的各种能值流动可绘制成表 3-7-2 和表 3-7-3，表 3-7-4 为他们的能值分析指标。

表 3-7-1 典型农户基本情况

户名	所属区域	人口	劳力	文化程度	土地面积(hm^2)	山羊	绵羊	奶牛	猪	鸡	类型
霍喜成	延安燕儿沟流域麻塔村	5	3	初中	3.6	70			3	6	农林牧
张明	武川东土城乡新河村	5	2	初中	2.7		24	3	3	6	农牧

表 3-7-2 典型农户能值投入(10^{14})

项目	太阳能值转换率	霍喜成		张　明	
		能量或物质(J 或 g)	太阳能值	能量或物质(J 或 g)	太阳能值
太阳能	1	1.99	1.99	1.52	1.52
雨水势能	8 888	2.04×10^{11}	18.13	1.52	13.51
可更新资源					
表土层流失	62 500	12.21×10^{9}	7.63	17.09×10^{9}	10.68
不可更新资源					
氮肥	4.62×10^{9} sej/g	100 500 g	4.64	133 260 g	6.16
磷肥	1.78×10^{10} sej/g			17 200 g	3.06
农药	1.62×10^{9} sej/g	16 000 g	0.26	3 000 g	0.049
机械能	7.50×10^{7}			0.007×10^{9}	5.25
柴油	66 000	0.66×10^{9}	0.44	2.51×10^{9}	1.66
农膜	6.60×10^{4}			0.04×10^{9}	0.026
工业辅助能		10.96	5.34	15.23	16.21
种子	66 000	1.77×10^{9}	1.17	25.90×10^{9}	17.09
有机肥	2.7×10^{6} sej/g	2.4×10^{7} g	0.65	7.52×10^{6} g	0.20
畜力	1.46×10^{5}	1.26×10^{9}	1.84		
人力	3.8×10^{6}	6.30×10^{9}	239.4	3.02×10^{9}	114.76
有机能		93.71	243.06	130.44	132.05
总计		104.67	274.16	145.67	172.45

表 3-7-3 典型农户能值产出(×10^{13} sej)

项目	太阳能值转换率(×10^4 sej/J)	霍喜成		张明	
		原始数据	太阳能值	原始数据	太阳能值
农产品		235.47	3 177.89	162.55	354.75
春小麦	6.8			11.74	79.83
莜麦	6.8			2.28	15.50
胡麻	69			1.52	104.88
油菜籽	69				
玉米	8.51	26.49	225.43		
马铃薯	0.27	4.20	1.13	99.75	26.93
谷子	3.59	7.95	28.54		
高粱	8	12.70	101.60		
豆类	69	5.01	345.69		
向日葵	69				
苜蓿	2.7	65.00	175.50		
秸秆	2.7	74.52	201.20	35.11	94.8
青草	2.7			12.15	32.81
苹果	53	39.60	2 098.80		
畜产品		13.93	2 879.42	39.47	7 211.50
猪肉	200	2.48	496.00	2.97	594.00
羊肉	200	10.59	2 118.00	9.24	1 848.00
羊毛	440	0.44	193.60	0.50	220.00
蛋类	171	0.42	71.82	0.30	51.30
奶类	170			26.46	4 498.20
总计		249.40	6 057.31	202.02	7 566.25

注:原始数据单位(×10^9 J)。

表 3-7-4 农户能值分析指标

项目	霍喜成	张明
土地面积(hm^2)	3.6	2.7
总投入(×10^{14} sej)	274.16	172.45
总产出(×10^{13} sej)	6 057.31	7 566.25
单位面积能值投入(×10^{15} sej/hm^2)	7.62	6.39
可更新环境资源投入/总环境资源投入(%)	70.4	55.8
环境投入/总投入(%)	9.4	14.0
工业辅助能/总投入(%)	1.9	9.4
单位面积工业辅助能投入(×10^{14} sej/hm^2)	1.48	6.00

续表 3-7-4

项　　目	霍喜成	张明
化肥占工业辅助能值投入(%)	87	57
有机能/总投入(%)	88.7	76.6
人力/总投入(%)	87.3	66.5
农产品/总产出(%)	52.5	4.69
畜产品/总产出(%)	47.5	95.31
单位面积农产品产出($\times 10^{15}$ sej/hm^2)	8.83	1.31
单位面积畜产品产出($\times 10^{15}$ sej/hm^2)	8.00	26.71
农产品/畜产品	1.11	0.05
能量产投比	2.38	1.39
能值产投比	2.21	4.39
人均农林牧能值($\times 10^{15}$ sej/p)	12.11	15.13
人均能值占有量($\times 10^{15}$ sej/p)	5.48	3.45
单位面积生产力($\times 10^{17}$ sej/km^2)	16.83	28.02
环境承载率	14.12	11.76
总收入(元)	21 200	22 000
纯收入(元)	18 000	19 900

一、农户的能值投入分析

从表 3-7-2 中可以看出,农户的能值投入水平有差异。总投入和单位面积能值投入水平为农户霍>农户张。以太阳能和雨水为主要的无须付费的可更新资源投入均占了总投入的 10%左右。农户所属的区域均有较高的太阳辐射,早晚温差大等气候特点,在降水相对较多的地方如燕儿沟流域适宜发展果树,而在降水相对较少的地方如武川则马铃薯产量和品质更好。这也可以从他们的主要收入部分来体现。农户霍的水果收入为年 2 000 元,而农户张的马铃薯收入可达万元。不可更新的环境资源能值的使用主要是因水土流失(延安)和风蚀(武川)造成的表土层的损失,已占环境能值投入的相当部分,这相当于用环境经济学中的影子价格法来评价资源的价值。这定量地解释了保持水土在农业经济系统过程中的不可低估的作用,以农户为单元的改变传统的生产方式则是重中之重。为了保持水土而进行的退耕还林草应该长期持续进行下去,以减少水土流失和风蚀,从而降低不可更新资源的损失,维护良好的生态环境。

就工业辅助能总量来说,农户张使用了较多的氮、磷肥、机械、柴油、农膜等能值,其投入占总能值投入水平的 9.4%,远远高于农户霍(1.9%)。农户霍的化肥投入不合理,仅投入碳胺和尿素,没有投入磷肥。在地势较平的武川县东土城乡,整理土地耗用的机械和柴油能值多,工业化程度相对较强,因而减少了人力投入,而农户霍的人力投入能值绝对值和占总能值投入的相对比例均高于农户张(在黄土高原丘陵沟壑区,地形复杂,土地坡度较大,不利于机械能的使用)。

从总体上看,他们的工业辅助能投入水平还相当低,农户霍投入的氮(以纯 N 计)为 27.9 kg/hm^2,而农户张投入的则分别为 49.35 kg/hm^2 和 6.37 kg/hm^2,高于农户霍,但农户张的氮肥的投入仅相当于我国 1978 年的平均水平(48 kg/hm^2),而磷肥的投入水平则不及我国 1978 年的平均水平(18 kg/hm^2),由此看来,我国农牧交错带的广大农民化肥能值的投入水平还很低,许多科研人员在此地区采取培肥措施而大幅度提高了产量,证明增加化肥投入以增加产量的潜力依然存在。据笔者调查,若不施肥,在延安、安塞、米脂、武川的小杂粮、杂豆的平均产量仅为 600～900 kg/hm^2,距离高产(2 250～3 000 kg/hm^2)至少有 330%的增产潜力。现在大部分农民只把有限的肥料投入到产量较高的如玉米、马铃薯等地块上,而一般的地块则实行只收不养,维持着低投入、低产出的状态,这样种植几年后很容易出现弃荒,另辟新地的现象。因此必须改变这种事实上的广种薄收的种植方式,以提高单位面积的产量为核心增加基本农田的建设。

在不同的能值投入中,人力投入占了绝大部分,在农户霍家,这一比例达到了 87%甚至还多,而在农户张家这一比例也达到了 67%。在生态环境脆弱的农牧交错带这是普遍现象,他们自己的土地就比较多,为了能收获更多的粮食和其他食物,他们也承包其他人的土地,特别是在陕北农牧交错带这一现象更为普遍(霍承包了 40 亩地),由此不得不投入较多的劳力进行耕种,劳动生产率的低下可想而知。事实上这也是相当一部分农民由于底子薄在政府实行退耕补粮的政策后,自己不种地了,而把地承包给他人租种,自己则从事其他行业,这就形成了承包人由于能力有限而不得不采取粗放的管理和生产方式。这个问题带来的严重后果会增加生态环境的压力,应当引起政府部门的重视。

二、农户的能值产出分析

在能值产出中(表 3-7-3),他们的主要产品为农产品和畜产品。农户霍的农产品产出能值占总能值产出的 52.5%,主要有玉米、马铃薯、谷子、高粱、豆类、苜蓿和苹果。粮食(玉米、谷子、马铃薯)和豆类作物的产出能值占农产品能值生产的 18.9%,其中豆类(豌豆)的产出是粮豆作物内产出能值最高的,也是在当地种植时间较长的特色作物,马铃薯既当粮又当菜,是深受当地人喜爱的作物。而苹果的能值产出占了农产品产出能值 68%,占总产出的 35%,并且也是其收入的一个重要来源。苹果作为主要的经济作物在当地广泛种植,且因为自然条件好,无工业污染,品质好而受到众多商家的青睐,足不出户,每年就有来收购的,市场前景看好。引导农民进行规模化生产,市场化运作,科学化管理,积极利用优势资源发展特色产品是农牧交错带增加农民收入的最主要途径,也是结构调整的重要内容。

苜蓿的产出能值占农产品能值生产的 5.5%,加上秸秆则占农产品产出能值的 11.85%。种草养畜已经在农户霍的村开始实行,农户霍共种苜蓿 20 亩(1.33 hm^2),该村隶属的柳林镇规定进行舍饲养羊的每只羊种 1 亩草,每只羊青贮饲草 500 kg,储备青干草 500 kg,8 月份青贮,青贮黄蒿,10 月份青贮秸秆(糜子、玉米和谷子秆)。若按此要求,则农户霍饲养的 70 只羊(50 只成年羊,20 只小羊)已经大大超过其饲草载畜量。我们按照 1 亩人工草(亩产鲜草 1 000 kg)可养 0.93 个羊单位计算,则 20 亩苜蓿可养 18.6 个羊单位,农户霍家共有羊折 48 个羊单位，若加上秸秆可以多养 7.1 个羊单位，那么霍仍超载 22.3 个羊单位，因此只能靠每天割大量的野草和晚上偷牧来喂养以弥补饲料的不足，冬天春天则补充一些粮食(1 只成羊每年需 25 kg 精饲料)，这样很容易形成羊的夏肥冬瘦的不良生产方式。农民的利益驱动所导致的超载过牧是耕地总退不下来，林草难以恢复的重要原因，因此加强管理，认真推行以草养畜，以草定畜以及宣传教育势在必行。

农户霍的畜产品主要由猪肉、羊肉、羊毛和蛋类组成。羊肉的产出能值占总产出能值的35%，占畜产品产出能值的 74%，羊产品也是其最主要的收入来源，约占总收入的 90%；猪肉则排在其次。猪是耗粮大户，在粮食问题还没有完全解决的农牧交错带，不宜进行规模化养殖。

农户张的农产品产出由春小麦、莜麦和马铃薯等粮食作物和胡麻等经济作物构成，属武川县典型的"两麦一薯"模式。农产品产出仅占总能值生产的 4.7%，经济作物胡麻的能值产出占了农产品能值生产的 30%，是适合于当地生长条件(冷凉气候)主要的油料经济作物，而莜麦占农产品能值产出的 4%。莜麦是当地人民喜欢的粮食作物，由于含糖量低，属保健食品，也是武川县的特色产品。马铃薯也是张的最重要的农产品，马铃薯因为产量高，在水田(有灌溉能力)上可达 30 000 kg/hm^2，在旱地若管理好也可达 11 250 kg/hm^2，且因为市场销路好而广泛种植，是当地农民种植业收入的最主要来源，因此也是农民投能的最主要方向。农户张把近 90%的无机能全部投入到马铃薯上，也收到了良好经济效益，平均亩收入 500 元。但是由于马铃薯秋季采收后，地面基本裸露无覆盖，因而当冬天刮风时也很容易引起风蚀，已经成为新的沙尘来源，而由于经济利益的关系，许多农民连茬种植马铃薯，病害已开始发生。所以控制适当的种植面积保证农民增收的同时，要兼顾生态环境问题，采取一些措施如采收后压实土壤，草和马铃薯间作，小麦和马铃薯间作等可收到一定的效果。

农户张的畜产品产出由猪肉、羊肉、羊毛、蛋类和奶类组成，其能值占总能值生产的95%。其中，奶类的能值产出占畜产品能值生产的 62%，其次是羊肉能值的产出，占 26%，而构成了农户张的主要畜产品的产出能值。畜产品的收入(年均 10 000 元)占其总收入的60%。草玉米和草谷子已经成为当地养牛户的主要饲料来源，按每头牛每天需 22.5 kg 鲜草计，农户张每年需 20 531 kg 才能够基本维持牛的营养生长，而农户张的每年草玉米(种在旱地，平均产量 9 750 kg/hm^2 鲜草)和草谷子年产量为 3 500 kg，加上秸秆也不过 10 000 kg，因此产生了严重的草畜不平衡，所以其奶牛产奶量很低(12.5 kg/d)，只及当地牧民正常奶牛产奶量的 1/3 甚至更低。而羊的生长只能靠每年半年的放牧来进行。然而因为经济上有所收益，所以还是在运行着这种模式。

三、农户能值指标的比较分析

由于农户张、霍所处的地理位置和自然、气候条件等多方面的差异，因此他们各自的农畜产品组成有较大的差异。比较农户霍看，张由于土地面积较小，投入工业辅助能值较多，而使得单位面积投入的辅助能值较高，但仍然与全国平均水平相差甚远。他们都有各自的优势农产品，若用传统的能量产投比计算，霍的相对高，但是在考虑了环境资源的能值和产品的能值后计算的能值产投比则张相对高(表 3-7-4)，而张也拥有相对于霍高的人均农林牧能值，单位面积土地生产力也较高，反映在经济上的收入也是如此。但是他们的农牧业生产方式所产生的环境承载力均高于世界平均水平(1.5)和安塞县(3.72)及武川县的环境承载力平均水平(4.0)，表明他们的生产方式对环境的压力较大，同时也说明他们利用可更新资源的能力低。

四、讨论

农户张和农户霍都是所在流域或乡有代表性的上等户，他们都是农牧兼营型，然而生产方式有区别。总体上看，自然环境对他们的生产影响依然不小，虽然在某个单一作物上，投入了相对较高的辅助能，但总体上他们仍未摆脱广种薄收的模式，利益的驱动和迫切的致富愿望使得实际的草畜生产不平衡，畜产品的生产力仍然依靠着总量的增加，而不是系统之间的物质能量合理流动和分配，这给环境带来了巨大的压力。这是农牧交错带普遍存在的农牧结合的较大规模的农户生产模式，也是相当一部分致富的带头人选择的模式(当地政府也很支持)，从长远看，这种生产模式值得思考。

第八节　北方农牧交错带半干旱区种植业系统能值分析

本节用能值方法分析北方农牧交错带半干旱区武川县种植业系统，有助于从新的视角评价武川县农业发展水平，为农业产业化和可持续发展提供依据。研究以北方农牧交错带半干旱区——武川县种植业系统为对象，数据来源主要是通过典型农户访问和在武川县统计局收集的种植业系统 2002 年物质能量投入和产出数据。能值计算方法参照蓝盛芳(2002)、Odum(1996)、骆世明(2001)等人的研究，借助于能量折算系统(闻大中，1985；骆世明，2001)和太阳能值转化率(Odum H. T.，1996；蓝盛芳等，2002)将物质、能量折算成能值量，并借能值分析指标体系，分析种植业的发展现状及探讨发展方向。

一、武川县种植业系统可更新能值投入分析

通过对武川县 2002 年统计资料的调查，原始数据经过能量、能值两步计算，得到详细的种植业系统能值投入产出表(表 3-8-1、表 3-8-2 和表 3-8-3)，结果表明：武川县自然投入可更新资源 6.741×10^{19} sej，占可更新的总能值投入的 91.2%，主要是太阳光、雨水化学能和雨水势能，其中雨水化学能和势能占可更新环境资源能值投入的 91%；武川县太阳辐射能及光合有效辐射都较为丰富，但由于当地年降雨量只有 350 mm 左右，水分状况不能满足农作物等植物生产的需要。

可更新的有机能投入为 6.53×10^{18} sej，占可更新的总能值投入的 8.8%，是机械投入能值的 2/3，这说明武川县种植业系统的生产是以机械为主，人力为辅，但人力还占有相当的地位。今后应适当加大机械化的力度，以期提高生产效率。

表 3-8-1 武川县 2002 年农业资源的能值投入

项 目	原始数据(J/年)	能值转换率(sej/J)	太阳能值(sej/年)	资料来源
可更新环境资源(R)				2002 年统计资料，面积以耕地面积 1 019.8 km^2 计算
太阳能	5.813×10^{18}	1	5.813×10^{18}	
雨水化学能	1.289×10^{15}	18 199	2.344×10^{19}	
雨水势能	4.294×10^{15}	8 888	3.816×10^{19}	
合计			6.741×10^{19}	
不可更新环境资源(N)				引自董孝斌，2002
表土层净损失	2.94×10^{15}	62 500	1.838×10^{20}	
不可更新工业辅助能(F)				2002 年统计资料
机械	1.405×10^{14}	6.60×10^{4}	9.273×10^{18}	
农膜	1.516×10^{13}	6.60×10^{4}	1.001×10^{18}	
电力	1.896×10^{13}	1.59×10^{5}	3.015×10^{18}	
氮肥	4.851×10^{14}	1.69×10^{6}	7.762×10^{20}	
磷肥	1.473×10^{12}	4.14×10^{7}	6.098×10^{19}	
钾肥	8.284×10^{11}	2.63×10^{6}	2.179×10^{18}	
复合肥	3.446×10^{9} g	2.80×10^{9} sej/g	9.649×10^{18}	
农药	4.798×10^{12}	1.97×10^{7}	9.452×10^{19}	
合计			9.568×10^{20}	
可更新的有机能(T)				能值货币比率(蓝胜芳，2002)
劳务	5.42×10^{6} 元	8.7×10^{12} sej/ $	6.610×10^{17}	
种子	4.809×10^{7} 元	8.7×10^{12} sej/ $	5.865×10^{18}	
合计			6.526×10^{18}	
总投入能值(I)			12.15×10^{20}	

注:计算方法为 Odum,1996 年能值计算方法。

表 3-8-2 武川县主要农作物能值产出(2002 年)

项目		产量(t)	能量($\times10^{12}$J)	太阳能值转换率($\times10^{4}$ sej/J)	太阳能值(10^{16} sej/年)
谷物	小麦	13 529	219.3	6.80	1 491.24
	玉米	7 498	123.75	8.51	1 053.113
	谷子	17	0.278	3.59	0.998 02
	莜麦	6 466	116	8.0	928
	黍子	573	9.23	8.0	73.84
	大麦	1 066	17.12	6.80	116.416
豆类		4 423	696	69	48 024
薯类	马铃薯	109 927	1 783	0.27	481.41
油料	胡麻	2 523	64.9	69	4 478.1
	油菜籽	10 481	266.8	69	18 409.2
蔬菜		12 390	31.1	2.7	83.97
总计(Y)		168 893	3 327.478	251.67	75 140.29

二、武川县不可更新资源能值投入分析

种植业系统能值投入中可更新自然资源、不可更新自然资源、不可更新工业辅助能和可更新有机能分别占种植业系统能值投入总量的 5.55%、15.13%、78.78% 和 0.54%（图 3-8-1）。从图中可以看出，不可更新资源的投入占了总能值投入的 93.3%，其中不可更新环境资源主要来自于风蚀季节里土壤吹走造成的表土层养分的损失。

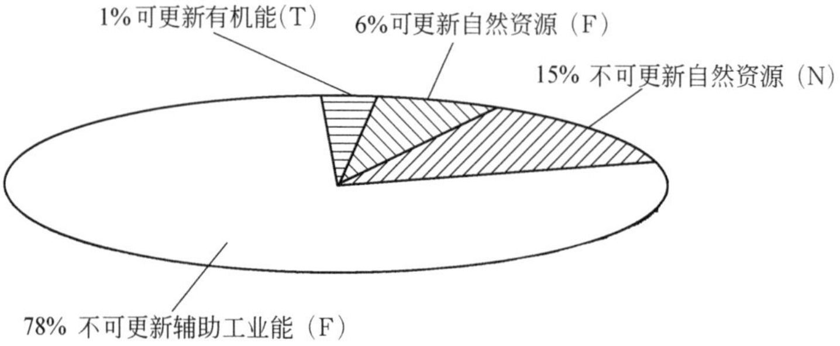

图 3-8-1　武川县种植业系统各类型能值投入

不可更新工业辅助能中化肥的能值投入为 8.49×10^{20} sej，为总能值投入的 70%，说明工业辅助能中主要以化肥为主，但由于化肥利用率比较低，成为种植业系统成本增加的主要原因。总体评估可见，该县不可更新能值的投入比例较大，说明种植业系统的发展是以耗竭环境资源为代价的，这种生产方式是不可持续的。

三、能值指标体系

为分析评价武川县种植业发展水平，比较了 2002 年武川县与 1997 年广东省三水市和 1989 年意大利的种植业系统能值指标(苏国麟等，1999)。相关指标见表 3-8-3 和表 3-8-4。

表 3-8-3　武川县种植业系统能值投入-产出表

	项　　目	代号或表达式	太阳能值(sej/年)
能值投入	可更新环境资源	R	6.741×10^{19}
	不可更新环境资源	N	1.838×10^{20}
	不可更新工业辅助能	F	9.568×10^{20}
	可更新的有机能	T	6.526×10^{18}
	环境资源总投入	$I_1=R+N$	2.512×10^{20}
	总辅助能投入	$I_2=F+T$	9.63×10^{20}
	总能值投入	$I=I_1+I_2$	12.15×10^{20}
总产出能值		EY	7.51×10^{20}
总产出能量		Y	3.33×10^{15} J

表 3-8-4　武川县、三水市和意大利种植业系统能值指标的比较

能值指标	表达式	武川县	三水市(1997)	意大利(1989)
系统太阳能值转化率	I/Y	3.65×10^5	4.3×10^4	4.62×10^4
净能值产出率	YY/(F+T)	0.779	1.68	1.13
能值投入率	(F+T)/(R+N)	3.84	8.72	7.55
环境承载力	(F+T+N)/R	17.01	9.19	9.29

1.种植业系统太阳能值转换率

该指标是种植业系统总投入能值与产出能的比值，反映系统地位等级。由表 3-8-4 可以看出，2002 年武川县种植业系统的能值转换率为 3.65×10^5 sej/J，是三水市的 8.5 倍，是意大利的 7.9 倍。与发达系统相比，武川县种植业系统处于农业系统的较高阶层，种植业在该县整个经济系统中的地位高，应更加重视种植业的稳定和发展。

2.净能值产出率

该指标是产出能值与经济投入能值（工业辅助能、有机能值总和）的比值，是评估资源利用效率的指标。武川县 2002 年种植业系统净能值产出率为 0.779，小于 1，说明种植业系统农产品包含的能值比其生产时经济投入的能值还要小。农产品的生产成本高，生产者获益小，不能成为一种为其经济活动提供能量基础的产业。武川县 2002 年种植业系统净能值产出率是三水市的 1/3，意大利的 2/3，说明武川县种植业系统能值利用效率很低，生产成本较高，这是由于武川县种植业系统购买能值的投入比例较高，因而在同等条件下，其农产品在国内和世界市场并不具有竞争能力。

3.能值投入率

该指标是经济投入能值与自然环境输入能值之比。前者如物质和劳务等，均需花钱购买，故称为"购买能值"；后者来自于自然界无偿投入，成为"无偿能值"，包括不可更新资源土壤和可更新的太阳光和雨水化学能等。该指标可表示系统对环境资源的利用程度，还可测知环境资源条件对经济活动的承受力。

武川县 2002 年种植业系统的能值投入率为 3.84，低于三水市的 8.72 和意大利的 7.55。这表明武川县种植业系统每单位无偿环境资源的利用只相应投入了较少的购买能值，需要通过增加投入来提高对自然资源环境的利用。武川县的购买能值投入中大部分是不可更新的工业辅助能。可更新的有机能值投入少，不到总能值投入的 1%。今后购买能值的投入应集中在可更新的有机能值投入。

4.环境承载率

该指标是经济能值、不可更新自然资源能值总和与可更新自然资源能值投入之比，体现系统对自然环境的压力大小。武川县种植业系统环境承载率 17.01，分别是三水市的 1.85 倍 和意大利的 1.83 倍。表明武川县由于种植业的发展对环境的压力相当大。这一方面使武川县 2002 年种植业系统农产品因较高的购买能值的投入而增加生产成本，在国内外市场上缺乏竞争能力；另一方面，对无偿环境资源的过度利用必然会引起生态环境的破坏。因此，可以考虑适当减少某些高能值消耗的农作物的种植面积，保护生态环境。

四、武川县种植业系统能值特征

(1)2002 年武川县的能值投入中不可更新资源的投入占了总能值投入的 93.3%,不可更新能值的投入比例较大,说明武川县种植业系统的发展是以耗竭环境资源为代价来换取农业生产的发展,这种生产方式是不可持续的。2002 年武川县种植业系统的不可更新资源 1.838×10^{20} sej,占总能值投入的 15.1%;武川县不可更新资源能值主要来自于风蚀季节里土壤吹走造成的表土层养分的损失。因此为了保持水土进行的退耕还林还草工程应该长期持续地进行下去,从而降低不可更新资源的使用,维护良好的生态环境。

(2)武川县种植业系统经济投入中,化肥占 70%,不符合经济高效的目标,故应扩大有机肥源,逐步减少化肥的用量。通过优质秸秆资源(如莜麦秸)的利用途径,氨化发酵后以秸养畜,再以畜肥养田,就可作到保护土壤,肥田的双重效率。

(3)武川县种植业系统太阳能值转换率和环境承载力比发达系统高得多,可是净能值产出率和能值投入率却又低得多,说明武川县种植业系统生产成本较高,再加上对资源环境过度的利用,因而在同等条件下,其农产品在国内和世界市场并不具有竞争能力,因此,应采取合理的资源优化配置,提高种植业的初级生产力。

五、基于能值分析的武川县种植业系统可持续发展对策探讨

能值理论认为,一个系统具有较高的能值产出率和相对较低的环境承载率,该系统将与外界环境保持良好的能量和物质的交换,提高自身的平衡能力,实现可持续的发展。要提高武川县种植业系统的可持续性,实现可持续发展,必须努力提高对可更新自然资源的利用率,尽量减少对不可更新自然资源的破坏,降低对环境系统的破坏。

(一)保护当地的不可更新自然资源

武川县地处北方农牧交错带的中段,风蚀季节由于地表裸露,农田翻耕后土质疏松,有大量的农田表层土壤被吹走。不可更新的表层土能值损耗构成了当地能值投入的一大部分,同时对当地的能值产出又没有任何的贡献。保护农田土壤,成为当地实现可持续发展的必须。一方面,我们改传统的翻耕地为留茬免耕地,减少风蚀季节里农田表层土的损失;另一方面,合理给定土地利用标准,规划土地利用模式,提高土地利用效率,在不适宜作为农田的地方,坚决退耕还林还草,保护土地资源。

(二)以农产品支持畜牧业的发展,提高农产品的附加能值

武川县长期以来主要依靠天然草地生产畜产品和吸纳牲畜废物,是一个封闭的体系,很少或几乎不与种植业发生联系,加上不合理的人为利用,使草地生态系统十分脆弱。以农产品来支持畜牧业的发展,可以在农田种植牧草,农作物秸秆和部分农产品直接作为饲料,一方面,提高了农产品的附加能值,增加了农田的能值产出;另一方面,发展畜牧业也不过度利用草地资源,保护了草地的生态环境。

(三)增大经济开发度,引进外来能值和输出高附加农产品能值

武川地处中国的西北部,由于历史和地域的关系长期以来都比较闭塞,随着经济的发展,对环境的压力日益加大。因此,增大经济开发度,引进外来能值。一方面,借助区域外能值资源更充分利用本地的能值;同时,重视人才,先进技术和管理经验等科技能值的引进和消化。能值输出则提升出口商品的档次和技术含量,增加产品的附加能值,扩大市场占有份额,来提高产品的国际竞争力和出口创汇能力。当地的马铃薯品质优良,但大部分是作为原产品在国内外市场流通,可以在当地生产优质的粉丝和薯片,不仅具有高的竞争力,还增加了农产品的附加能值,提高了其经济价值。

第九节 吉林省粮食作物生产系统的能值

一、研究区基本情况

吉林省位于中国东北地区的中部。全省面积 19.09 万 km^2,占全国总土地面积的 2%。其中耕地面积为 535 万 hm^2,占全省总土地面积的 28%。地貌形态差异明显,地势由东南向西北逐渐倾斜,形成东部山地、丘陵,中西部平原,东南高西北低的分布特点和农业自然景观。全省土壤较肥沃且适应性较广的土壤绝大部分分布在中部平原主要农区,约有 300 万 hm^2 以上,占全省耕地面积的 55%以上,这些土壤一般土层厚度超过 30 cm,土壤有机质含量 1.28%～3.42%。此外,还有大片的风沙和盐碱土,面积约占全省耕地面积的 10%左右。

吉林省气候具有春季干燥多风沙,夏季温热多雨,秋季降温快霜来得早,冬季漫长,严寒少雪的特点。全省年日照时数为 2 200～3 000 h,由于地区间差异,光能资源在地理分布上很不均匀,总的趋势是日照时数由东向西递增,山地低于平原,东部低于西部。年总辐射量为 459.6～543.4 kJ/cm^2,分布特点为由西部平原向东部山区递减。全省年平均气温在 2～6℃之间,无霜期为 120～160 d,多年平均降雨量为 609 mm。

全省总播种面积中,机耕、机播、机收分别达到 35%、30%、0.5%,场上作业、后勤加工及饲料粉碎等作业基本上实现了机械化或半机械化。田间机械化水平远远高于全国平均水平。粮食作物主要有:玉米、水稻、大豆、高粱、谷子、小麦、薯类以及杂粮杂豆等。2000 年粮食作物播种面积 335.7 万 hm^2,占农作物总播种面积的 83%左右,其中玉米占 54.2%,水稻占 14.4%,大豆占 16.1%。

二、研究方法

本研究为宏观区域粮食作物系统能值分析,采用农业生态系统能值分析的方法进行专家咨询和农户调查,收集吉林省 1999—2002 年统计资料和其他相关材料。将各种物质和能量的投入换算成能值量,所涉及的太阳能值转换率参照 Odum(1996)的文献,能量折算系数参照骆世明(2001)和闻大中(1985)的文献,编制能值指标进行分析粮食作物系统的发展现状及探讨发展方略。

三、结果与分析

吉林省粮食作物生产生态经济系统能值分析、能值投入产出、能值指标体系见表 3-9-1、表 3-9-2 和表 3-9-3。

表 3-9-1　吉林省粮食作物生产生态经济系统能值分析表(1999—2002 年四年平均)

项　　目	太阳能值转换率(sej/J 或 sej/g)	原始数据	太阳能值
太阳光	1.00	1.01×10^{20}	1.01×10^{20}
雨水化学能	1.54×10^{4}	1.12×10^{17}	1.73×10^{21}
雨水势能	8.89×10^{3}	1.68×10^{17}	1.49×10^{21}
可更新资源合计			1.73×10^{21}
表土层损失	6.25×10^{4}	3.77×10^{15}	2.35×10^{20}
不可更新资源合计			2.35×10^{20}
柴油	6.60×10^{4}	6.45×10^{15}	4.26×10^{20}
氮肥(sej/g)	4.62×10^{9}	5.65×10^{11}	2.61×10^{21}
磷肥(sej/g)	1.78×10^{10}	3.36×10^{11}	5.98×10^{21}
钾肥(sej/g)	2.96×10^{9}	9.19×10^{10}	2.72×10^{20}
复合肥(sej/g)	2.80×10^{9}	2.01×10^{11}	5.63×10^{20}
农药(sej/g)	1.62×10^{9}	3.76×10^{10}	6.09×10^{19}
电力			3.56×10^{20}
机械(sej/g)	6.70×10^{9}	3.78×10^{10}	2.53×10^{20}
不可更新工业辅助能合计			1.03×10^{22}
人力	3.80×10^{5}	2.65×10^{15}	1.01×10^{21}
畜力	1.46×10^{5}	5.89×10^{14}	8.60×10^{19}
有机肥(sej/g)	2.70×10^{6}	1.96×10^{13}	5.30×10^{19}
种子	2.00×10^{5}	3.29×10^{15}	6.57×10^{20}
可更新有机能合计			1.79×10^{21}
能值产出			
玉米	2.70×10^{4}	3.45×10^{17}	9.32×10^{21}
大豆	6.90×10^{4}	1.87×10^{16}	1.29×10^{21}
水稻	3.59×10^{4}	6.83×10^{16}	2.45×10^{21}
合计			1.31×10^{22}

表 3-9-2 吉林省粮食作物生产生态经济系统能值投入产出(1999—2002 四年平均)

项　　目	代号或表达式	太阳能值
可更新环境资源	EmR	1.73×10^{21}
不可更新环境资源	EmN	2.35×10^{20}
不可更新工业辅助能	EmF	1.03×10^{22}
可更新有机能	EmR1	1.79×10^{21}
环境资源总投入	Em1＝EmR＋EmN	1.96×10^{21}
总辅助能投入	EmU＝EmF＋EmR1	1.21×10^{22}
总能值投入	EmT＝Em1＋TmU	1.41×10^{22}
能值产出		
玉米籽实	Y1	9.32×10^{21}
大豆籽实	Y2	1.29×10^{21}
水稻籽实	Y3	2.45×10^{21}
总能值产出	Y＝Y1＋Y2＋Y3	1.31×10^{22}

表 3-9-3 吉林省粮食生产生态经济系统能值指标体系(1999—2002 年四年平均)

能值指标	表达式	数值
能值投入率	EmU/Em1	6.18
净能值产出率	EmY/EmU	2.03
环境压力	(EmU＋EmN)/EmR	7.16
环境资源能值/总投入能值	Em1/EmT	0.14
可更新环境资源能值/环境资源总能值	EmR/Em1	0.88
可更新环境资源能值/总投入能值	EmR/EmT	0.12
工业辅助能值/总投入能值	EmF/EmT	0.73
有机辅助能值/总投入能值	EmR1/EmT	0.13
工业辅助能值/总辅助能值	EmF/EmU	0.85
有机辅助能值/总辅助能值	EmR1/EmU	0.15
化肥能值/工业辅助能值		0.91
农业机械能值/工业辅助能		0.02
人力能值/可更新有机能		0.56
有机肥能值/可更新有机能		0.03

(一)可更新环境资源能值与环境资源总能值及可更新环境资源能值与系统总投入能值的比率分别为 88%和 12%

环境能值的投入主要是雨水能值的投入,吉林省的粮食生产是以消耗大量的水资源为代价的,所以加强节水农业,提高水资源的利用效率是吉林省粮食生产中要重点解决的问题。环境资源能值占系统总投入能值的比例为14%。不可更新的环境能值占环境总能值投入的比率为12%,可见,在环境能值的总投入中,主要是雨水化学能的投入。

(二)总辅助能值投入中工业辅助能值高于可更新的有机能值,比例分别为85%和15%,应按适当比例增加有机能值的投入以提高粮食生产生态经济效益

粮食生产系统辅助能值投入的结构和数量决定了粮食产量和生态子系统对投入能值利用和转化效率的高低。其中,可更新有机能值与不可更新工业辅助能值分别扮演不可互相替代的角色。有机辅助能直接投入到粮食生产生态系统中,其多少表征了该系统自给能力的强弱;而工业辅助能为无机能,间接投入到粮食生产生态系统中,强化将太阳能转化为贮存食物能的过程,其投入规模在一定程度上表征了农业现代化水平的高低。

吉林省粮食生产中工业辅助能值和有机辅助能值在总投入能值中所占比重分别为73%和13%,他们在总辅助能值中所占的比例分别为85%和15%,可以看出,总辅助能值投入中工业辅助能值远高于有机辅助能值,这与该系统目前的生产水平相符。在工业辅助能值内部,化肥投入占相当重要的地位为91%,说明化肥是吉林省粮食生产系统自系统外得到的最多的能值,粮食生产的机械化程度有待进一步提高。在可更新有机能值构成中,人力能值占56%,有机肥能值占3%,说明该省粮食生产处于传统农业向现代农业转型阶段。由于工业辅助能和有机能的结合能够加强粮食生产系统的能流(Odum,1996),因此,应在一定限度内,扩大有机能值投入。如推广良种,减少种子用量等,尤为重要的是广辟有机肥源,推广秸秆还田,提高人畜粪尿利用率。另外,在增加生产的同时,为提高投入能值利用效率,粮食生产中各项能值的投入应根据当地实际保持恰当比例,如有机肥与化肥按比例配合使用,否则,不匹配的能值投入虽能增加产量,但利用效率低,生态经济效益亦不高。

(三)吉林省粮食生产系统能值投入率与净能值产出率均较高,说明此粮食系统比较发达

根据耗散结构理论,任何系统都有自发熵增加过程,在人为干预下,粮食生产系统熵增加速度加快。为保证该系统有序运转,粮食生产持续发展,应从人类社会经济系统中输入更多负熵流——辅助能,以补充限制因子,增加粮食生产系统运转的生态资本,使系统内各子系统或各要素间产生协同效应从而提高系统对自然资源与经济转化效率,提高粮食生产系统供给能力及对社会经济发展支撑能力。

在吉林省粮食生产系统中,表征自然环境资源对经济活动承受力的指标——能值投入率为6.18,高于1998年中国农业系统的能值投入率4.93(蓝盛芳,2002),而环境资源能值与总投入能值比率等于14%(1998年中国农业系统为13%;蓝盛芳,2002),说明该系统的运转环境资源有一定的作用,来自社会经济反馈能值占主流86%,对每单位免费环境资源的利用相应投入了较高辅助能值,这与吉林省粮食大区的地位有关,粮农在粮食生产过程中,精耕细作,投入较多资金用于购买相关生产资料。系统的运行和发展主要依赖于社会经济系统投入的能值。

净能值产出率是判断系统中社会经济资源利用效益高低与否的指标,吉林省粮食生产系统的净能值产出率为2.03,说明吉林粮食生产具有较高的效益,高于全国平均水平。

(四)吉林省粮食的集约化生产,给生态环境造成了较大的压力

人类经济活动对环境资源的干扰应限制在一定范围内,否则生态平衡被打破的结果是人类将遭到自然界的惩罚,粮食生产也应遵循这一原则。吉林省粮食生产系统的环境压力为7.16,高于1998年中国农业系统的2.80,但是低于日本1994年农业系统的环境压力14.49(蓝盛芳,2002),这说明吉林省粮食生产的集约化程度较高,可以适度减少能值投入,使系统得以协调发展。但就粮食生产面临的水资源短缺问题,粮食生产造成的压力应引起足够重视。要重视农业科技的应用,走节水农业的路子。

(五)吉林省主要粮食作物产出能值中玉米最高,水稻次之,大豆最小

吉林省粮食生产系统能值产出分析中,玉米、大豆、水稻所占比例分别为71.15%,9.85%和18.7%,这说明玉米在吉林省粮食作物中的重要地位,吉林省应该把玉米产业做大做强。

四、吉林省三大粮食作物之间的能值比较分析

(一)吉林省玉米、大豆、水稻生产的能值投入结构分析

能值投入结构分析有助于从整体上评价特定区域不同作物系统的开放与发展程度。从表3-9-4可见,吉林省三种主要粮食作物玉米、大豆和水稻种植业系统每公顷能值总流量分别为4.10×10^{15}、2.41×10^{15}和3.73×10^{15}sej,玉米＞水稻＞大豆。其中玉米系统可更新环境资源、不可更新环境资源、不可更新的工业辅助能值和可更新的有机能值分别占总能值流量的12%、1.95%、74.38%和11.90%;大豆系统分别为21%、1.13%、56.70%、和21.31%;水稻系统则分别为14%、0.00%、70.88%、14.82%。玉米、大豆、水稻这三种作物中工业辅助能的能值投入最大且玉米＞水稻＞大豆,这三种作物化肥(氮肥、磷肥、钾肥、复合肥)的能值投入占工业辅助能值投入总量分别为92.95%、88.56%和70.82%,分别居于首位,且玉米＞大豆＞水稻,表明工业辅助能的投入主要是化肥的投入。

玉米、大豆和水稻这三种作物可更新的有机辅助能值占总能值的比例分别为11.90%、21.31%和14.82%并且大豆＞水稻＞玉米,与传统农业相比,其在系统各类投能中所占的比例已经大大降低。这三种作物有机能投入中人力、畜力、有机肥和种子分别占58.41%、49.57%、56.17%;5.29%、5.41%、2.75%;3.09%、3.11%、1.38%;33.99%、41.91%、39.70%。主要的能值投入来自人力、种子、畜力和有机肥,并且人力＞种子＞畜力＞有机肥,表明人力仍然是吉林省种植业系统的重要动力,说明精耕细作程度很高。有机肥的投入最低,尤其是水稻只有1.38%。有机能是一种可更新的资源,提高有机能的比例,对农业的可持续发展具有重要的意义。

表 3-9-4 吉林省玉米、大豆、水稻生产每公顷能值投入产出表(1999—2002 年四年平均)

项目	能值转换率	玉米	大豆	水稻
太阳光	1.00	2.77×10^{13}	2.71×10^{13}	2.71×10^{13}
雨水化学能	1.54	4.65×10^{4}	4.86×10^{14}	4.86×10^{14}
雨水势能	8.89×10^{3}	3.74×10^{14}	4.86×10^{14}	4.86×10^{14}
可更新资源合计		4.65×10^{14}	4.86×10^{14}	4.86×10^{14}
表土层损失	6.25×10^{4}	8.68×10^{13}	2.82×10^{13}	0.00
不可更新资源合计		8.68×10^{13}	2.82×10^{13}	0.00
柴油	6.60×10^{4}	1.26×10^{14}	8.94×10^{13}	9.46×10^{13}
氮肥(sej/g)	4.62×10^{9}	6.53×10^{14}	3.51×10^{14}	1.17×10^{15}
磷肥(sej/g)	1.78×10^{10}	2.07×10^{15}	6.23×10^{14}	5.79×10^{14}
钾肥(sej/g)	2.96×10^{9}	7.55×10^{13}	5.37×10^{13}	8.29×10^{13}
复合肥(sej/g)	2.80×10^{9}	1.48×10^{14}	2.03×10^{14}	1.44×10^{14}
农药(sej/g)	1.62×10^{9}	1.53×10^{13}	1.30×10^{13}	2.41×10^{13}
电力	1.59×10^{5}	0.00	0.00	5.34×10^{14}
机械(sej/g)	6.70×10^{9}	6.87×10^{13}	5.03×10^{13}	8.26×10^{13}
不可更新工业辅助能合计		3.08×10^{15}	1.38×10^{15}	2.71×10^{15}
人力	3.80×10^{5}	2.73×10^{14}	2.52×10^{14}	2.99×10^{14}
畜力	1.46×10^{5}	2.52×10^{13}	2.77×10^{13}	1.41×10^{13}
有机肥(sej/g)	2.70×10^{6}	1.62×10^{13}	1.54×10^{13}	7.08×10^{12}
种子	2.00×10^{5}	1.66×10^{14}	2.17×10^{14}	2.08×10^{14}
可更新有机能合计		4.76×10^{14}	5.12×10^{14}	5.28×10^{14}
能量产出(J)				
玉米籽实		1.34×10^{11}	4.50×10^{10}	1.03×10^{11}
玉米秸秆		1.75×10^{11}	6.10×10^{10}	9.45×10^{10}
合计		3.09×10^{11}	1.06×10^{11}	1.97×10^{11}

投入到作物系统的环境可更新资源主要是雨水,其能值投入主要与作物系统面积大小、气候因素有关,因此就单位面积而言投入到该区域三种作物系统中的可更新环境资源能值是相同的。种植业系统的能值来源可分为两部分:无偿自然环境资源能值投入(包括可更新和不可更新环境资源)和购买能值投入(包括不可更新的工业辅助能和可更新的有机能)。吉林省玉米、大豆、水稻三种作物系统的无偿环境能值占系统总投入能值的比例分别为13.72%、21.98%、14.31%,购买能值占系统总投入能值的比例则分别为86.28%、78.02%、85.69%(表 3-9-5),购买能值投入占绝大部分。说明吉林省三大作物系统已主要依赖来自经济系统的购买能值,均已成为一个高度开放的商品型系统,生产的集约化和现代化程度很高。在种植业内部,购买能值占系统总投入能值的比例大小为玉米和水稻差不多,高于大豆;环境能值的比例大小与之相反为大豆高于玉米和水稻,玉米和水稻差不多。大豆

的环境资源能值投入最高，应进一步增加购买能值的投入，以提高环境资源的利用效率。

表 3-9-5　吉林省玉米、大豆、水稻生产的能值投入结构比较(1999—2002 年四年平均)　%

能值指标	表达式	玉米	大豆	水稻
环境资源能值/总能值	Em1/EmT	13.72	21.98	14.31
购买能值/总能值	Emu/EmT	86.28	78.02	85.69
可更新环境能值/环境总能值	EmR/Em1	84.79	93.97	100.00
不可更新环境能值/环境总能值	EmN/Em1	15.21	6.03	0.00
不可更新环境能值/总能值	EmN/EmT	1.95	1.13	0.00
工业辅助能/总能值	EmF/EmT	74.38	56.70	70.88
有机能辅助能/总能值	EmR1/EmT	11.90	21.31	14.82
工业辅助能/总辅助能值	EmF/EmU	86.19	72.36	82.48
有机能值/总辅助能值	EmR1/EmU	13.81	27.64	17.52
化肥/工业辅助能		92.95	88.56	70.82
农药/工业辅助能		0.53	1.10	1.13
机械/工业辅助能		2.17	3.74	3.21
人力/有机能辅助能		58.41	49.57	56.17
畜力/有机能辅助能		5.29	5.41	2.75
有机肥/有机能辅助能		3.09	3.11	1.38
种子/有机能辅助能		33.99	41.91	39.70

通常，在可以预见的时期内，土壤肥力的下降可看作是不可更新的资源消耗(Odum，1996)。吉林省三种作物系统每年的表土层净肥力损失仅占系统总能值流量的 1.95%、1.13%和 0%，这表明在系统内，作物的生长在很大程度上已不再依赖于土壤的自然肥力，而主要受工业辅助能值投入量的影响。由于水稻有水层覆盖，表土层损失可视为零。

(二)吉林省玉米、大豆、水稻生产的能值指标分析

1. 太阳能值转换率

即每单位某种类别的能量或物质所含(相当)的太阳能值之量。吉林省玉米、大豆、水稻这三种作物的太阳能值转换率分别为 3.73×10^4、6.18×10^4、4.380×10^4 sej/J(表 3-9-6)，全国平均水平玉米、大豆、水稻三种作物的太阳能值转换率分别为 2.70×10^4、6.90×10^4、3.59×10^4(蓝盛芳，2002)。由于太阳能值转换率不仅是评价能质的指标，而且是评价自组织系统产品等级和作用效果的指标，系统产品的太阳能值转换率越高，其能质等级越高；但从另一角度看，太阳能值转换率高说明该系统需要输入较大量的能量来维持该产品的生产过程(Odum，1987；1996)。因此，玉米、大豆和水稻相比，大豆的能质最高，水稻次之，玉米最低。

表 3-9-6 吉林省玉米、大豆、水稻生产的能值指标比较(1999—2002 年四年平均)

指标	表达式	玉米	大豆	水稻
太阳能值转化率	EmT/Y1	3.73×10^4	6.18×10^4	4.380×10^4
净能值产出率	EmY/EmU	0.98	1.63	1.13
能值自给率	(EmR+EmN)/EmT	13.72%	21.98%	14.31%
能值投入率	EmU/Em1	6.60	4.00	7.59
能值投入密度	EmT/hm^2	4.11×10^{15}	2.41×10^{15}	3.729×10^{15}
环境压力	(EmU+EmN)/EmR	8.27	4.39	7.59
宏观经济价值	元/hm^2	6 659.09	3 904.06	6 041.93

2. 净能值产出率

为产出(输出)的能值与反馈(输入)的能值之比,其中反馈的能值来自人类经济系统,这个指数表征了经济过程是否具有向经济活动提供基础能源的能力。吉林省大豆作物系统的净能值产出率为 1.63 (表 3-9-6)明显高于玉米和水稻,也明显高于日本(1990 年为 1.08)和意大利(1989 年为 1.12),说明大豆具有生产的优势,在同等条件下其产品具有市场竞争力,吉林省玉米作物系统的净能值产出率为 0.98,也低于日本和意大利,说明玉米不具有市场竞争力;水稻的净能值产出率为 1.13(表 3-9-6),低于大豆,也低于日本和意大利,说明水稻系统比发达国家具有较低的能值利用效率,生产成本较高,在同等条件下,其产品的竞争力在国际市场上不强。这是由于购买能值投入的比率较高而生产消耗无偿的自然环境资源的能值比例较低。因此,建议可适当增加大豆的面积,降低水稻的面积。由于净能值产出率较低,系统的能值转化率需要提高,应在提高能值投入的同时,提高系统的能值产出。

3. 能值投入率

等于人类经济系统投入(反馈)的能值与自然环境资源输入生产过程的能值之比。前者如燃油、电力、物资和劳务等,均需花钱购买,故称为“购买能值”;后者来自自然界无偿投入,称为“无偿能值”,包括土地、矿藏等不可更新资源和太阳光、风、雨等可更新环境资源。他用于衡量经济活动在一定条件下的竞争能力,并可测知环境资源条件对经济活动的承受力。该指标可表示系统对环境资源的利用程度。吉林省玉米、大豆、水稻作物系统的能值投入率分别为 6.60、4.00、7.59(表 3-9-6)低于意大利(1989 年为 8.52),日本为 14.03,广东省三水市为 17.65。表明每单位无偿环境资源的利用相应投入了较少的购买能值,对无偿环境资源的压力不大。三种作物之间比较,水稻>玉米>大豆。

4. 环境压力

等于购买能值加上系统内消耗的不可更新资源(如土壤等)能值与投入系统内无偿的可更新环境资源(如太阳光、雨水等)能值之比。吉林省玉米、大豆、水稻作物系统的环境压力分别为 8.27、4.39、7.59(表 3-9-6)低于意大利(10.43),但高于全国平均水平(2.80),较高的环境压力说明环境资源利用充分。同时,环境所承受的压力较大;三种作物之间比较为玉米>水稻>大豆,表明大豆种植业系统的投入水平相对较低,系统生产的环境压力不高,农业环境资源还有进一步开发利用的潜力,可以进一步加大能值投入,提高生产力水平。

5. 宏观经济价值

等于作物产品的能值除以国家的能值/货币比率。它反映了某一产品的实际价值，包括凝结在产品中的人类劳动和环境资源的价值。产品的宏观经济价值较高时，表明它对经济的贡献率较大。人民币汇率排价按 8.26 元/美元计算，吉林省玉米、大豆和水稻三种作物的宏观经济价值分别为 6 659.09 元/hm^2、3 805.5 元/hm^2 和 6 041.93 元/hm^2（表 3-9-6），市场价值分别为 4 582.5 元、3 904.06 元和 8 187 元。大豆和水稻的价值高于宏观经济价值，实行市场调节即可，玉米的市场价值低于宏观经济价值，虽然政府已经实行了给农民直补 10 元/亩的政策，但我国的农业补贴明显低于美国等发达国家，从宏观经济价值的角度看，玉米应补 138.4 元/亩。因此，建议政府应进一步给农民以税收上的支持，提高直补的力度，让农民得到实惠，增加种田的积极性以保证国家的粮食安全和实现农业的可持续发展。

小结：

(1)吉林省粮食生产系统能值投入水平较高，环境压力较大，高于全国平均水平；能够较大规模的采用农业机械、石化产品等先进技术和手段，同时结合现代生产技术和经营管理方法，充分利用自然资源，促进物质的转化和能量循环，整体功能比较好，运转效率较高，投入的能值转化效率高。

(2)环境资源总能值投入中，主要是可更新环境资源能值的投入为 88%，其占系统总投入能值的比率为 12%。总辅助能值投入中工业辅助能值高于可更新的有机能值，比例分别为 85%和 15%，建议应按适当比例增加有机能值的投入以提高粮食生产生态经济效益。

(3)吉林省三大作物系统已主要依赖来自经济系统的购买能值，均已成为一个高度开放的商品型系统，生产的集约化和现代化程度很高。在种植业内部，购买能值占系统总投入能值的比例大小为玉米和水稻差不多，高于大豆；环境能值的比例大小与之相反为大豆高于玉米和水稻，玉米和水稻差不多。大豆的环境资源能值投入最高，应进一步增加购买能值的投入，以提高环境资源的利用效率。

水稻系统比发达国家具有较低的能值利用效率，生产成本较高，在同等条件下，其产品的竞争力在国际市场上不强。这是由于购买能值投入的比率较高而生产消耗无偿的自然环境资源的能值比例较低。因此，建议可适当增加大豆的面积，降低水稻的面积。由于净能值产出率较低，系统的能值转化率需要提高，应在提高能值投入的同时，提高系统的能值产出。

(4)环境压力三种作物之间比较为玉米＞水稻＞大豆，表明大豆种植业系统的投入水平相对较低，系统生产的环境压力不高，农业环境资源还有进一步开发利用的潜力，可以进一步加大能值投入，提高生产力水平。

（严茂超，董孝斌，秦红灵，张大瑜，高旺盛）

参考文献

1. Brown, M. T. Vorasun Buranakarn. Emergy indices and ratios for sustainable ematerial cycles and recycle options Resources, Conservation and Recycling. 2003, 38: 1-22

2. Brown, M. T., Herendeen, J.. Embodied energy analysis and emergy analysis: a comparative view. Ecol. Econ. 1996, 19, 219-235
3. Brown, M. T., Ulgiati, S.. Emergy Evaluation of the Environment: quantitative perspectives on ecological footprints. In: Ulgiati, S., Brown, M. T., Giampietro, M., Herendeen, R. A., Mayumi, K. (Eds.). Advances in Energy Studies. Energy Flows in Ecology and Economy. MUSIS, Roma, 1998, 223-240
4. Brown, M. T., Ulgiati, S.. Emergy measures of carrying capacity to evaluate economic investments. Populat. Environ. 2001, 22 (5): 471-501
5. Odum HT. Environmental accounting. Emergy and environmental decision making. New York: Wiley, 1996
6. Odum, H. T., Brown, M. T., Ulgiati, S.. Ecosystems as energetic systems. In: Jørgensen, S. E., Müller, F. (Eds.), Handbook of Ecosystem Theories and Management. Lewis Publisher, Boca Raton. 2000, 281-302
7. Ulgiati S, Brown MT. Emergy accounting of human-dominated, large scale ecosystems. In: Jorgensen, Kay, editors. Thermodynamics and Ecology. Elsevier, 1999
8. Ulgiati S, Odum H. T., Bastianoni S. Emergy of Italian agricultural system. The role of energy quality and environmental inputs. In: Bonati L, Cosentino U, Lasagni M, Moro G, Pitea D, SchiraldiA, editors. Trends in ecological physical chemistry. Amsterdam: Elsevier, 1993: 187-215
9. Ulgiati, S., Brown, M. T.. Emergy accounting of manmade large-scale ecosystems. In: Jørgensen, S. E., Kay, J. J. (Eds.), Thermodynamics and Ecology. Elsevier, 1998, New York
10. Ulgiati, S., Odum, H. T., Bastianoni, S.. Emergy use, environmental loading and sustainability. An emergy analysis of Italy. Ecol. Model. 1994, 73: 215-268.
11. Xiaobin Dong, Sergio Ulgiati, Maochao Yan, et al. Energy and eMergy evaluation of bioethanol production from wheat in Henan Province. China. Energy Policy 36 (2008) 3 882-3 892
12. Xiaobin Dong, Sergio Ulgiati, Maochao Yan, et al. Progress, influence and perspectives of emergy theories in China, in support of environmentally sound economic development and equitable trade. Energy Policy 36 (2008) 1 019-1 028
13. 严茂超，李海涛，程鸿等. 中国农林牧渔业主要产品的能值分析与评估. 北京林业大学学报，2001，23(6)：66～69
14. 秦红灵，高旺盛，何文清. 北方农牧交错带半干旱区种植业系统能值分析——以武川县为例. 干旱地区农业研究，2005，23(1)：157～161
15. 董孝斌. 北方农牧交错带农业生态系统生产力分析评价及实证研究. 中国农业大学博士学位论文，2003
16. 张大瑜. 吉林省粮食作物生产系统的能值分析与比较优势研究. 中国农业大学博士学位

论文,2005
17. 蓝盛芳,钦佩,陆宏芳.生态经济系统能值分析.北京:化学工业出版社,2002
18. 苏国麟,李谋召,蓝盛芳等.广东三水市种植业系统的能值分析及其可持续发展.农业现代化研究,1999,20(6):359～362
19. 郑大玮,妥德宝,王砚田.内蒙古阴山北麓旱区农业综合治理与增产配套技术.呼和浩特:内蒙古人民出版社,2000

第四章

生态系统服务方法在农业宏观分析中的应用

第一节 基本理论

自从20世纪40年代以来生态系统概念与理论的提出和发展，促进了人类对生态系统结构与功能的不断认识和了解，并为人们研究生态系统服务功能提供了科学基础。近年来随着生态系统服务功能研究的兴起，人类开始重新审视人与自然、生态与经济的关系，并积极寻求可行措施解决生态系统与社会经济系统协调发展中遇到的各种问题。

一、生态系统服务的概念与内涵

生态系统服务(ecosystem services)的内容广泛而丰富，目前主要的概念主要有：

(1)Cairns(1997)认为生态系统服务是指对人类生存及生活质量有贡献的生态系统产品和生态系统功能。

(2)Daily(1997)认为生态系统服务功能是指生态系统与生态过程所形成及所维持的人类赖以生存的自然环境条件与效用，它不仅给人类提供生存必需的食物、医药及工农业生产的原料，而且维持了人类赖以生存和发展的生命支持系统。

(3)Costanza等(1997)把生态系统提供的商品和服务统称为生态系统服务。

(4)"千禧年生态系统评估"(millennium ecosystem assessment)项目(MA，2003)则将生态系统服务定义为人类从生态系统获取的利益，包括提供产品，如食物和水；调节功能，如洪水调节、干旱调节、土地退化控制和疾病控制；支持功能，如土壤形成和营养物质循环；文化服务，如娱乐、精神、宗教和其他非物质利益。

综合起来，可以认为生态系统服务对于地球的持续使用和人类社会的持续发展起到决定性作用，它不仅为人类提供了食品、医药及其他生产生活原料，更重要的是维持了人类赖以生存的生命支持系统，维持生命物质的生物地化循环与水文循环，维持生物物种与遗传多样性，净化环境，维持大气化学的平衡与稳定(欧阳志云等，1999；蔡晓明，2000)。生态系统服务包括两大方面，即提供人类生活所需产品的直接服务和保证人类生活质量的间接服务，生态系统与社会经济系统的开放性和互作性是生态系统服务提供给人类各种效益的基础和前提。

生态系统提供的服务是多种多样的，要对其进行系统性研究分析，首先必须对其进行归类划分。由于目前人类对生态系统服务功能的认识还不够完全，只能根据以往的研究基础进行分类。例如 Daily(1997)将其归纳为 13 类(不包括产品)，Costanza 等(1997)将全球的 16 个生物地理群落地带的生态系统服务归纳成 17 类(表 4-1-1)，De Groot(2002)定义为 23 类，MA(2003)将其服务归纳为 21 类(图 4-1-1)(MA，2003)。

表 4-1-1　生态系统服务项目一览表(Costanza,et al.,1997)

序号	生态系统服务	生态系统功能	举　例
1	气体调节	大气化学成分调节	CO_2/O_2 平衡、O_3 防紫外线、SO_x 水平
2	气候调节	全球温度、降水及其他由生物媒介的全球及地区性气候	温室气体调节，影响云形成的 DMS 产物
3	干扰调节	生态系统对环境波动的容量、衰减和综合反应	风暴防止、洪水控制、干旱恢复等生境对主要受植被结构控制的环境变化的反应
4	水调节	水文流动调节	为农业、工业和运输提供用水
5	水供应	水的贮存和保持	向集水区、水库和含水岩层供水
6	控制侵蚀和保持沉积物	生态系统内的土壤保持	防止土壤被风、水侵蚀，把淤泥保存在湖泊和湿地中
7	土壤形成	土壤形成过程	岩石风化和有机质积累
8	养分循环	养分的贮存、内循环和获取	固氮，N、P 和其他元素及养分循环
9	废物处理	易流失养分的再获取，过多或外来养分、化合物的去除或降解	废物处理、污水控制、解除毒性
10	传粉	有花植物配子的运动	提供传粉者以便植物种群繁殖
11	生物防治	生物种群的营养动力学控制	关键捕食者控制被捕食者种群，顶位捕食者使食草动物减少
12	避难所	为常居和迁徙种群提供生境	育雏地、迁徙动物栖息地、当地收获物种栖息地或越冬场所
13	食物生产	总初级生产中可用为食物的部分	通过渔、猎、采集和农耕收获的鱼、鸟兽、作物、坚果、水果等
14	原材料	总初级生产中可用为原材料的部分	木材、燃料和饲料产品
15	基因资源	独一无二的生物材料和产品的来源	医药、材料科学产品，用于农作物抗病和抗虫的基因，家养物种
16	休闲娱乐	提供休闲旅游活动机会	生态旅游、钓鱼运动及其他户外游乐活动
17	文化	提供非商业性用途的机会	生态系统的美学、艺术、教育、精神及科学价值

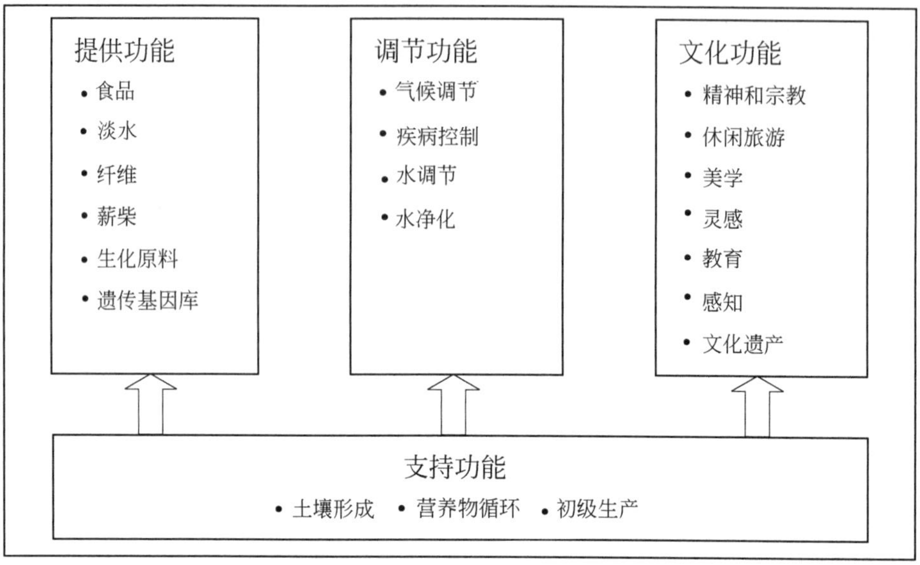

图 4-1-1 生态系统服务功能的分类(MA,2003)

二、农业生态系统服务的重要性

传统概念认为农业只是为社会经济系统提供产品和原材料的产业,其实农业生态系统服务对农业生产及社会经济系统具有一种重要的无形服务作用,这些服务进入社会经济系统,其经济价值巨大。同时,社会经济系统也会对农业生态系统的服务功能产生影响(图 4-1-2)。可以说,农业生态系统是社会经济系统发展的基础,农业生态系统服务对于农业生态系统的可持续发展及生态环境的保护具有重要的作用。

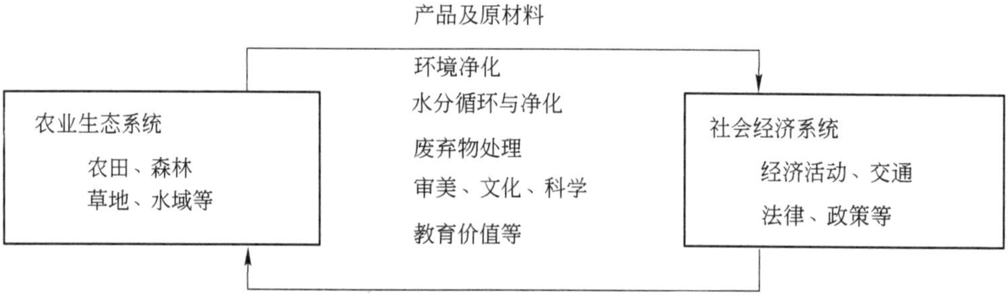

图 4-1-2 农业生态系统服务与社会经济系统的关系

(一)农业生态系统服务功能是农业可持续发展的关键

现代农业生产管理应该与农业生态系统服务的保护结合起来,要综合考虑各方面的问题。农业生态系统的现状不容乐观,由于长期的人为的影响,例如,过多地使用农药和化肥、追求单一高产的品种、不合理的土地利用、外来物种的干扰、农业系统外源污染以及社会发展水平和民众文化素质等因子都对农业生态系统的服务功能产生一定的不利影响。农业产生的过多的氮、磷物质加剧了全球环境的退化。许多生态系统服务的功能已经减弱甚至消失殆尽，人类应该本着保护或重建生态系统服务的角度来确定农业生产的目标，以获得农业的可持续发展。农业生态系统服务对于农业生产有着举足轻重的作用，人类在注重农业生产产量的同时也要注重对农业生态系统服务的保护与维持，农业发展应是生产与生态并重发展。

(二)农业生态系统服务功能强弱对全球生态环境影响显著

目前全球农业生产覆盖全球25%～30%的土地面积，我国农业部门直接利用国土面积约50%(骆世明，2000)。全球约50%的可利用土地已经被农业占据(Timan，D. et al，2001)。如果农业生态系统特别是生态脆弱区的系统服务功能得不到恢复与保护，那将会拖全球环境保护的“后腿”。本研究认为，全球生态环境恰如一个木桶的容量(图4-1-3)，由各类不同的生态系统组成，包括森林、草地、湿地、水域、农业等生态系统。

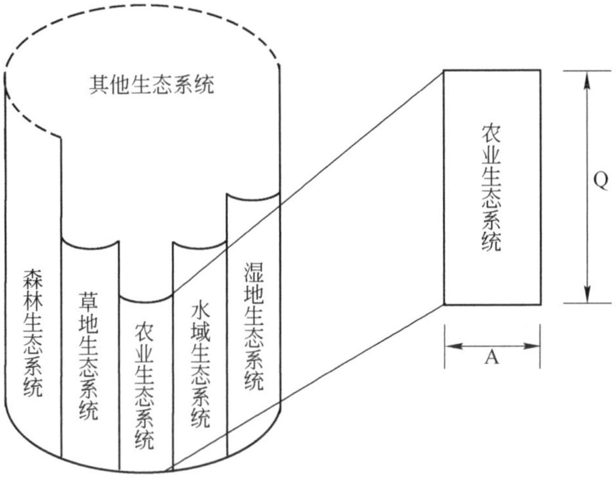

图4-1-3　各类生态系统组成的全球环境“容量桶”(陈源泉，高旺盛，2005)

每块“木板”(生态系统)的底部长度为该类生态系统的面积(A)，高度为该生态系统的质量(Q)。如果忽略农业生态系统的服务功能保护与恢复，那么即使其他生态系统保护得再好，也很难使整个木桶的容积增加。并且，农业生态系统的服务功能如果得不到改善将持续退化，进而有可能影响其他生态系统的功能。此外，农业生态系统服务也是农业系统生产力的重要组成部分(高旺盛，2001)。因此农业生态系统的好坏对全球生态环境影响显著。目前的生态战略存在忽视农业生态系统保护与建设的偏见，特别出现了从滥垦的极端转向消极地“退”的极端，忽视农业基本建设。因此，正确认识农业生态系统服务的双重性，调整农业生态系统的比例和结构增强农业生态系统服务功能至关重要。农业生态系统服务功能的恢复、维持应该成为全球生态环境保护与建设的重要组成部分。

三、农业生态系统服务的概念及内涵

(一)概念与内涵

农业生态系统服务是指农业生态系统及其生态经济过程向人类所提供的一系列功能与

效益和所维持的人类赖以生存的环境。其内涵包括农业生态系统提供农产品和各种原材料的生物生产功能、提高产品品质，改善人民生活质量功能、调节净化功能、土壤保持功能、水分调节功能、养分循环与贮存功能、维持生物多样性及基因资源功能、传粉播种功能、病虫草害控制功能以及景观审美价值等。

1. 生物生产功能

提供了大量的农产品和工业原料。目前，人类所需粮食70％来源于小麦、水稻、玉米等7种农作物。农业生态系统为人类提供了大量的食物、木材、薪材(能源)、纤维、蜡、油等一系列的产品和原材料。

2. 提高产品品质，改善人民生活质量功能

农业是人类脱离狩猎、采食自然食物的原始阶段，进入依靠人工改善食物来源的社会发展阶段的重要标志。随着人类改善农业生产方式的能力不断提高，食物的品质不断得到改善和提高，满足了人类的食物营养需求，大大改善了人民生活质量。这是人类改善自然生态系统提供的、标记着“人类改造”的农业生态系统服务功能。20世纪90年代以来，人们对食物的需求不仅仅是品质，而且追求一种健康，于是绿色食品、有机食品等现代生态农业模式不断涌现。

3. 调节净化功能

包括大气调节与环境净化服务功能。农业生态系统具有自然生态系统的属性，其包含的农田、果林、绿地(草地)、水面等生态系统通过绿色作物的光合作用和呼吸作用，都对大气的组成成分(CO_2、CH_4、O_2等)以及天气变化有调节作用，而因此改变的环境反过来影响着动植物以及人类的生活。此外，农业生态系统中的土壤一植物系统对来自城镇污水和农药化肥的污染起净化作用(骆世明，2000)。绿色植物、藻类和微生物以及水面对大气中的灰尘、有机或无机的化合物也起着吸收和沉淀的作用。农业生态系统对生的或者死的有机体、农业生产中的废弃物以及人类、畜禽的粪便等都有分解和再利用的功能。

4. 土壤保持功能

水土流失不仅使土壤的肥力下降，降低雨水的可利用性，还可造成下游可利用水资源量的减少，水质的下降(任海等，2001)。农田生产系统不仅为人类提供了多种多样的农产品，同时，农作物对地表的覆盖以及各种水土保持措施的采用，使农田生产系统也发挥着重要的土壤保持功能，我国农田保持土壤的服务价值为4 626.33亿元(孙新章等，2005)。

5. 水分调节功能

农业生态系统的农田、林地、草地等植被有防止水土流失及维持水分循环的功能。例如，山区梯田对山地地表径流有蓄纳和缓冲作用；旱作梯田也有一定的蓄水能力(骆世明，2000)。

6. 养分循环与贮存功能

土壤养分是农业的基础，农田生物是土壤有机质和养分的主要来源，又是土壤肥力的主要调节者。现代农业通过立体种植及选择归还率较高的作物，以及合理轮作、秸秆利用、豆科作物、增加有机肥等建立良性物质循环体系，使得养分在系统中反复循环利用，提高营养物质的转化及利用效率。

7.维持生物多样性及基因资源功能

生态系统不仅为各类生物物种提供了栖息地，而且还为生物的进化及生物多样性的产生与维持提供了条件。许多世界重点动物就以农区为栖息地。生态系统维持与保存生物多样性的同时，还为农作物品种的改良提供了基因库（骆世明，2000）。另外，多种多样的生物种类和生态系统的多样性具有产生新型食物和新型农业生产方式的巨大潜力。

8.传粉播种功能

据研究，全世界已记载的24万种显花植物中有22万种需要动物传粉，已发现传粉动物包括鸟、蝙蝠、昆虫等约10万种。如果没有动物的传粉，许多农作物会大幅减产，还有一些物种会灭绝，因为有些植物物种还同特定的传粉动物有着极为特殊的相互依赖的关系（任海等，2001）。经过授粉的水果在品质和外形上都有比较高的优势。不同的植物对授粉的依赖度不一样。100%依靠授粉的植物如果没有经过授粉会“花”而不实。50%依靠授粉的作物会因没有授粉而产量减半（CSIRO，2001）。另外，许多种类还需要借助动物来传播散布它们的种子，甚至有些种子还需经过动物的消化道才能发芽生成。许多植物的最终命运必须依靠与它们关系密切的授粉者的保护以及相互之间的有机体网络关系的保持（Kearns CA.，Inouye DW. 1997）。

9.病虫草害控制功能

农业生态系统中的病虫害是农业生产的一大危害，这些与人类争夺食物、木材、棉花及其他林产品的有害生物每年约消耗掉25%～50%的农产品。同时还有成千上万种杂草直接与农作物争水、光和土壤营养。据估计，农作物99%的潜在有害生物能得到自然天敌的有效控制，从而给人类带来巨大的经济效益（任海等，2001）。

10.景观价值服务功能

自然生态系统对人类的喜怒哀乐等许多情感活动有重要的影响。同样，农业生态系统也具有这样的功能。人类在长期自然历史演化过程中形成的与生俱来的欣赏自然享受生命的能力和对自然的情感依赖（任海等，2001）。不同的农业生态系统具有不同的景观，另外地域的不同以及民族习性的不同使得各类农业生态系统表现出不同的审美和文化价值。近年来兴起的生态农业游便是农业生态系统的这一功能的最好体现。

（二）农业生态系统与自然生态系统服务功能的区别

农业生态系统相对于自然生态系统具有自然与社会经济的“双重”特性，这决定了农业生产不能简单地依靠自然的力量来维持，而且还需要人工辅助能的投入来维持农业生态系统的发展。

自我维持的自然生态系统需要比较严格的地域面积和生物多样性水平，这些条件一旦被破坏，系统就不再是自我维持的了，曾经无偿提供的生态系统服务也不得不通过人为管理才能获得。由于人类活动范围和能力的日趋扩大，地球上的各类生态系统都难以保持自然状态。为了得到足够的生态系统服务，还需要部分依靠人工生态系统提供的服务。农业生态系统就是一种半自然半人工的生态系统。由于人工辅助能的投入，使得农业生态系统不可能向自然生态系统的“顶级”状态演变，而是“偏途”演替形成了一种远离平衡态的系统。

人工生态系统与自然生态系统提供的生态系统服务是不同的(表 4-1-2)。对于某些生态系统服务,人工生态系统是无法提供的。人类社会尚不能通过技术进步来摆脱对生态系统分解功能的依赖。大多数时候,人工管理系统比自然生态系统能够更为有效地提供一种生态系统服务(例如农产品及原材料服务),但却只能在小尺度上和有限时段内。与此相反,自然生态系统同时提供多项服务(特别是间接的生命维持、环境净化等服务)。另外,人们在使某一项生态系统服务达到最大时,往往需要更多的其他生态系统服务,这意味着同时减少了其他生态系统服务的提供。

表 4-1-2 自然生态系统服务与人工生态系统服务的比较(陈源泉,高旺盛,2005)

比较项目	自然生态系统服务	人工生态系统服务
服务地位	人类的生活和自然环境的维持主要靠自然生态系统服务	人工生态系统是在模拟自然生态系统的基础上成为自然生态系统服务的有益补充
价值量	自然生态系统服务的价值量是巨大的	人工生态系统服务的价值量相对较小
价值体现	自然生态系统服务的价值不仅包括可估算的价值,也包括不可预算的价值	人工生态系统服务的价值直接表现经济价值
可调性	自然生态系统服务的功能一旦遭到破坏就很难恢复	人工生态系统服务功能的可调性较大,可以人为调控
服务的多样性	自然生态系统服务能同时提供多种服务	人工生态系统的服务种类较少,但更有效
人类对其依赖性	人类对自然生态系统服务的依赖性大	人类对人工生态系统的依赖性较小
服务尺度	自然生态系统的服务是大尺度的和长期的	人工生态系统服务只能在小尺度和有限时段内有效

四、生态系统服务的价值分类

要对生态系统服务功能进行价值评价,首先必须对生态系统服务功能的价值构成进行界定,这是生态系统服务功能评价的前提条件,在此基础上才能根据其价值类型对具体的评价指标和方法进行选择。

根据目前的研究论述(Costanza 等,1997;毛文永,1998;孙刚等,2001;欧阳志云等,1999,2000;蔡晓明,2000;De Groot 等,2002;MA,2003)来看,我们可以认为:生态系统服务的使用价值是当代人直接或间接从生态系统中获益的价值,对于选择价值和遗产价值并没有"使用"。因此,从当代人的角度来分,生态系统服务功能的价值可以分为使用价值和非使用价值,使用价值可再分为直接使用价值和间接使用价值;非使用价值包括了选择价值、遗产价值和存在价值(图 4-1-4)。

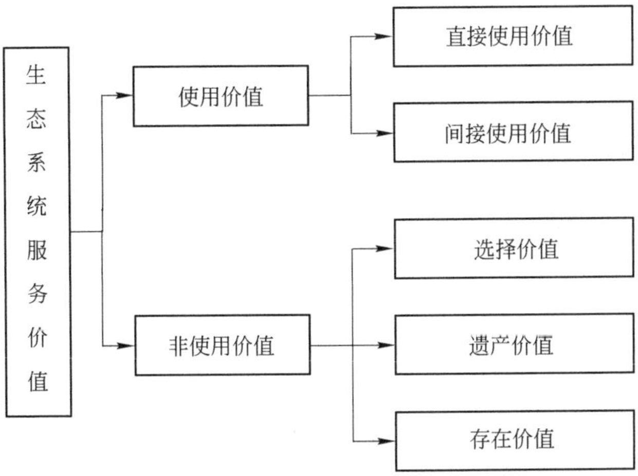

图 4-1-4 生态系统服务价值的分类

(一)直接利用价值

主要是指生态系统产品所产生的价值，它包括食品、医药及其他工农业生产原料，景观娱乐等带来的直接价值，可用产品的市场价格来估计（孙刚等，2001；欧阳志云等，1999，2000；蔡晓明，2000）。

(二)间接利用价值

主要是指无法商品化的生态系统服务功能，如维持生命物质的生物地化循环与水文循环，维持生物物种与遗传多样性、保护土壤肥力、净化环境、维持大气化学的平衡与稳定等支撑与维持地球生命支持系统的功能。间接利用价值的评估常常需要根据生态系统功能的类型来确定，通常有防护费用法、恢复费用法、替代市场法（孙刚等，2001；欧阳志云等，1999，2000；蔡晓明，2000）。

(三)选择价值

选择价值是人们为了将来能直接利用与间接利用某种生态系统服务功能的支付意愿。例如，人们为将来能利用生态系统的涵养水源、净化大气以及游憩娱乐等功能的支付意愿，即人们为自己确保将来能利用某种资源或效益而支付的一笔保险金。选择价值又可分为三类：自己将来利用、子孙后代将来利用、别人将来利用（肖寒，2001；孙刚等，2001；欧阳志云等，1999，2000；蔡晓明，2000）。

(四)遗产价值

是指当代人将某种自然物品或服务保留给子孙后代而自愿支付的费用或价格。遗产价值还可体现在当代人为他们的后代将来能受益于某种自然物品和服务的存在的知识而自愿支付的保护费用，遗产价值反映了一种人类的生态或环境伦理价值观——即代间利他主义（孙刚等，2001；欧阳志云等，1999，2000；蔡晓明，2000）。

(五)存在价值

亦称内在价值,是人们为确保生态系统服务功能能继续存在的支付意愿。存在价值是生态系统本身具有的价值,是一种与人类利用无关的经济价值。存在价值是介于经济价值与生态价值之间的一种过渡性价值,它可为经济学家和生态学家提供共同的价值观(孙刚等,2001;欧阳志云等,1999,2000;蔡晓明,2000)。

第二节 基本方法

一、生态系统服务价值的评估方法

关于生态系统服务功能的评价主要有货币化和非货币化两种方法。由于在与市场经济的融合、政府决策等方面使用货币化评价更具优势,因此,对生态系统服务价值的货币化评价成为研究的重点。当前,对生态系统服务的估价与衡量,特别是其经济评价,是减少和避免那些损害生态系统服务的短期经济行为的重要途径,也是现有社会状况下的当务之急。生态系统服务的经济评价很难做得准确无误。生态系统服务的多面性,生态过程和经济过程及两者之间联系的复杂性和自然过程的不确定性使这种估价的难度增加。目前,有许多不同的货币化评价方法被运用于计算生态系统服务价值的市场和非市场成分(表 4-2-1)。

表 4-2-1 生态系统服务经济价值估算方法

价值类型	功能(举例)	功能类型(举例)	经济估算方法
直接利用价值	商业产品	猎、渔、植物收获	市场价值法
间接利用价值	保护	居住地改善、其他生物栖息地	影子工程法,替代花费法
	污染控制、水产品处理、气候调节	污染和污水吸收	暂时估算方法,未知/间接方法
	生活质量	提供自然美景和健康愉悦的环境	享乐价值法,暂时估算方法
	文化娱乐、创造	鸟类欣赏、钓鱼、散步、慢跑	旅游费用法
	教育	学校参观、计划	意愿支付法
非利用价值	存在/遗产	生态作用、下一代遗产、将来使用的选择等	不能计算/间接方法;意愿支付法

随着生态经济学、环境经济学和资源经济学的发展,生态系统服务的经济价值货币化评估方法将会得到进一步的发展和完善。从目前的研究发展情况综合起来看,其主要有市场价值法、替代市场法及模拟市场法(孙刚,2000)。

(一)市场价值法

市场价值法是利用对生态系统服务的现状及其变化进行直接评价的方法,主要有生产率变动法、疾病成本法和人力资本法、机会成本法、有效成本法、预防性支出法、置换成本法等。

1.生产率变动法

是利用生产率的变动来评价生态系统服务的方法。它把生态系统服务看作生产要素。生态系统服务的变动使生产率和生产成本发生变化，从而导致产品价格和产量的变化，而后两者是可以观察和测量的。

2.疾病成本法和人力资本法

生态系统服务的变化有时会影响人类的健康。以货币衡量的损失有过早的死亡、疾病、医疗费增加、病休造成的收入减少、精神或心理上的代价等。疾病成本法运用治疗成本等可观测到的信息来计算污染对人体健康的影响，包括所有由疾病引起的成本。这种方法以损害函数为基础，把人们接触到的污染水平与相应的健康状况联系起来。在计算由于污染引起的过早死亡的成本时，常用人力资本法，此方法用收入的损失去估计过早死亡的成本。

3.机会成本法

在无市场价格的情况下，生态系统服务的使用成本可以用牺牲的替代用途的收入来估算。例如国家森林公园、禁止砍伐树木的价值，不是直接使用资源保护所得到的收益去度量，而是使用为了保护资源而牺牲的最大的替代选择的价值去度量。

4.有效成本法

当信息有限、难以用货币形式计算福利时，可以不考虑福利，只计算成本。该方法先确定目标，然后分析达到这一目标的不同方法及其成本，选择成本最小的方法。

5.预防性支出法

为了减缓或更正负面环境影响造成的危害，社会和个人承担了防御和预防的成本。该方法可以用来估计被损害的那部分环境利益的价值。

6.置换成本法

采用由于环境危害而受损的生产性物质资产的重新购置费用，来估算消除这一环境危害所带来的效益。

(二)替代市场技术

它以“影子价格”和消费者剩余来表达生态系统服务功能的经济价值，评价方法有费用支出法、旅游费用法和享乐价值法等。

1.旅游费用法

用旅行费用作为替代物来衡量人们对游憩场所的评价。

2.享乐价值法

试图估计生态系统服务的内涵价值，在一个真实的市场上实现相关特性的有效交易。人们在购买房时，肯定会将环境因素作为重要特性而加以考虑，此时，“洁净的空气”、“平静与安宁”等无形中增加了房产的价值。

(三)模拟市场技术

又称为假设市场技术，它以支付意愿和净支付意愿来表达生态系统服务的经济价值，其评价方法主要是:条件价值法。该方法也称调查法和假设评价法，它是生态系统服务功能价值评估中应用最广泛的评估方法之一。条件价值法适用于缺乏实际市场和替代市场交换商品的价值评估，是“公共商品”价值评估的一种特有的重要方法，它能评价各种生态系统服务功能的经济价值，包括直接利用价值、间接利用价值、存在价值和选择价值。

二、农业生态系统服务价值评估方法

（一）农业生态系统服务价值构成及其评价指标体系

目前对生态系统服务价值估测的方法繁多，不同系统使用的方法和指标也极不统一。有些方法和指标不适合农业生态系统的评价。这一方面是由于生态系统本身功能与结构复杂多样，另一方面是生态系统类型多样，很难用统一的方法和指标。

关于生态系统服务功能的价值表现类型，目前普遍采用直接利用价值、间接利用价值、选择价值和存在价值的分类方法（欧阳志云，1999，2000）。对于农业生态系统而言，有学者认为其服务功能价值基本体现在产品服务价值、环境服务价值、旅游服务价值和文化美学价值等几个方面（章家恩，2004）。根据上一节定义的农业生态系统服务的概念及其内涵，本研究对农业生态系统服务的价值类型划分采用了国际上生态系统服务价值的普遍分类方法（UNEP，1991；欧阳志云，2000），将其分为使用价值与非使用价值，使用价值又分为直接使用价值和间接使用价值；非使用价值分为存在价值、选择价值和遗产价值。从评价技术难度看，使用价值是目前比较容易实现的，而其他几种价值类型目前的评价难度较大，因此目前的大多数研究基本没有涉及，只是从理论上阐述其价值的存在并探讨了揭示意愿法在评价这些价值的可行性，但实际使用还存在一定难度。因此，本研究重点探讨农业生态系统服务的使用价值的评价指标和方法，具体评价项目见图 4-2-1。

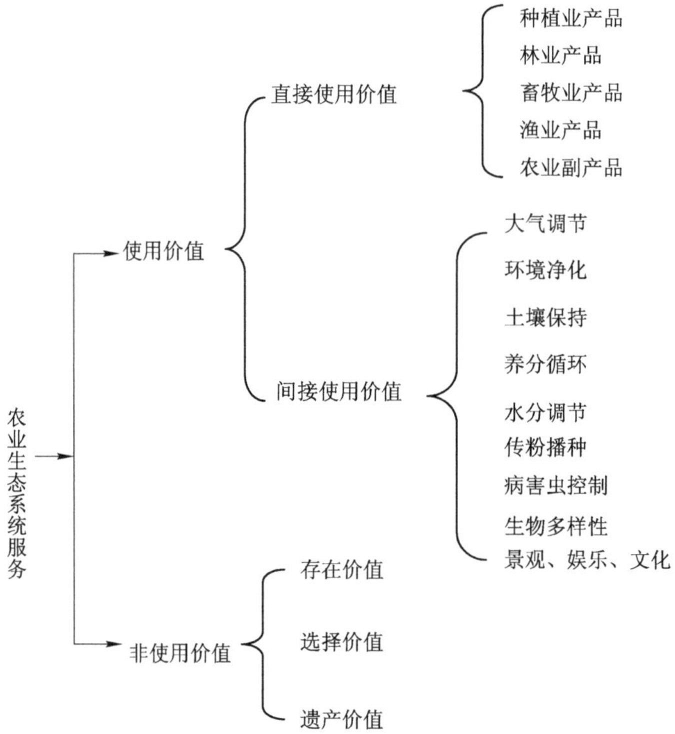

图 4-2-1 农业生态系统服务的价值构成及指标体系

(二)农业生态系统服务价值核算方法

由于目前对于农业生态系统服务价值的测算方法没有统一的标准,本研究从技术的可行性和数据的可获得性出发,重点选择农业生态系统的产品服务价值(直接服务价值)和大气调节与环境净化、水土保持、养分循环、景观娱乐等间接服务价值为指标进行测算方法筛选探讨(表 4-2-2),主要计算方法有:

表 4-2-2 农业生态系统服务价值测算可以选择的方法

价值类型	指标	可以选择的方法
使用价值		
直接使用价值	农副产品	市场价格法
间接使用价值	大气调节	造林成本法、工业制氧法、C 税法
	环境净化	替代成本法、损失花费法
	土壤保持	影子价格法、市场价格法
	养分循环	市场价格法
	水分调节	替代工程法、市场价格法
	传粉播种	替代成本法、损失花费法
	病害虫控制	损失花费法
	生物多样性	揭示意愿法
	景观、娱乐、文化	旅游花费法、享乐价格法
非使用价值		揭示意愿法

1. 农业生物产品服务价值评价

利用市场价值法,计算农业生物的生物量及目标经济产量的价值:

$$Vep=(P+B)\times P \tag{4-2-1}$$

其中农业生物的生物量与其经济产量的关系为:

$$B=P\times(1-w)/r \tag{4-2-1'}$$

上述二式中,Vep 为农业生物产品服务价值;B 为农业生物生物量;P 为经济产量;P 为产品价格;w 为经济产量含水率;r 为经济系数。

2. 大气调节服务价值评价

根据各部门统计资料,运用恢复费用法估算农业生态系统吸收 CO_2 和释放 O_2 的大气调节功能价值。利用农业生态系统的净初级生产力数据,计算得到农业生态系统类型的净初级生产量,根据光合作用方程式,生态系统每生产 1.00 g 植物干物质能固定 1.63 g CO_2 而推算出各生态系统固定 CO_2 的量,再换算成纯碳量。然后使用造林成本法(中国造林成本 260.90 元/tC,1990 年不变价)和碳税法(瑞典碳税率 150 美元/t C)估算各生态系统固定 CO_2 的价值。

另据光合作用方程式知生态系统每生产 1.00 g 植物干物质能释放 1.20 g O_2,从而推算出农业生态系统释放 O_2 的量。再使用造林成本法(中国造林成本 352.93 元/t O_2)和制氧工业成本(0.40 元/kg)法估算出各类生态系统释放 O_2 的价值。

公式表达如下:

$$Var = NPP \times \left(1.63 \times \frac{12}{44} \times P_c + 1.20 \times P_{O_2}\right) \tag{4-2-2}$$

式中:Var 为农业生态系统大气调节服务的价值;NPP 为农业生态系统的净初级生产量;P_c 为碳的造林成本或碳税率;P_{O_2} 为氧气的造林成本或制氧工业成本。

3. 环境净化价值评价

农业生态系统的环境净化服务价值主要体现对空气污染物、农业废弃物、农业污水灌溉的吸收、滞留或消化等功能上。其价值可用公式表达如下:

$$Vec = Vec_1 + Vec_2 + Vec_3 \tag{4-2-3}$$

式中:Vec 为农业生态系统的环境净化服务价值;Vec_1 为农业生态系统的空气净化服务价值;Vec_2 为农业生态系统对农业有机废弃物处理与吸收的服务价值;Vec_3 为农业生态系统净化污水的价值。

(1)净化空气　农业生态系统的净化空气的服务主要体现在吸收 SO_2、HF、NO_x、粉尘等空气污染物和灰尘的滞纳作用。运用替代法和防护费用法计算出农业作物净化大气环境的价值。公式表达如下:

$$Vec_1 = \sum_{i=1,j=1}^{n} (A_i \times C_{ij}) \times P_j \tag{4-2-3$'$}$$

(i=农作物、果树、蔬菜等;j=SO_2、HF、NO_X、粉尘等)

式中:Vec_1 为农业生态系统的空气净化服务价值;A_i 为 i 类型农业生态系统的面积;C_i 为 i 类型农业生态系统对 j 种污染物的净化能力;P_j 为 j 种污染物的人工净化处理成本。

(2)废弃物处理与吸收　由于目前对畜禽废弃物的处理与利用还缺少低成本的有效技术,利用粪肥等有机废弃物的主要方式还是直接施入农田土壤。不同类型畜禽的粪便的肥效养分差异较大,可以统一换算成猪粪当量。根据农业生态系统的作物经济产量水平和需氮系数确定各种作物所需氮量,再根据畜禽粪便的氮养分含量估算出特定生产条件下各类作物农田所能消纳的最大畜禽粪便量。如果没有农田这种特有的消纳降解功能,那么为了减少畜禽粪便污染环境,需要对其进行净化处理。目前一般采用资源化加工处理成有机肥料,加以循环利用,其处理成本直接体现在有机肥料价格中。农田对畜禽粪便的消纳净化相当于天然粪便资源化处理。因此,可以以有机肥价格作为农田处理废弃物的替代价格(杨志新等,2005)。具体可用公式表达如下:

$$Vec_2 = A_i \times M_i \times P \tag{4-2-3$''$}$$

式中:Vec_2 为农业生态系统对农业有机废弃物处理与吸收的服务价值;A_i 为 i 类型农业生态系统的面积;M_i 为 i 类型农业生态系统的畜禽粪便消纳量;P 为工业处理畜禽粪便的成本。

(3)污水净化　目前,随着农业水资源的紧张,各地采用调污灌溉的办法比较普遍。使用适量污水科学灌溉一定程度上可缓解农业用水和水资源的短缺，在利用水肥资源的同时还能降解水中的有害物质，使污水得到一定程度的净化。可以采用影子工程法计算此价值，计算公式如下(杨志新等，2005)：

$$Vec_3 = VOL \times p \tag{4-2-3'''}$$

式中：Vec_3 为农业生态系统净化污水的价值；VOL 为农业实际年污灌量；p 为处理污水的费用。

4. 土壤保持价值评价

土壤保持价值以下式计算(肖寒，欧阳志云等，2000)：

$$Vsm = Vsm_1 + Vsm_2 + Vsm_3 \tag{4-2-4}$$

式中：Vsm_1 为土壤肥力保持价值估算；Vsm_2 为减少土地废弃价值；Vsm_3 为减轻泥沙淤积价值估算。

$$Vsm_1 = \sum_i^n (A_c \times C_i \times p_i) \tag{4-2-4'}$$

式中：A_c 为土壤保持量，C_i 为土壤中的氮、磷、钾的纯含量；p_i 为氮、磷、钾的价格。

$$Vsm_2 = A_c \times I / (0.6 \times 10\ 000\rho) \tag{4-2-4''}$$

式中：Vsm_2 为减少土地废弃的经济效益(元/年)；A_c 土壤保持量(t/年)；I 为林业年均收益(元/hm^2)；ρ 为土壤容重(t/m^3)；0.6 为土层平均厚度(m)。

$$Vsm_3 = 24\% \times A_c \times C \div \rho \tag{4-2-4'''}$$

式中：24%是根据我国土壤侵蚀流失的泥沙有 24%淤积于水库、江河、湖泊确定为本公式常数；Vsm_3 为减轻泥沙淤积经济效益(元/年)；A_c 土壤保持量(t/年)；C 为水库工程费用(元/m^3)，ρ 为土壤容重(t/m^3)。

5. 水分贮存价值评价

水分保持价值可以根据农田土壤田间持水量的数据，算出其 2 m 土层平均持水量，然后乘以各自的面积得到各自的持水量。采用替代工程法，以水库蓄水成本来计算得到农业生态系统的持水价值。

采用差值法，以有作物覆盖的土壤持水量减去裸地土壤持水量，计算农田土壤的水分贮存价值。公式表达如下：

$$Vws = (W_i - W_0) \times P_w \times A_i \tag{4-2-5}$$

式中：Vws 为生态系统涵养水源的价值(元/年)；W_i 为某种作物覆被条件下土壤的水分含量；W_0 为裸沙地土壤水分含量；P_w 为水价(元)，可根据影子工程代替法，以全国水库建设平均投入成本费替代；A_i 代表植被分布面积。

6. 传粉播种价值评价

可以通过文献检索或实地调查研究，运用替代法和市场价值法，取用有通过昆虫(如蜜蜂等)传粉的农作物产量的数据与没有通过授粉的作物的对比，提高产量的经济价值即为农业生态系统传粉服务功能的服务价值。

7.病虫草害防治价值评价

可以采用损失花费法或替代法,调查或通过文献资料检索,确定农业生态系统每年花费在农业病虫害防治的费用。以此来替代农业生态系统病虫草害控制的服务价值。

8.生物多样性及景观、娱乐、文化价值评价

可以采用意愿调查法和旅游花费法确定农业生态系统在这方面的研究。具体测算时可考虑区域农业观光旅游收入来表示农业生态系统景观、娱乐价值;对于文化价值可以采用区域农业相关的出版物的价值来表示。目前对生态系统这类服务价值的研究材料和方法很少,有些研究由于方法等原因不做计算,有待进一步探讨和研究。

9.非使用价值评价

包括农业生态系统的存在价值、遗产价值和选择价值。此价值目前大多建议采用意愿调查法来研究,因此,本研究初步建议用当地农户每人每年的生活消费价值来计算。因为当地特定的农业生态系统至少维持了当地人的生活需求,如果该系统没有能力支撑该需求,那么当地人就只好移居它地了。

第三节　生态系统服务国内外研究进展

一、国外研究概况

(一)总体研究进展

自从Tansley(1935)提出生态系统概念后,以生态系统为基础的生态学研究已经形成了科学的体系,并且逐渐开始关注生态系统的功能。

最早对生态系统服务功能进行探索的美国学者George Marsh(1864),在其出版的《Man and Nature》一书中描述到:由于受人类活动的巨大影响,在地中海地区,广阔的森林在山峰之间消失了,肥沃的土壤被冲洗走了,肥沃的草地因灌溉水井枯竭而荒芜,著名的河流因此而干涸。Marsh也意识到了自然生态系统的分解动植物尸体的服务功能,他在书中写道:“动物为人类提供了一项重要的服务,即消耗腐烂的动植物尸体,如果没有它们,空气中将弥漫着对人类健康有害的气体”。同时他还指出,水、肥沃的土壤,乃至我们所呼吸的空气都是大自然与其生物所赐予的,而农业与工业将对自然秩序与功能造成影响。Aldo Leopold(1949)指出人类本身不能替代生态系统的服务功能。Paul Sears(1955)则注意到了生态系统的再循环服务功能。Osborn(1948)指出:只要我们注意地球上可耕种及人类可居住的地方,就可以发现水、土壤、植物与动物是人类文明得以发展的条件,乃至人类赖以生存的基础。Vogt是第一个提出自然资本概念的人,他在讨论国家债务时指出:我们耗竭自然资源(尤其是土壤)资本,就会降低我们偿还债务的能力(Vogt,1948)①。

20世纪70年代以来,生态系统服务功能开始成为一个科学术语及生态学与生态经济学研究的分支。SCEP (Study of Critical Environmental Problem)(1970)在《人类对全球环

①赵同谦.中国陆地生态系统服务功能及其价值评价研究.中国科学院博士学位论文,2004,p8～9

境的影响报告》中首次提出了生态系统服务功能的概念。Holder 和 Ehrlich (1974)、Westman(1977)先后进行了全球环境服务功能、自然服务功能的研究，指出了生物多样性的丧失将直接影响着生态系统服务功能。至此，产生了生态系统服务功能的概念。

1997 年，美国生态学会以 Daily GC 为主主编的《Nature's services：societal dependence on nature ecosystem》(1997)一书，系统介绍了生态系统服务功能的概念、研究简史、服务价值评估、不同生物系统的服务功能以及区域生态系统服务功能等；同年 Constanza 等在《Nature》上发表的"The value of the world's ecosystem services and natural capital"一文引起了国际学术界的广泛关注和讨论，使得生态系统服务的研究成为生态学及其相关领域的研究热点。

1998 年著名的 Ecological Economic 杂志刊出专栏讨论，对生态系统服务的概念、内涵、功能及价值分类、与经济社会融合等方面进行广泛的讨论。此外，1998 年 Lubchenco J. 在《Science》发表了"Entering the century of environment：a new social contract for science"再一次强调了生态系统服务对人类的重要性以及人类对生态系统服务功能的影响。

Dagmar Schröter 等(2005)采用生态系统模型和气候及土地利用变化的情景分析方法对欧洲的生态系统服务功能及其敏感性进行分析评价，结果得出：气候和土地利用变化大大地影响了生态系统服务的提供。

美国国家科学研究委员会(National Research Council，NRC)2004 年完成一份关于水域及相关陆地生态系统服务功能评价和价值测算的咨询报告：《Valuaing ecosystem services：toward better environmental decision-making》，对相关生态系统的结构、服务功能、价值测算方法以及生态系统服务保护对策等进行详细的阐述①。

2001 年 6 月 5 日，来自全球 95 个国家的 1 360 名专家启动了"千禧年生态系统评估"(Millennium Ecosystem Assessment)项目②，这是一个将生态系统产品和服务方面的最新信息和知识用于决策和管理，从而改进生态系统管理和改善生态系统给人类发展的贡献的一个过程，其目的在于增强人类管理生态系统的能力。该项目历时 4 年，于 2005 年底出版了综合研究报告及其分报告，集中反映了该领域的最新研究成果，是目前国际上关于生态系统服务功能评价研究的最大的一个项目、其研究成果也是最具权威性的，可是说是全球生态学相关领域专家的共识。

(二)农业生态系统服务的研究

对于农业生态系统服务功能、价值及评价方法的研究在国外刚处于起步阶段。Björklund，J. 等(1999)研究了瑞典 1950—1990 年农业土地利用变化对生态系统服务的影响，结果显示农业集约化不断提高促使生产力增长的同时也导致了农业生态系统服务功能的下降。2000 年国际食物政策研究所(IFPRI)和世界资源研究所(WRI)出版的"*Pilot a-*

①National research council. Valuaing ecosystem services：toward better environmental decision-making. Committee on assessing and valuing the services of aguatic and related terrestrial ecosystems. The National Academies Press，Washington，D. C. 2004 (http：//www. nap. edu/catalog/11139. htm)

②详细内容可浏览 www. MAweb. org

nalysis of global ecosystems(PAGE):Agroecosystems"一书中指出:农业正在日益成为全球生态系统的主宰因子,农业生态系统的生态环境服务压力正在不断扩大,必须有相应的机制、政策和技术创新,才能维护农业生态系统的可持续性。Gemmill,B.(2000)编辑的《Managing agricultural resources for biodiversity conservation:A guide to best practices》一书中把农业生物多样性(agrobiodiversity)等同于农业生态系统服务,并提出了9条生态系统服务的保护原则[①]。Tilman等2002年在《Nature》上发表了"Agricultural sustainability and intensive production practices"一文详细阐述了农业集约化生产对生态系统服务功能的影响。澳大利亚CSIRO对Goulburn Broken流域的研究,着重对该区农林复合系统的服务功能、影响因子、恢复对策等进行了研究,取得了一定的进展。并于2001编写了《Natural assets:An inventory of ecosystem goods and services in the Goulburn Broken catchmen》一书,在农业生态系统服务功能方面作了详细的阐述与总结。2005年美国国家自然科学基金会(NSF)资助"农业生态系统服务评价"项目(Valuation of ecosystem services in agriculture)研究的开展,重点解决农业生态系统服务功能的界定、价值的评价方法等问题[②]。

二、国内研究概况

(一)国内生态系统服务研究概况

我国的生态系统服务功能及其价值评价工作源于20世纪80年代初开始的森林资源价值核算研究工作。1982年,张嘉宾等人利用影子工程法、替代费用法估算云南怒江、福贡等县的森林固持土壤功能的价值每年每亩为154元,森林涵养水源功能的价值每年每亩为142元;中国林学会在1983年开展了森林综合效益评价研究;1988年国务院发展研究中心得到美国福特基金会的资助,成立了"资源核算纳入国民经济核算体系"课题组,开展了包括水资源、土地资源、森林资源、草地资源、矿产资源等得价值核算工作[③]。毕绪岱(1992)和侯元兆(1995)评估了具体生态系统(森林)的服务功能。1996年由胡涛等人组织了中国环境经济学研讨班,已发表两册论文集,内容包括环境污染损失计量、环境效益评价、自然资源定价、生物多样性生态价值等等。史培军(1997)在探讨如何提高资源利用率时提出:厘定不同地区、不同类型资源的开发利用的域限,明确产品的生态与环境成本和生态系统的服务价值(即自然成本),是实施我国可持续发展战略的紧迫任务。仅有这些研究都为生态系统服务功能和价值在我国成为新的研究热点领域奠定了基础。

1998年以后,除了一些对生态系统服务的功能进行理论论述和研究综述之外,国内学者开始对我国的各类生态系统进行探索性研究,主要集中在森林生态系统,还有一些研究了草地、湖泊、河流等。欧阳志云等(1999)等对生态系统服务功能及其生态经济价值评价理论与方法做了分析、并对中国陆地生态系统服务功能进行了评价,并对其生态经济价值进行了

---

①Gemmill,B. Principles for conserving agricultural ecosystem services. Managing agricultural resources for biodiversity conservation:A guide to best practices,Pg:31-51. http://www.ukabc.org/agbioguide.pdf

②http://lter.kbs.msu.edu/Meetings/2005VESA/Index.htm

③赵同谦.中国陆地生态系统服务功能及其价值评价研究.中国科学院博士学位论文,2004,p18-19

初步分析。黄兴文等(1999)对中国生态资产区划的理论与应用问题进行了探讨。蒋延玲等(1999)根据全国第三次森林资源清查资料及 Costanza 等的方法估算了我国 38 种主要森林类型生态系统服务的总价值。薛达元等(1999)等采用费用支出法,旅行费用法(TCM)及条件价值法(CVM)对长白山自然保护区生物多样性旅游价值进行了评估,从生态系统服务价值评估角度来看,该研究采用了较精细的方法对森林生态系统的娱乐价值、文化价值进行了探索性的研究。陶思明(1999)论述了红树林的生态系统服务功能,并提出了保护策略。陈仲新、张新时(2000 年)参考 Costanza 等人的方法和参数对中国生态系统的功能与效益进行了价值估算,其结果为当年中国 GDP 的 1.73 倍。张志强等(2001,2002)从流域的角度,采用了条件价值评估法(CVM),以支付卡形式进行调查研究了我国黑河流域土地利用变化和土地覆盖变化对生态系统服务价值的影响。谢高地等(2001)对我国草地生态系统和河流生态系统的服务价值进行了研究和评估。何池全等(2001)将生态系统服务价值作为三个重要综合指标之一对吉林省典型湿地进行了生态评价。潘文斌等(2002)以河北保安湖为例研究湖泊生态系统的服务功能和价值,充实了生态系统服务研究对象。此外,宗跃光等(1999)从城市生态系统价值体系出发探讨研究了城市生态系统服务功能的价值结构,在大多数学者仍在关注研究自然生态系统的时候开始研究城市的生态问题。蒋志刚(2001)研究了野生动物的直接价值、间接价值,并且论述了野生动物的巨大服务价值保护意义。刘苏等(2002)从生态入侵的角度论述了生态入侵对植被生态系统服务功能的影响。高清竹等(2002)利用 GIS 技术,采用 Costanza 等的参数研究了海河上游农牧交错区生态系统服务价值的变化,评估了该区土地利用变化引起的生态系统服务功能的变化。这些研究与论述将对生态系统服务的研究从价值评估层面引向更深层次的综合研究生态系统的各种问题。

2002 年以后,生态系统服务的理论和方法得到广泛的认识与应用,学者们继续进行探索性研究中国各类生态系统的服务及其价值,同时开始考虑到与其他研究方向的融合。

对于森林生态系统的研究,主要有:宋萍等(2003)采用 Costanza 等的参数研究了福建省森林生态系统服务价值及其空间分布;饶良懿等(2003)采用机会成本法、市场价格替代法等手段对重庆四面山森林生态系统各项服务功能进行价值评估;杨学民,姜志林(2003)在讨论森林生态系统管理及其与传统森林经营的关系时重点考虑了森林生态系统服务的功能和价值。

其他生态系统的研究主要有:徐俏等(2003)以广州市为例,运用环境经济学的方法对城市不同类型生态系统服务价值进行评估和排序。吴玲玲等(2003)Costanza 等参数,研究了长江口湿地生态系统服务功能的价值。王寿兵等(2003)用意愿评估法对上海苏州河进行生态系统景观服务价值进行了评估。许英勤等(2003)采用 Costanza 等的参数研究了塔里木河下游垦区绿洲生态系统服务的价值。徐丛春等(2003)对海洋生态系统服务功能内涵加以探讨,并根据 Costanza 等人的研究成果选取指标,尝试建立海洋生态系统服务价值的估算框架。赵荣钦等(2003)从农田生态系统的重要性出发,总结了农田生态系统的各项服务功能,并提出了对这些功能进行单项评价和综合评价的方法。

除此之外,我国学者开始注意到生态系统服务的理论与方法在环境科学和生态科学领域的应用问题。任志远(2003)通过查阅文献和信息资料,论述了生态系统服务经济研究中的前沿问题、评价体系和主要测评内容与方法。赵景柱等(2003)将生态系统服务功能和价值作为可持续综合国力的评价组成部分。并基于可持续发展综合国力的生态系统服务对13个国家进行评价研究。郑华等(2003)分析研究了人类活动对生态系统服务功能的影响。鲁春霞等(2003)研究水利工程对河流生态系统服务功能的影响评价方法和指标进行了探讨。

2004年以后,生态系统服务的研究在国内依然是热潮,2004—2008年这一发展趋势继续得以保持。根据2008年7月24日再次查询,相关论文2005年151篇,2006年202篇,2007年268篇,研究主要是探索性研究中国不同尺度、不同类型生态系统的服务及其价值,同时探讨研究生态系统服务理论与方法与其他研究方向的融合。

(二)国内农业生态系统服务研究进展

国内关于农业生态系统服务的研究探讨很少。赵荣钦等(2003)总结了农田生态系统具有提供农产品和轻工业原材料、碳汇功能、改良土壤、维持区域生态平衡、提供自然环境的美学、社会文化科学、教育、精神和文化的价值,并对农田生态系统服务功能的评价方法进行了探讨。章家恩等(2004)认为农业生态系统不仅具有高效的、直接的产品生产功能,而且还具有环境服务功能、旅游服务功能以及文化教育与美学功能等。赵海珍等(2004)对拉萨河谷地区(达孜县)青稞农田生态系统服务功能进行评价,结果显示该县的农田生态系统服务功能的总价值为37 249.77万元。肖玉等(2005)在上海五四农场研究了施肥对稻田生态系统调节功能及其价值的影响,结果显示使用尿素对稻田温室气体调节具有正效应。杨志新等(2005)对北京郊区农田生态系统服务功能价值进行评估研究,结果表明了1996—2002年北京郊区农业总服务价值平均值大约是农业增加值的8倍。郭淑敏等(2005)参照Costanza等人的研究结果对北京市顺义区近10年的土地利用对生态系统服务价值的影响。梁滨等(2005)讨论了环境污染对农业生态系统有机质生产和产品提供、土壤循环、生物多样性保护、气候调节、减灾效应、动植物传粉及有害生物控制等服务功能影响。

以上研究探讨基本可以看出,农业生态系统服务功能在维持农业生态系统平衡和可持续发展方面具有重要的作用,农业生态系统服务价值显著大于产品生产的价值。但是,目前的研究只是一些初步的探讨。长期以来农业生态系统的研究资料与文献对开展农业生态系统服务的研究奠定了很好的基础,可以为农业生态具体服务功能的界定、价值评价方法等方面的进一步深入研究提供一定的科学研究基础。

三、生态系统服务价值评估研究进展

(一)国外的研究进展

生态系统服务价值货币化定量评价这个一直困扰生态学家和经济学家的重要问题,直到1997年Costanza等13位科学家对于全球生态系统的价值估价结果在《Nature》上发表之后再度引起广泛的关注。Costanza等(1997)对全球16个生物地理群落地带的17种生态系统服务进行了估价。据他们估价,全球每年产生的生态系统服务所具有的经济价值最少在16万亿美元以上,平均估计值约为33万亿美元,而同期的世界国民产值的总和约为18万亿美元。但是他们的估价引发了一场激烈的争论,争论的焦点主要集中在世界生态系统服务功能价值的可计算性、计量方法和计量中的技术处理问题等方面。也有持不同意见

的。Roush(1997)在他们之后发表文章认为他们的估价实际上是不准确的。许多过度的估价导致他们的最终估计太高。Taylor(1997)指出：毫无疑问自然资源是需要保护的，所以他们(Costanza 等)的整个做法是没有意义的。Pimentel 等(1997)用不同的生态系统分类方法并赋予更多的保护性价值去计算(例如海洋食品和海滨的)生态系统服务，他们得出人类每年从全球生态系统得到的利益刚好在 3 万亿美元。

对于不同类型生态系统的服务经济价值的评估近年来也有一定的发展①：Gammage(1997)对萨尔瓦多一个滨海红树林生态系统三种不同的管理方式下的研究表明可持续管理模式下红树林生态系统能够提供更大的服务价值。Sathirathai(1998)研究了保护和退化状态下泰国红树林生态系统服务功能的效益研究结果显示前者的价值是后者的近 5 倍；Creedy 等人(2001)研究了澳大利亚 Central Gippsland 地区的 Thomson 流域白蜡树森林生态系统的结果表明，该流域森林效益的最大化主要取决于水产出和碳贮存服务功能的提供而不是木材生产，并认为其最优轮伐期应为 80 年以上；Kreuter 等(2001)基于卫星遥感数据，研究了美国德克萨斯州圣安东尼奥附近 3 个主要流域快速发展城市区的土地利用变化情况，采用 Costanza 等(1997)给出的价值系数进行估算，得到平均生态系统服务功能损失每年每公顷为 6.49 美元。日本自 20 世纪 60 年代末就开始探索森林公益机能的经济价值评价方法，并于 1972 年在全国开展了森林公益机能的价值评价工作，2000 年日本林野厅对其境内的森林公益机能价值重新进行了评价，分水源涵养等六大类服务功能进行了计量和评价，得出了总额约 75×10^6 日元(折合约 5×10^6 人民币)的总价值金额(和爱军，2001)。

(二)国内的研究进展

中国生态系统服务价值的评价研究针对不同尺度、不同类型的生态系统也取得了许多进展。《中国生物多样性国情研究报告》编写组(1998)估算我国生物多样性经济价值为 31.22×10^{12} 元。薛达元等(1999)使用市场价值法、影子工程发、机会成本法和替代花费法等对长白山自然保护区森林生态系统的功能价值进行了评估，得到保护区的生态功能价值为 176 465.94 万元。蒋延玲等计算了我国 38 种主要森林类型生态系统服务价值的总价值约为 117.401 亿美元。欧阳志云等(1999)对我国陆地生态系统的服务功能进行了研究，得出我国陆地生态系统服务功能经济价值每年为 1.48×10^{14} 元。肖寒等(2000)利用市场价值法、机会成本法和影子工程法评价了海南岛年土壤保持总价值为 7 492.41 万元，保护土壤肥力价值为 7 274.22 万元，减轻泥沙淤积价值为 168.82 万元。谢高地等(2001)估算我国的各类草地生态系统服务的总价值为 $1\,497.9\times10^8$ 美元。吴玲玲、陆健健、童富春等(2003年)采用 Costanza 等的参数，研究了长江口湿地生态系统服务功能的价值。张新时等根据 Costanza 等提出的方法，按照面积比例对我国生态系统服务功能的经济价值进行了评估，得出我国生态系统服务功能的经济价值大约在 20 万亿元人民币。潘耀忠、史培军等(2004)通过遥感定位方法，参考 Costanza 等人的经济参数再次测定中国陆地生态系统每年的生态服务总价值为 64 441.77 亿元。具体中国各类生态系统的单位服务价值研究结果可以看表 4-3-1。

①赵同谦. 中国陆地生态系统服务功能及其价值评价研究. 中国科学院博士学位论文，2004，p14

表 4-3-1 中国各类生态系统服务价值举例 元/(hm² · 年)

研究区域	系统类型	服务价值	方法	资料来源
北京	山地森林	41 359.35	替代工程法、市场价值法等	余新晓、秦永胜、陈丽华等,2002
长白山	森林	1 992.25	旅游花费法、替代工程法等	吴刚,肖寒,赵景柱等,2001
福建	森林	15 101.57	Constanza 等的数据	宋萍,洪伟,吴承祯等,2003
贡嘎山	森林	19 299.33	市场价值法、影子工程法、机会成本法等	关文彬,王自力,陈建成等,2002
江西省	森林	11 560.09	市场价值法、影子工程法、替代成本法等	马定国,舒晓波,刘影,2003
祁连山	森林	2 002.55	Constanza 等的数据	张明军,周立华,2003
青海东峡	森林	49 968.96	市场价值法、影子工程法、替代成本法等	张向辉,王清春,李瀚等,2002
青藏高原	草地	2 032.51	Constanza 等的数据(生物量)调整计算	谢高地,鲁春霞,肖玉,2003
长江口	湿地	18 600.00	市场价值法、造林成本法、影子工程法、费用替代法等	吴玲玲,陆健健,童富春等,2003
长春市	水环境	6 879 393.40	替代成本法、市场价格法等	侯小阁,尚金城,2003
粤琼	海岸带	33 474.31	Constanza 等的数据	杨清伟,蓝崇钰,辛琨,2003
广州	城市	33 465.10	市场价值法、影子工程法、替代成本法等	徐俏,何孟常,杨志峰等,2003
农牧交错带	海河上游	1 722.41	Constanza 等的数据	高清竹,何立环,黄晓霞等,2002
甘肃	黑河流域	1 141.91	Constanza 等的数据	张志强,徐中民,王建等,2001
湖北	保安湖	57 117.94	市场价值法、影子工程法、替代成本法等	潘文斌,唐涛,邓红兵,2002
安塞县	农业	130 385.64	市场价值法、影子工程法、替代成本法等	高旺盛,董孝斌,2003
莽措湖	流域	10 865.69	Constanza 等的数据调整计算	肖玉,谢高地,安凯,2003
塔里木河	绿洲	1 982.50	Constanza 等的数据	许英勤,吴世新,刘朝霞等,2003

注:本表只选择有代表性的文献进行统计,未能包含中国目前所有的研究(统计时间为 2004 年 8 月,资料来源:中国期刊网)。

尽管生态系统服务价值的估算方法仍有不完善的地方,许多研究者和政策制定者也在对待经济和政策发布中环境因素被明显低估存在不同意见。但是对生态系统服务价值的定量化评价是一个不可逆转的趋势。生态学家正在努力使政策制定者从长远的目标来看应英明地分配资金来进行最优化的资源管理。

第四节 农业生态系统服务价值评估

一、脆弱生态区——阴山北麓风沙区农业生态系统服务价值评价

阴山北麓风蚀沙化区属典型的生态脆弱区,位于阴山山地向蒙古高原的过渡地带,是典型的北方农牧交错区。本研究即以上述 5 旗县为例,应用本章第二节确定的相关评价方法,从主要从产品服务价值,水土保持价值等 5 个方面对其农业生态系统服务进行全面的评价。

(一)阴山北麓风沙区农业生态系统服务价值测算

1. 产品价值

根据乌盟地区2000年统计年鉴,阴山北麓5旗县农业(农、林、牧)的总产值为221 807.2万元(见表4-4-1),减去中间消耗191 933.1万元,得到农业净产值29 874.1万元,即为农业生态系统的产品服务价值。从农业生态系统内部农、林、牧子系统服务价值的比例(1.4∶0.1∶1.0)来看,服务价值主要以农牧为主,反映出该地区作为农牧交错地带的本质。

表4-4-1　阴山北麓乌盟境内农业总产值(现价)(2000)　万元

旗县	种植业	林业	牧业	合计
四子王旗	24 234.9	1 732.4	25 110.9	51 078.2
察右中旗	27 862.4	1 456.8	14 852.9	44 172.1
察右后旗	19 731.8	1 715.3	14 770.6	36 217.7
商都县	35 763.7	2 509.9	24 016.9	62 290.5
化德县	16 411.3	1 331.8	10 305.6	28 048.7
合计	124 004.1	8 746.2	89 056.9	221 807.2

注:数据来源于各县的农业统计资料。

2. 水土保持价值

根据乌盟2000年统计年鉴及妥德宝(2002)和郑大玮等(2000)研究结果,可以计算出阴山北麓5旗县农业生态系统每年土壤保持总量为112 255.89万t(见表4-4-2),如果利用机会成本法和市场价值法将其转化为经济价值,则每年农业生态系统土壤保持的总价值高达4 570 284.23万元,其中因防止土壤侵蚀而减少废弃地的价值为17 587.05万元,减少肥力损失的价值为4 552 697.18万元。从土壤保持总量来看,由于研究区内草地面积分布最大,所以其土壤保持量最高,但从单位土壤保持量来比,则以灌木最好,草地、林地次之,农田最低,这是因为冬春无作物季节,农田地表覆盖少,而此时又是阴山北麓地区风力强劲的季节,极易形成农田土壤的风蚀沙化。

表4-4-2　不同类型生态系统土壤保持量与服务价值

生态系统类型	面积(hm^2)	平均风蚀量[t/(hm^2·年)]		土壤保持量[t/(hm^2·年)]	土壤保持总量(万t/年)	减少废弃地总价值(万元/年)	减少肥力损失总价值(万元/年)
		现实	最大				
林地	9 913	160.0	669.1	509.1	504.67	79.07	40 028.08
灌木	87 674	135.5	669.1	533.6	4 677.95	732.89	341 284.82
草地	1 271 024	151.8	669.1	517.3	70 961.27	11 117.45	2 897 859.57
农田	800 000	217.7	669.1	451.4	36 112.00	5 657.64	1 273 524.71
总计	—	—	—	—	112 255.89	17 587.05	4 552 697.18

注:风蚀量采用风蚀沙盘实地测定,其中草地是天然草场、退化草场和人工草场的加权平均值。

3. 涵养水源价值的评估

表 4-4-3 不同植被条件下系统水分涵养量与价值

生态系统类型	面积(hm^2)	土壤含水量(%)	保持水量(万 m^3/年)	水分价值(万元/年)	每公顷价值[元/(hm^2·年)]
林地	9 913	7.87	374.49	250.91	253.11
灌木	87 674	10.19	4 288.53	2 873.31	327.73
草地	1 271 024	4.86	29 651.93	19 866.79	156.31
农田	800 000	7.7	29 569.48	19 811.55	247.64
合计	—	—	63 884.43	42 802.56	—

根据郑大玮等(2000)测定的各种植被条件下土壤水分可以计算出，阴山北麓 5 旗县农业生态系统涵养水源的服务价值为 42 802 156 万元/年(见表 4-4-3)。其中草地总的涵养水源价值最高，但从单位面积涵养水源价值来计算则以灌木最高，草地最低。从气候条件来看，本地区适宜灌草生长，但草地由于退化严重，地表覆盖度下降，涵养水源能力严重下降，林地虽有分布，但由于受立地条件的限制，大面积种植反映出该地区作为农牧交错地带的本质。

4. 气候调节——吸收固定 CO_2 和释放 O_2

由表 4-4-4、表 4-4-5 可知，阴山北麓 5 旗县农业生态系统总的净初级生产量为 724.40 万 t/年，利用造林成本法计算农业生态系统固定 CO_2 的价值为 84 016.76 万元/年，利用碳税法计算固定 CO_2 的价值为 48 304.00 万元/年，二者平均为 66 160.38 万元/年。阴山北麓农业生态系统每年释放的 O_2 的量为 869.27 万 t，利用造林成本法计算释放氧气的价值为 306 793.03 万元/年，利用工业制氧法计算氧气的价值为 347 709.8 万元/年，平均价值为 327 251.41 万元。

表 4-4-4 各类生态系统净生产力

生态系统类型	面积(hm^2)	净初级生产力[kg/(hm^2·年)]	净初级生产量(t/年)
森林	9 913	845.0*	8 376.485
灌木	87 674	3 180.0	278 803.32
草地	1 271 024	2 641.0**	3 356 774.384
农田	800 000	4 500	3 600 000
总计	2 168 611	7 680	7 243 954

数据来源：* 参数来源于李文华等(1996)；** 参数来源于陈正新等(2002)、郭克贞等(1998)、霍治国等(1995)。

表 4-4-5 各类生态系统固定 CO_2 及其释放 O_2 的价值 万元/年

生态系统类型	固定 CO_2 价值		释放 O_2 价值	
	造林成本法	碳税法	造林成本法	工业制氧法
森林	97.15	55.85	354.75	402.07
灌木	3 233.61	1 859.12	11 807.76	13 382.55
草地	38 932.51	22 383.58	142 164.76	161 125.17
农田	41 753.48	24 005.45	152 465.76	172 800.00
合计	84 016.76	48 304.00	306 793.03	347 709.80

5. 营养物质循环的价值

依据乌兰察布盟土壤有机质，氮、磷、钾含量(1990)可以计算得出，阴山北麓农业生态系统每年维持营养物质(有机质、氮、磷、钾)循环与贮存价值的总量为 41 910 673.91 万元(见表 4-4-6)，单位面积的价值量为 19 133 元/hm^2。

从总量来看，不同植被条件下，系统营养物质循环与贮存的价值为草地>农田>灌木>林地，但从单位面积价值量来看，则为林地> 灌木> 草地> 农田。这一方面表明了草地和农田是该地区主要的土地利用方式，另一方面也体现了由于草地退化，农田沙化，系统的生态系统服务功能已经严重弱化。加强草地的恢复与建设，加大农田的投入与保护已成为阴山北麓地区农业生态系统建设的当务之急。

表 4-4-6 生态系统维持营养物质循环与贮存价值

生态系统类型	总面积(hm^2)	含有机质量(%)	含氮量(%)	含磷量(%)	含钾量(%)	价值(万元/年)
森林	9 913	4.950	0.284 0	0.155	2.609	381 786.34
灌木	87 674	3.073	0.158 3	0.096	2.546	3 070 402.83
草地	1 271 024	3.88	0.238	0.058	1.228	24 915 675.14
农田	800 000	0.97	0.055	0.028	1.281	13 542 809.59
合计	—	—	—	—	—	41 910 673.91

(二)结果与讨论

从表 4-4-7 可见，农业生态系统服务价值是其产品服务价值的 1 570 倍，系统的服务价值远远大于其产品服务价值，这些服务功能对农业生态的维系与运转有着重要的作用，也正是这些为人类所忽视的环境服务功能奠定了生态脆弱区不稳定的农业生产基础。

表 4-4-7 阴山北麓农牧交错带乌盟境内生态系统服务功能价值

价值类别	价值量(万元/年)	占总量的百分数(%)	单位面积的价值量(元/hm^2)
产品及原材料价值	29 874.1	0.064	137.76
水土保持	4 570 284.2	9.735	21 074.71
涵养水源	42 802.6	0.091	197.37
气候调节	393 411.8	0.838	1 814.12
营养物质的循环与贮存	41 910 673.9	89.272	193 260.45
合计	46 545 381.0	100.000	216 484.41

从各部分服务价值所占的比例来看，农业生态系统产品及原材料服务价值只占极低的一部分(0.06%)，这说明当地农业生产水平还处于落后的状态。在服务价值中，与当地农业生产和环境健康关系最密切为水土保持价值和涵养水源价值。但由于当地农业生产的经营不善，这些服务功能在不断弱化。近几年的干旱灾害与频频发生的沙尘暴，正是这些功能不断恶化的印证。

因此，加强生态植被建设是这一地区维持与保育生态系统服务的功能的基本保证。对于阴山北麓农牧交错地区来说，草地和农田是其主要的土地利用方式，但近些年来，由于超载放牧和农业的粗放经营，致使草地和农田大面积退化、沙化现象十分严重，极大地弱化了农业生态系统的服务功能。加强草地的恢复与建设，加大农田的投入与保护已成为阴山北麓地区农业生态系统建设的当务之急。

二、安塞县农业生态系统服务价值评价

本研究评价内容包括安塞县农业、森林木材产品生产服务功能、土壤保持、涵养水分、固定 CO_2、释放 O_2、维持营养物质循环、净化环境等服务功能。

(一)价值测算

1. 生态系统产品服务价值

安塞县 2000 年农业总产值为 29 187 万元，农业中间消耗为 11 036 万元，其农业净产值也即农业服务价值为 18 151 万元。另根据表 4-4-8，得到安塞县森林生态系统木材总价值为 354.66 万元，则安塞县 2000 年生态系统产品总价值为 18 505.66 万元。

4-4-8 安塞县森林活立木年价值

优势树种	年净生长蓄积量(m^3/年)	活立木价格(元/m^3)	价值(元/年)
山杨	2 668.40	380.00	1 013 992.00
侧柏	231.28	580.00	134 142.40
栎类	602.00	450.00	270 900.00
杨类	868.45	380.00	330 011.00
刺槐	4 779.60	360.00	1 720 656.00
硬阔	187.60	410.00	76 916.00

2. 土壤保持价值

从表 4-4-9 知，安塞县潜在土壤侵蚀总量为 5.50×10^7 t/年，现实土壤侵蚀总量为 6 576 036 t/年，则安塞县年土壤保持总量为 4.84×10^7 t。由于农田的坡度大部分超过 10°，所以其侵蚀量也较高。从土壤保持量看，草地、灌木和防护林均发挥了更为有效的作用。如把土壤保持量转化为经济价值(表 4-4-10)，全县生态系统因防止土壤侵蚀而减少废弃地的总价值为 189.85 万元，减轻泥沙淤积灾害的总价值为 649.07 万元。保持营养物质的总价值为 24 985.67 万元，则安塞县生态系统防止土壤侵蚀的总经济价值达 25 824.60 万元，其中保持营养物质的价值占了 96%。在七种不同的土地利用方式中，草地保护土壤的经济价值最大，占总量的 43.1%，其次是农田和防护林。从保持土壤功能分析表明在目前生态系统条件下，该类型的草地系统对土壤保持的服务功能占有优先重要地位。

表 4-4-9 不同类型生态系统土壤侵蚀与土壤保持

生态系统类型	面积(hm^2)	土壤侵蚀总量(t/年)		平均侵蚀量[t/(hm^2·年)]		土壤保持量[t/(hm^2·年)]
		现实	潜在	现实	潜在	
防护林	19 400	575 016	6 390 360	29.64	329.40	299.76
灌木	12 066	507 616	3 384 271	42.07	280.48	238.41
农田	93 333	1 569 861	16 356 608	16.82	175.25	158.43
用材林	15 600	570 180	2 850 588	36.55	182.73	146.18
疏林	6 933	321 691	1 462 239	46.40	210.91	164.51
经济林	5 333	183 401	83 3601	34.39	156.31	121.92
草地	90 450	2 848 271	23 736 793	31.49	262.43	230.94

表 4-4-10 生态系统保护土壤的生态经济价值

生态系统类型	面积(hm^2)	减少废弃地(元/年)	减轻淤积(元/年)	N(元/年)	P(元/年)	合计(元/年)
防护林	19 400	227 904.95	779 256.10	5 303 593.73	24 697 765.97	31 008 520.75
灌木	12 066	112 736.91	385 471.78	2 623 509.41	12 217 154.04	15 338 872.14
农田	93 333	579 694.73	1 981 424.12	13 485 513.44	62 799 315.32	78 845 947.61
用材林	15 600	89 369.82	305 574.67	2 079 732.10	9 684 892.78	12 159 569.37
疏林	6 933	44 698.38	152 833.41	1 040 179.62	4 843 906.63	6 081 618.04
经济林	5 333	25 481.49	87 126.71	592 981.82	2 761 396.68	3 466 986.70
草地	90 450	818 627.02	2 799 062.08	19 013 212.30	88 713 557.18	111 344 458.58
合计	243 115	1 898 513.30	6 490 748.87	44 138 722.42	205 717 988.6	258 245 973.19

3. 生态系统涵养水分功能评价

由于本县土壤类型95%为黄绵土且土层深厚，为简化计算则假定各类型生态系统土壤持水能力基本相同，根据土壤田间持水量的数据，算出其2 m土层平均持水量，然后乘以各自的面积得到各自的持水量，总持水量为932 212 900 t/年，是该县年平均自产径流量(1.178亿m^3)的7.9倍。采用替代工程法，以水库蓄水成本0.67元/t(1990年不变价)来计算得到各生态系统的持水价值，相加得其总价值为139 136.26万元/年，是土壤保持价值的5倍多。该结果给予我们一个重要启示，黄土高原植被建设在解决水分资源贫乏问题方面的生态服务功能高于保持土壤的功能。

4. 生态系统固定CO_2和释放O_2功能评价

表4-4-11至表4-4-13结果显示安塞县每年生态系统净初级生产量为1 684 414.7 t，固定CO_2的总量为2 745 595.97 t，采用造林成本法计算固定CO_2的总价值为每年19 548.54万元，使用碳税法估算固定CO_2的总价值为93 284.52万元，取两者平均，则安塞县生态系统每年固定的CO_2总价值为56 416.53万元。安塞县生态系统每年释放O_2的总量为2 021 297.64 t，采用造林成本法估算其价值为71 337.66万元，使用工业制氧法估算其价值为

80 851.91 万元，取两者平均，则安塞县生态系统每年释放 O_2 的总价值为 76 094.79 万元。

表 4-4-11 安塞县各类生态系统净生产力

生态系统类型	面积(hm^2)	净初级生产力 [g/(m^2·年)]	净初级生产量(t/年)
防护林	19 400	600	116 400.00
灌木	12 066	600	72 396.00
农田	93 333	540	503 998.20
用材林	15 600	900	140 400.00
疏林	6 933	650	45 064.50
经济林	5 333	700	37 331.00
草地	90 450	850	768 825.00
合计	243 115	4 840	1 684 414.70

表 4-4-12 安塞县各类生态系统固定 CO_2 量及其价值

生态系统类型	固定 CO_2 量①	价值(×10^4 元/年)	
		造林成本法②	碳税法③
防护林	189 732.00	1 350.89	6 446.34
灌木	118 005.48	840.19	4 009.36
农田	821 517.07	5 849.17	27 911.91
用材林	228 852.00	1 629.42	7 775.49
疏林	73 455.14	523.00	2 495.72
经济林	60 849.53	433.24	2 067.43
草地	1 253 184.75	8 922.63	42 578.27
合计	2 745 595.97	19 548.54	93 284.52

①生态系统每生产 1.00 g 植物干物质能固定 163 g CO_2；②中国造林成本 260.90 元/t C(1990 年不变价)；③瑞典税率 150 美元/t C。

4-4-13 安塞县各类生态系统释放 O_2 量及其价值

生态系统类型	释放 O_2 量①(t/年)	价值(×10^4 元/年)	
		造林成本法②	工业制氧法③
防护林	139 680.00	4 929.73	5 587.20
灌木	86 875.20	3 066.09	3 475.01
农田	604 797.84	21 345.13	24 191.91
用材林	168 480.00	5 946.16	6 739.20
疏林	54 077.40	1 908.55	2 163.10
经济林	44 797.20	1 581.03	1 791.89
草地	922 590.00	32 560.97	36 903.6
合计	2 021 297.64	71 337.66	80 851.91

①生态系统每生产 1.00 g 植物干物质能释放 1.20 g O_2；②中国造林成本 352.93 元/t O_2(1990 年不变价)；③制氧工业成本 0.40 元/kg。

5. 生态系统维持营养物质循环功能评价

根据本县表层(0.2 m)土壤的平均容重及土壤各养分和有机质的平均含量计算生态系统维持营养物质循环的量(表4-4-14)。结果表明该县生态系统含有机质的量为3 209 118.00 t/年,含氮量为221 720.88 t/年,含磷量为799 362.12 t/年,含钾量为6 943 364.40 t/年,分别乘以我国化肥的平均价格(2 549元/年,1990年不变价)再相加,则安塞县生态系统每年维持营养物质循环的价值为2 848 141.82万元。

表4-4-14 生态系统维持营养物质循环价值

总面积(hm^2)	含有机质量(t/年)	含氮量(t/年)	含磷量(t/年)	含钾量(t/年)	价值(×10^4元/年)
243 115	3 209 118.00	221 720.88	799 362.12	6 943 364.40	2 848 141.82

6. 生态系统净化环境功能

主要估算了该县森林生态系统吸收SO_2和粉尘的价值。根据该县林业统计资料,运用恢复费用法估算安塞县生态系统除去SO_2价值 =(针叶林面积×SO_2吸收能力+阔叶林面积×SO_2吸收能力)×每削减1 kg SO_2的投资成本=(1 893.33 hm^2×215.6 kg/hm^2+26 286.67 hm^2×88.65 kg/hm^2)×0.6元/(kg·年)/10 000=164.31万元/年。而滞尘价值=(针叶林面积×针叶林滞尘能力+阔叶林面积×阔叶林滞尘能力)×削减粉尘成本=(1 893.33 hm^2×33.2 t/hm^2+26 286.67 hm^2×10.112 t/hm^2)×170元/t =5 586.49万元/年,因此安塞县生态系统每年净化环境的总价值为5 750.8万元。

(二)结果与分析

表4-4-15是对安塞县生态系统服务价值的总结,从中可以看出,该县生态系统每年提供的总服务价值为3 169 870.46万元,是其产品价值的170倍,相当于170万元服务价值产出1万元的产品生产力或经济生产力。这一方面表明,脆弱生态系统依然担当了重要的生态系统服务功能;另一方面也充分反映出在该地区存在"生态生产力"与"经济生产力"之间的严重失衡,此乃黄土高原生态系统存在的一个普遍性的问题。从生态系统服务价值组成来看,在现有低下的林草植被情况下单位面积的养分循环功能占据绝对主体,而我们所期望的水土保持服务功能仅占5%,表明该系统的水土保持服务功能低下,服务性小,从而使得整个生态系统的生态服务呈"偏途服务"状态,因此今后该区生态重建的根本途径之一就是扩大草林面积,充分提高其保持水土的生态服务功能。

表4-4-15 安塞县生态系统服务功能价值

价值类别	价值量(×10^4元/年)	占总量的百分数(%)
产品服务价值	18 505.66	0.58
土壤保持价值	25 824.60	0.81
涵养水分价值	139 136.26	4.39
固定CO_2价值	56 416.53	1.78
O_2释放价值	76 094.79	2.40
营养循环价值	2 848 141.82	89.85
净化环境价值	5 750.80	0.18
总价值	3 169 870.46	100

三、人工集约化稻-鸭农田生态系统服务价值评价

稻-鸭农田生态系统的种养方式是我国江南一带农民在实践中创造出来的，后经科学地总结和提升，逐渐成为我国南方水稻种植方式中的一种重要的生态农业技术模式。稻-鸭农田生态系统不仅具有传统的农畜产品的经济产出(如稻米、鸭子、鸭蛋等)，而且具有更重要的生态服务功能，这些服务功能对系统的可持续具有决定性作用，对人类的生活水平和质量也有重要的贡献，它们主要有：大气净化与大气调节、土壤养分循环与贮存、控制病虫草害、调节洪涝灾害、净化水质、提高产品品质，改善人民生活质量、提供景观、文化与教育服务等。本研究通过文献检索(黄璜等，1997，2003；李克勤等，2003；杨治平等，2004；甘德欣等，2003；黄梅等，2003；王华等，2003)和实地考察，运用生态经济学和环境经济学等学科的理论和方法，以湖南省双季稻区为例，对稻-鸭农田生态系统的服务价值进行综合的评价，为该模式的推广和改善提供科学的评价依据。

(一)稻-鸭农田生态系统的服务价值测算

1. 产品服务价值

根据李克勤等(2003)综合各示范点实施效果，从产量看，稻-鸭种养示范田，水稻单产 6 375 kg/hm^2，并增加鸭子产量 24.2 kg。因此，稻-鸭系统产品总经济价值为 10 715.50 元/hm^2(表 4-4-16)；从成本效益看，每公顷节省农药化肥除草剂成本 487.5 元，但由于喂养鸭子，增加了鸭苗、围栏、饲料成本 1 237.5 元，增加了诱蛾灯成本 120 元，养鸭及维护用工成本 1 500 元，两抵增加成本 2 373 元。则每公顷稻-鸭生态系统的产品服务价值为 8 342.50 元。如果饲养蛋鸭，稻谷收割、鸭子停止在稻田放养后，由于鸭子能继续产蛋，至年底纯收入更高。

表 4-4-16　每公顷稻-鸭农田生态系统的产品产出

	水稻产量(kg/hm^2)	水稻价格(元/kg)	鸭产值(元/hm^2)	总经济产值(元/hm^2)
传统稻田	6 212	1.05	—	6 522.60
稻鸭系统	6 375	1.15	3 393	10 715.50

数据来源：李克勤等(2003)。

2. 大气净化与大气调节价值

本研究以水稻的经济产量乘以经济系数(水稻经济系数为 0.4～0.5)(封志明，2004)得到其生物量，进而得出单位稻-鸭农田生态系统吸收 CO_2、释放 O_2 的量以及稻-鸭农田生态系统比传统稻田可以减少 CH_4 的排放量(表 4-4-17)。最后计算得出稻-鸭生态系统比稻田系统在大气净化与大气调节功能上每年比传统稻田增加的生态服务价值为 220 000.63 元/hm^2。

表 4-4-17 稻-鸭农田生态系统的大气净化与大气调节功能 kg/hm²

	水稻产量	生物量	吸收 CO_2	释放 CH_4	释放 O_2
传统稻田	6 212	13 977.00	22 782.51	269.453	16 772.4
稻鸭系统	6 375	14 343.75	23 380.31	156.308	17 212.5

数据来源：水稻产量和释放 CH_4 的数据来源于李克勤等(2003)，其他为作者计算所得。

3. 土壤养分循环与贮存价值

根据保稻-鸭生态系统的土壤的有机质、碱解氮、速效P、速效K的平均含量与传统稻田对比来计算其生态服务价值。计算中无机养分采用了全国平均化肥价格(2 549元/t)，有机质采用51.3元/t。根据表4-4-18，则稻-鸭生态系统比传统稻田增加的土壤养分循环与贮存服务价值为1 119 571.18元/hm²。

表 4-4-18 稻-鸭农田生态系统的土壤养分含量

	容重 (g/cm³)	有机质 (g/kg)	碱解 N (mg/kg)	速效 P (mg/kg)	速效 K (mg/kg)
早稻					
传统稻田	0.936	30.46	181.23	66.16	103.24
稻-鸭系统	0.926	32.04	198.54	68.69	131.46
晚稻					
传统稻田	0.99	36.76	180.44	38.65	86.61
稻-鸭系统	0.98	38.84	191.15	42.4	106.84
平均增加		1.83	14.01	3.14	24.225

数据来源：王华等(2003)。

4. 控制病虫草害价值

据研究，稻-鸭共生生态种养模式能显著减少稻飞虱的发生量，能持久、稳定控制稻飞虱种群数量处在低量级水平，稻田中稻飞虱短翅成虫的数量降低而节省3～5次防治用药，晚稻田可节省2～3次防治用药，每个季节可节省防治用工和药剂费用12～25元(杨志平等，2004)。稻鸭共栖能显著减少田间病虫害和杂草的发生，早、中稻可以不施农药，晚稻的施药量至少减少50%；鸭群通过不断地踩泥翻田，清除田间杂草，避免了稻田除草剂的使用(甘德欣等，2003)，从而节省了农药和除草剂的支出。按照每公顷可以节省全部除草剂和一半农药使用量，应用替代成本法的原理可以估测稻-鸭农田生态系统的控制病虫草害的生态服务价值。湖南省双季稻区平均每公顷稻田使用除草剂和农药的成本为50元和270元(黄梅等，2003)，因此，稻-鸭农田生态系统的该服务价值为185元/hm²。

5. 缓解洪涝灾害价值

稻田作为陆地景观的重要组成部分，与陆地各种水域(系)有着千丝万缕的联系，是一种特殊的隐形水库(黄璜，1997)，以水稻田蓄水20～30 cm计算，湖南省平均每公顷稻田可以蓄水1 994～2 991 m³。采用替代工程以水库蓄水成本(取0.67元/m³)对该功能进行价值化，可以得出该功能每公顷每年的价值为1 335.76～2 003.65元。

6. 净化水质价值

稻-鸭生态系统由于减少了除草剂、农药、化肥使用量，减少了对土壤和水源的污染。此外，稻-鸭生态系统也有类似“湿地”的沉淀和吸收的缓冲功能，对水质也有一定的净化功能。应用替代工程方法，对稻-鸭农田生态系统的净化水质功能价值。本研究以水稻田蓄水20～30 cm计算得到湖南省平均每公顷稻田可以蓄水1 994～2 991 m^3，由于稻-鸭生态系统的净化水质服务功能，可以应用替代工程的原理，以Ⅲ类生活用水的价格为0.85元/m^3来计算该功能的服务价值，因此可以得出该价值为1 694.90～2 542.35元。

7. 提高产品品质，改善人民生活质量价值

稻-鸭农田生态系统减少了农药、化肥等无机化学物质的投入，对稻谷和鸭蛋、鸭肉等产品的品种有很好的改善作用。产品价格高于传统种植方式的部分正是由于稻-鸭农田生态系统提供的“提高产品品质，改善人民生活质量”的服务功能的价值体现。由表4-4-19可以看出该服务价值为1 248.42～1 490.02元/hm^2。

表4-4-19　稻-鸭生态系统提高产品品质，改善人民生活质量的服务价值　元/hm^2

	产值	加价(%)	增加的价值
稻谷	5 580.9	5～10	265.76～507.35
鸭子	2 916.0	20	486.00
鸭蛋	2 980.0	20	496.67
合计			1 248.42～1 490.02

数据来源：产值数据来源于王华等(2003)，其他为作者计算所得。

8. 景观服务价值

自然生态系统对人类的喜怒哀乐等许多情感活动有重要的影响，农业生态系统作为地球生态系统的一部分同样具有这种功能。不同的农业生态系统具有不同的景观，另外地域的不同以及民族习性的不同使得各类农业生态系统表现出不同的审美和文化价值。近年来兴起的“生态农业游”、“民俗游”等便是农业生态系统这一功能的最好体现。稻-鸭生态系统在我国水稻主产区独特的稻米文化的基础上又增加了生物多样性以及科学技术内涵，其蕴含的生态学原理对后代具有很好的启发和教育功能，并且具有很好的观光旅游、技术推广和科学研究价值。由于数据的获得性难度较大，本研究暂不测算此服务价值。

(二)结果与讨论

通过对稻-鸭农田生态系统服务价值的测算结果可以看出(表4-4-20)，每年每公顷平均可以提供1 353 256.86元的服务价值，是传统产品价值的162倍。从中可以看出该系统提供的服务价值对社会经济系统的贡献巨大，这是传统稻田生产方式所不能提供的，因此，必须加大研究和推广力度，改变传统的生产方式，促进我国稻田生态系统的经济、社会和生态的可持续发展。从不同的服务功能来看，稻-鸭农田生态系统提供的服务功能最大的贡献是土壤养分的循环与贮存功能，占总服务价值的82.73%，其次是系统的大气净化与大气调节功能，占16.26%，这对全球温室气体问题是一个很大的贡献。此外，系统的缓解洪涝灾害和净化水质的功能也占了一定的比例，其服务价值比产品服务价值近乎高出1倍。

表 4-4-20 稻-鸭农田生态系统的服务价值构成

服务项目	价值(元/hm^2)	比例(%)
产品生产	8 342.50	0.62
大气净化与大气调节	220 000.63	16.26
土壤养分循环与贮存	1 119 571.18	82.73
控制病虫草害	185	0.01
缓解洪涝灾害	1 335.76～2 003.65	0.12
净化水质功能	1 694.90～2 542.35	0.16
提高产品品质,改善人民生活质量	1 248.42～1 490.02	0.10
合计	1 353 256.86	100.00

通过以上的分析,可以知道稻-鸭农田生态系统比传统稻田系统具有更大的生态经济价值,应该通过一定的政策支持促使该生态农业模式的大力推广,以使我国的稻田生态系统发挥更大的社会、经济和生态效益。

四、四川成都平原稻田保护性耕作生态服务价值评价

保护性耕作在增加农产品收益、涵养水分、增加土壤有机质和养分含量、调节农田大气结构等方面具有明显的作用。近几年该技术在四川稻区也得到广泛推广使用而且发展迅速,其特点是模式多样、效益明显。本节参考了相关研究,并结合四川盆地保护性耕作条件下稻田生态系统的实际,选取有代表性、推广面积较大的油-稻-芋(水稻油菜秸秆还田双免耕秋种马铃薯,简称油-稻-芋)、麦-稻(水稻小麦秸秆还田双免耕,简称麦-稻保护性耕作)等多熟高效保护性种植模式为例,与相应的传统模式(传统麦-稻耕作和传统油-稻耕作)相比较。同时选取其中的部分服务功能项目并主要考虑其正面影响,评估其服务功能价值。

(一)南方稻田保护性耕作制部分生态系统服务功能价值估算

1. 农产品服务价值

本研究选取稻田保护性耕作条件下多熟高效种植模式的一个生产周期,利用市场价值法,以农产品的净增价值表示该模式提供的农产品服务价值。其中产量数据由彭山县土肥站提供,其他相关数据来源于农户调查和有关统计资料①。

劳动力以 20 元/d 计算。油-稻传统耕作按稻 6 个、油 8 个工作日计算;油-稻-芋保护性耕作分别按 5、15、8 个工作日计算;麦-稻传统耕作按稻 6 个、麦 5 个工作日计算;麦-稻保耕按稻 5、麦 4 个工作日计算。机械投入按油-稻模式 160 元/亩(含水稻的收割和耕种以及油菜的耕种),麦-稻传统耕作 200 元/亩计算;油-稻-芋减去免耕机械投入,麦-稻保耕模式按 100 元/亩(减去稻、麦的耕种费用)计算。

农资按实际使用农资品种的市场综合价碳铵 1.0 元/kg、尿素 1.8 元/kg、复合肥

①资料来源:四川省农业统计年鉴,2004。

1.2 元/kg、磷肥 2.0 元/kg。施肥量：稻-油模式按 50 kg 碳铵、10 kg 尿素/亩稻，40 kg 碳铵、15 kg 磷肥/亩油菜计算；油-稻-芋模式按 50 kg 碳铵、10 kg 尿素/亩稻，75 kg 磷肥/亩芋，50 kg 复合肥/亩油菜；麦-稻常规模式按 50 kg 碳铵、5 kg 尿素/亩麦、亩稻；麦-稻保耕模式按 25 kg 碳铵/亩麦、亩稻计算。

农药除草剂按每季作物 10 元/亩 计算，其他农药稻田按 10 元/亩计算，油菜、小麦、洋芋田按 6 元/亩计算。

种子按水稻 1 kg/亩、20 元/kg；洋芋 150 kg/亩、1 元/kg；油菜 0.15 kg/亩，80 元/kg；小麦 12.5 kg/亩、3 元/kg。农产品市场价格按水稻 1.5 元/kg、油菜 2.2 元/kg 、洋芋 1.0 元/kg 、小麦 1.4 元/kg 计。

计算结果表明，油-稻-芋（水稻油菜秸秆还田双免耕秋种马铃薯，简称油-稻-芋）模式比油-稻传统耕作种植模式的农产品服务价值净增 2 896.3 元/hm^2，高 32.42%；麦-稻（水稻小麦秸秆还田双免耕，简称麦-稻保护性耕作）模式比麦-稻传统种植模式的农产品服务价值净增 5 612.2 元/hm^2，高 55.21%（见表 4-4-21）。

表 4-4-21　四川稻田保护性耕作模式与传统种植模式农产品服务价值比较

	净作物产量(kg/hm^2)				产品价格(元/kg)				生产成本(元/hm^2)				农产品服务价值(元/hm^2)
	水稻	洋芋	油菜	小麦	水稻	洋芋	油菜	小麦	劳力成本	生产资料投入	机械投入	其他	
油-稻传统耕作	7 993.65			3 253.5	1.5	1.0	2.2	1.4	4 200	2 940	2 400	675	8 933.2b
稻-芋-油	8 002.8	12 000	2 763.8						8 400	7 380	1 800	675	11 829.5ab
麦-稻传统耕作	8 857.7			4 803.8					3 300	2 872.5	3 000	675	10 164.4ab
麦-稻保护性耕作	9 286.2			6 221.3					2 700	1 987.5	1 500	675	15 776.6a

2. 环境和大气调节功能价值

计算结果表明，油-稻-芋模式比油-稻传统耕作种植模式固定 CO_2 和释放 O_2 的价值净增 1 478.29 元/hm^2，高 17.03%；麦-稻（水稻小麦秸秆还田双免耕）模式比麦-稻传统耕作种植模式固定 CO_2 和释放 O_2 的价值净增 996.91 元/hm^2，高 9.40%（见表 4-4-22）。

表 4-4-22　保护性耕作模式与传统种植模式生态系统固定 CO_2 和释放 O_2 价值比较

	作物净生产量(kg/hm^2)	吸收 CO_2 价值(元/hm^2)	释放 O_2 价值(元/hm^2)	总价值(元/hm^2)
油-稻传统耕作	11 247.15	3 652.25	5 081.75	8 734.00b
稻-芋-油保护性耕作	13 166.55	4 273.14	5 948.15	10 221.29ab
麦-稻传统耕作	13 661.50	4 433.77	6 171.75	10 605.52ab
麦-稻保护性耕作	15 507.50	4 850.55	6 751.89	11 602.43a

p=0.05，鲜薯按 5∶1 折粮。产量数据由彭山县土肥站提供。

3. 保持土壤肥力、积累有机质功能

本研究选取油-稻秸秆还田双免耕模式、麦-稻保护性耕作种植模式和油-稻传统耕作种植模式、麦-稻传统耕作种植模式进行土壤积累有机质的价值的比较。

其中的数据根据四川省农科院农业部长江上游农业资源与环境重点实验室在简阳市的相关实验数据整理。试验地田间种植制为水稻-小麦(油菜)的一年两熟制。试验设 6 个处理:①稻草秸、麦秸全量覆盖还田;②稻草秸、麦秸半量覆盖还田;③稻草秸、油菜秸秆全量覆盖还田;④稻草秸、油菜秸秆半量覆盖还田;⑤CK_1(无覆盖)种植水稻-小麦;⑥CK_2(无覆盖)种植水稻-油菜。试验采用大区对比,每区面积为 105 m^2(7 m×15 m),试验从 2003 年开始(表 4-4-24、表 4-4-25 中的相关数据亦根据此实验整理)。

计算结果显示,油-稻秸秆还田双免耕模式比油-稻传统耕作种植模式土壤积累有机质的价值净增 1 817.96 元/hm^2,高 0.23%;麦-稻保护性耕作种植模式比麦-稻传统耕作种植模式土壤积累有机质的价值净增 3 140.11 元/hm^2,高 0.39% (见表 4-4-23)。

表 4-4-23　保护性耕作模式与传统种植模式土壤积累有机质的价值比较

处　理	有机质含量(g/kg)	增加有机质量(t/hm^2)	积累有机质功能价值(元/hm^2)
油-稻、麦-稻传统耕作	14.05	3 017.57	77 400.79
油-稻 保护性耕作	14.38	3 088.45	79 218.75
麦-稻 保护性耕作	14.62	3 139.99	80 540.90

4. 维持养分循环功能

计算结果显示,油-稻秸秆还田双免耕模式比油-稻传统耕作种植模式农田生态系统维持营养物质循环的价值净增 153 808.6 元/hm^2,高 12.35%;麦-稻保护性耕作模式比麦-稻传统耕作种植模式农田生态系统维持营养物质循环的价值净增 159 474.8 元/hm^2,高 12.81% (见表 4-4-24)。

表 4-4-24　四川稻田保护性耕作模式与传统种植模式农田生态系统维持营养物质循环价值比较

处　理	速效氮(mg/kg)	速效磷(mg/kg)	速效钾(mg/kg)	价值增加(元/hm^2)
油-稻、麦-稻传统耕作	51.95	12.19	87.46	1 244 921.60
油-稻保护性耕作	60.90	15.30	94.13	1 398 730.18
麦-稻保护性耕作	60.14	15.01	95.87	1 404 396.38

(二)结果与分析

通过对四川盆地稻田保护性耕作条件下多熟高效种植模式的农田生态系统服务价值的测算可以看出(表 4-4-25),保护性耕作条件下稻田生态系统提供的服务价值比传统耕作条件下是很大的,这是传统稻田生产方式所不能比拟的,因此,保护性耕作技术对改变传统的生产方式,促进我国稻田生态系统的经济、社会和生态的可持续发展,具有极大的积极作用。从不同的服务功能来看,除了明显的经济效益(农产品服务价值)外,保护性耕作条件下稻田生态系统提供的服务功能最大的贡献是维持养分循环功能价值,同时对土壤有机质的积累也具有很大的促进作用。此外,保护性耕作在调节大气上也具有极大的功能价值,这对全球温室气体问题是一个有益的贡献。

表 4-4-25 四川稻田保护性耕作种植模式与传统模式农田生态系统服务价值比较

服务项目	模式	传统种植模式生态系统服务价值(元/hm²)	多熟高效保护性种植模式生态系统服务价值(元/hm²)	增加值(元/hm²)	增加比例(%)
农产品服务	油-稻	8 933.2	11 829.50	2 896.30	32.42
	麦-稻	10 164.4	15 776.6	5 612.20	55.21
调节大气	稻-油	8 734.00	10 221.29	1 487.29	17.03
	麦-稻	10 605.52	11 602.43	996.91	9.40
积累有机质	油-稻	77 400.79	79 218.75	1 817.96	0.23
	麦-稻	77 400.79	80 540.90	3 140.11	0.39
维持养分循环	油-稻	1 244 921.60	1 398 730.18	153 808.60	12.35
	麦-稻	1 244 921.60	1 404 396.38	159 474.8	12.81

保护性耕作在干旱半干旱地区防治风蚀水蚀方面有很大作用,但由于四川盆地稻田风蚀水蚀问题不严重,所以对此方面的生态系统服务价值在本评价中给予忽略;另外,虽然保护性耕作条件下稻田生态系统在控制病虫草害、调节洪涝灾害、净化水质、提高产品品质,改善人民生活质量、提供景观、文化与教育服务等功能方面也具有一定的作用,但由于这些功能在保护性耕作条件下的稻田生态系统中作用不十分明显或难以定量计算,这里没有一一评估。同时,保护性耕作也存在一些负面影响,如秸秆腐解问题,长期免耕后犁底层变浅,土传病虫害可能会加重,除草剂使用后的遗留效应等问题,都值得在以后的研究中加以关注。

本研究选择四川盆地作为研究区域,虽不能完全代表整个南方稻区,但由于当地保护性耕作开展较早而且模式较为丰富,因此基本上可以反映南方稻田生态系统的特点。在南方其他地区,稻田保护性耕作的特点不尽相同,如湖南的冬季覆盖作物模式、江苏的高留茬麦套稻模式等,对不同地区进行生态系统服务功能价值评估,需要根据当地的实际情况,选择推广面积较大的模式和服务价值明显的项目对其进行评估。如果能对整个南方稻田保护性耕作种植模式进行生态系统服务价值的系统评估,甚至对北方干旱半干旱地区保护性耕作种植模式的生态系统服务价值也进行系统评估,也许更能发现我国保护性耕作种植模式生态系统服务价值的总体状况,为我国保护性耕作技术的研究和推广提供很好的理论评价基础。

五、内蒙古武川县保护性耕作技术生态价值评估

本研究以内蒙古武川县保护性耕作农田为例,采用生态系统服务的理论和方法对保护性耕作农田的生态服务价值进行量化研究。考虑到数据的可获得性问题,本研究主要对减少土壤损失;增加土壤蓄水功能;营养物质的循环与贮存功能;气候调节功能进行价值测算。具体的测算方法见本章第二节相关方法内容。以传统的耕作方式秋翻地为对照,选择免耕留茬和带状间作为主要的保护性耕作方式进行分析。

(一)价值核算

1. 减少土壤损失的生态价值

由表 4-4-26 可以看出传统耕作方式年平均土壤风蚀量是最大的。实行保护性耕作后可以明显减少土壤风蚀量 86.8%~88.5%。应用工程替代法和影子价格法，从减少土壤流失可以减少土壤养分损失和减少废弃地损失来计算保护性耕作比传统耕作增加的生态服务价值。计算表明，保护性耕作每年每公顷土地可以减少生态服务价值损失平均为 164.44 元。

表 4-4-26 保护性耕作减少土壤流失的生态价值

	年平均风蚀量 (t/km^2)	减少风蚀量 (t/km^2)	减少土壤损失的经济价值 (元/hm^2)
秋翻地	530.0		
免耕留茬	61.0	469.0	166.03
带状间作	70.0	460.0	162.84

2. 增加土壤蓄水功能生态价值

本研究根据不同耕作方式的年平均土壤含水量，计算实行保护性耕作后单位面积土壤的蓄水增加量，运用替代工程价格法计算得出保护性耕作比传统耕作可以增加土壤蓄水功能的经济价值为 205.83~442.54 元/hm^2(表 4-4-27)。

表 4-4-27 保护性耕作增加土壤蓄水功能的生态价值

	年平均含水量 (%)	增加水量 (t/hm^2)	增加蓄水功能的经济价值 (元/hm^2)
秋翻地	9.3		
免耕留茬	16.18	660.51	442.54
带状间作	12.5	307.22	205.83

3. 营养物质的循环与贮存功能的生态价值

根据保护性耕作的土壤的有机质、碱解氮、速效 P、速效 K 的平均含量与传统耕作方式对比来计算其生态服务价值。表 4-4-28 可以看出保护性耕作增加土壤营养物质循环与储存功能的生态服务价值为 5 778.80~7 174.97 元/hm^2，平均比传统耕作增加价值 6 476.89 元/hm^2。

表 4-4-28 保护性耕作增加土壤营养物质循环与贮存功能的生态价值

	碱解 N mg/kg	速效 P mg/kg	速效 K mg/kg	有机质 (%)	经济价值 (元/hm^2)
秋翻地	40.8	5.8	95.1	1.09	
免耕留茬	10.7	7.9	160	2.08	5 778.80
带状间作	25.8	8.9	96.3	2.60	7 174.97

4. 气候调节功能的生态价值

本研究以不同耕作方式的作物生物量来计算保护性耕作方式比传统耕作在此功能上增加的生态服务价值。结算结果从表 4-4-29 可以看出，保护性耕作比传统耕作在此功能上每公顷平均增加 734 元。

表 4-4-29 保护性耕作气候调节的生态价值

	生物量 (kg/hm²)	增加固定 CO_2 (kg/hm²)	增加释放 O_2 (kg/hm²)	经济价值 (元/hm²)
秋翻地	6 535			
免耕留茬	8 642	3 434.41	2 528.4	1 136.72
带状间作	7 149	1 000.82	736.8	331.25

注：生物量数据免耕留茬为小麦和莜麦的平均值；秋翻地和带状间作的数据来源：郑大玮，妥得宝，王砚田. 内蒙古阴山北麓旱农区综合治理与增产配套技术. 呼和浩特：内蒙古人民出版社，2000。

(二)结果与分析

通过研究分析，可以清楚地看到农牧交错带风蚀沙化区农田实施保护性耕作与传统的耕作方式相比，具有重要的生态服务价值，其提供的间接服务价值是产品服务价值的 2～4 倍(表 4-4-30)。

表 4-4-30 保护性耕作农田生态系统服务价值汇总 元/hm²，%

	免耕留茬		带状间作	
	价值	比例	价值	比例
产品服务价值	1 784	19.2	3 412.5	30.2
减少土壤损失服务价值	166.03	1.8	162.84	1.4
增加土壤蓄水服务价值	442.54	4.8	205.83	1.8
营养物质的循环与贮存服务价值	5 778.8	62.1	7 174.97	63.6
气候调节服务价值	1 136.72	12.2	331.25	2.9
合计	9 308.09	100.0	11 287.39	100.0

在两种保护性耕作农田中，免耕留茬的产品服务价值为 1 784.00 元/hm²，但其提供的间接服务价值为 7 524.09 元/hm²，产品服务仅占其全部服务价值的 19.2%；带状间作的产品服务价值为 3 412.50 元/hm²，但其提供的间接服务价值为 7 874.89 元/hm²，产品服务占其全部服务价值的 30.2%。在保护性耕作农田所提供的间接服务价值中，占绝大部分的是其提供的营养物质循环与贮存服务价值，每年每公顷土地提供的价值为 5 668.80～7 174.97 元/hm²，是总服务价值的 62.1%～63.6%。此外，保护性耕作每年每公顷土地可以减少土壤风蚀的服务价值损失平均为 162.84～166.03 元，是总服务价值的 1.4%～1.8%；保护性耕作比传统耕作可以增加土壤蓄水功能的经济价值为 205.83～442.54 元/hm²，是总服务价值的 1.8%～4.8%；保护性耕作比传统耕作在气候调节功能上提供的服务价值每年每公顷增加 331.25～1 136.72 元，是总服务价值的 2.9%～12.2%。

第五节 生态系统服务在农业生态补偿中的应用

一、农业生态补偿的意义与原理

目前,协调生态系统退化和人类利益需求冲突采取的手段主要有传统的命令控制型(Command and Control)和经济激励手段(Market-Based Instruments)。传统的命令控制型手段存在成本效益差、激励效果不理想的缺点。例如,为了控制洪涝灾害采取修建大坝的办法,不但成本高,而且由于没有从人类活动造成不合理土地利用方式(森林砍伐等)的根本原因出发而导致了治理效果不明显,对区域人们生产生活方式的行为也起不到调控效果①。因此,近10年来,经济激励手段由于成本—效益相对更具优势而且激励效果更强而越来越受到人们的关注,这种手段考虑通过补偿或收费等经济手段从源头上对人类生产及生活方式进行调节,不仅考虑到人类行为对生态环境的影响,也考虑到生态系统服务功能保护的效果(Jenkins M et al. ,2004)。这其中,生态补偿是普遍受人们关注的重要经济手段,是目前研究和探讨的焦点。

(一)农业生态补偿是确保农业生态可持续发展与农民经济利益平衡的关键

面对日益退化的生态系统,人类对其服务功能的各种需求反而持续上升,这使得人类实现可持续发展受到严重的威胁与挑战。农业生态系统的服务功能如果得不到改善将持续退化,进而将影响全球整体的生态环境质量及其他生态系统的功能。因此,农业生态系统的经济生产与生态服务功能持续协调发展是农业生态系统可持续发展的关键。要解决这一问题,必须采取一定的手段来对农业生产及人们的生活行为进行调控。新的政策必须能够确保农业生产及其生态服务功能的可持续性,这对于满足人类需求以及保护生态环境的整体性(environmental integtity)和公共健康(public health)具有重要的意义(Tilman D,2002)。要达到这一目标,必须采取依靠政府通过财政手段采取生态补偿激励措施促使人类采取可持续的生产方式。因为一方面如果农民采取可持续的生产方式往往容易增加成本,使得他们没有竞争力,如果农民得不到一定的经济补偿,那么他们更容易采取低成本的破坏生态环境的生产方式,从而导致农业生产的同时带来了生态环境问题的恶化②。另一方面,如果农民采取的是生态系统服务功能保护型的可持续性农业生产方式,能够为外部提供的生态服务利益,这是一种正的外部性贡献,外部应该"感激"并为农民的这种"付出"埋单,以促使农民的这种外部性贡献得到内部化。因此,农业生态补偿是确保农业生态可持续发展与农民经济利益平衡的关键。

---

①Compensation for ecosystem servces (CES): A catalyst for ecosystem conservation and poverty alleviation? Inforesources Focus No 3/04 www. inforesources. ch

②Making ecological practices pay. Growing Green Project Priorities. Ecological services backgrounder. Mar. 31, 2003 *

http: // www. ffcf. bc. ca/gg _ new2/PDF% 20and% 20linked% 20documents/Mar% 202003% 20ecological% 20services%20ba

(二)农业生态补偿的原理

1.经济学——外部性与公共产品理论

根据环境经济学理论(外部不经济理论),商品的成本由生产成本、使用成本(环境资源在使用中丧失的未来效益价值)和外部成本(环境污染和生态破坏而产生的损失)组成。在旧经济理论的指导下,生产者一般只承担了生产成本,而没有或仅承担一部分使用成本和外部成本。造成外部不经济的生态社会现实,其实质是私人成本社会化。因此,将外部经济内部化,由行为人承担所造成的外部不经济后果,这是建立生态补偿机制的经济学基础(廖红,2003)。农业具有一定的外部性特征,农业生态系统提供的服务很大程度上属于公共产品,由于其非竞争性往往导致农业资源的过度开发使用,最终使得全体成员的利益受损;其非排他性又会使人产生"搭便车"的心理,没有人愿意提供公共产品,最终结果是谁也享受不到公共产品。要解决这种问题,政府管制和政府买单是有效解决公共产品的机制之一(韦苇等,2004;黄立洪等,2005)。

2.社会学——利益公平论

从社会学的角度,生态环境建设、生态保护者和受益者往往存在利益的不一致性,显失公平。例如进行生态建设需要调整经济结构、耕作模式、消费方式,涉及大量经济损失,暂时降低发展速度和群众生活水平,导致生态建设和环境治理的经济效益和发展速度暂时性损失。如果得到一部分经济补偿和经济援助,使经济损失控制在生态建设者和环境污染治理者能够承受的范围内,那么,生态建设者就愿意积极地进行生态建设(吴晓青等,2003)。

此外,对于发达地区与欠发达地区来说,同样存在利益公平问题。发达地区意识到"各人自扫门前雪,休管他人瓦上霜"的明哲保身的做法,既保不了自己,又拖累相邻地区;为了巩固生态安全和生态屏障,应向落后地区提供补偿和经济援助,增强落后地区生态建设的实力和能力。但是发达地区提供的补偿数量和补偿形式能否满足落后地区的需要,落后地区索取的补偿数量是否超过发达地区的承受范围,这些构成补偿活动开展的限制因子,必须通过建立补偿机制,才能解决(吴晓青等,2003)。

3.生态学——生态系统服务理论

农业生态系统服务功能对农业生产的作用是一种无形的服务,这些服务通过农业生产活动直接或间接进入社会经济系统,其经济价值巨大。由于长期没有采用一定的措施来平衡这种外部性带来的国家与区域、政府与农民等不同利益群体的利益问题,致使许多农业生态环境问题一直未能得到很好的解决。这也是长期以来人们对农业生产只是注重对农业生态系统的直接服务价值的索取,而忽略了对整个生态系统至关重要的间接服务功能的结果。例如,黄土高原生态环境建设,投入了大量的财力、人力、物力,为生态环境的恢复创造的基础。但是,生态环境建设与当地的经济发展、农民的生活需要存在一定的矛盾。根据我们测算,每造 1 hm^2 的林草地,其生态服务价值至少在 7 000～10 000 元/年,让当地农民牺牲农业生产进行生态环境建设,不给一定的补偿,生态环境建设是很难持续的。

二、农业生态补偿决策模型建立的思考

(一)农业生态系统与社会经济系统的价值流循环互动机制

农业生态系统与社会经济系统之间关系紧密,农业生态系统通过其自然生产属性(生态过程)及其与人类活动之间的互作(经济过程)不仅向人类提供各种食物和原材料,为社会经济系统也提供生态价值巨大的生态系统服务,同时社会经济系统也会对农业生态系统的服务功能产生影响。如果社会经济系统对农业生态系统只是一味地索取生态价值而没有相应的补偿的话,这种非循环式的系统关系导致了农业生态系统服务功能退化,进而农业可持续发展能力减弱。因此,要保证农业生态系统与社会经济系统的良性互动,必须建立社会经济系统对农业生态系统的生态补偿机制,促使农业生态系统的间接服务功能得到恢复与保持,实现农业生态补偿体现了农业生态系统与社会经济系统之间的价值流的循环互动(图 4-5-1)。

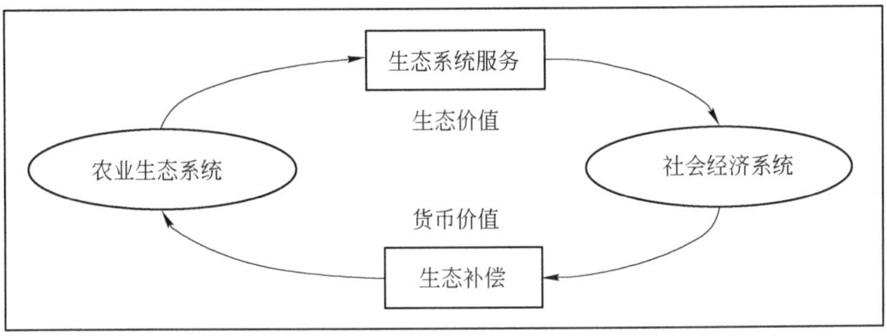

图 4-5-1 农业生态系统与社会经济系统的生态-经济价值循环

(二)农业生态补偿的决策过程

建立农业生态补偿机制需要基于生态系统服务价值的测算,将之纳入农业生态环境政策的决策。下文以传统农业与生态农业对比为例,探讨农业生态补偿的决策过程如何考虑生态系统服务价值。对于传统的农业生产,由于生态系统服务价值没有纳入农户的生产成本里面,农民追求的是农业高产以获得更多的经济收入。这致使许多不合理农业生产措施造成了生态系统服务功能下降,使得传统农业的生态代价较大。而这部分代价是农业生产的负外部性,牺牲了整个社会的生态环境。而生态系统服务保护型的农业生产方式(例如生态农业)不仅可以获得传统的产品收入,而且可以避免了传统生产方式带来的生态代价,还可以保持相对份额的生态系统服务价值。对于生态农业保持住的这部分生态系统服务价值如果不能在农户的经济收益里面体现的话,农户依然习惯于选择传统的生产方式,因为生态系统服务保护型的农业生产方式的产品收益相对于传统生产方式往往将少一些,农户经济收益受到一定的影响(图 4-5-2)。

如何采取一定手段来调节农户的生产行为,使之能够自觉、自愿地采取生态系统服务保护型的农业生产方式是政府决策需要考虑的重点。如果采取传统的命令控制型政策手段,强制农户放弃传统的农业生产方式往往效果不明显。比如,目前的退耕禁牧政策,由于农户的经济收益与传统的放养方式相比减少许多,国家的补贴政策不能弥补农户的心理需求,因

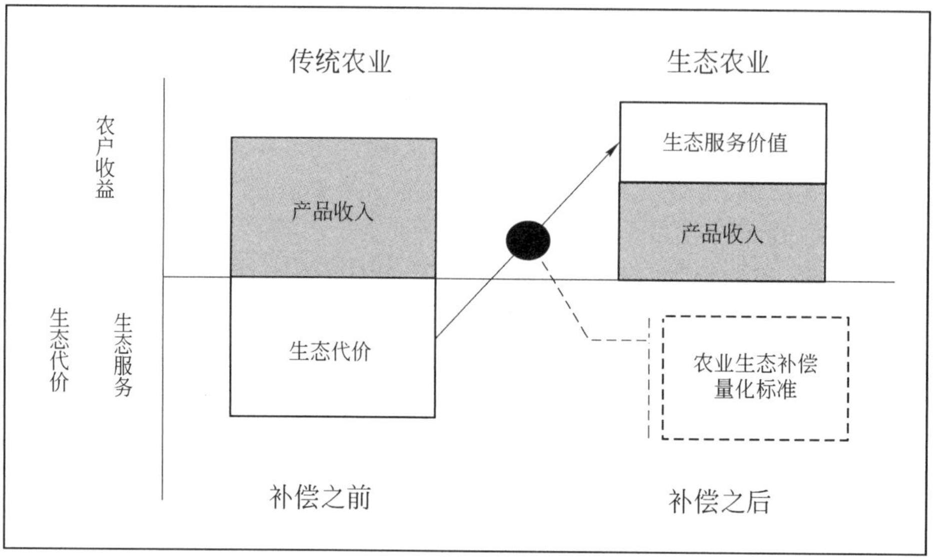

图 4-5-2　农业生态补偿的决策概念模型

此偷牧现象经常发生，政策预期效果不明显。而如果采取生态补偿政策，基于生态系统服务价值确定给予农户的补偿额，不仅可以满足农户的经济需求，对于整体生态环境效果也是有利的。因为，如果没有生态补偿，农户采取传统的农业生产方式，对于农户来说有收益，但对于社会整体来说，这部分产品收益与生态代价几乎可以相互抵消，导致整个社会整体福利下降；而如果采取生态补偿政策，农户不仅可以获得经济收益，从整个社会来看，其产品价值和生态价值都是正的，是可以相互叠加的，对于整个社会福利是增加的（图 4-5-2）。

三、基于生态系统服务价值的农业生态补偿量化测算

生态补偿的意义可以很清楚地被理解，但生态补偿机制的建立是相当困难的，它是一项复杂的系统工程。建立生态补偿机制需要解决的三个基本问题是：谁补偿谁，补偿多少，如何筹集资金补偿。这三个问题看似简单，但到目前为止尚未得到很好的解决（蔡邦成等，2005）。“谁补偿谁”涉及到生态补偿机制的产权确定等问题；“补偿多少”就是补偿的量化问题；“如何筹集资金补偿”涉及的是生态补偿制度的财政、金融、措施、补偿方式等问题。目前的研究较多是针对第一个和第三个问题开展，对于补偿的量化问题研究较少，仅有的一些方法也是没有突破传统经济学方法的不足，对于生态经济学的探索应用还很薄弱。例如：吴晓青等（2003）采用经济损失量与受益量的差额法对区际生态补偿进行计算和测定。韦苇等（2004）采用经济学模型对农业的市场供给曲线进行分析，从而根据农业的均衡产量来确定农业进行补偿值。黄河等（2004）采用补偿数额与利益损失额的概括相等的思路来确定对西部生态农业的补偿值。认为国家补偿只能参照一定的经济标准给当事人以相当的补偿，而不可能在具体案件中一项项计算个体的损失。过于要求补偿额的精确化，将增加国家补偿的成本。王欧等（2005）建议采用经营成本法来核算农业生态补偿值。这些研究对农业生态补偿的量化确定依然没有从生态价值的角度研究生态补偿的量化问题，仅仅从传统经济学

角度进行探讨，容易忽视生态系统提供的潜在服务价值，未能实现将生态系统服务价值纳入生态环境决策过程。因此，从生态系统服务价值的角度出发，研究探索生态补偿的量化问题具有重要意义。

由于不同国家或地区的经济发展水平不一致，不可能实现对所有的生态系统服务价值进行补偿，生态补偿量必须考虑到国家或地区的补偿能力。由于农业生态补偿不仅涉及到区域的面上问题，也涉及到具体农业生产方式或技术的补偿问题。因此，本研究分别对区域农业和农业生产方式的生态补偿量化问题分开论述。

(一)区域农业生态补偿量化

对于一个区域来说，其农业生态系统提供的服务价值是其生态补偿的量化依据。但是考虑到区域的经济发展水平问题，必须确定适宜的补偿系数。本研究认为生态补偿系数应该是基于经济发展水平的一定比例的生态系统服务价值，经济发展水平高的国家(地区)对生态服务价值的利用比发展水平低的区域“消费”更多的生态系统服务，必须以较高的比例进行生态补偿。考虑某个国家(地区)补偿能力可以用GDP来表示，补偿系数可以是该国家(地区)GDP与其生态系统服务价值的比值来表示。用公式表示为：

$$E_{ec} = GDP \times r = GDP \times \frac{GDP}{E_{es}} \tag{4-5-1}$$

式中：E_{ec} 为某个国家(地区)的生态补偿量；GDP 为某个国家(地区)的国内生产总值；E_{es} 为某个国家(地区)的生态系统服务的总价值；r 为补偿系数。

(二)农业生产方式生态补偿量化

对于农业生产方式的生态补偿问题，首先必须确定是能够对农业生态系统服务功能进行保护的农业生态方式才能得到补偿。因此，可以依据这种生态系统服务保护型的农业生产方式的产品收益和其保持的生态系统服务价值来确定生态补偿量。这种补偿方式的补偿数额必须是大于农户采取生态系统服务保护型的农业生产方式后产品收益的损失，同时也必须小于等于这种生产方式带来的生态系统服务价值。对农户进行生态补偿的数额确定在此范围内，各地可以根据当地的经济实力确定具体的补偿数额。具体确定公式可以表达如下：

$$E_{tt} - E_{ct} < E_{ec} \leqslant E_{es} \tag{4-5-2}$$

式中：E_{ec} 为生态系统服务保护性农业的生态补偿量；E_{tt} 为传统农业生产方式的产品收益；E_{ct} 为生态系统服务保护性农业的产品收益；E_{es} 为生态系统服务保护性农业的生态系统服务价值。

四、案例分析

(一)黄土高原农业生态补偿(县域尺度)

根据本章第四节对安塞县生态系统服务价值的测算，该县农业生态系统每年提供的总服务价值为3 151 364.80万元，是其产品价值的170倍，相当于170万元服务价值产出1万元的产品生产力或经济生产力，这是生态环境脆弱区进行生态恢复建设以及农业生态补偿实践提供了理论依据。

根据公式(4-5-1)进行计算，安塞县 2000 年全县国内生产总值是 63 943 万元，而当年生态系统服务总价值是 3 169 870.46 万元，我们以两者的比值作为补偿系数，再以该值乘以反映当地解决发展水平的 GDP 就是需要支付的生态补偿额，计算结果为 1 289.86 万元。因此，安塞县 2000 年必须支付的生态补偿量为 1 289.86 万元，相当于该县 2000 年国内生产总值的 2.0%。

本研究初步以生态经济学的方法估算出安塞县的农业生态系统服务价值，以此为基础确定了该县每年该支付的生态补偿量。由于有关生态系统服务价值的测算方法目前尚未形成广为一致的标准，因此该数量以及相应的补偿系数尚待进一步完善。

生态补偿必须以科学、公平、有效的方式对与农业生产休戚相关的农户进行生态补偿支付。由于安塞县的农业生态服务功能的外部性收益的不仅是该县，其他地区特别是下游地区也可以因该县的水土保持等农业生态保护技术的实施而收益。因此，支付这 1 289.86 万元的补偿费需要多方面共同“埋单”，以促进该地区生态环境建设和经济的协调发展。本研究讨论的是从微观尺度对农户的补偿，至于如何确定支付补偿量的主体和补偿机制，需要进一步研究。

关于如何进行补偿，必须选择适当的补偿措施，资金的直接补偿是其中之一。而通过政府转移支付加大该地区农业基础设施建设、加大农村教育和农民技术培训的支出也不失为一种可行的间接补偿方式。

(二)武川县保护性耕作的生态补偿研究(农田尺度)

本研究在假设国家已经通过经济调节其他经济发达区的财政收入要对某些地区进行生态补偿，而且金额已经到位的前提下，以内蒙古北方农牧交错带武川县为例，探索研究如何在县域尺度对农户的保护性耕作进行生态补偿的数额量化。研究的保护性耕作技术主要有：坡耕地建等高田技术、条播作物留茬与穴播作物带状间作轮作以及留茬免耕技术等(郑大玮，妥德宝，潘志华等，2000—2004 年)。

研究表明，传统耕作方式不仅对土壤处理上合理，在作物选择上也存在生态与经济的不协调性。武川县近年来经济作物马铃薯面积增加很快，主要是由于种植马铃薯农户经济收入比种植其他作物高。而实行保护性耕作后，农户在作物上就必须选择可以留茬的作物，如小麦、莜麦等，因而经济收入有所下降。传统耕作方式农户平均每公顷可以收获 3 149.50 元，选择保护性耕作后，经济收入平均为 2 598.25 元，收入平均下降 17.5%。而从生态的角度来说，实行保护性耕作后可以增加生态服务价值平均为 7 699.49 元/hm^2，也就是说传统耕作方式每公顷增加了生态成本为 7 699.49 元(表 4-5-1)。从农户角度追求的是经济收入，而从国家和区域的角度更需求是生态环境的保护，两者存在不一致性，因此要农户实行保护性耕作，必须对之进行生态补偿以获得农户经济收入和国家生态需求的协调。

表 4-5-1　保护性耕作与传统耕作的生态—经济价值产出　　元/hm^2

	秋翻地	免耕留茬	带状间作
农产品经济收入	3 149.50	1 784.00	3 412.50
生态服务价值		7 524.09	7 874.89

注:农产品经济收入秋翻地种植油菜、小麦、马铃薯的平均值;免耕留茬为小麦、莜麦、油菜的平均值;带状间作为马铃薯与油菜、小麦、油菜的平均值。

从上文的保护性耕作可以增加生态服务价值的角度出发得出对农户实行保护性耕作进行生态补偿的价值理论依据,如何对补偿量进行确定可以通过图 4-5-3 的模型得出。生态补偿量为 E_{ec},传统耕作农户经济收入为 E_{tt},保护性耕作农户经济收入为 E_{ct},保护性耕作增加的生态服务价值为 E_{es}。传统耕作农户的经济收入比实行保护性耕作高,但同时也增加的生态成本,从整个社会的角度来说福利是减少的,甚至是负值,农户的经济收入是以生态环境退化为代价的。而实行保护性耕作后农户经济收入减少了,但从整个社会来说服务是增加的。因此对农户实行生态补偿量必须超过传统耕作与保护性耕作经济收入的差值。但考虑到国家的经济发展水平,生态补偿量不能超过保护性耕作带来的生态服务价值。根据公式(4-5-2)可以得出:武川县农户实行保护性耕作后应该得到的生态补偿量应该是 551.25～7 699.49 元/hm^2。但是在此范围内如何根据该地区的经济和社会发展水平考虑农户的生态补偿量是科学合理的,具体以生态服务价值量的多大比例来确定有待进一步研究。

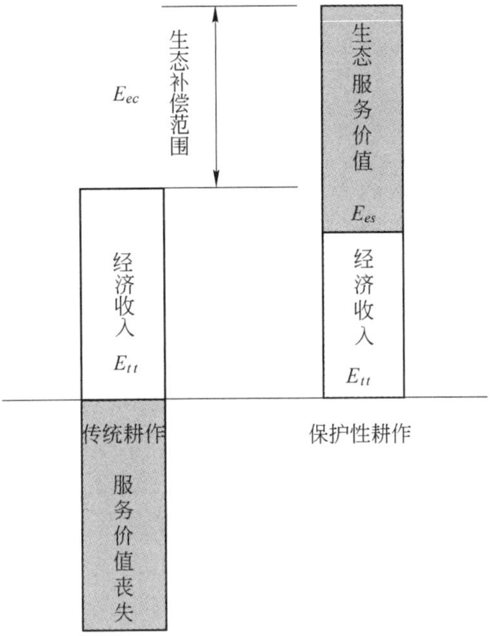

图 4-5-3　保护性耕作生态补偿的量化模型

第六节　生态系统服务价值市场转化

一、生态系统服务价值的市场转化利用的原理

(一)生态系统服务价值市场转化应用的意义

生态系统服务具有巨大价值(表 4-6-1),将生态系统服务的经济价值融入到市场经济的运行中去,将会使人们更加意识到保护生态系统服务功能的重要性。

表 4-6-1　全球各类生态系统各种服务功能的经济价值　　$/(hm²·年)

生态系统服务功能	调节功能	气体调节	气候调节	干扰调节	水调节	水供应	土壤保持
		7～265	88～223	2～7 240	2～5 445	3～7 600	29～245
		土壤形成	养分循环	废气物处理	授粉功能	生物控制	
		1～10	87～21 100	58～6 696	14～25	2～78	
	生境功能	保护区功能	保育功能				
		3～1 523	142～195				
	生产功能	食物	原材料	基因资源	药物资源	观赏动植物资源	
		6～2 761	6～1 014	6～112	—	3～145	
	信息功能	审美	娱乐	文化、艺术	精神、历史	科教	
		7～1 760	2～6 000	—	1～25	—	

资料来源：De Groot S et al. ,2002。

这些服务如果能够通过市场途径得以体现其真正的、可视的货币价值，那么农业发展的功能和领域将得以大大的拓展。农业将不仅仅是传统意义上的生产活动，更是人类生态需求、文化需求的重要来源。表 4-6-2 假设了澳大利亚一个未来农场的收入结构，现在占 100% 的传统农业收入在未来将只占 55%，水净化、碳吸收、盐碱控制以及生物多样性维持等间接服务价值将占重要的地位(Daily G C et al. ,2000)。因此，将生态系统服务的价值转化出来，不仅可提高农业生态系统内的农户经济收入，同时可保障其可持续发展。

表 4-6-2　农业生态系统产品与服务

商品	所占比例(%)
小麦	40
羊毛	15
水净化	15
木材	10
CO_2 吸收	7.5
控制盐碱	7.5
生物多样性	5

引自：G. C. Daily et al. ,2000。

(二)生态系统服务价值市场转化的可行性分析

随着全球化以及跨国公司的加速发展，政府能力和作用对自然资源管理影响作用逐渐减弱，甚至发展到许多国家不得不靠私人公司来管理自然资源才能保证自然资源的持续性(Daily G C，Walker B H，2000)。澳大利亚已经从 1999 年开始启动了全球多家研究单位，涉及多个政府部门以及普通老百姓的生态系统研究计划。为生态系统服务的功能维持、保护和恢复以及如何为生态系统服务的巨大价值提供转化市场等方面进行了理论与实践的研究。为生态系统服务形成一种新的生态产业提供理论与实践的良好基础。澳大利亚联邦政府拨款给三家研究性的发展公司(RIRDC，LWRRDC 和 FWPRDC 公司)，重点研究解决农林生态系统未来的发展出路及对策，为政府及区域的农林生态系统环境退化的问题提供解决办法，而且已经取得了很大的进展，提出了未来生态系统服务价值市场转化的概念框架(Binning C et al. ,2000)。一家澳大利亚公司——“地球避难所”有限责任公司，2000 年在世界首次开展了这方面的业务。他们买了 90 000 hm^2 的土地，恢复植被和野生生物，从旅游、咨询和野趣出售得到收入。与此同时，悉尼期货交易公司开始定位于成为全球生态系统服务商业的领头人，他们的业务从“碳隔离(carbon sequestration)”(阻止从植物和土壤释放到大气的碳形成温室气体)到“新环境产品”(比如净化水和生物多样性的信贷)都有涉及(Daily G C et al.,2000)。哥斯达黎加政府已从1997年开始向土地拥有者补贴生态系统服务：碳隔离、水源保护、生物多样性和美观。补贴费每公顷每年达50美元，并且他们也向许多欧洲国家出售“碳隔离”信贷。法国Perrier-Vittel矿泉水公司为了保证其水源不受来自周边地区农田的污染(过营养化和农药残留等)，花巨资让当地农民搞有机农业，以保证来自生态系统的水服务能够使公司持续地发展。

以上的例子说明了，以生态系统服务为基础的价值交易活动正在逐步成熟，这也是生态系统服务巨大价值市场转化的实践基础，各个国家、不同区域的不同群体正在不断实践生态环境保护与经济协调发展的“双赢”，以期人类赖以生存的生态环境和社会经济可持续发展。

对于具体的、区域性的生态系统，例如农业生态系统、森林生态系统、水域生态系统等都需要进行具体的、定量的研究，以便为生态系统服务价值的转化寻找建立市场。近年来已经有人开始这方面的研究(Cork S J,Shelton D,Binning C and Parry R,2000—2001)，并已经取得的很大的进展，提出了未来生态系统服务价值市场转化的概念框架(图4-6-1)(Binnig C et al.,2000)。

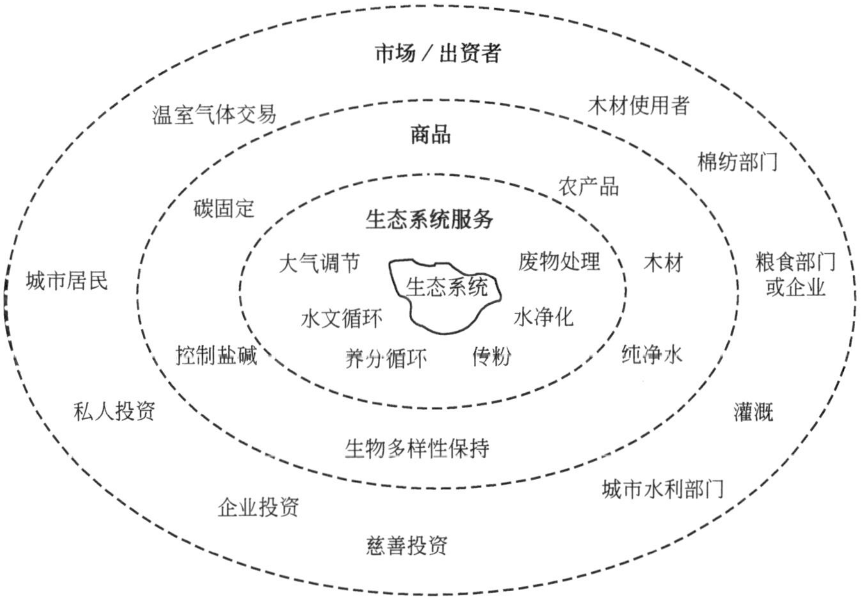

图4-6-1 生态系统服务价值市场转化模式(引自Binnig C et al.,2000)

为生态系统服务价值建立转化市场目前还不是很成熟，需要生态学家和经济学家的共同努力，不仅要解决目前生态系统本身的结构和功能上的难题，而且要探索价值转换机制。

(三)生态系统服务价值市场转化(率)的应用

1.概念与计算方法

目前国内外对生态系统服务价值市场转化的研究主要集中在对其市场转化的机制以及策略的研究与探讨上(Binning C et al.,2000;Cork S J et al.,2000,2001;David S et al.,2001;Masood E,1998;Daily G C,2000),但是对于哪些服务价值可以转化为现实的市场价值,哪些不可以转化,转化比例的多少,没有定量的研究。

为了更好地认识生态系统服务中产品及原材料生产与其他服务之间的关系,以便确认生态系统服务中哪些服务是可以转化为直接的经济价值,我们于2003年首次提出了生态系统服务价值市场转化(率)的概念。

(1)生态系统服务价值市场转化(conversion) 指为生态系统服务价值寻找建立特定的、真实的市场环境,使一些生态系统服务能够像普通商品一样进入市场流通,转化为直接的经济价值。

(2)生态系统服务价值市场转化率(conversion rate,Cr) 能够进入市场流通的服务价值(value that access to marketplace,Va)占生态系统总服务价值(gross value of ecosystem services,Vg)的比例。具体的表达公式如下:

$$Cr=(Va/Vg)\times 100\%$$

生态系统服务价值市场转化率(Cr)又可以分为现实转化率(Crr)和潜在转化率(Crp):

(3)现实转化率 指已经进入市场的服务价值占总服务价值的比例,如产品及原材料生产价值。

(4)潜在转化率 指已经转化的价值加上具有开发潜力、能够在未来进入市场的价值占总服务价值的比例,如生态系统的水供应、休闲娱乐、文化服务价值等。

在此基础上,可以继续研究服务价值市场转化的途径和机制。通过问卷调查和部门访谈的方式综合研究涉及生态系统和社会经济系统的各有关利益群体(政府部门、社会组织、公司企业、农户、个人等)对生态系统的认识及“消费意愿”,设定特定生态系统服务价值市场转化环境,研究服务价值市场转化应用的可行性、途径和相应的机制,以及要实现市场转化需要的体制创新保障(产权界定、法制体系、财政金融、决策过程、运行管理等),实现生态系统的可持续管理。

2.全球各类生态系统服务价值的转化率分析

我们以生态系统服务的食物及原材料生产的价值来计算全球及区域各类生态系统服务价值的市场转化率。

从表4-6-3中可以看出,全球各类生态系统服务的价值中,市场转化率最高的是农田,为58.70%;其次是草原/牧场,占28.88%;接着是森林,占18.68%;其他类型的顺序为:远洋>海滨>湖泊/河流。农业生态系统能量转换效率高、食物链短,产品进入市场速度快,因此,农田生态系统的服务价值市场转化率高。但是,服务价值市场转化率并不是越高越好,农业生态系统的高转化率是以生态系统退化的为代价的。集约化的农业生产已经引起了水土流失,土壤肥力下降、生物多样性减少、湖泊河流污染及过营养化等问题(P. A. Matson et al,1997)。农业生产不仅要提高生态系统服务的产品功能,更要恢复和维持其各种维持生命的间接服务功能,这对改变农业生态系统本身环境条件的恶化、对未来农业生产发展与全球生态环境保护关系的协调至关重要。草原/牧场、森林虽然服务价值市场现实转化率不如农田高,但是,由于人类利用方式的不当,也引起了一些生态问题。随着生态环境意识越来越为人们所认识,在正确利用环境资源的基础上,草原/牧场、森林仍有空间来提高服务价值市场转化率,例如生态系统服务的水供应、审美及文化价值是可以转化为市场经济价值的,如果加上这些价值,则草原/牧场、森林的服务价值潜在市场转化率将分别为 31.03%和 25.90%。对于远洋、海滨、湖泊/河流等生态系统,由于目前人类开发利用的程度还很低,所以服务价值现实市场转化率低,如果考虑水供应、审美及文化价值,则潜在市场转化率,海滨可为 5.95%,湖泊/河流为 67.26%。湿地的市场现实转化率为 2.45%,如果加上水供应、审美及文化价值,则为 12.39%,可见,湿地、湖泊/河流等生态系统服务价值主要不在其产品服务,而在其水供应、审美及文化价值等间接服务价值上。

表 4-6-3 全球各类生态系统服务价值的市场转化率 $ /(hm² · 年)

生态系统类型	价值	食物生产	原材料	水供应	休闲游乐	文化	Crr (%)	Crp (%)
远洋	252	15	0			76	5.95	36.11
海滨	4 052	93	4		82	62	2.39	5.95
森林	969	43	138	3	66	2	18.68	25.90
草原/牧场	232	67		3	2		28.88	31.03
湿地	14 785	256	106	15	574	881	2.45	12.39
湖泊/河流	8 498	41		5 445	230		0.48	67.26
农田	92	54					58.70	58.70

数据来源:Costanza,et al.,1997;Crr 为现实转化率,Crp 为潜在转化率,两者数据均为作者计算得出。

表 4-6-4 和表 4-6-5 为中国各类生态系统服务价值市场转化率。其中,森林为 18.32%,与世界平均水平差不多。草地平均为 19.53%,比世界平均水平低将近 10 个百分点,这体现了我国的草原生产管理技术水平赶不上世界平均水平。但是如果加上水供应、审美及文化价值,可以提高到 31.37%,说明中国草原生态系统服务的市场转化比全球更具潜力,所以我国草原应该在保护和恢复的基础上改善经营方式,提高系统的间接服务价值。湿地以长白山为例,如果只计算系统的动植物产品价值,其服务价值市场转化率仅为 0.25%,如果加上湿地的科学研究、文化教育、旅游和休闲等价值,服务价值市场转化率可提高到 24.46%,可见湿地的服务价值转化应该向其提供的科学研究、文化教育、旅游和休闲等服务价值转移,减少对其产品价值的掠夺而引起的破坏。对于我国的农田生态系统价值目前缺乏研究,我们仅对黄土高原丘陵沟壑区安塞县的脆弱农业生态系统的服务价值进行了评价,得到服务价值市场转化率仅为 0.58%,与全球的平均数 58.696%差距很大,这与黄土高原生态环境脆弱,系统生产力低下、产品服务能力弱化有很大的关系。

表 4-6-4 中国森林、草地生态系统服务价值的市场转化率 $/(hm² · 年)

生态系统类型	每平方公里价值	食物生产	原材料	水供应	休闲游乐	文化	Crr(%)	Crp(%)
森林	1 148.88	41.04	169.4	4	73.8	2	18.32	25.27
草地	509.5	81.3	1.6	58.5	11.1	13.6	19.53	31.37

资料来源：蒋延龄，1999；谢高地，2001；Crr 为现实转化率，Crp 为潜在转化率；两者数据均为作者计算得出。（下同）

表 4-6-5 中国湿地、黄土高原生态系统服务价值的市场转化率 $/(hm² · 年)

生态系统类型	地区	每平方公里价值	产品价值	水供应	基础研究	文化教育	Crr(%)	Crp(%)
湿地	长白山	234 470.82	574.71	38 958	440.08	12 199.19	0.25	24.46
黄土高原	安塞县	15 709.11	91.71				0.58	

资料来源：薛达元等，1999；高旺盛，2003；Crr 为现实转化率，Crp 为潜在转化率；两者数据均为作者计算得出。（下同）

二、生态系统服务价值的市场转化利用模型

（一）生态系统服务价值的市场转化与“商品”开发

生态系统服务具有巨大的经济价值，将该价值进行市场转化是生态系统服务形成生态产业的关键。虽然目前生态系统服务价值的市场转化利用研究尚处于起步阶段，但它已经表现出良好的市场前景。

明确了哪些服务价值可以通过市场开发进行转化利用之后，要使生态系统服务能够形成一种新的生态产业，关键是如何来确定这些生态系统服务所能提供的“商品”是什么，以什么样的形态出现。生态系统所提供的“商品”必须能够吸引消费者来购买。生态系统服务所提供的“商品”是通过生态系统各种功能互作过程中形成的，它能提供的“商品”有：

- 食品及各种原材料（包括农产品、林产品、医药等）；
- 碳固定；
- 控制盐碱；
- 生物多样性保持；
- 纯净水；
- 新鲜的空气；
- 各种景观及娱乐享受。

确定生态系统服务的“商品”之后，就要研究如何“包装”宣传这些“商品”，建立一定的生态系统服务企业的发展模式及营销方式。

（二）生态系统服务的产业模式建立

如果生态系统服务价值市场转化的各种机制和方式都成熟、生态系统服务价值的测算形成一定的标准和规范的话，形成生态产业要做的就是探讨研究如何建立一定的法人（公司）来经营、管理特定的生态系统，以使该生态系统的服务“商品”能够在市场上流通。

本研究初步研究提出了生态系统服务形成生态产业的模式（图 4-6-2），包含三个实体：生态企业（法人）、消费者以及政府部门；两个机制：监督机制和市场机制。具体的模型描述如下：

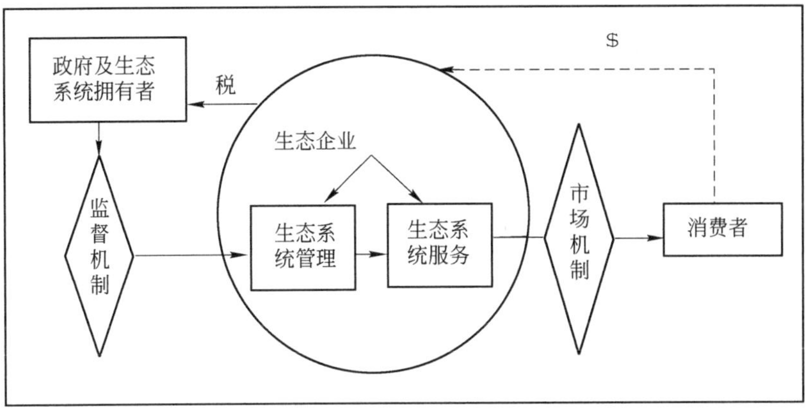

图 4-6-2　生态系统服务形成生态产业模式简图(陈源泉,高旺盛,2006)

1. 产权拥有者

政府或特定生态系统的拥有者将生态环境建设的管理经营权以合同方式让具有专业水平的生态管理企业来做,这样可以克服由于政府专业知识或技术的不足而造成的生态破坏,同时也可以使经济核算清晰、责任明确。

2. 生态企业

建设、管理经营生态系统服务的生态企业具有一定的特殊性,不仅要具有盈利目的(企业盈利性),更有公共环境、生态环境建设的目标(企业公益性)。对生态企业来说,后者比前者更重要。如果该企业不能按合同维持和建设它所承包的生态系统,也就是说他不能提供该生态系统应有的服务(商品),那他就不能获利,而且还要承担责任。因此,在具备盈利性和公益性的同时企业还必须具有管理生态系统的能力(企业科学性)。此外,生态企业还要具有研究性,因为生态系统的过程与功能是非常复杂的,许多领域是目前人类所不能认识的,需要不断地科学探索。这就要求生态企业要不断将最新的科学研究理论和技术融入到对生态系统管理,因此,生态企业可以自己或同科研机构合作,不断完善和改进人类对生态系统的管理。因此,基于生态系统服务价值的生态企业需要具备 4 个属性:盈利性、公益性、科学性、研究性。

3. 消费者

由于生态系统服务所提供的"商品"是一种特殊的商品,具有多种存在形态,主要包括物质形态(生态系统提供的物质产品)和精神形态(生态系统提供的审美、娱乐、艺术等)。因此,这种特殊的"生态商品"的消费群体除了传统的产品消费者之外,其他的具有很强的特殊性,需要企业积极进行商品开发与市场宣传:

◆ 通过景观娱乐的生态服务功能的开发生态旅游、餐饮的开发吸引旅游者;

◆ 通过净化功能的开发可以与造纸、油田等排污企业达成一定的协议消化吸收这些企业的污水,从而使这些企业能够消费者;

◆ 通过水土保持的生态服务功能的开发,争取政府的财政转移支付或税收优惠,从而使政府成为特殊的消费者,因此政府如果没有企业对生态系统的维持与保育,需要投入资金来维持这些公益性事物;

◆ 通过湿地的生物多样性维持、调节气候等生态服务功能的宣传与开发，争取有识之士或社会慈善团体的捐助，使之能够另一种形式的消费者。

4. 市场机制

生态系统服务是一种特殊的“商品”，因此其消费群体也具有一定的特殊性，这就要求建立一定的市场机制，使生态系统服务能够在市场上销售。目前，存在的机制主要有：

(1)政府(公众)支付　国家包括各种社会团体慈善结构为了保护国家的生态环境，保护及恢复不同类型生态系统的服务功能，通过财政拨款、科研立项、捐款等方式向生态企业等生态系统服务管理者支付费用；

(2)企业支付　由于市场对生态系统服务“商品”的需求，为了保证生态系统服务能够持续的使用，生态企业就必须对所有涉及该服务的人员进行支付、补偿以使该服务能够持续的提供；

(3)市场贸易　全球各种污染物的排放在不同的国家或区域是不同的，在保护环境的前提下，不同排放量的国家或区域就必须通过谈判，使得污染排放可以实行贸易的形式以保证全球生态环境保护下不同发展水平国家或区域的公平、平衡发展。

5. 监督机制

生态系统服务是人类可持续生存、发展的基础，因此让生态企业来经营具有一定的风险，这就要求建立严格的甚至是法律形式的监督机制。政府、社会、普通大众等都必须加入到这种监督机制中来。

三、案例分析：黄河口芦业集团生态农业开发

黄河口芦业集团公司是从事湿地经济开发的企业实体，最初于 2000 年注册成立东营市新世元芦苇有限责任公司，承租盐碱荒地 20 万亩，建成以湿地产业为经营的生态园区，从事芦苇湿地的生态建设和高效生态经济因素的开发与管理工作。集团所在地位于东营市黄河入海口北岸，是典型的三角洲地貌。从本地区自然环境条件分析，项目区不适于农业和林业开发，而适于发展芦苇生产及湿地的水产养殖业利用。

(一)芦业集团湿地苇田的生态服务价值估测

芦苇湿地是介于陆地生态系统和水生生态系统之间的过渡类型，具有丰富的生物资源，系统生产力高，是目前地球各类生态系统中生态服务功能最强的一种生态系统。

1. 产品价值

公司在黄河三角洲盐碱荒地采取水利工程改良，辅以人工灌溉，抚育人工湿地，培育造纸芦苇原料的可行性基础上，引用高效人工生态农业技术，把盐碱荒地建成以芦苇开发为主、湿地水产品养殖共生共轭的湿地高效生态经济体系产业。目前，苇田的产品产出不仅包括植物性产品(芦苇草)，也包括了水产品，例如鱼、鳖、鳗鱼、泥鳅等高附加值的产品。

目前公司主要产品年产芦苇干草 4 万 t、毛蟹 15 万 kg。芦苇市场均价为 400 元/t，毛蟹市场价平均为 30 元/kg，则该公司拥有芦苇湿地每年的产品价值＝1 600＋450＝2 050(万元/年)。

2. 调节气候价值

本研究采用造林成本法、碳税法及制氧工业成本法估算出芦苇湿地生态系统吸收 CO_2、释放 O_2 的气候调节服务价值，对于水分生物调节方面由于数据资料所限没有估算。

根据黄河三角洲的芦苇产量一般为 300～400 kg/亩，集团通过生态恢复及工程抚育，使芦苇亩产大大提高，平均亩产达到 500 kg，20 万亩总产达到 10 万 t。由于公司基本都是等芦苇完全干枯之后才收割的，所以这部分产量为地上生物量，至于地下生物量部分由于没有利用且相对稳定，本研究忽略不计。据此，该公司拥有的芦苇湿地每年能够固定 16.3 万 t CO_2、释放 12 万 t O_2，固定 CO_2 的价值采用造林成本法和碳税法的平均值；释放 O_2 的价值采用造林成本法和工业制氧法的平均（表 4-6-6），至此可以计算出每年的大气调节功能价值为：913.32＋4 517.58＝5 430.90（万元）。

表 4-6-6　芦业集团芦苇湿地固定 CO_2 及其释放 O_2 的价值

收获生物量（万 t）	固定 CO_2 价值（万元/年）		释放 O_2 价值（万元/年）	
	造林成本法	碳税法	造林成本法	工业制氧法
10	1 159.82	666.82	4 235.16	4 800

3. 减污净化价值

根据许健民（2001）在东营市黄河三角洲的研究结果表明[①]，整个黄河三角洲（东营）湿地在固定营养物与移出毒物所产生的效益共为 1.234 4 亿元，东营市拥有的湿地总面积为 40.21 万 hm^2，则单位面积价值为 306.99 元/hm^2。以此可以计算出该集团公司拥有的芦苇湿地所具有的减污净化价值至少在 409.32 万元。

4. 调洪固堤价值

根据许健民（2001）在东营市黄河三角洲的研究结果表明，整个黄河三角洲（东营）湿地均化洪水和防御风暴潮的总效益共为 1.299 5 亿元，东营市拥有的湿地总面积为 40.21 万 hm^2，则单位面积价值为 323.18 元/hm^2。以此可以计算出该集团公司拥有的芦苇湿地所具有的调洪固堤价值至少在 430.91 万元。

5. 防止海水入侵和土地盐碱化价值

根据许健民（2001）在东营市黄河三角洲的研究结果表明，整个黄河三角洲（东营）湿地这一功能的效益共为 13.958 亿元/年，东营市拥有的湿地总面积为 40.21 万 hm^2/年，则单位面积价值为 3 471.28 元/(hm^2 · 年)。以此可以计算出该集团公司拥有的芦苇湿地所具有的减污净化能力至少在 4 628.37 万元/年。

6. 维持生物多样性价值

许健民（2001）根据黄河三角洲（东营）自然保护区管委会的估算数据，估算该区生物多样性的价值至少在 4.545 5 亿元，折算出该集团公司拥有的芦苇湿地所具有的维持生物多样性价值至少在 1 507.25 万元/年。

7. 景观娱乐价值

根据许健民（2001）在东营市黄河三角洲的研究结果表明，黄河三角洲（东营）湿地的景

①许健民. 黄河三角洲（东营市）湿地评价与可持续利用研究. 博士学位论文，中国农业科学院，2001。

观娱乐价值为 9 730 万元/年，如果该公司市场营销策略到位，完全可以把这部分价值开发出来。

8. 文化、教育、科研价值

许健民(2001)根据东营市教育局的数据，估算出该区湿地具有的教学实习价值、出版物价值以及野趣产品价值为 264 万元。此外，公司成立以来，不断开展科研研究项目，先后启动了“黄河三角洲芦苇湿地恢复与高效生态经济体系建设”和“黄河三角洲耐盐芦苇品种筛选及人工湿地生态环境抚育”等研究项目，获得研究经费 450 万元。综合起来，芦苇湿地的文化教育及科研价值至少在 714 万元/年以上。

9. 总体估算结果与分析

通过上文的分析估测，可以得出芦业集团目前拥有的芦苇湿地的生态服务总价值至少在 2.49 亿元/年(表 4-6-7)。从中可以看出，传统的产品价值仅占总服务价值的 8.23%，而间接服务价值占了 91.67%。在间接服务价值中，排名大小顺序为景观娱乐＞调节气候＞防止海水入侵和土地盐碱化＞维持生物多样性＞文化、教育、科研＞调洪固堤＞减污净化。可见该地区芦苇湿地的间接服务价值主要体现在景观娱乐、调节气候和防止海水入侵及土地盐碱化。虽然从目前的情况来看，公司刚刚处于发展阶段，传统的芦苇草、毛蟹、鱼类等产品生产价值尚有一定增长的空间，但是从长远发展战略来看，如果占据绝大部分的巨大的、潜在的间接服务通过一定途径使之能够在真实的市场中得以体现价值是重中之重。根据本研究提出的市场转化率的计算，目前公司利用芦苇湿地的生态服务价值的市场转化率仅为 8.23%，从长远来看，景观娱乐、文化教育及科研价值是最有可能开发利用的，如果加上这部分价值，公司未来的潜在转化率将达到 50.15%以上。

表 4-6-7　芦业集团芦苇湿地的生态服务价值估测

	服务项目	价值(万元/年)	比例(%)
直接产品价值	芦苇草、毛蟹、鱼类等	2 050.00	8.23
间接服务价值	调节气候	5 430.90	21.81
	减污净化	409.32	1.64
	调洪固堤	430.91	1.73
	防止海水入侵和土地盐碱化	4 628.37	18.59
	维持生物多样性	1 507.25	6.05
	景观娱乐	9 730.00	39.08
	文化、教育、科研	714.00	2.87
合计		24 900.75	100.00

(二)芦业集团的生态产业发展模式分析

芦业集团的战略目标是建设成为“黄河口高效生态产业发展基地”，并在 10 年内建设成为黄河口地区的“百亿产业”企业。涉及四大产业领域实现一体化：芦苇生产与水产养殖、特种畜牧生产加工一体化、旅游与商贸、服务一体化、房地产业与区域化开发一体化、科技创新与生物科技一体化。集团总体规划的原则是立足于湿地生态系统恢复，保持经济高效与生态改良。同时,立足于区域文化建设需要,在黄河口文化建设与黄河口生态系统科普教育方面统筹安排。立足于项目规划的开放性,以实现企业多元化发展目标的需要[①]。

结合芦业集团目前及未来的发展战略和途径,可以将该公司基于芦苇湿地巨大生态服务价值的生态产业发展模式勾画为图 4-6-3。从图中可以看出,该模式包含的三个实体是:芦业集团、政府部门及消费者;两种机制:监督机制和市场机制。

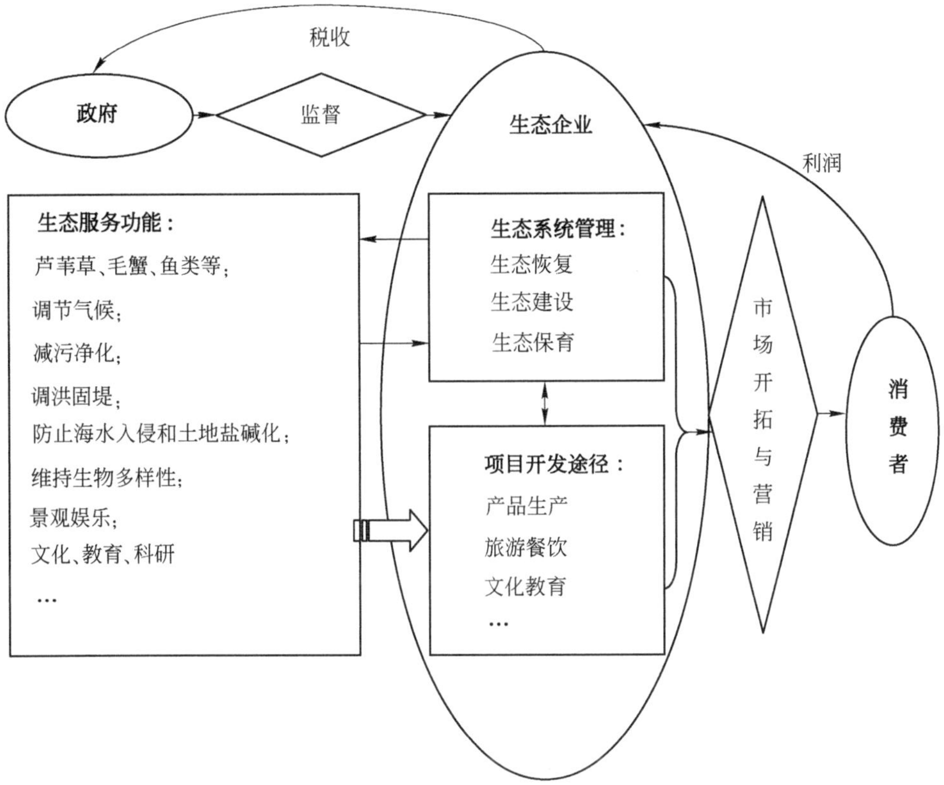

图 4-6-3 芦业集团生态服务生态产业模式图

1. 政府部门(东营市政府)

通过将芦苇湿地经营权以合同方式转让给芦业集团,通过企业的生态管理与市场运营,实现生态保护与经济发展"双赢"的良好效果。

2. 芦业集团

立足湿地生态系统恢复,使得芦苇湿地的生态系统服务功能得以良好的恢复与维持,使生态服务价值不断升级。企业通过湿地芦苇的种植开发、水产品的养殖、旅游产业的开发实现盈利性;投入一定的人力、物力进行生态恢复与保育,保障芦苇湿地能够可持续地开发利用而体现了公益性;企业通过与中国农业大学、中国农业科学院、北京师范大学、山东师范大学等科研院所单位的紧密联系,使得企业具有建设、管理经营生态系统服务的能力,能够胜

①东营市经济研究中心,东营市新世元芦苇发展有限责任公司.新世元公司发展战略研究,2004。

任生态服务产业经营开发,使得公司管理和经营芦苇湿地更具科学性;公司不仅要面对湿地生态系统的过程与功能复杂性,而且还面临许多社会、经济上的新课题,企业建立了研究所同时积极开发对外合作研究开发,使得企业具有研究性。因此,芦业集团基本满足了本研究提出的基于生态服务价值的产业公司需要具备的4个属性。

3.消费者

目前,芦业集团对芦苇湿地生态系统服务这种特殊的"生态商品"的消费群体的开发主要局限在消费芦苇草的造纸企业以及消费毛蟹、鱼类等水产品的普通消费者,而这些消费者基本都属于企业利用芦苇湿地的产品服务功能所提供的食物或原材料开发出来的消费者。而对于芦苇湿地所提供的巨大的间接生态服务价值的消费者尚没有很好的开发或发现,这需要企业积极进行商品开发与市场宣传。未来企业必须基于芦苇湿地的巨大生态服务价值,着眼于价值的市场转化,注重多种途径争取更多的"消费者":

(1)产品服务"消费者" 目前公司的产品消费者主要还是基于湿地原材料产品的消费,可以通过对原材料的加工升级,使产品更具市场竞争力,实现二次开发增值。

(2)景观服务"消费者" 可以通过芦苇湿地具有景观娱乐的生态服务功能的开发生态旅游、餐饮的开发吸引旅游者。

(3)减污净化"消费者" 通过芦苇湿地的净化功能的开发可以与造纸、油田等排污企业达成一定的协议消化吸收这些企业的污水,从而使这些企业能够成为这一"功能商品"的消费者。

(4)调洪固堤"消费者" 可以通过对湿地具有调洪固堤、防止海水入侵和土地盐碱化的生态服务功能的开发,争取政府的财政转移支付或税收优惠,从而使政府成为特殊的消费者,因为如果没有企业对湿地生态系统的维持与保育,政府就需要投入资金来维持这些公益性事物。

(5)其他服务"消费者" 通过湿地的生物多样性维持、调节气候等生态服务功能的宣传与开发,争取有识之士或社会慈善团体的捐助,使之能够另一种形式的消费者。

4.市场机制

目前,公司芦苇湿地的开发经营依靠的主要还是传统市场机制,即通过生产初级产品实现市场交易,这使得其他具有巨大潜在价值的生态系统服务没能很好地开发出来。未来公司需要积极寻求新的市场交易机制:

(1)政府支付 公司经营开发芦苇湿地,带有一部分的研究性质,可以通过争取政府的财政拨款、科研立项、捐款等方式获得生态系统服务管理者支付费用;此外,公司具有的公益性,例如对湿地具有调洪固堤、防止海水入侵和土地盐碱化,可以争取政府的财政转移支付或税收优惠。

(2)企业支付 企业通过芦苇湿地的净化功能的开发可以与造纸、油田等排污企业达成一定的协议消化吸收这些企业的污水,由这些企业支付费用以实现湿地管理的外部性内部化,实现不同利益主体的利益平衡。

(3)个人支付 公司通过芦苇湿地具有景观娱乐的生态服务功能的开发生态旅游、餐饮的开发吸引旅游者,以获得收益。

(4)公众支付 由于公司经营开发的对象是芦苇湿地,部分收益是"外部性"的公共利益，可以吸引社会公众有识之士的“意愿性赞助支付”，比如企业、社会环保组织和个人的慈善捐款等，这需要扩大宣传，提高企业的社会责任感和知名度。

鉴于目前企业芦苇生产已经在一定程度上实现了投入产出的良性循环，企业近期需要做的是通过对芦苇草等植物性的深加工使产品增值；通过对毛蟹、鱼类的动物产品的品牌建设、生态营销实现产品的增值。此外，从中长远的战略发展考虑，公司还要通过市场营销的努力要将较为弱势的间接服务价值的开发利用作为重点营销的内容，也是将来持续不断营销的主题。

5. 监督机制

通过经营管理权的转让实现生态保护与市场开发的双赢模式目前尚没有成熟的借鉴经验，存在一定的风险性，需要建立严格的甚至是法律形式的监督机制，监督主体可以是：

(1)政府监督　通过完善生态保护法制或与企业形成一定的“契约”关系，建立生态考核指标对企业的经营行为进行监控和考核。

(2)社会监督　通过社会舆论和意识形态的改善，宣传生态科学知识，提高社会的生态意识，形成生态保护的社会监督氛围。

(3)群众监督　通过广大群众的参与，建立举报、建议等多种形式的监督机制。

监督的内容主要是防止过度开发资源、核心景观的破坏、污染物的排放、生物多样性尤其是国家保护动物的捕猎等，以确实保障企业必须在生态保护的前提下进行市场开发与经营，确保这种模式可持续发展。

(陈源泉，高旺盛，董孝斌，何文清)

参考文献

1. Costanza R，R Arge，R Groot，et al. The value of the world's ecosystem services and natural capital. Nature，1997，386：253-260
2. CSIRO. Nature's Assets：An Inventory of Ecosystem Goods and Services in the Goulburn-Broken Catchment. CSIRO Sustainable Ecosystems. Canberra. 2001
3. Daily，GC，et al. Nature's service：societal dependence on natural ecosystems. Island Press，Washington D. C. 1997
4. De Groot，S.，Wilson，MA.，Boumans，RMJ. A typology for the classification，description and valuation of ecosystem functions，goods and services. Ecological Economics，2002，41：393-408
5. Heal G. Nature and the Marketplace：Capturing the Value of Ecosystem Services.. Island Press，Covelo，California，and Washington，D. C. 2000
6. Lubchenco J. Entering the century of environment：a new social contract for science. Science，1998，279：491-487
7. Millennium Ecosystem Assessment. Ecosystems and Human Well-Being：A Framework for Assessment (Island Press，Washington，DC，2003)
8. Tilman D，Kenneth G. Cassman，Pamela A. Matson，et al. Agricultural sustainability and

intensive production practices. Nature,2002,418:671-677

9. United Nations,System of Integrated Environmental and Economic Accounting. UN, New York. 1993,p. 1

10. Wood S. ,Sebastian K. ,Scherr SJ. Pilot analysis of global ecosystems:agroecosystem. IFPRI,WRI,Washington D. C. 2000

11. 陈源泉. 农业生态系统服务:理论、方法及其应用. 中国农业大学博士学位论文,2006

12. 何文清. 北方农牧交错带农用地风蚀影响因子与保护性农作制研究. 中国农业大学博士学位论文,2004

13. 董孝斌. 北方农牧交错带农业生态系统生产力分析评价及实证研究. 中国农业大学博士学位论文,2003

14. 李向东. 南方稻田保护性耕作制生态经济综合评价研究——以成都平原为例中国农业大学博士学位论文,2007

15. 雷明. 1995 中国环境经济综合核算矩阵及绿色 GDP 估计. 系统工程理论与实践,2000(11)1～9,66

16. 孙刚,盛连喜,冯江. 生态系统服务的功能分类与价值分类. 环境科学动态,2000(1):19～22

17. 肖寒,欧阳志云等. 森林生态系统服务功能及其生态价值评估初探. 应用生态学报,2000,11(4):481～484

18. 赵景柱,肖寒,吴刚. 生态系统的物质量与价值量评价方法的比较分析. 应用生态学报,2000,11(2):290～292

19. 郑大玮,妥得宝,王砚田. 内蒙古阴山北麓旱农区综合治理与增产配套技术. 呼和浩特:内蒙古人民出版社,2000

第五章

生态足迹方法在农业宏观分析中的应用

第一节　生态足迹方法基本理论

生态足迹是一个研究可持续的指标，其概念由加拿大生态经济学家 William Rees（1992）提出，经过 Wackernagel 和 Rees（1996）改进，日益得到广泛关注和应用。生态足迹模型以生产性土地面积作为统一度量基础，通过对废弃物吸收与可再生资源供给的综合衡量，提供了一种核算人类社会消费对自然环境影响的账户体系。该理论和模型紧扣可持续发展理论，将资源和环境问题统一于核算框架中。由于该方法提供了合理的宏观框架，具有广泛的容纳性，目前已经与 MFA、emergy、exergy 等方法（Barrett J，et al.，2002；Zhao S，2004）相结合，其计算结果直观明了，具有区域可比性，在宏观领域应用十分成功和广泛。

一、生态足迹理论内涵与计算模型

生态足迹（Ecological footprint）又称生态占用，任何已知人口（个人、城市或国家）的生态足迹，指生产相应人口所消费的所有资源与服务，以及利用现行技术消纳这些人口产生的废弃物所需要的生物生产面积（包括陆地和水域）之和（Wackernagel M，et al.，1999a）。生态足迹理论通过比较人类对生态资本的利用是否超出自然资本自身所提供给人类使用的服务能力，实现对全球、国家或地区的可持续性定量化评价。将生态足迹同国家或区域范围内所能提供的生物生产面积相比较，就能判断一个国家或区域的生产消费活动是否处于当地的生态系统承载力范围之内（Monfreda C，et al.，2004）。生态足迹理论从需求角度计算生态足迹，从供给角度研究生态承载力，通过两者的比较来评价研究对象的可持续状况（图 5-1-1）。

生态足迹的一般计算模型如下（陶在朴，2003；Wackernagel M，et al.，1999b）：

$$EF = N \times ef = N\sum r_j A_i = N\sum r_j (P_i + I_i - E_i)/(Y_i \times N)$$

$$(j = 1,2,3,\cdots 6, i = 1,2,\cdots,n) \qquad (5\text{-}1\text{-}1)$$

式中：j 为六类生态性土地类型，EF 为总生态足迹，N 为人口数，ef 为人均生态足迹，其中 r_j 为均衡因子，i 为消费商品的类别，P_i 为资源生产量，E_i 为资源出口量，I_i 为资源进口量，Y_i 为第 i 种消费商品的全球平均产量。

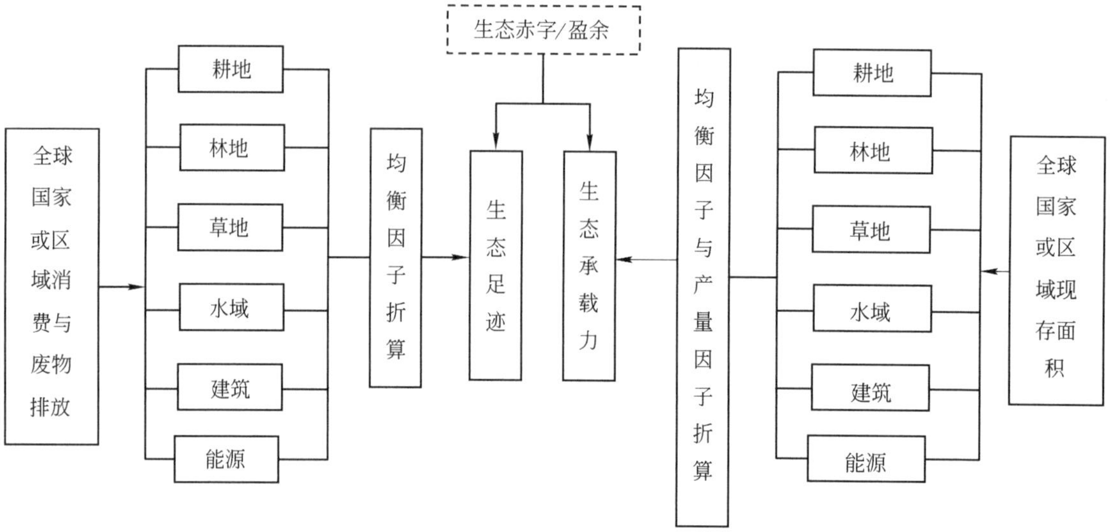

图 5-1-1 生态足迹方法计算流程图

二、生态生产性面积

生态生产性面积(ecologically productive area)是生态足迹分析法为各类自然资本提供的统一度量基础。生态生产也称生物生产，是指生态系统中的生物从外界环境中吸收生命过程所必需的物质和能量转化为新的物质，从而实现物质和能量的积累。在生态足迹理论中，自然环境消纳污染物的作用(如林地对 CO_2 的吸收)也作为生态生产力的一种，其大小表达了自然资本的生命支持能力。

生态足迹理论将地球表面的生态生产性土地分为 6 类：耕地、草地、森林、化石能源用地、建筑用地和海洋。

◆ 耕地是 6 类土地中生产力最高的土地类型，人类赖以生存的食品绝大多数来自耕地。其生态生产力用单位面积产量表示。

◆ 草地对人类的贡献主要是提供放牧。其生态生产力可通过单位面积承载的牛羊数及牛奶、肉类产量计算得到。

◆ 森林包括人工林和天然林，其主要作用有生产木材、净化空气、涵养水源、保护物种多样性等。森林的生态生产力主要指其提供木材的量。

◆ 化石能源用地指吸收化石燃料燃烧过程中排放出的 CO_2 所需的林地面积(此处并未包括化石燃料及其产品排放出的其他有毒气体)。储藏化石能源的用地面积由于不易计算而暂未考虑在内。

◆ 建筑用地指各种人居设施和道路占用的土地，是人类生存必需的场所。但由于城市化的急速发展，大量可用于生产的耕地已被建筑用地侵占。

◆ 海洋为人类提供鱼类等海产品。海洋的生态生产力主要指鱼类的单位面积产量。

三、生态承载力

传统的环境承载力(ecological capacity)是指在不损害区域生产力的前提下,一个区域有限的资源能供养的最大人口数(唐剑武等,1998)。这一概念只强调人口数量而忽视了不同地区人口在生产和消费方式上的差异,因而在地区间是不可比的。1991 年 Hardin 从生态系统本身的角度定义了生态容量的概念,即在不损害有关生态系统的生产力和功能完整的前提下,可持续利用的最大资源量和废物产生率。在此基础上,生态足迹理论将一个地区所能提供给人类的生态生产性土地的面积定义为该地区的生态承载力以表征该地区的生态容量(杨开忠等,2000)。据世界环境与发展委员会的报告,应至少留出 12%的生态承载力来保护全球生物多样性。因此在生态承载力计算中,还应扣除 12%的生物多样性保护面积。

四、生态赤字/生态盈余

将生态足迹与生态承载力相减,差值为正时称生态赤字(ecological deficit),表示该地区人均占用资源量超过了生态承载力;差值为负时称生态盈余(Ecological Surplus),表示该地区人均占用资源量仍在生态承载力允许的范围之内。该值定量化反应了地区的可持续发展现状。

五、基本假设

生态足迹的计算基于以下 6 个基本假设(Monfreda C et al.,2004):

(1)人类能够估计自身消费的大多数资源、能源及其所产生的废弃物数量。

(2)这些资源和废弃物流能折算成生产或消纳它们的生态生产性土地面积。

(3)将不同类型的生态生产性面积按照其生产力折算之后,可以用同一单位表示。即每英亩(或公顷)耕地、草地、森林和渔场可以折算成世界平均生产力下的等值面积。

(4)各种土地的作用类型是单一的,每标准英亩(或公顷)代表等量的生产力,并能够相加。加和的结果表示人类的需求。

(5)人类需求的总面积可以与环境提供的生态服务量相比较,比较的结果也用标准生产力下的土地面积表示。

(6)总需求可超过总供给。

第二节 生态足迹分析方法

近年来国外对生态足迹的研究不断深化,出现了适用于宏观和微观尺度的,将生态足迹分析和物流能流分析(Barrett J,et al.,2002;Zhao S et al.,2005)、产品生命周期分析(Monfreda C,et al.,2004)、投入产出分析相结合的各种分析方法,尤其是近期出现了对投入产出法的详细分析和案例应用(Wiedmann T,et al.,2006)。生态足迹理论方法以及实证研究已引起很多国内学者的关注。国内的生态足迹研究涉及国家、区域、城市等各个层次,但在分析方法上多采用综合法,在区域研究中该方法粗略估计的结果对政策制定和实践指导的作用有限。以下将对生态足迹分析方法的产生、分类、特点及主要应用进行系统总结和分析，并针对目前国内外的应用现状，对未来的研究方向予以展望，以期为我国的生态足迹分析提供新的思路，提高该方法的适用性、规范性，拓展该方法在可持续发展问题上的应用潜力，对研究循环经济、构建国家环境账户都具有重要的现实意义。

一、不同生态足迹分析方法的产生

(一)表观消费问题

从生态足迹的原有模型可以看出，生态足迹是一种消费足迹。最初应用于全球和国家生态足迹的计算方法称为综合法(Simmons C et al. ,2000)。综合法所指的消费 Wackernagel(1999b)称之为“表观消费”(apparent consumption)，即净消费。表观消费是用国内生产加上进口量、减去出口量得到，再将消费量转化为制造这些资源所需的土地面积，并考虑不同土地类型生态生产能力不同，用均衡因子予以调整得到虚拟的土地空间。Wackernagel (2004)在计算国家生态足迹的案例中，用国家统计数据计算净消费，从而不必知道每种消费项目最终使用的资源需求和它们的使用途径，简化了很多实际问题，这也正是综合法的优点(Rees WE,2000)。但表观消费不同于真正的家庭消费，用表观消费计算原材料会出现包括加工出口产品的原材料而不包括进口制成品资源的错误(Wackernagel M,1999b)，尽管可以调整具体的贸易流而减少错误(Wackernagel M et al. ,1999a)，但如果研究对象是一个用大量进口资源生产制成品并用于出口的企业时，方法缺陷就会更加明显。因此 Wackernagel 建议计算产品的原材料率。由于产品的数量庞大，且生产情况不断发生变化，计算产品的原材料率是一件耗时、耗力的工作，这种改进并不是理想的解决方案。产生这一问题的原因在于生态足迹原始模型是以特定经济体的资源使用量为基础，而不是以特定人群的消费为基础(Ferng J J,2001)。

(二)国家足迹账户和区域足迹账户问题

由综合法计算的国家足迹账户方法(national footprint accounts,NFA)是通过构建土地利用-消费矩阵，将土地利用直接分配到消费类型，虽然可以反映直接和间接的综合环境影响，由于没有考虑产业间的依存关系，无法了解这种综合影响是由哪些生产部门或消费模式造成，因此不能解释不同消费方式和社会经济群体对环境影响的责任(Van den Bergh J C J M,1999)。Monfreda 等(2004)在计算国家足迹账户时考虑国内生产，原材料和制成品的进出口情况。工业制成品携带的能源(embodied energy)是用次级产品和初级产品的转换率进行了大概的估算。而这种从“表观消费”计算的足迹在部门水平不能将资源流正确分配到最终需求，因为它忽略了经济活动间的相互联系以及由产业间依存关系产生的间接环境影响(Wiedmann T et al. ,2006)。

在全球尺度计算时可将全球生态系统看作是封闭系统，即人们从生态系统中取得的生物生产量和人们消费的生物产量是相等的，不必考虑贸易对其影响。但应用综合法计算区域生态足迹，由于缺少区际贸易的资料，不能调整区域的净消费量。由消费量所定义的生态足迹，并不能告诉我们区域人口对自然环境的生态压力是作用于当地生态系统还是域外(Monfreda C et al. ,2004)。因而生态足迹在广泛应用的同时也得到很多批评，主要集中在:数据的准确性受到统计资料的限制,不能准确地反映消费对环境的影响(Ferng J J,2001;Lenzen M,Murray S A,2001;Van den Bergh J C J M,1999);缺乏结构性,不能正确地分配责任(Lenzen M,Murray S A,2001);近年来国家尺度以下许多相关研究,使用不同的方法和数据,产生的结果缺乏可比性(Lewan L,Simmons C,2001)。这些都影响了生态足迹对政策制定的作用(Ferng J J,2001;Monfreda C et al.,2004;Van den Bergh J C J M,1999)。

二、生态足迹分析方法分类

以上问题是方法本身的属性所导致的。很多学者对生态足迹模型进行了改进。目前这些研究存在两套体系,或者说生态足迹分析方法分为两类(图 5-2-1):一种是 Wackernagel 和 Rees 提出的用表观消费计算的足迹,另一种是由 Bicknell 首先提出并由其他学者发展,利用投入产出表追踪满足最终消费的直接和间接生产投入(Ferng J J,2001)。前者基于生物生产力,采用过程分析(Lenzen M,Murray S A,2001),一般与物质流分析(Material flow analysis,MFA)技术和产品生命周期法相结合(Barrett J et al.,2002;Monfreda C,2004),也出现了用能值分析改进生态足迹的个别案例(Zhao S et al.,2005)。过程分析分为自上而下分析的综合法(compound approach)和自下而上分析的成分法(component-based approach)(Simmons C et al.,2000),而后者采用投入产出分析,一些学者从基于土地利用和

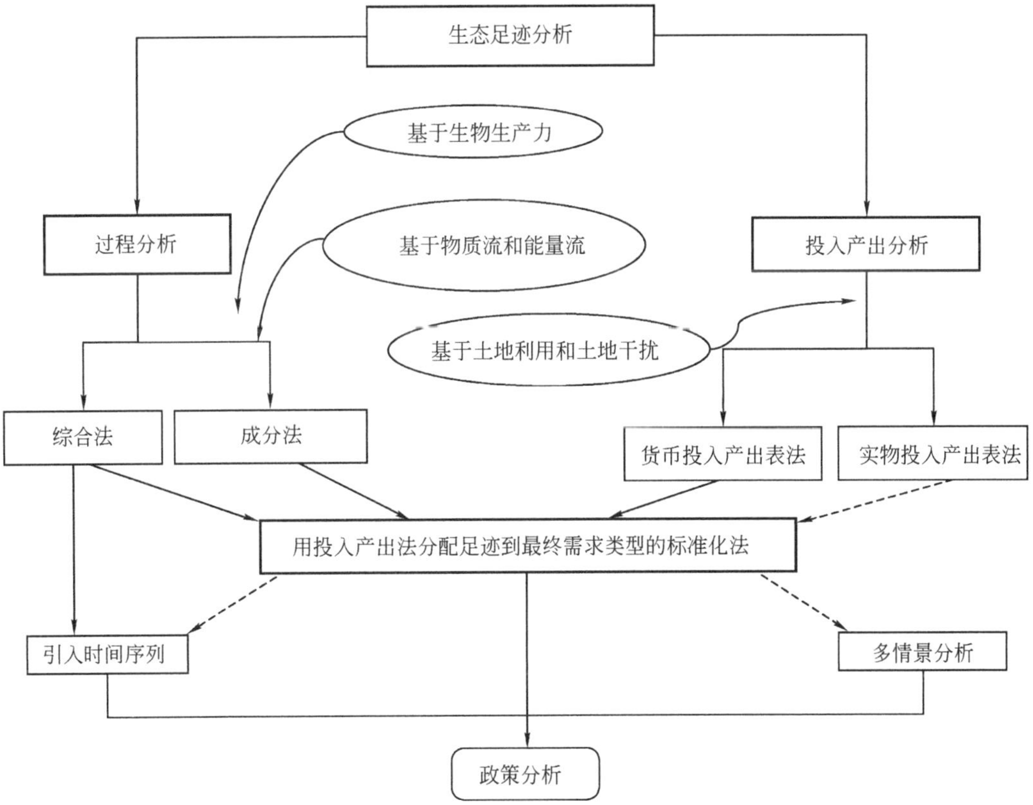

图 5-2-1　生态足迹分析方法演进(虚线为探索路径)

土地干扰的视角，赋予生态足迹新的内涵(Lenzen M，Murray S A，2001)。投入产出分析法又包括用货币投入产出表和实物投入产出表计算生态足迹的两种方法。在各种方法不断改进的基础上，最近出现了将投入产出分析和过程分析相结合的、综合国家足迹账户和投入产出分析的新方法——"标准化"法(Barrett J，et al.，2005；Wiedmann T，et al.，2006)，而且反映生态足迹动态变化的时间序列分析(Haberl H et al.，2001；刘宇辉等，2004；Wackernagel M，et al.，2004)的案例也逐渐增多。生态足迹分析方法的改进，拓宽了该方法的应用范围(从微观到宏观的多种领域)，对政策分析和政策制定更具有指导意义。

三、生态足迹分析方法的研究进展及应用

(一)过程分析法

1.综合法

综合法最初由Wackernagel提出，经Wackernagel(1998)、Monfreda(2004)等改进已日趋完善。综合法自上而下利用整合的国家级数据，通常用于国家层级的生态足迹计算。前文所述的模型及缺陷都是综合法的问题，不再赘述。

国外研究生态足迹的"重定义发展组织"(Redefining progress)和Wackernagel等(2004)用综合法计算全球和国家尺度的生态足迹。在国内，大多也用综合法计算生态足迹。综合法在国家尺度上的应用较为规范。刘宇辉(2004)、元相虎等(2005)对表观消费进行了类似的处理，进行了时间序列的研究。在一些用综合法计算区域生态足迹，并试图进行贸易调整的实证研究中，初级产品和制成品间的转化率没有可供参考的原材料生产率的规范指标，能源消费只是能源生产消耗，贸易产品携带的能源用价值评估法进行大致的估算(李金平等，2003)。Zhao等(2005)研究了基于系统的能量流，用能值法核算生态足迹与承载力，采用了一致的单位，基于能值的生态足迹研究，可提供较为系统和准确的产品之间的自然资源关系。

2.成分法

成分法最早由Simmons等(2000)提出，后经过Barrett等的进一步改进，已经基本完善。英国BFF环境顾问公司(Best foot forward ltd)和斯德哥尔摩环境研究所(SEI)均用该方法(陶在朴，2003)计算生态足迹。成分法以人类的衣食住行活动为出发点，采用物质流分析(MFA)得到主要消费品消费量及废物生产情况，通过生态足迹核算了解物流带来的环境压力(Barrett J et al.，2002)，适用于省市、地方、企业、大学、家庭乃至个人的生态足迹核算。

成分法保留了生态足迹计算的原有体系，仍旧把土地占用分为六类(可耕地、牧草地、建用地、林地、化石能源间接用地及近海域)，采用产品生命周期法，核算不同生产、消费行为以及从原材料获取到产品最终处置的所有环节对生态的影响。与综合法研究不同，成分法不考虑原材料的消耗，而是关注区域本地的诸如能源、交通、水、废弃物等影响；在确定一定人口消费的所有个别项目和数量的基础上，用生命周期数据计算每个组成项目的生态足迹。用成分法计算生态足迹时，消费项目考虑得越充分，其结果越接近真实资源消耗情况，但其难点也正在于此，很多消费项本身难以区分和定义，而且不同生产或消费行为存在较大差异，增加了统计难度。其最终结果的准确性，依赖于成分列表的完整性和对各组成项目生命周期评估(life-cycle assessment，LCA)的准确性。成分法有一定的结构性，但该方法会产生

不确定的结果，如 LCA 边界的确定问题，复杂生产链情况下的初级产品和副产品的双重计算问题等，使成分法在运用时并不规范(Monfreda C，et al.，2004)。

2003 年 Barrett 等提出了系统的成分法 Stepwise 法。该方法的关键是：把国家的足迹核算分解成 Stepwise 的成分(包括直接能源、原材料、废弃物、食物、私人交通、水、建筑用地)，然后采用物流分析(MFA)技术收集数据，研究物质在不同产业部门、人口与环境之间的流动，从而将消费数据转化为组分。

Barrett 等(2002)在对 York 城进行物流和生态足迹分析中，考虑了 29 种成分用来描述一个社区大部分的足迹类型。Wright 等(2002)计算了 Colorado 学院的生态足迹。Simmons 等(2000)与 Gossling(2002)将成分法应用于生态旅游评价中，Jansson 等(1999)将其用于人类和生态系统淡水资源需求研究。国内梁勇等(2004)、章锦河等(2004)对城市交通、旅游领域的生态足迹进行了研究。这些应用在一定程度上突破了综合法的原有模型。由于数据收集困难，在我国采用成分法的研究并不多见。

(二)投入产出分析法

投入产出分析法(input-output analysis，IOA)是由美国经济学家 Leontief 于 1931 年研究提出的。20 世纪 60 年代后期开始，Leontief 等(1970)等进一步改进，将自然资源利用和环境污染输出等生物物质信息也纳入到投入产出表(input-output table，IOT)框架中。IOT 记录了生产产品所耗资源的价值流(实物流)，因此可利用 IOT 追踪国内的最终消费。投入产出分析一个突出的优点是它能利用投入产出表提供的信息，计算经济变化对环境产生的直接和间接影响；分析不同部门、不同地区、不同企业内部的经济联系，以及不同产品和服务的供给和需求之间的相互联系。投入产出矩阵系统提供了经济活动、生产过程的全部投入和产出流向，并可避免双重计算等问题。但是，一般国家和区域都没有完整而又及时更新的投入产出表。

Bicknell 等(1998)研究新西兰的生态足迹时，将 IOT 引入生态足迹的计算。该方法与国民生产账户的计算方法一致，将国内土地类型按生产部门划分为农业用地、林地和退化土地三类。投入产出分析法的结果体现了国家贸易对环境的影响，以及特定人口的持续消费在多大程度上依赖于进口贸易。Ferng(2001)用土地组成乘数改进了 Bicknell 提出的土地乘数，从而用矩阵表示农业、制造业和商业三部门经济模型中的用于满足特定人群最终消费的生产性土地足迹的组成，并用其分析了台湾的生产性用地和能源用地。McDonald 等(2004)扩展 Bicknell 的方法，提出了区域投入产出表和区域土地占用模型，并计算了新西兰生态足迹和 16 个地区的相互依存关系。Lenzen 等(2001)应用单一地区部分封闭的投入产出框架，以澳大利亚实际的而非假定的土地利用面积和土地干扰为基础，估算了生态足迹，并引入了一个新的土地类型(Emission land)强调对 CO_2 等温室气体的吸收。与其他研究相比，Lenzen 等从土地干扰的角度调整了生态足迹的土地类型，通过土地状况权数描述了土地偏离自然状态的程度，克服了过程分析法中土地类型划分简单的缺陷。投入产出分析法的上述应用均用货币投入产出表(MIOTs)计算人类消费和土地占用之间的关系。Hubacek 等(2003)首先用实物投入产出表估算了国际贸易中的土地占用(生态足迹)。从环境压力的角度来看，实物投入产出表(PIOTs)比货币投入产出表(MIOTs)更为客观真实，但是由于数据获取困难，目前实物投入产出表法还很难应用于现实的生态足迹计算。

(三)用投入产出法分配足迹到最终需求类型的标准化法

斯德哥尔摩环境研究所(SEI)的 Wiedmann 等(2006)和 Barrett 等(2005)最近提出货币投入产出分析和现有国家生态足迹账户(NFA)相结合的具体方法步骤。该方法改进了原有的生态足迹和物流分析法，解决了原有的生态足迹和物流方法无法反映经济活动间的相互联系，以及由产业间依存关系产生的间接环境影响。该方法可以将足迹分配到不同的经济部门、最终需求类型，国家以下区域和社会经济群体。Wiedmann 等和 Barrett 等采用的数据为全球足迹网(GFN)提供的 NFA 数据，最终需求类型的划分以支出数据为基础，包括家庭消费活动和资本投资活动。该方法以英国 2000 年为例，通过英国的产出使用表(Supply and use table)进行投入产出计算，具体包括 7 个步骤。NFA 方法由于低估了服务出口，表观消费足迹结果为 5.31 gha. cap^{-1}；将服务出口考虑在内，用该方法计算的最终消费足迹为 4.97 gha. cap^{-1}，体现了服务出口的间接环境影响。NFA 和投入产出法相结合的方法已成为生态足迹的一种标准算法，可应用于国家和国家以下有投入产出核算的任何区域。

对现有研究而言该方法的提出有 3 个重要意义：①生态足迹有望发展成为标准的国家环境经济账户。根据政府每年的国民经济账户，建立一致的计算框架，并进行进一步研究，则将产生可比较的国家尺度以下生态足迹的标准算法。②该方法由于考虑了经济部门之间的相互关系，可将原材料、能源和废物流根据最终消费类型(特别是家庭最终消费)准确地进行分配。③这种改进将生态足迹纳入生态经济分析框架内，可以探究支出模式。该模型可以应用于包括政策分析在内的很多方面，尤其适合进行情景分析。

综合上述分析和比较，综合法，成分法和投入产出法在消费类别、结构性上存在差别，其研究机构和应用追随者不同。国外学者从不同的研究角度探讨并完善了生态足迹分析方法，“重定义发展组织”(RP)用综合法计算了全球和国家尺度的生态足迹，SEI 等组织用成分法计算区域、城市和更小尺度的生态足迹。新西兰、澳大利亚、英国等国家对投入产出法进行了较为深入的研究。发达国家统计体系较为完善，各级数据资料比我国更连续和全面。我国的生态足迹研究以综合法应用研究为主，与国外的研究体系相比存在较大差距。不同分析方法及实用性问题影响到我们对具体方法的选择。

四、生态足迹方法在农业系统中的应用

当前生态足迹方法突破原有通过人类消费占用的生态系统服务是否超过当地生态承载力评价可持续性这一框架，生态足迹独立于生态承载力，提供了一种将生态生产力、资源消耗和社会消费活动关联起来的新方法。随着生态足迹在食物消费模式、种植业、畜牧业系统及拓展的虚拟资源占用等领域研究的案例不断增多，呈现出该方法在农业生态经济系统分析中的应用潜力。

(一)食物消费模式对土地资源的需求压力研究

Gerbens-Leenes P. W. (2002b)等研究食物消费模式变化对土地资源需求量变动的影

响。把人们消费的100余项食物谱分成9类主要的消费项目，以荷兰为例，利用1990年家庭生活消费项目及数量，物价指数等数据，计算了5种食物消费模式下的土地需求量。结果表明，消费水平越高对土地的需求越大，并指出农业土地需求决定于人口、食物消费的类型(如消费牛肉对土地占用是消费猪肉的2倍）与数量(如荷兰，肉类消费从1950年的每人36 kg上升到1990年的每人90 kg，素食到肉食的膳食结构转变，导致土地需求增加3倍)。Gerbens-Leenes P. W.(2002)等进一步从人类食物消费的生理需求与社会文化需求的角度，探讨了食物消费模式与农业土地需求之间的关系，提出了基本水平(basic lever)，生活/生存水平(subsistence level)，文化水平(cultural lever)3种人类食物消费水平尺度。通过计算1950—1990年间荷兰消费模式转变与土地需求量变化表明食物土地需求量从1950年的72个土地单位上升到1990年的100个土地单位，增长38%。Gerbens-Leenes P. W.(2002a,2002b）指出在不久的将来，食物消费模式的变化比人口增长更能影响土地的需求，生活方式的逐渐富裕化趋向会导致土地需求量大增，因此积极转变家庭生活方式，改变家庭消费行为是未来减少自然资源利用量如农业土地需求的重要途径。

Deutsch L(2005)利用生态足迹方法采用当地产量数据推测1962—1994年间用于满足瑞典食物消费所需的农业生产系统面积变化，由于农业集约度增加和消费方式的变化，瑞典食物消费占用的世界农业生态系统面积下降了约1/3。国内农业面积不能支撑瑞典食物消费，大多数用于动物产品生产的饲料是由瑞典以外的其他国家提供的，因此满足瑞典食物需求是以对外部生态系统承载力的高度依赖为代价。

Ferng J J(2005)利用生态足迹方法推测用以维持台湾当地居民消费所需稻米的稻田面积，采用了产量潜力等级系统代表可持续产量以解决生态足迹计算过程中用平均工业产量代表的不合理问题，对稻田需求面积的两种情景分析认为保护台湾当地现有的稻田面积对于维持食物供给的长期稳定十分重要。

(二)农业生产系统环境评估及生态经济评价

生态足迹作为一种环境评价方法，通过生态生产性土地面积指标反映生产活动对生态环境影响的程度，该方法通过与其他方法的比较和组合，在种植业、养殖业领域都日益得到应用和探讨。Thomassen M. A.(2005)比较了包括生态足迹在内的三种不同环境影响评价方法在评价农场畜牧业生产的环境问题的有效性，运用相关、数据有效性等统计分析，对荷兰8个有机奶牛场来自于三种方法的13个环境指标有效性进行评价，结果认为生态足迹不及投入产出核算和生命周期评价有效。而Vander Werf H. M. G. 等(2007)在比较包括生态足迹、生命周期评价等五种农业生态系统环境影响评价方法时，通过每种方法对三个养猪场环境影响的排序的结果差异进行了分析，表明不同方法具有不同的环境评价目标，指标的计算法则和系统边界的定义都不一样，由此环境清单内容不同结果排序也会不同。因此要谨慎使用这些方法进行环境评价，结合特殊需要考虑每种方法的总体目标，系统定义以及整套的环境指标，使用指标的数量、性质和结果、表达方法等进行合理选择。

Cuadra M.(2007)在评价农作物经济和生态承载力评价中，用传统的成本收益分析和能值收益率对尼加拉瓜大豆在内的六种作物的经济效益进行比较，同时用生态足迹和能值足迹方法比较判断其生态承载力，经济效益较高的甘蓝和番茄在生态上却是最不可持续的，而大豆、咖啡和玉米的生产相对是可持续的。该案例的研究表明经济利益和生态可持续存在弱相关，这些评价方法可以定量分析不同的农业生产系统，通过不同指标权重做出决策。

为提高生态产业研究结果的可比性，闫丽珍等(2006)基于生态足迹方法以味精产业为例，分析了产业过程涉及不同子系统的资源利用和环境污染情况。计算结果表明，从玉米到味精的生产过程也是生态足迹延长的过程，其中玉米生态足迹占用面积最大，主要是因为耕地和水资源占用大；生态足迹的延长伴随着足迹效益的增加，意味着延长产业链条可以提高资源利用效率；系统的间接能源生态足迹较大，因此应重点考虑降低间接能源的能耗；味精生产系统的能耗最高，空气和水体环境污染最为严重。从而认为生态足迹是一种很好的衡量符合生态产业不同子系统资源利用和环境污染状况的方法。

(三)农业虚拟资源流动和跨区占用研究

在生态足迹概念得到广泛应用的同时，虚拟水资源和虚拟耕地的研究和生态足迹的研究一样，尝试采用账户的方式解释耕地和水资源在社会经济系统中的迁移转换。成升魁等(2005—2006)在国内率先开展以关键性可再生资源，如木材、玉米等为切入点的"资源流动"研究，初步形成了"静态断面分析"与"动态过程评价"相结合的"资源流动"研究框架，农业资源的流动和跨区占用问题成为研究的重点。于格(2005)用生态足迹方法初步研究小麦的生态空间跨区占用问题，闫丽珍等(2006)借鉴虚拟资源的概念和方法，分析玉米南运的虚拟耕地资源流动情况，并重点分析了其对于区域耕地资源配置的影响。

以上在农业系统方面的应用同样表明，生态足迹方法其广泛的适用性和最大的优点是能够通过不同系统的比较对各种农业生产方式进行优选，通过情景分析进行预测是进行政策分析的有效途径。

五、生态足迹方法述评

生态足迹分析(EFA)的理论基础是生态承载力生物学概念，解释了社会经济活动的能量和物质流动，包括流入和流出，并把物质和能量的流动转化为需要维持这些流动和消纳废弃物的相应土地和水域的面积。生态足迹方法用来计算消费足迹，用综合法衡量国家、区域尺度的生态需求和生态压力，并与当地的生态承载力进行比较，判断一个国家或区域的生产消费活动是否处于当地的生态系统承载力范围之内。

◆ 通过宏观区域表观消费测度的生态足迹，在越小尺度的研究其结果受到贸易数据不足的限制，无法衡量一个地区真实的消费状况带来的生态压力。目前从真实消费角度对生态足迹模型应用成分法在农业生态系统的研究并不多见。

◆ 生态足迹分析没有把自然系统提供资源、消纳废弃物的功能描述完全，对有关废弃物污染的生态影响考虑较少，对于废物排放一般情况只考虑了 CO_2，水资源估算只是间接体现，其政策指导意义很小。

◆ 均衡因子和产量因子是生态足迹分析的两个标准化系数，对生态足迹的结果准确性起决定作用。我国产量因子的探讨多集中在耕地生产力，均衡因子的国内化对客观评估和监测我国生态生产性用地承载力意义重大，而这方面的研究十分缺乏。

◆ 生态足迹作为可持续性量化指标，可采用不同的分析方法应用于不同尺度，国内多采用单一的综合法集中在区域可持续发展度量，简单复制缺乏实际指导意义，研究部门生产尤其是农业生产的问题未有涉及。

由于生态足迹方法属静态指标，通过每年对废弃物吸收与可再生资源供给的综合衡量进行流量评价，其重要应用功能在于长期时间序列及空间比较分析，可以得出相对可持续的发展模式、生产模式、消费模式。

第三节　农村居民食物消费的生态足迹分析

一、方法选择

农村居民食物消费行为对生态环境有着间接的重要影响，本节主要应用生态足迹的理论与方法，对我国农民居民的食物消费进行分析。由于目前计算生态足迹有综合法与成分组成法两种。综合法自上而下利用整合的国家级数据，通常用于计算国家层级的生态足迹。国内计算区域生态足迹时大多采用 Wackernagel 提出的生态足迹分析原始模型为主，生物资源的消费用产量计算后进行贸易调整得到，该方法应用于越小尺度的研究贸易数据获取困难，作为最终消费者的家庭消费从衣食住行出发，用组分法研究人口消费对当地生态的影响更为适用，但在家庭生态足迹（Ecological footprint of the household）方面的研究十分少见（李定邦等，2005），对家庭食物消费的生态足迹国内外都尚未见报道。本节参照重定义发展组织的家庭生态足迹计算框架，构建食物消费生态足迹账户，对国际足迹系数介绍的同时，首次对国内食物消费足迹系数的确定进行探讨，并对我国农村居民食物消费的生态占用进行动态分析和典型区域比较，从而揭示了食物消费、农业生产力和生态压力之间的关系。

二、计算步骤

在本研究中，参照国际家庭生态足迹计算表中食物消费的项目，根据区域食物消费的实际情况对主要的农户食物消费量进行了分析。具体计算遵循以下步骤：

第一步：以食物消费构成建立农户食物消费账户并列出具体消费项。在流域等小尺度的食物消费研究通过农户调查数据，而对于大尺度的研究我国农村居民食物消费数据来源是中国农村住户调查年鉴中关于农村居民食物消费统计数据，主要包括粮食（原粮），粮食又包括小麦、稻谷等细粮和玉米等粗粮，蔬菜、食用油、食糖、猪牛羊肉、家禽、禽蛋及制品、奶及制品、水产品、酒等。

第二步：统计农户对各消费项的年消费量。

第三步：利用制成品与初级产品的转换系数和全球平均生产力数据，将各消费项折算成生物生产性土地面积。

第三步的计算过程较为复杂，耕地，草地和水域足迹采用年消费量直接除以全球平均产量，如果是加工产品需考虑原材料和制成品的转换率，其中耕地的均衡因子取 2.17，草地是 0.47，水域是 0.35，化石能源用地为 1.35。

一般计算公式为：

$$EF_{FC} = r \cdot N \cdot ef_{fc} = N \cdot \sum (r_i \cdot T \cdot Q_{ij} / p_{ij}) \quad (5\text{-}3\text{-}1)$$

式中:i 为第 i 种土地类型,如耕地、草地、水域;EF_{FC} 为总的食物消费足迹;N 为人口数;ef_{fc} 为人均食物消费足迹;r_i 为第 i 种生态用地的均衡因子;T 为初级产品与制成品的转换因子;Q_{ij} 为食物消费项目年消费量(kg);p_{ij} 为初级产品全球平均生产力(kg/hm^2);结果用全球公顷(ghm^2)或全球平方米(gm^2)表示。

能源消费的生态足迹一般换算为用于吸收其二氧化碳排放的森林面积,在家庭生态足迹模型计算中,能源消耗包括两个方面:一方面是一般意义上的直接家用化石能源消耗;另一方面是通过消费产品和服务所引起的间接能源消耗。食物的能源用地指后者,食物消费量通过能源密度折算为制造、加工、运输过程所消耗的化石能源量,能源密度来源于重定义发展组织(2002),再折算成吸收 CO_2 所需的林地面积。计算公式为:

$$EF_{NC} = r \cdot \sum \cdot (Q_j \cdot TF_j \cdot C_n) \quad (5\text{-}3\text{-}2)$$

式中:EF_{NC} 为 能源足迹(ghm^2);r 为化石能源均衡因子;j 为第 j 项食物消费类型;Q_j 为食物消费项年消费量(kg);TF_j 为能源密度(GJ/t 或 MJ/kg);C_n 为某能源(煤、石油或天然气等)的 C 吸收因子(hm^2/Gj 或 m^2/MJ)。

三、国际足迹系数的确定

(一)计算全球公顷的产量因子和均衡因子

在计算农村居民食物消费的生态代价时,同生态足迹方法一样,各类消耗资源和能源转化为生态生产性用地包括耕地、草地、能源用地、水域,需要通过产量因子和均衡因子将各类用地标准化。均衡因子和产量因子是影响计算结果的关键因素。均衡因子表示不同类型土地潜在生产力之比;而产量因子是不同国家或地区的某类生物生产面积所代表的当地产量与世界平均产量的差异,在不同年份,它们会随着土地利用格局、区域技术等因素的变化而有所不同。经产量因子和均衡因子调整后的土地面积用 ghm^2(global hectare)表示,全球性空间是衡量生态足迹的单位。

1. 产量因子(或产量系数、生产力系数)

把不同区域生产力水平不同的同类生产性土地转化同一生产力水平土地面积的转换系数,一般生态足迹的计算是以全球该类平均生产力水平为基准。在采用全球公顷为单位计算农村居民食物消费足迹时,可以直接除以由每种食物初级产品的全球平均产量计算得到的耕地足迹、草地、水域足迹系数即可,在国际家庭足迹表中都已列出,不必用产量因子调整。如果采用国内产量计算的足迹调整为全球足迹时则需要用产量因子进行调整。

2. 均衡因子

生态足迹方法提出以生物量产量为基础的均衡因子便于对不同类型生产性土地进行加总。即均衡因子(又称当量因子)用来把不同类型的生产性土地转化为具有同等生物量产量的土地。均衡因子的计算方法是:均衡因子=全球某类生态土地类型的平均生产力/全球各类生态土地类型的平均生产力。

Wackernagel 利用 FAO 全球农业生态区(GAEZ)及国际应用系统分析研究所(IIASA)

估计的土地最大潜在农作物产量的相关数据来计算各类土地的均衡因子，其研究结果显示，在过去40年中均衡因子只发生轻微调整（表5-3-1）（Wackernagel M，2004）。计算中取值为耕地2.17，草地0.47，水域0.35，森林1.35，化石能源用地同森林的均衡因子。

表5-3-1 1965—1995年（每5年平均）均衡因子

土地类型	1961	1971	1981	1991	1999
基本农业用地	2.23	2.23	2.23	2.23	2.17
森林	1.31	1.32	1.32	1.32	1.35
草地	0.50	0.49	0.48	0.47	0.47
水域	0.35	0.35	0.35	0.36	0.35

（二）国际能源足迹系数的确定

在生态足迹中，消耗的化石能源用碳汇法，根据世界森林平均吸收碳的能力估算对化石能源所需占用的“能源足迹”。目前国内引用的每公顷森林吸收CO_2 1.42 t，森林的吸收能力是通过计算26种不同的生物区的平均吸收能力得到的（表5-3-2）（徐中民等，2006）。

根据Intergovernmental Panel on Climate Change（IPCC）的研究资料，森林吸收CO_2的速率等于0.95 t/（hm^2·年），国内能源账户中常用的参数全球平均能源足迹是根据前者计算，而本研究采用改进后的能源的碳吸收因子计算（表5-3-3），从中可以看出，煤炭是一种CO_2排放量高的燃料，其燃烧对温室气体贡献率最大。

表5-3-2 单位面积的碳吸收量

全球森林面积（hm^2）	地上干物质重量（t/年）	单位面积地上干物质重量[t/（hm^2/a）]	总干物质重量[t/（hm^2/年）]	碳吸收量[t/（hm^2/年）]
5 120.227×10^6	11 612×10^6	2.27	2.84	1.42

注：用生物量法计算森林碳贮量，总的干物质重量含地下生物量，由第3列乘折算系数1.25得到。

表5-3-3 全球平均能源的足迹

	碳排放因子（tC/GJ）	全球平均能源足迹[GJ/（hm^2/年）]*	全球平均的碳吸收因子（hm^2/GJ）**
煤	0.026	55	0.019
石油	0.020	71	0.015
天然气	0.015	93	0.011

* 根据表5-3-2的森林吸收量计算，以石油为例其全球平均能源足迹=1.42/0.020=71 GJ/hm^2/年。

** 碳吸收因子的倒数为全球平均能源足迹。根据Redefining progress资料在计算能源（煤、石油或天然气等）全球平均的碳吸收因子时规定林地吸收CO_2的比例69%，海洋吸收CO_2的比例为31%，以石油为例计算公式如下：

石油的碳吸收因子$=\frac{\text{碳含量}\times(1-\text{海洋对二氧化碳的吸收率})}{\text{新生森林对二氧化碳的吸收速率}}=\frac{0.020\times(1-31\%)}{0.95}=0.015$，其物理意义为石油燃烧释放1 GJ能量的同时，所产生二氧化碳的69%需要0.015 hm^2的新生森林来吸收，31%由海洋吸收。

四、我国食物消费足迹国内因子的确定

为了更直观准确测度我国食物消费对资源占用情况，耕地、林地、草地、水域采用我国现实生产力折算，用国内标准化面积表示，不再用产量因子和均衡因子折算为“全球公顷”，能源用地根据我国林地的现实生产力计算需要林地吸收的面积，以下进行具体说明：

（一）粮食折算系数与耕地足迹系数

我国农村食物消费折算粮食需求量包括了口粮和肉禽蛋奶酒。通过耕地上不同作物单产与粮食单产的关系来确定耕地足迹，折粮系数可以代表不同作物折粮食耕地的系数。刘巽浩(2005)在《中国大陆和台湾人均粮食消费比较》一文中根据能量转换原理及相关资料将各种食品折算成原粮，不仅考虑了肉蛋奶、水产，也考虑了植物油和食糖。根据油料作物出油率和粮食与油料作物产出比采用油脂折原粮乘以系数 4，根据甘蔗产糖率和单产食糖折原粮系数为 2，肉类根据料肉(活重)比、胴体重和活重比两项折原粮乘以系数 5，蛋类折原粮为 2，一般鱼类折原粮为 2。每生产 1 kg 奶需要消耗粮食 0.3～0.5 kg(未计青饲料)，按 0.4 折原粮。除肉类外包括植物油、蔬菜等与粮食的产量关系确定的折粮地参数与生态足迹方法折算耕地的方法是一致的，可以作为折算足迹值的参数(表 5-3-4)。耕地足迹用各种食物折粮食系数折粮后以 2000 年粮食单产(4 262 kg/hm^2)折算为耕地足迹。食油中动物油和肉类同属于动物产品，在肉类折算中对资源的占用来源相同，用肉类表示的足迹已包括在内不再重复计算。养殖水产以人工养殖投入饲料所需要的耕地面积计算为耕地足迹，不再计入水域，捕捞水产足迹折算见表 5-3-6。这种计算不同于用可变单产计算的生态足迹，在各种耕地来源的食物消费中其比例关系可以认为基本是固定的，采用这样的处理方法更为简便有效。

表 5-3-4　各类产品粮食耕地折算系数　　kg

食物消费项目	口粮	植物油	蔬菜	酒类	食糖	猪肉	禽肉	蛋类	淡水养殖
折粮食耕地系数	1	4	0.15	2.2	2	5	5	2	2

注：植物油、食糖、猪肉、禽肉、蛋类、淡水养殖采用刘巽浩(2005)参数，蔬菜根据单产和粮食单产折算。

国家统计部门没有针对饲料用粮的专门统计，一般根据畜禽、水产的饲料报酬率来估算出饲料粮的用量，在实际应用中我国饲料转化率差异很大，一方面在于对饲料转化率缺乏专门的统计和研究，另一方面则主要是由于我国的家庭饲养占绝大部分，而它们的饲料种类、营养成分、饲养环境和饲养技术差异很大(汪昕宇，2001)。宏观估算比较常用的是农科院提出的肉料比(即生产 1 kg 肉产品所耗用的饲料数量)确定畜产品的粮食折算系数，但是肉类不同种类对足迹的占用类型有较大差别，猪肉和禽肉是耗粮型家畜不同于牛、羊等草食型家畜、奶制品除了因饲料粮需求耗用了部分耕地外在牧区主要是占用草地，农区畜牧业大量利用秸秆等农业副产品则减少了对饲草占用的压力，因此除了对牛、羊、奶的粮食需求所耗用的耕地足迹进行分析，还要对草料需求进行分析，确定草地足迹折算参数。

（二）牛羊肉奶与耕地、草地足迹系数

我国草地平均每公顷载 1.35 个绵羊单位，标准绵羊单位体重 40 kg，胴体重和活重比为

60%，因此草地平均每公顷产羊肉 32.4 kg。根据农业技术经济手册和试验研究单位畜产品耗粗料系数肉牛和羊比为 1.35∶1，牛肉的折草地因子为 24 kg，奶牛和肉牛单位产品的饲料精粗比相近，两者的耗粮比为 12，因此奶类的折草地系数由牛肉的折草地系数折算为 24 $kg/hm^2 \times 12 = 288\ kg/hm^2$。由于我国大部分地区畜牧业以农区畜牧业为主，农牧结合是我国农作制的重要特征，中国畜牧业的饲料的主要来源是依靠农区种植业所提供的粮食及其副产品，农牧结合的程度决定于饲料粮的多少，宏观上种植业与畜牧业的发展具有同步性。在这种情况下折草地系数对草地的消耗量需要扣除农区用种植业副产品饲喂的部分才是草地占用足迹系数。

我国西北部牧区主要包括内蒙古、甘肃、新疆、青海和西藏五大牧区省区，以放牧生产系统为主进行草地畜牧业生产。鉴于草原退化严重 20 世纪 80 年代以后，中国牛羊肉生产的中心逐步从传统牧区转向广大农区。除五大牧区以外的省份均为农区，以农牧结合生产系统为主。改革开放以来农区畜牧业尤其是养牛和养羊业得到迅速发展，1980 年五大牧区省区生产的牛羊肉占当年全国牛羊肉总产量的 46.9%，而 2003 年五大牧区省区生产牛羊肉仅占当年全国牛羊肉总产量的 20.1%。

邓蓉等(2005)根据我国畜牧业区域特点和生产规模布局现状，对目前我国不同畜牧业生产体系畜产品份额估算认为：牛肉产量来自放牧生产系统的占 14%，来自农牧结合和工厂化生产系统的 86%；羊肉产量来自放牧生产系统的占 33%，来自农牧结合和工厂化生产系统的占 67%；牛奶产量来自放牧生产系统的占 10%，来自农牧结合和工厂化生产系统的占 90%。基本反映了目前我国的牛羊肉和牛奶的来源。根据中国农业统计资料汇编数据，通过对五大牧区牛羊肉占全国牛羊肉总产量的比例来看，1996 年后牛肉、羊肉来自放牧系统的比例和邓蓉所估算结果一致，牛奶来自放牧系统占 26%远高于 10%，牛羊肉产量合计来自放牧系统占 20%。

由于牛羊肉进出口贸易会影响生态占用的来源，但牛羊肉贸易所占比重很小，如果考虑大部分肉类产品出口到香港，参与国际贸易的比例更小。我国牛肉 20 世纪 90 年代以来以净出口为主，出口量逐渐下降趋势，而羊肉从 1995 年以后净进口数量逐年增加，2002 年前占国内羊肉总产的比例小于 1%，2002 年达到 1.1%。从刘宇辉(2004)已有研究结果来看我国畜产品贸易的份额不大，净进口足迹占总的草地足迹的 4%左右。因此这部分对我国食物消费的草地足迹的数值影响不大可忽略不计。按照牛羊肉、牛奶来自放牧系统的比例 14%、35%、26%对牛肉、羊肉、奶类折草地参数进行调整结果见表 5-3-5。

表 5-3-5　牛羊肉和奶的粮食耕地及草地折算系数

项目	牛肉	羊肉	奶类
折粮地系数(kg/kg)	3.6	2.3	0.3
平均折草地系数(kg/hm^2)	24	32.4	288
来自放牧系统的比例(%)	14	35	26
修正后平均折草地系数(kg/hm^2)	171.4	92.6	1 107.7

注：牛羊肉折粮地系数采用农科院肉料比《中国粮食之研究》。

(三)捕捞水产和水域足迹系数

我国淡水水产品主要以人工养殖为主,20 世纪 80 年代以来人工养殖占内陆水产总量的比例平均为 87%。近年来海水产品中人工养殖比例不断增长,从 1980 年占 13.6%增长到 2000 年 41.8%,2006 年已达到 50%。水产品消费中养殖部分由于消耗饲料粮等已列为耕地足迹,除了水面养殖用地以外,海洋水域主要指大陆架渔场,目前提供了我国近一半的水产品,其面积高达 28 000 万 hm^2,内陆捕捞面积 1 747.1 万 hm^2,将大陆架渔场捕获水产和内陆捕捞水产品折算为水域用地。国际上水域捕捞平均产量是 29 kg/hm^2,1980 年以来我国海洋捕捞水产和内陆捕捞水产占捕捞水产总产的比例平均分别为 87%、13%,以海洋捕捞单产和内陆捕捞单产及各自占捕捞总产的比例计算捕捞水产的平均单产为 40 kg/hm^2。80 年代以来我国捕捞水产品产量占水产品总产比例不断下降,长期平均在 45%左右,考虑到捕获水产品到食物消费过程的损失率乘以系数 0.8,最终我国水产品占用的水域足迹计算参数为 71.1 kg/hm^2(表 5-3-6)。由于水产品进出口贸易数据按海洋渔业和内陆水域统计,没有捕捞和养殖的分项统计,考虑贸易量对消费足迹的影响不大可忽略不计。

表 5-3-6 捕捞水产和水域足迹系数

项目	1980—2006 年平均捕捞单产(kg/hm^2)	捕捞水产品产量占水产品总产比例(%)	水域足迹系数(kg/hm^2)
水域	40	45%	71.1

(四)国内能源足迹系数

能源密度指农产品中的携带能源用地,食物消费量通过能源密度折算为制造、加工、运输过程所消耗的化石能源量,参数来源于重定义发展组织(RP,2003)。由于食品工业制品在我国居民食品消费支出中比例占 40%左右,经济发达国家一般占 80%以上,而农村居民食品消费支出中所占比重更小(汪昕宇,2001)。为简化计算将农村居民食物消费加工及运输所消耗的能源用目前国际能源密度乘以加工系数 0.4 计算。能源用地用林地的碳吸收能力计算,我国林地年现实生产力为 1.7 t/(hm^2·年),按含碳量 50%计算吸收 CO_2 的能力 0.85 t/(hm^2·年)。而依据尖峰岭热带森林生态系统平衡计算对大气 CO_2 固定量为 1.366 t/(hm^2·年),折合 C 为 0.372 5 t/(hm^2·年)(李意德等,1998),由于考虑森林同化 CO_2 土壤呼吸释放和其他凋落物呼吸后的净固定量,这一数据远低于国际上直接用林地年蓄积量表示的森林碳吸收能力 0.95 t/(hm^2·年)。这一因子现实地表示了能源释放 CO_2 所需的生态用地,因此我们采用林地碳平衡结果作为林地的碳汇能力更为合理。

原国家计委能源所测定的煤炭、石油、天然气 CO_2 排放系数(以碳计)分别为 0.651,0.543,0.404(高树婷等,1994),煤、石油、天然气的排放系数比大致为 1∶0.8∶0.6。根据国家发改委能源研究所的数据,我国吨标煤的碳(C)排放系数(t/tce)0.67,则煤、石油、天然气的排放系数为 0.67、0.54、0.4,据此计算标煤碳排放因子为 0.023 tC/GJ,石油的碳排放因子为 0.018 3 t C/GJ,天然气的碳排放因子为 0.013 7 tC/GJ,同样按照林地吸收 CO_2 的比例为 69%计算,煤、石油、天然气的碳吸收因子分别为 0.042 3 hm^2/GJ,0.033 9 hm^2/GJ,

0.025 4 hm^2/GJ(表 5-3-7)。

表 5-3-7 国内平均能源的足迹系数

	碳排放因子(tC/GJ)	我国能源平均的碳吸收因子(hm^2/GJ)
煤	0.023	0.042 3
石油	0.018 3	0.033 9
天然气	0.013 7	0.025 4

我国的能源结构和国际上差别较大,2001 年我国煤炭占一次能源消费总量的 62%,石油占 27.5%,天然气占 3.0%,而世界煤只占 24.7%,油气占 62.2%(郎一环等,2004),根据我国各类能源结构对足迹折算系数进行了调整(水电和核电基本上无 CO_2 排放),用化石能源平均碳吸收因子计算食物加工及运输的能源足迹,计算如下:

$$\text{化石能源平均碳吸收因子}\ C_n = \sum(K_n \cdot C_n) = 0.036\ hm^2/GJ\ \text{或}\ 0.36\ m^2/MJ \quad (5\text{-}3\text{-}3)$$

式中:n 为能源类型,分别为煤、石油、天然气;K_n 为第 n 类能源在能源总量占比;C_n 为第 n 类能源的全球平均碳吸收因子。

(五)国内耕地、林地、草地、水域等量(均衡)因子

国内刘巽浩教授对我国农用地生产力进行了比较分析,将我国现有耕地、林地、草地的各种产出量折成净初级生产力,乘以利用系数得出现实生产力。研究得出我国的耕地、草原与林地的现实生产力之比是 1∶0.04∶0.16,即 1 亩耕地年现实生产力相当于 25 亩草原与 6 亩多林地(刘巽浩,2005)。根据刘宇辉(2004)对我国水域产量因子的计算,1 亩海水水域相当于 0.1 亩耕地,由海水捕捞和内陆捕捞的单产计算内陆水域相当于 0.24 亩耕地,因此水域综合折耕地因子为 0.12。综合上述结果可以作为国内耕地、草地、林地、水域之间的均衡因子。在计算我国农村居民食物消费的生态足迹账户时将食物消费量通过各种用地的平均生产力折算到相应的土地类型,以 1 亩实际粮食耕地 1 年地上部分生物量为一个标准亩,利用国内各种用地的均衡因子将林地、草原、水面均按现实生产力折算为标准亩或标准公顷表示,从而得到食物消费对各类型农用地的占用比例和总食物消费生态占用情况。

以上对我国主要食物消费项目的用地类型和折算因子进行了探讨,利用我国食物消费的相关参数,借鉴生态足迹家庭消费模型,可用于详细分析我国农村居民食物消费对耕地、草地和水域等资源和能源占用的动态变化,更真实反映我国食物消费的各种资源占用及其关系,对于评估我国食物安全的资源动态,合理调整食物消费结构,进一步研究和比较城乡居民、不同区域和不同社会群体食物消费的生态占用情况都具有十分重要的意义。

五、我国农村居民食物消费的生态足迹动态分析

从粮食安全的角度,城乡居民直接口粮需求和饲料粮的间接需求是我国粮食需求分析的重要内容,通过城乡居民食物消费结构及其变动对粮食消费的影响进行相关预测是一种重要的研究途径。从食物安全的角度来看,食物消费不仅包括粮食及与粮食相关的肉蛋奶

等，还包括油料、蔬菜、食糖等非粮食食物。食物安全的资源基础不仅包括耕地资源，还有水域、草地等。当然食物消费和耕地资源的关系最为紧密，现有耕地是我国农业生产的主体，同时也应该看到草地、水域也是我国食物消费资源不可分割的组成部分，畜牧业和渔业的发展和国家粮食安全息息相关。随着食物消费结构升级，从包括耕地在内的各种农用地资源角度分析农村居民食物消费，可以全面反映我国食物消费变化对耕地、草地和水域资源占用的影响情况，这种影响可以发生在域内，也可以通过贸易超出本国或区域的范围或者出口到域外。

（一）数据来源和参数选择

生态足迹家庭模型对食物消费的计算用各种食物消费量利用制成品与初级产品的转换系数和全球平均生产力数据，将各食物消费项折算成生物生产性土地面积。耕地、草地和水域足迹采用年消费量直接除以全球平均产量，加工食品需考虑原材料和制成品的转换率，并计算食物加工运输因素隐含的携带能源的能源足迹。测算包括以下 12 类食物消费项目，计算步骤同上。根据我国 1980—2006 年农村居民主要食物消费量变化情况（表 5-3-8），通过修正的国内生态足迹折算因子（本节四）将不同食物消费类型折算为占用的土地类型并予以分析。

表 5-3-8　农村居民主要食物消费量变化　　kg/人

项目	用地类型	年份					
		1980	1985	1990	1995	2000	2006
粮食（原粮）	耕地、能源用地	257.16	257.45	262.08	256.07	250.23	205.62
蔬菜	耕地、能源用地	127.21	131.13	134	104.62	106.74	100.53
植物油	耕地、能源用地	1.4	2.6	3.54	4.25	5.45	4.72
猪肉	耕地、能源用地	7.26	10.32	10.54	10.58	13.28	15.46
牛肉	耕地、草地、能源用地	0.24	0.3	0.40	0.36	0.52	0.67
羊肉	耕地、草地、能源用地	0.24	0.35	0.40	0.35	0.61	0.90
家禽	耕地、能源用地	0.66	1.03	1.25	1.83	2.81	3.51
蛋及制品	耕地、能源用地	1.20	2.05	2.41	3.22	4.77	5.00
奶及制品	耕地、草地、能源用地	—	0.75	1.08	0.60	1.06	3.15
水产品	耕地、水域、能源用地	1.1	1.64	2.13	3.36	3.92	5.01
食糖	耕地、能源用地	1.06	1.46	1.5	1.28	1.28	1.09
酒	耕地、能源用地	1.89	4.37	6.14	6.53	7.02	9.97

数据来源：历年《中国农村住户调查年鉴》。

（二）农村居民食物消费生态足迹总量及结构分析

按照国内耕地、林地、草地、水域均衡因子将上述食物消费的各类用地折算为标准亩（表 5-3-9），2000 年前食物消费的耕地足迹基本增加，2000 年后我国居民食物消费中口粮、蔬菜和食用油占用快速下降使总的耕地足迹开始下降，由于以耗粮型猪肉消费为主，牛羊肉消费比例较少草地足迹占比很小。我国农村居民水产品消费增加很快水域足迹持续增长，能源用地受粮食和蔬菜消费下降的影响，20 世纪 90 年代中期和 2000 年后相应下降。从农村居民食物消费生态足迹总的趋势来看，20 多年来我国农村居民食物消费结构变化对各类用地的总体占用从 1.46 标准亩增加到 1.78 标准亩，2006 年是 1980 年的 1.22 倍。这和猪肉禽蛋等耗粮型产品消费和水产消费增加的贡献有关，但是 2000 年后口粮、蔬菜、食用油的消费减少使耕地、能源占用有所下降，尽管水产、草食肉类等消费增加，总的生态占用仍然下降。这说明 2000 年以来农村居民食物消费结构变化使直接耕地资源占用显著下降，保障食物消费结构的人均农用地需求减少。

表 5-3-9　农村居民食物消费的生态足迹结构及总量变化　　标准亩/人

项　目	年份					
	1980	1985	1990	1995	2000	2006
耕地足迹	1.173	1.288	1.349	1.348	1.433	1.350
草地足迹	0.002	0.004	0.005	0.004	0.006	0.010
水域足迹	0.028	0.042	0.054	0.085	0.099	0.127
能源用地足迹	0.261	0.282	0.294	0.289	0.305	0.292
农村居民食物消费足迹	1.46	1.62	1.70	1.73	1.84	1.78

(三)典型地区农村居民食物消费生态足迹比较分析

前文已比较了 2004 年不同区域尺度人均食物消费足迹应用国际足迹折算因子的结果。应用修正的国内因子对 2004 年延河流域、陕西省、河北省、太湖流域惠山区和全国进行比较(表 5-3-10)表明，延河流域和陕西省各类用地的差别不大，将其作为一种类型。食物消费足迹的大小分别为太湖流域惠山区高于全国平均水平，而河北省＞延河流域(陕西省)都低于全国水平，太湖流域惠山区分别为全国、河北、延河流域的 1.29、1.63 和 1.96 倍，因此发达地区的食物消费足迹远大于西部和中部地区。从耕地足迹来看，延河流域(陕西省)＜河北省＜全国＜太湖流域惠山区，草地足迹大小分别为延河流域(陕西省)＜河北省＜太湖流域惠山区＜全国，水域足迹大小分别为延河流域(陕西省)＜河北省＜全国＜太湖流域惠山区，人均能源用地，太湖流域惠山区＞全国＞河北省＞延河流域(陕西省)。除草地足迹外，太湖流域其余各种用地都高于全国平均水平，总的食物消费足迹和各类用地足迹河北省＞陕西省且都低于全国水平，说明虽然中部河北省和西部陕西省的农村食物消费结构存在差异，但两者各类生态占用差别不大，高出的部分主要是水产品消费差异引起水域足迹的差别。

表 5-3-10　2004 年农村居民食物消费生态足迹区域对比(国内因子)　　标准亩/人

区域	耕地	草地	水域	能源用地	食物消费足迹
延河流域	0.895	0.008	0.014	0.194	1.111
陕西省	0.887	0.006	0.015	0.194	1.102
河北省	0.981	0.010	0.111	0.223	1.325
全国	1.188	0.019	0.187	0.284	1.678
太湖流域惠山区	1.250	0.014	0.577	0.322	2.163

和用国际足迹折算因子的比较来看(表 5-3-11),延河流域、陕西省和全国农村居民食物消费的生态足迹与该结果相似,说明不同折算因子在进行比较分析时并不影响总生态足迹的分析结果。因此无论采用哪种折算方法,都能为我们比较区域食物消费差别对生态压力的影响提供简便而可行的分析途径。国内因子标准在比较各类用地的占用情况时结果更为客观和准确。

表 5-3-11 2004 年农村居民食物消费生态足迹区域对比(国际因子) ghm^2/人

区 域	耕地	草地	水域	化石能源	合计
延河流域	0.283	0.002	0.004	0.062	0.351
陕西省	0.258	0.002	0.004	0.067	0.331
全国农村	0.333	0.005	0.050	0.099	0.486
太湖流域惠山区	0.314	0.005	0.153	0.175	0.646

(四)近 30 年农村居民食物消费长期趋势变化

由于采用了固定年份的耕地单产进行计算,并未同时引入耕地单产变化对资源实际占用变化的影响,通过我国农村居民食物消费典型年份和不同区域生态足迹结构比较,可以分离出食物消费结构变化所带来的生态需求和压力的变化。生态足迹方法衡量的流量变化可以长期监测消费对可更新资源及能源生态压力的变化,具有很好的模拟功能。

从图 5-3-1 可以看出,总生态足迹从 1978 年以来不断上升,其中耕地足迹 1990 年以前显著增加,1990 年后波动缓慢增加 2000 年后缓慢下降,其中口粮耕地占用明显呈下降趋势,而肉禽等间接耕地占用不断增加。水域足迹持续增加,草地足迹占比很小,能源足迹缓慢波动增加。因此从长期连续年份的变化来看这种趋势更为清晰,同时生态足迹表征的生态压力可以与包括食物消费支出、生活消费支出、在外就餐等在内的其他变量结合考虑,在

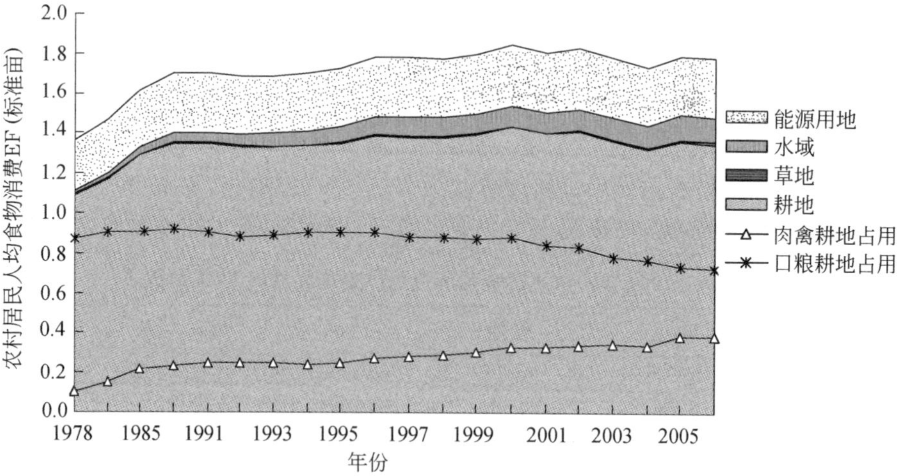

图 5-3-1 1978—2006 年农村居民食物消费的生态足迹变化(固定单产)

延河流域部分已经证明食物消费支出和由消费所占用的生态生产性土地面积存在较强的相关性(陈冬冬,2008)。在宏观上分析我国食物消费支出变化和生态足迹是否具有相关关系将具有更大的政策指导意义。

(五)我国农村居民食物消费支出和食物消费足迹相关性和预测方程

由我国1978年以来农村居民生活消费支出及恩格尔系数,可以得到人均食物消费支出,根据人均食物消费支出和食物消费足迹拟合的幂函数为 $y = 1.81x^{0.09}$ ($R^2 = 0.87$)(图5-3-2),根据方程的指数人均食物消费足迹的支出弹性为0.09,即食物消费支出每增加10%,人均食物消费足迹增加0.9%,这一弹性系数基本代表了我国农村居民每增加单位消费支出的过程中,相应食物消费量中口粮、蔬菜减少和肉蛋奶水产增加对耕地及其他农用地资源压力的反应程度。而根据食物消费支出和人均肉类水产足迹的幂函数 $y = 0.48x^{0.43}$ ($R^2 = 0.92$),说明人均食物消费支出每增加10%,人均肉类水产消费足迹增加4.3%,反映我国农村居民食物消费支出变化与肉蛋奶水产消费增加带来的资源压力有极强的相关关系。因此我国人均食物消费支出和食物消费足迹的变化具有长期的一致性和强相关性,农村居民食物消费支出在长期以来可以作为食物消费生态压力变化的指示器,并进行未来食物消费足迹预测。

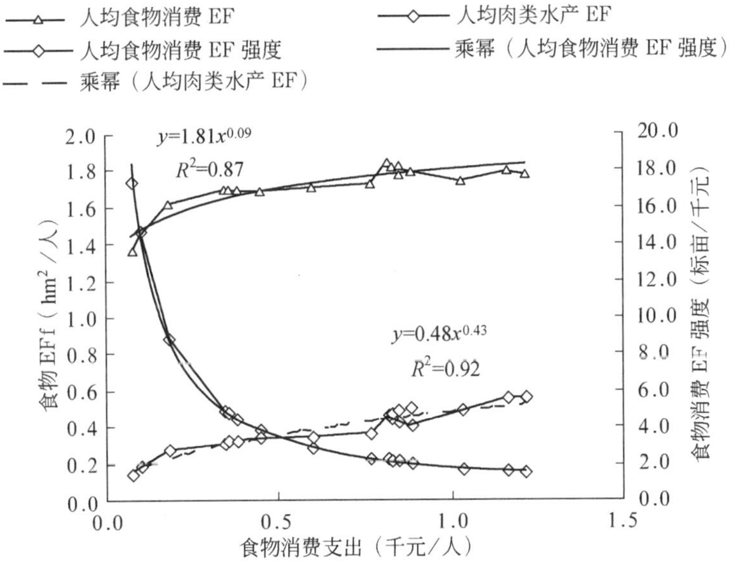

图5-3-2 人均食物消费支出与食物消费足迹的函数关系

1978年我国农村居民食物消费支出年增长率为9.9%,根据食物消费支出和食物消费足迹的幂函数关系,未来10年食物消费支出从2006年1 217元增加到2015年2 848元,相应的人均食物消费足迹由2006年1.779标准亩增加到2015年1.981标准亩(表5-3-12)。

表 5-3-12　农村居民食物消费支出与食物消费足迹预测

年份	食物消费支出(千元/人)	食物消费 EF(标准亩/人)
2006	1.217	1.779
2007	1.338	1.853
2008	1.470	1.869
2009	1.616	1.885
2010	1.776	1.900
2011	1.952	1.916
2012	2.145	1.932
2013	2.358	1.948
2014	2.591	1.965
2015	2.848	1.981

六、结论和讨论

借鉴生态足迹模型组分法对各种食物消费项目的资源占用,不同于一般国家尺度综合法计算消费项通常只考虑一种资源用地的方法,畜产品、水产等除消耗粮食占用耕地资源外,也分别考虑了其对草地或水域的占用,在修正国内折算因子的基础上,对我国近 30 年来农村居民食物消费的耕地、草地和水域、能源等生态占用情况进行了宏观估算,这种资源一产品复合对应更真实地反映了我国食物消费的各种资源占用及其特征。

(一)我国农村居民食物消费的总生态压力非稳定性增加

以典型年份为例,我国农村居民食物消费总生态足迹 20 多年来总体上升,2000 年前食物消费的耕地足迹基本增加,2000 年后我国居民食物消费中口粮、蔬菜和食用油占用快速下降使总的耕地足迹开始下降,其中口粮耕地占用明显呈下降趋势,而肉禽等间接耕地占用不断增加。水域足迹持续增加,草地足迹占比很小,能源足迹缓慢波动增加。从农村居民食物消费生态足迹总的趋势来看,我国农村居民食物消费结构变化对各类用地的总体占用从 1980 年 1.46 标准亩增加到 2006 年 1.78 标准亩。这和猪肉禽蛋等耗粮型产品消费和水产消费增加的贡献有关,但是 2000 年后口粮、蔬菜、食用油等消费减少使耕地、能源占用持续下降,尽管水产、草食肉类等消费增加,总的生态占用仍然下降。这说明 2000 年以来农村居民食物消费结构变化使直接耕地资源占用显著下降,保障食物消费结构的人均农用地需求减少。

(二)不同区域之间食物消费的生态压力比较

以典型区域为例,对 2004 年延河流域、陕西省、河北省、太湖流域惠山区和全国比较表明,食物消费足迹的大小分别为太湖流域惠山区高于全国平均水平,而河北省＞延河流域(陕西省)都低于全国水平,太湖流域惠山区分别为全国、河北、延河流域的 1.29、1.63 和 1.96 倍,因此发达地区的食物消费足迹远大于西部和中部地区。总的食物消费足迹和各类用地足迹河北省＞陕西省且都低于全国水平,说明虽然中部河北省和西部陕西省的农村食物消费结构存在差异,但两者各类生态占用差别不大。和用国际足迹折算因子的比较来看,延河流域、陕西省和全国农村居民食物消费的生态足迹与该结果相似,说明不同折算因子在进行比较分析时并不影响总生态足迹的分析结果。但国内因子标准在比较各类用地的占用情况结果更为客观和准确。

(三)我国食物消费支出变化和生态代价的关系

在宏观上分析我国食物消费支出变化和生态足迹的关系表明,两者近 30 年来保持强相关性,人均食物消费足迹的支出弹性为 0.09,即食物消费支出每增加 10%,人均食物消费足迹增加 0.9%,这一弹性系数基本代表了我国农村居民每增加单位消费支出的过程中,相应食物消费量中口粮、蔬菜减少和肉、蛋、奶、水产品增加对耕地及其他农用地资源压力的反应程度。而人均食物消费支出每增加 10%,人均肉类水产消费足迹增加 4.3%,反映我国农村居民食物消费支出变化与肉蛋奶水产消费增加带来的资源压力有更强的相关关系。在此基础上对未来 10 年的食物消费足迹预测表明,人均食物消费足迹到 2015 年为 1.981 标准亩,比 2006 年增加 0.2 标准亩,是 1980 年的 1.35 倍。

(四)固定单产和可变单产计算食物消费足迹的差异分析

该计算是以耕地固定或平均单产计算的结果,分离出食物消费结构变化对人均农用地资源变化的影响,由于我国耕地生产力的变化,食物消费对农用地资源的需求在耕地单产的提高的情况下已大大缓解,即用更少的土地资源解决了更多的肉蛋奶等食物消费结构升级的需求,通过耕地可变单产计算的结果如图 5-3-3 所示,尽管我国食物消费结构变化对农用地资源需求增加,由于耕地生产力提高实际的农用地占用从 20 世纪 80 年代以来不断减少,90 年代以来基本保持平稳,1991 年人均食物消费足迹为 1.81 标准亩,经 10 多年长期小幅波动 2001 年和 1991 年持平仍为 1.81 标准亩,2002 年后食物消费对农用地需求下降和粮食单产提高双重因素使农用地占用波动下降。说明我国耕地生产力的提高大大缓解了我国农村居民在食物消费结构升级过程中的资源压力。因此通过固定单产和可变单产的人均食物消费足迹动态分析,可以真实、全面反映出食物消费变化对耕地等农用地资源压力的变化及其成因。

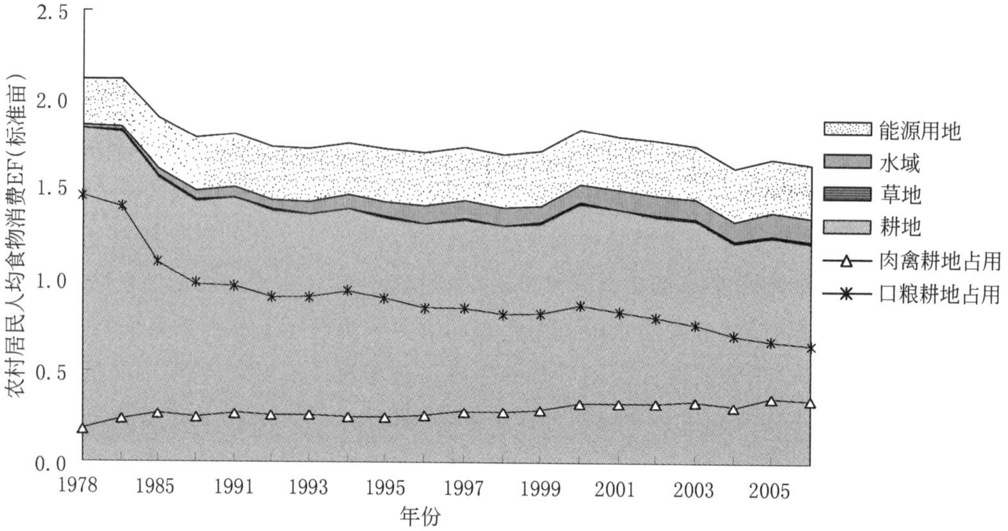

图 5-3-3　1978—2006 年农村居民食物消费的生态足迹变化(可变单产)

通过改进因子的生态足迹模型在宏观上应用评估可以得到保障我国食物安全的资源动态，食物消费结构变化带来的生态需求和压力的变化。尽管对能源足迹的计算采用了简便的国际携带能源参数修正的办法，考虑到农户在外就餐情况占比较小未纳入计算，国内均衡因子的确定还需要进一步改进提高其精确度，但总体来看生态足迹方法衡量的流量变化具有很好的模拟功能，对于合理调整食物消费结构，进一步加强城乡居民、不同区域和不同社会群体食物消费的生态占用研究和比较都具有十分重要的意义。该方法为生态经济评价方法在农业生态系统的应用提供了新的框架，并具有一定的应用前景和政策指导意义。

第四节　农业生产的生态足迹分析

现有生态足迹的应用多用综合法，集中在区域可持续发展度量，对有关废弃物污染的生态影响考虑较少，水资源估算只是间接体现，其政策指导意义很小。本节从生态足迹的基本原理和核算方法出发，与生态经济学、环境经济学的评价方法相结合，在农业生态系统能流折算和物流分析的基础上，将农业生产作为一项经济活动，把农业生产过程所消耗的资源转化为标准化生态生产性空间，对投入过量物质和能量消耗所造成的污染也转化为污染用地等生态空间，通过分项和综合的生态账户衡量分析农业生产投入不同类别资源以及资源不同利用程度造成的生态压力，通过和生态收益的比较测度农业生态系统的生态效率。本节重点研究提出基于生态足迹模型的农田生产生态代价账户构建及核算框架。

一、农业生产投入要素的关系及其分类

世界农业发展的历史是从低级到高级，从粗放到集约的持续发展的过程，也是人类投入的辅助能数量和种类不同，人工调控生态系统能力不断加强的过程。传统农业的一个根本

特征是外界系统的投入很少，相应的产出水平也低。传统农业普遍使用人力、畜力，生物能以及少量非生物能源如水力、风力等；而常规现代农业向农业投入大量的商品辅助能，以提供农机、燃油、化肥、农药、灌溉等。常规现代农业实质上是用资金和能源(尤其是化石燃料能)的集约使用，代替传统的对土地和劳动力的集约使用。本节重点对农业生产投入要素及其特征进行重新归类和界定，以便进一步构建其评价账户。

(一)集约投入要素包括的内源、外源投入及其关系

农业投入从狭义上主要指物质和能量投入，物质是能量的载体。在能量分析中我们通常把农业生产投入分为无机能投入和有机能投入，前者包括燃油、农业机械、小型农具、农药、化肥、农用电等，后者包括有机肥、劳力、畜力、种子等。而从宏观农业角度，相对于农业生态系统边界，可以把集约农业投入要素分为内源投入和外源投入这两种基本的类别。前者指系统内部物质和能量投入，包括系统内水土资源、生物资源等可更新资源和可再生能源投入，例如劳力、畜力、种子、有机肥、饲料等。后者指系统外部物质和能量的投入，主要是购买性资源中来源于化石能源的投入，包括机械、化肥、农药、农膜、电力等。集约主要是通过增加土地以外的其他投入提高产出，因此土地可视为内源投入相对稳定的要素。

农业生态系统是一种半人工生态系统，具有自然和社会经济的双重特性，由热力学第二定律和物质非闭合流动原理所决定其特征是对外部投入的广泛依赖性(刘巽浩，2005)。现代农业系统具有开放性，如果不从多途径利用系统外养分和能源无法克服养分亏缺和库存下降。因此外源投入对农业增产起关键作用。化肥是不依赖于农田自身循环的现代工业产品，在循环中发挥“引子”作用，使农业物质的循环量不断扩大(奚振邦，2003)。适当的化肥投入不仅增加了作物生长所需的营养元素，也能无机促有机，提高水分利用效率，促进物质良性循环；机械、燃油、电力、农药等外源投入大大提高了农业的土地生产力、劳动生产率及商品生产率。内源投入来自于系统内部，可以构成系统内循环，而大量秸秆资源焚烧和畜禽粪便废弃等不合理利用会带来严重的环境问题。因此充分利用作物秸秆、杂草和畜禽粪便等生物资源可以提高资源利用效率，减少焚烧和废弃造成的环境污染。同样投入大量化肥、农药、农膜等化石能源产品，农业获得高产的同时也会加快不可再生资源的耗竭，增加温室气体的排放，对农业生态系统造成非点源污染等负面效应(吕耀，2007)。因此外源和内源投入使用不当，在能量利用不充分之处和物质循环不完整之处会出现资源浪费和环境污染(戴星翼等，2005)，从而影响到农业的可持续发展。内源投入和外源投入的协调不仅是现代社会减小资源压力的有效途径，也是防治环境污染弊病的良策。

(二)农业生产内外源投入及生态环境影响

根据生态足迹的核算原理和方法，本文对农业生产中消耗的内外源投入从来源的资源和能源角度予以分类，对其资源投入的环境效应进行分析，从而建立对各种核算账户的认识：

1.外源投入及能源占用

现代集约化农业生产对资源环境的影响，无论在空间上还是时间上都不同程度地超越了农业耕作活动所在的农田之外，构成了外部的影响。

农业生产投入的外源投入主要来自化石能源，由于每一种外源投入发生的情况不同，对生态环境的责任也不一样。从能源发生的边界上看，外源投入可以发生在系统内，系统外或系统内外的往返路径，例如在能量分析中，农机具耗能是指制造耗能，能量的发生并不是在农田里产生，是工业过程产生的能耗。直接发生在农田的能量损耗主要是农用电、煤、柴油、燃油等。还有一类是系统内资源加工消耗工业辅助能，如种子加工耗能、有机肥加工运输耗能、饲料加工耗能、食物消费加工耗能等，属于中间过程耗能，其能量的形式主要是在加工业、运输业产生的能耗。这类能量在农业生态系统种养分离、规模化、商品化演化进程中，会逐渐占据一定的比例，并发挥“桥梁”的作用，加快资源流通速率，加强循环规模。这部分外溢的农业生态系统能耗的结果可通过技术进步部分抵偿化肥的生产能耗，从而减少系统内资源废弃和系统外投能的压力。

2. 内源投入与资源占用

内源投入包括系统内部物质和能量投入，劳力、畜力、种子、有机肥、饲料等，尽管这些投入都来自于农业生态系统内部，从资源占用的角度，却具有不同的性质和特点。因此从资源来源上看，可分为以下类型：

(1)非独立占用同源有机物　在农业生态系统内部，畜禽粪便、秸秆等具有一定特殊性，是农业生态系统生产目标产品的副产物，有时也称之为有机废弃物，由于这部分资源弃之有害，用之有利，有机废弃物的利用会对生态系统的内部结构起到平衡作用，一方面可以作为农业生态系统循环投入项目替代紧缺资源，另一方面也有可能利用不当或废弃成为环境污染因子。在循环经济条件下忽略资源来源的多重性通常使生态足迹计算的结果被高估。例如畜牧业用秸秆饲喂的比例就降低了对草地的占用，而微观上分别计算饲料粮用地和饲草用地进行加总显然是不合理的，前文食物消费足迹部分对草地折算因子的调整也表明了农牧结合对草地资源不足的补偿。

农作物秸秆来源于农业生态系统内部，作为种植业副产品是主产品的同源产出，并不过多占用耕地。畜牧业生产不同于种植业的初级生产，和我们前文所研究的居民食物消费一样，本质上是对耕地等资源产出的占用，在我国大部分农牧结合地区发展畜牧业增加农田产出物质返回农田的数量，也只是增加了原来输出系统以外或者浪费掉(焚烧)、而现在用来做饲料的那部分植物产品，进而以厩肥的形式返回农田，从而维持了农业生态系统的自给性，强化了系统内部的自我循环机制。从这种意义上畜禽粪便施入农田的部分如果来源于当地饲料生产，同样作为系统内循环不会增加额外耕地占用，并减小了因废弃进入水体等可能造成的环境负荷风险。

(2)复合占用和单一占用　劳力和畜力作为内源投入不同于上述系统内可循环利用部分的情况，役畜消耗的草料和饲料需要从草地和耕地资源得到，人作为消费者其粮棉油等产品消费来源于耕地，牛羊肉奶产品来源于草地，鱼类等海产品来源于水域，木材来源于林地，还需要一定的化石能源用地甚至建筑用地。在生态足迹的一般计算模型应用上，将一定区域人口消费的资源和服务所需要的生态空间作为生态足迹，因此人均生态足迹是一个综合占用指标，劳力作为内源投入也同样具有复合占用的性质。

相对于劳力和畜力，种子和饲料作物、饲草等投入的初级产品，其资源来源是比较明确的，按照其来源作物类型的产量折算为相应的用地即可。

3. 投入的环境效应

各种内外源投入农田中，对农业生态系统本身和外部环境都会产生正面或负面的影响。所有这些投入在管理不当的情形下都会产生严重的环境危害，在本地、区域或国家甚至全球的层次形成环境成本，最大的全球性成本属温室气体的产生以及对全球气候变化的影响，也有其他成本如农药残留的远距离扩散和生物多样性的损失。农业生产对温室气体排放的贡献，除了上述与外源投入生产引起的能源消耗所产生的 CO_2 排放外，还包括农作物经微生物活动分解产生 CO_2、N_2O、CH_4 排放等农田自身温室气体排放，因此各项投入因生产或使用不当引起的对农业生态系统自身或者外部不经济性导致受影响区域付出的环境成本，都应纳入生态代价的核算，包括肥料、农药、农膜、农机使用所造成的污染、破坏及消纳这些生态破坏所需投入的生态资产。

二、农业生产生态足迹账户的构建

(一)农业生产生态足迹账户清单

农业生产的生态代价主要是农业生产中各种投入的资源、能源占用以及农田生产过程中各项损失带来的环境影响，是农业生产全成本的记录。从各种投入类别来看，包括农田生产投入的资源、能源占用及环境影响。

与生态代价相反的是“产出”的概念，主要是由耕地产出的农作物籽粒及副产品，提供了消费所需的资源和能源。平衡项可以根据其作用归入投入或产出，本文把碳平衡作为产出考虑，因此投入项中因微生物活动引起的农田碳损失可以合并入碳平衡账户(表 5-4-1)。

表 5-4-1　农业生产的生态足迹账户清单

投入账户	项　目	产出账户	项　目
A. 能源账户	化肥、农药、农膜、农机等	D. 碳平衡账户	土壤碳平衡
	灌溉用电、煤、柴油、汽油		农田碳平衡
	加工种子、饲料和有机肥用能、加工食物用能	E. 产品账户	耕地的所有产出
B. 资源账户	劳力、畜力、种子、灌溉		
C. 环境账户	氮磷化肥、有机肥损失污染		
	农药残留		
	农膜残留		
	农田碳损失(归入碳平衡)		

(二)农业生产生态足迹账户说明

在对生态足迹模型的重新解释和改进的基础上，本文利用更新的模型及评价原则对农业生产以上各种账户进行核算，构建了投入账户和产出账户(表 5-4-2，表 5-4-3)，具体说明如下。

表 5-4-2　农业生产生态足迹投入项目及生态占用

项目	资源、能源属性及环境影响	占用土地类型
A. 能源账户		
a1. 系统外资源生产耗能	化肥、农药、农膜、农机等生产耗能排放	排放用地
a2. 农田生产直接耗能	排灌用电、煤、柴油、汽油耗能排放	排放用地
a3. 系统内资源加工耗能	种子、有机肥、饲料、食物资源加工耗能排放	排放用地
B. 资源账户		
b1. 劳力	食物资源的复合占用	耕地、草地、水域
b2. 畜力	饲料的资源占用	耕地、草地
b3. 种子	耕地资源占用	耕地
b4. 灌溉水	水资源占用	水资源用地
C. 环境账户		
c1. 肥料使用引起	肥料损失进入水体、大气成为可能污染源：氮磷肥流失造成地表水污染和富营养化；氮化肥淋失对地下水硝酸盐污染、在微生物作用下转化为温室气体 N_2O	污染/损害用地、排放用地
c2. 农药使用引起	对土壤、水体、人畜污染及生物多样性损害	污染/损害用地（生物多样性）
c3. 农膜使用引起	农膜持续残留减产损失等	污染/损害用地
c4. 耕作机械使用引起	土壤结构破坏、土壤侵蚀及退化，生产力下降损失等	污染/损害用地
c5. 农田碳损失	CO_2/CH_4 等温室气体排放	排放用地

表 5-4-3　农业生产的生态足迹产出项目及生态占用

项目	资源、能源供给及环境影响	收益土地类型
D. 碳平衡账户		
d1. 土壤碳平衡	土壤对碳平衡影响	＋减排用地　－排放用地
d2. 农田碳平衡	农田生态系统对碳平衡影响	
E. 产品账户		
耕地产出	各种农产品及其副产品产出提供食物来源、资源和生物能源	耕地

（1）利用生态足迹账户进行农业生产代价的核算　和前文进行食物消费足迹的测算不同，我们考虑农业生产的各种投入为起点，农作物产出为终点的过程。因此，这里农作物产出的生态足迹是一种产出足迹，是作为和生态代价相反的生态收益概念。除农作物产出外，农田生态系统自身的服务功能也考虑进来。而前文食物消费足迹和原有生态足迹概念一致，是以农作物产出为起点，通过食物加工、包装、运输、销售等服务成为食物的过程，衡量的是食物消费的资源和能源消耗。以下生态足迹的投入账户核算的是农业生产的资源、能源消耗及环境污染等，通过和产出账户的比较，衡量农业生产的生态效益和生态效率。

(2)设定投入账户　有资源、能源和环境账户(表5-4-2),主要从农业生产的各项投入类别进行考虑,表中的12项内容,基本包括了农田生产中主要的投入类型,当进行区域生态代价核算时,可根据当地的实际情况进行调整。投入项目足迹在三种账户中交互体现,资源占用的同时,也有相应的能源占用,而购买性资源除了能源占用外,也有其相应的环境影响。

(3)不予核算和简化核算部分　农作物籽粒和秸秆都是农业生产投入的产物,和农产品同源产出的种植业副产品重新投入到系统时并不过多占用耕地,生态代价资源账户核算中不再计入。从投入产出角度来看,可以把秸秆产出根据其用途相当于增加了替代资源的产出,如秸秆还田相当于增加了替代生产化肥的能源,如果这类副产品作为内部循环利用的部分,作为内部的生产投入时和产出账户又相互抵消了,也不必计入其资源来源以免重复计算。农业生态系统中种植业亚系统和畜牧业亚系统构成了能量流动和物质循环过程的主体,种植业有机肥投入在农牧结合地区,为简化计算除进口饲料外被畜牧业利用的初级产品都作为农牧系统内部能物流交换,在农牧生态系统的生态代价核算中整合处理也不予计入。

(4)碳平衡项目　包括土壤碳平衡和农田碳平衡,通过土壤有机质平衡可以表明农田生产对土壤碳库的影响,当平衡为正时,表明土壤碳汇,为负值时,表明土壤是碳源,增加了碳排放。农田碳平衡将作物光合作用吸收CO_2与土壤异养呼吸释放比较,表明农田生态系统是大气的碳源还是碳汇。

(5)农田温室气体的排放　N_2O排放作为氮肥损失部分予以考虑,另外需要根据实际情况考虑农田土壤呼吸、水田CH_4或其他有害气体的排放,如SO_2等气体的环境污染足迹。本文把农田碳损失的CO_2排放列入碳平衡项目考虑。

(6)生态生产力土地类型　农业生产的生态代价用生态足迹方法计算时,折算为具有标准化土地面积包括以下六类占用类型:除已有的耕地、草地、水域外、将原有的化石能源排放用地(又称能源用地)和其他来源的温室气体排放都归入"排放用地",污染/损害用地主要是针对污染或其他造成的损害,用以恢复、消除这些损害而预留的生态空间(包括生物多样性损害预留的用地),本文还增加了灌溉水需要的水资源用地,建筑用地因数据可获得性在核算中计入建筑用地的能耗,考虑建筑用地和耕地的生物功能及对环境影响存在很大差异,和其他用地并列出现并不合适,不再单独作为一种土地类型。

本文用生态足迹模型核算农业生产的生态代价是从投入类别角度分析,从而分离出农业生产的生态代价发生的不同情况,通过各个项目的最终生态影响考察其对生态代价的贡献。生态足迹模型核算的资源消耗(包括能源)和环境污染的生态代价都是流量指标,其产出也是一种生态服务流,从每年流量的变化可以衡量对生态资产的影响,具体各类生态代价账户项目及其计算见下文分析。

三、农业生产生态足迹账户项目核算

(一)生态代价账户

农业系统内部耕地、草地、水域(海洋)、水资源等都是可更新资源,这里对来自内源投入的可更新资源部分设立资源账户,而能源账户主要是针对各种利用化石能源的投入形式,大量化石产品和矿物进入农田生态系统作用于系统内部的同时,也会产生一定的外部性,而使用过程因管理不当所造成的环境污染和损害则设立了环境账户。

1. 生态代价的核算原理

在用生态足迹评价农业生产的生态代价时,我们设立了资源账户、能源账户和环境账户,能源账户针对农业生产过程不可更新的化石能源投入设立,具有资源账户的性质,但是其消耗又以耗能排放为特点,环境效应十分突出。在这里能源的特殊性其作为资源账户和环境账户已经难以区分。

在环境经济学评价中,采用实际市场评估技术(费用支出法、市场价值法)、替代市场评估技术(机会成本法、替代工程法等替代成本法、恢复费用法、旅行费用法、享乐价值法等),甚至利用模拟市场评估技术(条件估值法 CVM,具体又包括两种:直接询问人们对某种生态系统服务的支付意愿(WTP)或对某种生态系统服务损失的接受赔偿意愿(WTA))(张志强等,2001)。尽管包含多种多样的方法,名称各异,综合考察无论是有真实市场的评估,替代市场的评估还是没有实际和替代市场的"公共物品"的模拟市场的评估,其基本评价途径都是寻找直接成本、替代(重置)成本或者恢复成本,真正可行的方法必须尊重市场,尊重现实。而每种方法基本上都有优点也存在缺陷,应根据数据可获得性和需要测度的生态代价类型而合理选择。

生态系统服务的价值通常采用以上环境经济学评估手段,同环境经济学的成本评估原理相一致,但生态足迹采用不受货币尺度干扰的生物物理量方法进行评价,在此基础上,以可更新资源为来源的资源账户采用直接成本的方法处理。是恢复还是替代(重置),愿意支付还是愿意受偿的概念都表明还原和替代是核算环境成本的基本途径。能源账户和环境账户同样可以采用替代法和还原法,但要尊重现实可行的处理原则尤为重要。

2. 能源账户核算方法

根据本文对外源投入能量消耗发生的"界"定,以化石能源消耗为主的资源投入设立能源账户,包括系统外资源生产耗能排放,农田生产直接耗能和系统内资源加工耗能排放。针对消耗的化石能源,生态足迹模型从提供消耗能量的替代物和吸收产生的废气物所需要的土地面积这两个角度来处理,作为化石能源用地(陶在朴,2003)。替代法和吸收(还原)法尚存在原理上解释不足的问题,目前多采用碳汇法估算吸收新增 CO_2 所需要的土地面积表示对化石能源用地的需求(徐中民等,2006)。考虑在替代化石能源的生产技术不成熟的情况下,用碳汇法可以表明其生态压力并进行同类比较,折能后用还原法折算为标准化的排放用地,单位用全球公顷表示(ghm^2)。

一般计算公式为:

$$EF_{NC} = r \cdot \sum \cdot (Q_j \cdot TF_j \cdot C_n) \tag{5-4-1}$$

式中：EF_{NC}为能源足迹(ghm^2)；r为排放用地均衡因子1.35；Q_j为能源账户第j项投入量；TF_j为第j项的折能系数；C_n为第n种化石能源(煤、石油、天然气，综合能源)全球平均碳吸收因子。

(1)能源碳吸收因子确定　由于碳汇法根据世界森林平均吸收碳的能力估算对化石能源所需占用的“能源足迹”。在计算农业生产的生态代价中如采用国际能源足迹系数进行计算，目前森林吸收CO_2的速率等于0.95 t/(hm^2·年)，海洋约吸收1/3的CO_2。CO_2的排放系数，许多国家以相当于单位煤当量(7 000大卡)的化石燃料燃烧测算，煤炭、石油、天然气的CO_2排放系数(以碳计)分别为0.651～0.755，0.500～0.585，0.395～0.447。国际上计算生态足迹时一般用石油的碳吸收因子0.019计算，在我国煤炭占以此能源消费总量比例在60%以上，而煤炭是一种CO_2排放量高的燃料，其燃烧对温室气体贡献率最大。因此在计算各种农业生产资料的能源足迹时，和食物消费部分依据我国能源结构计算国内平均碳吸收因子一样(公式5-3-3)，参照煤、石油、天然气的全球平均碳吸收因子以及我国各类能源结构计算综合能源全球碳吸收因子作为折算排放用地的系数，计算结果为：

$$\text{综合能源全球平均碳吸收因子 } C_n = \sum (K_n \cdot C_n) = 0.016\ \text{hm}^2/\text{GJ 或 } 0.16\ \text{m}^2/\text{MJ}$$

式中：n为能源类型，分别为煤、石油、天然气；K_n为第n类能源在能源总量占比；C_n为第n类能源的全球平均碳吸收因子。

(2)系统外资源生产耗能参数确定　包括化肥、农药、农膜、农机具等耗能足迹，是指投入的这些农业生产资料的生产、制造、运输等过程所造成的耗能排放，也是能流分析中间接投入的工业辅助能，以体现能计算(李连禄，1989)。实际消耗的化石能源燃烧的CO_2并没有在农田生态系统中排放，因此这种环境影响通常是发生在域外的。其中农机具耗能主要是拖拉机、机引农具和灌溉机械等。关于机井、泵房等农田水利用地等公共基础设施用地、设施农业用地的能耗，可以列入此账户处理。鉴于我国传统能流分析对于农业生产各种投入的化石能源的耗能参数较为可靠，系统外资源生产耗能应用能流分析的计算方法(刘巽浩，1984；闻大中，1993)，折算系数参照陈阜(2002)，骆世明(2001)，李连禄(1989)。碳吸收因子选用全球平均的综合能源碳吸收因子。

(3)农田生产直接耗能参数确定　包括农田直接耗能如排灌用电、煤、柴油、汽油、燃油等耗能足迹，即能流分析中以直接形式投入到农业生态系统中工业能量，主要是农田灌溉用电、各项田间农机作业包括耕作、播种、收获等能源消耗。折能系数根据各能源折标煤系数计算，碳吸收因子按照能源来源类型(煤炭、石油或天然气)选择。

(4)系统内资源加工耗能确定　由于粮食等农产品、种子、有机肥来自于农业生态系统，经过加工、运输等过程成为商品化的食物、种子、饲料、有机肥料等。同本章第三节四(四)计算说明食物消费的能源足迹包括加工、运输、包装等。种子加工能耗指原始良种进行脱粒剥壳，干燥、清选、包衣等一系列处理成为商品性种子，经包装或丸化、运输最终回到农田使用所消耗的能源。种子加工的能源消耗主要是干燥、脱粒，广泛采用的能源是煤和柴油；饲料、有机肥能耗根据加工及非农田运输综合折能系数计算，以上折能参数根据农业技术经济手册(1984)等相关文献确定，运输耗能考虑运输半径的影响，按吨·公里耗能计算，根据能源来源或全球平均的综合能源碳吸收因子计算排放用地。

3. 资源账户核算方法

系统内源投入包括劳力、畜力、种子、灌溉水、有机肥、饲料等。由上述模型说明农作物籽粒和秸秆都是农业生产投入的产物，是农田生产同时产生的主产品和副产品，和农产品同源产出的种植业有机废弃物重新投入到系统时并不过多占用耕地，生态代价核算中不再计入。在农牧结合地区除进口饲料外，厩肥和畜产品基本也是系统内耕地饲料供应的产出，作为投入时被抵减不再计入，在大量进口饲料且畜牧业粪肥还田的情况下，计入进口饲料项目。因此一般资源账户核算包括劳力、畜力、种子和灌溉四项。资源账户用 EF_{RC} 表示，$EF_{RC}=EF_{FC}+EF_{DA}+EF_{S}+EF_{AW}$

(1)劳力　计算农田投入的劳力消耗食物所需占用的生态空间，根据人均食物消费 EF 计算占用的耕地、草地和水域乘以劳力数量。参照统计的或实际农户调查的农民居民家庭人均食物消费量折算成耕地、草地、水域的面积。一般计算公式为：

$$EF_{FC}=r\cdot N\cdot ef_{fc}=N\cdot\sum(r_i\cdot T\cdot Q_{ij}/p_{ij})\qquad(5\text{-}4\text{-}2)$$

(解释详见公式 5-3-1)

各种食物消费对耕地的占用可参照本文食物消费足迹国内折粮食耕地系数因子(表 5-3-4)，用国内粮食产量折耕地后再用耕地的产量因子、均衡因子调整为具有全球平均生产力空间。

(2)畜力　根据畜力消耗的饲料和饲草的面积确定，一般役畜年消耗饲料 300 kg，饲草 2 000 kg，工作 250 天计算(农业技术经济手册，1984)。农区畜牧养殖饲草来源于农业的副产品秸秆部分，并未增加耕地占用忽略不计，而在牧区则需要根据饲草比例计入草地足迹。用公式表示为：

$$EF_{DA}=\sum r_i\cdot(Q_{ij}/p_{ij})\qquad(5\text{-}4\text{-}3)$$

式中：EF_{DA} 为畜力足迹(ghm^2)；i 为土地类型；j 为饲料(饲草)种类；r 为饲料用耕地均衡因子，饲草用草地均衡因子；Q_{ij} 为消耗饲料(饲草)数量；p_{ij} 为饲料(饲草)世界平均单产。

(3)种子　根据用种量和相应耕地的单产计算种子所需的耕地面积，并折算为标准化的用地，计算公式为：

$$EF_S=r\cdot Q_S/p\qquad(5\text{-}4\text{-}4)$$

式中：EF_S 为种子足迹(ghm^2)；r 为耕地均衡因子；Q_S 为农田用种量，根据不同作物播种面积与作物单位面积用种量计算；p 为不同作物类型的世界平均单产。

(4)灌溉　参照水资源足迹计算方法(李金平，2003)，假设当地有专门的集水区域供农田灌溉需要，根据当地农田灌溉水资源占当地水资源供给量的比例，乘以当地实际土地面积得到，灌溉水资源足迹计算公式为：

$$EF_{AW}=r\cdot A\cdot W_A/W_S\qquad(5\text{-}4\text{-}5)$$

式中：EF_{AW} 为灌溉用水足迹(ghm^2)；r 为水资源均衡因子；A 为流域土地面积；W_A 为农田灌溉用水量($10^4\ m^3$)，根据作物播种面积与作物的灌溉定额计算；W_S 为流域水资源可供给量($10^4\ m^3$)。

4.环境账户核算方法

环境账户估算农田生产各项投入包括肥料、农药、农膜、农机在使用过程引起的对农业生态系统自身或者外部环境所造成的损害、污染。根据上述生态代价的核算途径用污染恢复(还原)或者损失补偿(替代)处理。将消纳这些污染或损害所需修复、补偿的生态资产作为污染/损害用地,其属性是以“虚拟用地”的形式表示系统生产过程产生的对系统自身和环境的生态压力或风险。污染恢复核算采用还原法,即需要多少用地来吸纳消除污染源;对于损害的部分为保持资产存量不变应提供多少相同用地替代才能弥补受偿。这两种处理方式在现实情况中都是常用的,关键是两种方式可行性的比较。

(1)环境代价核算途径的说明　损失替代法可以直接测度生态系统损失的剂量反应,该方法适用于易于确定的“剂量一反应”关系的生态代价的计算。在剂量一反应关系很难确定的情况下,也可以将未发生损失带来的收益作为损害用地的机会成本。如肥料损失的机会成本需要确定肥料损失率、肥料利用率、肥料增产率等参数。

污染修复法建立在生态系统环境自净功能的基础上用提供相应服务的用地表示,N_2O、CH_4 排放可以根据全球暖化潜热用林地 CO_2 吸收能力 310 倍、21 倍进行处理表明其污染修复的环境代价(陶在朴,2003)。

在环境价值评估中一般认为替代和还原法都存在一定缺陷,替代成本法基于供给方成本考虑受到管理、技术条件差异的影响数值出现被高估的情况,也不能完全替代(徐中民等,2006;张耀启等,2005),而还原往往无法剔除外围系统对生态系统协同作用和拮抗效应的影响(戴星冀等,2005)。这是由于环境因素本身呈现出复杂生态系统的整体效应和生态系统之间相互溢出效应。事实上,这种情况不仅仅对于生态系统如此,每一种商品的价格也都是受到替代品和互补品的影响共同决定的。因此确定价值主要从供需方考虑才有现实意义。

由于生态系统具有外部性和公共产品的性质,其影子价格的确定需要用全部社会成本和社会效益,即影子价格供求平衡点的社会边际效益和边际成本(张耀启等,2005)来确定,但理论上完全边际成本法估价是非常困难的,相对于价值评估生态足迹采用土地标准化的方法,不同区域生态系统消纳污染或者替代状况的差别并不会影响生态代价计算的有效性,因为该方法核算的生态代价代表一种客观压力值,而这种差别最终通过具有世界平均生产力的土地来衡量,即这种还原或替代采用当前社会一般的生产技术和管理条件下各种土地的吸纳和补偿能力为标准的(社会平均生产力标准)。当地生态系统生产力数据的可获得性和世界平均生产力标准的有效性制约计算结果的准确性,但在进行时间序列或空间比较研究时该方法是非常有效的。

(2)肥料损失污染代价核算　肥料损失对当地空气、水体和土壤都会产生一定的环境影响和生态压力,具体对大气、水体的影响及是否造成污染要根据不同的损失途径及当地的情况综合判定。对于肥料污染/损害用地主要考虑地下水硝酸盐污染、农田温室气体 N_2O 排放,可以采用以下两种方法处理:

①替代法处理:可以通过剂量一反应关系确定地下水污染造成损失补偿面积,或者机会成本法估算损失风险。

——损失代价法:当出现 NO_3^- 含量超过地下水质标准,按照 L. D. James(1984)用的

“浓度一损失曲线”确定损失率，在该污染损失率下，计算地下水 NO_3^- 污染需要补偿的面积作为其环境代价。用“浓度一损失曲线”损失率计算得到的是地下水污染的直接损失。

计算公式为：

$$EF_{WW} = r \cdot A \cdot W_{GW} \cdot R/W_S \quad (5\text{-}4\text{-}6)$$

式中：EF_{WW}为污染足迹；r 为水资源均衡因子；A 为流域土地面积；W_{GW} 为地下水资源量；R 为地下水污染损失率，表示 NO_3^- 污染对水体造成的损失率%；W_S 为流域水资源供给量。

$R_{ij}=\frac{1}{1+A_{ij}\exp(-B_{ij} \cdot X_{ij})}$表示第 j 种污染物对地下水第 i 项功能的损失率。

——机会成本法：将损失养分可以带来的收益代表的虚拟耕地作为损害用地的机会成本。因此将农田损失的氮肥提供养分含量所能增产的粮食产量作为土壤、大气和水污染的机会成本。机会成本并不代表真实的环境损失，通过对造成的损害进行“预提费用”处理，估算可能造成的环境风险以保证生态用地资产的存量不变。

$$EF_{NO_3\text{-}N}=r \cdot Q_N \cdot Y\%/p \quad (5\text{-}4\text{-}7)$$

式中：$EF_{NO_3\text{-}N}$为 NO_3^- N 淋失用地足迹；r 为耕地的均衡因子；Q_N 为氮肥施用造成淋溶损失量；$Y\%$为氮肥的粮食增产率；p 为粮食的世界平均单产。

②还原法处理：对于氮肥施用的 N_2O 排放采用污染还原法，根据全球暖化潜热用 310 倍林地吸收 CO_2 能力进行处理。

$$EF_{N_2O}=r \cdot 310\times N_2O(44/28)/(p\times 3.667) \quad (5\text{-}4\text{-}8)$$

式中：EF_{N_2O}为 N_2O 排放足迹；r 为森林的均衡因子；310 为 N_2O 全球暖化潜热，指1 kg N_2O 的增温效应是 1 kg CO_2 的 310 倍；N_2O 为 N_2O 排放量(N_2O-N)；44/28 是 N_2O-N 转换为 N_2O 因数；p 为世界森林吸收 CO_2-C 的平均速率，一般用 0.95 t/(hm^2 · 年)；3.667 为 CO_2-C 折算为 CO_2 因子。

(3)农药残留代价核算　农药在控制病虫草害，保障粮食安全等方面发挥了积极的作用，但长期大量使用农药也给环境带来负面影响。由于农药利用率低，散失到环境中使大气、土壤、水体受到污染，对人畜、水产发生损害，在土壤中残留，杀死益虫，降低生物多样性等(杨志新等，2004)。评估农药残留污染损失需要对各种损失途径及环境影响有系统研究及监测。和肥料损失一样，农药残留同样可以用合理剂量一反应关系确定农药污染造成损失补偿面积，也可以采用污染还原法通过农药污染降解的有效物量关系计算。但农药对环境的影响很复杂，根据现有资料主要集中在对农作物、生物的影响、生物多样性、水体损害等方面。因此采用损失替代法，以生物多样性损失和粮食减产和品质污染损失为例，计算方法如下：

①农药污染可以用生物多样性用地预留处理，农药施用降低生物多样性一般在 60%以上，而有害生物综合防治试验表明，维持生物多样性提高粮食产量 8%～11%(向平安等，2005)，用农药使用带来生物多样性减少造成产量损失所需的耕地面积作为生物多样性用地。公式为：

$$EF_{p1}=r \cdot V_{p1} \cdot /p \tag{5-4-9}$$

式中：EF_{p1}为农药污染的生物多样性损失足迹；r为耕地的均衡因子；V_{p1}为生物多样性减少造成的粮食减产量；p为当年粮食世界平均单产。

②由于农药残留造成的作物污染减产损失用地表示为：

$$EF_{p2}=r \cdot Q \cdot R_{p2} \cdot /p \tag{5-4-10}$$

式中：EF_{p2}为农药残留的污染足迹；r为耕地的均衡因子；Q为作物当年产量；R_{p2}为农药污染造成作物损失率；p为当年作物世界平均单产。

(4)农膜污染代价核算　大量塑料地膜残留农田的现象被人们称为“白色污染”。其主要原因之一是地膜厚度过薄，难以清除或使用后未及时加以清除等；另一主要原因是农户在收获后不进行捡拾，使残留地膜在土壤中不断积累。随着栽培年限增加，农田土壤中日积月累的残膜逐渐影响作物根系的生长发育和对水肥的吸收，大量的残膜缠于犁齿也妨碍农田耕作，累积效应会使土壤板结，这些都造成农作物减产。农膜的原料是人工合成的高分子化合物，这些物质的分子结构非常稳定，很难在自然条件下进行光降解和热降解，也不易通过细菌和酶等生物方式降解，一般情况下，残膜可在土壤中存留200～400年。因此残留地膜易造成持久性污染，考虑到地膜主要是对农田土壤的影响并持续存在，用作物因残留地膜导致减产的数量计算污染用地并作为存量不断累积，其压力的减少可以通过人工清除或未来技术的进步对残膜的回收利用。因此可以采用以下替代法和还原法处理。

①替代法处理：按照当地实际农膜残留率造成农田减产损失进行估算，计算公式为：

$$EF_{m}=r \cdot Q \cdot R_{m}/p \tag{5-4-11}$$

式中：EF_{m}为农膜残留的污染足迹；r为耕地的均衡因子；Q为作物当年产量；R_{m}表示由于农膜残留造成作物损失率；p为当年作物世界平均单产。

②还原法处理：目前农膜残留可以用人工清除的成本计算。根据清除地膜的人工投入计算农膜残留的修复成本参照公式5-4-2。

(5)耕作及机械使用　核算由于耕作方式不当造成北方土壤板结、侵蚀，南方土壤潜育化等问题。同样可以采用生产力下降损失替代来估计，也可以用地力恢复还原法计算。两者的可行性取决于当地情况包括技术可选择性等，从而决定采用哪种方法更合理，更符合实际情况。

①替代法处理：按照当地实际耕作方式造成农田减产损失进行估算。计算公式为：

$$EF_{T}=r \cdot Q \cdot R_{T}/p \tag{5-4-12}$$

式中：EF_{T}为耕作造成的损害足迹；r为耕地的均衡因子；Q为作物当年产量；R_{T}表示因耕作造成土壤侵蚀的作物损失率；p为当年作物世界平均单产。

②还原法处理：恢复地力法以土壤侵蚀损失的土壤肥力恢复到原来水平的肥料消耗来计算。

$$EF_{T}=r \cdot \sum \cdot (Q_{fj} \cdot TF_{j} \cdot Y\%)/p \tag{5-4-13}$$

式中：EF_T 为耕作损害的足迹(ghm^2)；r 为排放用地均衡因子 1.35；Q_{fj} 为第 j 项肥料投入量；TF_j 为第 j 项的养分折算系数；j 为第 j 种肥源（有机肥、无机肥）；$Y\%$为肥料的粮食增产率；p 为当年粮食世界平均单产。

肥料的粮食增产率根据当地试验数据测定，按单位肥料养分增产粮食数量计算。根据化学肥料试验网 1981—1983 年在 29 个省 18 种作物 5 000 多个田间肥效试验：我国 20 世纪 80 年代每千克化肥养分可增产粮食 9.4 kg（每千克 N、P_2O_5、K_2O 分别增产 10.8、7.3 和 3.4 kg，投入量之比 1∶0.4∶0.1，加权平均）。20 世纪 90 年代后，由于化肥平均施用量提高和肥效报酬递减等原因，氮磷养分的增产作用有所下降，钾肥增产效果有所提高，平均肥效降低约 20%，即每千克养分($N+P_2O_5+K_2O$)可增产粮食数量 7.5 kg 左右（奚振邦，2003）。这些肥料增产率数据为土壤肥力恢复提供基本参数，据此计算出耕作不当带来的环境成本。

（二）生态收益账户

农田生产的生态代价只是农业生产的生态成本，而衡量农田生产的生态效率需要通过生态成本和生态收益的相对值表示。农作物产出生态足迹是作为和生态代价相反的生态收益概念，除农作物产出外，把农田生态系统碳平衡项目列入此项。

1. 碳平衡账户

主要指农田生产过程对人类的碳汇服务以及各类碳排放的综合平衡。从农业生产的角度，我们应该肯定其碳汇贡献（刘光栋，2004）。农作物生产的本质是利用绿色植物所含叶绿素的光合作用，将太阳能转化为作物能贮藏的生物能，进而将贮藏生物能的农产品供人类和动物利用。CO_2 是最主要的温室气体之一，而光合作用则是一个固定 CO_2 和释放 O_2 的化学反应，因而粮食生产也是不断固定温室效应气体 CO_2 和释放 O_2 的过程。包括化肥在内的粮食增产的手段在生产耗能的同时也增加生物能贮存，具有增加对 CO_2 固定和 O_2 释放的生态效应。一般认为，农田光合产出最终归宿将有绝大部分通过场外燃烧或人畜等生物体内氧化成 CO_2 进入大气环境，但这已经不再是农田生态系统的源效应，而是在这之外的消费过程发生。农业生态系统碳平衡的动态过程也是以首先从一性生产光合作用对碳的吸收同化为起点，才能开展排放、转移、固定研究最终确定其是碳汇还是碳源。

碳平衡账户包括土壤碳平衡和农田碳平衡估算，土壤碳平衡根据土壤有机质平衡测算，作物产出碳汇和环境账户中的碳损失结合起来在农田碳平衡账户中考虑，根据碳平衡结果计算碳汇（源）相当于增加（减少）了多少具有平均碳汇能力的林地。公式表示为：

$$EF_c = r \cdot C/p \tag{5-4-14}$$

式中：EF_c 为土壤碳平衡或农田碳平衡足迹(ghm^2)；r 为林地均衡因子 1.35；C 为碳平衡盈亏值，为正表示增加碳汇，为负表示增加碳排放；p 为森林吸收 CO_2-C 的速率。

2. 产品账户

作物产量的提高是各项投入综合作用的结果，体现在长期配合施用化肥和有机肥持续增加土壤有机质和土壤肥力所发挥的积极作用，灌溉和良种、机械等技术改进提高水土资源配置效率，新品种和新技术应用对耕地生产力的提高。体现在现实的农田生产力上就是作物的产出，包括籽粒、地上部分秸秆和根茬。因此农产品产出足迹主要指农田生产的各种农产品及其副产品产出，并用世界平均耕地生产力表示的土地面积，表明了当前管理和技术条件下农田的现实承载能力。同一块耕地主产品和副产品的产出是不可分的，计算产出足迹时用作物产出计算的耕地足迹也包括了秸秆、根茬等耕地足迹占用，因此可以用作物产出足迹代表。

由此可以看出农产品产出足迹代表了耕地承载力，可以根据农田作物产量除以世界作物平均单产得到，单产变化表明耕地综合生产能力的变化，同样是各项投入长期综合效应的体现。计算公式为：

$$EF_O = r \cdot P / p \tag{5-4-15}$$

式中：EF_O 为农田产出足迹（ghm^2）；r 为耕地均衡因子 2.17；P 为当年作物产量；p 为当年世界平均作物单产。

四、农田生态效率及指标分析

以上对生态足迹投入和产出账户核算途径和方法进行论述，最终通过产投比和结构分析，评估农田生态系统生态效率的变动及其影响因素。

（一）生态效率

生态效率用生态收益和生态代价的比值表示，既可以衡量一个地区农田生态效率的变化趋势，也可以进行不同区域生态效率的比较。由于能源账户的特殊性，可以通过以下两种效率指标进行测度。

$$\text{农田生态效率}(EE_1) = \text{产出足迹}(EF_{TR}) / \text{投入足迹}(EF_{TC1}) \tag{5-4-16}$$

式中：$EF_{TR} = EF_C + EF_O$；$EF_{TC1} = EF_{RC} + EF_{NC} + EF_{EC}$；$EF_{RC}$、$EF_{NC}$、$EF_{EC}$ 分别为资源代价、能源代价和环境代价；EF_{TC1} 为农田生产的全成本。

$$\text{农田生态效率}(EE_2) = EF_{TR} / EF_{TC2} = EF_{TR} / (EF_{TC1} + EF_{NC}) \tag{5-4-17}$$

由于能源账户具有资源和环境账户的双重性质，为了更好测度其对生态效率的影响，需要将能源账户的资源和环境效应都包括在内，在总投入中将能源账户以资源效应形式再加总一次，该指标可以更清晰表明生态效率的变化。

（二）结构分析

1. 账户结构分析

具体可采取以下指标：

(1) $RCI = EF_{RC} / EF_{TC1}$ （5-4-18）

EF_{RC} 表示资源代价，包括资源账户各种投入的生态足迹合计；RCI 为可更新资源成本指数，表示可更新资源消耗占全部生态代价的比例，是生态代价中可更新直接成本占比，表明农田生产系统对自然资源的生态压力。

(2) $NCI = EF_{NC} / EF_{TC1}$ （5-4-19）

EF_{NC}表示能源代价，包括能源账户各种投入的生态足迹合计；NCI为不可更新资源成本指数，表示不可更新资源消耗占全部生态代价的比例，是生态代价不可更新资源成本占比，表明农田生产系统对化石能源的依赖程度。

(3) $REI = EF_{TRC}/EF_{TEC}$ (5-4-20)

EF_{TRC}包括全部可更新和不可更新资源（资源和能源账户各项目）的生态足迹之和；EF_{TEC}包括环境账户和能源账户各项生态足迹之和；REI表示总资源代价和总环境代价的比值，将生态代价直接成本和间接成本的大小进行比较可以评估资源消耗和环境污染的相对严重程度。

根据能源、资源和环境账户项目属性，也可以进行每个账户的内部结构分析：

①能源账户及占用结构：从系统外资源生产耗能占比、农田生产过程直接耗能占比、系统内资源加工耗能占比及变化情况对能源结构进行分析。

②资源账户及占用结构：既可以从农田投入的劳力、畜力、种子、灌溉角度，也可以对可更新资源占用类型包括耕地、草地、水域和水资源占用结构变化进行分析。

③环境账户及占用结构：同资源账户一样，既可以通过投入项目结构也可以根据环境占用类型进行分析。

2. 项目比较分析

由于内源投入在占用资源的同时也有能源效应，而外源投入生产消耗能源外，还有环境影响，同一个项目可以同时出现在不同的账户里，因此可以根据其综合影响比较各项农业投入生态成本的大小。

五、栾城县农业生产的生态代价评估

对农业生态系统能流和物流分析，可以得到农田生产生态代价账户核算的基本数据和核算参数，能流分析的各项投入所用折能系数作为生态代价能源账户核算参数，养分损失率及肥料利用率是环境账户核算的参数，而土壤有机质平衡和农田碳平衡是碳平衡账户核算的基础。针对农业生态系统对内外源投入的分类，在改进的生态足迹框架下对农田生产的资源、能源和环境项目予以分类核算，基于生态足迹方法对输入和输出项进行生态代价和生态产出核算及生态效率分析，以华北平原典型高产粮区栾城县为例，计算农业集约化生产过程中的生态代价。计算中种植业农田生产主要指以粮食生产为主的粮食作物和经济作物生产，不包括蔬菜和果园，基本反应了粮食集约高产区的生态代价状况。农业生产的输入项为各种农业生产资料、种子、劳力、畜力、有机肥等，输出项为耕地产出的农产品和秸秆等。

（一）生态代价账户分析

在计算生态代价时，各类消耗资源和环境损失项目转化为生态生产性用地包括耕地、草地、排放用地、水域、水资源、污染/损害用地。同生态足迹方法一样，需要通过产量因子和均衡因子将各类用地标准化。一般生态足迹的计算以全球该类平均生产力水平为基准，在计算生态足迹时就不用产量因子调整，只用均衡因子将各类用地标准化即可。

均衡因子见表5-3-1部分的说明，计算中取值为耕地2.17，草地0.47，水域0.35，森林1.35，排放用地同森林的均衡因子，水资源均衡因子为1（李金平等，2003）。

本文根据农业生产的生态代价构建的框架和计算原理,通过实地调查确定相关参数的基础上进行农业生产生态效率的研究。由于栾城县地处太行山前平原,使用保护性耕作技术体系,目前不存在水土流失等问题,本案例耕作对土壤的环境影响不纳入生态代价估算范围。

1. A 能源账户的核算

(1)系统外资源生产耗能　系统外资源生产耗能包括农田投入使用的化肥、农药、农膜和农机具的生产耗能,而机井、泵房等农田水利用地等公共基础设施用地分摊到粮田部分能耗,由于数据不足本文未作测算。由公式(5-4-1)计算结果表明,系统外资源生产耗能从1984 年 14.19×10^3 ghm^2 快速增加到 1995 年 25.91×10^3 ghm^2,2000 年以后随着粮食播面下降和化肥、农机、农药用量下降,系统外资源生产耗能随之下降,2006 年为 21.45×10^3 ghm^2(表 5-4-4)。从系统外资源生产耗能投入各项占比来看,化肥＞农机具＞农药＞农膜,但化肥投入比重从 1984 年 84.6％开始下降,2000 年占 70.5％,而农机具同期占比增长较快,从 14.8％上升到 2000 年 27.2％。这和当地近 20 年来保护性耕作发展过程有关:栾城县 1987 年前以翻耕为主,1988—1995 年玉米少耕发展,冬小麦翻耕,1996 年以后开始玉米免耕直播,冬小麦少耕,随着当地两熟制农田保护性耕作的发展,农机动力发挥了重要的作用,同时也增加了对生产耗能的需求和压力。

表 5-4-4　1984—2006 年栾城县农田生产投入生态足迹——A 能源账户　10^3 ghm^2

能源账户项目	年份				
	1984	1990	1995	2000	2006
a1 系统外资源生产耗能	14.19	19.74	25.91	22.84	21.45
a11 化肥	12.00	15.95	19.57	16.09	15.64
a11-i 氮肥	11.06	14.57	17.78	14.78	13.91
a11-ii 磷肥	0.90	1.14	1.22	0.70	1.00
a11-iii 钾肥	0.00	0.00	0.10	0.05	0.25
a11-iv 复合肥	0.04	0.24	0.47	0.56	0.47
a12 农膜	0.00	0.00	0.00	0.02	0.02
a13 农药	0.08	0.14	0.80	0.52	0.51
a14 农机具(按 10％折旧)	2.11	3.64	5.54	6.21	5.28
a2 农田生产过程直接耗能	14.69	14.02	23.29	27.52	36.84
a21 灌溉用电	12.46	10.69	17.71	20.90	30.14
a22 燃油	2.23	3.34	5.58	6.62	6.71
a3 系统内资源加工耗能	2.31	2.68	3.03	2.32	1.98
a31 加工食物	1.47	1.65	1.05	0.57	0.54
a32 加工有机肥*	0.01	0.01	0.01	0.00	0.00
a33 加工种子	0.84	1.02	1.98	1.75	1.44
A 能源账户合计	31.18	36.44	52.23	52.68	60.27
a1 系统外资源生产耗能占比％	45.5	54.2	49.6	43.4	35.6
a2 农田生产过程直接耗能占比％	47.1	38.5	44.6	52.2	61.1
a3 系统内资源加工耗能占比％	7.4	7.3	5.8	4.4	3.3

* 指投入粮田有机肥量。

(2)农田生产直接耗能　农田生产直接投能足迹 1984 年为 14.69×10³ ghm²，而 2006 年增加到 36.84×10³ ghm²，增长了 1.5 倍，尤其是 1990 年后灌溉用电足迹大幅增加，从 1990 年 10.69×10³ ghm² 增长到 2006 年 30.14×10³ ghm² 是直接耗能增加的最重要部分。除灌溉用电耗能外，农机的推广应用带动机械燃油使用增加，从 1984 年 2.23×10³ ghm² 持续增加到 6.71×10³ ghm²。

(3)系统内资源加工耗能　根据当地情况系统内资源加工耗能估算食物消费、种子和有机肥加工耗能。食物消费的能源足迹包括加工、运输、包装等，能源用地根据国际生态足迹计算中各种工业品携带能源平均值(RP，2003；GFN)的能源密度计算。种子加工耗能主要计算种子干燥和脱粒的能耗，根据玉米、小麦种子商品率以及小麦脱粒综合耗能 200 MJ/t，玉米脱粒综合耗能 120 MJ/t 计算，干燥按 45 MJ/ kg 计算。运输耗能小麦基本为当地和石家庄当家品种，运输半径按 25 km 计算，玉米因当地品种逐渐商品化和区域化，以"郑单958"、"浚单 20"、"先玉 335"为主，运输半径按 250 km 计算。有机肥加工用能指厩肥施用粮田部分，由于有机肥基本为养殖户自用或当地有机肥回田，运输半径很小，折能参照李连禄关于撒厩肥投能中农机具和非农田运输综合折能系数计算，为每吨千米 1.34 MJ。

计算结果表明，系统内资源加工耗能足迹从 2.31×10³ ghm² 下降到 1.98×10³ ghm²，加工食物耗能因劳力投入下降而减少，加工种子耗能根据农田用种量相应变化。有机肥加工程度低，1995 年后受畜牧业规模养殖的影响及厩肥多用于蔬菜、果树，粮田施用比例也不断下降，其能耗压力基本可以忽略。

(4)能源账户汇总分析　从能源账户来看，栾城县能源足迹从 1984 年 31.18×10³ ghm² 增加到 2006 年 60.27×10³ ghm²，是 1984 年 1.9 倍，仅 1990—1995 年 6 年间从 36.44×10³ ghm² 增加到 52.23×10³ ghm²，这一时期是能源账户增长最快的阶段，2000—2006 年能源账户又经历了较快的增长。从三类能源账户来看(表 5-4-4，图 5-4-1)，系统外资源生产投入足迹占总能源足迹的比例从 1990 年后呈下降趋势，从 1990 年占比 54.2%下降到 2006 年 35.6%，而农田直接投能足迹则正相反，从 1990 年 38.5%上升到 2006 年 61.1%，系统内资源加工耗能足迹在能源账户中占比很小且呈下降趋势。

因此，栾城县粮食生产投入的能源占用总体呈增加趋势，反映了农业生产对能源的依赖及造成的生态压力。从三类能源足迹来看，粮食生产能耗从依靠化肥、农机等外源增长转向依赖农业直接投能部分的增加，能源账户增长最快的时期也是农田直接投能高速增加的时期。由于这部分生态代价主要发生在农田系统内，即粮食生产对农田生态环境的负面作用加强，灌溉耗能足迹的增加反映了灌溉能耗增加的环境影响，因此粮食高产地区的农业生产能耗居高不下，灌溉用电耗能是农田生产直接耗能增加最重要的因素，也是能源账户增长的主要驱动力。

系统内资源消耗工业辅助能的部分始终占比很小，这部分中间过程耗能主要是在加工业、运输业产生的能耗，饲料、有机肥规模化及种子商业化的发展，在农业生态系统种养分离、规模化、商品化演化进程中，会加快资源流通速率，扩大循环规模。然而目前有机肥由于费时费力，除少量畜禽养殖农户用自行堆制的方式施用外都是施用化肥和秸秆还田，有机肥资源化利用的工业化、产业化发展滞后影响了内部资源的回馈利用及循环效能的提高。

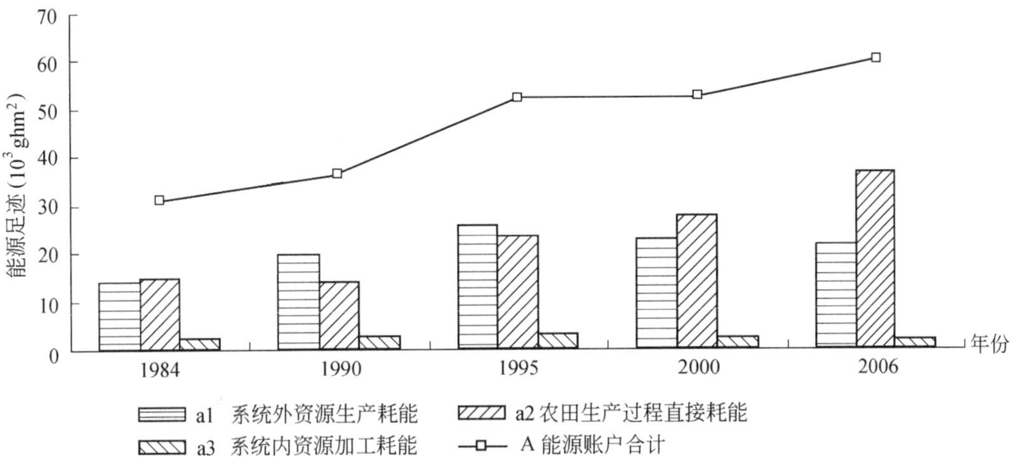

图 5-4-1 1984—2006 年栾城县粮食生产投入生态代价——A 能源账户结构演变

2. B 资源账户的核算

资源账户包括劳力、畜力、种子、灌溉水、有机肥等。作为农产品同源产出的种植业副产品秸秆直接还田重新投入到系统时并不过多占用耕地,生态代价核算中不再计入。有机肥在农区除从系统外进口饲料外,基本也是系统内耕地饲料供应的产出,当地 20 世纪 90 年代中期以前饲料基本来自农田系统内部,而 90 年代中期以后粪肥投入农田数量有限,进口饲料来源部分可忽略不计。因此以下对劳力、畜力、种子、灌溉投入进行核算:

(1)劳力 计算农田投入的劳力消耗食物所需占用的生态空间,首先根据河北省农民家庭人均食物消费量(表 5-4-5)和当地农户调查的食物消费量折算成粮食耕地或者水域的面积。当地肉类以猪肉消费为主,消费的少量牛肉来自农区粮饲和秸秆养殖,计入耕地。

表 5-4-5 1984—2006 年栾城县农民家庭年人均食物消费量 kg

消费品名	年份				
	1984	1990	1995	2000	2006
粮食(原粮)	214.51	231.05	209.44	213.76	200
其中:细粮	134.5	160.9	170.2	183.9	196.5
蔬菜	123.92	148.67	89.04	61.34	57.7
食用植物油	3.46	4.19	6.1	5.32	6.75
肉类	5.87	6.37	5.26	7.17	8
家禽	0.17	0.23	0.22	0.37	0.75
蛋类	1.71	2.23	3.69	5.09	6.27
鱼虾	0.34	0.66	1.56	1.72	2.48
食糖	0.78	0.83	0.68	0.59	0.77
酒	1.78	2.89	5.2	6.5	9.16

将各类食物消费项目折为耕地和水域,食物消费的能源投入已列入能源账户中,在此一并显示,结果见表 5-4-6。

表 5-4-6　栾城县农户人均年食物消费的生态足迹　hm²

	年份					
	1984	1990	1995	2000	2006	2006 比 1984
耕地占用	0.113	0.115	0.108	0.101	0.096	−0.018
水域占用	0.012	0.023	0.054	0.059	0.086	0.074
能源用地占用	0.043	0.048	0.044	0.044	0.045	0.002
人均食物消费 EF(ghm^2)	0.308	0.323	0.312	0.300	0.299	−0.010

注:人均食物消费足迹为各类土地占用类型用均衡因子标准化得到,用 ghm^2 表示。

由于采用可变单产,尽管人均消费的肉禽蛋和植物油等不断增加,耕地单产也不断增加,人均年食物消费的生态足迹由各项食物消费量和耕地单产变动的相对大小决定,人均食物消费足迹 20 世纪 80 年代中期以后因口粮等消费量增加而增加,后期口粮消费的减少人均食物消费足迹也呈现减小的趋势。随着粮食生产的机械化发展,人工投入不断减少,用均衡因子折算为标准化土地面积乘以投入的人工总量,由公式 5-4-2 计算结果见表 5-4-7。从总量上看劳力账户中耕地显著下降,水域足迹总量增加,各种用地的足迹值是人均食物消费足迹、单位面积人工投入量和耕地面积多种因素的综合结果。

(2)畜力　畜力生态足迹根据年消耗饲料和饲草计算,当地农区役畜养殖饲草主要来源于农业的副产品秸秆,因此饲草并未增加耕地占用,可忽略不计。计算公式为 5-4-3,结果见表 5-4-7。由于饲喂秸秆部分不计入耕地占用,且役畜量较劳力量更少,因此其耕地占用远小于劳力的耕地占用。

表 5-4-7　栾城县劳力畜力种子投入的生态足迹　10^3 ghm^2

	年份				
	1984	1990	1995	2000	2006
b1 劳力	6.34	6.56	4.51	2.32	2.11
耕地	6.24	6.36	4.17	2.12	1.85
水域	0.10	0.20	0.33	0.20	0.27
b2 畜力					
耕地	0.09	0.06	0.02	0.01	0.00
b3 种子					
耕地	4.33	3.42	6.09	4.53	2.83

(3)种子　种子根据当地粮食和经济作物年用种量和相应耕地的单产折成耕地面积,并折算为标准化的用地,根据 $EFs=r\cdot Qs/p$(公式 5-4-4),计算结果见表 5-4-7。由于 20 世纪 80 年代中期以后追求粮食高产麦玉用种量不断加大,同时受到粮食及经济作物播种面积调整的影响,耕地占用也随之变化,1995 年最高达 6.09×10^3 ghm^2,之后一直下降,2006 年仅有 2.83×10^3 ghm^2,为 1995 年 46%。

(4)灌溉　灌溉水资源足迹用假设需要的集水区面积(catchment area)相当于多少当地水资源供给的流域面积计算,农田灌溉水资源足迹根据农田灌溉用量除以当地水资源可供给量乘以当地土地面积，计算公式同公式 5-4-5。

该县地表水主要为工业和生活污水，无其他地表水资源积累，因此地下水资源可开采量为灌溉的基本供给源。由表 5-4-8 结果可知，由于受当地粮食和经济作物播面变化的影响，1990 年以前农田灌溉用水量随着灌溉面积的增加呈持续增长趋势，1990 年前达到最高值，农业节水措施大力实施使农业灌溉用水量持续下降，2000 年以后采用节水和良种等技术使粮田灌溉量明显减少，根据田间调查显示，麦玉两熟耗水量为 4 275～4 500 m^3/hm^2，较 90 年代灌溉量 6 000 m^3/hm^2 已明显下降，而耗水的蔬菜、果园等面积增长成为地下水超采的增长因素。根据上式计算 1984—2006 年灌溉水资源足迹为 $45.60\times10^3\sim30.61\times10^3$ ghm^2。

表 5-4-8　栾城县灌溉投入的生态足迹

b4 灌溉	年份				
	1984	1990	1995	2000	2006
农田灌溉用水量（10^4 m^3）	10 781	11 362	10 552	9 014	8 628
水资源可供给量（10^4 m^3）*	9 384	10 504	10 769.7	11 484	9 753
水资源足迹（10^3 ghm^2）	45.61	42.94	38.90	31.16	30.61

注：1984—2000 年数据来源于隋鹏(2005)；2006 年数据来源于栾城年鉴(2006)；栾城县土地面积 1984—2000 年取 397 km^2，2006 年取 346 km^2。

(5)资源账户分析　在以上各资源账户分析基础上可以看出，资源足迹总量从 1984 年 56.38×10^3 ghm^2 下降到 2006 年 35.55×10^3 ghm^2（表 5-4-9、图 5-4-2），资源消耗呈现下降趋势，其中灌溉足迹在资源账户的比例最大，占资源足迹总量的 78.6%～86.1%，其他三类资源账户不到 25%，其次是劳力足迹和种子足迹，劳力足迹随着机械化发展不断下降，播种面积上升使种子足迹上升超过劳力足迹，随着粮食播面下降又有所回落，而占用最小的是畜力账户，主要是由于当地秸秆资源丰富，役畜靠秸秆饲喂部分不计入资源代价，随着机械化发展役畜已完全淘汰。

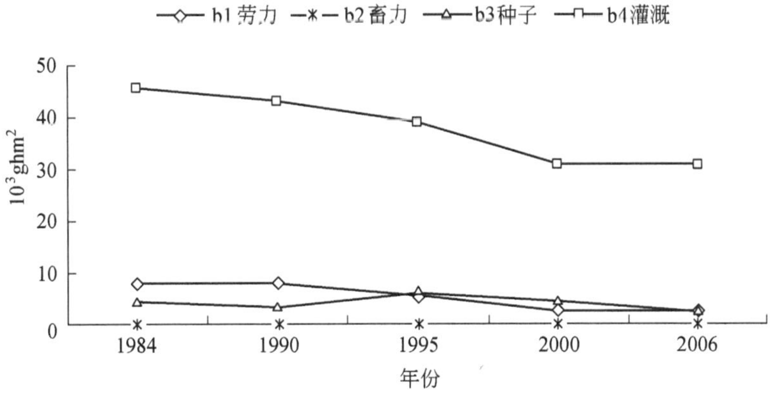

图 5-4-2　1984—2006 年栾城县农田生产投入生态代价——B 资源账户结构演变

从资源账户占用的土地类型来看（表 5-4-9），同样水资源占用成为最重要的资源占用，而耕地占用其次，劳力、种子、畜力对耕地的占用趋势同上，水域占用比例较小。

表 5-4-9　栾城县资源账户生态占用结构变化　（10^3 ghm^2）

	年份				
	1984	1990	1995	2000	2006
耕地	10.67	9.83	10.28	6.66	4.68
水域	0.10	0.20	0.33	0.20	0.27
水资源	45.61	42.94	38.90	31.16	30.61
B资源账户合计	56.38	52.98	49.52	38.02	35.55

3. C 环境账户

(1)农田肥料污染用地　根据当地农田养分平衡分析，1984 年以来磷肥长期大量盈余，而氮肥基本从少量亏损转为盈余后持续增加，尽管氮肥和磷肥损失对环境都造成一定影响，两种不是相互独立的污染物以其中影响最小的一个为限制性因素。因此农田肥料污染用地只计算氮肥的环境影响。

试验表明氨挥发和 NO_3-N 淋溶损失是本区域农田氮素损失的主要途径，硝化—反硝化损失并不是本区域农田氮素损失重要途径，而由此引起 N_2O 排放对环境效应不容忽视。肥料的 N_2O 排放量占肥料施入量 0.57%～0.81%，NO_3-N 淋溶损失量占肥料施用量的 1.4%～20.3%(张玉铭，2005)。氨挥发损失造成氮肥利用率低，而硝酸盐淋洗则增加地下水污染风险。栾城县以开发利用地下水为主，污水灌溉为辅，污灌区主要承载石家庄市的工业废水和生活污水，并非农业面源污染造成。而对高产粮田下层土壤中积累 NO_3-N 淋失量的实际测定范围和结果都存在较大差异(巨晓棠等，2002；张玉铭，2005)，研究表明淋失出农田根层的硝酸盐到达地下水体成为污染源具有时空复杂性(刘光栋，2004)，根据当地主要农田水体质量的监测数据表明，井灌区农田地下水硝酸盐氮含量 2 mg/L，远低于饮水临界标准10 mg/L，地下水水质良好，并未出现因氮肥施用造成地下水污染的报道，唐常源等(2006)在对石家庄近郊、栾城县地下水测定结果表明，灌溉区地下水硝酸根离子浓度都在 35 mg/L 以下，小于世界卫生组织规定的饮用水 NO_3^- 含量 50 mg/L 的标准。

表 5-4-10　栾城县氮肥污染的生态足迹

项目	年份				
	1984	1990	1995	2000	2006
N 肥输入农田(t)	7 422	10 229	12 565	11 132	10 352
其中：化肥 N 输入(t)	5 716	7 964	10 010	8 623	7 779
淋洗污染用地(10^3 ghm^2)	3.27	4.14	5.07	4.03	3.46
N_2O 排放用地(10^3 ghm^2)	5.39	7.51	9.44	8.13	7.34
c1 氮肥污染 EF(10^3 ghm^2)	8.66	11.65	14.51	12.17	10.80

因此结合试验数据和地下水监测结果，以氮肥输入量 2%估算硝酸盐淋洗可能造成的地下水污染，表观反硝化温室气体 N_2O-N 排放以化肥施用量 0.5%估算(曾江海等，1995)。在无法获取当地潜在污染的浓度—损失的量化关系条件下，将氮肥损失的养分含量可以增加的粮食产量作为淋洗污染的机会成本。由于 1984—2006 年栾城县粮食生产 N 利用率稳

定在65%～69%，平均利用率为66.5%，氮肥损失率大致在31%～35%，平均为33.5%，氮肥多年增产率为每千克氮肥增产粮食25.6 kg。根据公式5-4-7，淋洗污染用地为3.27×10^3～5.07×10^3 ghm²，最大值出现于1995年前后，2000年以后化肥用量减小，秸秆还田配合施用，污染用地持续下降。N_2O排放根据全球暖化潜热折算为污染用地，由公式5-4-8计算表明污染足迹为5.39×10^3～9.44×10^3 ghm²（表5-4-10），两项合计肥料污染用地8.66×10^3～14.51×10^3 ghm²。

肥料的环境效应中N_2O排放污染用地平均占肥料污染/损害足迹的65.3%，实测数据和相关报道都表明当地井灌区氮肥施用尚未造成地下水污染，考虑农田硝态氮淋失在该地区存在一定的风险（张云贵等，2005），采用谨慎原则也测算了硝酸盐淋洗造成的地下水污染风险。

(2)农膜残留污染用地　残留地膜易造成持久性污染，考虑到地膜主要是对农田土壤的影响并持续存在，用作物因残留地膜导致减产的数量计算污染用地并作为存量不断累积（宋谦等，1993）。调查数据显示，在长期使用地膜覆盖的农田中地膜残留量一般在60～90 kg/hm²，最高可达165 kg/hm²。残留地膜主要是通过影响玉米和小麦的出苗、根系发育、幼苗和茎叶生长，导致它们的产量降低。根据农膜残留造成的减产损失不断累积持续增加生态足迹的量作为农膜污染用地。考虑当地地膜情况，主要是棉花和花生覆膜，小麦玉米等粮田因此受到影响，调查测算表明，当土壤中残膜含量为58.5 kg/hm²时，可使玉米减产11%～23%，小麦减产9%，大豆减产5.5%～9%。根据河北地区土壤农膜残留调查作物田残留率10%～20%，残留量在2.8 kg/hm²（严昌荣等，2006），本文按照农膜残留每3 kg/hm²造成0.5%减产损失进行估算，计算结果见表5-4-11。

表5-4-11　栾城县农膜残留的生态足迹

项目	年份				
	1984	1990	1995	2000	2006
1 农膜粮田投入量(kg)	0	0	3 000	21 000	16 000
2 农膜残留空间*(hm²)	0	0	213	1 400	1 067
3 栾城粮食单产(kg/hm²)	4 980	5 490	6 994	7 418	7 760
4 公顷减产损失量(kg/hm²)	0	0	35	37	39
5 累计减产总量**(kg)			7 460	222 617	492 019
c3 农膜污染 EF(10^3 ghm²)	0.00	0.00	0.01	0.16	0.32

注：* 按残留率20%，残留量3 kg/hm²估算残留空间面积，包括面积增加或同一块农田耕层残留累积面积。

** 用前期公顷减产损失量与农膜残留面积乘积的累加值。如2000年累计减产总量为1995—2000年各年公顷减产损失与农膜残留面积乘积的累加值。

(3)农药残留污染用地　河北省植保总站统计，病虫发生面积每年都在2.5亿亩次左右，防治1.7亿亩次以上（宋谦等，1993）。据估计农药的利用率低于30%，70%以上的农药都散失到环境中，使大气、土壤、水体和家畜、水产品受到污染（杨志新等，2004）。有机氯农药1983年停止生产，1984年停止使用，在此前40多年有机氯农药占使用农药总量的60%～70%，这类农药残留期长，在土壤中半衰期为2～4年，据测定20～30年才能消失95%，从水、土、气等农业环境因子到农副产品、畜禽产品和水产品等都受到不同程度的污染。据栾城县调查，由于长期使用DDT防治棉铃虫，用药量增加了136倍，增加了农田环境污染和人畜的毒害作用。停止使用HCH(六六六)、DDT(滴滴涕)后，甲胺磷、氧化乐果等有机磷农药使用量增加，虽然残留量低、残留时间短但有些还是剧毒的，直接污染中毒现象不断发生。从栾城县植保总站的数据来看，1985—2006年间，栾城县病虫害面积连年增加，2006年比1985年发生面积增加1.23倍(表5-4-12)。长期使用化学农药会使防治对象产生抗药性，增加直接防治成本，同时会破坏生物种群的生态平衡，使益虫减少，害虫猖獗。据调查施药浓度越高，对益虫的杀伤力越大，73%的克螨特4000、3000、2000倍液对害螨防治均有很好的效果。但对害螨天敌的致死率分别为7.14%、11.12%、60%(宋谦等，1993)。

表5-4-12 栾城县1985—2006年病虫害统计

年份	发生面积(万亩)	防治面积(万亩)	挽回损失(t)	实际损失(t)
1985	352.17	120.75	125.0	12.5
1995	477.87	209.34	8 922.3	2 814.4
2000	680.44	320.89	19 150.1	7 371.4
2006	786.87	307.26	25 074.9	9 201.3

由于农药对环境的影响很复杂，不同的农药种类对环境影响的程度不同。1984年后有机磷农药大量使用，前期有机氯农药的残效依然存在甚至还有少量使用的情况，在无法确定适用于评估的合理剂量—反应函数关系的情况下，农药残留污染用生物多样性用地预留处理和粮食污染用地，引用向平安(2005)对农药污染造成的生物多样性损失参数，农药施用降低生物多样性一般在60%以上，而有害生物综合防治(IPM)试验表明，维持生物多样性提高粮食产量8%～11%，生物多样性减少造成产量损失约为6%，取6%粮食产量所需的耕地面积作为生物多样性用地。农药在土壤、粮食中残留会降低粮食品质，影响粮食的生产，调查发现部分粮田因滥用农药使粮食受农药污染致害造成产量损失，以1%粮食产量损失所需的耕地面积作为粮食污染用地，其计算结果见表5-4-13。

表5-4-13 栾城县农药残留的生态足迹

	年份				
	1984	1990	1995	2000	2006
农药施用粮田量(t)	33	61	311	217	213
栾城粮食总产(t)	210 173	263 180	301 440	275 836	274 887
生物多样性用地(10^3ghm^2)	10.84	12.48	14.26	11.71	10.78
粮食污染用地(10^3ghm^2)	1.81	2.08	2.38	1.95	1.80
c2 农药残留 EF(10^3ghm^2)	12.65	14.56	16.63	13.67	12.57

由于农药施用量和栾城县粮食总产存在相关关系($R^2=0.77$)，随着农药施用量的变化，农药残留的污染用地有相应的变化，农药残留的生态足迹1984—2006年在$12.65\times10^3\sim16.63\times10^3$ghm^2，这里并未考虑前期高毒、高残留的累积效应以及对水体、人畜等造成污染的情况，农药等对人体健康等间接损害可以参考家庭足迹表对医疗服务的计算方法，

由于数据问题无法确定公共服务的建筑用地和携带能源等参数，本案例暂未计算。因此该结果只是一种保守的估算，即便如此农药仍然高于化肥和农膜的影响，较其他环境影响因素农药造成的环境破坏更大。

(4)环境账户分析　从以上三种类型的环境影响来看，农药残留的生态足迹相对于肥料和农膜污染对环境威胁程度更高，占环境账户的一半以上，尽管只是一种保守的估计，仍然可以看出农药是粮食主产区最主要的环境影响因素。实测数据和相关报道都表明当地井灌区氮肥施用未造成地下水污染，肥料的环境效应中 N_2O 排放污染是主要部分，为谨慎起见测算了硝酸盐淋洗造成的地下水污染风险，即使如此当地肥料损失对环境影响仍然小于农药的环境污染效应。由于粮食种植面积 2000 年后不断下降，肥料投入也有所减少进而损失下降，而农膜残留由于具有累积效应不断增加。但农膜残留的生态足迹相对于其他两者较小，不是当地粮食生产的主要环境污染代价。

从环境账户的生态占用类型上看(表 5-4-14)，污染/损害用地包括肥料硝酸盐淋洗损失、农药残留污染及农膜污染等，其中农药造成的生物多样性用地的比例较高，除污染/损害用地外，随着播种面积变化，肥料施用量变化影响 N_2O 排放用地占用。

表 5-4-14　栾城县环境账户生态占用结构变化　　10^3 ghm^2

	年份				
	1984	1990	1995	2000	2006
污染/损害用地	15.92	18.69	21.71	17.86	16.36
其中:生物多样性用地	10.84	12.48	14.26	11.71	10.78
排放用地	5.39	7.51	9.44	8.13	7.34
C 环境账户	21.31	26.20	31.15	25.99	23.69

(二)生态代价账户汇总

1.账户比较分析

根据投入账户各项计算的生态足迹反映了栾城县农业生产的生态代价，包括能源代价、资源代价和环境代价，从代价投入总量上看，出现先升后降的情况主要是受到农田作物播种面积尤其是粮食播种面积变化的影响。从生态用地类型上看，能源账户各投入项目用排放用地表示，资源账户投入项目中畜力、种子占用耕地，劳力占用耕地、草地、水域，灌溉占用水资源用地，环境账户投入项目用污染/损害用地，其中包括生物多样性用地，肥料 N_2O 排放作为温室气体的一种也归入排放用地，能源账户和环境账户用虚拟用地表示，资源账户除了其直接资源来源以外，加工资源的能耗在能源账户中体现。

从资源和能源消耗足迹值来看，20 世纪 90 年代中期以前资源代价高于能源代价，资源代价最主要是灌溉水资源代价，之后能源代价上升，主要是农田生产直接耗能增加，即农田灌溉耗能和耕作、收获等耗能排放增加，因此从资源和能源角度分析，农业机械投入和灌溉投入成为粮食生产区生态代价增加的直接原因，而灌溉水资源和能源账户中的超采地下水资源的灌溉耗能都是由于灌溉带来的生态代价，因此农业生产投入生态代价中水资源代价成为最严峻的问题，成为农业生产可持续发展的瓶颈因素。

从资源和环境代价足迹值来看，前者始终大于后者，说明以栾城县为代表的华北太行山山前平原集约高产两熟区，其资源代价相对于环境外部性而言，资源消耗是第一位的，环境污染并不是农业生产生态问题的核心。当然环境问题也不容忽视，尤其是农药投入的污染问题尤为严重，相比肥料、农膜污染其带来的环境污染和危害更大。

从投入结构指标来看，资源占总投入的比例 RCI 不断减小，说明当地可更新资源在投入中占比不断减少，而 NCI 不断增加，说明不可更新资源在当地的投入中逐渐超过可更新资源投入，一方面说明了农业生产对外源投入的依赖增强，另一方面也说明了农业生产的规模化、机械化程度提高，但是由于系统内资源加工耗能占比很小，农业自身能够循环部分的加工程度很低，不利于循环经济的发展，调整能源消耗的结构提高系统内生资源的加工程度对提升循环经济的能力十分关键。从总资源（包括可更新和不可更新资源）与总环境成本的比值 REI 来看，尽管资源成本大于环境代价，该比值呈下降趋势，表明两者之间的差距不断缩小，说明环境代价逐渐扩大趋势，需要引起重视，灌溉水资源直接占用足迹减小，但其间接能耗增加显著。

表 5-4-15　栾城县 1984—2006 年生态足迹投入汇总　　10^3 ghm²

投入账户		年份					用地类型
		1984	1990	1995	2000	2006	
A 能源账户		31.18	36.44	52.23	52.68	60.27	
a1 系统外资源生产耗能		14.19	19.74	25.91	22.84	21.45	排放用地
a2 农田生产过程直接耗能		14.69	14.02	23.29	27.52	36.84	排放用地
a3 系统内资源加工耗能		2.31	2.68	3.03	2.32	1.98	排放用地
B 资源账户		56.38	52.98	49.52	38.02	35.55	
b1 劳力		6.34	6.56	4.51	2.32	2.11	耕地、草地、水域
b2 畜力		0.09	0.06	0.02	0.01	0.00	耕地
b3 种子		4.33	3.42	6.09	4.53	2.83	耕地
b4 灌溉水		45.61	42.94	38.90	31.16	30.61	水资源用地
C 环境账户		21.31	26.20	31.15	25.99	23.69	
c1 肥料		8.66	11.65	14.51	12.17	10.80	污染/损害用地、排放用地
c2 农药		12.65	14.56	16.63	13.67	12.57	污染/损害用地（生物多样性用地）
c3 农膜		0.00	0.00	0.01	0.16	0.32	污染/损害用地
投入账户合计		108.87	115.62	132.90	116.69	119.51	
投入结构	RCI	0.52	0.46	0.37	0.33	0.30	—
	NCI	0.29	0.32	0.39	0.45	0.50	—
	REI	1.67	1.43	1.22	1.15	1.14	—

2. 投入项目生态成本比较

表 5-4-16 栾城县 1984—2006 年不同投入项目生态足迹比较 10^3 ghm^2

投入项目	年份					平均	生态代价账户合并计算项
	1984	1990	1995	2000	2006		
肥料	20.66	27.61	34.09	28.26	26.44	27.41	a11+a32+c1
农药	12.73	14.70	17.43	14.19	13.09	14.43	a13+c2
农膜	0.00	0.00	0.01	0.18	0.34	0.11	a12+c3
农机具	4.33	6.98	11.12	12.83	11.98	9.45	a14+a22
种子	5.17	4.44	8.07	6.28	4.27	5.65	a33+b3
劳力	7.81	8.21	5.55	2.89	2.65	5.42	b1+a31
畜力	0.09	0.06	0.02	0.01	0.00	0.03	b2
灌溉	58.07	53.63	56.61	52.06	60.74	56.22	a21+b4

从投入项目来看，资源账户的各个项目除了直接资源占用还有其能源消耗，外源投入除了化石能源占用外还会产生一定的环境影响，同一个项目可以同时出现在不同的账户里，因此可以按照不同投入项目的资源和环境综合影响比较其生态成本的大小。由表 5-4-16 可知，各项投入按生态代价的大小排序为：灌溉＞肥料＞农药＞农机具＞种子＞劳力＞农膜＞畜力，因此灌溉引起的水资源代价和耗能代价最高；其次为肥料的生产耗能和环境污染；农药虽然生产耗能不大，但其环境污染严重；农机具除制造耗能外，燃油消耗对农田环境产生直接影响。这四项生态成本占农田生产总生态成本的 88％以上并不断上升，到 2006 年已占 93.9％，仅灌溉一项占生态成本的一半左右。同样灌溉投入的生态代价与当地农田生产的矛盾十分突出。

(三)生态收益账户

产出足迹代表了农田生产的生态收益，包括碳平衡账户和产品账户，其中粮食经济作物产出足迹是农田生产最重要的生态服务，体现了耕地的现实承载力，是农田各项投入项目综合效应的体现。

1. D 碳平衡账户

通过栾城县土壤有机质平衡和农田碳平衡分析，根据其结果决定是排放用地或是减排用地，碳汇盈余相当于减排用地，而亏损时为排放用地。用公式 5-4-14 计算，结果见表 5-4-17。

表 5-4-17 栾城县土壤碳平衡生态足迹

土壤碳平衡	年份				
	1984	1990	1995	2000	2006
腐殖化碳(10^3 t)	24.18	32.74	38.93	40.06	41.85
矿化碳*(10^3 t)	22.74	32.92	31.35	30.47	30.38
土壤碳平衡(10^3 t)	1.44	−0.18	7.58	9.59	11.47
碳汇盈亏(10^3 ghm^2)	1.51	−0.19	7.98	10.09	12.07

注：* 矿化碳按照 5.8％矿化率计算。

由于有机肥料还田的部分增加土壤有机质，该县土壤有机质不断增加，20 世纪 90 年代以后该地区农田生态系统不断增强土壤碳汇服务能力。在农业生产过程中，将农业生产投入为起点，农作物产出为终点的过程，农作物产出具有碳汇功能，土壤呼吸和农作物产出碳的平衡值最终决定了农田生态系统对大气是碳汇还是碳源。土壤呼吸绝大部分是由土壤微生物的异养呼吸和根系呼吸产生，根据土壤呼吸量和 NPP 得到的农田碳平衡结果，由公式 5-4-14 计算碳汇足迹，结果见表 5-4-18。

表 5-4-18　栾城县农田碳平衡生态足迹

	年份				
	1984	1990	1995	2000	2006
土壤呼吸(10^3 t)	189.54	274.37	261.24	253.94	253.15
NPP(10^3 t)	187.39	260.11	296.04	274.89	280.57
农田碳平衡(10^3 t)	−2.15	−14.26	34.80	20.95	27.41
农作物碳汇足迹(10^3 ghm^2)	−2.26	−15.01	36.63	22.06	28.86

2. E 产品账户

耕地产出的农作物及副产品是投入账户中各种要素综合作用的结果，表明了当前管理和技术条件下农田的现实承载能力，由公式 5-4-15 计算得到栾城县产品产出足迹为 $183.83\times10^3\sim245.57\times10^3$ ghm^2（表 5-4-19）。

表 5-4-19　栾城县农作物产出足迹

	年份				
	1984	1990	1995	2000	2006
粮食总产(t)	210 173	263 180	301 440	275 836	274 887
其他作物总产(t)	6 510	3 070	3 589	5 209	2 838
粮食产出足迹(10^3 ghm^2)	180.70	207.93	237.64	195.24	179.61
其他作物产出足迹(10^3 ghm^2)	20.76	7.98	7.93	8.41	4.22
产出足迹合计(10^3 ghm^2)	201.46	215.92	245.57	203.64	183.83

碳平衡和作物产出足迹合计为 $200.71\times10^3\sim290.18\times10^3$ ghm^2（表 5-4-20），华北太行山山前平原高产两熟区农田生态系统的生态收益值远高于农田生产的生态代价，具有显著的生态效益。

表 5-4-20　栾城县 1984—2006 年生态足迹产出汇总　　10^3 ghm^2

产出项目	年份				
	1984	1990	1995	2000	2006
D 碳平衡账户	−0.75	−15.21	44.61	32.15	40.93
d1 土壤碳平衡	1.51	−0.19	7.98	10.09	12.07
d2 农田碳平衡	−2.26	−15.01	36.63	22.06	28.86
E 产品账户	201.46	215.92	245.57	203.64	183.83
e1 粮食作物产出	180.70	207.93	237.64	195.24	179.61
e2 其他作物产出	20.76	7.98	7.93	8.41	4.22
产出账户合计	200.71	200.71	290.18	235.79	224.76

(四)生态效率分析

以上对生态代价和生态收益账户各项进行了计算,在此基础上可以得到栾城县粮食生产生态效率的变化及影响因素。

从表 5-4-21 可以看出,栾城县高产农田集约生产提供的生态服务要远远大于农田生产的生态代价,其贡献在于耕地提供了远高于其投入的各种具有生态生产力土地的数量。EE_1 从 1984 年 1.84 下降到 1990 年 1.74,1995 年生态效率为 2.18 达到最大值,之后又不断下降到 2006 年 1.88,表明 1995 年以来种植业生产的生态代价上升,生态效率下降,同样 EE_2 表明生态效率 2000 年以来下降的趋势更为明显。20 多年来我国华北太行山山前平原区农田生产的生态效率呈现一定的波动性,但总体来看近年来呈现下降趋势,从投入账户的分析可以看出,农田生产从以可更新资源消耗为主向依赖能源消耗为主,其中农田直接耗能显著增加,资源代价高于环境代价,水资源代价居于首位。

表 5-4-21 栾城县种植业生态效率变化 $10^3 ghm^2$

	年 份				
	1984	1990	1995	2000	2006
产出足迹	200.71	200.71	290.18	235.79	224.76
投入足迹	108.87	115.62	132.90	116.69	119.51
产出—投入	91.84	85.09	157.28	119.10	105.24
$EE_1(EF_{TR}/EF_{TC1})$	1.84	1.74	2.18	2.02	1.88
$EE_2(EF_{TR}/EF_{TC2})$	1.43	1.32	1.57	1.39	1.25

六、结论和讨论

(一)结论

利用构建的生态代价账户及核算框架,在对栾城县能量和物质分析基础上,综合运用生态学、环境经济学等方法,对该县 1984 年以来农田生产生态代价各账户进行了核算,并与生态收益进行比较,得到如下结论:

(1)基于生态足迹方法的农田生产的生态代价账户分析表明,从资源账户和能源账户可以看出,资源代价最主要是灌溉水资源代价,尽管能源代价 20 世纪 90 年代中期以来上升并超过资源代价,农业机械投入和灌溉投入成为粮食生产区生态代价增加的直接原因,而灌溉水资源和能源账户中的超采地下水资源的灌溉耗能都是由于灌溉带来的生态代价,因此农业生产投入生态代价中水资源代价成为最严峻的问题,成为农业生产可持续发展的瓶颈因素。

(2)资源代价和环境污染比较,前者始终大于后者,说明以栾城县为代表的太行山前平原集约高产两熟区,其资源代价相对于环境外部性而言,资源消耗是第一位的,环境污染并不是农业生产生态问题的核心。当然环境问题也不容忽视,尤其是农药投入的污染问题尤为严重,相比肥料、农膜污染其带来的环境污染和危害更大。

(3)从投入结构指标来看,RCI不断减小,而NCI不断增加,说明当地可更新资源在投入中所占比重不断减少,农田生产从以可更新资源消耗为主向依赖能源等不可更新资源投入为主转变,农业生产对外源投入的依赖增强,同时也说明了农业生产的规模化、机械化程度提高,但是由于系统内资源加工耗能占比很小,农业自身能够循环部分的加工程度很低,不利于循环经济的发展,调整能源消耗的结构提高系统内生资源的加工程度对提升循环经济的能力十分关键。从总资源与总环境成本的比值REI来看,尽管资源成本大于环境代价,该比值呈下降趋势,表明两者之间的差距不断缩小,说明环境代价逐渐扩大趋势,需要引起重视,灌溉水资源直接占用足迹减小,但其间接能耗增加显著。这和当地农业生态环境的现状是一致的。

(4)各项投入按生态代价的大小排序为:灌溉>肥料>农药>农机具>种子>劳力>农膜>畜力,因此灌溉引起的水资源代价和耗能代价最高;其次为肥料的生产耗能和环境污染;农药虽然生产耗能不大,但其环境污染严重;农机具除制造耗能外,燃油消耗对农田环境产生直接影响。这四项生态成本占农田生产总生态成本的88%以上并不断上升,到2006年已占93.9%,仅灌溉一项占生态成本的一半左右。

(5)通过对种植业生产中环境账户分析表明,农药污染、肥料损失的代价较高,肥料损失对大气、水体污染存在潜在威胁,消纳用地是一种最大估计,而对于农药施用的环境影响则用保守的估计,仍然高于肥料和农膜,因此应通过IPM等途径减少农药残留的生态代价。

(6)华北太行山山前平原高产两熟区不断增强土壤碳汇服务能力,根据土壤呼吸量和NPP得到的农田碳平衡结果,20世纪90年代以来农田碳汇同样起到了减排效应。碳平衡和作物产出足迹合计为$200.71\times10^3\sim290.18\times10^3$ ghm^2,该区域农田生态系统的生态收益值远高于农田生产的生态代价,具有显著的生态效益。

(7)投入产出分析表明栾城县高产地区1995年以来种植业生产的生态代价上升,生态效率下降,EE_2表明生态效率2000年以来下降的趋势更为明显。20多年来华北太行山山前平原区农田生产的生态效率呈现一定的波动性,但总体来看近年来呈现下降趋势,影响到未来农业的可持续发展。

(二)对方法的探讨

本文在设立了比较明晰的宏观框架后,对农业生产的各项投入作了历史和现状考察,进行实地调查,采用了自下而上的方法测定生态代价评估所需的参数,生态代价计算基本涵盖了农业生产的主要投入类型,具有借鉴意义。对环境成本的测算尽量在具有现实可行性的范围估算,尽管其绝对值是不精确的,但是其提供的框架和生态效率的测度确是有效的。为便于国家和地区之间的广泛比较,采用国际均衡因子将不同用地标准化,在我国进行生态代价的比较时,可以进一步采用国内的生态足迹计算参数,从而将计算结果更现实的体现国内生态代价的情况。

在此基础上,可以客观评估我国农业生产的生态效率以及生态代价的来源,进行种植业不同作物之间、以及农业生产的区域比较研究,将改进的生态足迹模型应用于农业生产领域提供了计算农业生态代价的新的核算框架,对转变我国农业生产高资源消耗、低生态效益的状况,对最终实现生态效益和经济效益的协调,农业生产的可持续发展都具有重大的战略和现实意义。

生态代价的概念和生态系统服务互为机会成本。因此在评估任何变动资源用途的方案可行性时，我们用生态代价的测算与生态收益的对比来考察生态净收益，从而决定方案和政策的可行性，是其重要而具有潜力的应用途径。

总之，粮食高产区为国家粮食安全提供保障和服务的同时，也承担着相应的资源代价和环境代价，而且尤其是在能耗、水资源、农药、肥料投入等方面的资源和环境成本正在不断加强，为此我们必须提高内生循环的效能，改变能耗结构和比例，肥料投入结构和比例，病虫害综合防治，提供对于农业生产本身和生态环境都更为安全有效的产品和服务，提高农业产量和土地生产力的同时，提高资源利用效率，减少生态代价，提高生态效率，达到农业生产的经济和生态协调发展的目标。

（陈冬冬，高旺盛）

参考文献

1. Gossling S, Hansson C B, Horstmeier O, et al. Ecological footprint analysis as a tool to assess tourism sustainability, Ecological Economics, 2002, 43(3): 199-211
2. Haberl H, Erb K H, Krausmann F. How to calculate and interpret ecological footprints for long periods of time: the case of Austria 1926—1995. Ecological Economics , 2001, 38: 25-45
3. Hubacek K, Giljum S. Applying physical input-output analysis to estimate land appropriation (ecological footprints) of international trade activities. Ecological Economics, 2003, 4: 137-151
4. Lenzen M, Murray S A. A modified ecological footprint method and its application to Australia. Ecol Econ, 2001, 37: 229-255
5. Leontief W, Ford D. 1970. Environmental repercussions and the economic structure: An input-output approach. Rev Econ Stat, 52: 262-271
6. Lewan L, Simmons C. 2001. The use of ecological footprint and biocapacity analyses as sustainability indicators for sub-national geographical areas: a recommended way forward. Final Report to the European Common Indicators Project, EUROCITIES. Ambiente Italia, Italy.
7. Monfreda C, Wackernagel M, Deumling D. Establishing national natural capital accounts based on detailed ecological footprint and biological capacity assessments. Land Use Policy, 2004, 21: 231-246
8. Rees W E, 2000. Eco-footprint analysis: Merits and brickbats. Ecol Econ, 32 (3): 371-374
9. Rees W E. Ecological footprints and appropriated carrying capacity: What urban economics leave out? Environ Urban. 1992, 4 (2): 120-130
10. Simmons C, Lewis K, Barrett J. Two feet-two approaches: a component-based model of

ecological footprinting. Ecol Econ,2000,32(3):375-380
11. Wackernagel M,Monfreda C,Schulz C,et al. Calculating national and global ecological footprint time series:Resolving conceptual challenges. Land Use Policy, 2004,21(3):271-278
12. Wackernagel M,Rees W E. Our Ecological Footprint:Reducing Human Impact on the Earth. Gabriola Island,B. C. ,Canada:New Society Publishers,1996
13. 陈冬冬,基于生态足迹的农业生态代价评估方法构建与实证研究,中国农业大学博士学位论文,2008

第六章

农作系统生态经济综合分析方法及其应用

第一节 农作系统生态经济综合分析方法概述

农作系统受自然和社会条件的双重制约，在提高产量和增加效益的同时，必须同时关注其生态效应。因此，对其进行生态经济分析和评价，有助于对每个农作系统做出更为客观的综合评价，为决策者提供最优化的方案。

一、农作系统生态经济分析的内涵与意义

农作系统是一个涉及到自然、经济、社会三个子系统组成的动态的、开放的复杂系统。就其研究对象和研究内容来看，既包括社会、经济、资源、生态等因子，更应包括一个能兼顾社会-经济-资源-生态的总体可持续发展(严立冬，1997)。所以，必须运用可持续发展的原理来进行系统的调控，使农业生产系统中经济、社会、资源和可持续发展能力之间达到一种理想的优化状态。

农作系统生态经济分析是指运用农业生态学、经济学等分析方法对农作系统(技术)的生态、经济及社会目标进行单一目标或多目标综合分析评价，以确定技术目标协调性及可持续性的过程。通过分析评价筛选出综合目标最优的理想的优化农作系统(技术)，从而加以推广应用。

二、农作系统生态经济分析步骤

(一)区域边界的确定与技术需求分析

由于区域经济条件、资源禀赋的差异，同一技术(农作制度)可能会产生不同的生态、经济效应，因此，确定技术实施的系统边界即具体的评价区域非常重要。评价区域根据评价目标的不同可大可小，但至少有某一项经济、或生态因子在本区域内成为生产、生活上的制约因子。如南方稻田区、华北地下水亏缺区等的区域划分。区域的确定一方面要利于确定某些评价指标的基准值，另一方面可确保在评价不同技术实施的效果方面有可比性。

(二)拟评价的技术对象及其总体特征分析

依据区域技术需求，确定在区域内已实施或拟实施的技术对象，即对哪一特定技术进行评价。技术对象可以是单一农作技术(如某一节水品种的推广应用)或技术体系(如节水技术体系)，也可以扩展到由若干技术构成的农作制(如节水种植制度、保持性耕作制度等)。

明确技术对象后，对对象的特征，可能产生的生态、经济效应等进行总体评述。

（三）农作技术（制）实施效果分析与评价

1. 选择评价目标

针对不同的技术实施目标，可以选取不同的方法，如单一的生态效应评价、经济与生态综合评价、社会效应与生态效应综合评价、生态-社会-经济效应综合评价等。生态效应与其他效应的综合评价是最常见的。

2. 选择分析评价方法、模型指标体系构建

依据评价目标的不同，选择相应的指标及方法进行评价。评价包括单一指标评价和综合指标评价。单一指标评价指单独进行生态评价、经济评价和社会功能评价。

综合性评价指对生态、经济和社会功能进行综合评价。综合性评价方法很多，主要有综合指数法（Synthetical index method）、投影寻踪聚类方法（Projection pursuit clustering）、层次分析综合评价法（AHP）、多元主成分分析（Main component analysis，MCA ）、BP 神经网络法、遗传算法、灰色关联度法和模糊综合评判法、敏感度综合指数法等。对农业技术进行生态经济综合评价主要有层次分析综合评价法（AHP）、模糊数学方法、人工神经网络模型（B-P 模型）、熵值模型（Smith et al.，1974）以及近年受到关注的能值方法（Odum，1971）、生态系统服务价值评估方法（Constanze，1999）和生态足迹方法（William and Wackernagel，1992）。

（四）依据结果分析评价技术实施效果

根据综合评价结果对具体技术和模式的实施效果进行对比分析，为技术的推广实施和模式的优化提供借鉴。

三、主要分析方法与模型概论

目前常用的分析方法主要有能值方法、生态系统服务价值评估方法、生态足迹方法（见前面章节）、层次分析法（AHP 法）、GDP 绿色核算、情景分析法、层次分析综合评价法等。

（一）层次分析法（AHP 法）

层次分析法（the analytic hierarchy process 简称 AHP 法）是由美国著名运筹学家匹兹堡大学教授 A. L. Seaty 在 20 世纪 70 年代提出的，它可以用来研究多准则、多因素、多层次的战略决策、因果诊断和因子排序等问题。其特点是系统性、灵活性和实用性。它的基本思想是运用系统分析法建立层次分析模型，根据决策判定量化原则，对评价指标进行两两比较和重要性评分，建立判断矩阵，用方根法（或乘幂法、和积法）求评价指标权重向量并归一化处理后，用一致性指标检验评价指标权重判断矩阵有无逻辑混乱，无则具有满意的一致性，有则要调整权重判断矩阵。最后计算综合指数，按其大小进行排序。

（二）GDP 绿色核算

针对现行的 GDP 的缺陷，20 世纪 80 年代初提出“绿色核算”和“绿色 GDP 可持续收入”的概念“绿色 GDP”被界定为：在不减少现有资本水平的前提下所必须保证的收入水

平。其中资本包括生产资本、人力资本以及环境资本(程洪,2004)。

根据绿色 GDP 的含义,绿色 GDP 核算是在传统 GDP 核算的基础上扣除因资源消耗和环境损耗所减少的价值,增加环境部门创造的新价值。即绿色 GDP＝GDP－(R＋A＋N)－(Dm＋Dn),其中 Dm 为生产资本的折旧,Dn 为用环境资本的市场价格减去估计的环境资本的成本以及将自然资源运到出口地或加工地的运输成本,R 为污染引起的环境恢复费用,A 为污染的防治费用或预防费用,N 为由于自然资源的非最佳利用和开采引起的过高评价资源价值的损失费用(高静川,2003)。

借用绿色核算概念,对农田作物种植经济效益去除生态成本后进行重新计算,可以分析比较作物及种植模式生态经济效果。

(三)情景分析法

情景分析是适用于分析预测受不确定性因素影响问题的一种新的系统分析方法。它通过合理地预测和构想出有主导因素的剧变对预测对象系统未来情景的影响,系统分析描述主题变化的未来情景和优化行为选择的途径,适用于分析预测未来不同农业生产目标下的种植模式优化配置方案(卢凤君,1994)。

借用 lingo 单目标线性规划应用软件,可以进行社会效益、经济效益和生态效益不同目标需求情景下的县域种植模式优化配置设计。

(四)模糊数学综合评判方法

为了克服多因素分析量纲不统一和主观因素影响,国外一些学者把模糊评价法引入可持续发展评价中,提出多层次模糊综合评判法。Cornelissen(2001)认为可持续发展研究中由于信息的不完整和不连续导致可持续发展的含义具有很大不确定性,进行可持续农业评价时不可能明确地对一个农业生产系统是否可持续做出评价。模糊综合评价作为定性分析和定量分析综合集成的一种常用方法,已在工程技术、经济管理和社会生活中得到广泛应用(陈守煜,2002;毕晓丽等,2001;李洪兴等,1994)。它以模糊数学为基础,应用模糊关系合成的原理,将一些边界不清、不易定量的因素定量化,将多指标、多因素问题综合成一个单指标、单因素的形式,在一维空间中实现综合评价。

本研究综合了层次分析法和模糊数学综合评判的优点,运用改进的层次分析法与模糊数学综合评判相结合的方法,对南方集约多熟稻田保护性耕作制进行可持续性综合评价。力求克服单因素分析的孤立性,将不同量纲的单因素进行无单位的量纲统一。根据模糊数学的原理,结合改进的层次分析法,将各个指标进行有序分层。根据各个因素在系统中的重要程度构建模糊判断矩阵,最后运用模糊数学结合改进层次分析法进行总体评价。

第二节 节水种植制度生态经济综合分析

一、节水农作制生态经济分析目标与研究思路

缺水是我国北方农业生产当前普遍面临的问题,经济效益与水资源超采的生态效益矛

盾问题愈发突出，针对于此，产生了各种节水种植制度及技术。然而某一节水高产(高效)技术或制度能否真正实现几个效益的协调？若干制度或技术哪个更优应予以推广？这些问题需要采用较为科学的综合分析方法进行评价比较以择优汰劣。黄淮海是我国农业生产中面临的三个效益(社会效益、经济效益和生态效益)冲突的典型地区，根源是大面积的冬小麦-夏玉米种植模式的高耗水。本案例针对冬小麦-夏玉米种植模式所引发的三个效益目标的矛盾问题，以宏观分析和实证研究为手段研究评价冬小麦-夏玉米的替代模式的综合生态经济效益，探讨通过种植模式优化配置实现粮食安全、水生态安全与增加经济效益协调的可能性及协调程度，为黄淮海区域节水高效种植模式及种植结构的调整提供理论和实践依据。

二、分析研究方法

(一)数据获取方法

1. 微观试验方法

采用定位试验和盆栽试验相结合的方法研究栾城县作物种植模式的生态经济功能，获取种植模式生态经济评价及优化配置的参数。

2. 资料收集与社会调查方法

在微观试验数据的基础上，结合已有研究资料与统计资料进行。资料整理与社会调研的主要内容：

——黄淮海地区资源、生产与经济背景资料收集与整理。

——栾城县资源与生产现况调查，包括：区域自然资源、气候资源与社会经济状况；区域农业生产投入产出状况；区域种植制度、种植模式与布局；区域水资源分配与用水效率与效益；农户采用主要种植模式及其投入与产出等。

——已有节水文献研究结果综述与引用，特别对黄淮海与栾城县相关水资源与节水技术、潜力等文献资料充分收集与整理。

(二)数据的宏观分析方法

主要运用层次分析法(AHP 法)和 GDP 绿色核算相结合的方法。

三、区域节水农作制生态经济效益分析与评价

(一)栾城县不同种植模式综合效益评价

1. 利用改进模式对不同种植模式综合效益的评价

(1)评价模式及评价因子指标值的确定　评价模式选取栾城县当前采用及未来可能发展的种植模式 15 种。出于对各种植模式综合效益的初步评价与探讨，这里仅设灌溉水量、经济效益和经济产量三个一级指标。15 种模式中，冬小麦-夏大豆及冬小麦-夏花生两模式的产量、效益及耗水指标值参考栾城县农村统计年鉴及栾城县内相关研究文献综合确定，其他模式的指标来源于 2001—2004 年期间的定位比较试验结果。

表 6-2-1 评价模式及相关参数汇总

种植模式	作物	灌溉水量(m^3/hm^2)	经济产量(kg/hm^2)	计水价经济效益(元/hm^2,2000 年价)
X_1	冬小麦	3 450	7 337.0	9 693.62
	一夏玉米	—	7 834.2	—
X_2	冬小麦	2 700	6 698.5	10 921.95
	一夏玉米	—	7 798.0	—
X_3	旱麦	1 350	5 548.3	10 592.11
	一夏玉米	—	7 155.3	—
X_4	旱麦	0	3 245.0	6 918.30
	一夏玉米	—	5 982.3	—
X_5	裸地	−1 738.8	0	3 748.56
X_6	冬小麦	2 700	6 762.3	9 493.39
	一夏大豆	—	2 250.0	—
X_7	冬小麦	2 700	6 614.9	13 985.18
	一夏花生	—	3 705.0	—
X_8	春甘薯	1 200	5 222.2	10 822.22
X_9	春棉	2 250	3 394.4	17 914.44
X_{10}	黑麦	3 000	1 825.3	18 709.42
	一春棉	—	3 294.4	—
X_{11}	春花生	1 200	3 753.1	10 747.27
X_{12}	春大豆	1 200	2 989.0	8 232.75
X_{13}	春玉米	1 800	10 268.4	8 521.16
X_{14}	青饲玉米	1 800	28 748.6	13 202.93
X_{15}	苜蓿	1 800	10 653.9	12 884.36

(2)隶属函数参数值的确定 经济产量基准参数的取值:因评价模式中包含各种粮经作物,不便于用同一基准参数进行衡量,因此对每一类作物分别取基准参数,以河北省各作物平均产量作为基准。冬小麦平均产量 4 908.7 kg/hm^2、夏玉米为 4 984.4 kg/hm^2、大豆 1 993.3 kg/hm^2、甘薯 4 612.1 kg/hm^2、花生 4 058.7 kg/hm^2、棉花 740.4 kg/hm^2、青饲料作物折成标准粮后以夏玉米产量为基准。

经济效益基准参数的取值:取试验地区冬小麦一夏玉米的无灌溉水生产模式的纯收入作为基准值,反映不同种植模式及不同灌溉模式收入盈亏状况,根据笔者试验并借鉴相关研究资料产量结果综合,取值为 6 918.3 元/hm^2。

生态效益基准参数的取值:根据栾城县水利局编《石家庄市栾城县水资源开发利用现状调查报告》数据,以保证地下水位不下降为原则,每公顷可灌溉定额为 1 385.0 m^3,以此作为衡量水生态效益基准值。

(3)三个效益目标权重确定 根据黄淮海地区及栾城县目前地下水资源环境紧迫性与

地方政府重视程度，并对相关研究人员咨询后确定栾城县三个效益目标相对重要性判断矩阵如表 6-2-2 所示。

表 6-2-2　各层次因素间相对重要性的判断矩阵

IB	*A*0	*B*0	*C*0	权重 *W*	
*A*0	1	1/3	1/5	0.105	$\lambda_{max}=3.039$
*B*0	3	1	1/3	0.258	Ci =0.02
*C*0	5	3	1	0.637	Ri =0.58

(4)分数矩阵计算结果

$$P=\left\{\begin{array}{cccc}
X_1 & 1.459 & 0.161 & -2.223 \\
X_2 & 1.347 & 0.335 & -0.901 \\
X_3 & 1.021 & 0.282 & 0.159 \\
X_4 & 0.333 & 0.000 & 1.000 \\
X_5 & -0.210 & -0.210 & 1.502 \\
X_6 & 0.973 & 0.139 & -0.901 \\
X_7 & 0.582 & 1.043 & -0.901 \\
X_8 & 0.751 & 0.318 & 0.365 \\
X_9 & 1.261 & 2.526 & -0.390 \\
X_{10} & 0.979 & 2.905 & -1.360 \\
X_{11} & -0.306 & 0.306 & 0.365 \\
X_{12} & 0.436 & 0.036 & 0.365 \\
X_{13} & 0.481 & 0.054 & -0.090 \\
X_{14} & 0.953 & 0.825 & -0.090 \\
X_{15} & 0.929 & 0.744 & -0.090
\end{array}\right\} \quad (1)$$

(5)各种植模式效益评分　根据表 6-2-3 综合效益评价的结果，除 X_5(休闲)和 X_{11}(春花生一熟)外其他种植模式社会效益评分均为正，表明栾城县种植的这些作物在河北省内具有区域比较优势，从生态适宜性看是合理的，其中模式 X_1 分值最高，表明其粮食产出区域优势明显。除 X_5 外其他种植模式的经济效益评分均为正值，表明从经济效益角度评价具有种植价值，其中以模式 X_{10}(黑麦草一棉花)效益最高。从生态效益看，负效益模式较多，以 X_1 模式生态效益评分最低，经济效益较高的 X_{10} 生态评分次之。所有复种模式生态效益均为负值，说明在无外调水资源的情况下，该地区传统的一年两熟模式将存在生态不可持续性，是应慎重考虑的种植模式。15 种种植模式的综合效益由大到小排序依次为：旱麦-夏玉米(无灌水)＞春棉花＞春甘薯＞春大豆＞旱麦-夏玉米(灌水 135 mm)＞春花生＞青饲玉米＞苜蓿＞春玉米＞青刈黑麦-春棉＞冬小麦-夏花生＞冬小麦-夏玉米(灌水 270 mm)＞冬小麦-夏大豆＞冬小麦-夏玉米(灌水 345 mm)。由于三个目标权重确定中，以生态效益权重最大，因而出现休闲模式综合效益最好，属正常现象。也说明从理论上存在当水资源极其亏缺的情况下，采用休闲模式是一种有效回补地下水的有效模式。旱麦-夏玉米(无灌水)模式评价中产量采用的是多年试验结果，因此从多年平均角度比较其综合效益最高，但对个别干旱年份，存在因降水缺乏而减产严重甚至绝收的可能，生产实践中应用要慎重，依据降水情况选择是否灌底墒水。

表 6-2-3　栾城县种植模式综合效益评分值

处理	社会效益	经济效益	生态效益	综合效益
X_1	0.153	0.042	−1.416	−1.221
X_2	0.141	0.086	−0.574	−0.346
X_3	0.107	0.073	0.101	0.281
X_4	0.035	0.000	0.637	0.672
X_5	−0.022	−0.054	0.957	0.880
X_6	0.102	0.036	−0.574	−0.436
X_7	0.061	0.269	−0.574	−0.244
X_8	0.079	0.082	0.233	0.394
X_9	0.132	0.652	−0.248	0.536
X_{10}	0.103	0.749	−0.866	−0.014
X_{11}	−0.032	0.079	0.233	0.280
X_{12}	0.046	0.009	0.233	0.288
X_{13}	0.051	0.014	−0.057	0.007
X_{14}	0.100	0.213	−0.057	0.256
X_{15}	0.098	0.192	−0.057	0.232

第三节　节水农作制实施情景方案设计与优化——以栾城县为例

一、农田生产目标情景方案及设计原则

（一）农田生产目标情景方案设计思路

作为黄淮海地区的典型代表，栾城县农田生产目标在不同的阶段将会因粮食安全、经济安全或水生态安全目标的不同需求而发生变化，因此，尽可能考虑到所有可能出现的情况与不同的目标水平，按约束条件由松到紧的渐近过程，归纳出 9 种类型情景方案，探讨实现相应情景目标的种植模式优化配置以及相应的社会、生态和经济效果。

为充分探讨该地区冬小麦的产出与经济效益和水生态安全的关系，在情景 6 和情景 7 中分别以粮食产出和经济效益为约束设立冬小麦产量为现状 60%、70%、80%和 90%时的若干情景方案进行比较。其中冬小麦为现状 60%时，恰好能满足本区域口粮小麦自给量，而 70%水平则恰好满足上交国家公粮的数量。

(二)农田生产目标情景方案见表6-3-1。

表6-3-1　栾城县农田生产目标情景方案

代号	情景方案名称	情景目标特点的简单描述
情景1(对照)	现状种植模式配置	大田农作物总体经济效益为24 136.2万元,总耗水量8 584.5万m^3,饲料粮总产17 546.3万t,小麦总产12.58万t
情景2	单一高效型	以单一追求经济效益最大为目标,完全不考虑粮食产出量与水消耗量
情景3	单一粮食型	以单一追求粮食生产量最大为目标,完全不考虑水消耗量与经济效益
情景4	单一节水型	以单一追求节水量最大为目标,不考虑粮食产出量与水消耗量
情景5	水资源平衡+口粮最大型	保持地下水采补平衡,小麦总产量最大,不考虑经济效益
情景6(1)	水资源平衡+经济效益最大型	保持地下水采补平衡,经济效益最大化为目标,不考虑粮食产出水平
情景6(2)	水资源平衡+小麦自给+经济效益最大型	保持地下水采补平衡,小麦产量满足本县小麦口粮需求(恰好为现状产量的60%),整体经济效益最大
情景6(3)	水资源平衡+小麦70%现状产量+经济效益最大型	保持地下水采补平衡,小麦产量达到当前产量的70%,恰好达到自给后可交公粮的数量,整体经济效益最大
情景6(4)	水资源平衡+小麦80%现状产量+经济效益最大型	保持地下水采补平衡,小麦产量达到当前产量的80%,整体经济效益最大
情景7(1)	小麦70%现状产量+经济效益不小于情景6(2)+最低耗水量型	小麦产量达到当前产量的70%,经济效益不小于情景6(2)的水平,此条件下的最低耗水量
情景7(2)	小麦80%现状产量+经济效益不小于情景6(2)+最低耗水量型	小麦产量达到当前产量的80%,经济效益不小于情景6(2)的水平,在此条件下的最低耗水量
情景7(3)	小麦90%现状产量+经济效益不小于情景6(2)+最低耗水量型	小麦产量达到当前产量的90%,经济效益不小于情景6(2)的水平,在此条件下的最低耗水量
情景7(4)	小麦100%现状产量+经济效益不小于情景6(2)+最低耗水量型	小麦产量达到当前产量的100%,经济效益不小于情景6(2)的水平,在此条件下的最低耗水量
情景8	水资源平衡+粮食自给型	保持地下水采补平衡,在小麦口粮自给,饲料粮自给条件下的经济效益最高配置
情景9	总体协调型种植模式配置	保持地下水采补平衡,小麦可适度出口,即达到现状产量的70%以上,玉米可适度出口(除自给外还要满足交公粮需求),饲料粮中精粗和青饲比例适宜,此条件下的经济效益最高配置

二、目标变量的选取

根据当前栾城县当前主要种植的作物、历史上种植面积较大的作物和预计市场需求量较大需要扩大种植的作物及其种植模式，设立了15个目标变量作为优化备选模式，各模式及相应的产量、效益及耗水量等参数见表6-3-2。

表6-3-2 各种植模式的产量、经济效益及耗水量指标参数值

种植模式代号	作物种植模式	灌溉水量(mm)	经济产量(kg/hm²)	未计水价经济效益(元/hm²,2000年价)	计水价经济效益(元/hm²,2000年价)
X_1	冬小麦	225	7 337.0	11 758.62	9 693.62
	一夏玉米	120	7 834.2	—	—
X_2	冬小麦	150	6 698.5	12 236.95	10 921.95
	一夏玉米	120	7 798.0	—	—
X_3	旱麦	75	5 548.3	10 557.11	10 592.11
	一夏玉米	60	7 155.3	—	—
X_4	旱麦	0	3 245	6 918.30	6 918.30
	一夏玉米	0	5 982.3	—	—
X_5	裸地	0	0	0	3 748.56
X_6	冬小麦	150	6 762.3	10 808.39	9 493.39
	一夏大豆	120	2 250.0	—	—
X_7	冬小麦	150	6 614.9	15 300.18	13 985.18
	一夏花生	120	3 705.0	—	—
X_8	春甘薯	120	26 111.1	10 637.22	10 822.22
X_9	春棉	225	3 394.4	18 779.44	17 914.44
X_{10}	黑麦	75	5 783.3	20 324.42	18 709.42
	一春棉	225	3 294.4	—	—
X_{11}	春花生	120	3 753.1	10 562.27	10 747.27
X_{12}	春大豆	120	2 989.0	8 047.75	8 232.75
X_{13}	春玉米	180	10 268.4	8 936.16	8 521.16
X_{14}	青饲玉米	180	109 936.2	13 617.93	13 202.93
X_{15}	苜蓿	180	21 661.8	13 299.36	12 884.36

注：X_1～X_{15}为各种植模式。

相关参数指标按以下原则确定。

1.各种植模式产量、耗水量指标确定

优化设计中各模式产量耗水量指标以定位试验获得数据为基础，参考该地区研究文献及栾城县统计资料(2000 年)。裸地效益是以其回补地下水资源量乘以水资源价格(1.2 元/m^3)计算的节水效益。

2. 标准粮、标准饲料单位之间的换算系数确定

小麦秸秆产量按与产量相等计算,玉米的秸秆产量按籽粒产量的 1.2 倍折算。小麦玉米秸秆均按 4∶1 折合为饲料粮,小麦麸皮按产量的 25%计算;青贮玉米、黑麦草、苜蓿干草按 1.8∶1、1.6∶1 和 1.4∶1 折合粗饲料粮;甘薯按鲜重产量以 5∶1 折合标准精粮;甘薯秧产量按与其干重相等,并按 4∶1 折算为粗饲料;皮棉折籽棉按 1∶1.7 折,并按 88%出饼率折算;豆饼按榨油率 30%计算(另外为其他加工用),按出饼率 85%折算;花生按榨油率 75%计算(25%用作生食),按 40%出饼率折算,花生秧按 1∶1.5 果秧比计算,按 5∶1 折合为粗饲料。(指标来源:杨万江,骆世铭,刘巽浩,胡跃高,2000;任继周,1998;M·E·希斯等,1992;全国饲料工业办公室,1994)

三、约束方程集与约束参数值的确定

(一)优化中涉及的约束方程

1. 经济效益

$$(B)=11\ 758.6X_1+12\ 236.9X_2+10\ 557.1X_3+6\ 918.3X_4+0X_5+10\ 808.4X_6+15\ 300.2X_7+10\ 637.2X_8+18\ 779.4X_9+20\ 324.4X_{10}+10\ 562.3X_{11}+8\ 047.7X_{12}+8\ 936.2X_{13}+13\ 617.9X_{14}+13\ 299.4X_{15}$$

2. 冬小麦产量

$$Y_{小麦}=7\ 337X_1+6\ 698.5X_2+5\ 448.3X_3+3\ 245X_4+6\ 762.3X_6+6\ 614.9X_7$$

3. 灌溉水量

$$W_{消耗}=3\ 450X_1+2\ 700X_2+1\ 350X_3+0X_4+0X_5+2\ 700X_6+2\ 700X_7+1\ 200X_8+2\ 250X_9+3\ 000X_{10}+1\ 200X_{11}+1\ 200X_{12}+1\ 800X_{13}+1\ 800X_{14}+1\ 800X_{15}$$

4. 精饲料产量

$$Y_{精饲}=9\ 668.5X_1+9\ 472.6X_2+8\ 542.4X_3+6\ 793.6X_4+2\ 264.3X_6+2\ 765.2X_7+5\ 222.2X_8+1\ 880.7X_9+1\ 825.3X_{10}+1\ 125.9X_{11}+762.2X_{12}+10\ 268.4X_{13}$$

5. 玉米产量

$$Y_{玉米}=7\ 834.2X_1+7\ 798X_2+7\ 155.3X_3+5\ 982.3X_4+10\ 268.4X_{13}$$

6. 粗饲料产量

$$Y_{粗饲}=4\ 184.5X_1+4\ 014X_2+3\ 533.7X_3+2\ 605.9X_4+1\ 690.6X_6+2\ 765.2X_7+1\ 305.6X_8+0X_9+2\ 903.2X_{10}+1\ 125.9X_{11}+0X_{12}+3\ 080.5X_{13}+28\ 748.6X_{14}+10\ 653.9X_{15}$$

7. 青饲料产量

$$Y_{青饲}=2\ 903.2X_{10}+28\ 748.6X_{14}+10\ 653.9X_{15}$$

8. 苜蓿产量

$$Y_{苜蓿}=10\ 653.9X_{15}$$

9. 夏收作物面积

$A_{夏收}=X_1+X_2+X_3+X_4+X_6+X_7+X_{10}+X_{15}$

10. 秋收作物面积

$A_{秋收}=X_1+X_2+X_3+X_4+X_5+X_6+X_7+X_8+X_9+X_{10}+X_{11}+X_{12}+X_{13}+X_{14}+X_{15}$

11. 油料作物面积

$A_{油料}=X_7+X_{11}+X_6+X_{12}$

12. 棉花种植面积

$A_{棉花}=X_9+X_{10}$

(二)约束参数值的确定

1. 夏收作物面积

栾城县农作物耕地面积为 19 333 万 hm^2,均具备复种能力,故夏收作物面积取不大于 19 333 万 hm^2。

2. 秋收作物面积

因种植模式中已包括休闲,因此总秋收面积约束设定为等于 1.9 万 hm^2。

3. 灌溉水总用水量约束值确定

根据计算,栾城县维持采补平衡的农业灌溉地下水资源量为 4 268 万 m^3,农经作物耕地占总耕地比例为 62.73%,因此农经作物耕地总可分配地下水灌溉资源量为2 677.6万 m^3,确定维持地下水资源平衡的农作物田灌溉约束值为不大于 2 677.6 万 m^3。

4. 小麦口粮需求

根据农村人口、城镇人口与相应的人均口粮计算为 7.44 万 t,考虑中间损耗(占产量的 4%),确定满足小麦口粮需求的小麦总产为 7.7 万 t。

四、优化结果与分析

(一)单一目标情景优化结果及与现状模式比较

经过种植模式优化配置后(表 6-3-3),情景方案 2(单一高效型)经济效益比现状种植方案的效益增加 1.52 亿元,增长率 62.8%,灌溉水消耗量比对照情景 1(现状种植模式配置方案)减少 2 784.6 万 m^3,降低 32.4%,但超采 3 122.3 万 m^3,小麦产量为 0,需要完全调入。情景 3(单一粮食型)可实现 14.2 万 t 的小麦产量,比对照方案和自给需求量分别高出 12.7%和 84.2%,这意味着栾城县最大小麦调出量可达 6.47 万 t。但冬小麦的产出是以大量消耗水资源和经济效益降低为代价的,情景 3 地下水超采量达到 3 992.3 万 m^3,高出可开采量 149%;经济效益比对照方案降低 5.8%,比情景 2 降低 42.1%。情景 4(单一节水型)实现了水资源不超采且有每年可回补 357.6 万 m^3,可使地下水位每年上升 0.09 m,但其代价是粮食产出量为 0,经济效益比情景 1 和情景 2 分别降低 15.4%和 48%。

表 6-3-3 单一目标情景优化结果与现状种植方案比较

情景目标	优化后种植模式及面积(hm^2)	小麦总产量(万 t)	总经济效益(万元)	灌溉水消耗总量(万 m^3)
情景 1	X_1(15 765) X_6(2 075) X_7(493) X_8(285) X_9(249) X_{11}(717)	12.58	24 136.2 (17 047.9)	8 584.5
情景 2	X_{10}(19 333)	0	39 293.2(35 546.4)	5 799.9
情景 3	X_1(19 333)	14.18	22 732.9(17 939.2)	6 669.9
情景 4	X_{11}(19 333)	0	20 420.0(20 849.1)	2 320.0

注:括号内为计入超采水资源成本后的经济效益,下同。

以上结果表明,单一效益目标情景方案是以牺牲其他效益为代价,其结果不经济或不可行,只能在特殊(比如粮食危机、可大量调水或水生态危机严重等)情况下应急采用。

(二)情景 5(水资源平衡+口粮用小麦最大)优化结果与分析

1. 目标函数

$\max Y_{小麦}$。

2. 约束条件

$W_{消耗} \leqslant 2\ 677.6$ 万 m^3;$A_{夏收} \leqslant 19\ 333\ hm^2$;$A_{秋收} = 19\ 333\ hm^2$。

3. 优化结果(表 6-3-4)

在保持地下水资源采补平衡条件下,栾城县最大冬小麦总产量为 10.79 万 t,是现状小麦产量的 85.8%,超出这一产出的必然代价是地下水的超采。将超采部分地下水成本计算在内,情景 5 比现状种植方案实际总经济效益增加 3 374.7 万元,比情景 1 增长 19.8%。

表 6-3-4 情景 5 与现状种植方案比较

情景目标	优化后种植模式及面积(hm^2)	小麦总产量(万 t)	总经济效益(万元)	灌溉水消耗总量(万 m^3)
情景 1	同表 6-3-3	12.58	24 136.2 (1 7047.9)	8 584.5
情景 5	X_3(18 832) X_6(501)	10.79	20 422.6	2 677.6

(三)情景 6(2)(水资源平衡+小麦自给+经济效益最大)优化结果与分析

1. 目标函数

MaxB。

2. 约束条件

$Y_{小麦} \geqslant 7.7$ 万 t;$W_{消耗} \leqslant 2\ 677.6$ 万 m^3;$A_{夏收} \leqslant 19\ 333\ hm^2$;$A_{秋收} = 19\ 333\ hm^2$。

3. 优化结果(表 6-3-5)

在口粮用小麦自给的条件下，情景 6(2)通过种植模式优化配置不但保证了水资源的平衡，而且总经济效益可达到 23 194.3 万元，比情景 1 增加 6 146.4 万元，提高了 36.1%。此情景可作为国家粮食安全能力较强时期的区域种植配置方案。

表 6-3-5　情景 6(2)与现状种植方案比较

情景目标	优化后种植模式及面积(hm^2)	小麦总产量(万 t)	总经济效益(万元)	灌溉水消耗总量(万 m^3)
情景 1	同表 6-3-3	12.58	24 136.2 (17 047.9)	8 584.5
情景 6(2)	X_4(8 901.0) X_7(7 341.8) X_9(3 090.3)	7.7	23 194.3	2 677.6

(四)情景 8(水资源平衡条件下＋粮食自给型)优化结果与分析

1. 目标函数

MaxB。

2. 约束条件

$Y_{小麦}\geqslant 7.7$ 万 t；$W_{消耗}\leqslant 2\ 677.6\ m^3$；$Y_{精饲}\geqslant 11.7$ 万 t；$Y_{粗饲}\geqslant 2.0$ 万 t；1.3 万 t$\leqslant Y_{青饲}\leqslant 2.0$ 万 t；$Y_{苜蓿}\geqslant 0.6$ 万 t；$A_{夏收}\leqslant 19\ 333\ hm^2$；$A_{秋收}=19\ 333\ hm^2$。

3. 饲料粮需求约束确定原则与过程

饲料粮食自给指仅以满足本县需求为目标，不考虑外调。根据河北、山东和河南三省当前肉蛋奶平均产量计算的饲料需求量(表 6-3-6)。

表 6-3-6　栾城县及三省平均的现状饲料需求量

项目	牛肉	猪肉	禽蛋	奶类	其他肉类
年产量(万 t)	0.9	2.4	2.0	3.6	1.9
料肉比	3.6∶1	5∶1	2.8∶1	0.3∶1	2.8∶1
饲料需求量(万 t)	3.3	12.1	8.5	1.1	5.4
三省平均人均(kg)	9.1	35.6	40.8	9.0	16.2
按平均折算的栾城县畜产品产量(万 t)	0.3	1.3	1.5	0.3	0.6
平均水平饲料需求量(万 t)	1.2	6.5	4.2	0.1	1.7

资料来源：2000 年中国农业统计年鉴，2000 年栾城县统计年鉴，料肉比来源于杨万江《危机和出路：中国粮食结构与农业发展新论》。

由上表计算可得栾城现状饲料总需求量为 30.3 万 t，其中猪禽饲料精粮与青饲比为 95∶1，计算得：需精饲料为 19.5 万 t，青饲料 1.0 万 t。牛羊等肉类按粗饲料与精饲料比为 1∶1计算，各需 4.9 万 t，其中青饲高于粗饲料总量的 50%比较适宜，因此要满足当前栾城畜牧业饲料需求，分别需精饲料 24.4 万 t、青饲料 3.5 万 t 和其他粗饲料 2.4 万 t。根据计算，栾城县耕地无法满足 24.4 万 t 的精饲料需求，必须调入。

考虑到栾城位于石家庄市郊区，其畜牧业发展水平有特殊背景，而本研究的总目标是以黄淮海地区为背景，因此这里以黄淮海平均水平作为区域典型县的畜牧业发展水平，研究能够满足此发展水平的饲料粮自给的种植模式。根据表 6-3-6 的计算结果，按三省平均的畜牧业发展水平和栾城县总人口折算的饲料粮需求：精饲料 11.7 万 t、青饲料 1.3 万 t 和其他粗饲料 0.7 万 t。

4. 优化结果(表 6-3-7)

优化后的种植模式配置可以满足水资源平衡条件下的口粮与饲料粮需求，其中粗饲料产量 6.2 万 t，超过需求 4.1 万 t，青饲料产量、苜蓿产量等其他各类产量均等于需求量。但从经济效益结果看，对饲料粮需求目标的满足也是以牺牲经济效益为代价，与仅对小麦口粮约束的情景 5 相比，在耗水相等的条件下，情景 8 效益降低 411.3 万元，下降 1.8%。

表 6-3-7　情景 8 优化结果与现状种植方案比较

情景目标	优化后种植模式及面积(hm^2)	小麦总产量(万 t)	精饲料总产量(万 t)	总经济效益(万元)	灌溉水消耗总量(万 m^3)
情景 1	同表 6-3-3	12.58	17.5	24 136.2 (17 047.9)	8 584.5
情景 5	同表 6-3-4	7.7	8.7	23 194.3	2 677.6
情景 8	X_3(8 913.3) X_4(4 167.4) X_7(2 322.5) X_9(3 107.9) X_{14}(222.2) X_{15}(599.7)	7.8	11.7	22 783.1	2 677.6

(五)情景 9(水资源平衡条件下＋粮食适度出口型方案)优化结果与分析

1. 目标函数

MaxB。

2. 约束条件

$A_{夏收} \leqslant 19\ 333\ hm^2$；$A_{秋收} = 19\ 333\ hm^2$；$Y_{小麦} = 8.9$ 万 t；$W_{消耗} \leqslant 2\ 677.6$ 万 m^3；$Y_{精饲} \geqslant 12.2$ 万 t；$Y_{玉米} \geqslant 0.5$ 万 t；$Y_{粗饲} \geqslant 2.0$ 万 t；1.3 万 t $\leqslant Y_{青饲} \leqslant 2.0$ 万 t；$Y_{苜蓿} \geqslant 0.6$ 万 t；$A_{油料} \geqslant 100\ hm^2$；$A_{棉花} \leqslant 1\ 933.3\ hm^2$。

3. 约束值确定

小麦与玉米产量约束：所谓适度出口是指在满足自给条件下还可满足供应国家的需求量，根据 2000 年栾城县交公粮定额，农村人口人均小麦 34.3 kg、玉米 15.3 kg 计算，全县总计应交小麦公粮 1.2 万 t，玉米 0.53 万 t。加上本县口粮需求与饲料粮需求，确定小麦总产应不小于 8.9 万 t(约为现状粮食产量的 70%)，玉米总产不小于 0.5 万 t，精饲料需求总量相应提高为不小于 12.2 万 t。

棉花与油料作物面积的约束：当前栾城县棉花种植面积保持在 330 hm^2 水平，仅占粮棉油耕地面积的 1.7%，其种植面积比率低于黄淮海平均水平(6.2%)，原因一是农村劳动力相对不足，二是历史习惯形成。考虑这两个因素及黄淮海的大背景，对本县棉花种植面积的约束值是不超过粮棉油耕地面积的 10%。花生与大豆的约束是考虑到全县约有 5%的耕地属沙荒地或贫瘠耕地，较适宜于种植花生、大豆等耐瘠作物。

4. 优化结果

与情景 8 相比较，情景 9 在种植模式种类上与之完全相同，只是为满足小麦的需求，小麦种植面积有所扩大，在提高了粮食产出后，情景 9 的种植效益比情景 8 下降了 4.3%（表 6-3-8）。

表 6-3-8 情景 9 与情景 8 优化结果比较

情景目标	优化后种植模式及面积(hm^2)	小麦总产量（万 t）	精饲料总产量（万 t）	总经济效益（万元）	灌溉水消耗总量（万 m^3）
情景 1	同表 6-3-3	12.58	17.5	24 136.2 (17 047.9)	8 584.5
情景 8	同表 6-3-7	7.74	11.7	22 783.1	2 677.6
情景 9	X_3(9 533.1) X_4(4 177.8) X_7(3 613.9) X_9(1 186.3) X_{14}(222.2) X_{15}(599.7)	8.94	12.2	21 811.8	2 677.6

将情景 1 与优化后的协调型情景方案（情景 9）进行全面的比较（表 6-3-9），说明当前栾城县粮棉油作物种植模式与布局处于高耗水低效益运行状况。计算水资源成本的情景下，情景 9 比情景 1 效益提高 27.9%，而用水量情景 1 是情景 9 的 3.2 倍。情景 9 的小麦产量低于情景 1，但满足了本区域口粮小麦需求而且能适度调出保证国家粮食安全。

表 6-3-9 现状种植模式效果（情景 1）与协调型方案情景 9 的全面比较

	情景 1	情景 9	情景 9 比情景 1 增长率(%)
种植模式与面积	X_0(15 765) X_6(2 075) X_7(493) X_0(285) X_9(249) X_{11}(717)	X_3(9 533.1) X_4(4 177.8) X_7(3 613.9) X_9(1 186.3) X_{14}(222.2) X_{15}(599.7)	—
经济效益	24 136.2	21 811.8	−9.6
计水价后效益	17 047.9	21 811.8	27.9
灌溉水量(m^3)	8 584.5	2 677.6	−68.8
小麦产量（万 t）	12.58	8.9	−29.3
精饲料产量（万 t）	17.5	12.2	−30.3
玉米产量（万 t）	13.9	9.3	−33.1
粗饲料产量（万 t）	7.5	6.7	−10.7
青饲料产量（万 t）	0	1.3	—
棉花籽棉产量（万 t）	0.054	0.6	1 011.1
花生产量（万 t）	0.47	1.3	176.6
大豆产量（万 t）	0.72	0	−100.0
甘薯产量（万 t）	0.16	0	−100.0

注：X_0 为冬小麦灌水 300 mm，夏玉米灌水 180 mm 的灌水模式。

现状种植模式所以耗水高、效益低，一方面是管理方式不当，在冬小麦-夏玉米的种植模式中以高耗水的灌溉模式占绝对主导地位，其综合效益结果较低。另一方面是种植模式相对单一，以高耗水低效益的冬小麦-夏玉米模式为主，而经济效益较优的棉花种植面积相对较少。此外，现种植方案中玉米的种植面积也偏大，尽管精饲料和总体粗饲料量较高，但因缺少优质青饲料，不利于畜牧业特别是奶牛业的发展。以上分析表明，栾城县现行种植模式亟待改变。

(六)不同小麦产量目标的生态经济代价分析

黄淮海地区的粮食生产目标，即冬小麦总产目标与农田经济效益及水生态安全的关系是研究与争论的热点，对三个效益(或三个安全)之间能否协调以及协调度缺乏统一认识，特别是对其缺少量化描述。本节通过比较不同小麦产量目标情景方案优化结果，定量的分析该区域三个效益之间的关系，探讨其可协调性。

1. 水资源平衡条件下的小麦不同产出目标经济代价比较

情景 6(1)、情景 6(2)、情景 6(3)和情景 6(4)分别是现状小麦产量(12.58 万 t)的 0%、60%、70%和 80%的目标情景，通过分析水资源平衡条件下的各情景方案经济效益(表 6-3-10)，可得出小麦生产量与经济效益之间的负相关关系，而且随着冬小麦产量增加，经济效益降低幅度加剧(图 6-3-1)。

表 6-3-10 水资源平衡条件下小麦不同产出情景方案优化结果与经济代价比较

	情景 6(1)	情景 6(2)	情景 6(3)	情景 6(4)
小麦总产量(万 t)	0.0	7.7	8.9	10.1
总耗水量 (万 m^3)	2 677.6	2 677.6	2 677.6	2 677.6
经济效益 (万元)	27 490.4	23 194.3	22 231.4	21 206.2
经济效益减少(万元)	0.0	−4 296.0	−5 258.9	−6 284.1
比最大效益降低(%)	0.0	15.6	19.1	22.9

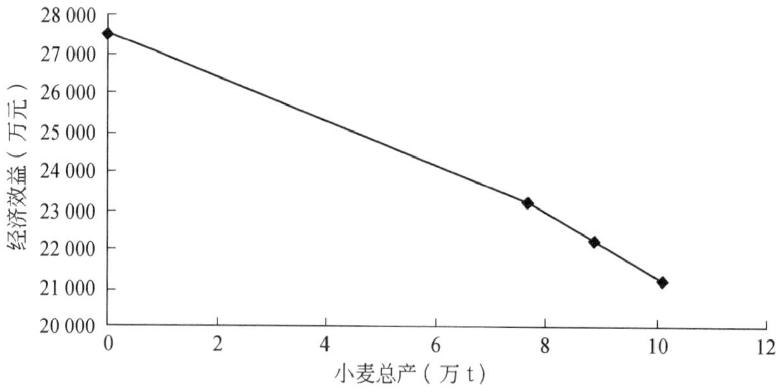

图 6-3-1 小麦总产量与粮棉油作物总经济效益关系

上述结果说明在保持耗水量不变的条件下，提高小麦的总产出是以经济效益降低为代价的，情景6(4)最大效益模式比情景6(1)效益降低6 284.0万元，减少22.9%。比情景6(2)减少1 988.0万元，降低了8.6%。

2. 同等经济效益条件下的小麦不同产出目标生态代价比较

上一部分的优化结果表明，在保持水资源平衡的条件下，不能满足10.8万t以上的小麦产量需求，因此从经济代价角度无法与现状情景方案进行比较。这里采用固定经济效益，以达到情景6(2)——小麦口粮自给(现状产量60%)的经济效益为约束条件，分别计算各小麦产量目标情景方案所需的最低耗水量，比较不同小麦产出目标的水资源代价。优化后结果见表6-3-11。其结果表明小麦产量与灌溉水需求量之间呈明显正相关关系(图6-3-2)，且随产量的逐步增加，边际耗水量增加。要保证当前生产现状的小麦总产水平，即使在种植模式及配置优化的情况下仍然需要4 797.2万m^3灌溉水，比可供地下水资源高出79.2%。而对照情景在经济效益(未计水价)24 136.2万元的情况下，总耗水量达到8 584.5万m^3，比情景6(2)高出多达5 906.9万m^3，耗水增加了220.6%。如果将超采水量的水资源折算成本，相当于情景7(1)～7(4)效益分别降低1.2%、2.4%、4.3%和11.0%，而对照情景效益比情景6(2)降低了30.6%。

表6-3-11　同等经济效益条件下的小麦不同产出目标水资源代价比较

	情景6(2)	情景7(1)	情景7(2)	情景7(3)	情景7(4)
小麦总产(万t)	7.7	8.9	10.1	11.3	12.6
经济效益(万元)	23 194.3	23 194.3	23 194.3	23 194.3	23 194.3
计水价后效益(万元)	23 194.3	22 913.1	22 648.1	22 192.5	20 650.8
总耗水量(万m^3)	2 677.6	2 911.9	3 132.8	3 512.4	4 797.2
耗水增加(万m^3)	0	234.3	455.2	834.8	2 119.6
比情景6(2)增长率(%)	0	8.8	17	31.2	79.2

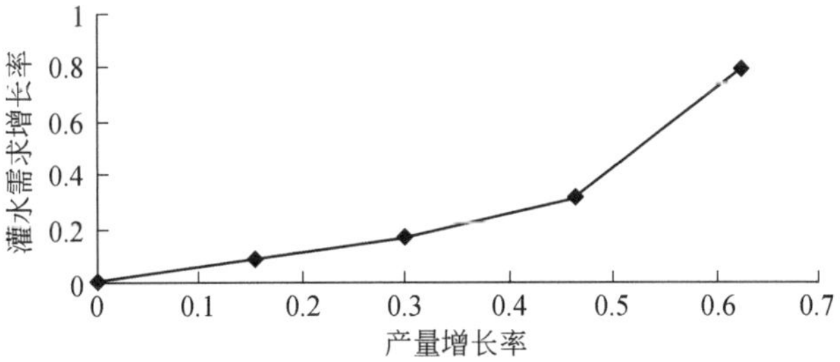

图6-3-2　随小麦总产量增加的灌水需求增长率变化曲线

第四节　南方稻田保护性耕作土壤生态效应综合评价

一、保护性耕作制生态经济分析目标与研究思路

中国保护性耕作制(conservation farming system，CFS)是以保护农田水土资源和环境

健康为核心，以建立土壤轮耕技术体系和多元化覆盖技术体系为关键，减少水土侵蚀，维持土地生产力，改善农田生态系统功能的可持续农作制度（高旺盛，2005）。这里的关键技术体系是通过土壤少耕、免耕、地表微地形改造技术及地表覆盖技术，实现“少动土”、“少裸露”技术标准，达到减少农田土壤侵蚀、保护农田生态环境的可持续农业技术。技术目标是少动土、少裸露、少污染、高保蓄和高效益；共性关键技术包括地表覆盖技术（生物质覆盖、非生物质覆盖等）、少耕免耕与合理轮耕技术、改变微地形技术（等高种植、垄耕等）、适宜机具技术、保证全苗稳产高效技术和病虫害杂草防除技术。

南方稻田区，保护性耕作制应该是以稻田少免耕和多元覆盖技术体系为关键，以保护稻田水土资源和环境健康为中心，以多熟高效种植为主要模式的可持续农作制度，核心技术集中体现在多类型的少、免、垄耕技术，多元化的覆盖技术以及多样化的种植制度。

北方农牧交错区，主要是采取了少耕、免耕等保护性耕作技术措施，免除耕翻、耙耱、平地等作业，使地表下松上紧，抗风雨侵蚀能力大为提高。同时，土壤中最肥沃的富含有机质的细小颗粒被紧紧包裹于地表之下，使能随风起舞的土壤微粒减少到最低限度。另外，通过作物残留物覆盖地表，既可以抵消一部分风能，减少大风引起的沙尘颗粒运动，又能保护地表土壤免遭风蚀，从而有效控制农田起尘。

无论是南方还是北方，在农田保护性耕作制的研究迅猛开展的同时也存在许多不足，主要表现在：①理论研究落后于推广实际；②评价研究上，对生态效应和技术可持续性评价研究不足。在机理评价研究上只注重对产量、经济效益和土壤理化性状的研究，从可持续性的角度对保护性耕作周年及耕作种植模式的生态功能进行评价缺乏深入研究，更缺乏定量化系统评价研究。因此，围绕保护性耕作资源节约、经济有效、生态环保的目标，根据我国区域的保护性耕作制的理论和实践发展需要，选择相对公认、统一的评价指标体系，运用生态学、经济学以及生态经济学相结合的方法，对我国南方和北方相应区域的农田保护性耕作制及其模式进行生态经济综合评价方面的研究，对我国保护性耕作制的研究和推广具有重要的理论和现实意义。

二、南方稻田保护性耕作土壤生态效应分析与评价

（一）区域保护性耕作制实施现状

1. 南方稻田保护性耕作制实施现状

我国南方稻区，光热资源丰富，降雨量大，作物生长季短，人均耕地少、地块零散。从技术成分上分析，南方集约多熟稻田的保护性耕作技术从技术手段上主要分为以下几种类型：

（1）少免耕保护性耕作技术　在南方稻区，免耕（no-tillage）和少耕（minimum-tillage）是较常采用的两种有效的保护性耕作技术。在水资源相对充足的地区和地势不太平整的地区免耕使用较多，但大多数实际采用的是少耕。免耕播种小麦的技术相对成熟，免耕栽培水稻的技术还有许多技术难点尚待突破。南方集约多熟稻田保护性耕作技术，主要有免耕直播种植小麦、免耕直播栽培水稻、免耕抛秧栽培水稻、免耕撬窝＋旱育秧移栽水稻、小麦高留茬免耕套栽水稻等技术。目前这种技术已广泛应用于长江以南一年两熟、三熟平原稻区。

（2）秸秆还田覆盖保护性耕作技术　南方稻区秸秆量大，传统的秸秆处理方法是焚烧和堆沤法。但由于现在农民家庭已基本上不用秸秆作燃料，而且焚烧又严重地污染环境，所以

目前有效处理秸秆的方法是直接还田覆盖。秸秆还田覆盖技术操作简单易行,劳动强度小,深受农民欢迎。目前在我国南方集约多熟稻区采用较多的秸秆还田技术主要包括以秸秆覆盖免耕栽培水稻为代表的水田技术,指在前茬收获后直接将秸秆覆盖于田面后栽培水稻的保护性耕作技术;以稻草覆盖免耕直播小麦为代表的旱作技术,指水稻收获后直接播种小麦、油菜、马铃薯、蔬菜等旱地作物,然后直接将稻草覆盖其上的保护性耕作技术。目前这种技术也广泛应用于长江以南一年两熟、三熟平原稻区。

(3)休闲期保护性耕作技术　我国南方稻田种植制度具有熟制多、作物生长季节短的特点,保护性耕作制要适应农闲时间短、收获和种植间隔小、农时紧的要求,从农时月历上更突出直播和间套作。根据调研对我国南方稻区的保护性耕作制周年月历大概总结如下(表6-4-1)。

表6-4-1　南方稻田保护性耕作种植模式作物配置及农事月历

月份	主要作物配置和栽培措施	备注
1	冬闲期。休闲或种植牧草、绿肥、冬菜	12月至翌年3月为小春
2	冬闲期。休闲或种植牧草、绿肥、冬菜	
3	休闲期。休闲或种植牧草、绿肥、冬菜	3～5月为大春
4	水稻育秧,油菜收获	油菜4月底5月初收获
5	油菜、小麦收获,水稻栽种。免耕直播或抛秧、撬窝移栽水稻	小麦5月中旬收获
6	水稻管理	水稻5月底6月初栽种
7	水稻管理	
8	水稻收获,栽种秋马铃薯。水稻秸秆覆盖种马铃薯	8月底9月初种秋马铃薯
9	直播油菜。免耕直播油菜、免耕秸秆覆盖种中草药、秋菜	油菜9月底直播或10月上旬移栽
10	移栽油菜,播种小麦。免耕移栽油菜,免耕或免耕加秸秆覆盖直播小麦	马铃薯间套栽油菜
11	播种小麦,收获秋马铃薯或秋菜	晚播小麦月初进行
12	中草药收获,秋菜收获,冬闲期。休闲或种植牧草、绿肥、冬菜	月底进入休闲期

我国南方稻田休闲期主要在冬春季,国际上传统的稻田休闲期耕作方式是休耕,但由于中国的粮食安全需要和集约多熟种植制度的传统与现实,加上休耕由于风化和雨水淋失,容易造成水土流失,因此决定了休耕不是最佳的耕作方式。种植绿肥在我国有几千年的历史,种植绿肥不仅可以增加覆盖度、减少水土流失,同时又可以培肥地力,所以种植绿肥便成为我国南方稻田休闲期保护性耕作的主要方式。目前南方稻田冬季绿肥主要有紫云英、毛苕子、黄花苜蓿等。另外,高经济效益的绿色覆盖作物近年来也成为南方稻田冬闲期绿色覆盖的主体,主要包括肥田萝卜、豌豆、蔬菜等,不仅起到了绿色覆盖的效果,而且极大的经济效益越来越受到农民的欢迎,这种保护性耕作种植技术已经在南方稻区大面积推广普及。

2.南方稻田保护性耕作制评价研究现状

(1)土壤结构、理化性状和土壤微生物方面　研究表明,南方稻田保护性耕作技术对水稻田土壤结构的改善和营养元素的循环同样具有极大的促进作用。严少华等(1995)对太湖地区5种类型的水稻土研究发现,在黏粒含量高的水稻土壤,免耕处理土壤通气孔隙增加,而毛管孔隙则减小。刘世平等(1996)测定了连续 11 年少免耕稻田土壤的容重和孔隙度，发现容重在生育前期略有增加，后期处理间差异变小。土壤容重并非随少免耕年限的延长而递增。茅国芳和诸金海(1997)进行了连续 3 年麦收后免耕和浅耕对比试验，发现土壤表层(0～10 cm)和亚耕层(10～20 cm)有机质、全钾含量变化很小，全氮和全磷互有增减。黄丽芬等(1999)对长达 12 年的稻麦复种连作长期少、免耕进行定位试验，结果表明：免耕小麦稳定增产，在经历约 5 年的少、免耕后，土壤有机质基本处于稳定状态，但免耕土地表层土壤有机质富集，土壤容重显著高于常规耕作。

在粘粒含量高的水稻土上，免耕处理土壤的通气管增加，而毛管孔隙减少。谢德体等的研究发现，自然免耕土壤固、液、气三相比例稳定适中，既有充足的毛管孔隙保持水分，又有一定数量的非毛管孔隙通气排水(谢德体等，1990)。稻草覆盖免耕旱作技术，除了具有培肥地力的作用外，主要的优点还体现在对土壤物理结构的改良上。杨显云(2001)经过三年的研究表明，稻草三年覆盖后，土壤有机质、富里酸、胡敏素的含量分别增加 23.5%、8.3%和 38.0%；胡/富增加 13.0%，土壤腐殖化程度增加 2.1%；土壤总孔隙度、毛管孔隙度、非毛管孔隙度、田间持水量等随稻草覆盖次数而增加，土壤容重随覆盖次数的增加而降低，从而土壤物理结构得到改良。蔬菜地覆盖稻草在冬季能提高地温，夏季降低地温，减少水分蒸发，降低土壤含盐量，防止土壤板结，从而有利于根系生长。

沈世华(1996)的研究表明，水稻土免耕耕作制度有利于土壤动物的生长繁殖，并能改善土壤化学性质。连续植被和连续免耕，使得土壤(0～7.5 cm)长期以毛管水浸润，水热状况稳定，土壤微生物较少受到外界因子的影响，这是免耕土壤肥力提高的重要原因之一(王法宏等，2003)。免耕直播水稻土壤的微生物数量与前作作物类型有关，茅国芳和褚金海(1997)对连续 3 年的麦后免耕与浅耕直播水稻的研究结果表明，土壤微生物的组成比例相同，即是细菌＞放线菌＞真菌，但是浅耕土壤的微生物总量是免耕土壤的 1.16～1.91 倍。

(2)作物产量和经济效益方面　湖南于 1988 年开始对中低产田进行改造，其中就包含有保护性耕作措施(何铁城等，1992)。陈社员等(1996)年在湖南对稻田三熟制油菜直播进行了研究，认为水稻板茬直播油菜可以促进油菜生长发育并提高产量。谢立华等(1996)认为，窄厢覆土耕作方式具有用工少、油菜产量高的特点，适于水稻油菜三熟制油菜产区推广使用。

西南农业大学肖剑英等的研究分析表明，免耕土壤的养分和肥力条件大大改善，水稻的农艺性状改善是最好的证明。免耕垄作的考种产量比水旱轮作高 20%，千粒重分别高 7%，秆重、有效穗也比水旱轮作高(王法宏等，2003)。汤永禄等(1998)研究认为，连续免耕覆草可以培肥地力，实现持续增产，群体与个体质量提高，穗粒性状得到改善，比翻耕无草栽培增产 4.8%。李少昆等(2005)在四川研究认为免耕＋秸秆还田后，水稻产量随秸秆还田量增加而增加秸秆还田量为 10 089 kg/hm^2 时最高，然后开始下降。

黄国勤(2005)总结了江西稻田的 12 种保护性耕作模式及效益，得出的结果证明保护性耕作具有巨大的节本增效潜力。张琼瑛的研究(2003)认为，稻田油菜免耕直播通过简化栽培技术，减少用工，降低劳动强度，提高种植效益，达到节本增效的轻型栽培技术。朱钟麟等(2005)对四川保护性耕作新三熟晚秋开发马铃薯/油菜-水稻种植模式进行了对比研究，认为这种模式不仅增加了秋闲覆盖，而且增产又增收，经济效益十分明显，还能够减少秸秆焚烧、减少污染。据卢辉(2003)对广西容县稻草覆盖免耕抛秧技术的调查,稻草还田免耕抛秧比翻耕抛秧平均每穗总粒数增加28.1粒,结实率增加5.5%,产量增加1 632.0 kg/hm^2,同时每公顷可节省稻田翻耕费约900元,扣除除草剂费用外,仅此一项每公顷可降低成本600～700元。

(3)生态环境和社会效益方面　稻草全程覆盖改善了小环境,调节了温度和湿度,控制了病虫草害的发生(李克勤,2002)。区伟明等(2000)在广东的研究发现,水稻生长前中期免耕抛秧田的生态环境明显优于常耕抛秧田,后期差别不大。黄小洋等(2005)的调查发现,早稻二化螟免耕移栽比免耕抛秧多5苞/丛,常耕移栽比常耕抛秧多5苞/丛,常耕比免耕多16%;稻纵卷叶螟免耕移栽比免耕抛秧多3苞/丛,常耕移栽比常耕抛秧多6苞/丛,常耕比免耕多94%。

李付松等(2002)在湖南的研究发现,稻草覆盖免耕稻田比翻耕稻田水温降低3～5°,土温降1～3°,有利于晚稻返青和分蘖;土壤中的还原性物质总量和活性还原物质含量分别低15.6%和3.0%,土壤中真菌和细菌数量高,土壤甲烷释放量小。由此可见,免耕种植可以减少稻田主要害虫的发病数,减少温室气体排放,因此可以少用农药,减少农业环境污染,保护农业生态系统的生物多样性,从而可以获得一定的生态效益。

四川的研究表明,稻田免耕秸秆还田保护性耕作措施具有免耕栽培节省投入,秸秆还田培肥地力,覆盖栽培节省用水,避免焚烧保护生态,操作简单农民接受等优点,是一项先进实用的节本高效新技术,适合在南方有水源保障的两季田大面积推广(四川省农业厅土肥生态处,2003)。骆文光等(1994)研究认为水稻采用垄作覆盖免耕免灌技术,能改善和保持良好的土壤结构,大量储蓄利用天然降水,避免水分流失,达到保持水土的目的,同时也是解决旱地灌溉、改造两用田,实现省水、省肥、省工的一套实用耕作技术。

(二)分析研究方法概述

1.数据获取和分析处理

(1)文献资料和统计资料　重点调查收集研究区各相关部门的资源环境背景资料、经济和社会发展统计资料。主要的学术文献资料涉及的数据库有中国期刊网全文数据库(http://www.edu.cnki.net)、"维普中文科技期刊"全文数据库(http://vip.calis.edu.cn)、SDOS全文电子期刊(Elsevier全文电子期刊 http://elsevier.lib.tsinghua.edu.cn)、ProQuest农业和生物全文数据库(http://proquest.umi.com)等国内外重要科学数据库。统计资料和其他相关文献的获取主要来源于各研究区域的统计局、农业局等部门。

(2)问卷调查　本项研究共选择四川省的成都市温江区、双流县、广汉市、绵竹市、什邡市、彭山县、彭州市、简阳市共8个县(区、市)16乡镇41个村(组)100个农户进行调查。所有资料全部通过面对面的农户调查来获取,被调查对象也全部随机选择。在进行农户调查的同时,又从相关部门获取了相关的统计资料并和有关部门领导及专家进行了座谈。

(3)实地取样　选择成都市新都区、眉山市彭山县和德阳市广汉市为土壤变化采样区,与1982年全国土壤普查的原始采样和化验测试记录为对照。通过土壤剖面观察,结合室内化验测试,对长期保护性耕作技术条件下土壤功能因子的动态变化进行系统分析和研究。

(4)田间试验　主要包括四川省农业科学院作物研究所、土壤肥料研究所和农业部长江上游农业资源与环境重点实验室在广汉、简阳等地的田间定位试验。最后以这些田间试验的微观数据对宏观评价进行数据方面的支撑，从而保证宏观评价的科学性和准确性。

(5)数据处理　运用 EXCEL、SPSS 等有关数理统计软件和其他数学、生态经济学模型。

2.评价指标遴选及指标体系建立方法

(1)文献检索法　查阅相关文献确定运用较多或基本被公认的指标，确定初选指标。

(2)专家咨询法　根据初选指标，向有关专家及有关领域和有关区域人员进行咨询，征求对初选指标的意见和建议。经过多轮专家打分和咨询，完成指标体系的初选。调研问卷见附件 3。

(3)综合分析法　根据文献检索和专家调查结果，结合研究区域具体情况，运用层次分析法(AHP 法)和 Delphi 法，经过多轮专家咨询和论证，最终确定评价指标，建立评价指标体系。

3.评价指标体系框架的构建

(1)生态系统服务价值估算体系　选取突出体现保护性耕作功能特征的农产品服务价值、维持养分循环功能价值、涵养水分功能价值、土壤有机质积累功能价值、调节大气功能价值等，作为南方稻田保护性耕作制多熟高效种植模式的价值估算指标。

(2)生态经济可持续性综合评价指标体系　根据可持续发展理论和本研究目标，将整个保护性耕作制分为生态、经济、社会 3 个系统，7 个指标层和 18 个变量层，利用不同变量和指标的实际评价值，最后进行 3 个系统的综合评价，直至对整个南方稻田保护性耕作制进行系统综合评价。

4. 综合评价方法

(1)运用 Delphi 和 AHP 法遴选指标指标，建立评价指标体系。

(2)利用和法计算各层次指标及变量权重。

(3)根据评价指标体系和评价内容建立综合评价模型。

(4)运用模糊数学方法进行综合评判。

三、案例分析:南方稻田保护性耕作土壤生态效应综合评价

以四川成都平原为案例，选取平原的南、中、北部具有代表性的眉山市彭山县、成都市新都区和德阳市广汉市，作为取样区域。通过野外调查、采样分析和资料搜集，运用 SPSS、EXCEL 软件进行统计分析，对 20 多年来四川盆地保护性耕作条件下土壤物理结构、营养成分及土壤环境等土壤质量指标的时空变化进行对比研究，力求探讨该地区保护性耕作条件下土壤生态功能因子的变化特征和规律，为该地区保护性耕作技术的机理研究和长期推广提供参考。

(一)稻田土壤生态功能评价方法

1.样本的选取和基础数据的来源

本研究首先查阅了 1979—1982 年全国第二次土壤普查时四川省眉山市彭山县、成都市新都区(原新都县)和德阳市广汉市(原广汉县)的原始档案资料，为了指标的可对比性，根据

可以利用的数据资料，选取了容重、有机质、全氮、全磷、全钾、碱解氮、有效磷、速效钾和 pH 值 9 个最常见的用于反映土壤质量的物理、化学指标作为基本分析指标。本研究数据来源于 2006 年 10 月中国农业大学区域农业发展研究中心和四川省农科院作物所在彭山县、新都区和广汉市的土壤调查采样，对照为 1979—1982 年全国土壤普查时相应地区的普查资料（为了时间比较上的一致，本研究将 1979—1982 年之间的土壤普查数据统一以 1980 年数据作为时间标记）。

2006 年土壤调查的采样原则是尽可能寻找和保留全国第二次土壤普查时的采样点，两次采样时间、方法和土壤分析方法基本一致。在此基础上，我们在每个县、市、区各选取一个有代表性的乡镇共 3 个乡镇 21 个村组作为采样点，能直接准确定位当年采样点的取 1～2 个重复样本，基本准确定位的取 2～3 个重复样本，共采集 158 个土样。样本点的土壤类型包括半沙泥田、二泥田、盐二泥田、黑夹泥田、灰棕潮、灰棕潮下湿田、姜石黄泥、大土田、沙土等，基本涵盖了当地的主要土壤类型。所选采样地块基本上分布在保护性耕作推广面积比较大的地区，主要保护性耕作（简称 CT）措施包括少耕、免耕和秸秆还田等，保护性耕作使用年限从 3～5 年一直到最长的 25 年，有不同的时间序列。同时又在取样就近地区以传统耕作（简称 TT）田块为对照进行了取样，最后为数据分析提供参照，保证了样本及数据分析的空间对照性。具体采样地区和样本数如表 6-4-2 所示。

表 6-4-2　2006 年采集的有效土壤样本数

取样地点	容重	吸湿水	有机质	全氮	全磷	全钾	碱解氮	有效磷	速效钾	pH
彭山县	20	30	30	30	30	0	10	10	10	30
新都区	8	42	42	42	42	42	13	13	13	42
广汉市	14	36	36	36	36	14	33	32	36	36
总计(个)	42	108	108	108	108	56	56	55	59	108

本研究所有样本点均是从那些具有全国第二次土壤普查原始数据的土壤采样地块中随机选取，即样本点的土壤质量指标都具有原始对照数据。因此，同一样本点的不同时间序列数据可以清楚反映变化的趋势，而不同时期采样和分析方法上的类同也能够保证数据的可比性，使研究结果更加真实可信。具体耕作方式样本点分布如表 6-4-3 所示。

所采集样本中主要包括不同类型、不同年限的保护性耕作模式，以及对照样本点常规耕作模式，每个取样县区的保护性耕作技术模式各不相同，推广年限也有较大差异。其中小春时间段是指 10 月份至次年 5 月份，大春时间段指 5 月份以后夏季之前的一段时间。耕作方式上翻耕深度一般 20～30 cm，浅旋耕耕作深度一般 10～15 cm。耕作年限是从开始使用保护性耕作技术的最初时间（最早开始时间限定在 1980 年），推至 2006 年，以实际总年限为推广使用保护性耕作的总年限。

表 6-4-3　不同耕作方式样本点分布

耕作方式及年限配置	样本分布地点
小春免耕＋大春浅旋耕＋还草 3～5 年	广汉
小春免耕＋大春浅旋耕＋还草 5～10 年	广汉
小春免耕＋大春浅旋耕＋还草 10～15 年	广汉
小春免耕＋大春浅旋耕＋还草 15～20 年	广汉
小春免耕＋大春浅旋耕 10 年	彭山
小春免耕＋大春浅旋耕 15 年	彭山
小春免耕＋大春浅旋耕 20 年	彭山
大小春双免耕 5 年	新都
大小春双免耕 10 年	新都
大小春双免耕 20 年	新都
常年翻耕	彭山、广汉、新都
常年浅旋耕	新都、广汉、彭山

2. 土样测定和数据处理方法

土样采取混合样和分层样，根据不同需要进行处理，室内理化性状指标的测试在四川农业大学进行，各指标的具体测试方法如表 6-4-4 所示。

表 6-4-4　土壤质量性状分析测定指标

测定指标	测定意义	测定方法
土壤容重	反映土壤结构状况	环刀法
土壤吸湿水	反映土壤吸附水分性能	酒精烘干法
土壤有机质	反映土壤养分基础状况	重铬酸钾容量法—外加热法
土壤全氮	反映土壤供氮潜力	半微量凯氏法
土壤全磷	反映土壤供磷潜力	NaOH 熔融—钼锑抗比色法
土壤全钾	反映土壤供钾潜力	NaOH 熔融—火焰光度法
土壤碱解氮	反映土壤供氮能力	碱解扩散法
土壤有效磷	反映土壤供磷能力	0.5M$NaHCO_3$ 浸提—钼锑抗比色法
土壤速效钾	反映土壤供钾能力	1M 中性 NH_4OAC 浸提—火焰光度法
土壤 pH	反映土壤酸碱性及对作物生长的影响	电位法

为了检验测试结果的可靠性，我们用已知结果的样本加入测试样本，对两次样本的测定结果进行检验，结果显示两次测验的结果非常相近，说明测试方法和结果比较真实可靠。

(二)保护耕作条件下稻田土壤生态功能因子变异对比分析

1. 土壤生态功能因子主要指标的综合分析

为了便于比较，本研究将 1980 年和 2006 年各个样本各个指标的测试结果分别取平均值进行比较，同时将取样层分为，以分析其主要生态功能指标的变化情况。同时对 0～20 cm 耕层和整个取样层进行了相关统计分析处理，计算结果如表 6-4-5、表 6-4-6 所示。

表 6-4-5 1980 年和 2006 年四川盆地保护性耕作条件下土壤质量指标(0～20 cm)统计

指标	年份	最大值	最小值	平均值 μ	变化(%)	方差 σ^2	变异系数 CV
容重(g/cm^3)	1980	1.37	1.18	1.29		0.005	0.06
	2006	1.26	1.11	1.21	−5.83	0.011	0.03
有机质(g/kg)	1980	4.61	1.14	2.80		15.96	0.36
	2006	6.15	2.47	3.77	35.00	15.24	0.26
全氮(g/kg)	1980	0.24	0.06	0.15		4.62	0.35
	2006	0.30	0.14	0.22	43.32	0.05	0.25
全磷(g/kg)	1980	0.16	0.01	0.07		0.04	0.73
	2006	0.85	0.05	0.14	109.16	0.56	1.30
全钾(g/kg)	1980	1.9	1.34	1.62		0.19	0.12
	2006	2.29	1.58	2.07	27.71	0.73	0.11
碱解氮(mg/kg)	1980	171	55	121.42		19 415.88	0.29
	2006	226	100.96	152.28	25.42	18 841.11	0.23
有效磷(mg/kg)	1980	14	2	6.83		219.81	0.54
	2006	80.32	11.82	27.99	309.72	5 730.33	0.68
速效钾(mg/kg)	1980	117	41	83.62		7 205.77	0.25
	2006	130.15	29.96	80.24	−4.04	18 024.28	0.42
pH 值	1980	8.4	6.2	7.49		6.37	0.09
	2006	7.9	6.3	7.09	−5.33	4.13	0.07

表 6-4-6 1980 年和 2006 年四川盆地传统耕作条件下土壤质量指标(0～20 cm)统计

指标	年份	最大值	最小值	平均值 μ	变化(%)	方差 σ^2	变异系数 CV
容重(g/cm^3)	1980	1.53	1.21	1.33		0.03	0.13
	2006	1.34	1.18	1.28	3.76	0.01	0.06
有机质(g/kg)	1980	4.43	1.26	2.85		7.37	0.43
	2006	3.97	1.92	3.01	5.74	2.71	0.24
全氮(g/kg)	1980	0.22	0.07	0.14		0.02	0.46
	2006	0.22	0.08	0.15	3.61	0.01	0.30
全磷(g/kg)	1980	0.19	0.04	0.12		0.01	0.52
	2006	0.12	0.07	0.09	−24.57	0.002	0.23
全钾(g/kg)	1980	1.9	1.54	1.72		0.06	0.15
	2006	2.25	1.73	1.96	14.22	0.19	0.11
碱解氮(mg/kg)	1980	183	59	122.6		10 227.20	0.41
	2006	159.68	55.25	113.94	−7.07	5 907.16	0.34
有效磷(mg/kg)	1980	19	3	9.48		185.35	0.54
	2006	38.73	11.04	20.26	113.73	532.87	0.43
速效钾(mg/kg)	1980	136	43	102.4		5 893.2	0.37
	2006	79.18	34.11	56.13	−45.19	1 075.22	0.29
pH 值	1980	8.1	7.4	7.78		0.33	0.04
	2006	7.9	6.5	7.08	−8.99	1.45	0.08

为了便于比较，本研究将1980年和2006年所有样本所有层次的测试结果分别取平均值进行比较，结果如表6-4-7所示。

表6-4-7 2006年与1980年土壤质量各指标总体变化情况

指标	耕作措施	1980年均值	2006年均值	变化值	变化百分比例(%)	上升样本比例(%)	不变样本比例(%)	下降样本比例(%)
容重(g/cm^3)	传统耕作	1.35	1.43	0.08	↑5.9	100	0	0
	保护性耕作	1.42	1.34	−0.08	↓5.6	10.5	0	89.5
有机质(g/kg)	传统耕作	2.34	2.08	−0.26	↓11.1	25	0	75
	保护性耕作	2.09	2.82	0.73	↑34.9	88.1	0	11.9
全氮(g/kg)	传统耕作	0.133	0.112	−0.021	↓16.0	12.5	0	77.5
	保护性耕作	0.121	0.167	0.046	↑12.1	88.1	2.4	9.5
全磷(g/kg)	传统耕作	0.069	0.061	−0.008	↓11.6	57.1	11.1	31.8
	保护性耕作	0.068	0.098	0.03	↑44.1	73.2	0	26.8
全钾(g/kg)	传统耕作	1.7	1.79	0.09	↑5.3	50	0	50
	保护性耕作	1.688	1.903	0.215	↑12.7	63.2	0	36.8
碱解氮(mg/kg)	传统耕作	132.5	105.4	−27.1	↓20.5	50	0	50
	保护性耕作	92.32	142.3	49.98	↑54.1	80.0	0	20.0
有效磷(mg/kg)	传统耕作	10.08	29.22	19.14	↑189.9	100	0	0
	保护性耕作	4.29	26.53	22.24	↑518.4	95.8	0	4.2
速效钾(mg/kg)	传统耕作	94.5	50.80	−43.7	↓46.2	0	0	100
	保护性耕作	99.94	74.80	−25.14	↓25.2	34.6	0	65.4
pH	传统耕作	7.86	6.92	−0.94	↓11.9	0	0	100
	保护性耕作	7.67	7.19	−0.48	↓6.3	10.0	0	90.0

2. 土壤生态功能各主要指标的对比分析

(1)土壤耕层结构变化分析　为了观察保护性耕作条件下土壤耕层结构的变化，本研究中特意进行了不同年限保护性耕作措施下的土壤剖面分析。在取土样过程中，首先调查了解了该取样点所实施保护性耕作的年限，然后将保护性耕作措施推广年限分为1～3年、3～5年、5～10年、10～15年和15年以上，分别进行剖面观察，结果如表6-4-8所示。从表6-4-8中可以看出，传统耕作条件下土壤紧实、犁底层明显；保护性耕作条件下，随着年限的增长犁底层逐渐变浅直至消失，但表层土壤变得疏松。

表6-4-8 不同耕作条件下土壤犁底层变化情况

	传统耕作	少免耕1～3年	少免耕3～5年	少免耕5～10年	少免耕10～15年	少免耕15年以上
犁底层厚度(cm)	20	20	15	10	5	0
犁底层状况	紧实、明显	紧实、明显	较紧实、较明显	较疏松、不太明显	疏松、不明显	疏松、无

(2)土壤容重变化分析　容重是土壤重要的物理性状，它影响到土壤的孔隙度与孔隙大小分配，以及土壤的穿透阻力，进而影响到土壤水、肥、气、热条件与作物根系在土壤中的穿

插。实行少、免耕后，是否会引起土壤板结而影响作物生长，成为普遍关注的问题(庄恒扬等，1999)。本研究也以容重作为衡量长期保护性耕作条件下土壤物理结构的变化指标。实际取样测定的土壤容重变化数据如表 6-4-5 所示。

为了便于分析不同耕作方式下土壤容重的变化趋势，根据表 6-4-5 和表 6-4-6 的测试数据，又计算了不同耕作方式下容重增减样本数占总样本数的比例(表 6-4-7)。可以看出，保护性耕作条件下土壤容重平均值由 1.42 减小为 1.34，下降了 5.6%，而传统耕作条件下由 1.35 增加到 1.43，增加了 5.9%。保护性耕作条件下，土壤容重是朝着减小的趋势发展，这种趋势在不同耕层反映一致。其中保护性耕作条件下土壤容重减小的样本也是保护性耕作年限较短的，而常规耕作条件下土壤容重增加。因此，长期保护性耕作不仅不会造成土壤板结，而且可以在一定程度上降低土壤容重，增加土壤团聚体，增强土壤供储养分的能力，进而有利于土壤水分和土壤空气的消长平衡，增大土壤对环境水、热变化的缓冲能力，有效地改善土壤结构，为植物、微生物的生命活动创造良好的生境(Freebaim，1996；Jones，1997；Norwood，1994； Smika 和 Unger，1986；Wwil，1996)。

保护性耕作条件下容重的降低一方面可能与秸秆还田少免耕有关，另一方面也需要对其变化的机理和原因进行更加深入的研究和探讨。

(3)土壤有机质变化分析　土壤有机质是土壤的重要组成部分，它不仅含有各种营养元素，而且还是土壤微生物生命活动的能源，它对土壤的物理结构、化学成分以及生物学特性都有决定性的影响。土壤有机质是评价土壤肥力水平高低的一项重要指标，不仅影响土壤的物理性质，还影响土壤的保肥和供肥能力，其含量高低取决于土壤原有有机物的转化和外源有机物(作物残茬、落叶、杂草、根系、有机肥料等)的补充(徐阳春等，2000，高亚军等，2000)。

从本研究的测试结果看，保护性耕作条件下平均土壤有机质含量由 2.09 g/kg 增加到 2.84 g/kg，增加了 35.0%，而在传统耕作条件下由 2.34 g/kg 变为 2.08 g/kg，减少了 11.1%。相对于传统耕作方式，保护性耕作条件下，土壤有机质的变化主要表现为表层(0～15 cm)一致性大幅度增加，深层次一致性减少。造成这种结果的原因可能与采取保护性耕作措施时，由于免耕和秸秆覆盖情况下作物秸秆和所有施用的化肥及化学物质主要存留在地表所致。而传统耕作条件下，有的表现为有机质含量增加，有的减少，各层次表现无明显差异，而且总体增加的幅度也远远不如保护性耕作措施大，这与大量的国内外研究结果基本一致。虽然保护性耕作措施如免耕可提高表层土壤的有机质含量，但主要体现在表层有机质的富集化，综观整个耕层，两种耕法间并无明显差异。

(4)土壤养分供应潜力(全氮、全磷、全钾)变化分析　土壤养分供应潜力主要决定于土壤中全氮、全磷、全钾的含量。本研究的调查取样测试结果显示，保护性耕作条件下全氮、全磷、全钾含量分别增加了 43.2%、109.16%、27.71%；而在传统耕作条件下全氮、全钾含量分别只增加了 3.61%、14.22%，而全氮含量减少了为 24.57%。保护性耕作条件下土壤 N、P、K 含量总体上有明显的增加趋势，但在每个层次表现不尽一致。这种表现与有机质含量的表现相一致，在保护性耕作条件下稻田土壤表层(0～10 cm)，土壤 N、P、K 含量增加明显，但在更深层次下，则表现为增加不明显或明显减少，同样表现出保护性耕作条件下同样存在土壤 N、P、K 含量的表层富集化现象。这与有关学者研究的结论基本一致(庄恒扬等，1999)。我们发现，在传统耕作条件下，土壤的全氮、全钾含量也在增加，只有全磷含量减少。主要原因可能是化肥和复合肥的大量投入，而磷的缺失值得关注，但总的看来全氮和全钾含量增加的幅度也明显不如保护性耕作措施大。

由于有机质对土壤 N、P、K 的吸附作用，保护性耕作措施既然提高土壤有机质含量，自然有机质吸附的 N、P、K 也会随着增加，这也是土壤中 N、P、K 含量在保护性耕作条件下增加的一个重要原因。保护性耕作条件下土壤钾含量的大量增加，主要是由于秸秆还田造成的，由于秸秆还田大大增加了土壤钾离子的代换量，因此作物从土壤中直接带走的钾素可以通过秸秆还田得到 90％的回收，而在传统耕作条件下只能维持钾素的平衡(Scott 等，1999)。总之，土壤养分含量的高低虽然受保护性耕作周期的长短、土壤质地和作物栽培方式的影响，但长期连续免耕与轮作配合有利于土壤化学过程向肥力提高的方向发展是毋庸置疑的。

(5)土壤养分供应能力(碱解氮、有效磷、速效钾)变化分析　碱解氮、有效磷和速效钾都是土壤中能被作物吸收并能在短期内转化为植物吸收的速效养分，虽然在土壤中的含量较少，却是反映土壤养分供应能力的重要指标。N、P、K 在土壤中的存在形态直接影响到它们被作物吸收利用的有效性。

从本研究的结果看，保护性耕作条件下碱解氮、有效磷含量分别增加了 25.42％、309.72％，速效钾含量减少了 4.04％；而在传统耕作条件下有效磷含量只增加了 113.73％，而碱解氮、速效钾含量分别减少了为 7.07％、45.19％；保护性耕作条件下，有效磷的增加比较明显和一致，碱解氮的增加也比较明显但主要在表层，而速效钾的含量有明显的下降。这主要可能是由于保护性耕作造成土壤表层有机质和氮素增加使碱解氮含量有比较明显的增加，而在深层由于有机残体连年留存，有利于形成更多的硝态氮，硝态氮又易随水流失的原因，使得深层碱解氮的含量增加不明显或较少。同样，由于保护性耕作条件下土壤有机质含量的增加，微生物的活性也随之增强，土壤固磷能力提高，使磷素向有效磷的形态转化，所以保护性耕作条件下土壤有效磷的含量大幅度增加也就成为必然。保护性耕作条件下某些固磷化物具有一定的酸化溶解作用，相应削弱了对钾的固定，因此表现出速效钾的含量有所下降。

当然，从分析结果看，保护性耕作与传统耕作相比，土壤碱解氮和有效磷的增加幅度还是比较明显的，而速效钾的下降速度同样明显减弱。说明保护性耕作在土壤碱解氮、有效磷和速效钾的速效养分的积累方面比传统耕作具有明显的效果。

(6)土壤环境生态指标(pH)变化分析　酸碱度(pH)是土壤的基本性质，也是影响土壤肥力的重要因素之一。它直接影响土壤养分存在的形态、转化和有效性，例如土壤中的磷酸盐在 pH 6.5～7.5 时有效性最大，小于 6.5 或超过 7.5 时，磷酸盐会形成难溶性盐而被固定。另外 pH 对土壤中的氮素的硝化作用和有机质的矿化影响也很大。上述这些影响都密切关系到作物的生长发育。

本研究的结果显示，保护性耕作措施能够降低土壤 pH 值，这与有关国内外研究结论是一致的(Dalal，1989；Blevins，1990)。但与传统耕作措施相比，保护性耕作措施可以更有效地使土壤处于一个合理的酸性环境中。从测试结果看，保护性耕作条件下土壤 pH 值变化幅度相对较小，由 1980 年的 7.67 变为 2006 年的 7.19，变幅为 6.3％，而 7.19 也是水稻田比较合理的酸碱度。在传统耕作条件下，pH 值由 1980 年的 7.86 变为 6.92，变幅为 11.9％，按这样的趋势，传统耕作条件下土壤酸性会加强，进而影响到土壤中养分的形态和作物的吸收。土壤变酸的主要原因之一是土壤有机质分解产生有机酸的淋洗；另外归咎于大量生理酸性化肥的施用。当然，影响 pH 值变化的因素很多，因此需要在今后的研究中进行多方面的探讨和思考。

3. 土壤营养表层富集化分析

从前面的分析可以看出，与传统耕作相比，保护性耕作如少、免耕免除了翻耕作业，秸秆还田直接向土壤归还了有机质，这些措施都有可能导致有机质与养分元素的表层富集，大量的研究也证明了这一点（Hillel D，1991；Warrick 等，1980；Lindert，2000；Lindert 等，1996；庄恒扬等，1999；徐阳春等，2000；黄丽芬等，1999）。研究也表明，不管采用何种耕作方法，土壤肥力都表现出上肥下瘦的特点。所以，在研究保护性耕作条件下土壤表层养分富集现象时，要在土壤上层养分含量高于全耕层平均值的程度上与传统耕作方式相比，以定量的方法将保护性耕作与非保护性耕作在养分富集作用上进行对比。

为了定量化地研究保护性耕作的土壤表层有机质和养分富集变异，本研究引入土壤表层营养富集度的概念（庄恒扬等，1999），以反映土壤上肥下瘦的特征，即土壤表层营养富集程度（EC），计算公式为：

$$EC=Es/Et$$

式中：Es 为上层（0～20 cm）某一种养分含量，Et 为全耕层该种养分含量。

经过计算，得出土壤各种营养表层富集度如图 6-4-1 所示。从图中可以清晰地看出，土壤营养物质表层富集化现象在任何耕作方法里都存在，对比保护性耕作和传统耕作，保护性耕作的富集化程度更高，这体现在每种营养物质中都是一致的。从 2006 年与 1980 年的数据相比，无论保护性耕作还是传统耕作，富集化现象都在明显减轻，传统耕作减轻的要明显一些，分析其原因可能是由于传统耕作从更深层次上动了土，使得营养物质在土壤中的分布更加均匀些。从表 6-4-9、图 6-4-1 中也发现一个十分突出的现象，那就是 1980 年是土壤营养物质表层富集化现象特别突出，明显强于 2006 年，这种情况可能是当时化肥用量还比较少、更多的有机肥施与土壤表面造成。

表 6-4-9 不同耕作法对土壤养分的影响（1995 年甘井试验基地）

耕作方法	有机质（%）	全 N（%）	全 P（%）	全 K（%）	碱解 N（mg/kg）	速效 P（mg/kg）	速效 K（mg/kg）
传统耕作	0.93	0.075 5	0.188	1.62	55.85	17.0	98
免耕	1.03	0.084 8	0.212	1.64	59.02	17.2	121

由于各研究地区的气候、土壤状况、耕作制度、栽培方式以及研究时间阶段的差异，保护性耕作对稻田土壤质量及肥力等功能的影响变异，不同学者、不同研究得到的结论并不完全一致。本研究的结论显示，与传统耕作相比，保护性耕作能明显减小土壤容重、提高稻田表层土壤的通透性。除速效钾外营养物质含量普遍增加，pH 下降使土壤形成一个较为有利的化学环境。总之，稻田保护性耕作后表层土壤的物理性质、化学性质和生物学性质均得到不同程度的改善。这与国际上的有关研究结果比较吻合（表 6-4-9）（王丽艳等，2005）。

但野外观察和取样分析的结果表明，保护性耕作措施如免耕容易造成土壤耕作层变浅，根系下扎较浅。并且随着免耕年限的延长，有机质、全 N、P、K 和速效 N、P、K 等肥力元素在土壤表层富集度高于传统耕作，同时作物根系、微生物种群、杂草种子等也都趋于表层富集。这些问题需要做进一步的研究探讨并在推广中加以解决。

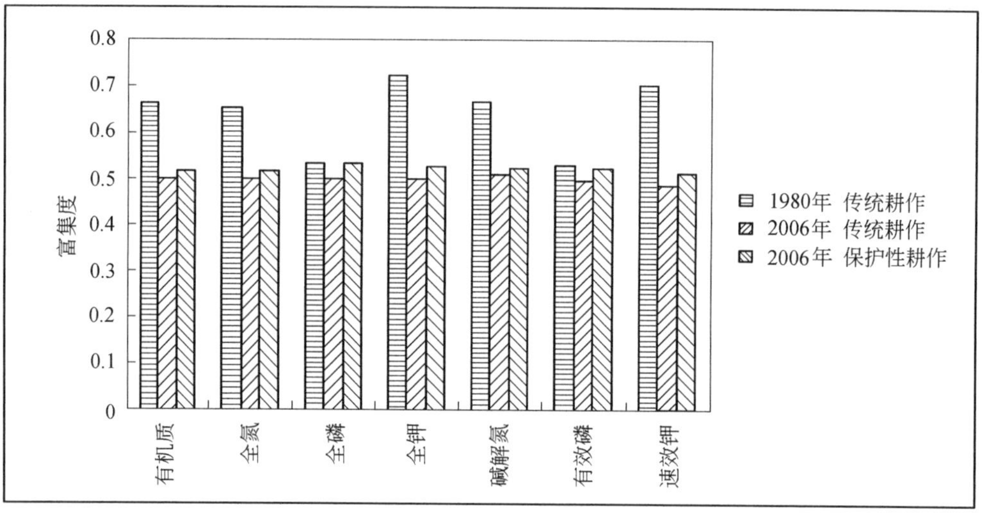

图 6-4-1 不同耕作方法土壤营养质表层富集度变化

第五节 南方稻田保护性耕作制生态经济综合评价

一、生态经济综合评价的方法选择与构建

本研究综合了层次分析法和模糊数学综合评判的优点，运用改进的层次分析法与模糊数学综合评判相结合的方法，对南方集约多熟稻田保护性耕作制进行可持续性综合评价。力求克服单因素分析的孤立性，将不同量纲的单因素进行无单位的量纲统一。根据模糊数学的原理，结合改进的层次分析法，将各个指标进行有序分层。根据各个因素在系统中的重要程度构建模糊判断矩阵，最后运用模糊数学结合改进层次分析法进行总体评价。

（一）南方稻田保护性耕作制可持续性评价指标体系构建的原则

南方稻田保护性耕作制可持续评价指标体系的建立，要遵循农业可持续发展的基本原则，结合稻田生态系统的实际，既要反映其生态系统的物质、能量流动规律，又要体现稻田生态系统的独特特征，同时要具有很好的操作性。综合前人的研究结果（王万山，1998；吴佐礼等，1996；王旭梅等，2004；康玲玲等，2004；黎东升，2000；魏志敏等，2005），结合本研究区域和对象，本研究评价指标体系的建立基于以下原则：

1. 科学性和可比性相结合

所有指标都要能够反映稻田生态系统特有的整体功能，包括物质流、能量流和价值流特征。选用的指标是研究区域的共有指标，指标的口径必须一致，能够相互比较。

2. 动态性和稳定性相结合

所选指标不仅要能够反映稻田生态系统的长期状态即可持续发展趋势，又要具有短期内的相对稳定性，便于测定和衡量。

3.层次性和独立性相结合

在指标的选取上，尽量选用综合性指标，指标的层次性要分明，便于分层次分析和评价；同时各指标之间应该尽量保持相对独立性，最好无直接作用关系，避免指标的交叉和重复。

4.量化和可操作性相结合

所选指标应该尽可能用定量表示，至少可以用相对重要程度(系数)来表示，具有实际可操作性。

基于以上原则和满足上述条件，下一步选取的指标和建立的评价指标体系基本可以反映稻田保护性耕作制生态系统可持续发展的实际。

(二)南方稻田保护性耕作制可持续性评价指标体系的建立

根据上述原则，根据Delphi法、层次分析法、会内会外法，通过文献查阅和专家咨询，共搜集南方稻田保护性耕作制可持续评价指标50个，供下一步专家咨询和最后指标的遴选和确定。

通过电子邮件、问卷打分、会议讨论等方式，咨询几十位农学、生态、经济学方面的专家教授、有关研究和地方技术推广人员，经过三轮咨询和集中讨论分析，最后筛选出18个指标作为南方稻田保护性耕作制可持续性评价的指标集。

通过层次分析法，以南方稻田保护性耕作制的可持续发展总目标第一个层次总体层A；以稻田保护性耕作制涉及的三大系统为第二个层次系统层B；将构成各系统的相关因素即反映系统状况的指标作为指标层C；根据具体指标的性质和属性，再将反映各指标状态的基本因素即指标作为变量层D。最后建立的具体指标体系如表6-5-1所示。

表6-5-1 南方稻田保护性耕作制可持续评价指标体系

总体层A	系统层B	指标层C	变量层D
南方稻田保护性耕作制可持续评价指标体系A	经济系统B_1	经济投入指标C_1	机械投入D_1
			人工投入D_2
		经济效益指标C_2	经济产量D_3
			纯效益D_4
	生态系统B_2	土壤结构生态指标C_3	土壤容重D_5
			土壤孔隙度D_6
			耕层厚度D_7
		土壤营养生态指标C_4	秸秆利用率D_8
			土壤有机质含量D_9
			土层维持养分循环能力D_{10}
		环境生态指标C_5	水分利用率D_{11}
			温室气体排放(CH_4)D_{12}
			病虫草害D_{13}
	社会系统B_3	农化技术依赖指标C_6	化肥施用量D_{14}
			农药施用量D_{15}
		社会认可指标C_7	农民认可态度D_{16}
			科技支撑力度D_{17}
			政府影响程度D_{18}

(三)评价指标权重的确定

权重是指各指标在系统中的重要程度,权重的确定对系统的评价起着十分重要的作用,为了克服主观因素的影响,本研究采取 Delphi 法和 AHP(层次分析)法以及专家咨询法相结合的方法,最大限度地避免了主观因素的影响,使最后确立的权重比较符合客观现实。

(四)构建判断矩阵

判断矩阵的基本结构如表 6-5-2 所示,其中的标度含义如表 6-5-3 所示。根据表 6-5-1 的指标体系及其分层,分别构建第二个层次三个指标构成的判断矩阵表、第三层次 7 个指标构成的权重判断矩阵表和第四个层次 18 个指标构成的权重判断矩阵表,经过三轮专家咨询,最终完成各级权重判断矩阵的构建。

表 6-5-2　判断矩阵图

A	B_1	B_2	…	B_n
B_1	B_{11}	B_{12}	…	B_{1n}
B_2	B_{21}	B_{22}	…	B_{2n}
⋮	⋮	⋮	⋮	⋮
B_n	B_{n1}	B_{n2}	⋮	B_{nn}

表 6-5-3　判断矩阵标度的含义

Bij	含　义
1	Bi 与 Bj 比较,二者同等重要
3	B_i 与 B_j 比较,Bi 比 Bj 稍重要。反之为 1/3
5	B_i 与 B_j 比较,B_i 比 B_j 重要。反之为 1/5
7	B_i 与 B_j 比较,B_i 比 B_j 明显重要。反之为 1/7
9	B_i 与 B_j 比较,B_i 比 B_j 极端重要。反之为 1/9
2. 4. 6. 8	介于上述标度之间

(五)层次单排序和总排序

层次单排序是判断矩阵中对于上一层次某一指标元素来说本层次预期有关联指标元素的相对重要程度即权重分量。权重分量的计算方法有多种,这里采取特征根法(马万福,1990)计算权重分量,计算公式如下:

$$W_i = w_i / \sum_{j=1}^{n} w_j$$

其中 $w_i = n\sqrt{m_i}$　　$w_j = n\sqrt{m_j}$

$$m_i = \prod_{j=1}^{n} b_{ij}\ (i = 1,2,\cdots,n) \qquad m_j = \prod_{i=1}^{n} b_{ij}\ (j = 1,2,\cdots,n)$$

各权重分量的加权综合即为上一级权重直至最高层次即体系总权重。

经过计算得出个层次的单排序系统向量即权重分量。

为了检验所见矩阵的一致性即是否符合客观实际,对上述矩阵进行一致性检验,其一致性指标 $CI=\frac{\lambda_{\max}-n}{n-1}$,其中最大特征根 $\lambda_{\max}=\sum\frac{(AW)i}{nWi}$,$A$ 为判断矩阵,W 为权重分量,n 为矩阵阶数。当 CR=CI/RI<0.10 时,说明判断矩阵具有满意的一致性,即符合客观实际,否则要对矩阵进行调整。其中 RI 为随机一致性指标,为 AHP 的规定值,见表 6-5-4。

表 6-5-4 随机一致性指标值

阶 数	3	4	5	6	7	8	9
RI*	0.58	0.90	1.12	1.24	1.32	1.41	1.45

注:当阶数为 1,2 时,不需要进行一致性检验。

依据以上方法,本文所有矩阵的一致性检验结果如表 6-5-5 所示。

表 6-5-5 判断矩阵一致性检验

检验指标	矩阵					
	$A-B_i$	B_2-C_j	C_3-D_k	C_4-D_l	C_5-D_m	C_7-D_n
CI	0	0.009	0.032	0.032	0.032	0
RI	0.58	0.58	0.58	0.58	0.58	0.58
CR	0	0.016	0.055	0.055	0.055	0

注:i=1,2,3; j=1,2,3; k=1,2,3; l=1,2,3; m=1,2,3; n=1,2,3。

结果显示,所有矩阵的一致性指标 CR 均<0.10,说明所有判断矩阵均具有满意的一致性,符合客观实际,可以使用。

对各层次单排序系数向量即权重分量进行加权综合,得到各指标元素对最高层次的相对重要程度即层次总排序也即权重,如表 6-5-6 所示。

表 6-5-6 南方稻田保护性耕作可持续评价的权重总排序

总体层 A	系统层 B	指标层 C	变量层 D
1.000	B_1 0.333	C_1 0.057	D_1 0.043
			D_2 0.014
		C_2 0.277	D_3 0.091
			D_4 0.186
	B_2 0.333	C_3 0.033	D_5 0.020
			D_6 0.009
			D_7 0.004
			D_8 0.013
		C_4 0.083	D_9 0.050
			D_{10} 0.021
		C_5 0.217	D_{11} 0.132
			D_{12} 0.059
			D_{13} 0.026
	B_3 0.333	C_6 0.250	D_{14} 0.188
			D_{15} 0.063
		C_7 0.083	D_{16} 0.033
			D_{17} 0.037
			D_{18} 0.010

最后对权重总排序进行一致性检验，检验公式为 $CR=CI/RI$，其中

$$CI = \sum_{i=1}^{m} aiCIi$$

m 为与 C 层各指标有关的判断矩阵数；CIi 为各判断矩阵的 CI 值。

$$RI = \sum_{i=1}^{m} aiRIi$$

利用以上公式对权重总排序进行检验：

$$CR=CI/RI=0.010\ 7/0.334=0.032<0.10$$

检验结果表明，权重总排序具有满意的一致性，即评价指标体系的权重已求得并可使用。

(六)评价值的计算

为克服综合评分法的缺陷，尽可能将各项指标相对独立的评判结果统一起来，充分反映各指标提供的全部信息，运用模糊数学方法即模糊综合评判方法(刘灶长，1990；付强，2006)对南方稻田保护性耕作制进行可持续性评价，取综合评价值表示可持续性程度。

可持续综合评价指数用 SI(Sustainable Index)表示，计算公式如下：

$$SI = \sum_{i=1}^{n} (W_j \times F_j)\ (j = 1,2,3)$$

其中 W_j 为第 j 项评价子系统权重值；F_j 为各子系统综合评价指数，计算公式为：

$$Fi = \sum_{i=1}^{n} (W_i \times R_i)\ (i = 1,2,3,\cdots,18)$$

其中 W_i 为第 i 项评价指标的权重，R_i 为第 i 项评价指标的隶属度，计算公式为：

$$R_i = \begin{cases} 0 & x_i \leqslant a_i \\ \dfrac{x_i - a_i}{b_i - a_i} & a_i \leqslant x_i \leqslant b_i \\ 1 & x_i \geqslant b_i \end{cases} \quad 或\ R_i = \begin{cases} 1 & x_i \leqslant b_i \\ \dfrac{a_i - x_i}{a_i - b_i} & b_i \leqslant x_i \leqslant a_i \\ 0 & x_i \geqslant a_i \end{cases}$$

根据以上原理和方法，分别运算求得各层次的综合评价值，即可确定各层次和总体层的可持续程度。为方便评价，将评价值[0～1]划分为若干等级，如表 6-5-7 所示。

表 6-5-7　可持续指标值分级

评价值	<0.5	0.50～0.60	0.60～0.70	>0.80
可持续程度	不可持续	基本持续	可持续较强	极可持续

二、案例分析:四川稻田保护性耕作制综合评价

(一)模式选择

近20年来,四川盆地的耕作制度发生了巨大变化,由原来的传统精耕细作逐步向现代资源节约型可持续保护性耕作制的方向发展。本研究选择了当地推广面积较大的几种保护性耕作模式,与常规模式相比较。具体模式、主要耕作栽培措施和作物配置如表6-5-8所示。

表6-5-8 四川稻田保护性耕作制主要模式选择

模 式	代号	主要保护性耕作措施
小麦-水稻常规耕作	MC1(CK)	常规耕作措施(水稻浅旋耕、小麦浅旋耕)
油菜-水稻常规耕作	MC2(CK)	常规耕作措施(水稻浅旋耕、油菜浅旋耕)
小麦-水稻保护性耕作	MC3	水稻秸秆还田免耕种小麦、浅旋耕栽水稻(无秸秆还田)
小麦-水稻保护性耕作	MC4	水稻秸秆还田免耕种小麦、免耕栽水稻(无秸秆还田)
小麦-水稻保护性耕作	MC5	水稻小麦双免耕、秸秆双还田
油菜-水稻保护性耕作	MC6	免耕种油菜、浅旋耕栽水稻(无秸秆还田)
油菜-水稻保护性耕作	MC7	免耕种油菜、免耕栽水稻(无秸秆还田)
秋马铃薯/油菜-水稻保护性耕作	MC8	水稻秸秆还田免耕种植秋马铃薯、油菜;水稻浅旋耕
小麦-水稻-蔬菜保护性耕作	MC9	水稻秸秆覆盖种秋菜、免耕种植小麦
中药材-水稻保护性耕作	MC10	水稻秸秆覆盖种植中药材

(二)评价指标的标准值和区限值

相关数据的获取主要通过定位试验、相关调查、统计资料和文献完成。其中土壤理化性状数据根据四川省农科院农业部长江上游农业资源与环境重点实验室在简阳的相关实验数据整理。试验地田间种植制度为小麦(油菜)-水稻的一年两熟制。试验设6个处理:①稻草秸、麦秸全量覆盖还田;②稻草秸、麦秸半量覆盖还田;③稻草秸、油菜秸秆全量覆盖还田;④稻草秸、油菜秸秆半量覆盖还田;⑤CK1(无覆盖)种植小麦-水稻,⑥CK2(无覆盖)种植油菜-水稻。试验采用大区对比,每区面积为105 m^2(7 m×15 m),试验从2003年开始。

产量数据由彭山县土肥站提供,其他相关数据根据农户调查、有关统计资料和有关文献整理(Yagi K et al.,1989;Schtuz H. et al.,1989;Schtuz H et al.,1990;李全胜等,2001)。农户调查分别在彭山县、广汉市、简阳市、彭州市、绵竹市、什邡市、双流县进行,总计对100户农户进行了入户问卷式调查。统计资料包括四川省农业统计年鉴,各地市县有关农业统计资料和各局、站、所的相关基础统计资料。

经过文献整理、专家咨询、统计资料和实地调查,确定各评价指标的标准值和区限值(即最优值和最劣值)如表6-5-9所示。

表 6-5-9 南方稻田保护性耕作制可持续性评价指标的标准值

指标	单位	最优值 *bi*		最劣值 *ai*
机械投入 D_1	元/hm^2	油-稻 0;麦-稻 0		油-稻 3 000;麦-稻 33 000
人工投入 D_2	个工/hm^2	油-稻 75;麦-稻 45		油-稻 20;麦-稻 15
经济产量 D_3	kg/hm^2	水稻	15 000	5 250
		小麦	9 000	4 500
		油菜	3 000	1 200
		马铃薯	30 000	7 500
		萝卜	105 000	45 000
		泽泻	15 000	6 000
纯效益 D_4	元/hm^2	15 000		1 500
土壤容重 D_5	g/cm^2	1.70		1.50
土壤孔隙度 D_6	%	50		30
犁底层深度 D_7	cm	30		0
养分归还率 D_8	%	100		0
土壤有机质含量 D_9	g/kg	15.00		12.00
土层维持养分循环能力 D_{10}	mg/kg	250.00		140.00
水分利用效率 D_{11}	kg/m^3	3.00		1.00
温室气体排放(CH_4)D_{12}	mg/(m^2 · h)	16.10		5.00
病虫草害 D_{13}	严重程度	没有 0		很重 10
化肥施用量 D_{14}	纯 N,P_2O_5,K_2O 总 kg/hm^2	330		795
农药施用量 D_{15}	元/hm^2	150		450
农民认可态度 D_{16}	接受难易	很认可 10,基本 5		很不认可 0
科技支撑力度 D_{17}	力度	国省市/县乡支持 10		无支撑 0
社会影响程度 D_{18}	影响程度	极力支持 10		很不支持 0

(三)各项指标的实际(测)值

根据试验测量、统计资料、农户调查和文献整理补充(Yagi K et al.,1989;Schtuz H et al.,1989;Schtuz H et al.,1990;李全胜等,2001),取得各项指标的实际(测)值(表 6-5-10)。

表 6-5-10 南方稻田保护性耕作制可持续性评价指标的实得值

指标	MC1	MC2	MC3	MC4	MC5	MC6	MC7	MC8	MC9	MC10
机械投入 D_1	3 000	2 400	1 500	1 200	1 200	1 800	1 200	1 800	1 200	1 200
人工投入 D_2	165	210	135	135	135	195	195	420	300	225
经济产量 D_3	15 000	11 700	1 575	1 575	16 875	11 700	11 700	11 400	15 750	9 000
纯效益 D_4	10 500	9 750	13 650	13 350	13 875	10 650	11 250	20 400	18 000	22 500
土壤容重 D_5	1.61	1.61	1.62	1.65	1.60	1.62	1.63	1.60	1.60	1.60
土壤孔隙度 D_6	39.25	39.25	39.01	38.30	39.50	39.01	38.77	39.50	39.50	39.50
犁底层深度 D_7	25	25	15	15	0	15	0	15	15	15

续表 6-5-10

指标	MC1	MC2	MC3	MC4	MC5	MC6	MC7	MC8	MC9	MC10
养分归还率 D_8	10	10	50	50	100	10	10	79	57	50
土壤有机质含量 D_9	14.05	14.05	14.30	14.30	14.62	14.05	14.05	14.30	14.30	14.30
维持养分循环能力 D_{10}	151.60	151.60	163.25	163.25	171.20	151.60	151.60	163.25	163.25	163.25
水分利用效率 D_{11}	2.22	1.29	2.35	2.80	2.80	1.64	1.50	2.35	2.80	2.35
温室气体排放 CH_4 D_{12}	5.37	5.00	13.96	13.96	18.795	5.00	5.00	13.96	13.96	13.96
病虫草害 D_{13}	5	5	4	4.50	3.50	4.50	4	4	4	4
化肥施用量 D_{14}	555	555	495	495	465	555	495	825	825	495
农药施用量 D_{15}	390	390	315	315	315	390	390	465	465	390
农民认可态度 D_{16}	5	5	8	8	7	8	7	8	7	7
科技支撑力度 D_{17}	5	5	8	8	8	8	8	8	8	8
政府影响程度 D_{18}	5	5	8	8	8	8	8	8	7	7

(四)各系统的评价结果及分析

各系统的评价值如表 6-5-11 所示。从系统层面上看:

表 6-5-11 南方稻田保护性耕作制可持续评价指标各变量层的评价值

指标	权重	MC1	MC2	MC3	MC4	MC5	MC6	MC7	MC8	MC9	MC10
C_1	0.057	0.008 6	0.014 2	0.028 5	0.032 8	0.032 8	0.026 0	0.033 9	0.019 5	0.025 8	0.031 8
C_2	0.277	0.139 8	0.134 4	0.200 4	0.195 1	0.211 6	0.150 3	0.161 0	0.225 0	0.224 3	0.221 0
B_1	0.333	0.148 4	0.148 6	0.228 9	0.227 9	0.244 4	0.176 3	0.194 9	0.258 5	0.264 1	0.252 8
C_3	0.033	0.016 5	0.016 5	0.014 1	0.010 7	0.014 3	0.014 1	0.010 9	0.016 3	0.016 3	0.016 3
C_4	0.083	0.037 7	0.03 77	0.043 4	0.043 4	0.062 7	0.037 6	0.037 6	0.053 0	0.050 1	0.043 4
C_5	0.217	0.150 5	0.091 1	0.116 1	0.144 5	0.135 7	0.115 5	0.105 0	0.113 5	0.143 2	0.113 5
B_2	0.333	0.204 7	0.145 3	0.173 6	0.198 6	0.212 7	0.167 2	0.153 5	0.182 8	0.209 6	0.173 2
C_6	0.250	0.109 6	0.109 6	0.149 7	0.149 7	0.161 8	0.109 6	0.133 9	0.000 0	0.000 0	0.133 9
C_7	0.083	0.040 0	0.040 0	0.064 0	0.064 0	0.060 7	0.064 0	0.060 7	0.064 0	0.059 7	0.059 7
B_3	0.333	0.149 6	0.149 6	0.213 7	0.213 7	0.222 5	0.173 6	0.194 6	0.064 0	0.059 7	0.193 6
A	1.000	0.502 7	0.443 5	0.616 2	0.640 2	0.679 6	0.517 1	0.543 0	0.505 3	0.533 4	0.619 6

1.经济系统中

经济投入上 MC4、MC5、MC7、MC10 持续性较强,MC1 最差;经济效益上 MC5、MC8、MC9、MC10 持续性较强,MC1、MC2 最差。从整个经济系统看,MC9 可持续性最强,MC8、MC10 次之,MC1、MC2 最差。

2.生态系统中

土壤结构生态方面,MC1、MC2、MC8、MC9、MC10 保持土壤良性结构效果较好,可持续性也较强,其他模式较差;土壤营养生态方面,MC5 维持土壤营养循环最好,可持续性也最强,MC1、MC2 最差;土壤环境生态方面,MC1、MC4、MC9 环保效果较好,可持续性也较强，MC2 最差。从整个生态系统看，MC1、MC5、MC9 可持续性较强，MC2、MC7 可持续性较差。

3. 社会系统中

农化技术依赖程度上，MC5 依赖程度最低，可持续性最强，MC8、MC9 因化肥农药投入过大，没有可持续性；社会认可方面，除 MC1、MC2 外，其他模式的可持续性都强于二者。

综合经济、生态、社会三大系统，在南方稻田保护性耕作制整个系统层面上，MC5 可持续性最强，MC3、MC4、MC10 次之，都达到了可持续；MC1、MC6、MC7、MC8、MC9 基本可持续，但都在可持续与不可持续的边缘；MC2 则不可持续。

综合分析，四川现有推广的保护性耕作制中，以双免耕秸秆双还田的水稻-小麦保护性耕作模式可持续性最强，其生态、经济、社会三大系统发展协调，最适合在四川推广应用。水稻秸秆还田免耕种小麦/浅旋耕栽水稻的小麦-水稻保护性耕作模式、水稻秸秆还田免耕种小麦/免耕栽水稻的小麦-水稻保护性耕作模式、水稻秸秆覆盖种植中药材的中药材-水稻保护性耕作模式三大系统发展也基本协调可以在四川推广应用；水稻浅旋耕/小麦浅旋耕的小麦-水稻常规耕作模式、水稻浅旋耕/油菜浅旋耕的油菜-水稻常规耕作模式、无秸秆还田的免耕种油菜/免耕栽水稻的油菜-水稻保护性耕作模式、水稻秸秆还田免耕种植秋洋芋、油菜/浅旋耕种水稻的秋洋芋/油菜-水稻保护性耕作模式、水稻秸秆覆盖种秋菜/免耕种植小麦的蔬菜-小麦-水稻保护性耕作模式处于基本可持续状态，可慎重选择应用；水稻浅旋耕/油菜浅旋耕的油菜-水稻常规耕作模式由于近年油菜价格下降产量低经济效益极差、生态效果不好，处于不可持续状态，今后应压缩面积。

三、评价分析总体结论

（一）南方稻田保护性耕作制促进了土壤质量的改良及其功能的可持续性

保护性耕作具有保护稻田土壤质量、维持肥力稳定的功能和效应。与传统耕作相比，主要体现在以下几个方面：

1. 土壤有机质呈缓慢增长趋势

保护性耕作条件下平均土壤有机质含量由 2.09 增加到 2.84，增加了 35.0%，而在传统耕作条件下由 2.34 变为 2.08，减少了 11.1%。由于秸秆还田和绿色覆盖，土壤中有机质含量缓慢增长，有效地供应着作物的生长发育需要。

2. 土壤耕层质量总体趋良

保护性耕作条件下土壤容重平均值由 1.42 减小为 1.34，下降了 5.6%，而传统耕作条件下由 1.35 增加到 1.43，增加了 5.9%。保护性耕作技术由于以秸秆还田为中心的多元覆盖和少免耕技术的运用，少动土或不动土，极大地保持了土壤结构的稳定性，同时能明显提高稻田表层土壤的通透性。

3. 土壤养分循环能力稳中有升

保护性耕作能使土壤营养物质增加，全氮、全磷、全钾和碱解氮、有效磷等肥力元素在土壤中的含量都有所升高。本研究的结果显示，保护性耕作条件下全氮、全磷、全钾、碱解氮、有效磷含量分别增加了 35.0%、43.2%、109.16%、27.71%、25.42%，只有速效钾的含量略有下降（4.04%）。经过保护性耕作措施后，稻田土壤的营养循环能力得到很大改善。

4. 利于形成良好的作物生长环境

本研究的结果显示，保护性耕作条件下土壤 pH 值下降了 6.3%，由 1980 年的 7.67 变为 2006 年的 7.19，而 7.19 也是水稻田比较合理的酸碱度。在传统耕作条件下，pH 值由 1980 年的 7.86 变为 6.92，变幅为 11.9%，按这样的趋势，传统耕作条件下土壤酸性会加强，进而影响到土壤中养分的形态和作物的吸收，保护性耕作会有效地避免这种情况，有效改善作物生长环境。

理论和实践都证明，在我国土地面积严重短缺、农作制高度集约化现状难以改变的情况下，保护性耕作技术是使耕地始终处于可持续利用状态的有效措施。

（二）结合生态经济综合评价，优化选择并提出了适合当地实际、可持续性较强的几种保护性耕作种植模式

综合分析，四川现有推广的保护性耕作制中，以双免耕秸秆双还田的水稻-小麦保护性耕作模式可持续性最强，其生态、经济、社会三大系统发展协调，最适合在四川推广应用。水稻秸秆还田免耕种小麦/浅旋耕栽水稻的小麦-水稻保护性耕作模式、水稻秸秆还田免耕种小麦/免耕栽水稻的小麦-水稻保护性耕作模式、水稻秸秆覆盖种植中药材的中药-水稻材保护性耕作模式三大系统发展也基本协调可以在四川推广应用。水稻浅旋耕/油菜浅旋耕的油菜-水稻常规耕作模式由于近年油菜价格下降产量低而造成经济效益极差，加上生态效果不好，处于不可持续状态，今后应压缩面积并适当改进耕作措施。

第六节　农牧交错带保护性农作制关键技术与模式生态经济综合分析

本节从生态与经济协调发展的战略需求出发，采取定性与定量相结合的方法，从农作系统的角度对我国北方农牧交错区的防沙型保护性农作制关键技术与模式进行了宏观综合分析，为该地区的保护性农作制发展提供科学的参考。

一、阴山北麓农牧交错区保护性农作技术评价

（一）农田保护性耕作技术生态经济总体分析

本研究以内蒙古武川县与四子王旗保护性耕作试验区提供的试验数据为基础，对该项技术的生态经济效益进行分析。

1. 抗风蚀效果分析

试验采用 SC-50 型沙尘收集器对留茬免耕地和秋翻裸地空间不同高度（10 cm、30 cm 与 50 cm）风蚀沙尘量进行收集，通过称重确定不同耕作方式的风蚀情况。结果见表 6-6-1，与秋耕裸地相比，免耕留茬的保护性耕作形式可以明显减轻土壤的风蚀作用。武川试验点结果为距地面 10 cm 处，可减少 51.3%；距地表 30 cm 处可减少 35.1%；距地面 50 cm 处，减少 0.75%。减沙效果随着高度的增加呈现递减趋势。这是因为随着高度增加，残茬对风速的影响程度越小。四子王旗实验结果与武川变化趋势相同。

表 6-6-1　保护性耕作与传统耕作风蚀量对比

（2002—2003 年）　　g

地　点	处　理	收集时间	风 速	收集高度		
		(h)	(m/s)	10 cm	30 cm	50 cm
武川县东滩	秋翻裸地	24	13	1.17	0.57	0.40
	免耕留茬	24	13	0.57	0.37	0.37
	降低率(%)	—	—	51.3	35.1	0.75
四子王旗小后河	秋翻裸地	24	7	0.58	0.56	0.42
	免耕留茬	24	7	0.41	0.47	0.33
	降低率(%)	—	—	29.3	16.1	2.13

注：试验数据由武川、四子王旗保护性耕作试验区提供。

2. 聚水保墒作用分析

前人的试验结果基本认为，留茬保护型耕作可以达到明显的聚水保墒作用。对于农牧交错带地区，土壤水分不但是影响风蚀的重要影响因子，同时也是影响春播，影响作物生长的重要因子。对两个试验地点的播前及播后 5 d、播后 10 d 土壤水分的测定结果表明，与传统耕作方式相比，实行保护性耕作可明显增加土壤春播时候的墒情(图 6-6-1 与图 6-6-2)，在保护性耕作不同形式中，旋耕或免耕＋深松的保墒效果要比免耕稍好。这说明在不翻动土壤的前提下，对其进行适当的疏松，可以增加土壤的通透性，达到维持良好墒情的目的。

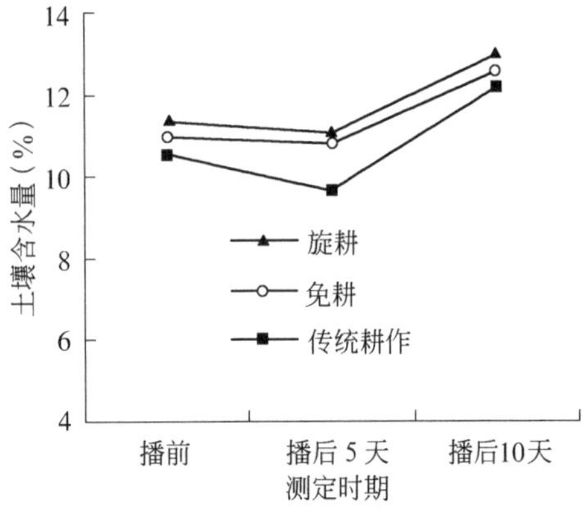

图 6-6-1　2002 年武川县东滩不同耕作方式下土壤水分

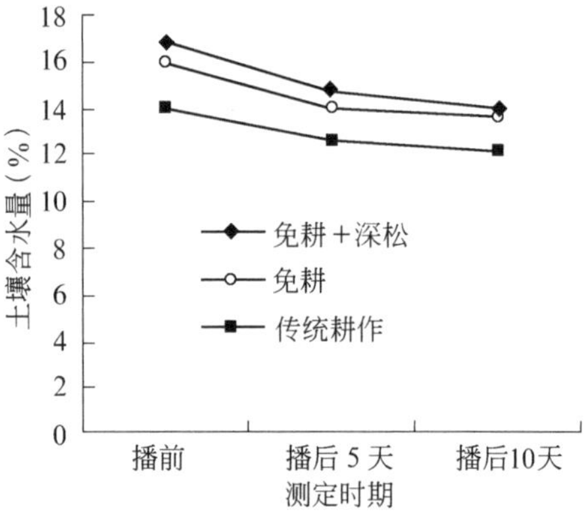

图 6-6-2　2002 年四子王旗小后河不同耕作方式下土壤水分

3. 对作物产量影响的分析

由表 6-6-2 可见，以春小麦为供试作物，与常规耕作方式相比，实行保护性耕作，第一年产量降低，两种保护性耕作处理分别降低了 0.13%和 0.8%。免耕减产明显，而免耕＋深松处理减产幅度不大。第二年，保护性耕作则有明显的增产作用，两种处理比常规耕作方式增产幅度达 13.6%。免耕＋深松与免耕处理之间产量没有差异。

表 6-6-2 四子王旗小后河村不同耕作方式下春小麦产量结果 kg

处理	2001 年	较传统增产(%)	2002 年	较传统增产(%)
传统耕作	148	—	99.35	—
深松免耕	146	−0.13	112.95	13.6
免耕	136	−0.8	112.95	13.6

注:试验数据由四子王旗保护性耕作试验区提供。

4. 经济效益分析

两年的试验结果都表明,实行保护性耕作方式可以明显增加农业生产的经济效益。在三种耕种方式中,均以免耕的产投比最高。第一年在产量最低的情况下,仍然达 2.85∶1。说明实行保护性耕作在产量持平和减产幅度不大的情况下,仍然可以获得较高的经济效益。

表 6-6-3 四子王旗小后河村春小麦不同耕作方式经济效益分析 元/亩

耕作方式	2001 年			2002 年		
	总投入	总产出	产投比	总投入	总产出	产投比
传统	61.3	162.8	2.65∶1	61.3	109.3	1.78∶1
免耕	52.4	149.6	2.85∶1	52.4	124.5	2.37∶1
免耕+深松	57.4	160.6	2.80∶1	57.4	124.5	2.17∶1

注:试验数据由四子王旗保护性耕作试验区提供。

从试验结果分析来看,无论从生态效益,还是经济效益,保护性耕作技术在农牧交错带地区都是一种好的技术模式。

(二)阴山北麓农牧交错带地区带状间作防沙技术评价

阴山北麓地区秸秆产出少,冬季风大,秸秆还田或覆盖会很快被大风吹跑,虽然农田防护林是防治农田风蚀沙化的有效措施,但在农牧交错带地区冬季严寒和干旱使大部分丘陵和北部风蚀沙化严重地区植树很难成活,即使成活也大多数成为"小老树",根本起不到防沙的作用。因此,采用带状间作技术就成为该地区防治农田风蚀沙化的首选技术之一。

1. 带状间作防沙技术的主要类型及技术要点

(1)粮薯带状留茬间作　在阴山北麓地区,马铃薯和小麦是最主要的作物类型,针对这种生产实际情况,设置小麦与马铃薯带状间作与轮作。留茬带与间作带必须等宽,以利于下年倒茬。具体宽度要根据当地农机具来设计。根据多年试验的结果,带宽在 3.6～8.4 m 都具有可观的效果。农田行向要尽量与冬春盛行风向垂直。

在麦薯带状留茬间作的基础上,可进一步推广到其他作物,在考虑两种作物之间有良好互作效应的前提下,凡条播作物都可以留茬与穴播作物间作。在阴山北麓地区可因地制宜选择莜麦、荞麦、胡麻条播作物与马铃薯、油葵、玉米等穴播作物组合。

(2)粮草(粮饲)带状间作　针对当地饲料短缺,畜牧业发展受到限制的现状,选择优质的牧草或饲料作物与粮食作物实行带状间作。牧草或饲料作物实行条播,要求有较强的抗寒抗旱能力,有较高的生物产量。粮食作物条播或穴播均可,要求有较高的经济效益。当地普遍采用饲料玉米与豆类、青莜麦与豆类的带状间作与轮作两种类型。带宽设置基本与麦薯带状间作相同。

(3)灌草带状间作(退耕地) 退耕地基本上都位于土层极薄,土壤肥力极低的地段,必须选择一些耐旱耐瘠薄的植物种植。采用旱生与强旱生的灌木与半灌木和旱生与半旱生的多年生牧草搭配,实行带状间作种植,灌木带 4 m,牧草带 10～30 m,以灌木带防风固沙并保护牧草带。不仅能够起到较好的减轻风蚀和恢复植被的作用,而且还有较高的经济效益。目前这种模式已在风蚀严重的武川县西北部大面积示范推广。

2. 带状间作技术防沙能力的分析

(1)增加地表粗糙度,降低近地表风速 与裸地相比,作物留茬不仅可以增加带内的地表粗糙度,带间裸露农田的地表粗糙度也有明显的提高。有效地降低了近地表风速(表 6-6-4),减轻了土壤风蚀。

表 6-6-4 带状留茬间作与裸露耕翻地粗糙度比较(1999 年春)

地 点	200 cm 高风速(m/s)	5 cm 高风速(m/s)	风速比(V_{200}/V_5)	粗糙度(cm)
对照秋翻裸地	11.4	5.8	1.99	0.12
莜麦留茬带	13.3	3.5	3.92	1.41
带间马铃薯裸地	11.4	5.2	2.23	0.25

引自:赵举博士论文。

(2)增加了土壤水分含量,增强了土壤抗风蚀能力 土壤水分增加可以明显提高抗风蚀能力。留茬地因阻力增加,能滞留雪水和拦截吹雪,使表层土壤水分比裸地明显增加(表 6-6-5),0～10 cm 土壤水分含量增加率达 28.5%～68.9%。同时,受留茬带保护的带间裸地水分含量也有所提高。特别是 0～5 cm 土壤水分,增加率达 14.3%。

表 6-6-5 留茬地与裸地土壤水分含量的比较(2004 年 4 月)

测定地点	0～5 cm	对照裸地增加率(%)	5～10 cm	对照裸地增加率(%)
莜麦留茬带内	3.16	68.9	6.41	28.5
带间马铃薯裸地	1.91	14.3	5.67	1.61
秋翻裸地	1.67	—	5.58	—

(3)显著降低土壤风蚀量 2002—2003 年试验测定结果表明(表 6-6-6),留茬带由于增加了地表粗糙度,减少近地表风速,减慢了土壤表层水分蒸发,同时有聚雪增墒作用。所以风蚀比裸地明显降低。留茬带间裸地由于受留茬带的保护,也达到了显著减轻土壤风蚀的作用。

表 6-6-6 带状留茬减轻风蚀的效果(2003 年 5 月)

处 理	秋翻裸地	莜麦留茬田	带间马铃薯裸地
风蚀量(t/hm^2)	53.0	3.76	14.92
比裸地减少(t/hm^2)	—	49.24	38.08
风蚀降低率(%)	—	93.2	71.8

3.带状间作防沙技术的经济效益分析

在阴山北麓地区，春旱是影响农业生产的重要因素。从上面分析可见，带状留茬间作不但可以大幅度提高带内的土壤水分，而且还可以有效的提高的带间保护区裸地的土壤水分，维持春季良好的土壤墒情，有利于春播及保证作物有较高的出苗率，为后期作物生长打下良好的基础。实行带状间作种植技术同时还有利于作物间通风透光，提高光热水土资源的利用率，提高作物边行效应的作用，达到增产高效的目的。研究结果表明，在相同环境与栽培条件下，采用不同作物带状间作，有明显增产效果，主要表现在边行增产效应，莜麦、油菜和玉米的增产率分别为7.5%～21.6%，11.0%～31.0%和8.2%～28.6%，说明采用带状留茬间作与轮作不仅有防治风蚀的生态效应，而且具有明显的经济效益，是目前旱农区实现生态与经济同步发展的一项有效措施(妥德宝等，2002)。

4.带状间作应用前景及存在问题分析

保护性耕作是一种防沙型的耕作技术，而带状间作则是一种防沙型的种植技术。与保护性耕作相比，由于带状间作技术简单适用，可操作性强，在经济发展十分落后的农牧交错带地区，是一项能容易为广大农牧民接受的技术。同时，该项技术有效地解决了当地马铃薯大面积种植导致的生态经济矛盾问题。国内外有关留茬免耕能保护耕地的报道也都证明，在风蚀严重地区，留茬免耕保护耕地的作用是非常有效的，特别在尚未实现农田林网化或不适宜植树的情况下，带状留茬是一项防止风蚀和沙化简单而有效的措施，应作为继农田林网化之后在干旱、风蚀严重地区行之有效的农田保护模式。

目前带状间作技术仍然还处于试验示范阶段，技术体系还不是很规范与完善。主要表现在两个方面：①关于带状留茬间作作物品种选择，以往的研究只提出了条播作物和穴播作物搭配即可。对两种作物之间的相互作用还没有作深入的研究。如何实现高矮，疏密的合理搭配，实现作物之间互惠互利，提高产量，是提高经济效益的关键。②关于带宽的确定，不同的作物、植物搭配，最佳的防风沙效果所要求的带宽也是不一样的。而目前的研究只是初步提出了麦薯带状留茬间作的带宽。对于其他的作物组合，继而推广到其他的植物之间，最佳的防风蚀带宽，还需要进一步的研究。

二、农牧交错区保护性农作制典型模式分析

从各种保护性农作技术上升到发展模式，是一个综合考虑社会、经济、生态等问题，根据当地具体情况，充分运用各种保护性农作技术，不断实践验证而形成的过程。下文在对我国北方农牧交错区建立防沙型保护性农作制的系统理论分析的基础上，针对目前该区存在的几种保护性农作制典型模式进行综合分析评价，为这些模式的完善和推广提供科学的支撑。

(一)乌盟“进、退、还”农作制模式

乌兰察布盟地处内蒙古自治区中部，大部分旗县都处于阴山北麓农牧交错带内。历史上，乌盟曾是“草过于马背，择水而栖，择沃而耕，水草丰美 ”的地方。然而，近半个世纪以来，特别是近30年，由于过度开垦和掠夺式的强度利用土地，引起了大面积的风蚀沙化，致使生态环境遭到严重破坏，水土流失日趋严重，土地生产力急剧下降，人民生活贫困。为了改变这种沙化与贫困化不断加剧的局面，1994年乌盟地区提出并实施了“进一退二还三”的

战略结构调整策略(见图 6-6-3),为当地实现生态恢复与脱贫致富创造了有利条件。

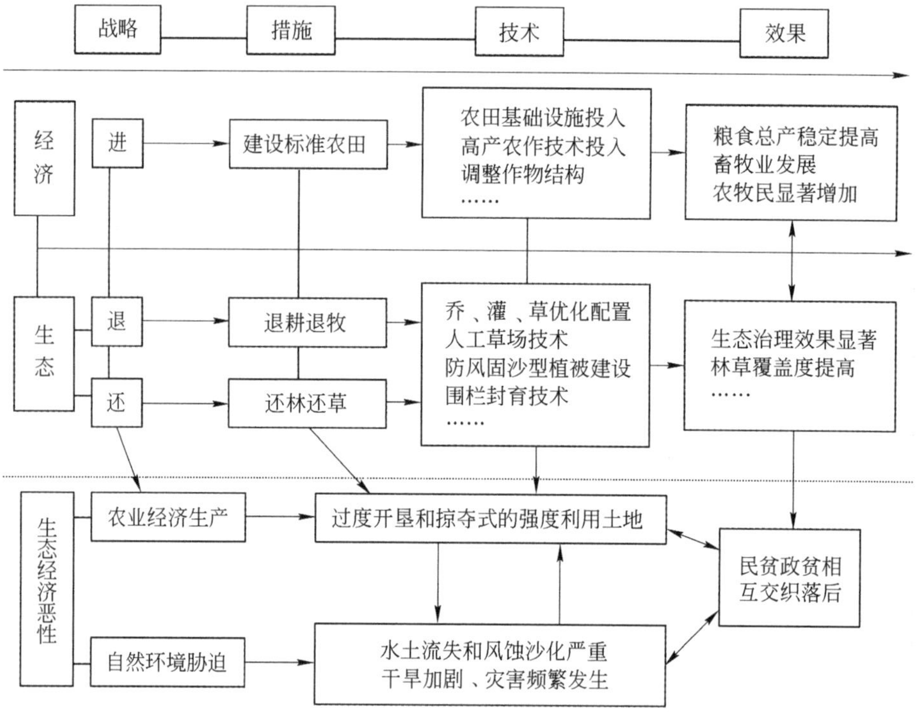

图 6-6-3　乌盟“进、退、还”模式

1.“进、退、还”战略的内涵

“进 ”指大力建设水旱高效标准农田,“退 ”指退耕不适宜耕种或不应该开垦的旱坡薄地,“还 ”就是在退耕地上还林还草还牧。指导思想是以实现生态效益与经济效益“双赢”为目标,坚定不移地贯彻调整产业结构,建设畜牧业大盟的战略思想,把“退、还”放在突出位置,立林草为业,实施整体推进,区域种植,重点突破,加大退耕还林还草还牧力度,加快改善生态环境,打牢畜牧业基础形成各具特色的区域经济格局。

2.“进、退、还”战略模式的技术体系

(1)“进”——基本农田建设

①建立高产稳产基本农田。水旱并举建设基本农田。同时,采取增施有机肥,秸秆还田、稻草轮作、耕作改制等措施培肥地力,改善作物生长条件,提高产量。

②改进耕作技术,实行少耕、深松、带状留茬等保护性耕作技术,增强土壤保水和防风蚀能力。

③引进与推广综合配套农业增产技术,如平衡施肥、地膜覆盖、综合防治与节水灌溉等。同时扩大绿肥种植面积,以培肥地力,改善农田生态环境。

④调整种植结构,在提高粮食单产的基础上。压缩粮食作物播种面积,增加蔬菜、瓜果等经济作物和饲草料播种面积,变“粮经”二元结构为“粮经饲”三元结构。

(2)“退、还”——退耕还林还草

①草灌乔结合综合效益型建设技术。主要在水土流失严重的低山丘陵坡地，采取土石工程和生物工程相结合，草、灌、乔结合，进行综合配套建设，沿等高线挖水平沟或鱼鳞坑种植乔木，在土埂的顶部或基部点种灌木，在水平沟的带间种植灌木或多年生牧草，形成三个层次的立体结构的灌丛草场。既治理了水土流失，又培育了草场，取得了较好的综合效益。

②“油草混播”、“麦草混播”建设人工草场技术。用一年生的大黄菜籽，青莜麦与多年生的豆科、禾本科牧草混播，不仅提高了牧草成活率，而且有显著的经济效益，还由于豆科植物的生物固氮作用使草地土壤养分状况得到改善。

③防风固沙型建设技术。在风蚀沙化强烈与水土流失严重的地段，以强旱生的灌木和半灌木植物种类为主，采取带状或网状连片密植，至灌丛形成后再适当开发利用。

④灌草带状结合型人工草地。在退耕地及部分退化的草场上，采用灌木带间种植多年生优良牧草，形成灌丛带和牧草带相结合的、分层次的灌丛草地。已建成柠条-沙打旺、柠条-紫花苜蓿、柠条-蒙古冰草等灌丛草地。

⑤灌草混合型人工草地。在天然荒草地或退耕地的缓坡地上，以小半灌木与牧草混播，如沙打旺与紫花苜蓿混播等。

⑥以灌育草型人工柠条地。在沙化、退化较轻的草场上，种植垂直于当地主风向的柠条带，柠条带宽 5 m，带间 10～20 m，带间不进行翻耕种植或补播其他优良牧草，让其自然恢复。

⑦围栏封育技术。根据需要，对不同类型的天然草地实行围栏封育技术，可使草地植被迅速恢复，草地生产力也较大提高。

3. 实施“进、退、还”战略的效益

(1)种植业结构实现从传统“两麦一薯”过渡为“两杂一薯”。

(2)基本农田建设力度提高了。基本实现了人均 0.07 hm^2 水浇地和 0.13 hm^2 旱作基本农田。2000 年在全盟耕地缩减 1/2 的情况下，粮食总产稳定提高，农牧民人均纯收入显著增加，由 1994 年的 745 元上升到 2000 年的 2 003 元。

(3)林草工程治理面积截止到 2000 年底已完成 1 344.6 万亩，森林覆盖率达到 8.7%，林草覆盖度由 1994 年的 30%提高到 40%。

(4)畜牧业得到较大发展。牲畜年度饲养量年均递增 10.4%以上，农区畜牧业产值达到 21.4 亿元，占全盟畜牧业产值的 83%，农民收入中 40%来自畜牧业。

4. 实施“进、退、还”战略的主要经验

(1)首先必须要处理好“进”和“退”的关系。“进”是前提，“进”足才能“退”，坚持进退结合，以进促退，边进边退。也就是说，退耕还林还草首先要加强基本农田建设，保证农民基本口粮田，同时还要依据市场和资源优势不断调整结构，千方百计增加农民收入，只有这样才能“退得下、保得住、不反弹”。

(2)在以草地为主体的农牧交错带进行以草地建设为中心的农牧结合型生态农业建设，是尽快恢复生态，发展经济的现实途径。在具体的建设中，必须坚持因地制宜原则，把生态效益和经济效益有效结合起来。

(3)生态农业建设必须遵循生态学原理和生态经济规律。

(4)在退耕地建设中,坚持以灌草为主的原则。

(5)重点突破,系统扩展。"进、退、还"战略是一项生态、经济效益相统一的系统工程,它们之间是互为相互促进相互拉动的动态关系,用从系统的观点出发,分步骤地加以实施,并在实践中不断丰富和发展它的内涵。

(二)阴山北麓"以丘陵为单元的生态治理"农作制模式

阴山北麓丘陵区位于阴山山地向内蒙古高原的过渡带,由于自然因素和人为的滥垦、过牧和掠夺式经营等的影响,造成该地区风蚀沙化和水土流失严重,成为该地区农牧业生产发展的主要障碍性因素之一。为了探索该地区农牧业发展出路,中国农业大学、内蒙古农科院等科研人员经过十几年的攻关研究,初步提出了寓生态和经济效益为一体的"以丘陵为单元的生态治理模式",能够较好地解决这一问题。

1.基本内容

阴山北麓地区丘陵旱坡地占耕地总面积的71.7%,土地利用也大多数以丘陵为单元,生态恶化的问题也主要表现在丘陵上,从而提出以丘陵为单元的生态治理模式,并可形象地概括为"草业冠、等高田、生态沟"。其基本内容是:

◆ 草业冠:根据丘陵顶部、上部不适合耕作的生态环境和风蚀沙化严重的现状,将顶部、上部和坡度大于15°以上的坡地全部退耕种草,并与灌木实行带状间作,以窄灌木带保护宽牧草带,形成保护农田的屏障。在种植草、灌木相当一段时间内应禁牧以保护草灌生长。

◆ 等高田:根据丘陵中下部土层较厚和肥力较高的特点,将坡度15°以下原来顺坡耕种的旱地全部改成等高田,以控制水土流失和风蚀,建设基本农田。丘陵以下的滩川地条件更好,应建成稳产高产基本农田,并挖掘水源发展节水灌溉,有条件的可在等高田上沿拦蓄雨水入窖,实行补充灌溉。

◆ 生态沟:沟壑源头填土,在丘陵之间的沟壑植树固土,并涵养水源。

2.效益分析

(1)治理模式的生态与经济效应　以丘陵为单元的生态治理模式与丘陵顺坡种植的莜麦和顺坡人工种草的能流效率相比能流大小顺序为治理模式>顺坡种植模式>人工草地模式。与顺坡莜麦模式相比,治理模式节约了劳力和种子能量的投入,提高了能量转化效率。通过对三种种植模式的经济效益分析发现,治理模式产出和盈利最多效益最好,治理模式产出可比顺坡莜麦高出26.7%,赢利增加46.7%。

治理模式还具有较高的生态效益。与莜麦种植相比,莜麦生长仅有4个月时间,其余各月地面裸露极易风蚀;而治理模式顶部的人工草地全年覆盖着地面,且丘陵中、上部建设的等高田又增大了地表粗糙度,从而很好地起到了防治或减轻风蚀的作用。

(2)治理模式的社会效应　以丘陵为单元的生态综合治理模式适应了当地条件,已被县政府采纳并大面积推广。大豆铺乡在1997—1999年就已建成等高田1 533 hm^2,生态沟73 hm^2,草业冠80 hm^2。2000年武川在东北部按照以丘陵为单元的治理模式,扩大推广建成3 000多 hm^2 大面积样板。

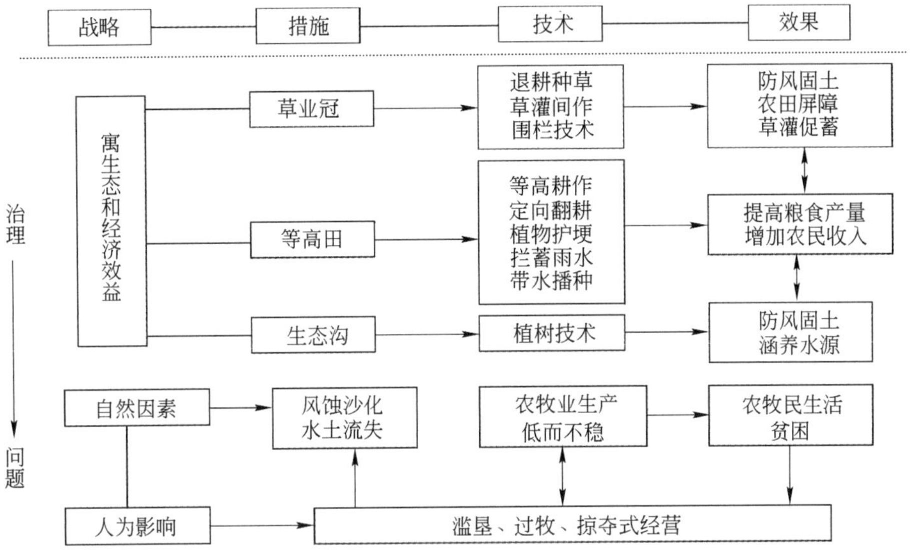

图 6-6-4　武川县"以丘陵为单元的生态治理"农作制模式

(三)河北坝上"以经济植被构建防沙型农作制"模式

河北坝上是指张家口、丰宁、围场以北地区，是北方农牧交错带的一部分，地处高寒半干旱地区，属大陆性季风气候。坝上地区向为蒙民游牧所用，成型农作时间较短，只有百余年的历史。期间一直沿袭广种薄收、粗放经营的生产方式，农业生产水平落后，粮食产量低且不稳，平均 0.7～1.5 t/km^2。区域生产以自给性为主，商品经济严重落后，人均纯收入只有 1 350 元/年，是河北省经济最不发达的地区之一。

坝上地区由于严酷的自然气候条件，人口过快增长压力及对自然资源不合理的开发利用，对环境造成了严重的破坏，土地沙化退化现象较严重。为了改善坝上地区贫困落后的局面，推动地区经济的发展，坝上人民经过多年的实践，依据自身的自然地理优势，通过调整结构，逐步形成了以错季蔬菜生产技术为典型的经济发展的模式(图 6-6-5)，促进了退耕还林还草生态建设发展，走出了以开发带动治理的防沙途径。

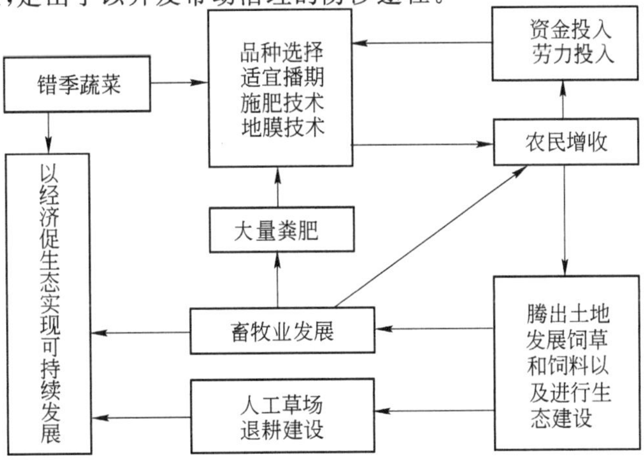

图 6-6-5　坝上以"经济植被构建农作制"模式

1. 以错季蔬菜生产技术为代表的典型模式的主要内涵

(1)蔬菜种类和品种的选择　适于高寒半干旱区栽培的蔬菜为喜凉型的叶菜类与根茎类等收获器官为主蔬菜品种。生产上要求所使用的品种既要充分生长获得丰硕的成熟的营养体,又要求不能进入生殖过程以免影响品质。因此,选择对高寒半干旱区光温反应迟钝的蔬菜生态型,或通过播期等技术给予合理调控,是区域喜凉菜成功生产的关键。据试验表明,坝上可大面积发展的蔬菜有甘蓝、菜花、结球生菜、甜菜豆、芹菜等。这几种蔬菜在坝上种植品质好,栽培技术容易被农民掌握,可生产出高品质的适宜外运产品。其次为坝上传统蔬菜胡萝卜等也有大面积发展潜力。十字花科植物由于早春气候冷凉,易于通过春化,加之小株采种繁种成本低,技术条件掌握以后进行大面积繁种,也是当地农民脱贫致富的一条途径。

(2)确定适宜的播期　蔬菜生产虽然高效,但同时也具有很高的市场风险性。因此,如何根据市场需求及蔬菜品种生长发育特性确定合理播期,适时收获,从而获得较高的市场差价并适应市场陆续供应的要求,是错季蔬菜生产最重要的一个环节。如高寒半干旱地区大白菜生产应首选温度反应迟钝型的高产品种播种期宜从 5 月中旬开始,分期分批,一直持续到 6 月下旬,应在 8 月上旬至 9 月中旬 40 天内陆续上市,避免集中上市而导致市场积压,价格下跌。

(3)菜地土壤的选择与蔬菜施肥技术　坝上地区蔬菜生产的劣势是农田水分缺乏与投肥水平低。特别是农田水分,由于区域降水少以及地下水总量稀缺而难以得到大规模改善。因此,菜地应选择地势低平,土质较细,含水持水能力较强的滩地和二阴滩地,在浅水支持下进行补水生产,可有效解决坝上地区种菜缺水问题。同时,滩地由于各种养分含量高,也可在近期内较少投肥,从而提高经济效益。

投肥的基本原则是因地制宜,因时制宜,因品种制宜,同时结合灌水进行。

(4)地膜旱作蔬菜生产技术　蔬菜生产大多数耗水较多,而坝上地区又是水资源贫乏的地区。据统计坝上高原水浇地面积仅占总耕地面积的 5%～7%,且水源不足,保灌面积小。地膜旱作蔬菜对于节约水资源,扩大蔬菜种植面积,稳定增加农民收入具有十分重要的意义。如在地下水位 2 m 左右的下湿滩地,利用浅层水生产蔬菜,可充分利用和开发低位滩地水分资源。试验表明,在具有较好的地下潜水的供应的农田上,旱作蔬菜生产也能取得很好的生产效果。大萝卜露地旱作种植,产量可达补水生产的 70%,而旱地覆膜可达补水生产的 90%以上。覆膜比露地种植增产 24.1%～30.6%。

2. 错季蔬菜生产的综合效益分析

(1)增加农民收入　据 1995 年河北坝上地区 100 户农户水浇地种植业基本情况调查表明,水浇地面积 25.76 hm^2,菜地面积 10.82 hm^2,占整个水浇地面积的 42%;春小麦、蚕豆、黄豆、莜麦面积 14.94 hm^2,占 58%。蔬菜平均每公顷纯收入 23 145 元,为粮经作物每公顷纯收入 2 910 元的 10.5 倍。可见,蔬菜的比较经济效益是十分高的。

(2)可带动退耕工程的发展　国家退耕还林还草工程的启动,特别是大面积的退耕的进行必然会在一定程度上影响以种植业为主要收入的农牧民的收入。农民渴望的是退耕不等于退粮,而是要增加粮食产量,增加收入。如果退耕较大的影响了农民的收入,必然会出现复垦现象。为了保障退耕的成果,必须要千方百计增加农民收入。从经济学角度讲,退耕的启动首先要有劳动密集型的作物生产大发展，且该作物必须具备较高的成本赢利率、劳动赢利率和纯收益，从而使劳力资源供应紧张；其次是能实现劳力的就地转移与异地转移。蔬菜生产是典型的劳动密集型作物，其具备启动退耕所要求的条件。

(3)可实现农业可持续发展　发展蔬菜产业可以节约土地，极大增加农民收入，使农民可以将一小部分钱用于农田建设中，提高作物产量，减小粮食生产压力。同时，可以将一部分旱坡地用来发展饲草和绿肥，促进农牧结合。从而实现调整产业结构、优化土地利用的目的，使该地区的农业走上可持续发展的道路。

小结

北方农牧交错带构建防沙型农作制，从技术选择的角度来看，应遵循防沙能力最强，经济效益最优及简单实用的原则。保护性耕作技术虽然能够兼顾生态与经济效益，但由于受到大型农机具及农户经营规模较小等因素的限制，目前无法成为该地区防沙型农作技术体系的核心。防治农田风蚀，在种植方式上应该研究推广带状间作技术。在农田风蚀季节地表覆盖技术选择上，应该以残茬覆盖为主。在植被建设中，应该以灌草为主。在区域发展模式选择上，应该坚持生态与经济效益兼顾原则。具体可分三种类型：①以生态建设为启动点的区域发展模式——典型模式代表为阴山北麓地区“以丘陵为单元”的治理模式；②生态建设与经济建设兼顾的区域发展模式——典型代表模式为乌盟后山地区的“进、退、还”发展模式；③以经济发展带动生态建设的地区发展模式——典型代表模式为“以错季蔬菜生产带动退耕还林还草防沙治沙”发展模式。

第七节　北方农牧交错带不同土地利用方式下农田生态经济综合评价

北方农牧交错带现存的农业生态系统是一种典型的经营粗放、功能脆弱、产出不足、可持续发展基础很薄弱的农业生态经济系统类型。本节基于生态安全、经济可行、效率提升、生产发展的四个原则，采用经济生态等方面的指标对武川县种植业进行度量，来反映不同技术措施间的差异，以期为当地农业及农业生态系统的可持续发展提供理论帮助。

一、指标选择

如果把农业生产看作一个大系统，则不同的生产要素构成子系统，而子系统内部由复杂多样的要素组成，这些因素最终决定了农业生产的发展状况和实际效益。我们可以把每个要素对系统发展的贡献看成是系统发展的一个目标。因此，对农业生产的综合评价就可以假借对每个要素对系统发展的贡献进行评价综合得到。本研究将优势指数定义为某区域经济、生态政策或技术措施所具有的优势程度大小，并据此选择环境、生态、经济等指标来计算、比较种植业中不同作物生产的优势大小。运用系统协同论的观点，区域农业发展的优势指数可表征为不同区域农业系统之间综合协调发展程度，也就是说不同的农业系统生产过程中诸要素或诸因子之间的强弱大小，分别从不同侧面体现了系统由无序走向有序，从低效向高效的演变趋势，系统最终的协调状况是系统能否得以健康发展的根本体现。本研究所采用的指标如图 6-7-1 所示。

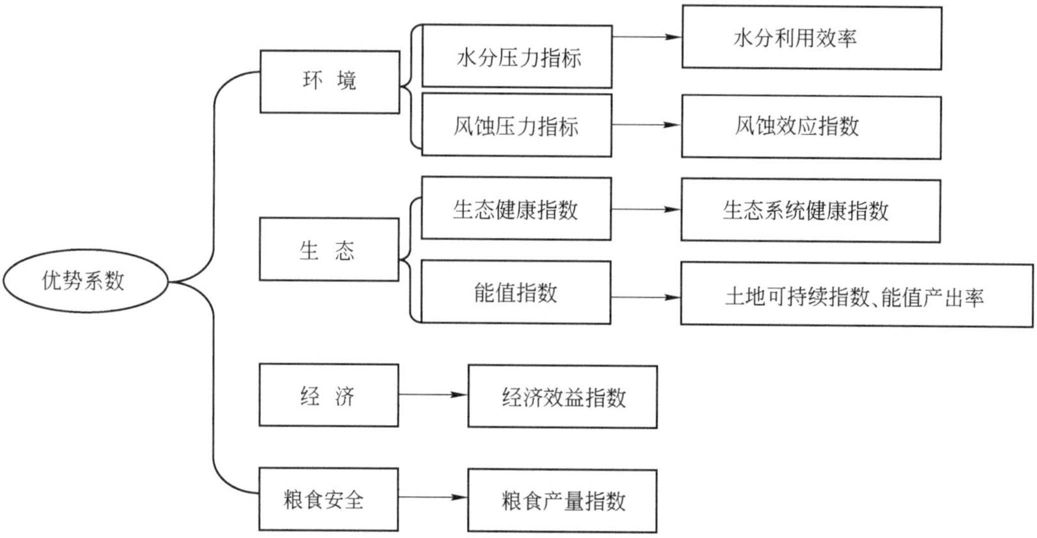

图 6-7-1　系统综合评价指标

二、计算方法

(一)功效系数的建立和计算

假设系统发展有 k 个目标 $f_i(x)(i=1,2,3,\cdots,k)$，其中 k_1 个目标要求愈大愈好，k_2 个目标要愈小愈好，余下的目标要求不大不小，接近某一值为好。现在分别给这些目标以一定的功效系数 d_i，$0\leqslant d_i\leqslant 1(i=1,2,3,\cdots,k)$。当目标最满意时取 $d_i=1$，当最差时取 $d_i=0$。描述 d_i 与 $f_i(x)$ 关系的函数称为功效函数，即 $d_i=F_i(f_i)$。建立一个总功效函数 $C=G(d_1,d_2,\cdots,d_k)$ 反映系统的整体功能。$0\leqslant C\leqslant 1$，C 值愈大，系统的整体性能越好，该函数值就是系统的优势系数值。因此，首先选取反映系统状态的变量 u_i，即复合生态系统的序参量，并确定系统稳定临界点上的上、下限值(α_i、β_i)，然后确定序参量对系统有序的贡献(即功效)的功效函数 $U_A(u_i)(i=1,2,\cdots,n)$。

根据系统协同原理可知：

(1)系统处于稳定状态时，状态方程为线性；

(2)函数的极点值是系统稳定区域的临界点；

(3)慢驰豫变量在系统稳定状态时也有量的变化，这种量的变化对系统有序度有两种功效，一种是正功效，即随着慢驰豫变量的增大，系统有序度趋势增大；另一种是负功效，即随着慢驰豫变量的增大，系统有序度趋势减少。因此，在第 j 时刻复合生态系统序参量 u_i 对系统有序的功效($UA_j(u_i)$)可表示为：

$$U_{A_j}(u_i)=(X_{ij}-\beta_i)/(\alpha_i-\beta_i) \tag{6-7-1}$$

$$U_{A_j}(u_i)=1-(X_{ij}-\beta_i)/(\alpha_i-\beta_i) \tag{6-7-2}$$

当 $U_A(u_i)$ 具有正功效时，采用公式(6-7-1)，当 $U_A(u_i)$ 具有负功效时($i=1,2,\cdots,n$)采

用公式(6-7-2)。公式(6-7-1)、(6-7-2)中,X_{ij}为参变量u_i在第j时刻的取值,A为系统稳定区域。(功效系数内容参考自吴跃明等,1996)。

(二)优势系数计算

优势指数计算:

优势指数是系统各变量功效的综合反映,利用几何平均法进行累加。即系统在第j时刻的优势系数(C_j)为:

$$C_j = \sqrt[n]{U_{Aj}(u_1) \cdot U_{Aj}(u_2) \cdot U_{Aj}(u_3) \cdots U_{A_j}(u_n)} \qquad (6\text{-}7\text{-}3)$$

即:

$$C_j = \sqrt[n]{\prod_{i=1}^{n} U_{A_j}(u_i)} \qquad (6\text{-}7\text{-}4)$$

公式(6-7-3)、(6-7-4)中,$U_{Aj}(u_i)$为各因子的功效系数,n为系统因子个数。

三、计算结果与分析

不同功效因子指标值及功效函数取值范围见表6-7-1,因子功效系数及优势指数见表6-7-2。在各指标的功效系数计算中,为了避免指标的功效系数0与1的出现,首先要对各个指标的取值范围进行确定,指标的上、下区间范围由该时间段内指标变化的极值来确定,仅把极值作适当的小幅度调整即可。一般是把极大值放大,同时把极小值缩小。在本研究中极值放大与缩小的幅度见表6-7-1。这样就可以把各个指标的功效系数限制在0和1之间。一般极大值的功效系数在0.9以上,极小值的功效系数小于0.1。极大值和极小值分别接近于1和0,但只是无限趋近,使得各个指标之间便于比较和分析。

建立科学的农业生产技术评价理论及其评价指标体系,就能把握农业生态系统发展状态,有利于实施系统有效调控,实现良性与稳定发展。优势指数是评价作物生产系统之间或要素之间综合效应和一致性程度的定量化指标,从表6-7-2可知,几种作物栽培方式的优势指数大小顺序分别为:覆膜玉米>饲料玉米>小麦>油菜>莜麦>覆膜马铃薯>垄作马铃薯>草谷子。因此,武川县适宜扩大玉米生产面积,适当缩小马铃薯和草谷子的生产面积。

小结

农业生产系统优势效应是农业生态系统管理不可回避的问题。由于农业系统的复杂性、差异性和发展程度的不同,农业生态系统包含的要素很多,每个要素的变化与起落以及要素之间的相互影响也比较复杂,研究者对问题的侧重点不同,选取的指标也不尽相同,因此,对评价结果也会有差异。同时,优势指数评价的关键之一是功效函数的取值范围的确定,由于没有统一的指标来说明各个指标的合理有效范围,因此,取值范围就根据考察对象的最大、最小值来确定。上限指标和下限指标的选取范围不同、上下限的选取方法不同,评价结果就不同。另外,评价指标的确定通常要考虑区域农业生产系统的过去和现状发展状态,还要考虑未来发展目标,同时对评价指标的权重的确定也非常重要,本研究中各个因子

表 6-7-1　作物生产功效因子指标值及功效函数取值范围

指标	功效	因子	马铃薯	油　菜	草谷子	小　麦	莜　麦	饲料玉米	覆膜马铃薯	覆膜玉米	取值范围	
											上限 α_i	下限 β_i
生态指标	正	净能值产出率	0.03	5.31	1.15	0.66	0.36	2.88	0.19	4.91	$A_{j\max}+0.01$	$A_{j\min}-0.01$
	正	土地可持续利用系数	0.002	0.035	0.007	0.004	0.002	0.019	0.001	0.029	$A_{j\max}+0.001$	$A_{j\min}-0.001$
	正	健康指数	0.175 5	0.104 9	0.059 1	0.572 8	0.288 6	0.338 1	0.276 0	0.321 7	$A_{j\max}+0.000\,1$	$A_{j\min}-0.000\,1$
环境指标	负	耗水系数	0.054 8	0.100 7	0.021 6	0.037 2	0.083 1	0.009 2	0.036 8	0.0070	$A_{j\max}+0.000\,1$	$A_{j\min}-0.000\,1$
	负	风蚀量(t/hm^2)	17.47	4.48	3.07	3.30	3.73	4.55	15.09	4.68	$A_{j\max}+0.01$	$A_{j\min}-0.01$
产量指标	正	产量(kg/hm^2)	4 450	1 378	3 422	4 574	1 960	9 075	6 352	23 786	$A_{j\max}+1$	$A_{j\min}-1$
经济指标	正	经济效益(元/hm^2)	1 647	3 087	1 823	1 915	2 021	2 874	1 565	5 366	$A_{j\max}+1$	$A_{j\min}-1$

注：$A_{j\max}$为该组数列中最大值，$A_{j\min}$为该组数列中最小值。

表 6-7-2 不同作物生产功效系数和优势系数

指标	功效	指标功效系数	马铃薯	油 菜	草谷子	小 麦	莜 麦	饲料玉米	覆膜马铃薯	覆膜玉米
生态指标	能值指标	净能值产出率	0.001 9	0.998 1	0.213 2	0.120 8	0.064 2	0.539 6	0.032 1	0.922 6
		土地可持续利用系数	0.031 3	0.971 5	0.173 8	0.088 3	0.031 3	0.515 7	0.002 8	0.800 6
		能值	0.016 6	0.984 8	0.193 5	0.104 5	0.047 7	0.527 6	0.017 5	0.861 6
	生态系统健康指标	健康指数	0.226 7	0.089 3	0.000 2	0.999 8	0.446 8	0.543 1	0.422 3	0.511 2
环境指标	水分压力指标	耗水系数	0.489 9	0.001 1	0.843 5	0.677 3	0.188 5	0.975 5	0.681 6	0.998 9
	风蚀压力指标	风蚀量	0.000 7	0.901 5	0.999 3	0.983 4	0.953 5	0.896 7	0.165 7	0.887 7
		环境	0.245 3	0.451 3	0.921 4	0.830 3	0.571 0	0.936 1	0.423 7	0.943 3
粮食安全指标	产量指标	粮食产量	0.134 9	0.004 3	0.091 2	0.140 2	0.029 0	0.331 7	0.215 8	0.957 4
经济指标	经济效益指标	经济效益	0.045 5	0.405 4	0.089 5	0.112 5	0.139 0	0.352 2	0.025 0	0.975 0
综合		优势指数	0.089 3	0.147 1	0.049 0	0.267 5	0.137 5	0.500 3	0.111 0	0.827 4

都处于比较重要的地位，因此选择相同的权重。本研究以武川县种植业系统为例进行了分析验证，结果表明不同作物的优势指数大小分别为：覆膜玉米＞饲料玉米＞小麦＞油菜＞莜麦＞覆膜马铃薯＞垄作马铃薯＞草谷子。应该着重发展优势指数大的作物生产，适当缩减优势作物小的作物面积。

（隋鹏，李向东，何文清，李春阳，陈源泉，高旺盛）

参考文献

1. 隋鹏. 黄淮海平原节水种植模式生态经济分析及优化配置研究——以河北省栾城县为例. 中国农业大学博士学位论文，2005
2. 李向东. 南方稻田保护性耕作制生态经济综合评价研究——以成都平原为例. 中国农业大学博士学位论文，2007
3. 李春阳. 北方农牧交错带保护性农作制生态经济评价. 中国农业大学博士学位论文，2006
4. 何文清. 北方农牧交错带农用地风蚀影响因子与保护性农作制研究. 中国农业大学博士学位论文，2004
5. 陈玉民，康绍忠. 中国主要作物需水量与灌溉. 北京：水利电力出版社，1995
6. 董治宝，陈广庭. 内蒙古后山地区土壤风蚀问题初论. 土壤侵蚀与水土保持学报，1997，3(2)：84～90
7. 段爱旺，张寄阳，吕国. 灌溉农田粮食作物水分利用效率的研究. 农业工程学报，2000，7(4)：41～45
8. 高亚军，黄东迈，朱培立，等. 稻麦轮作条件下长期不同土壤管理对氮素肥力的影响. 土壤学报，2000，37(4)：456～463
9. 康绍忠，刘晓明，熊运章. 土壤-植物-大气连续体水分传输理论及其应用. 北京：水力电力出版社，1994
10. 刘昌明，于沪宁. 土壤-作物-大气系统水分运动实验研究. 北京：气象出版社，1997
11. 刘增进，李宝萍，等. 冬小麦水分利用效率与最优灌溉制度的研究. 农业工程学报，2004，7(4)：58～63
12. 卢凤君. 农业发展情景分析模型及其应用. 中国软科学，1994 (7)：32～34
13. 区伟明，陈润珍，黄庆. 水稻免耕抛秧经济效益及生态效益分析. 广东农业科学，2000，6：5～6
14. 王会肖，刘昌明. 作物水分利用效率内涵及研究进展. 水科学进展，2000，3(1)：99～105
15. 徐阳春，沈其荣，雷宝坤，等. 水旱轮作下长期免耕和施用有机肥对土壤某些肥力性状的影响. 应用生态学报，2000，11(4)：549～552
16. 章秀福，王丹英，符冠富. 南方稻田保护性耕作的研究进展与研究对策. 土壤通报，2006，37(2)：346～351
17. 朱震达. 中国沙漠、沙漠化、荒漠化及其治理的对策. 北京：中国环境科学出版社，1999

18. 庄恒扬，刘世平，沈新平，等. 长期少免耕对稻麦产量及土壤有机质与容重的影响. 中国农业科学，1999，32(4)：39～44

19. 吴跃明等，环境-经济系统协调度模型及其指标体系，中国人口. 资源与环境，1996，2，121～125

第七章

农户意愿评价方法在农业宏观分析中的应用

第一节　基本原理与思路

20 世纪 60 年代中期以前，国际农业应用研究方式只有一条主线，即实验室式/试验站式研究。60 年代中期以后，国际农业研究方式发生变革，一方面以实验室式/试验站式的正规农业研究方式继续发展，同时衍生出一条以农户经营的农事系统为研究对象的农地研究和吸纳更多农民参与的农民参与式研究方式，而且在两条线之间的联系不断增加(卢敏，2001)。目前国际上农民参与式研究的方式很多，本节主要介绍农民参与式研究方法之一农户意愿评价方法的特点以及在农业宏观分析中的应用案例。

一、农户意愿评价的特点

(一)农户意愿评价的概念

作为技术推广和实施的主体，农民的意识和行为起着关键的作用。农民行为是自发的、被动的还是被强制的，农民对技术或措施的科学性和实用性如何认识，都是需要调查和研究的问题。这些问题的回答，能够为政府部门的决策、科研的技术研发和推广部门的措施改进提供充分的理论依据和实施基础。

“认知”(cognition)一词，具有较强的心理学意义。社会学偏重于人们对社会现象的共识以及这种共识对其社会行为的影响，认知客体往往还包括认知主体自身(刘莫，2002)。而作为一种标准化的调查方法，问卷调查法是一种以客观验证和定量分析为基础的实证研究方法，是社会调查中最为常见、应用最为广泛的方法之一(张创新等，2003)。

农户意愿评价是指以农户意愿为核心，通过对农户进行问卷调查的方法，获取农户对某项技术或措施的认识资料，经过数据处理，运用系统分析或模型分析，最后得到农户对该项技术或该项措施的认知。最后为政府部门的决策、科研的技术研发和推广部门的措施改进提供充分的理论依据和措施建议。

(二)农户意愿评价的主要特点

1. 农户意愿评价基于农户水平和农户生产系统进行

以农户为中心的农作系统由三个子系统组成，即农户家庭、农业生产系统(包括作物生产和家畜生产系统)、非农活动。农户是生产决策的主体，确定系统生产的目标，为生产和非农活动提供劳力；农业生产系统为农户家庭提供食物等物质，同时家畜也为作物生产系统提供畜力；非农活动是农户获得现金收入的主要来源，也是农户改善生活、提高生计的重要经济补充。

农户系统的一切生产和活动都是在系统内进行的，除了构成农户系统的主要因子之间的相互作用外，农户在生产和生活中还受到外界环境因素的影响(图 7-1-1)。外部影响因素一般包括社会文化环境、自然物理环境和国家有关政策、体制等。

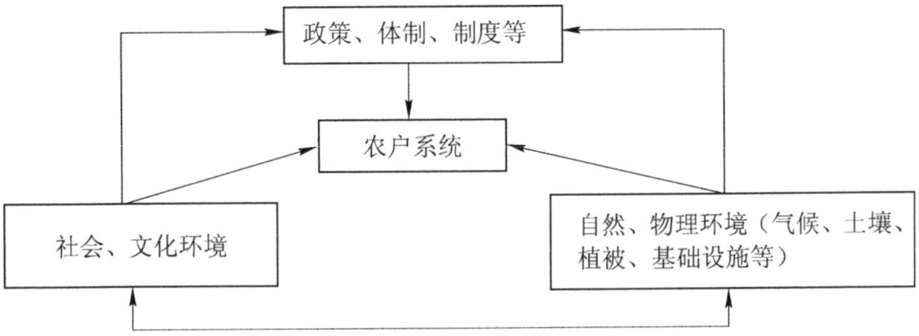

图 7-1-1　农户系统及其外界环境影响因素

2. 农户意愿评价主要通过农户参与式研究方法进行

“农民参与式研究(farmer participatory research ,FPR)”概念是在 20 世纪 80 年代末 90 年代初提出来的，它对重新考虑研究方法、研究者态度、价值观有革命性的影响。已为许多国际研究中心、国家研究机构所应用。

“参与式行动研究(participatory action research,PAR)”是探索各种将行动、反映、参与和研究结合在一起的途径和方法。这种研究方法的渊源是行动科学，目的是怎么通过对话和参与来增强当地人的意识和自信，而且对他们的行动赋权(卢敏，2001)。

农户参与式研究主要通过农户问卷调查、农户访谈、农村住户调查以及搜集相关部门公开发表的资料等途径进行。获取农户调查数据、农户访谈数据和信息、农村住户调查数据和各政府有关部门公开发表的有关农户生产的主要数据和与关键技术人员的访谈数据和资料。然后对这些第一手搜集到的资料进行整理，最后运用不同的方法进行处理，将从农户手中得到的第一手资料转化成农户意愿的集中体现，得出农户意愿的直接显示。

二、农户意愿评价的设计思路

农户意愿评价的设计思路是评价是否具有科学依据和说服力的关键，因此，评价中一个关键的要素就是思路设计，包括调查的区域和对象、调查问卷和访谈内容等。要明确调查的主题，紧扣研究目标和内容，要有合理的结构和严密的逻辑性，使调查的结果符合研究需要，能够被便捷、有效地利用。

(一)调查和访谈问卷设计

“统计是认识社会的有力武器。”调查和访谈是意愿搜集工作的基本环节，调查和访谈的形式和方法也有很多种，而且根据不同的研究目标、不同的环境和不同的调查单位或调查人本身特点，在操作过程中也往往会有所变化。但是作为一个最常用、最重要也是最有效的办法——问卷调查法始终被广大研究者所重视。

一个完善的调查和访谈问卷必须具备两方面的功效，既能将问题传达给被调查或被访谈人，同时又要使被调查者或接受访谈者乐于回答问题或提问。因此要实现这两个方面的功效，调查和访谈问卷的设计就应当遵循一定的原则，灵活使用一定的技巧。

1. 调查和访谈问卷的设计原则

(1)主题明确　根据调查和访谈的目的，结合研究内容拟题，突出调查和访谈重点，尽量避免可有可无的问题。

(2)结构合理、逻辑性强　问卷要有合理的设计框架和结构，问题的排列应符合应答者的思维习惯，具有合理的逻辑顺序。一般按照先易后难、先简后繁、先具体后抽象的逻辑顺序进行设计。

(3)通俗易懂　问卷要尽可能设计便于询问对象回答的问题，使用通俗易懂的文字，使应答者一目了然，愿意并方便如实回答。如果问卷中涉及到个人资料，应该要有隐私保护说明，最后要对回答者的配合予以感谢。

(4)便于整理和统计　问卷的设计要考虑到调查结束后数据的整理和统计，能够根据调查结果进行整理、校正和统计分析。

2. 调查和访谈问卷的主要内容

问卷的调查内容是问卷的核心部分，是每一份问卷都必不可少的内容，直接关系到调查成功与否。

(1)被调查者或访谈者的背景资料　包括被调查者或访谈者的地理位置、住址、性别、年龄、婚姻状况、教育程度、家庭构成和地位、当地经济和生活水平、基本生产和生活资料、生产经营方式、经济收入、生活水平等问题。

(2)调查和访谈的基本问题　一份好的调查问卷应该满足以下几方面的要求：①确保问卷能完成调查任务的目标与目的；②问题要具体化，文字表述清楚，核心内容重点突出，主要内容结构清晰；③调查问卷应该明确正确的研究方向，把握正确的引导方向，注意容易让群众接受并且不对群众造成不良的影响；④便于统计整理。调查资料的统计汇总工作十分繁重，调查和访谈问卷的主要内容要方便使用计算机进行统计，以简化和减轻工作负担。

(二)样本选择及实地调查、访谈

根据研究内容和研究区域实际情况，选取调查地区的单元个数以及每个调查单元中被调查人的数量。调查尽可能以村民小组为基本单元，采取结构性或半结构性取样方法，必要时可对农户进行跟踪调查，即不同年份或时期对同一农户进行调查，从而保证了调查的连续性。调查首先选区有代表性的取样村，然后在该村随机选取所需数量的农户，保证每个村有效样本数不少于统计分析需要的个数。

调查应结合问卷问答、农户访谈以及与有关的技术、推广或管理方面的关键人物进行访谈，借以了解与调查相关的一些总体情况和需要了解的市场及社会状况，以利于最后的数据分析之用。调查和访谈最好采取面对面的入户调查和访谈方式进行，保证所获取的资料是第一手资料，同时可根据调查时的具体情况对调查内容进行适当调整和校正，也可以了解和搜集与调查内容相关的农户生产生活信息和当地社会、经济、生产、生活信息。

所调查和搜集数据全部录入计算机数据库，结合数理统计方法进行数据处理和分析。

三、农户意愿评价的步骤

农户意愿评价是在调查访谈及资料搜集完成后，根据研究目标，进一步确立评价指标体系或评价内容，最后运用一定的评价方法或评价模型进行评价。其中评价内容和评价指标体系的确定是其基础，也是最为重要的一个环节。从农户和农民视角来看，评价指标必须要具备两个条件：必要条件和充分条件。譬如就技术评价而言，农民是否能接受改良技术是其必要条件，包括该项技术的可行性、社会认可程度以及与之相关的政策、制度等外部因素的支持程度。农民是否愿意采用新技术则是其充分条件，主要指技术与农户目标（如产量目标、利润最大化、风险最小化等）是否一致，农户的资源利用状况与采用技术的相关关系等。

农户意愿评价在获取农户及相关资料以后即可进行，一般包括如下步骤：

（一）确定评价指标体系建立的原则

评价指标体的建立一般要遵循以研究目标和重点为指导，立足现有数据，多角度、全方位，既相互独立又可相互比较的原则。

1. 实用性

实用性是选择评价指标最重要的一个原则。不管从何种角度去评价一个事物，所选择的指标必须首先是有用的，与评价的事物和研究的目标是有直接关联的。

2. 量化和可操作性

制定指标的目的是为了用于评价，因此所选指标必须易于量化。同时设计的指标体系要尽可能便于利用现有统计数据和调查访谈获得的数据。

3. 相对独立性

虽然不同指标是相互补充或从不同角度来说明问题的，但如果所选择的指标彼此存在包含关系或强相关关系，那就应当舍弃一些关联性或交叉范围较大的指标，尽可能使每个指标具有相对独立性，整个指标体系尽量简化。

4. 可比性

所建立的指标体系应能应用于不同区域，使区域之间、不同调查对象之间能进行横向比较和分析。

（二）建立评价指标体系或评价内容

评价指标体系的建立要依据上面的原则，结合研究目标形成科学性的指标体系，具体来说评价指标体系应该包括以下内容：

（1）评价指标体系要围绕研究目标、突出重点。

（2）评价指标体系要包括研究内容的各个方面，不可以偏概全或有所遗漏。

（3）评价指标体系要便于统计分析，具有较强的客观性，避免主观臆断或主观意识过强。

（4）评价指标体系要有重要性梯度区分，在评价结果中也要有所体现。

（三）进行评价和结果分析

（1）选择评价案例区。

(2)农户调查、访谈和资料获取。

(3)数据处理和整理。

(4)根据评价指标体系建立评价模型或分析方法。

(5)运用模型或分析方法进行案例评价并对评价结果进行分析。

第二节 基于农户意愿调查的“退耕还林”政策效应评价

一、研究目标与方案

“退耕还林”是我国重大的生态环境建设工程,对区域生态环境和社会经济具有深远的影响。对该政策实施效应的评价是近年来学术界、政府和民众等不同群体研究讨论的焦点,科学评价该政策的实施效应也是政策完善的关键反馈途径。本研究主要通过农户意愿调查,对退耕还林项目实施对当地农户生计的影响以及该项目实施的可持续性进行综合分析评价,为政策的完善与调整提供科学依据。主要研究内容集中在基于农户意愿调查的退耕还林项目可持续性评价。

研究采用问卷调查的方法,通过对陕北干旱半干旱地区森林草原过渡带、国家和地方政府有关退耕还林政策的调查研究,了解该政策对当地居民生计的影响。农户调查问卷设计了8个问题(表7-2-1),每个问题给出3～5个答案供农户选择,为了统计分析方便,每个问题只需选择一个答案。调查区域涉及陕北5个县,每县随机抽取5个村庄,每村随机抽取30～50农户进行问卷调查。共计获得有效问卷1 768份,占问卷总数的88.4%。

表7-2-1 陕北地区公众对退耕还林政策态度调查问卷表

政府投资3 000多亿元人民币开展退耕还林项目影响到你的生活了吗?	
问题	结果(只选一个答案)
区域	靖边、安塞、宝塔、延长、洛川
受教育程度	初中以下、初中、高中
年龄	20～29, 30～39, 40～49, 50～59, ≥60
纯收入	≤1 000, 1 000～2 000, 2 000～3 000, 3 000～4 000, ≥4 000～5 000
政府投资3 000多亿人民币开展退耕还林项目值得吗?	是、不是、不清楚
最希望政府做的项目?	梯田、坝地、水浇地、造林、种草、栽果树、种植蔬菜、养畜、进城打工
你认为退耕还林项目成功吗	是、尚须改进、不是、不清楚
项目结束后会再次开荒吗?	是、不是、不清楚
支持退耕还林政策吗	是、不是、不清楚
退耕项目影响到你的正常生活了?	是、不是、不清楚
退耕还林补助能弥补经济损失	是、不是、不清楚
荒山造林补助能弥补经济损失	是、不是、不清楚
每年植树种草的时间(天)	多少

二、退耕还林项目对陕北地区自然与社会的影响

中国政府将陡坡耕地改造为林地或草地的退耕还林政策也是中国开发西部的重要举措,因此,民众对这一政策的态度与实际行为的变化具有重要的科学研究价值。

(一)农民的愿望

政策的实施离不开公众的大力支持。但是调查结果显示,只有 10.93%被访农民希望政府投资帮助他们开展植树造林和人工种草(退耕还林),75.19%被访农民希望政府投资项目帮助他们建设基本农田或发展农业生产(修梯田、建设淤地坝、兴建水浇田、建果园、养畜、种菜等)。然而,退耕还林项目竟然没有任何基本农田建设,仅有 20%的经济林建设内容(图 7-2-1,表 7-2-2)。农民渴望获得政府 1 500 kg/hm^2 的粮食补助,但是绝大多数农民并不愿意植树种草,这就是为什么被访农民表示支持政府开展退耕还林项目,而人工造林对项目区植被的影响是负面效应的原因之一。从另一角度来看,中央政府没有承担任何项目的管理与运行费用,这就导致地方林业部门不得不从种苗费中节省(或克扣)出退耕还林项目的管理费用,这是该项目植树造林成活率低下(一次栽植成活率仅为 55.71%)的又一重要原因。

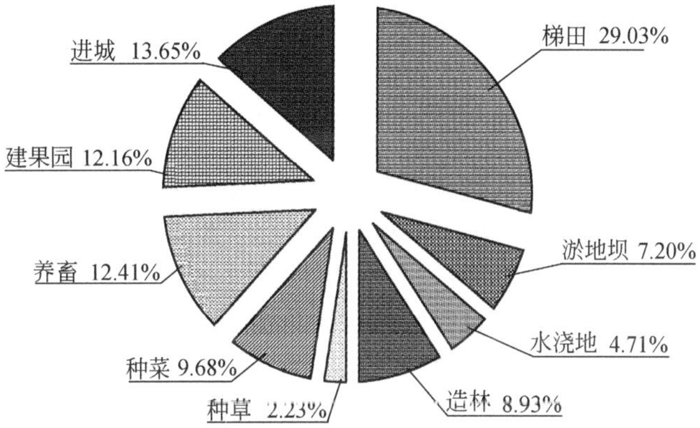

图 7-2-1 陕北地区农户对政府投资帮助他们开展的环境与生产项目的愿望

表 7-2-2 2005 年陕北地区农村居民对退耕还林项目的态度调查 %

	是	不是	不清楚	p	SD
退耕还林项目值得吗	73.45	11.66	14.89	0.001	0.735
退耕还林项目成功吗	51.12	19.60	29.28	0.036	1.050
项目结束后会再次开荒种地吗	37.22	38.96	23.82	0.002	0.770
支持退耕还林项目吗	63.80	23.30	12.90	0.046	0.713
退耕还林项目影响到你现在生活了吗	17.76	71.72	10.52	0.040	0.527
退耕还林项目补助能弥补你的经济损失吗	49.21	33.48	17.31	0.001	0.751
荒坡造林补助能弥补你的经济损失吗	40.72	41.97	17.31	0.001	0.725

注:SD,标准差;p,显著性水平。

(二)退耕还林项目对当地居民生计的影响

研究结果表明,73.45%的被访者认为中央政府投入巨资开展退耕还林项目是值得的,同时63.8%的被访者明确表示支持政府开展这一项目,这是导致该项目迅速履行的主要原因之一。相比之下,仅有19.60%的被访者认为退耕还林项目是不成功的,这主要归功于政府给农民1 500 kg/hm^2 的粮食补助略高于退耕给农民造成的粮食损失;同时,调查中发现大部分项目区(特别是干旱地区)农民家庭收入在项目实施过程中没有显著减少。项目区农民每年花费在退耕还林项目植树造林与人工种草的时间平均为18.2 d。33.48%的被访者觉得政府的补助不能弥补他们在退耕还林草方面的损失,41.97%的被访者觉得政府的补助不能弥补他们在荒坡造林方面的损失。

调查结果同时显示,37.22%的被访者明确表示退耕还林项目结束后,如果政府停止补助粮食,他们将再次毁林、毁草开荒种田。随着农户收入增加、受教育程度提高、年龄减小,再次毁林、毁草开荒种田的愿望呈显著减少趋势。因此,发展经济、增加教育投入是实现生态环境修复的重要途径之一。

三、陕北地区退耕还林项目的环境经济评价

环境态度是生态政策评价的重要的指标变量,也是生态政策制定最主要理论依据。一般来说,生态环境与生态政策方面的研究常常忽视那些复杂的、不和谐的以及日常生活的真实情况;忽视环境项目、生态政策与社会经济、人文环境之间的相互关系。因此,我们试图通过生态项目对当地居民生计的持续影响、不同收入水平、不同受教育程度居民的承受能力的研究,来了解政策与生态修复之间的相互作用(Twyman et al., 2004)。

人类对风险和非同寻常事物的判断依赖于个人对事物发展过程与结果的感性分析,这种依赖属于效用预测理论范畴(Fong and Mccabe, 1999)。在这里,我们依据这一理论来展示被访者不同的判断结果与过程,确保被访者不同的判断结果不受他人思想的干扰,使被访者能够反应自己认识和情感的真实意图,反映出自己文化与个体心理作用下的个人行为(Holden, 2003)。很明显,外部环境因素影响公众的行为;同时,考虑到内外环境因素对公众调查结果的影响,我们应用了战略管理的方法和环境经济学理论来分析内外环境因素对调查的影响(Kurttila et al., 2001;Freeman, 2002)。站在较大尺度的国家安全角度和微观的农户意愿角度研究我国的生态政策,应用SPSS(Statistical Package for the Social Science)软件、以 $p<0.05$ 为差异显著水平、F检验方法对调查问卷进行统计分析,分析国民素质等指标(可支配收入、受教育程度、年龄等)的变化与环境态度之间的关系,预测生态环境政策执行的效果,为生态政策调整寻找理论依据。

(一)经济发展与公众的环境态度的关系

1.环境政策与不同经济收入居民环境态度的关系

2004年10月我们挑选了24位中国农业大学和延安职业技术学院的同学,随机抽取了北京、河南、上海、河北、湖南、陕西六省市,对5 000余位国民做了环境态度问卷调查。调查结果显示,各地的政府职员和普通公众对环境安全和环境保护均给予了密切关注。91%的被访者感到在过去的几十年里环境严重恶化了,83.88%的被访者认为环境恶化影响到了自

己的身体健康（$p<0.001$）。对环境问题的关注程度（环境恶化影响到了自己的身体健康）与居民可支配收入间呈明显的“U”形关系（图 7-2-2）。这表明在我国贫困地区居民环境严重恶化的同时，城市化的发展在增加城市居民收入的同时面临愈来愈严重的环境考验，沙尘暴、空气与水污染、交通堵塞以及其他环境问题直接威胁着人们的生活。生态环境治理的重心在发达的城市与偏远的贫困地区，这是生态政策制定必须直接面对的问题。

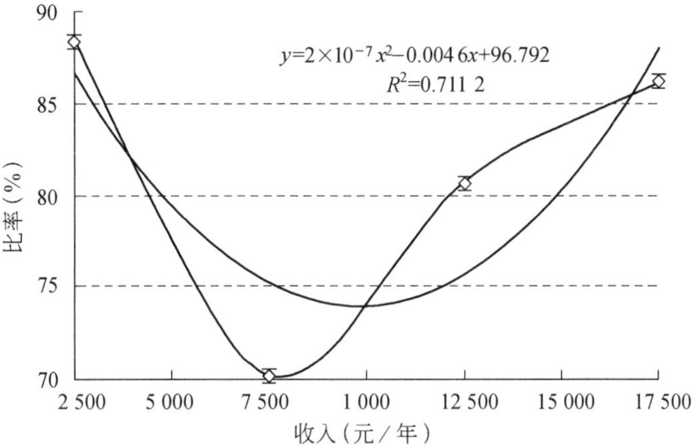

图 7-2-2　国民对环境恶化关心程度与可支配收入的关系图

2. 环境政策与不同经济收入居民生计的关系

调查结果表明，由于禁止放牧以及由此对其他产业的负面影响，共计 46.16%的牧民认为他们的生活受到了禁牧政策的影响。尽管我国的生态政策对生态、社会和经济均产生了较大影响并获得了较好的生态与社会效益，但同时也付出了较大经济代价，对于各利益主体承担的经济代价与收益是不平衡的。2 000 农户的调查结果表明，33.48%的被访者觉得政府的补助不能弥补他们在退耕还林草方面的损失，41.97%的被访者觉得政府的补助不能弥补他们在荒坡造林方面的损失（$p<0.001$）。分析结果表明，退耕还林项目的实施对当地居民生计的影响与居民可支配收入间同样呈明显的负相关关系（图 7-2-3），越是贫困居民、越容易受到伤害。

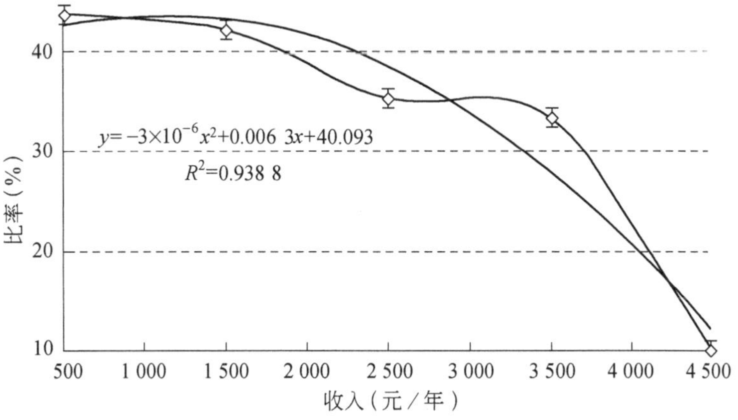

图 7-2-3　退耕还林项目对不同收入居民生计影响的关系图

3.环境政策与不同经济收入居民的生存方式的关系

退耕还林项目退出的坡耕地会不会在项目结束后返耕一直是政府和学术界普遍关注的焦点之一，世界上类似于世界粮食计划署(WFP)2605项目在宁夏失败的例子很多。生态项目结束后，如果农户生计难以维持，返耕是必然的结果(朱山涛等，2005)。2005年我们对陕北地区靖边、安塞、宝塔、延长、洛川五县区2 000农户的调查结果显示，37.22%的被访者明确表示退耕还林项目结束后，如果政府停止补助粮食，他们将再次毁林、毁草开荒种田($p<0.01$)。分析结果表明，退耕还林项目结束后农民返耕愿望与农民可支配收入间呈明显的负相关关系，贫困是造成生态环境破坏的主要原因之一；随着农户收入增加，毁林、毁草、开荒种田的愿望呈显著减少趋势(图7-2-4)。因此，发展经济、增加收入是实现生态环境修复的重要途径之一。

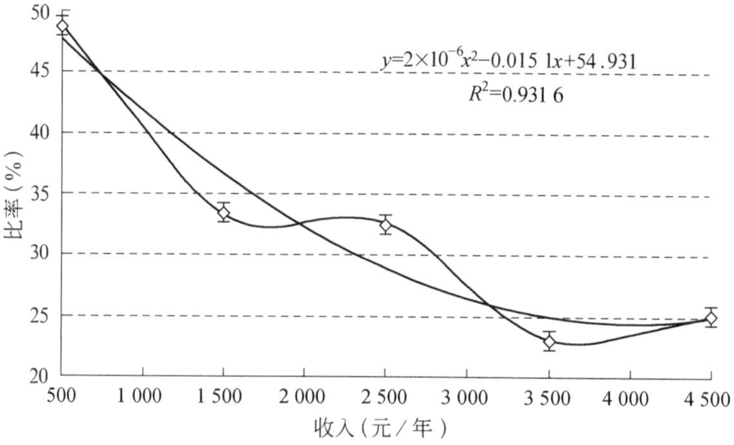

图7-2-4 居民不同收入水平与开荒种田愿望关系图

(二)社会进步与公众环境态度之间的关系

1.教育与公众的环境态度的关系

(1)环境政策与不同受教育程度居民环境态度的关系　社会制度线性系统结构的调整涉及到技术、经济、社会特征等方面，这一改变不仅需要技术革新、同时需要公众态度的转变。这一复杂的转变必然涉及有效的生态技术、新型经济模式以及环境质量与价值的持续转变(Vernon，2003)。因此，随着社会进步、教育普及、新闻宣传的普及，公众的环境意识会发生相应变化，这些变化趋势是政策制定的重要依据。

通过2004年10月我们对我国六省市5 000余位国民做的环境态度问卷调查结果来看，中国公民对环境保护表现出极高的热情，但公众的环保意识与受教育程度之间存在着显著的正相关关系(同步关系)。随着居民受教育程度增加，公众的环境意识呈显著增长趋势(图7-2-5)。因此，发展科技与教育、增强环保宣传力度是实现生态环境修复的重要途径之一。

(2)环境政策与不同受教育程度居民生计的关系　教育在改变人们的观念的同时传授给人们的生存技能，提高人们的适应能力。我们通过对陕北地区靖边、安塞、宝塔、延长、洛

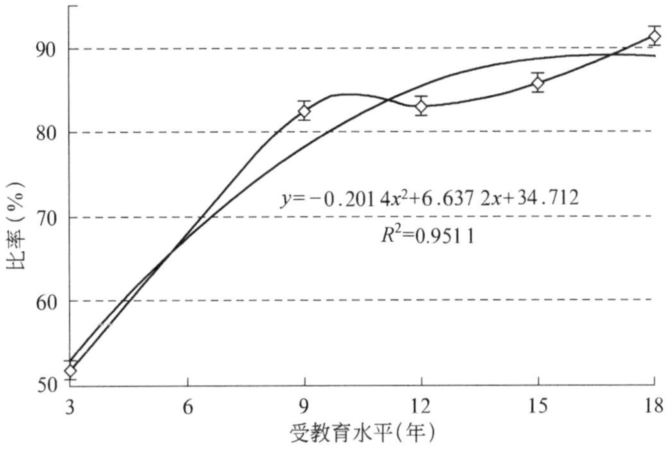

图 7-2-5 国民对环境恶化关心程度与受教育程度的关系图

川五县区 2 000 农户的调查结果表明，尽管 33.48％的被访者觉得政府的补助不能弥补他们在退耕还林草方面的损失，41.97％的被访者觉得政府的补助不能弥补他们在荒坡造林方面的损失（$p<0.001$）。但退耕还林项目的实施对当地居民生计的影响与居民受教育程度呈明显的“U”形关系（图 7-2-6），表现出类似的环境库兹涅茨（Kuznets）曲线（钟茂初，2005）。陕北地区退耕还林工程对当地居民生计影响的调查表明，该地区居民受教育程度与退耕还林对当地居民生计影响的关系表现为先降后升的非寻常现象，这与居民实际生活质量和对项目未来的预期有关，受教育程度低的居民劳动技能低，就业转移困难，生活的贫困状况难以改变；受教育程度高的居民对未来有着较持久的判断与预期，对政策经济的“时滞”效应有所感悟。

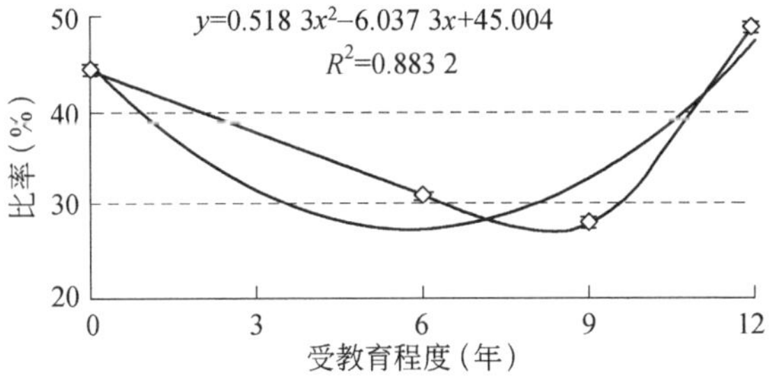

图 7-2-6 退耕还林项目对不同受教育程度居民生计影响的关系图

(3)环境政策与不同受教育程度居民生存方式的关系　虽然陕北地区五县区 37.22％的被访者明确表示退耕还林项目结束后，如果政府停止补助粮食，他们将再次毁林、毁草、开荒种田，但随着农户受教育程度提高，再次毁林、毁草、开荒种田的愿望呈显著减少趋势（图 7-2-7）（$p<0.01$），这符合 Schultz 的高投入高回报的人力资本理论。因此，增加教育投入是实现生态环境修复的重要途径之一。陕北地区退耕还林工程对当地居民返耕愿望的调查表明，该地区居民在退耕还林项目结束后农民返耕愿望与农民受教育程度之间呈明显的负相

关关系。

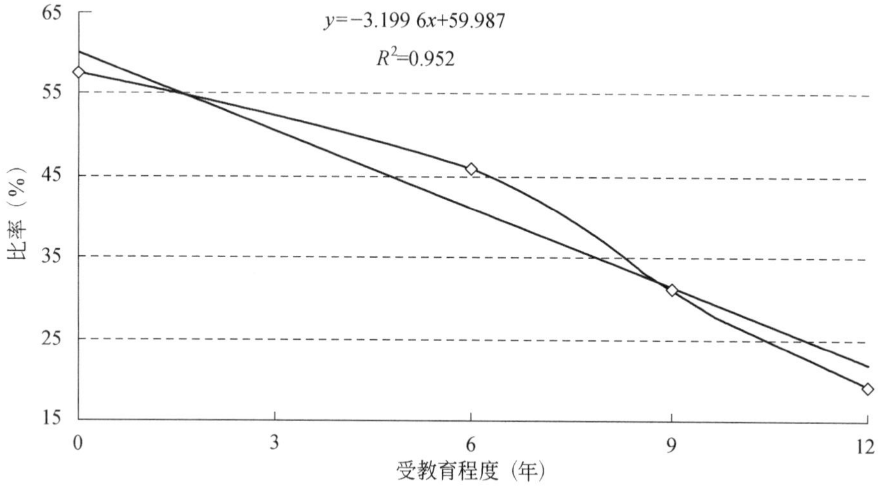

图 7-2-7　居民不同受教育程度与开荒种田愿望关系图

2. 年龄与公众的环境态度的关系

(1)环境政策与不同年龄居民环境态度的关系　年轻代表着社会的未来和希望，随着社会进步，年轻人群会分享更多地教育、科技与社会发展的机遇，年青一代的态度是未来社会发展的重要预测指标、也是政策制定与调整主要参考依据。通过对北京、河南、上海、河北、湖南、陕西六省市 5 000 余位国民环境态度问卷调查结果显示，我国公民对环境恶化的关切程度普遍较高，年轻人对环境问题的关注程度（环境恶化影响到了自己的身体健康）明显高于老年（图 7-2-8）($p<0.01$)。这表明我国居民随着社会发展对环境严重恶化的关切程度以及对政府开展环境保护的支持力度会进一步增强。

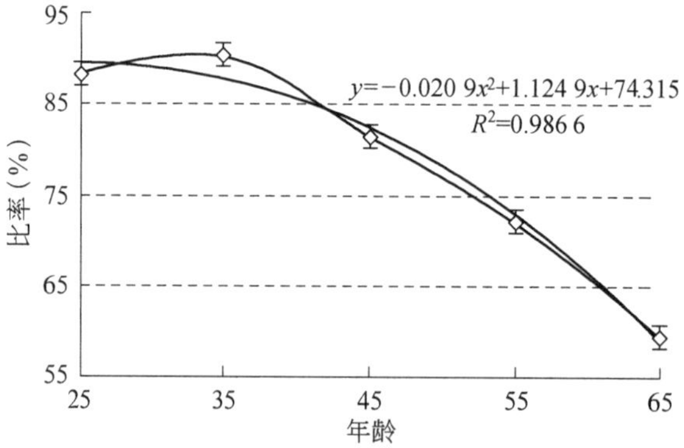

图 7-2-8　国民对环境恶化关心程度与年龄的关系图

(2)环境政策与不同年龄居民生计的关系　我们通过对陕北地区靖边、安塞、宝塔、延长、洛川五县区 2 000 农户的调查结果表明，退耕还林项目的实施对当地居民生计的影响与居民年龄呈明显的"U"形关系，表现出类似的环境库兹涅茨(Kuznets)曲线。陕北地区退耕还林工程对当地居民生计影响的调查表明，该地区居民的年龄与退耕还林对当地居民生计影响的关系表现为先降后升现象(图 7-2-9)，这主要是因为老年一代受教育程度相对较低，身体素质随年龄增加而减弱，整体素质较低，生存技能单一，对政策调整的适应能力与就业转移能力脆弱；而较年轻的一代正处于学习与技能成长阶段，对政策调整与环境变化的适应能力与就业转移能力脆弱。

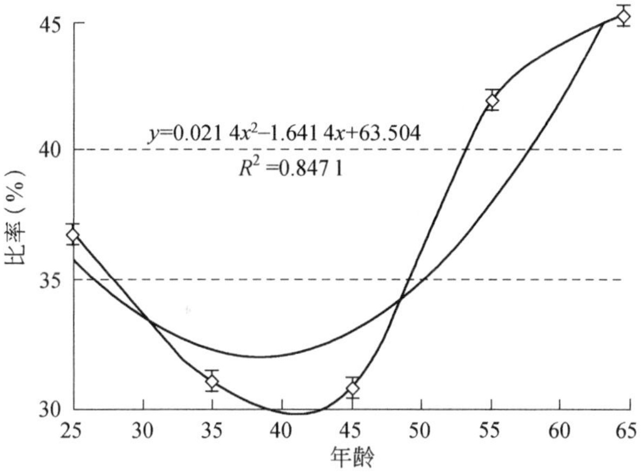

图 7-2-9 退耕还林项目对不同年龄居民生计影响的关系图

(3)环境政策与不同年龄居民生存方式的关系　调查结果同时显示，陕北地区五县区37.22%的被访者明确表示退耕还林项目结束后，如果政府停止补助粮食，他们将再次毁林、毁草开荒种田。随着农民的年龄减小，再次毁林、毁草开荒种田的愿望呈显著减少趋势(图 7-2-10)($p<0.01$)，这表明随着社会进步，我国的环境压力总体上呈现缓和的态势。

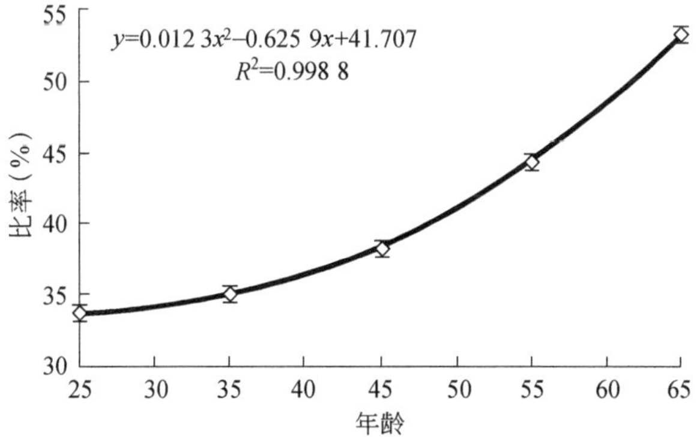

图 7-2-10 居民不同年龄与开荒种田愿望关系图

第三节　基于农户意愿调查的转基因抗虫棉应用效果评价

一、研究问题的提出

20 世纪 80 年代后期以来，关于转基因作物的生态风险、可能带来的环境问题和对人体健康影响的问题一直是世界性的“生物安全”的争论焦点。对转基因作物商业化应用所带来的可能的风险的研究已有很多。大多数主要集中于对生态环境的影响和对人体健康的影响等方面。但是无论可能的风险或影响是什么，目前都没有科学的定论，仍然处于争论之中。

鉴于转基因作物应用的各种利弊，目前研究人员主要针对转基因抗虫棉进行了大量的研究，依据大样本实地调查数据和访谈数据，采用经济学研究方法，对转基因抗虫棉和常规棉影响农户投入、产出等方面分析了抗虫棉的技术经济效果。发达国家的研究主要集中于美国大型农场主水平下的研究，而发展中国家资源有限的小规模农户的应用在南非、阿根廷、印度、中国等都进行了研究，所用方法和农场主水平上的研究类似。另外，对福利分配、生态环境、人类健康等方面的影响主要是采用定性分析的方法。我国黄季焜等也主要从经济学的角度对我国黄河流域农户采用转基因抗虫棉的经济效果进行了研究(Huang J,2003)。

但转基因抗虫棉技术研制的最终目的是为农民所用，农户除了受技术自身特点的影响外，还受到来自技术外部的相关政策、制度、体制以及农户所处的社会、文化、经济等环境条件的影响。转基因抗虫棉技术的应用对棉花生产系统产生了很大的影响，在棉铃虫发生较重的年份，不仅减少了产量损失，减少了农药投入和劳动用工，而且对棉田生态环境也产生了一定的影响作用(Huang J,2003)。而且又由于棉花生产受外部社会、经济、政策等因素影响很大和对农户家庭收入的重要作用，因此转基因抗虫棉技术的应用对农业生产系统及农户生计系统都具有很大的影响作用。如果仍单纯从技术本身特征的角度对其应用效果进行分析，就可能产生认识和理解上的偏差，以至影响科研人员和农户对此做出正确的判断和决策。因此，运用农业科学、经济学和社会学等多学科交叉的方法，从转基因抗虫棉应用的技术、社会、经济、生态等多角度对农户采用该技术的效果进行评价，将有助于从事科研、管理和推广人员发现转基因抗虫棉生产应用中存在的问题，并针对问题制定切实有效的技术防范措施，在最大程度上减轻或消除某些影响系统生产力提高的主要限制因子，为科学应用转基因抗虫棉技术和提高技术应用效果提供科学依据；另外也将对我国制定进一步研究和应用转基因抗虫棉的相关政策提供一定的决策依据。本研究对我国未发展转基因抗虫棉地区和其他发展中国家应用转基因作物具有重要的借鉴意义。另外，研究的思路和方法也同样适用于我国其他转基因作物的综合评价。

二、研究方案

(一)研究所利用的数据和资料来源

本研究以河北省主产棉区为研究对象，采用的数据主要有农户调查数据、农户访谈数据和信息、河北省农村住户调查数据和各政府有关部门公开发表的有关棉花生产的主要数据和与棉花生产地区关键人物的访谈数据和资料。对河北主产棉区 2002—2003 年对棉农进行的农户调查资料是数据的主要组成部分，调查的主要内容包括农户家庭基本情况、家庭收入基本状况、妇女参与农业生产状况、农业生产经营构成、抗虫棉生产的投入产出情况、采用转基因抗虫棉的时间和对抗虫棉特点的认识等。其中部分样本村为连续两年的调查数据。

(二)研究方法

本研究选取河北主产棉区沧州、邯郸、衡水、石家庄和邢台，2002—2003 年共选择了 9 个县 13 个村 345 个种植转基因抗虫棉和非抗虫棉的农户进行了调查，其中在广宗、肥乡、深州等县(市)对农户进行跟踪调查，即 2003 年和 2002 年同一农户进行的调查，从而保证了调查的连续性。调查采用半结构性取样方法，即首先选区有代表性的取样村，然后在该村随机选取所需数量的农户，保证每个村有效样本数不少于 20 个。调查内容包括农户基本情况，农户种植转基因抗虫棉生产现状和农户对抗虫棉的认识能力等方面。除此之外，还选取了有关的关键人物进行访谈，借以了解转基因抗虫棉种子总体情况和棉花生产资料的市场情况。所调查数据录入 Access 数据库，结合 Excel 进行数据分析。

三、转基因抗虫棉技术评价结果分析——从技术的角度进行分析

(一)农户对转基因抗虫棉技术的认知分析

根据我国小规模农户生产特点，新技术只有符合农户需要并和农户的资源特点相适应时，才能成为系统的稳定组分，在生产中发挥作用。农户作为农户系统的主体，是技术的采用者和受益者。在以农户系统为中心的农作制度中，任何技术的应用都与农户系统及其影响因素密切相关，农户是否能够采用技术、是否愿意采用以及农户对技术的认识和理解程度，对技术效果的表达和系统生产力的提高都具有十分重要的影响。

1. 样本农户的基本特征

本文选取的样本村基本反映了我国小规模农户生产特点，户主平均年龄 44 岁，受教育年限 7.9 年。每户平均人口 4 人，劳动力人口 2.5 人。平均耕地面积 0.68 hm^2，棉花面积占总耕地面积的 50.3%。主要作物是小麦、玉米、棉花。棉花是本地区重要的经济作物，是农民家庭现金收入的主要来源之一。

2. 农户对转基因抗虫棉的认识及采用

转基因抗虫棉商业化应用之前，棉农深受棉铃虫危害之苦。转基因抗虫棉商业化后，发展非常迅速，从表 7-3-1 的调查结果可以看出，从 1997—2000 年四年间，有 76.2% 的农户采用了转基因抗虫棉。大部分农户主要是看到其他村民种植并且抗棉铃虫性确实有效才开始种植的。可见，绝大多数农户判断技术是否有效的标准为眼见为实，同时也反映了我国小规模农户回避风险的特点。

表 7-3-1　不同样本村不同时期采用转 Bt 基因抗虫棉农户比例　%

年份	陈庄村	大王庄	方雅村	南马庄	矢驾堡村	孙庄村	西官村	西荆科	平均
1994	0.0	0.0	0.0	0.0	0.0	0.0	0.0	8.3	0.9
1995	0.0	0.0	0.0	0.0	0.0	0.0	0.0	12.5	1.4
1996	0.0	0.0	11.5	0.0	0.0	0.0	0.0	12.5	2.8
1997	0.0	50.0	3.9	18.8	6.3	64.0	0.0	20.8	18.5
1998	72.4	23.1	7.7	12.5	25.0	32.0	10.5	16.7	25.5
1999	24.1	11.5	11.5	31.3	18.8	4.0	15.8	8.3	15.3
2000	0.0	11.5	23.1	31.3	21.9	0.0	31.6	16.7	17.1
2001	0.0	0.0	11.5	0.0	12.5	0.0	31.6	0.0	8.8
2002	3.5	3.9	30.8	0.0	15.6	0.0	10.5	4.2	9.3
2003	0.0	0.0	0.0	6.3	0.0	0.0	0.0	0.0	0.5
总计	100.0	100.0	100.0	100.0	100.0	100.0	100.0	100.0	100.0

从转基因抗虫棉应用的实践情况看，67%的农户的种植面积呈持续增加状态，17%的农户的种植面积有增有减，只有 5%的农户的种植面积减少。其原因如表 7-3-2 所示。

表 7-3-2　农户种植转基因抗虫棉面积变化的原因分析——基于农户调查　%

	减少	有增有减	增加	平均
家庭收支的变化	9.1	13.9	5.8	7.6
价格的变化	9.1	69.4	15.2	25.4
抗虫	0.0	2.8	4.3	3.8
抗旱	0.0	0.0	5.8	4.3
劳动力的变化	54.5	5.6	0.7	4.9
其他	27.3	0.0	0.0	1.6
省工	0.0	0.0	2.2	1.6
土地的变化	0.0	2.8	2.2	2.2
雨水情况	0.0	0.0	2.9	2.2
增产	0.0	0.0	2.2	1.6
增收	0.0	5.6	58.7	44.9
总计	100.0	100.0	100.0	100.0

由于近几年我国棉花价格较高，而粮食价格却处于低迷状态，粮棉价格差距拉大，植棉效益明显高于粮食作物的种植效益，因此，大多数农户持续扩大棉花种植面积。但在不同的年份，由于棉花价格的周年波动，使得棉花的种植面积也呈现波动状态。种植面积减少的原因主要是由于家庭劳动力的变化，由于棉花是比较费工的作物，家庭劳力的不足会影响种植效益。

对于转基因抗虫棉技术未来的应用，97%的农户表示会继续种植转基因抗虫棉，其中

67%的农户还表示将来会增加转基因抗虫棉的种植面积。

3.农户对转基因抗虫棉技术的认知分析

(1)农户对转基因抗虫棉优缺点的认识　抗棉铃虫是转基因抗虫棉的主要技术特征，从理论上分析技术是针对生产中存在的限制因素而产生的。从调查的实际情况看，农户对转基因抗虫棉的认识也是从抗棉铃虫性开始的。在调查中，在问及抗虫棉的优点时，56.36%的农户回答是抗虫，19.52%的农户认为是增产。根据与农户的访谈在种植转基因抗虫棉的初期，大部分农户对于转基因抗虫棉的抗棉铃虫性比较了解，并且93%的农户能够指出，Bt棉主要抗棉铃虫或只抗棉铃虫。但对于转基因抗虫棉的缺点，78%的农户表示不知道，知道者中11.75%的农户认为不抗病(黄枯萎病)是其最大的缺点，还有3.49%的农户认为转基因抗虫棉的铃小、产量低是其最大的缺点。

农户采用转基因抗虫棉的原因也主要集中在抗虫和省工(表7-3-3)，同时受棉花价格的影响，25.51%的农户为了增加家庭收入而选择转基因抗虫棉。

表7-3-3　农户采用转基因抗虫棉的原因分析

评评价	计数百分数(%)
抗虫	34.36
抗旱	3.09
其他	1.23
省工	19.75
省钱	0.21
无关	0.21
增产	15.64
增加收入	25.51
总计	100

(2)农户对转基因抗虫棉抗虫性的评价　转基因抗虫棉的抗虫性一直是许多研究人员及棉农关注的焦点。河北省主产棉区7年的种植实践表明，棉农对抗虫性还是满意的，满意者达到了受调查者的60.6%(表7-3-4)。这同时也说明了转基因抗虫棉对解决此前棉花生产遭受棉铃虫危害损失的有效性。并且83.7%(表7-3-5)的农户能够指出大部分棉花品种的抗虫性表现出前、中期较强，后期减弱的趋势。从理论上分析，转基因抗虫棉在全生育期对棉铃虫均有抗性，但随着棉株的不断生长，组织和器官不断老化，合成杀虫毒素的能力不断降低，其抗棉铃虫性会逐渐下降。在生产中表现为对第二代棉铃虫具有明显的抗性，而三四代防治效果较差。因此，农户在转基因抗虫棉生长后期仍需要对棉铃虫进行防治。

表7-3-4　农民对抗虫棉抗虫性的评价

评价	计数百分数(%)
满意	60.6
般	29.7
不满意	9.7

表7-3-5　棉农对抗虫棉抗虫性的了解程度

棉农的认识程度	计数百分数(%)
前期抗性好	43.9
前中期抗性好	39.8
不知道	16.3

(3)农户对转基因抗虫棉抗虫持久性的认识　转基因抗虫棉商业化种植以来，棉铃虫对Bt毒蛋白的抗性问题一直是人们关注的焦点，这也是转基因棉推广应用最大的生态风险。抗性一旦产生，不仅对使用了几十年的Bt生物制剂是一个致命的打击，而且对棉花生产来说，将造成巨大的损失。目前各国普遍采用的是“高剂量/庇护所”策略。而转Bt抗虫棉在我国山东、河南、河北等省种植以来，在田间都没有建立必要的抗性预防措施，没有专门使用非抗虫棉作为“庇护所”。这一点已引起有关学者的注意。有关研究单位目前已检测到

山东阳谷、河北邯郸、河南新乡、安徽萧县、江苏丰县等地棉铃虫对 Bt 杀虫剂的早期抗性。谭声江(2002)等认为,在 Bt 棉种植过程中,应当在田间种植普通棉花建立庇护所,同时玉米、芝麻、花生最好不要在 Bt 棉邻近(0.8 km)种植。但我国有的专家认为,黄河流域棉区农户农作制度呈多样化特点,并且是一家一户的小规模生产,这些已为棉铃虫提供了天然的庇护所(贾士荣,2001)。

在调查中发现,我国在推广转基因抗虫棉种子时,无论是国外品种还是国内品种,从没有向农民要求或讲授过有关棉铃虫庇护所的问题或建议,98.7%的农户从没听说过有关庇护所的知识,仅 0.6%的人提出用加大抗虫基因的方法来防止或延缓棉铃虫抗性的产生。

(4)农户对种植转基因抗虫棉对环境和人类健康影响的认识　在调查中发现,大多数农户(占被调查农户的 81%)不具有此方面的知识,一小部分农户能够指出种植转基因抗虫棉后减少了喷施农药对环境和人们的身体健康有积极的作用。由此可以看出,农户对转基因作物影响对生态环境方面的认识程度很低。

4.小结

虽然转基因抗虫棉技术本身是属于生物学科的理论和方法,但它的生产应用涉及到了农业生产系统的各个方面。从应用的角度来说,农户作为技术的受体对技术的全面理解和认识有助于提高技术的应用效果,发现生产中存在的问题,并制定科学的解决方法。从以上的结果可以看出,农户对转基因抗虫棉的认识和理解还只是从种植经验或其他村民处得来的,从科学的角度来说,还缺乏对此技术较全面的了解和认识。

(二)农户的资源状况与采用转基因抗虫棉的关系分析

任何一项农业新技术只有最终被农户认识、采用并持续使用,才能在农户系统中发挥长期作用,最终达到农民的需求目标。从技术的可行性分析看,农户的资源状况,即农户是否有时间、投入和劳力满足技术的需要是合理评价技术与农户需要是否适应的关键环节。

1.农户劳动力数量与耕地面积对种植转基因抗虫棉的影响

目前,在我国黄河流域棉区棉花生产条件下,机械化作业仅限于耕地和播种生产环节,其他环节如田间管理、收获等主要依靠人力。据估算,棉花从播种到收获,每公顷大约需 303～323 个工日(访谈结果)。根据我们在河北省的调查结果,农户平均人口 4.0 人,户均从事农业劳动的人口为 2.5 人。在调查中得知 96.3%的农户在棉花种植过程中不雇佣零工,30.9%的农户表示因劳力缺乏和土地不足而不想再多种棉花。可见,对于机械化水平不高的黄河流域棉区来说,劳动力的不足已成为农户应用转基因抗虫棉的主要限制因素之一。

2.农户拥有与转基因抗虫棉生产有关的机械情况

种植转基因抗虫棉后,由于近几年种植面积的不断扩大和受家庭劳力的限制,一部分农户开始使用机动喷雾器进行喷药,在耕地和播种等生产环节的机械化程度也越来越高,既可以提高生产效率,也节省了劳力。根据调查结果(表 7-3-6),农户家庭所需要的机动喷雾器、耕地机械和播种机械远远大于农

表 7-3-6　农户种植转基因抗虫棉所需机械情况

机械类型	农户所拥有的(台)	农户需要的(台)
机动喷雾器	44	75
耕地机械	5	108
播种机	36	162

户现有的数量。由于机动喷雾器价格较高,只有 27.4%的农户拥有机动喷雾器,大多数农户仍然使用背负式小型喷雾器进行喷药活动。劳力的不足和机械的缺乏在棉花农忙季节显得更加突出,为了赶农时和减少病虫害的损失,人们一般是租用别人的机械,但有时会延误农时和喷药的最佳时机,从而影响棉花的产量。

3. 农户生产资料的获得对转基因抗虫棉采用的影响

在调查中我们发现,几乎所有的农户都能及时获得棉花生产所需的化肥、农药、地膜等生产资料。购买的主要渠道销售商、种子公司和私人经营的商店等。但是 46.7%(表 7-3-7)的人承认最大的限制因素是资金(现金),而且 100%的人都没有得到过政府的小额贷款,他们只好向别人借钱来解决问题。这种现象的存在无疑会影响农户对棉花生产的投入。

表 7-3-7 农户获得生产资料的限制因素分析

限制因素	计数百分数(%)
资金	46.7
无	38.3
生产资料缺乏	6.0
交通	1.8
时间	1.2
信息闭塞	3.6
其他	2.4

(三)转基因抗虫棉田主要害虫变化分析

转基因抗虫棉对棉铃虫等鳞翅目害虫有较强的抗性。田间试验结果表明,在棉铃虫中等发生程度下,转基因抗虫棉对棉铃虫的控制效果为 88.71%~97.65%。另外,转基因抗虫棉较好的抗虫性使棉农减少了农药施用量,表 7-3-8 为 2002—2003 年各样本村防治棉田主要害虫的喷药次数。两年间平均防治棉铃虫次数为 5 次,明显低于转基因抗虫棉应用之前棉农的防治次数(根据农户访谈,平均喷药次数为 20~30 次)。大多数农户对抗虫棉的抗虫性表示满意。

表 7-3-8 农户防治抗虫棉田主要害虫的次数(每一生长季)

年份	害虫	平均
2002	蚜虫	5.0
	棉铃虫	5.0
	红蜘蛛	3.0
2003	蚜虫	5.0
	棉铃虫	5.0
	红蜘蛛	3.0

在抗虫棉推广后,一方面由于气候等原因棉铃虫在某些年份发生较轻,加之转基因抗虫棉本身的抗性,二代棉铃虫基本不再用药防治,而此时棉蚜等害虫处于发生初期,也正是防治适期,所以此时本应用药防治其他害虫,但农民往往并不用药,从而导致其发生程度加重,防治难度加大。加上不利的气候因素,在病害较严重和红蜘蛛、盲蝽象等害虫发生较严重的年份,据农户反映,田间用药量和花费与种植非抗虫棉时相当。在调查中发现,许多农户(被访问者大多数是妇女)能够直观地指出各种害虫的变化情况,但他们只能根据生产经验直观判断每种害虫数量的多少外,对防治时期、方法及药剂选择模糊不清。在所有调查的农户中,只有 1 户能够指出棉铃虫的防治指标,但对于以前危害较轻的盲蝽象,许多农户表示不知道如何防治和该用何种农药,23.9%的农户凭以前的植棉经验,20.7%的农户看农药说明书,还有 20.9%的农户能够表示根据病虫害的发生情况进行防治。但从访谈中得知,对害虫的危害特点和防治时期缺乏正确地认识,造成防治时期偏晚,错过了最佳防治时期,加大了防治难度,也提高了植棉成本。

转基因抗虫棉田主要害虫种群的变化，虽然只是系统中某一组分的改变，但已影响了整个系统功能的发挥。要从复杂而又相互联系的系统中消除或减轻这些限制因子的负作用，必须从整体出发制定切实可行的措施和方法。有的科研人员指出转基因抗虫棉采取不同于常规棉田的害虫防治方法，应充分考虑农户的需求，有关科研、推广、植保部门与农户共同合作，制定出有效的防治措施，使棉农避免较大的经济损失。

(四)农户对转基因抗虫棉应用效果的综合评价

一项技术最终是否被农户采用在于它不仅要具有比常规技术优越的特性，而且还必须能适应当地的生产系统，成为系统中的一部分。转基因抗虫棉除了抗虫、省工等方面的优势外，产量、抗病等特性也是棉农所关注的重要问题。根据调查结果，56.5%的被调查农户对种植转基因抗虫棉的总体效果表示满意。但仍有43.5%的农户不满意，具体原因如表7-3-9所列。30.7%的人认为抗棉铃虫效果不理想，30.7%的农户认为抗虫棉的抗病性较差。

表 7-3-9　农户对转基因抗虫棉不满意的原因分析

原　因	计数百分数(%)
不抗蚜虫、红蜘蛛	21.3
抗病能力差	30.7
抗棉铃虫效果不理想	30.7
其他	7.3

从转基因抗虫棉技术角度对其进行评价的结果可知，转基因抗虫棉的抗棉铃虫性在我国棉花生产中确实已发挥了重要的作用。然而技术的应用也带来了如棉田害虫变化等对生产效果的负面影响。另外，农户对此技术特点的认识和理解还不够深入和全面，农户家庭的土地面积和劳动力也成为该技术进一步应用的限制因素。

四、转基因抗虫棉技术的评价结果分析——基于社会、经济方面的分析

抗棉铃虫是转基因抗虫棉技术的主要特征，农户采用该技术后在生产中表现为种子投入增加、农药投入减少、劳动用工减少、减少虫害损失等技术效果，并对棉花生产系统产生了一定的影响。根据目前黄河流域转基因抗虫棉生产实际情况和基于农户棉花生产的调查数据，对转基因抗虫棉生产应用的经济效果进行分析。

(一)对棉花生产系统的影响

1. 产量表现

产量是农户选择转基因抗虫棉的重要标准之一。根据2002—2003年的农户调查，两年间产量结果如表7-3-10所示。

表 7-3-10　样本村农户种植转基因抗虫棉产量(平均产量和标准偏差，籽棉)　　kg/hm²

年份	陈庄	大王庄	方雅	失驾堡	孙庄	西官	西荆科	詹庄	东高	平均	河北省平均产量
2002	3 625 (233)	3 914 (201)	3 424 (261)	4 204 (399)	3 876 (219)	2 855 (436)	3 546 (95)			3 605 (39)	2 990
2003	3 032 (444)	3 271 (74)	3 346 (173)	3 691 (387)	3 763 (75)		3 015 (462)	3 522 (95)	3 676 (186)	3 410 (35)	2 721

转基因抗虫棉表现出较好的抗虫性，棉农获得了较高的产量。2002年的产量结果平均高于河北省棉花单产，2003年由于棉花生长后期不利的气候条件，使产量有所下降。从各样本村两年的产量可以看出，平均产量的标准差都比较小，说明各样本村和农户的产量较稳定。

2. 对喷施农药的影响

棉铃虫是棉田主要害虫，采用转基因抗虫棉后可以减少防治棉铃虫的次数，从而降低农药施用。表7-3-11为调查样本村2002—2003年农户喷施农药的次数和费用，两年中平均喷药次数为10.0次，低于种植非抗虫棉时的20多次（农户访谈），明显降低了喷药次数，其中对棉铃虫的防治次数两年平均为5次，对蚜虫和红蜘蛛的防治次数与棉铃虫相当。两年的防治费用分别为573.0元/hm^2和597.0元/hm^2，分别占总物质成本的20.3%和18.3%，高于河北省1999—2001年优质棉基地县农药成本387.0元/hm^2的防治费用。原因是种植抗虫棉后，蚜虫、红蜘蛛、盲蝽象等非抗虫棉田的非主要害虫上升为抗虫棉田的主要害虫，并且近几年危害呈加重趋势（农户和专家访谈），导致了防治费用的上升。

表7-3-11 各样本村转基因抗虫棉喷施农药次数和费用 元/hm^2

年份		陈庄	大王庄	方雅	失驾堡	孙庄	西荆科	詹庄	东高	平均
2002	次数	9.0	8.0	13.0	11.0	5.0	11.0			10.0
	费用	468.0	607.5	697.5	699.0	240.0	723.0			573.0
2003	次数	7.0	7.0	13.0	12.0	5.0	12.0	11.0	11.0	10.0
	费用	426.0	538.5	733.5	700.5	210.0	660.0	726.0	775.5	597.0

3. 转基因抗虫棉田劳动用工的变化

被调查农户中户均人口4.0人，户均劳动力2.5人，并且其中一部分只是在农忙季节才干农活，其余时间在外或本地企业打工。在农户家庭中，几乎都有成员从事非农产业，88.1%的家庭有1个成员打工，11.9%的农户有2人在非农企业打工。在常年或利用农闲从事打工的家庭成员中，户主（男）和孩子（主要是儿子）占绝大部分（表7-3-12）。

表7-3-12 从事非农产业的家庭成员

成员	户主（男）	妻子	孩子	没有	总计
农户数	144	5	103	51	303

由此可以看出，在河北等粮棉主产区，妇女是种植棉花的主力军。因此种植转基因抗虫棉后，妇女的田间劳动变化可以用来说明棉田劳动用工的变化情况。根据调查和访谈实际，97.0%的家庭妇女表示棉田所有的农活她们都干。种植转基因抗虫棉后，30.4%的妇女觉得农活增加，只有25.8%的妇女认为棉田农活减少（表7-3-13）。

表7-3-13 种植转基因抗虫棉后田间劳动的变化情况%（妇女的观点）

妇女的观点	计数百分数(%)
不变	43.5
减少	25.8
增加	30.4
其他	0.3

4.转基因抗虫棉种子生产应用情况分析——基于农户水平

(1)农户应用转基因抗虫棉种子情况分析　截止到2003年,我国共有10个转基因抗虫棉品种通过了全国或部分省级的品种审定,允许在生产中投入使用。但根据调查数据,2002—2003年共涉及31个品种,除美国孟山都公司的33B、99B外,仅国产品种就有29个(表7-3-14),其中有许多未审定及来路不明的种子。调查结果比其他研究人员在黄河流域棉区的调查结果稍高,但基本一致。

在调查涉及的品种中,来自国家、省、市级研究机构的品种分别为10个、7个和6个,省级及省级以下研究单位培育的品种占65.5%。此外,还有6个来源不明的转基因抗虫棉品种在生产中应用。

表7-3-14　调查中涉及的转基因抗虫棉品种分类

来源	品种		总计
	非杂交种	杂交种	
孟山都	2	0	2
国家级研究所	9	1	10
省级研究所	6	1	7
市级研究所	2	4	6
来源不明	6	0	6
总计	25	6	31

(2)农户获得转基因抗虫棉种子途径分析　在转基因抗虫棉生产应用中,许多研究人员和专家建议棉农不要自留种子,以免影响抗虫性和降低产量以及有可能加快棉铃虫抗性的产生。但由于棉农自身规避风险的行为和特征,在种子价格相对较高的情况下,部分棉农自留种子,种植第二代、第三代甚至第四代。根据调查结果,2002—2003年棉农获得种子情况见表7-3-15。

表7-3-15　农户获得转基因抗虫棉种子情况

获得途径	年份	百分比(%)	种子价格(元/kg)	用量(kg/hm^2)	种子成本(元/hm^2)	占总物质成本的比例(%)
购买	2002	48.2	26.9	24	645.6	13.2
	2003	67.1	36.1	19.5	704	29
交换	2002	0.61	4.0	45	180	5.1
	2003	3.5	4.0	45	180	5.9
自留	2002	51.2	4.0	57	228	5.5
	2003	29.4	4.0	42	168	5.0

注:自留种子和交换种子价格根据当地非种子用籽棉价格计算。

2002年购买商品种的农户仅占48.9%,2003年有所上升,占67.1%。市场上出售的商品种一般为脱绒和包衣种子,种子质量较好,发芽率较高,自留种或换串种均为毛籽,成本较低。农户为了保证较好的出苗率,自留或换串的种子用种量较大,即使这样其种子成本也远远低于购买的商品种子。

而农户使用自留种子的原因(表 7-3-16),48.8%的农户为了降低生产成本,50.8%的农户认为自留种的产量和抗虫性与购买的正规种子相当,这实际也属于节约生产成本的行为。因此,目前农户选择棉花种子的行为是一种规避风险,追求利润最大化的理性行为。

表 7-3-16 农户自留转基因抗虫棉种子原因分析

原因	计数百分数(%)
产量差不多	29.1
抗虫性差不多	21.7
省钱	48.8
其他	0.4

由于品种使用过程中存在退化现象,转基因抗虫棉种子如果长期连续使用,其抗虫性和产量必然会受到种子使用年限的影响。根据棉农种植转基因抗虫棉的生产实践,24.9%的农户认为自留种对产量和抗虫性没有影响,40.4%的农户认为自留种最多只能使用 3 年,否则产量降低、抗虫性下降(表 7-3-17)。

表 7-3-17 农户关于自留种年限影响产量和抗虫性的观点

自留种的年限	占被调查农户的比例(%)
1~2 年	28.2
3 年	40.4
4~5 年	6.6
没有影响	24.9

(3)农户采用转基因抗虫棉商品种和自留种的经济效益分析 转基因抗虫棉商业化种植后,虽然有专家建议和呼吁棉农不要自留种子。但由于棉农的植棉习惯和抗虫棉种子的高价格等原因,棉农自留种或串换等现象依然存在,并且在某些年份还占较高的比例。因此,对商品种和自留种子应用的经济效益进行比较,进一步分析农户自留或换串转基因抗虫棉种子的深层次原因。为使结果真实、可靠,本文采用 2002—2003 年两年对同一农户进行棉花生产调查的失驾堡、孙庄等 5 个样本村农户应用商品种和自留种的物质投入和经济效益进行对比分析(表 7-3-18)。

表 7-3-18 转基因抗虫棉商品种和自留种生产应用成本一收益分析(单产 kg/hm², 产值、成本 元/hm²)

项目	年份					
	2002			2003		
	商品种	自留(2 代或 3 代)	t 检验值	商品种	自留(2 代或 3 代)	t 检验值
样本数(个)	72	73		107	34	
产量	3 774.0	3 714.0	0.84	3 487.2	3 046.3	4.71**
产值	14 064	14 930.6	−3.32**	19 948.3	18 686.0	2.12*
种子成本	534.0	179.9	15.1**	636.5	180.0	23.6**
肥料成本	818.1	825.4	−0.19	844.2	724.4	2.15*
农药成本	577.1	553.2	0.73	554.8	485.7	1.99*
其他成本	1 031.1	1 067.1	−0.97	1 098.4	1 189.6	−2.31*
物质成本	2 960.3	2 625.5	6.83**	3 133.9	2 579.8	7.96**
用工成本	3 430.2	3 316.4	1.47	3 135.3	2 927.2	2.60*
总成本	6 390.5	5 942.0	5.80**	6 269.2	5 507.0	7.75**
净产值	11 103.7	12 305.0	−4.52**	16 814.4	16 106.3	1.17
纯收益	7 673.4	8 988.6	−5.12**	13 679.2	13 179.0	0.85
物质成本(元/kg)	0.78	0.71		0.90	0.85	
产品成本(元/kg)	1.69	1.60		1.80	1.81	

注:用工成本以每个工日的劳动报酬 10 元计算;纯收益指税前利润,下同;其他物质成本包括灌溉、地膜、机械、畜力、除草剂等费用;** 表示差异达到 1%显著水平,* 表示差异达到 5%显著水平;下同。

①产量对比分析:产量是不同品种生产应用效果的最直接反映,也是评价品种的标准之一。两年中使用商品种的棉花产量都高于自留种的产量。2002 年差异不显著,2003 年达到了极显著水平。2002 年棉花生长期间气候比较有利于棉花生长和产量形成,2003 年棉花生长后期由于降雨较多影响了棉铃生长发育,使产量大幅度减产。由产量结果可以看出,自留种在不利的气候条件下,产量低于商品种。

②生产成本比较:由于使用自留种的农户大大降低了种子成本,因此物质成本明显降低,并由此造成了生产成本的显著差异。肥料、农药等生产成本两年间表现出不同的趋势,2002 年无显著差异;2003 年使用商品种农户的肥料、农药成本都高于使用自留种的农户,且差异显著。这可能是由于 2003 年种子价格较高且购买商品种的农户较多,较高的种子投入影响了农户的生产行为。高投入意味着高风险,农户回避风险追求利润最大化的心理使其加大了对肥料、农药、用工等其他投入。

③经济效益比较:对经济效益的比较采用单位面积的净产值、纯收益、每千克主产品成本和每千克物质成本来衡量。纯收益是反映农户经济状况最基本和最直接的指标体系,每千克主产品成本是农户追求利润最大化的体现,也体现了品种的投入产出对成本的依赖程度。

虽然商品种的产量较高,但 2002 年自留种的净产值和纯收益都极显著高于商品种的净产值和纯收益,其原因主要是种子成本和用工成本的差异造成的。2003 年商品种的净产值和纯收益高于自留种,但差异不显著。每千克主产品成本 2002 年商品种高于自留种 0.09 元,2003 年二者几乎相等。

从以上的分析结果可知,虽然商品种具有一定的产量优势,但由于其投入较高,再加上棉花价格的不确定性,使得净产值和纯收益在不同的年份可能有不同的结果,高投入未必有高回报,生产效益的不确定性也是农户自留种的原因之一。本研究虽然只有两年的数据对商品种和自留种进行对比,但这种效益的差别也在一定程度上说明了仍有相当一部分农户使用自留或串换种子的主要原因。

(二)转基因抗虫棉对农户生计的影响分析

生计分析是评价技术对农户系统产生经济影响的常用分析方法之一。对农户来说,采用一项新技术的目的是为了增加家庭收入,改善生活水平。因此,对转基因抗虫棉对农户生计的影响进行分析,从而找出影响提高农户生计水平的技术和非技术因素,提高农户系统生产力。

为了更确切地分析采用转基因抗虫棉技术对农户生计的具体影响,本文采用了 2002 年河北省粮棉主产区衡水市农村住户调查资料,采用典型相关分析,对农户应用转基因抗虫棉技术对生计的影响做进一步分析。

1.调查农户的生产经营情况

农业户户均耕地面积 11.68 亩,农业兼业户 9.6 亩,二者无显著性差异。农业户主要从事家庭农业经营,并且以种植业为主,种植业中主要是粮食作物和经济作物(表 7-3-19)。

表 7-3-19 两种农户粮食作物和棉花面积 hm²

		农业户		兼业户	
		2002 年	2003 年	2002 年	2003 年
粮食作物播种面积	小麦	0.38	0.36	0.49	0.44
	玉米	0.39	0.35	0.48	0.41
	其他	0.01	0.00	0.05	0.00
经济作物播种面积	棉花	0.35	0.43	0.08	0.13
	蔬菜	0.01	0.01	0.01	0.04
	其他	0.02	0.01	0.01	0.02
棉花面积占耕地面积比例(%)		44.4	54.6	12.9	21.0

农户经济作物中以转基因抗虫棉为主，蔬菜等只是为了满足家庭自身需要。农业户 2002 年转基因抗虫棉种植面积占农户耕地面积的 44.4 %，而农业兼业户棉花面积只占农户耕地面积的 12.9 %，2003 年受棉花价格的影响，全省乃至全国棉花面积大幅度增加，农业户植棉面积占耕地面积的 54.6%，比 2002 年提高 10.2 个百分点，而农业兼业户棉花种植面积也有所增加，但相对户均耕地面积来说，所占比例仍低于农业户。可见农业兼业户由于劳动力的缺乏，主要种植机械化程度较高的小麦、玉米等粮食作物。

2. 农户家庭总收入构成分析

近几年随着转基因抗虫棉种植面积的不断扩大，棉花收入已成为农户家庭经营收入的重要组成部分。为了反映转基因抗虫棉在农户家庭总收入中的作用，把棉花收入从种植业收入中分解出来进行分析(表 7-3-20)。构成农户总收入的来源有：工资性收入、除棉花以外的种植业收入、棉花收入、畜牧业收入和其他(财产性收入、转移性收入以及第三产业收入等)。由于棉花价格的周年波动比较大，而粮食价格相对比较稳定，根据我国长期以来对粮

表 7-3-20 各样本村农户家庭经营收入和总收入 元/户

样本村		工资性收入	畜牧业	种植业(棉花除外)	棉 花	其 他	家庭总收入
1	平均	1 209.23	1 809.89	6 195.44	4 938.57	1 236.33	15 389.46
	占总收入(%)	7.86	11.76	40.26	32.09	8.03	
2	平均	3 014.11	89.22	8 028.48	5 109.60	539.48	17 420.48
	占总收入(%)	17.30	0.52	46.09	29.33	3.10	
3	平均	1 374.38	2 653.00	6 345.89	4 368.89	711.32	15 453.46
	占总收入(%)	8.89	17.17	41.06	28.27	4.60	
4	平均	2 986.86	836.00	5 134.03	3 600.20	680.68	13 487.75
	占总收入(%)	22.15	6.20	38.06	26.69	5.05	
5	平均	3 521.50	4 502.23	7 327.19	5 886.47	472.90	23 857.78
	占总收入(%)	14.76	18.87	30.71	24.67	1.98	
	平均	2 421.22	1 978.21	6 606.20	4 780.74	728.14	17 121.79
		14.19	10.90	39.24	28.21	4.55	

注：各项收入均为总收入(农户家庭经营的总产值)。

棉效益的比较研究，采用粮棉价格较合理的2002年农户生产经营截面数据对各样本村农户家庭总收入构成情况进行分析。

表7-3-20中，由于数据采用的是农户家庭经营的总产值，因此除棉花外的种植业收入为农户家庭总收入的主要成分，各样本村平均为39.24%；其次是棉花收入，占28.21%；其他三项占38.93%。随着农村市场经济的发展和完善，农村第三产业得到很大发展，但在河北等粮棉主产区根据我们的调查，从事第三产业的农户比例仍然较小。从目前的情况看，种植业依然是农民增收，改善生计的主要来源。

3. 转基因抗虫棉对农户家庭生计的影响分析

河北省自1999年以来，转基因抗虫棉种植面积不断扩大，受面积和价格的双重影响，近几年棉花收入对农户的家庭总收入产生了积极作用。尤其是转基因抗虫棉在降低生产成本和增加收益方面更引起了农户极大的兴趣，有的地方甚至出现了成方连片的大面积种植。为了分析转基因抗虫棉对农户家庭收入和支出的总体影响，采用典型相关分析对农户"收入组"和"支出组"因素进行分析。

（1）农户种植转基因抗虫棉收入对农户家庭支出的影响　农户收入水平的度量，通常采用人均纯收入指标。但为了研究需要，采用2002年农户家庭的净收入和各项支出进行分析。根据农户收入来源，把农户家庭净收入分为：x_1 为种植转基因抗虫棉的净收入（不计劳动用工）；x_2 为除棉花外的种植业收入（不计劳动用工）；x_3 为工资性收入，即农户在本地企业得到的收入和家庭常住人口外出从业得到的收入；x_4 为畜牧业收入，主要是家庭式的养猪和肉牛得到的净收入（总收入－物质成本）；x_5 为其他类收入（财产性、转移性和第三产业等得到的收入，总收入减去物质成本所得）。农户家庭支出中，根据我国农村调查队的统计分类，总支出中包括：y_1 为种植业支出（只包括物质成本）；y_2 为畜牧业支出（只包括物质成本）；y_3 为第三产业支出；y_4 为生产性固定资产支出；y_5 为税费支出；y_6 为生活消费支出；y_7 为其他支出。

①模型构建：将经过整理的指标数据输入计算机，采用SAS统计软件的CANCORR过程进行典型相关分析，得出如下结果。

表7-3-21　农户家庭各项净收入和支出典型相关分析结果

序号	典型相关系数	标准误差	显著性检验	收入组变量对其自身典型变量解释的%	收入组变量被其对立典型变量解释的%
1	0.869	0.065	0.016	84.15	58.68
2	0.475	0.102	0.525	16.83	12.77

由表7-3-21可知，第一对典型相关系数较高，为0.869，且通过了0.05的显著性检验。第二对典型相关系数较低，且不显著。因此，只能对第一对典型相关系数对收入组变量来解释产出组变量。冗余度分析的结果显示，第一对典型变量中收入组变量被其自身典型变量解释的百分比较高，反映出二者之间有较高的相关性。收入组变量被其对立典型变量解释的百分比第一对为58.68%。鉴于原始变量的可比性，采用标准化的典型相关系数建立典型相关模型进行比较，即：

$u_1=0.6037x_1+0.3253x_2+0.6806x_3+0.3130x_4+0.1231x_5$

$v_1=0.2795y_1+0.6035y_2-0.2313y_3-0.0735y_4+0.4643y_5+0.3082y_6+0.0889y_7$

②结果分析：根据典型变量的重要程度和典型相关系数的大小，从建立的典型相关模型可以看出，只有一对典型相关模型符合要求。第一对典型变量中典型载荷的大小顺序为：畜牧业生产成本 y_2>税费支出 y_5>生活消费支出 y_6>种植业物质成本支出，这些支出变量主要与收入中的工资性收入和棉花收入相关性最大(相应典型载荷为 0.680 6 和 0.603 7)。

上述结果说明，在农户日常生产和生活中，对家庭经营支出影响较大的是工资性收入和棉花收入，其次为除棉花外的种植业和畜牧业收入。在农户水平上，畜牧业的经营成本较高，农户经营的纯收益相对较低，因此如何扩大养殖规模，降低生产成本和增加收益是今后增加农户收入的重点之一。另外，税费支出和农户收入的关系也较密切，说明农民负担依然较重。2004 年中央一号文件的实施，在三年内逐渐减免农业税，确实是增加农民收入的重要举措。农户的生活消费支出列支出组的第三位，由于我国农民传统的种粮情结，一般情况下农民不购买粮食，主食消费基本上是自给自足，剩余后才到市场上出售。通过以上的分析可以看出，转基因抗虫棉的种植在一定程度上增加了家庭收入，其净产值和家庭经营及生活消费支出有一定的相关关系。

(2)农户家庭收入和农户生活消费支出的典型相关分析　根据可持续农户生计内容，生计输出为农户收入增加，生活水平提高，食物安全增加和脆弱性降低以及自然资源的可持续利用。为了定量分析收入和生活消费支出的关系，采用农户家庭收入和生活消费支出的数据进行典型相关分析，其他方面的生计输出结果只进行定性分析。

收入组指标的选取同上，生活消费支出组根据农村住户资料选取如下，y_1 为食品支出；y_2 为衣着支出；y_3 为居住支出；y_4 为家庭设备及服务；y_5 为医疗保健；y_6 为交通通讯；y_7 为文教、娱乐；y_8 为其他商品及服务。

和上面的典型相关分析方法相同，对家庭各项净收入和生活消费各项支出进行了典型相关分析，结果如下：

表 7-3-22　农户家庭各项净收入和生活消费支出典型相关分析结果

序号	典型相关系数	标准误差	显著性检验
1	0.889	0.065	0.011
2	0.754	0.102	0.043

经显著性检验，两对典型相互系数均达到了 $\alpha=0.05$ 的显著水平。根据标准化的典型相关系数建立典型模型如下：

第一对：$u_1=0.1359x_1+0.0526x_2+0.9876x_3-0.0246x_4-0.1456x_5$

$v_1=-0.0828y_1+0.5712y_2+0.6483y_3+0.4862y_4-0.2754y_5+0.2287y_6+0.1439y_7-0.0101y_8$

第二对：$u_2=0.8780x_1-0.2023x_2-0.2247x_3+0.3024x_4-0.3809x_5$

$v_1 = -0.3846y_1 + 0.2835y_2 + 0.0454y_3 + 0.2430y_4 + 0.3855y_5 - 0.7532y_6 + 0.5930y_7 + 0.2807y_8$

从显著性检验可知，农户的生活消费支出情况受收入各因素变动的作用程度可用两对典型相关变量予以综合描述。

第一对典型变量将居住支出、衣着支出和家庭设备及服务从其他类型支出中分离出来（典型载荷分别为 0.648 3、0.571 2 和 0.486 2），与工资性收入呈现最大相关。

第二对典型变量将各种消费支出中的交通通讯支出、文教娱乐支出、医疗保健支出从其他支出中分离出来（相应的典型载荷分别为－0.753 2、0.593 0 和 0.385 5），它们与棉花收入（相应典型载荷 0.878 0）存在密切的相关关系。

第四节　保护性耕作的农户意愿评价

保护性耕作技术是国际农业可持续发展的重要技术之一。作为技术实施的主体，农民在保护性耕作的技术推广中起着积极的推动和决定性作用。如何从了解农户对保护性耕作制的认知分析入手，制定和修正保护性耕作研究和推广中存在的问题，是保护性耕作制得到可持续发展的有效途径。

本研究采用问卷调查法，通过对我国南方稻区保护性耕作开展较为广泛的地区进行随机农户调查，总结归纳农户对保护性耕作的认识和行为态度分析，为保护性耕作技术在该地区的进一步深入、持久、广泛的推广实施提供建议和参考。

一、研究目标与方案

调查针对农民、农户设计了不同的定性问题，以考察和衡量他们对稻田保护性耕作制的态度和看法。一方面反映农民对稻田保护性耕作技术采用和认知的现状，也在一定程度上反映了农户对保护性耕作技术的新需求，并能够分析影响稻田保护性耕作技术推广的主要因素，预测其发展前景同时提出改进措施和对策建议。

调查问卷包括三部分主要内容：第一部分是农户了解和接受保护性耕作技术的途径等；第二部分是对保护性耕作技术的评价等方面内容；第三部分是针对农户对保护性耕作提出问题并进行前景预测而设计的。

本项研究共选择四川省的成都市温江区、双流县、广汉市、绵竹市、什邡市、彭山县、彭州市、简阳市共 8 个县（区、市）16 个乡镇 41 个村（组）为案例区。其中，温江区、双流县是成都近郊农业与农村经济较为发达的地区，是需要解决秸秆焚烧的重点地区；广汉市、绵竹市、什邡市、彭山县是四川保护性耕作推广最早和面积最大的地区；彭州市、简阳市是四川盆地的边缘地区，保护性耕作技术在这些地区也已开始实施。所有地区的农户认知资料全部通过面对面的农户调查来获取，被调查对象也全部随机选择，具有较强的代表性。在进行农户调查的同时，又从各案例区的相关部门获取了相关的统计资料并和有关部门领导及专家进行了座谈。共随机选择 100 个农户进行调查，其中回收了 83 个农户的答卷，除去部分无效答卷外，最后获取的有效答卷数为78份。

保护性耕作农户调查表

1. 姓名：__________ 居住地点：__________
   户中人数：________ 年总收入：______元。
2. 家中农田基本情况：
   耕地总面积：________亩。其中，水浇地____亩；旱地____亩。
   水稻____亩；小麦____亩；马铃薯____亩；油菜____亩；其他____亩。
3. 采用保护性耕作面积____亩。其中：
   水稻____亩；小麦____亩；马铃薯____亩；油菜____亩；其他____亩。
4. 所采用保护性耕作类型：
   A. 秸秆还田 B. 免耕 C. 少耕 D. 都采用
5. 了解和接受保护性耕作的途径：
   A. 政府 B. 技术推广部门 C. 邻近农户 D. 科研单位 E. 其他
6. 接受保护性耕作的意愿程度：
   A. 政府强迫 B. 随大家 C. 自愿 D. 无所谓
7. 对保护性耕作的评价：
   A. 很好 B. 好 C. 一般 D. 不好
8. 你认为保护性耕作对农户生计的好处是什么？
   A. 增产 B. 增效 C. 节本 D. 省工省时
9. 你认为保护性耕作对农田的好处是什么？
   A. 增加肥力 B. 保持水土 C. 减少虫害 D. 减少草害
10. 你认为最好的保护性耕作方法是什么？
   A. 秸秆还田 B. 免耕 C. 少耕 D. 都行
11. 你认为保护性耕作存在的问题有哪些？
   A. ______ B. ______ C. ______ D. 说不清
12. 你认为目前保护性耕作推广中遇到的最大问题是什么？
   A. ______ B. ______ C. ______ D. ______
13. 你认为急需什么样的保护性耕作技术？
   A. ______ B. ______ C. ______ D. ______
14. 你认为保护性耕作的推广前景如何？
   A. 大有前途 B. 能推开 C. 不好推广 D. 说不清

被调查农户分别采取了不同的保护性耕作措施和技术，他们所采用的措施和技术分布如表7-4-1所示，可以看出，被调查农户中采用面积最大的是“秸秆覆盖＋免耕＋少耕”(28户，占35.89%)和“秸秆覆盖＋免耕”(27户，占34.62%)。其中涉及秸秆覆盖措施的共63户、占83.76%，单纯采用免耕、少耕和秸秆覆盖的很少。说明一方面秸秆覆盖是一项主要的保护性耕作措施，另一方面秸秆覆盖与其他保护性耕作技术相结合是四川盆地保护性耕作制发展的主要趋势和特征。

表 7-4-1　被调查农户所采用保护性耕作技术的不同分布

所采用保护性耕作类型	秸秆覆盖	免耕	少耕	秸秆覆盖＋免耕	秸秆覆盖＋少耕	免耕＋少耕	秸秆覆盖＋免耕＋少耕	合计
数量(户)	2	3	7	27	6	5	28	78
比例(%)	2.56	3.85	8.97	34.62	7.69	6.41	35.89	100

二、集约多熟稻田保护性耕作制的农民认知分析

作为保护性耕作技术推广实施的主要载体,农民对保护性耕作的认知也是由了解、接受、评价、认知的过程构成的。本研究经过对调查数据的处理,从农户了解和接受保护性耕作技术的途径、对保护性耕作技术的评价和前景预测三方面入手,对四川盆地两熟稻区农民对保护性耕作制的认知进行分析,最后得出农民对南方稻田保护性耕作制的认知状况。

(一)了解和接受保护性耕作技术认知分析

1.了解和接受保护性耕作途径

调查结果显示(图 7-4-1),农民了解和接受保护性耕作技术的主要途径来源于邻近农户(43.59%)、技术推广部门(33.33%)和科研单位(19.23%),其中以邻近农户为最,占43.59%。结果说明,保护性耕作技术推广到农户中主要是由技术部门和科研部门引导,通过试验示范由农户相互带动最后普及实施的。

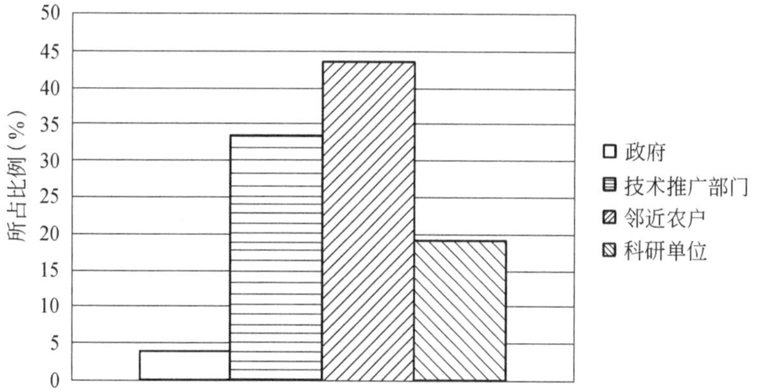

图 7-4-1　农民了解和接受保护性耕作技术的途径

2.接受保护性耕作的意愿程度

通过对农户的调查,发现农户在接受实施保护性耕作的过程中,有超过半数(53.85%)的农民是自愿的,随从者也占到 34.62%,只有很少人(7.62%)认为是政府强迫或引导,持无所谓态度的只占到 3.85%(图 7-4-2)。说明保护性耕作技术主要是依靠其本身的技术优势和可以给农民带来益处而逐渐得到农民的认可和接受的。

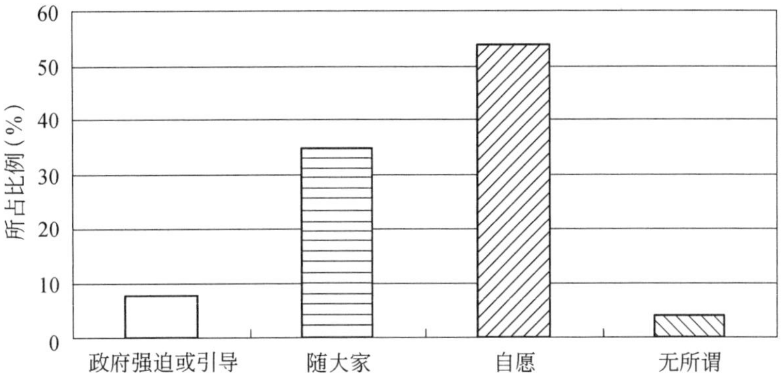

图 7-4-2　农民接受保护性耕作技术的意愿程度

(二)保护性耕作技术的评价认知分析

1. 对保护性耕作的整体评价

农户调查结果(图 7-4-3)显示，农户对保护性耕作的整体评价值很高，有近 80%(79.49%)的农民认为保护性耕作整体评价好，甚至有 10.26%的农民认为很好，同时 10.26%的农民认为效果一般，没有农民认为保护性耕作技术的效果不好。因此，从总体评价来看，四川农民对保护性耕作技术持认可态度，这一态度也有利于今后保护性耕作技术在南方的进一步扩大实施。

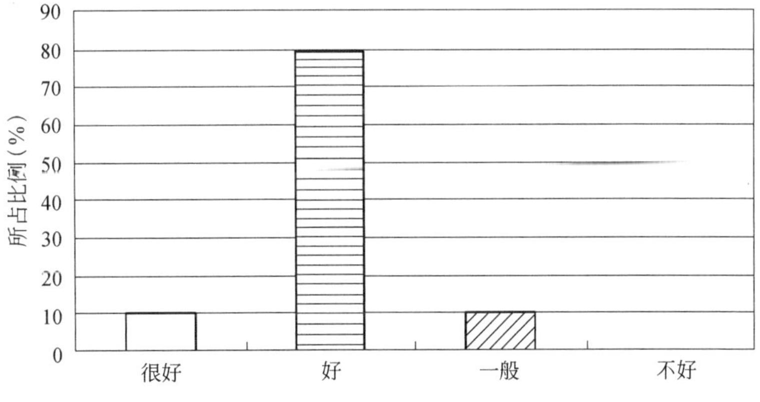

图 7-4-3　农民对保护性耕作技术的整体评价

2. 保护性耕作对农户生计的好处

保护性耕作之所以能得到农民的认可并得到推广实施，原因之一是其对农户生计有极大的益处。调查结果显示(图 7-4-4)：1/3 的农民认为保护性耕作对农户生计具有增产＋节本增效＋省工省时的益处，认为节本增效和省工省时的占 25.64%，单纯认为省工省时的占 16.67%，单纯认为节本增效的占 8.97%，认为增产和省工省时以及增产和节本增效的都是

6.41%，认为只增产的只占到2.56%。综合看来，保护性耕作对农户生计的好处首先是省工省时，其次是节本增效，具有多重好处，深受农民欢迎。

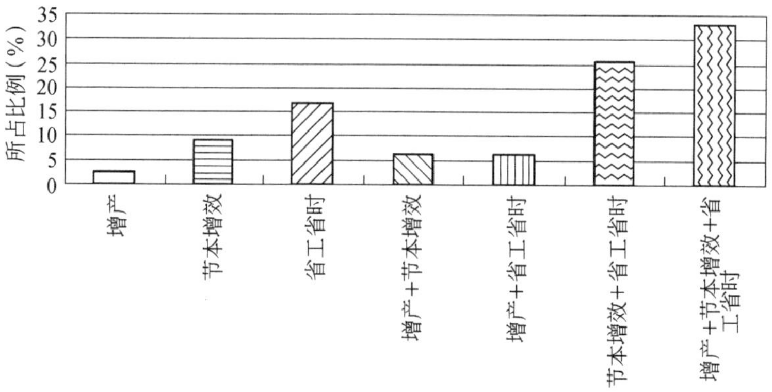

图7-4-4 保护性耕作技术对农户生计好处的农户调查结果

3.保护性耕作对农田生态的好处

本次农户调查结果说明保护性耕作技术对稻田生态系统有着极大的作用。从表7-4-2中可以看出，农民认知的保护性耕作技术对稻田生态的好处与科研工作者的研究结果基本一致，农民认为其最大的好处是保持水土(认为有此好处的共占56.4%)，其次是增加肥力(认为有此好处的被调查者共占51.28%)，只有较少的农民认为具有减少虫害或减少草害的好处(分别占20.5%和33.32%)。

表7-4-2 保护性耕作对农田生态好处农户调查统计

保护性耕作对农田生态的好处	数量	比例%
增加肥力	11	14.1
保持水土	17	21.79
减少虫害	2	2.56
减少草害	7	8.97
增加肥力+保持水土	8	10.26
增加肥力+减少虫害	0	0
增加肥力+减少草害	11	14.1
增加肥力+减少虫害+减少草害	1	1.28
保持水土+减少虫害	2	2.56
保持水土+减少草害	2	2.56

续表 7-4-2

保护性耕作对农田生态的好处	数量	比例(%)
保持水土＋减少虫害＋减少草害	6	7.69
减少虫害＋减少草害	2	2.56
增加肥力＋保持水土＋减少虫害	4	5.13
增加肥力＋保持水土＋减少草害	4	5.13
增加肥力＋保持水土＋减少虫害＋减少草害	1	1.28
合计	78	100

4.具体保护性耕作措施效果比较

保护性耕作技术由开始的单纯免耕和秸秆覆盖，发展到现在已形成了多种技术相结合的保护性耕作模式。本次调查结果显示(表 7-4-3)：认为单纯采取一种保护性耕作措施效果好的分别占 29.49%(免耕)、10.26%(秸秆覆盖)、7.69%(少耕)，共计 47.44%；认为采取两种以上保护性耕作技术相结合的措施效果好的占到 52.57%；其中又以免耕含有项比例最大(76.93%)，其次是秸秆覆盖(57.7%)。一方面说明保护性耕作逐渐向多种措施结合的方向发展，另一方面也说明稻田保护性耕作以免耕和秸秆还田效果最被农民认可。

表 7-4-3　保护性耕作具体措施效果农户调查结果

何种保护性耕作措施效果最好	数量	比例(%)
秸秆覆盖	8	10.26
免耕	23	29.49
少耕	6	7.69
秸秆覆盖＋免耕	20	25.64
秸秆覆盖＋少耕	4	5.13
免耕＋少耕	4	5.13
秸秆覆盖＋免耕＋少耕	13	16.67
合计	78	100

(三)保护性耕作前景预测分析

1.现行保护性耕作技术的主要缺点

从农户调查结果看(图 7-4-5)，认为保护性耕作造成病虫害加重和土壤板结的占到 23.07%，值得科研和推广部门关注；大部分农民(46.15%)认为保护性耕作的主要缺点是没有明确的技术规范，说明技术规程落后于推广实际；有近 20%的农民认为目前的保护性耕作没有缺点，说明保护性耕作在稻田推广有一定的效果；有 7.69%的人认为保护性耕作对水要求较苛刻，说明保护性耕作技术本身对水有一定的依赖性。

2.保护性耕作推广中存在的主要问题

任何一项新技术，从它的发明创造到普及使用，需要经过很多中间环节的推广，推广工

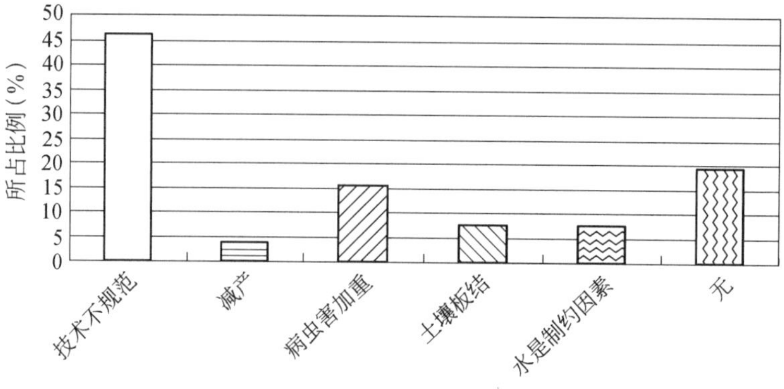

图 7-4-5 稻田保护性耕作技术的缺点农户调查结果

作的好坏往往决定一项新技术能否及时地被实施主体所接受。本次农户调查的结果显示(图 7-4-6),传统意识仍然是保护性耕作技术在南方稻区推广的最大障碍(占 35.89%),而技术服务体系与技术推广相脱节也是影响保护性耕作技术在南方稻区推广的重要因素(占 29.49%),由于保护性耕作配套机具研发滞后、秸秆腐解技术不过关以及受被推广地区水资源限制等影响因素也占相当比例(17.95%),只有 10.26%的农户认为保护性耕作技术在推广中不存在任何问题。说明保护性耕作技术在南方稻区推广过程中需要打破农民传统意识、建立完善的服务体系,确保该技术在南方稻区迅速有效地普及推广实施。

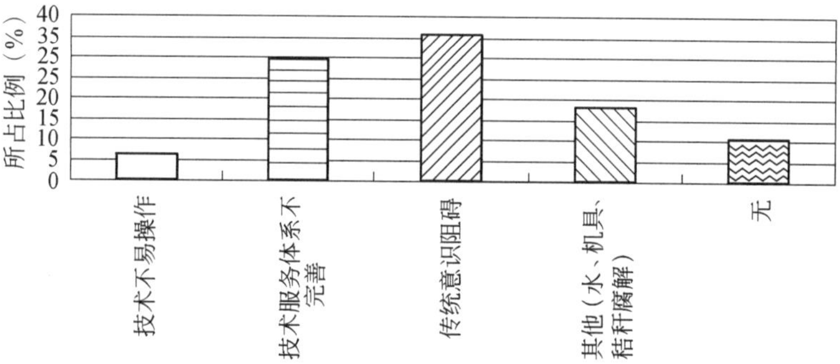

图 7-4-6 保护性耕作技术推广中存在问题的农户调查结果

3.保护性耕作在南方稻田的推广前景

保护性耕作技术能否在南方稻田推广开,最终还要看农民认可与否。调查显示(如图 7-4-7):持肯定态度的农民占绝大部分(共 85.9%),其中 74.36%的农民认为保护性耕作技术可以在南方稻田推广开,甚至有 11.54%的农民认为大有前途。只有很少人(5.13%)认为不好推广,另有 8.97%的农民说不清。说明保护性耕作技术已经深受南方稻区农民认可,从农户角度上看,推广前景极为可观。

通过此次以四川为案例的农户调查分析,我们得出如下结论:

首先,农民主要从邻近农户(43.59%)、技术推广部门(33.33%)和科研单位(19.23%),了解和接受保护性耕作技术。其中以邻近农户为最,占 43.59%。而且有超过半数

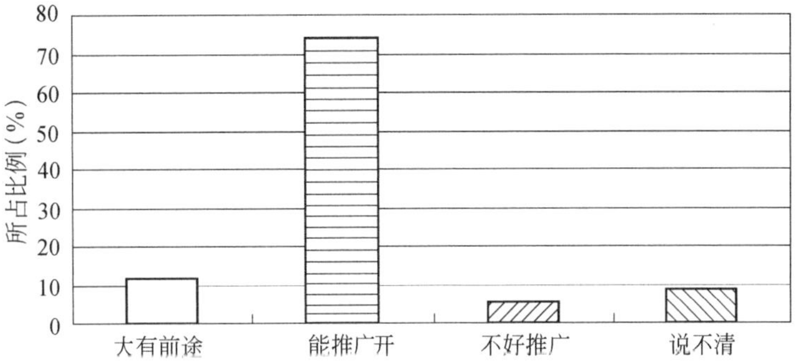

图 7-4-7 稻田保护性耕作技术推广前景的农户调查结果

(53.85%)的农民是自愿的,随从者也占到 34.62%。

其次,农户对保护性耕作的整体评价值很高,有近 80%(79.49%)的农民认为保护性耕作整体评价好,甚至有 10.26%的农民认为很好;农民认为保护性耕作对农户生计的好处首先是省工省时,其次是节本增效,具有多重好处。农民认为其对农田生态系统最大的好处是保持水土(认为有此好处的共占 56.4%),其次是增加肥力(认为有此好处的被调查者共占 51.28%),只有较少的农民认为具有减少虫害或减少草害的好处(分别占 20.5%和 33.32%);认为采取两种以上保护性耕作技术相结合的措施效果好的占到 52.57%;其中又以免耕含有项比例最大(76.93%),其次是秸秆覆盖(57.7%),一方面说明保护性耕作逐渐向多种措施结合的方向发展,另一方面也说明稻田保护性耕作以免耕和秸秆还田效果最被农民认可。

最后,认为保护性耕作造成病虫害加重和土壤板结的占到 23.07%,值得科研和推广部门关注;大部分农民(46.15%)认为保护性耕作的主要缺点是没有明确的技术规范,说明技术规程落后于推广实际;传统意识仍然是保护性耕作技术在南方稻区推广的最大障碍(占 35.89%),而技术服务体系与技术推广相脱节也是影响保护性耕作技术在南方稻区推广的重要因素(占 29.49%),由于保护性耕作配套机具研发滞后、秸秆腐解技术不过关以及受被推广地区水资源限制等影响因素也占相当比例(17.95%);持肯定态度的农民占绝大部分(共 85.9%),其中 74.36%的农民认为保护性耕作技术可以在南方稻田推广开,甚至有 11.54%的农民认为大有前途。

通过此次调查分析,建议有关科研和推广部门应该从南方稻田保护性耕作推广实际出发,加强对保护性耕作技术机理、技术集成与规范和配套机具的研究和研制;完善技术推广和技术服务体系,依靠各级农业技术推广部门和农村基层组织,使稻田保护性耕作技术在南方稻田得到更为广泛的推广应用,进而实现我国现代资源节约型可持续农业的快速发展。

第五节　农村建设的农户意愿评价

一、研究目标与方案

社会主义新农村建设是我国新世纪的宏伟蓝图，各地都在积极践行中央提出的“生产发展、生活宽裕、乡风文明、村容整洁、管理民主”要求。然而，我国是世界上自然和经济社会区域差距最显著的国家之一，区域农业及农村经济社会发展极不平衡，建设新农村不能千篇一律，也不能照搬国外模式，新农村建设是一项系统工程，要从经济、政治、文化、社会和基础设施建设等五个方面协调发展，为了更好地了解区域农村的实际情况，了解农民对新农村建设的意愿，了解区域新农村建设的难点和突破点，为推进新农村建设提供科学研究支撑，课题组组织开展了“区域新农村建设农民意愿与农村现状调研活动”。

通过收集有关新农村建设的国家和地方政策文件、各级地方开展建设新农村的事件报道资料以及发表的学术论文，在此基础上分析出若干方面的重点，并进行问卷设计。调研内容涉及：①农民对新农村建设的认识；②区域农村家庭基本情况；③区域农村生产、生活、经济、生态环境、管理体制等现状。调研时间为 2006 年 7～9 月；调研方式是通过利用 2006 年中国农业大学学生暑期社会实践赴全国各地开展调查。调查地点涉及全国东中西部 26 个省份，其中东部地区 7 个省(市区)、中部地区 7 个省(市区)、西部地区 12 个省(市区)。全国调研的村庄共 202 个。调查共发出问卷 3 350 份，收回问卷 2 720 份，其中有效问卷 2 411 份，有效问卷率 88.64%。

二、新农村建设民情分析研究主要结论

(一)新农村建设总体开局良好，得到广大农民的支持

(1)全国近 1/3 的农民不知道新农村建设，2/3 的农村没有开始实施新农村建设。接受调查的农民中有 32.70%的人不知道国家正在实施社会主义新农村建设；已经开始实施新农村建设的村庄比例只达到 39.78%(表 7-5-1)。

表 7-5-1　农民对新农村建设知道与否的比例情况　　%

区域	知道	不知道
东部	75.36	23.84
中部	66.28	33.72
西部	63.06	36.86
全国	67.05	32.70

(2)全国绝大部分农民认为新农村建设重要，农民参与支持新农村建设的热情高。认为国家实施社会主义新农村建设重要的农民所占比例高达 82.44%。进一步调查显示，91.12%的农民表示愿意出部分资金共同参与新农村建设项目，93.87%的农民愿意为新农村建设做一点义务的事情，显示出绝大多数的农民愿意与政府共同出钱出力建设新农村，农户愿意与政府共同出资的最高比例约占建设总费用的 50%左右(表 7-5-2)。

表 7-5-2 农民对新农村建设重要性的认识及其参与的积极性 %

区域	对新农村建设重要性的认识			是否部分出资参与建设新农村		是否愿意义务支持参与建设新农村	
	重要	不重要	无所谓	愿意	不愿意	愿意	不愿意
东部	85.88	2.79	11.33	91.53	7.81	93.85	5.48
中部	84.27	2.62	13.10	92.82	6.81	93.06	3.19
西部	79.49	3.53	16.98	90.03	9.41	94.29	5.61
全国	82.44	3.11	14.45	91.12	8.33	93.87	4.99

(二)新农村建设的实施基本符合农民需求

(1)修路和发展生产以及改善村容村貌是全国目前实施新农村建设普遍做法。目前开展新农村建设的主要内容大多是修路和发展生产，已经开展这两项工作的村庄分别占总调查村庄的53.93%和41.29%，绿化、厕所改造、污水处理等村容村貌改善也是目前各地开展的重点内容(开展的村庄比例达到38.63%)；其他工作主要包括加强教育(开展的村庄比例为27.09%)、饮水改善(开展的村庄比例为19.59%)和发展村办企业(开展的村庄比例为17.17%)等。

表 7-5-3 新农村建设开展工作情况 %

区域	A	B	C	D	E	F	G	H	I	J	K	L
东部	33.04	18.91	28.04	58.26	29.13	19.78	19.35	19.13	10.00	15.00	17.17	5.00
中部	39.37	12.89	18.82	59.58	16.72	25.44	12.20	12.89	9.41	9.76	13.24	3.83
西部	41.05	14.77	25.25	44.43	15.33	15.77	7.28	6.28	2.87	14.55	9.81	4.96
全国	41.29	17.17	27.09	53.93	21.16	19.59	13.00	11.91	6.47	14.81	13.48	4.47

注：A. 发展生产；B. 发展村办企业；C. 加强教育；D. 修路；E. 绿化；F. 饮水；G. 厕所改造；H. 集中供水；I. 污水处理；J. 医疗网点；K. 文化建设；L. 其他。

(2)目前实施新农村建设对农村的环境、农民的出行以及收入起到较好的效果。接受调查的农民中有44.06%的人认为实施新农村建设给村里带来最大的好处是“环境变好”，42.39%的人认为是“出行方便”，41.12%认为是“收入提高”。这也进一步反映了目前全国各地开展新农村建设所进行的村容村貌的整治以改善村庄环境、修路等基础设施建设以方便人们出行和发展生产以促进农民增收的普遍做法是得到农民认可的。

表 7-5-4 社会主义新农村建设对农村带来的好处 %

区域	出行方便	收入提高	村里环境变好	其他
东部	44.63	32.24	51.64	8.41
中部	45.97	40.05	41.40	1.61
西部	38.96	44.51	40.17	5.91
全国	42.39	41.12	44.06	5.42

(3)农民期望新农村建设的重点是发展生产、提高农民素质以及优化居住环境，与目前各地开展新农村建设的重点存在的最大“偏差”是农民素质的提高。其中，接受调查的农民对新农村建设的期望重点中选择发展生产的比例占42.92%、选择提高农民素质的比例占41.11%、选择优化居住环境的比例占29.12%。

表7-5-5 农民对社会主义新农村建设的期望重点 %

区域	发展生产	培育新型产业	农民素质的提高	优化居住环境	乡风民俗的改善	增加资金投入	其他
东部	38.3	15.77	37.78	38.99	5.72	13.52	5.2
中部	49.68	20.13	41.11	27.62	6.21	14.13	2.78
西部	42.4	15.62	43.15	23.8	7.01	19.98	3.08
全国	42.92	16.73	41.11	29.12	6.45	16.73	3.63

(三)新农村建设需要发挥政府主导作用

农民对政府作用的认识和期待。接受调查的农民有近70%的比例认为由于政府重视程度和能力水平的原因，导致政府在农民增收工作上得不到大多数农民的认可，这是各级地方政府需要加强的重点；在实施促进农民增收项目时，大部分农民希望政府和干部带头做出表率，农民自愿选择(47.61%的农民选择“乡村牵头，农民自愿”的形式，32.07%选择“干部带头，农民自愿”的形式)；农民最希望政府在新农村建设做的事情是帮助开拓增收渠道(选择人数比例占47.04%)、提供科技和信息服务(选择人数比例占36.95%)以及加大公路设施建设力度(选择人数比例34.20%)。

表7-5-6 农民对政府在促进农民增收工作的评价 %

区域	没有做出足够的努力	做出了努力，但效果不好	做出了努力，成效也很好	不清楚
东部	37.82	31.86	17.55	12.27
中部	40.12	33.40	17.11	9.16
西部	31.51	36.68	20.47	10.74
全国	35.35	34.53	18.84	10.80

表7-5-7 农民对发家致富实施主体的认识 %

区域	村里统一搞	乡村牵头，农民自愿	干部带头，农民自愿	村民自己搞
东部	21.25	52.09	23.34	0.00
中部	21.15	45.59	33.26	0.00
西部	17.22	45.95	36.54	0.30
全国	19.24	47.61	32.07	0.15

表 7-5-8 农民在新农村建设过程中对政府作为的期望 %

区域	政府帮助开拓增收渠道	加大公路设施建设	政府组织就业培训	政府提供科技和信息服务	政府帮助解决饮水问题	其他
东部	52.29	32.09	32.60	47.88	10.36	1.87
中部	49.68	29.98	27.19	38.54	14.13	1.28
西部	42.94	37.25	25.50	30.14	11.37	2.46
全国	47.04	34.20	27.85	36.95	11.70	2.04

(四)解决农业生产中的关键问题,是"生产发展"的关键切入点

农民在农业生产中遇到的难题主要是"三缺",农村科技服务薄弱、农业生产组织形式粗放。调查显示,农业生产过程中农民最犯愁的是"三缺":缺资金、缺技术和缺市场。接受调查的农民中有 35.80%的人认为要发展农业生产首先缺的是资金,30.88%的人认为缺技术,此外产品价格太低(比例为 28.93%)和销路不好(比例为 18.46%)也是导致农民生产的产品遇到"缺市场"的最大难题。此外,72.67%的农民认为当地农村的农业科技宣传"较少,很不够";70.49%的农民从来没有机会参加科技人员或者相关专家的指导培训工作;近 2/3 的农民认为现行的农业科技服务效果不能满足他们的需求。调查的村庄中有 80.08%的比例没有成立农民合作经济组织,仅有的少数成立的村庄也有近 2/3 没有起到很好的作用。

表 7-5-9 农民在农业生产过程中遇到的难题 %

区域	缺技术	缺资金	土地规模太小	产品销路不好	产品价格太低	其他
东部	27.50	31.45	24.67	23.35	30.32	5.27
中部	39.38	30.40	17.79	14.16	38.69	2.59
西部	28.15	40.56	19.49	18.36	23.34	5.86
全国	30.88	35.80	20.28	18.46	28.93	4.88

表 7-5-10 农民对农业科技宣传情况的看法 %

区域	较少,很不够	还可以	很多	其他
东部	73.32	17.57	1.12	2.08
中部	81.83	13.17	0.50	3.17
西部	67.68	25.74	2.78	1.94
全国	72.67	20.49	1.78	2.28

表 7-5-11 农民接受农业科技培训的情况及其满意程度 %

区域	农民接受农业科技培训的情况				农民对农业技术培训效果的满意程度			
	从没有	一次	2～3 次	3 次以上	不满意	一般	比较满意	十分满意
东部	70.98	15.03	11.89	1.92	20.95	37.55	32.41	9.49
中部	79.12	14.26	5.09	1.53	27.27	35.41	30.62	6.70
西部	65.86	19.88	10.98	3.20	34.01	35.60	25.18	5.07
全国	70.49	17.26	9.71	2.46	29.92	35.99	27.75	6.33

表 7-5-12　农民对合作经济组织的看法　%

区域	农村是否成立农民合作经济组织		农民对农民合作经济组织的看法		
	有	没有	作用很大	作用不大	没有作用
东部	16.98	80.98	28.57	40.66	21.98
中部	11.71	87.57	26.67	50.67	22.67
西部	22.10	77.15	38.95	38.66	22.38
全国	18.11	80.80	35.29	40.78	22.35

(五)农民收入水平整体较低,收入渠道单一

我国农民收入水平较低,收入渠道主要是农产品收入和外出打工收入。全国农户年纯收入平均为 2 374 元,区域收入差距很大。其中,东部地区最高,为 4 599 元;中部地区次之,为 2 059 元;西部地区最低,为 1 451 元。东部地区是西部地区的 3.17 倍。农村家庭收入的主要来源是农产品收入和外出打工的收入,其中依靠农产品收入为主要来源的农户比例为 56.29%,依靠外出打工收入为主要收入来源的农户比例为 42.58%。

表 7-5-13　农村家庭年纯收入情况　元,%

区域	平均	0～1 000 元	1 000～2 000 元	2 000～3 000 元	3 000～4 000 元	4 000～5 000 元	>5 000 元
东部	4 599	23.20	20.53	10.06	10.47	8.83	26.90
中部	2 059	49.01	25.30	10.47	5.34	3.56	6.32
西部	1 451	57.14	24.68	7.99	4.30	2.00	3.90
全国	2 374	46.79	23.82	9.13	6.07	4.06	10.13

表 7-5-14　农村家庭收入来源分析　%

区域	农产品收入	养殖业	家庭副业	本地乡村企业收入	外出打工	自己的企业	其他
东部	49.55	10.95	12.03	14.90	31.96	5.03	10.77
中部	54.64	9.11	7.29	7.65	46.45	2.55	11.66
西部	60.49	16.65	13.14	2.25	45.99	2.34	4.68
全国	56.29	13.35	11.41	6.77	42.58	3.07	7.94

(六)农村生产和生活资料价格水平偏高、农村金融体系不健全,严重影响农村经济发展

农村经济发展遇到的突出问题是农村生产和生活资料价格水平偏高、农村金融体系不健全。整体来看,我国农产品市场环境较好,接受调查的农民中认为其生产的农产品出售"方便"的人数比例占 61.74%。但是,调查显示目前全国农村生产和生活资料价格偏高,61.56%的农民认为目前农业生产资料价格水平"偏高",尤其是我国粮食主产区之一的中部地区有 77.05%的农户认为目前农业生产资料价格水平"偏高";47.32%的农民认为目前的农村生活用品价格水平偏高。农民获取资金的渠道主要是向亲戚朋友借(比例达到 64.74%),向金融机构贷款的比例较小(仅为 23.21%),难度较大。

表 7-5-15　农民农产品出售的难易程度　%

区域	方便	不方便	卖不出去
东部	71.08	20.59	7.35
中部	61.97	31.92	5.63
西部	54.58	32.97	12.45
全国	61.74	28.99	8.84

表 7-5-16　农民对农业生产资料价格水平和农村生活用品价格水平的看法　%

区域	对农业生产资料价格的看法			对农村生活用品价格水平的看法		
	偏高	中等	偏低	偏高	中等	偏低
东部	61.02	35.69	3.13	36.89	59.36	3.56
中部	77.05	18.68	4.27	56.75	39.00	4.25
西部	53.74	34.39	11.87	47.86	42.06	9.97
全国	61.56	30.80	7.59	47.32	45.98	6.60

表 7-5-17　农民借钱的渠道　%

区域	亲戚朋友借	银行及信用社一般商业贷款	国家扶贫贴息贷款	其他扶贫贷款	其他来源借贷款	借不到
东部	74.69	17.77	2.87	0.54	0.90	5.21
中部	76.47	17.65	3.11	0.87	1.38	6.57
西部	53.85	28.74	15.83	2.92	1.77	3.89
全国	64.74	23.21	9.40	1.81	1.46	4.90

(七)农民生活水平一般,"生活宽裕"任务艰巨

1. 农民对家庭生活的满意程度

接受调查的农民中有 49.66%的人对自己家庭的生活状况不甚满意。

表 7-5-18　农民对家庭生活状况的看法　%

区域	满意	基本满意	感觉一般	压力很大
东部	20.62	35.02	25.70	16.37
中部	13.68	24.16	29.13	28.24
西部	12.58	35.87	29.30	20.66
全国	15.05	32.69	28.27	21.39

2. 农村家庭支出情况

农村家庭支出项目主要体现在生活消费、生产支出以及子女教育上,选择上述三项内容的农户比例分别达到了 87.56%、76.99%和 62.97%。其中,生活消费支出方向农户选择比例靠前的有食品(为 87.12%)、衣着(为 72.58)、医疗保健(为 53.18)和交通通讯(为

42.44%)。从中可以看出,我国农村家庭的生活质量依然保持在较低水平,生活消费支出主要还是在传统的"食、衣、医、行"上。

表 7-5-19　农村家庭支出分析　%

区域	生产	生活消费	子女教育	税费	其他
东部	68.62	85.44	59.74	3.21	5.48
中部	87.43	94.07	62.65	1.40	11.86
西部	75.50	85.07	64.78	3.83	7.84
全国	76.99	87.56	62.97	3.03	8.34

表 7-5-20　农村家庭生活消费支出分析　%

区域	A	B	C	D	E	F	G	H
东部	86.88	70.15	9.32	36.50	43.16	18.25	57.22	26.81
中部	92.39	84.60	13.45	30.27	54.69	10.62	58.58	19.12
西部	84.16	66.87	15.01	25.57	34.89	12.53	47.83	14.91
全国	87.12	72.58	13.13	29.65	42.44	13.47	53.18	19.11

注:A.食品支出;B.衣着支出;C.居住支出;D.家庭设备用品及服务支出;E.交通通讯支出;F.文教娱乐用品及服务支出;G.医疗保健支出;H.其他支出。

3.农村居民居住条件整体较好

调查显示有44.52%的农户家庭居住的是砖木结构房屋,29.32%居住的是钢筋混凝土结构的房屋,25.10%居住的是土房。

表 7-5-21　农村家庭住房结构　%

区域	砖木结构	钢筋混凝土结构	土房	其他
东部	44.00	41.67	13.67	0.50
中部	52.37	27.97	18.81	0.68
西部	41.65	23.64	33.39	0.88
全国	44.52	29.32	25.10	0.74

4.农村家庭医疗状况

接受调查的农户中没有加入农村合作医疗保险项目的人数比例为54.95%。调查显示,目前参加农村新型合作医疗的农民中有2/3的人认可该项制度。

表 7-5-22　农民加入农村合作医疗保险的情况及满意程度　%

区域	是否加入		满意程度			
	没有	已入	非常满意	满意	一般	不满意
东部	43.28	55.08	7.66	50.40	36.29	5.65
中部	65.08	33.56	10.50	54.70	23.20	11.60
西部	54.09	45.48	13.52	52.87	21.72	11.89
全国	54.95	44.16	10.55	52.45	27.49	9.51

(八)我国农村生态环境卫生质量整体较差,"村容整洁"程度低

1.农村家庭燃料来源

调查显示,目前农村依然有超过一半的农户的家庭燃料来源是柴草,有40.94%的农户家庭燃料来源是煤炭,使用清洁燃料的比例相对很少。

表7-5-23　农户家庭生活主要燃料来源　%

区域	煤炭	燃气(煤气、液化气)	柴草	沼气	其他
东部	29.64	52.77	51.14	3.09	0.81
中部	60.30	17.57	49.66	0.84	0.68
西部	37.07	10.36	52.65	13.96	7.11
全国	40.94	23.13	51.52	7.88	3.88

2.农村道路整体质量较差

调查显示有40.36%的村庄的村级道路为土路。

表7-5-24　农村村级道路状况　%

区域	柏油路	水泥路	石子路	土路	其他
东部	19.12	54.25	6.54	27.12	0.00
中部	17.26	42.74	9.74	36.07	0.17
西部	11.33	20.19	23.42	49.40	0.09
全国	14.80	34.54	15.69	40.36	0.08

3.农村家庭饮水情况

调查显示,整体上我国农村居民的饮用水主要来源于井水(包括深井和浅井水)和自来水,有近1/3的农村居民饮水存在安全隐患。

表7-5-25　农户家庭饮用水的来源　%

区域	自来水	深井水	浅井水	江湖河泊水	塘水	其他水
东部	49.43	20.98	21.14	1.46	0.00	9.76
中部	32.71	22.20	28.14	11.36	1.86	5.08
西部	35.56	20.14	31.62	4.54	1.89	6.60
全国	38.45	20.87	28.04	5.44	1.39	7.04

4.农村家庭厕所卫生条件差

被调查农户中有76.97%的比例依然使用的是传统的"旱厕",整体上看环境卫生质量水平差。

表 7-5-26 农户家庭使用的厕所类型 %

区域	水冲式厕所	旱厕	无厕所
东部	36.03	54.77	8.72
中部	12.44	85.35	2.21
西部	11.63	84.52	3.34
全国	18.19	76.97	4.46

5. 农村秸秆处理情况

被调查的农户中有将近一半对农业生产产生秸秆的处理方式不利于生态环境质量(包括当柴火焚烧以及随意丢弃或直接在田间焚烧);有 44.26%的农户把秸秆当作柴火做饭;30.99%农户把秸秆当饲料喂牲畜。

表 7-5-27 农户家庭秸秆主要的处理方式 %

区域	直接还田	喂牲口	当柴火做饭	其他
东部	28.95	22.48	44.76	13.14
中部	32.04	19.19	48.94	5.99
西部	20.23	40.81	41.69	2.73
全国	25.29	30.99	44.26	6.01

6. 农村家庭生活垃圾、污水处理情况

被调查的农户中有 54.27%的家庭生活垃圾及污水是随意堆/排放,严重污染和影响村庄的生态环境和卫生质量;有 30.38%的农户把生活垃圾及污水处理到自家的农田肥田,仅有 13.78%的农户家庭生活垃圾、污水由村庄进行统一处理。

表 7-5-28 农户家庭生活垃圾、污水处理方式 %

区域	随意堆/排放	村里统一处理	堆到自家农田肥田	其他
东部	50.91	28.67	15.32	4.94
中部	63.23	4.81	32.65	1.03
西部	51.52	10.48	37.14	0.87
全国	54.27	13.78	30.38	1.96

7. 农村植被、绿化情况

调查显示,全国大部分村庄的植被、绿化情况"一般"。有 52.55%的农民认为自己村庄的植被、绿化情况"一般";认为"很好"的农民比例为 21.98%;认为"较差"和"很差"的比例分别为 17.17%和 8.12%。

表 7-5-29　农村植被、绿化情况　%

区域	很好	一般	较差	很差
东部	26.63	49.92	15.41	7.71
中部	17.92	57.68	16.21	8.19
西部	21.64	51.31	18.59	8.29
全国	21.98	52.55	17.17	8.12

(九)我国农村社会发展水平薄弱,"乡风文明"水平较差

1.农村社会保障制度不完备

调查显示,目前我国绝大多数农村地区没有建立社会保障制度,接受调查的农民有57.56%的比例认为该村没有建立农村社会养老保障/保险制度,有23.83%的农民直接选择"不知道",仅有18.78%的农民认为该村建立了农村社会养老保障/保险制度。

表 7-5-30　农村是否建立社会保障制度　%

区域	有	没有	不清楚
东部	32.41	43.49	24.10
中部	7.78	67.34	25.04
西部	17.18	60.00	23.08
全国	18.78	57.56	23.83

2.农村居民文化生活单调

调查显示,我国大部分农村(占调查村的76.64%)没有建立农村村民活动中心。已经建立的农村村民活动中心效果还可以,基本能够得到老百姓认可,但其效果有待于进一步发挥。其中,认为建立的村民活动中心效果"还行,偶尔去去"的农民比例达到了51.71%,认为"很好,经常去参加活动"的农户占了14.15%。

表 7-5-31　农民对农村文化生活的评价　%

区域	是否建立村民活动中心		村民对已经建立的村民活动中心的看法			
	有	无	很好,经常去那里参加一些活动	还行,偶尔去	没什么感觉	觉得纯属摆设
东部	32.25	65.80	10.63	55.63	21.88	11.88
中部	10.12	85.93	5.77	44.23	36.54	13.46
西部	21.53	77.70	19.02	51.71	22.44	6.83
全国	21.50	76.64	14.15	52.28	23.98	9.59

3.农村赌博、封建迷信现象普遍存在

调查显示,整体上我国农村存在赌博、封建迷信的现象还是相当普遍,81.01%的农民认为本村存在这种"社会不良风气"。

表 7-5-32 农村村民对本村赌博、封建迷信等不良社会风气的看法 %

区域	从没有	有,不严重	有,不太严重	有,严重	不清楚
东部	8.29	40.16	35.12	12.20	3.25
中部	4.94	36.63	33.90	20.95	3.24
西部	22.47	37.86	24.72	9.68	5.10
全国	14.41	38.15	29.72	13.14	4.15

4.农村社会治安状况总体良好

接受调查的农民中有 21.87%对本村的社会治安状况表示“满意”,有 38.64%的人表示“基本满意”,有 26.46%的人表示“还行”,表示“不满意”的比例仅为 12.85%。整体上显示我国农村社会治安状况良好,大部分农民对本村的社会治安状况表示不同程度的认可。

表 7-5-33 农村居民对本村社会治安状况的评价 %

区域	满意	基本满意	还行	不满意
东部	19.12	32.41	33.23	15.07
中部	18.40	33.05	33.05	15.33
西部	25.06	44.74	19.59	10.44
全国	21.87	38.64	26.46	12.85

5.农村信息发展情况

接受调查的农民中有 62.80%的人获取各类信息的主要渠道是通过电视等媒体;35.32%的人通过“与人交谈”获取信息。

表 7-5-34 农民获取各类信息的主要渠道 %

区域	报纸、电视、网络等媒体	与人交谈	阅读公告、通知、广告等
东部	64.73	34.78	8.65
中部	75.17	26.03	3.45
西部	55.66	40.22	8.66
全国	62.80	35.32	7.37

(十)我国农村管理体制整体水平一般,“管理民主”程度一般

1.农村民主发展现状

调查显示,认为农村选举基本达到民主水平以上的农民占被调查人数的 2/3;农村决策过程民主程度较低,43.68%的农民认为村里做的重大决策实施之前“征求过”村民意见,有 29.44%的人认为“没有征求意见”,还有 26.67%的人对此“不清楚”。

表 7-5-35 农民对本村民主生活的评价 %

区域	选举是否民主				重大决策是否征求村民意见		
	民主	基本可以	不民主	不清楚	征求过	没有征求意见	不清楚
东部	26.82	33.77	24.67	14.40	34.74	32.31	32.63
中部	25.04	33.73	25.21	16.01	39.86	33.11	26.86
西部	25.45	48.33	18.36	8.37	50.30	26.09	23.44
全国	25.70	40.98	21.68	11.81	43.68	29.44	26.67

2.农村财务公开情况

接受调查的农民中有14.45%的人认为村里的财务状况“公开、公正”；有38.66%的人认为“基本上还行”；有21.65%的人表示“不满意”；表示“不清楚”的人有25.32%。整体上表明我国有53.11%的农村财务公开状况得到农民的认可(包括认为“公开、公正”和“基本上还行”)。

表 7-5-36 农村村务收支状况公开情况 %

区域	公开,公正	基本上还行	不满意	不清楚
东部	14.74	34.11	22.02	29.14
中部	12.44	31.86	26.24	29.98
西部	15.32	44.50	19.13	20.95
全国	14.45	38.66	21.65	25.32

3.村民对村干部的评价

接受调查的农民中有54.22%的人认为村干部“基本还行”；有23.33%的人对村干部“不满意”；有19.45%的人对村干部表示“满意”；表示“非常满意”的人仅有2.83%。

表 7-5-37 农民对村干部的评价 %

区域	不满意	基本还行	满意	非常满意
东部	21.70	54.98	19.09	3.92
中部	26.95	48.98	21.36	2.71
西部	22.37	56.47	18.68	2.31
全国	23.33	54.22	19.45	2.83

4.农村党员能否带头

接受调查的农民中约有1/3的人认为该村基层党员能够代表农民的利益、反映农民的意见，能够在实际行动中起到带头作用；有2/3的人认为村里党员没有发挥“先锋模范”作用。

表 7-5-38 农民对村里党员的评价意见 %

区域	党员能否代表农民的利益、反映农民的意见			党员在实际行动中是否起到带头作用		
	能	不能	无所谓	是	否	不清楚
东部	29.61	42.11	27.96	26.52	40.20	32.95
中部	25.89	39.01	35.09	22.56	41.03	36.24
西部	38.00	36.21	25.53	35.84	35.76	28.23
全国	32.84	38.42	28.53	30.16	38.20	31.43

三、对策建议

在以上调研分析基础上，针对我国目前新农村建设存在的问题，提出以下若干对策建议：

(一)加强新农村建设的宣传力度和深度

针对目前全国还有 1/3 的农民不知道新农村建设的问题，积极探索多种途径深入宣传社会主义新农村建设。例如，可以针对目前大多数农户拥有电视的特点，制作适合农民的电视媒体专题进行宣传；此外也可以通过出版通俗易懂的“社会新农村建设农民读本”，免费发送到每个农户手中等措施。

(二)建立稳定有效的新农村建设投入机制

调查显示我国绝大多数的农民积极性很高，愿意与政府共同出钱出力建设新农村，而且农民在新农村建设中的首选是“发展生产”。但是在生产中存在“三缺”、农业技术服务薄弱、生产和生活成本较高、农业补贴单一等问题，需要政府建立健全有效的支农机制。

(三)优先支持农村基础设施改造重点

调查显示，农民期望新农村建设对农村基础设施改造的重点是村里道路交通、自来水和卫生设施。从区域情况来看，除了村里交通道路均排位第一之外，东部地区期望的改造重点是改善村里的卫生设施，中西部地区关注的重点的自来水。此外，从农业生产来看，中西部地区农民期望对农田进行标准化改造的比例比东部地区高出 7～8 个百分点。

(四)建立长期有效的农民就业和创业机制

调查显示新农村建设过程中农民自己的第二设想是出去打工或做点小生意来提高自己的收入水平。而且，东部地区依靠本地乡村企业和自己创办企业的收入为主要收入来源的农户比例明显高于中西部地区，这是造成区域收入差异大的主要原因。因此，优化农民工就业环境，支持农民工创业，满足农民的第二大意愿需求。

(五)启动农村文化建设工程

调查显示已经建立的农村村民活动中心效果还可以，基本能够得到老百姓认可，但我国仅有 21.50％的农村村庄有村民活动中心，大部分农村没有建立农村村民活动中心。因此，建议启动农村文化建设工程，丰富农民的文化生活，尤其是中部地区是加强的重点。

(六)加强农村基层管理干部素质与能力建设

调查显示，农民最担心新农村建设出现的问题是“有人从中以权谋私”、“生活没有得到改善”以及“出现豆腐渣工程”。此外，约有一半的村干部得到了老百姓的基本认可，其余一半“褒贬”参半。因此，加强农村基层管理干部的素质与能力建设是新农村建设实现“管理民主”的重点。

(七)加强农村基层党建工作

调查显示,我国农村基层党员仅约有 1/3 能够代表农民的利益、反映农民的意见,有2/3的党员没有发挥“代表广大人民群众根本利益”的作用。农村党员在实际行动中仅约有1/3能够在实际行动中起到模范带头作用,有 2/3 的党员没有发挥作用。因此,加强农村基层党建工作也是新农村建设“管理民主”中需要加强的重点。

(曹世雄,王贵彦,李向东,陈源泉,高旺盛)

参考文献

1. Beyers L, Ismael Y, Piesse J, et al . Can GM-Technologies help the poor. The Efficiency of BT Cotton Adopters in the Makhathini Flats of Kwazulu-Natal. Agrekon. 2002,41(1): 62-74
2. Eddelman, B. R., Dearmont, D., He, Q., et al. Potential economic benefits to society from Bt cotton, in Beltwide Cotton Confernces, 1995
3. Huang J, Hu R, Pray C, et al. Biotechnology as an alternative to chemical pesticides: A Case Study of Bt Cotton in China. Agricaltural Economics, 2003, 29:55-67
4. 曹世雄. 区域农业生态政策可持续性评价——以陕北黄土丘陵区退耕还林与天然林保护项目为例. 中国农业大学博士学位论文,2006
5. 李向东. 南方稻田保护性耕作制生态经济综合评价研究——以成都平原为例中国农业大学博士学位论文,2007
6. 王贵彦. 从 FSD 视角对农户水平上转基因抗虫棉技术应用过程和效果的系统分析——以河北省为例中国农业大学博士学位论文,2005
7. 贾士荣. 转基因作物的环境风险分析研究进展. 中国农业科学, 2004, 37(2):175～187
8. 李玉文,徐中民, 王勇等. 环境库兹涅茨曲线研究进展. 中国人口·资源与环境, 2005, 15(5):7～14
9. 林毅. 转基因抗虫棉对不同生态环境的适应性研究. 应用生态学报,1999, 11: 246～248
10. 林毅夫. 全球化和生物技术对亚太地区农民与消费者的影响. 农业经济问题, 2001(1): 33～36
11. 刘璨,孟庆华,李育明等. 我国天然林保护工程对区域经济与生态效益的影响——以四川省峨边县和盐边县为例. 生态学报, 2005, 25(3):428～434
12. 刘燕,周庆行. 退耕还林政策的激励机制缺陷. 中国人口·资源与环境, 2005, 15(5): 104～107
13. 杨旭东,李敏,杨晓勤. 试论退耕还林的经济理论基础. 北京林业大学学报(社会科学版), 2002, 1(4):19～22
14. 周峰. 消费者对转基因食品的认识、态度及其因素分析. 中国农业科学院硕士学位论文,2003

15. 卢敏. 农业应用技术创新中的农民参与式方法研究. 中国农业大学博士学位论文，2001
16. 张创新，刘雪华. 社会调查理论与方法. 长春:吉林大学出版社，2003
17. 谭声江，陈晓峰，李典谟. 棉铃虫对转 Bt 基因棉的抗性及其治理策略研究进展. 昆虫学报，2002，45(1):138～144